Hermann Kurz

Erläuterungen zu Ludwig Weisser's Lebensbilder aus dem

klassischen Altertum

Hermann Kurz

Erläuterungen zu Ludwig Weisser's Lebensbilder aus dem klassischen Altertum

ISBN/EAN: 9783743494176

Hergestellt in Europa, USA, Kanada, Australien, Japan

Cover: Foto ©ninafisch / pixelio.de

Weitere Bücher finden Sie auf **www.hansebooks.com**

Erläuterungen

zu

Lebensbilder aus dem klassischen Alterthum.

Erläuterungen

zu

Ludwig Weisser's

Lebensbilder aus dem klassischen Alterthum

von

Hermann Kurz.

Stuttgart.

Verlag von Wilhelm Nitzschke.

1864.

1. Tempel und Cultus.

(Tafel I, XI, XII.)

Die Heiligthümer der ältesten Griechen waren grösstentheils, wie bei den germanischen und andern Völkern auf der Anfangsstufe ihrer Bildung, Wälder und Haine. »Was wir uns als gebautes, gemauertes Haus denken, löst sich auf, je früher zurückgegangen wird, in den Begriff einer von Menschenhänden unberührten, durch selbstgewachsene Bäume gehegten und eingefriedigten heiligen Stätte. Da wohnt die Gottheit und birgt ihr Bild in rauschenden Blättern der Zweige, da ist der Raum, wo ihr der Jäger das gefällte Wild, der Hirte die Rosse, Rinder und Widder seiner Heerde darzubringen hat.« So war es bei dem Germanen, während in Süden und Osten schon die stolzesten Zeugen griechisch-römischer Kunst sich in der Sonne spiegelten. So war es aber auch bei dem Hellenen selbst in seiner Morgenfrühe, während südlich und östlich von ihm, in Aegypten und Asien, religiöse Bauwerke von unberechenbarem Alter den längst aufgegangenen Tag einer Cultur bezeugten, die ihren Weg um die Welt machen sollte, von Helios' Sonnenburg bis zu der fernen Insel des schlafenden Kronos, von den unsträflichen Aethiopen bis zu den fromm beschaulichen Hyperboräern, so dass auch die begabtesten Völker einerseits die fremde Schule nicht verleugnen können, andrerseits aber den Ruhm behalten, das Empfangene in autochthonisch-nationaler Eigenthümlichkeit ausgebildet zu haben.

Einzelne heilige Bauten scheinen indessen schon unvordenklich früh über Griechenland hin und her zerstreut gewesen zu sein. So wird bereits von der pelasgischen Urzeit berichtet, dass sie neben jenen kyklopischen Riesenwerken, mit welchen sie dem Nachkommen so fremd und unverstanden entgegentrat, wie dem Deutschen die Römerzeit mit jenen »Teufelsmauern«, Tempel ihrer telchinischen Gottheiten hinterlassen habe. Vielleicht ist heute noch ein Ueberrest davon erhalten, ein merkwürdiger, den man auf der Insel Euböa gefunden hat: dort befindet sich hoch am Berge Ocha ein Steinblockhaus, das kyklopische Formen hat, zugleich jedoch die Grundform des Kernes zeigt, um den — wie hernach zu beschreiben — der spätere griechische Kunsttempel in all seiner Ausdehnung und Vollendung erwachsen ist. Bekanntlich wird gestritten, ob das Pelasgerthum eine Fremdherrschaft oder nur eine Periode starker Beeinflussung durch phönikische Colonieen war, deren Schiffe mit religiösen und künstlerischen Erzeugnissen des Orients befrachtet waren. Die griechische Sage selbst, wie sie in dem angeblich homerischen Hymnus auf den pythischen Apoll überliefert ist, bringt eines ihrer Haupttheiligthümer, den delphischen Tempel, dessen Entstehung sie in die kyklopische Bauzeit zurücksetzt, mit Ankömmlingen aus Kreta in Verbindung, das in jener Urzeit unter phönikischer Herrschaft stand, und deutet also auf eine Vermischung von Fremdem und Einheimischem hin.

Kurs, Erläuterungen.   1

Auch Homer führt Tempel vor, ohne uns jedoch eine rechte Verdeutlichung derselben zu geben, und in Griechenland nur den der Athene in Athen und Apollo's »steinerne Schwelle« zu Pytho, wie ihn Delphi noch heisst. Beide berührt er bloss, und mit einem dritten, einem »begüterten Tempel«, welchen die Gefährten des Odysseus dem Helios zum Ersatze für seine Rinder auf Ithaka zu bauen geloben, verbleibt es bei dem guten Vorsatze, da der unversöhnliche Gott sie das Hungermahl in den Wellen büssen lässt. Ein »herrlicher Tempel« Poseidon's, der gleichfalls nicht sichtbar wird, ist obendrein in der Stadt der exotisch nebelhaften Phäaken gelegen. Etwas näher tritt uns der Tempel vor das Auge, in welchen Hektor seine Mutter sendet, um der Athene jenes kostbare Gewand, eines der Werke sidonischer Weiber, darzubringen. Hekabe steigt zu dem Tempel auf der Akropolis von Ilion hinauf, von vielen Greisinnen begleitet, die Priesterin öffnet ihnen die Thüren, nimmt das Gewand, legt es auf die Kniee der schönhaarigen Athene, zu welcher die Frauen wehklagend die Hände erheben, und verspricht der Göttin noch überdies zwölf jährige Rinder im Tempel zu opfern. Hier ist also ein Bau, wie man aus den Thürflügeln schliessen muss, geräumig, wie die Anzahl der Flehenden und der Opfer zeigt, und mit einem Bilde der Gottheit ausgestattet; allein so weit aus den Sagen von jenem frühesten westöstlichen Conflict etwas Geschichtliches durchblickt, steht eben das trojanische Reich, gerade wie später das persische, dem Westen als die ältere, reichere Culturmacht gegenüber. Wie anders, wenn uns der Sänger nach Ithaka versetzt! Da ziehen die Herolde mit der heiligen Festhekatombe durch die »Stadt«, und die hauptumlockten Achaier folgen, aber die feierliche Prozession behilft sich und geht zum schattigen Haine des Fernhintreffers Apollon. Eben so Penelopeia in ihrer Bedrängniss steigt ins Obergemach, um die Tochter des Aegisschwingers anzuflehen und ihr die heilige Gerste zu streuen. Die Kirchen und Burgkapellen unserer christlich-germanischen Heroenzeit mögen freilich auch bescheiden genug gewesen sein; die griechische aber und selbst noch die jüngere Zeit Homer's — sofern man dafürhalten darf, dass die Anschauung der ihn umgebenden Gegenwart aus seinen Gedichten spricht — kennt statt der Tempel vornehmlich heilige Haine und geweihte Altäre, diese im Palast, oder im Hain oder im Freien sonst. Ein Heiligthum ist auch die berühmte Nymphengrotte, in welcher der schlafende Odysseus gelandet wird, mit ihren steinernen Webstühlen, an welchen die Nymphen meerpurpurne Gewande weben. Aehnliche Höhlen, Erdspalten, Geklüfte, Quellen, Berge, Felsen, diese manchmal durch rohe Kunst zu einer Art von Gestalt herangebildet, haben bis in späte Tage andächtige Verehrung genossen. Ein solches Heiligthum nun, wenn es als eigentliche Cultusstätte diente, war eingegrenzt und sammt dem umliegenden Stück Landes, das als Eigenthum der Gottheit galt, vom Profangebrauche abgeschlossen. In dieser Eigenschaft hiess es Temenos, ein Ausdruck, der auch von dem Krongute des Königs als einem gleichfalls abgesonderten Besitzthum gebraucht wurde, in seiner religiösen Bedeutung jedoch vorschlug und dem Namen Templum den Ursprung gab. Der wirkliche Tempel aber, das gebaute Haus der Gottheit, wurde Naos, römisch Aedes, genannt.

Erst in der nachhomerischen Zeit, in der zweiten Hälfte des griechischen Mittelalters — wenn man die Zeitabstände und den Entwicklungsgang durch Bezeichnungen veranschaulichen darf, die ja schon oft in geistreicher Vergleichung angewendet worden sind — beginnt für Griechenland jener üppige Trieb des materiellen wie des geistigen Lebens, der bei uns in Folge der Kreuzzüge und des

erwachenden Bürgerthums eingetreten ist, und wenn man von den Thürmen unserer
Dome und Münster gesagt hat, sie seien eben so viele Meilenzeiger an der grossen
Handelsstrasse, so kann man von den griechischen Tempelbauten jener Zeit ein
Gleiches sagen. Weitherziger freilich, als unsere Kreuzfahrer sich dünkten, verschmähte der Grieche es nicht, bei Haus Aegypten und bei Haus Babylon zu
gleicher Zeit als Söldner zu dienen; die Zusammenstösse dieser beiden Mächte,
zwischen welchen Judäa erdrückt wurde, hatten für ihn, vorerst wenigstens, glück-
lichere und ganz dieselben Folgen, wie für uns jene levantinischen Unternehmungen: sie öffneten ihm den Orient und machten ihn reich, so dass er bald in
Schifffahrt und Handel sich mit dem Phöniker messen konnte. Von Kleinasien,
wo die Jonier — im engsten Verkehr mit dem von Assyrien aus gegründeten
Lydien, in Aegypten privilegirt, vom Pontus bis nach Libyen, von Asien bis nach
Südfrankreich und Spanien Handel treibend — an der Spitze dieser Bewegung
standen, pflanzte sich dieselbe nach dem griechischen Festlande fort, und als die
Jonier sammt Lydien und Aegypten der persischen Obermacht anheimfielen, erhoben
sich die griechischen Pflanzstädte Unteritaliens und Siciliens zu der im Namen
Grossgriechenland ausgedrückten Bedeutung, bis durch die Perserkriege, die den
Uebergang vom Mittelalter in die Neuzeit des alten Griechenlands vermitteln, die
Führung des Banners hellenischer Bildung auf Athen übergeht. Eine sehr dürftige
Rundschau, die aber immerhin genügt, den Völkerverkehr jener Jahrhunderte und
demgemäss auch den Culturzusammenhang jener Völker ahnen zu lassen. An die
Stelle der alten Tempel, wo solche, und zum Theil von Holz, vorhanden waren, trat
in jener Zeit des Aufblühens eine Reihe herrlicher Gebäude, von denen uns nur noch
die zu Selinunt und Agrigent in Sicilien und die zu Pästum (Poseidonia) in Unteritalien erhaltenen grösseren Trümmerreste eine Vorstellung geben. Verschwunden
sind, um nur die bedeutendsten aus jener Zeit zu nennen, der Heratempel zu
Samos, der grösste, den Herodot gesehen, der ephesische Artemistempel und das
delphische Heiligthum, von welchem noch einige Säulentrümmer zeugen. Dieses, der
Mittelpunkt eines kleinen Kirchenstaates, der seinen Einfluss über ganz Griechenland und bis nach Kleinasien und Etrurien erstreckte, wurde, nachdem der ältere
Tempel in der Mitte des Jahrhunderts vor den Perserkriegen abgebrannt war, aus
Beiträgen aller Griechen in allen Ländern prachtvoll wieder aufgebaut, wozu auch
Amasis von Aegypten — wie Krösos von Lydien zum Tempelbau in Ephesos —
freigebig steuerte. Nicht minder wurde von den Griechen das ägyptische Ammo-
nion geehrt, sowie andrerseits Krösos dem pythischen Orakel sein Zutrauen
schenkte: Beweise religiöser Verwandtschaftsbeziehungen, die über die Grenzen
Griechenlands hinausreichten. Der delphische Tempel wurde im dorischen Styl
erbaut, Säulen und Giebel aus parischem Marmor, der von Ephesos in jonischen,
aus weissem Marmor, die sechzig Fuss hohen Säulen zum Theil aus Einem Stück
(monolith). Bekanntlich sind diese beiden Ordnungen schon in früherer Zeit von
Sachkennern, die dorische mit ihrer Schwellung (Echinos) des Capitells und den
Dreischlitzen (Triglyphen) im Fries aus Aegypten, die jonische mit dem Voluten-
capitell aus Asien abgeleitet worden, und diese Ansicht macht sich vornehmlich
bei der letzteren mehr und mehr geltend, seit durch die Aufgrabungen von Niniveh
die assyrischen Vorbilder, die auf die vorderasiatische und sodann mittelbar auf
die griechische Baukunst eingewirkt zu haben scheinen, zu Tage gekommen sind.
Wie endlich unsere Münster die Geschichte ihrer Erbauung nach Jahrhunderten
zählen, theils, wie besonders der Kölner Dom, derselben kein Ende kennen, so

haben auch jene griechischen Tempel zu ihrer Vollendung mehr oder weniger
grosse Zeiträume erfordert, wie denn der ephesische erst in zweihundert Jahren
ausgebaut wurde und ein in Athen unter Pisistratos begonnener kolossaler Tempel
(vgl. S. 10, Z. 7) des olympischen Zeus (bis auf die römische Zeit, die ihn umbaute)
unvollendet blieb. Auf diese Weise begegneten Altes und Neues einander im Werden, und eben war an den altdorischen Delphitempel die letzte Hand gelegt, als
in Athen zu Ehren des göttlichen Stammheros, dem man den Sieg von Marathon
zuschrieb, das Theseion erstand, das in seiner Milderung der alten strengen Formen
den Reigen einer moderneren Kunst eröffnete, die, unmittelbar nachfolgend, durch
die Namen Perikles und Phidias als allbekannte Epoche gekennzeichnet, die Gross-
heit mit der Schönheit im reinsten Masse verband und heute noch, obwohl meist
in Schutt und Trümmern, den Beschauer überwältigt.

Bei allem Wachsthum an Umfang und künstlerischem Formenreichthum bewahrte jedoch der Tempel in seinem Kerne getreu die Grundform, aus der er
ursprünglich hervorgegangen war. Dieselbe war und blieb die gestreckte Cella,
wie sie sich in dem nackten Steinhause am Ocha zu erkennen gibt, ein viereckiger
Bau, halb so breit als lang, mit glatten Wänden, flachem oder giebelförmigem,
zum Theil auch durchbrochenem Dach, an welchen Kern sodann die Erweiterungen
sich anschlossen, ähnlich wie bei uns an eine alte Kapelle, die nun zum Chor
wurde, sich ein grosses Kirchenschiff anlegen konnte, und doch wieder in grund-
verschiedener Art. Da nämlich der antike Tempel — mit Ausnahme der Myste-
rientempel, die deshalb auch ganz anders und geräumig, wie z. B. das grosse
Megaron zu Eleusis, gebaut wurden — nicht Versammlungshaus für eine Gemeine,
sondern Gotteshaus im strengsten Sinn des Wortes war, so handelte es sich nicht
sowohl um eine Vergrösserung dieses Innern, obgleich es in verschiedenen Grössen
vorkommt, sondern das Bedürfniss verlangte zunächst einen Bergungsort für Gegenstände, die zum Tempel, doch nicht ins Innerste gehörten, dann Schutz und
Schatten für das aussen befindliche Volk, das zwar den heiligen Raum — wofern
dieser nicht ganz unzugänglich war — einzeln zu- und abströmend besuchte, in
Masse aber seine grossen Cultushandlungen, die Festopfer und Festschmäuse,
ausserhalb beging, und aus der Befriedigung dieses Bedürfnisses, dem, wie immer,
der Kunsttrieb entgegenkam, der auch von aussen her die Wohnung der Gottheit
zu verschönern strebte, ist die herrliche künstlerische Entwicklung des antiken
Tempels hervorgegangen.

Dies zu veranschaulichen, wenden wir uns zu den Grundrissen der Tafel I.
Fig. 1 zeigt das ursprüngliche heilige Haus, Naos oder Cella genannt, oblong, im
Hintergrunde das Götterbild und vor ihm der Altar zur Darbringung unblutiger
Opfer. Theils die unnahbare Heiligkeit einzelner dieser Stätten, die nicht einmal
des Priesters Fuss betreten durfte, theils die Anhäufung des Tempelschatzes verlangte nun eine Räumlichkeit, die den Anbetenden zugänglich war und zugleich
zur Aufnahme der Tempelgeräthe, Weihgeschenke, der auf die Tempelgottheit oder
cultverwandte Götter bezüglichen Bildwerke und andern Schmuckes diente. Man
verlängerte daher die Langseiten nach vorn zu einem Vorhause (Pronaos), das sich
wie die Cella öffnete (Fig. 2). Gefälliger wurde diese Form durch Weglassung
der vorderen schweren Mauerschlüsse, statt deren nur die Stirnpfeiler (Parastasen,
römisch antae) an den Enden der Langmauern stehen blieben, im Tragen des
Gebälks und Daches unterstützt durch zwei Säulen, die zwischen ihnen dem Eingang eine mehr öffnende als schliessende Füllung gaben (Fig. 3). Von dieser

Form, aedes oder templum in antis genannt, hat sich in einem kleinen Tempel zu Rhamnos in Attika ein Beispiel erhalten. So naturgemäss nun diese Formenentwicklung ist und so einfach sie ohne auswärtigen Anstoss von sich selbst erfolgen konnte, so bleibt es doch immerhin überraschend, die gleiche Form auch in Aegypten zu finden, und zwar aus altägyptischer Zeit: eine oblonge geschlossene Cella mit Vorhaus und zwei Säulen zwischen den Eckpfeilern des Eingangs, nur dass es die bekannten ägyptischen Lotossäulen sind, und obendrein rings mit einer Pfeilerstellung umgeben, die in ihrer viereckigen Rohheit doch schon ganz die spätere Säuleneinschliessung vertritt. Eine Abbildung derselben, nach der Description de l'Egypte, kann in Weiss' Costümkunde S. 83 nachgesehen werden.

Symmetrie und Raumbedürfniss mochten sodann gleichmässig die Erweiterung, die der Vorderseite geworden war, auch für die entgegengesetzte erfordern, und so entstand durch entsprechende Fortsetzung der Langseiten nach hinten das dem Vorhause ähnliche Hinterhaus, griechisch Opisthodomos, römisch Posticum genannt (Fig. 4); seine Schönheit war erhöht, wenn es gleichfalls Säulen zwischen den Anten hatte, und bei grösseren Tempeln finden sich deren auch vier, statt zwei. Aber die Erscheinung der Säule selbst musste zu einem weiteren Fortschritt antreiben: man säumte die Vorhalle mit einer vorstehenden Säulenreihe (Prostylos, Fig. 5), und als dies geschehen war, musste das Gefühl für Harmonie auf der Seite der Rückhalle das Gleiche herbeiführen, so dass nun die Form der beidseitigen Säulenvorreihe (Amphiprostylos, Fig. 6) vorhanden war. Ihre Vollendung erhielt diese Form durch Fortsetzung der Säulen auf beiden Langseiten, wodurch der vollständige Säulenumgang entstand, Peristylos, gewöhnlich aber Peripteros geheissen, weil er durch die oben geschlossene Verbindung des auf den Säulen ruhenden Gebälks mit den Mauern der Cella zu einem umlaufenden Vorbau wurde. Dieses Ganze ruht auf einer hochstufigen Substruction, die aber nicht als Treppe, sondern, dem alten Begriff des Temenos gemäss, zur Abhebung von der profanen Umgegend diente. Anschauungen des Peripteros, der, bei mannigfaltiger Verschiedenheit, die Form der meisten grösseren Tempel bildete, sind im Grundriss des Parthenon (Fig. 21) und im Aufriss des Theseion (Fig. 17) gegeben.

Nun lässt sich aber nicht erweisen, dass die Stufenfolge, wie sie gewöhnlich von der einfachen Erweiterung der Cella durch den Pronaos bis zu der gesättigten Form des Peripteros aus dem Gedanken entwickelt wird, auch geschichtlich dieselbe gewesen sei; vielmehr zeigt das so eben angeführte ägyptische Beispiel, dass ein vollständiger Peripteros, wenn auch mit Pfeilern statt Säulen, schon in uralter Zeit vorhanden war, und man kann somit eben sowohl annehmen, dass die Entwicklung vom Einzelnen zum Ganzen fortgeschritten, als dass sie von einem bereits erreichten Grösseren zu einzelnen Theilen, was besonders bei kleineren Tempelbauten der Fall gewesen sein kann, wieder herabgestiegen sei, oder, was das Wahrscheinlichste ist und den genetischen Verläufen der Kunst wie der Natur entspricht, dass beiderlei Entwicklungsarten neben einander stattgefunden haben. Sicher ist, dass die Cella der Kern war, woraus die Erweiterung im Ganzen und in ihren Theilen erwuchs.

Eine der schönsten Formen des Peripteros, merkwürdig zugleich als das erhaltenste Denkmal griechischer Tempelbaukunst, bietet der bereits genannte Theseustempel zu Athen. Von Kimon noch während des Perserkrieges begonnen und aus pentelischem Marmor aufgeführt, hat er auf der Vor- und Rückseite die beiden Antensäulen (die man im Aufrisse nur am Pronaos wahrnehmen kann) und rings

einen Säulengang von 6 und 13, die Ecksäulen jedesmal mitgerechnet, also von
34 Säulen. Eine der grossartigsten dieser Tempelbauten aber, und als das Meister-
stück hellenischer Architektur anerkannt, ist der Parthenon (Fig. 21), von Perikles
zu Ehren der jungfräulichen Schutzgöttin, nach welcher Atheu sich nannte, auf
der Akropolis durch Iktinos und Kallikrates gleichfalls aus pentelischem Marmor
erbaut. Er vereinigt die Formen des Amphiprostylos und Peripteros, deren ersterer
je 6, der letztere 8 und 17, mithin 46 Säulen zählt. Auch die Cella, wegen ihrer
Länge von 100 Fuss Hekatompedon genannt, hatte im Innern zwei Säulenreihen,
und zwar doppelt, in zwei Stockwerken übereinander stehend, dergleichen man
jetzt noch an dem Tempel zu Pästum sehen kann; die oberen dienten, die durchbrochene Decke zu stützen, worunter sich das Tempelbild gleichsam im Freien
(unterm Aether, daher hypäthral) befand. Dasselbe war die berühmte Athene
Parthenos des Phidias, die gerüstete Jungfrau mit Helm, Aegis, Lanze und Schild,
aus Elfenbein und Gold gearbeitet, 26 Ellen hoch, an Höhe nur von seinem olympischen Zeus übertroffen, und von seiner ehernen Athene Promachos, die zwischen
dem Parthenon und den Propyläen überragend auf Stadt und Meer hinuntersah
und die Schiffe schon in weiter Ferne begrüsste. Der Hinterraum war in eine
dem Pronaos entsprechende Halle und ein geschlossenes Gemach abgetheilt, das,
an die Cella stossend und von vier Säulen getragen, einen Theil des Tempelschatzes
nebst Urkunden und der bekanntlich zuerst auf Delos befindlichen, nachher hier-
hergebrachten griechischen Bundeskasse enthielt. Die übrigen Tempelschätze,
reiche Weihgeschenke, waren im Pronaos aufbewahrt und durch metallene Gitter
zwischen den Säulen von profanen Händen abgeschlossen. Hinsichtlich der Giebel-
statuen und der Reliefs vom Fries der Cella muss auf anderwärtige Beschreibungen,
die hier doch nicht ausführlich gegeben werden könnten, verwiesen werden. —
Beide Tempel haben die Verheerungen des Alterthums und selbst des Mittelalters,
letztere weil sie zu christlichen Kirchen eingerichtet wurden, lang überdauert, und
der Parthenon würde heute noch so gut erhalten sein wie das Theseion, wenn er
nicht bei der venetianischen Belagerung von 1687 durch eine Explosion gesprengt
und noch in unsrem Jahrhundert durch Lord Elgin's tempelstürmerischen Kunst-
enthusiasmus »gerettet« worden wäre.

Hypäthral, wie der Parthenon. waren wohl alle grösseren Tempel schon
darum, weil ohne dieses Mittel die mächtige Säulenwaldung das Licht im Innern
zu sehr beeinträchtigt haben würde. Allein auch der Cultus forderte für manche
Götter die Verehrung unter freiem Himmel. So hat schon der mehrfach besprochene Tempel auf Euböa eine obzwar sehr primitive Oeffnung im Dache, was zu
der Annahme stimmt, dass derselbe den Aethergottheiten Zeus und Hera geweiht
gewesen sei. Fig. 20 gibt den Grundriss eines hypäthralen Tempels, in welchem,
wenn man durch die Säulen des Pronaos eintritt, der Altar unter der Oeffnung
(Opaion) und ihm gegenüber, jedoch von der Hinterwand abgerückt, das Götterbild
befindlich ist. Unter die Oeffnung selbst wird man dieses, besonders wenn es
werthvoll war, nicht versetzt haben. So sass der Zeus des Phidias zu Olympia,
obgleich der Tempel ein hypäthraler war, nach der Beschreibung der Alten selbst
unter dem Dache, das er aufstehend zu zertrümmern drohte, vor ihm der offene
Hof, mit Säulengängen in zwei Stockwerken umgeben. — Die drei genannten
Tempel gehören sämmtlich der dorischen Ordnung an.

Vom Peripteros, obgleich er eigentlich als der Schluss der Entwicklung
gelten darf, zweigen sich noch drei weitere Formen ab, eine zurück- und zwei

vorwärtsgehende, wovon die eine wiederum halb rückschreitend ist. Die erste ist der Pseudoperipteros, der den Schein eines Säulenumgangs durch an die Cellawand geschobene Halbsäulen hervorbringt, übrigens mehr in der römischen als in der griechischen Baukunst zur Anwendung gekommen ist, so an dem noch erhaltenen Tempel der Fortuna virilis zu Rom (Fig. **), der anstatt der freien Säulenreihe blosse Wandsäulen hat, welche die Vorhalle fortzusetzen scheinen (daher Prostylos Pseudoperipteros), indessen durch die weite Vorschiebung dieser Säulenhalle und durch die Vordertreppe nach römischer Weise von der griechischen Bauart abweicht. Die am weitesten gehende Form ist der doppelte Peripteros, d. h. eine Umgebung des Tempels mit zwei Säulenumgängen, daher Dipteros genannt. Diese reiche Form wurde gewählt, dem grossen Tempel von Ephesos seine Vollendung zu geben. Dem Pseudoperipteros entsprach sodann der Pseudodipteros, über dessen Auffassung (bei Vitruv) jedoch die Modernen nicht übereinstimmen, indem die Einen die innere Säulenreihe zu Wandsäulen machen, die Andern sie ganz weglassen; in beiden Fällen war die (angeblich) äussere Reihe doppelt so weit als der Peripteros von der Cellawand entfernt, so dass sie den Schein einer Doppelreihe hervorrief.

Der römische Tempel stammt zweifach von dem griechischen, einmal durch Herkunft von den Culturvätern der Römer, den Etruskern, deren Zusammenhang mit Griechenland und Asien bekannt genug ist, und dann in späterer Zeit durch Entlehnung der griechischen Baukunst selbst; dennoch weicht er, wie so eben bemerkt, etwas von dieser ab, was unter andrem schon in der von Auguralzwecken abhängigen Anlage begründet ist. Seine Grundfläche wurde nämlich durch die Art, wie der Augur den angezeigten Raum nach den Himmelsgegenden orientirte und abtheilte, mehr dem Quadrat genähert, wobei Cella und Vorhaus zwei gleiche Hälften (nördlich und südlich) bildeten. Die vordere war eine mit weitgestellten Säulen erfüllte offene Halle, die hintere das geschlossene Heiligthum; der Rückseite fehlte häufig die Säulenstellung. Er erhob sich übrigens, wie der griechische, auf einem oft gewaltigen Unterbau, der aber nicht in der oben erwähnten scheinbaren Stufenform, sondern als hohes Fundament errichtet war und deshalb der Vordertreppe bedurfte. Riesige Trümmer eines solchen Fundaments liegen noch jetzt auf dem Theile des capitolinischen Hügels, der den Tempel des capitolinischen Jupiter trug. Fig. 10 gibt den Grundriss desselben, wie man ihn nach der Beschreibung des Dionysius von Halikarnass herzustellen versucht hat. Dieser Schriftsteller sah ihn zwar in der Gestalt, wie ihn Sulla wieder aufgebaut; aber die Heiligkeit eines Tempels, wenn er einmal vom Augur bestimmt und vom Priester geweiht war (letzteres auch in Griechenland eine sehr wichtige Handlung), war so gross, dass nach einer Zerstörung der Neubau nur auf dem alten Platze und ohne Veränderung des Planes vorgenommen werden durfte. Er war also auch in seiner Erneuerung doch wieder der alte Tempel, wie er, angeblich schon unter den Tarquiniern, von etrurischen Baumeistern errichtet worden war; nur hatte man die etrurischen Säulen durch korinthische ersetzt, die mit ihrer Verwandlung der jonischen Volute in die Kelch- und Blätterform dem römischen Geschmack besonders zusagten und die man dem erwähnten so vielen Schicksalswechseln unterworfenen Tempel des olympischen Zeus zu Athen entnahm. Da der Tempel, wie auch in Griechenland nicht ungebräuchlich, mehreren Gottheiten geweiht war, so zerfiel die Cella in drei Abtheilungen, oder vielmehr, es waren drei Cellen neben einander, deren Abbildung, nachdem auch die wiederholten Neubauten unter Vespasian

und Domitian nichts geändert, auf einem Basrelief am Triumphbogen Marc Aurel's
— der Kaiser vor dem capitolinischen Tempel opfernd — zu ersehen ist (Fig. 45).
Das mittlere dieser drei Heiligthümer war dem Jupiter, das zur Rechten von ihm
(dem Beschauer links) der Minerva und das zur Linken der Juno geweiht. Der
vordere Raum hiess ante cellas. Hier war gar eine dreifache Säulenreihe aufgestellt; eine doppelte säumte die beiden Langseiten; die Rückseite, weil von der
Stadt abgekehrt, war ohne Colonnade.

Fig. 37 zeigt uns den versuchten Aufriss eines Fortunatempels, dessen
Trümmer 1823 in Pompeji ausgegraben worden sind. Die auf dem Bilde nicht
vollständig sichtbare Plattform, auf welcher der Tempel ruht, bewahrt noch den
davor stehenden Opferaltar. Von ihm aus erhebt sich die Freitreppe gegen den
Tempel. Acht korinthische Säulen umgeben und tragen die Vorhalle, hinter
welcher man die in die Cella führende Thüre erblickt. Die Cella (was hier nicht
zu sehen) ist, wie bei andern römischen Tempeln, so lang als die Vorhalle und
Treppe zusammen. Als Merkwürdigkeit ist zu erwähnen, dass eine Inschrift einen
Marcus Tullius nennt, der diesen Tempel der Fortuna Augusta von Grund aus
und von seinem Gelde erbaut habe, und dass man an einer Statue, die diesen
Stifter vorzustellen scheint, starke Aehnlichkeit mit Cicero finden will, ohne übrigens ausser dem Vater und Grossvater des berühmten Staatsmanns, Redners und
Schriftstellers einen Marcus Tullius nachweisen zu können.

Von den drei Säulenordnungen, die man in der Entwicklung der Baukunst
als die Stufen der Würde, der Anmuth und der Pracht bezeichnen kann, kommen
auf gegenwärtiger Tafel nur die erste und die letzte, die dorische am Theseion,
die korinthische an dem Fortunatempel von Pompeji zur Anschauung. Ein Beispiel der jonischen Säule dagegen gewährt Weissers Bilderatlas*) Tafel 18, Fig. 1, wo
zugleich die in Griechenland ungebräuchliche Form des Rundtempels zu sehen ist.

Das Götterbild war ursprünglich so einfach wie das Heiligthum: ein Stein,
ein Balken, Pfeiler u. dgl., oder die Gegenwart der Gottheit war, wie zu Dodona,
schon durch den lebendigen Baum allein bedeutet, oder, wo ein Bild sich einfand,
musste der Baum sich zur Aufnahme desselben bequemen, wie in Ephesos, wo ein
Bild der Artemis, ehe samische Kunst den Prachttempel schuf, in einer hohlen
Ulme aufgestellt war. Manche dieser Bilder — wie von dem eben genannten die
Epheser noch zu der Apostel Zeiten rühmten (Ap. Gesch. 19, 35) — galten als
vom Himmel gefallen, und mögen somit Meteorsteine gewesen sein. Das Bild der
Dioskuren zu Sparta bestand in zwei Balken, die durch ein Querholz verbunden
waren, und in Samos hatte sich die hohe Hera frühstens gar mit einem Brett
begnügen müssen. Agamemnon's heiliges Scepter ist bekannt, und so hatte der
Ortscultus, je nach Anlass einer Sage, die verschiedensten Symbole. Auch der
Speer diente als Götterbild, an die Lanze der Latiner und an die Waffenverehrung
anderer Völker erinnernd, z. B. der Skythen mit ihrem berühmten Aresschwerte,
das nachmals in Attila's Hände gerieth und zuletzt — nicht unvergleichbar dem
Schwerte der Jungfrau von Orleans — von Herzog Alba wieder ausgegraben worden sein soll.

Derartige Symbole erhielten sich bis in späte Zeiten, wie denn noch Pausanias eine Menge derselben aufzählt, und durften sich an Heiligkeit mit den gefeiert-

---

*) In der II. Auflage I. Bd. I. Abth. Tafel 36, Fig. 1.

sten Bildwerken messen, gleichwie diesen auch in der Zeit der höchsten Kunstblüthe die älteren, steiferen Kunstproducte — ganz in der Weise des Kampfes zwischen byzantinischen Heiligenbildern und vollendeten Kunstwerken des 16. Jahrhunderts — den Preis der religiösen Weihe streitig machen durften. Indessen war zeitig das Bedürfniss eingetreten, den rohen Stein nach der Vorstellung, die man sich vom Gotte machte, und besonders auch nach weiteren Symbolen, die man mit dieser Vorstellung verband, umzugestalten. Dem Klotze wurde ein Kopf aufgesetzt, Arme, an den Leib geschlossen, oder auch bloss Hände, wurden angedeutet, ein Phallos wurde angebracht, andere Attribute kamen hinzu, besonders thierartige, wie man sie auch aus ägyptischen und phönikischen Darstellungen kennt, Fischleib, Stier-, Widderhörner, Pferdekopf, oder auch völlige Thiergestalt. Aus dem Pfeiler mit Kopf oder Händen wurden sodann die Hermen, die man, verschiedenen Gottheiten, meist aber dem Hermes geweiht, am liebsten auf öffentlichen Plätzen aufstellte. Die ersten vollständigeren, wenn auch noch sehr mangelhaften Bilder waren unzweifelhaft von Holz und jenen koboldmässigen Patäken (Schnitzbildern) ähnlich, welche die Phöniker auf ihren Schiffen führten. Auch sie waren zum Theil »vom Himmel gefallen«, zum Theil wurden sie auf Dädalos zurückgeführt, den mythischen Ahnherrn jener Künstlerinnungen, deren eine auch den Sokrates zu den Ihrigen zählte. Die ältesten dieser Bilder wurden als Palladien verehrt, und zwar so gläubig, dass man sie einander zu entführen suchte. Die Holzschnitzkunst wagte allmählich von der alten Alräunchenform abzugehen, die geschlossenen Glieder zu trennen und die Bilder etwas zu beleben, doch wurde ihnen der Schein des Lebens am meisten dadurch beigebracht, dass man sie, noch immer echt orientalisch, wusch, glättete, salbte, bemalte, bekleidete und frisirte. Es war ein weiter Weg von diesen heiligen Puppen bis zu jenen Idealen, in welchen die Kunst des Phidias das Göttliche und Menschliche zu verschmelzen wusste, von welchen Aristoteles sagte, dass, wenn ein Mensch von solcher Gestalt uns begegnete, freilich Alles bereit sein würde ihn als ein Wesen höherer Art zu verehren, — und doch, auch dann noch dauerte die alte Sitte des Schmückens und Behängens fort. Das goldene Gewand der Parthenos konnte abgenommen werden, einzelne Locken des Zeus zu Olympia wogen 300 Louisd'or, die Bilder hatten zum Theil eine stattliche Garderobe und vielhändige Toilettenbedienung, wie sich denn selbst das Thonbild des strengen capitolinischen Jupiter zu Rom an Festen das Gesicht mit Mennig schminken lassen musste, und noch in später Kaiserzeit prunkten die Bildsäulen mit Purpurmänteln. Eine Erscheinung, die unbegreiflich wäre, wenn man sich nicht erinnerte, dass in jedem Cultus ein Gegensatz von Innerem und Aeusserem besteht, der die seltsamsten Widersprüche gebären kann.

Im Tempel befand sich das Cultusbild, ob an der Hinterwand oder mehr vorgerückt, immer dem Eingang gegenüber, unter schützendem Ueberbau auf einem Piedestal, manchmal auch in einer Nische, und vor ihm stand der Altar, der aber nur für unblutige Opfer, Früchte u. dgl., je dem betreffenden Cultus gemäss, diente. Die Decke des Bildes konnte eine Art Tabernakel (römisch Aedicula) sein, wovon eine zu Ehren einer Vestalin geprägte Münze, den capitolinischen Jupiter in seiner Cella vorstellend, eine Anschauung gibt (Fig. 24). Aber auch im Freien wurden Götterbilder aufgestellt, bedeckt oder unbedeckt, oft wahrhaft bildstockartig, und die Erinnerung der alten heiligen Haine mochte nachwirken, dass man sie gerne zwischen Bäume setzte. Die Kunst hat diese waldfrische Umgebung wie eine Art Symbol in zahlreichen Bildern festgehalten, und so sieht man noch aus später Zeit,

auf dem Trajansbogen, eine Statue der Diana, mit dem Altar vor ihr, zwischen
Bäumen ragen (Fig. 15); ja noch auf dem Konstantinsbogen erscheint ein Apollobild
mit angedeutetem Lorbeerhain.

Der Brandopferaltar war stets ausserhalb des Tempels so aufgestellt, dass das
Götterbild aus dem Innern nach ihm hinschauen konnte. Aus einfacher herdförmiger
Erhöhung hervorgegangen, die aus Erde, aus Hörnern, Knochen und Asche der
geopferten Thiere bestand, stieg er in der Kunstzeit zu prachtvollen und kolossalen
Formen empor, wie der Zeusaltar von Olympia, der einen Unterbau von 125 und
eine Höhe von 22 Fuss hatte, innerhalb des steinernen Aufbaus aber, in Beibehal-
tung der altheiligen Sitte und die ununterbrochene Fortsetzung der Opfer anzeigend,
lauter Asche von Schenkeln der verbrannten Thiere war. Aehnlich scheint es mit einem
aus Ziegenhörnern errichteten Apolloaltar auf Delos, der zu den sieben Wunder-
werken gerechnet wurde, beschaffen gewesen zu sein. Jene Wunderwerke sind
nun freilich von der Erde verschwunden, und man darf daher auf unserer Tafel
keine Darstellung von ihnen erwarten. Doch sind uns Beispiele des antiken Altars
erhalten, theils in Natur, theils in Abbildungen. Fig. 18 zeigt einen auf einem
bemalten Thongefäss, das zu Athen gefunden wurde, befindlichen Altar, dessen
schneckenförmige Eckenverzierungen an die aus dem alten Testament so wohlbekannten »Hörner des Altars« gemahnen; dergleichen Hervorragungen, die sich auch
auf andern griechischen Bildwerken finden, mögen einiges Licht auf die Entstehung
der orientalisch-jonischen Voluten werfen. Fig. 20 zeigt einen blumengeschmück-
ten, mit Früchten belegten Altar, wohl nur zu Libationen, für deren Abfluss unten
eine Oeffnung angebracht ist, Fig. 22 dagegen einen Altar, aus dessen Mündung
das Blut in vollem Strome schiesst. Fig. 68, unter dem vorigen, ist kein gewöhnlicher Altar, sondern ein römisches Puteal oder Blitzgrab, einer jener brunnen-
artigen Altäre, die man an Stellen, wo der Blitz in den Boden geschlagen, errichtete. Eine der kleinsten Altarformen, Fig. 44, ist ein zu Antium gefundener
marmorner Foculus, an dem man oben die Höhlung zum Feueranzünden sieht.
Diese kleineren Altäre wurden auch tragbar und von Bronze verfertigt. Sie dienten
hauptsächlich zu unblutigen Opfern, für die man aber auch Opfertischchen (Fig.
18, 41 u. 64), metallene Räucherständer (Thymiaterien, Fig. 29), oder im Fall
grösseren Bedarfes grosse mit Handhaben versehene Erzgefässe auf ehernen Dreifüssen (Fig. 16, 27) hatte. Diese Dreifüsse waren bekanntlich eine der beliebtesten Arten von Weihegeschenken. Zu unterscheiden von den gewöhnlichen ist
beiläufig der Fig. 19 dargestellte, der nichts Geringeres ist als der delphische
Dreifuss selbst, nach einem Basrelief eines Altars in der Villa Borghese; oben
darauf ruht das Becken mit der kreisförmigen, durchbrochenen Scheibe (Holmos,
Cortina), worauf die Pythia sass. Auf Dreifüssen standen auch die Weihwasser-
becken am Eingang der Tempel, die ganz in der heute noch üblichen Weise gebraucht wurden; doch hatten sie auch die Fig. 48 dargestellte, in Pompeji gefundene Form.

Die Opfer theilen sich in unblutige und blutige. Die dauerhafteste und kostbarste Art der ersteren waren die Weihegeschenke (griechisch Anathemata, römisch
Donaria), die den Tempeln gemacht wurden und sich besonders in Olympia und
Delphi dergestalt häuften, dass die darbringenden Staaten im Tempelbezirk eigene
Schatzhäuser (Thesauren) für ihre Gaben bauen mussten. Auch Einzelne brachten,
nach ihrem Vermögen, kostbare Geschenke dar, Dreifüsse, Tempelgeräthe, Schmuck
für die Götterbilder, Gemälde, Statuen, doch konnte Reich oder Arm jeden Gegen-

stand, der für den Geber eine Beziehung hatte, von den Waffen des Siegers bis
zu den abgeschnittenen Haaren der mannbaren Jugend herab, der Gottheit weihen.
Auch jene Art Votivbilder, die jetzt noch so häufig sind, waren damals schon im
Schwange, nämlich Abbildungen geheilter Glieder, von Gold, Silber, Erz oder
geringerem Stoff. Fig. 14 stellt ein Beispiel dar: Augen, Fuss und Hand, die
letztere durch eine Narbe ihre Bedeutung zu erkennen gebend. Die eigentlichen
Opfer sodann bestanden, die unblutigen in Früchten aller Art, Honig, verschiedenem
Backwerke, das in einzelnen Formen heute noch fortdauern mag, Rauchwerk und
Trankspenden von ungemischtem Wein, auch Oel und Milch, die blutigen grossen-
theils in Hausthieren, welche geschlachtet und in besonders feierlichen Fällen ganz
verbrannt, gewöhnlich aber, mit Ueberlassung eines mehr oder minder stattlichen
Antheils (Schenkelknochen mit Fleisch daran, etwas von den Eingeweiden, auch
Schwanz) an die Götter, verspeiset wurden. Bei Homer macht sich dies höchst
lässlich und bequem: man opfert am Meergestade, oder wo man gerade zur Stelle
ist, vor dem Königspalast wie im Saale selbst, wo der Schmaus beginnen soll.
Jedes Festmahl ist zugleich ein Opfer, indem die Götter, gleichsam als geladene
Gäste, ihren Theil Speis' und Trank erhalten. So zählt Xenophanes, der heimath-
lose Philosoph, in einer Beschreibung der glänzenden Gastmahle seiner Zeit, unter
den Herrlichkeiten des Festsaales den blumenbekränzten Altar mit auf, von dem
der Duft des Weihrauchs emporsteigt. Strenger wurde es bei den cultlichen Opfern
genommen, bei welchen Art, Geschlecht und Beschaffenheit der Opferthiere, auch
die Weise des Schlachtens, je nach der Rücksicht auf die betreffende Gottheit
und nach dem bestehenden Ritual verschieden war. Noch peinlicher als die
Griechen waren die vom Ceremoniel fast erdrückten Römer, die religiosissimi, wie
sie selbst mit Recht sich nannten, die ein Opfer dreissigmal wiederholen konnten,
weil es durch das geringste Versehen, durch den kleinsten Zufall ungültig wurde.
Im Allgemeinen war es Brauch, das Opferthier — nachdem es mit Bändern (Tänien)
und Kränzen, das Hornvieh auch mit Vergoldung der Hörner geschmückt vorgeführt war, nachdem die Anwesenden Weihwasser genommen, Opfergerste (bei den
Römern das gesalzene Schrotmehl, Mola salsa) auf den Kopf des Thiers gestreut,
abgeschnittene und ausgetheilte Stirnhaare desselben ins Opferfeuer geworfen, —
unter Anrufung der Götter mit einer Keule, einem Hammer, einem Beil u. drgl.,
je nach dem Ritus, der besonders bei den Römern sehr verschieden war, nieder-
zuschlagen und ihm dann — bei einem Opfer für die oberen Götter mit erhobenem, für die unterirdischen mit niedergebeugtem Kopfe — die Kehle mit dem
Schlachtmesser zu durchschneiden. So hielt es im Ganzen schon der reisige Nestor
in Pylos beim Besuche des Telemachos, aber der Ceremonialgottesdienst der
geschichtlichen Zeit, vornehmlich der römischen, verlangte im Einzelnen eine
Menge Observanzen, deren Aufzählung unendlichen Raum erfordern würde. Ein
übles Zeichen war es z. B., wenn das Thier sich sträubte zum Altar zu gehen, oder
wenn es gar ausriss, ein gutes, wenn es gerne folgte oder gar durch Nicken mit
dem Kopfe seine Zustimmung zu erkennen gab. Um dieses zu bewerkstelligen,
goss man ihm wohl auch Wasser in die Ohren, gerade wie das heitere Aufflammen
des Opferfeuers, das gleichfalls eine hohe Bedeutung hatte, gar sehr von der ge-
schickten Legung der Hölzer abhing. Derlei kleine Kunstgriffe haben stets,
und nicht bloss bei Pfaffen, dem Zuge der Menschheit nach dem Ewigen nach-
helfen müssen. Weiss man ja doch von dem grossen und edlen Epaminondas,
dass er — obgleich oder vielleicht auch weil er von einem esoterisch religiösen

Pythagoräer erzogen war — in der Nacht vor dem Tage von Leuktra einem Athene-
bilde den zu Füssen liegenden Schild an den Arm hängen liess, damit am Morgen
seine Mannen sehen sollten, dass die Göttin selbst den Schild für sie aufgenommen
habe. Bekanntlich wurde jedoch nicht bloss auf diejenigen Zeichen geachtet, die
sich etwa zufällig beim Opfern ereignen mochten, sondern man opferte auch eigens
zu dem Zwecke, aus den Eingeweiden des geschlachteten Thieres, besonders im
Kriege, die Gunst oder Ungunst des Himmels zu erforschen, eine Weissagungsart
(Hieroskopie, Haruspicium), die im Orient gebräuchlich war, daher es sich erklärt,
wie sie auch zu den Griechen sowohl als zu den Etruskern und Römern kam.
Opfer wurden ferner, theils unblutige, theils blutige, bei Eiden und Verträgen,
sowohl zwischen Einzelnen als Staaten, gebracht. Sehr feierliche Opfer wurden
zum Behuf der Reinigung und Entsündigung (Katharsis, Lustratio) angestellt, theils
in besondern Fällen privater oder öffentlicher Verschuldung, theils regelmässig
wiederkehrende in Anerkennung der menschlichen Sündhaftigkeit überhaupt. Diese
mit den betreffenden Sünden beladenen Opfer wurden nicht gegessen, sondern
vergraben, oder in eine Schlucht oder ins Meer gestürzt. Um die Reinigung recht
wirksam zu vollziehen, griff man auch zu Menschenopfern, und das nicht bloss im
Dunkel des Alterthums, sondern, wenn auch vereinzelt, durch die ganze geschichtliche Zeit hindurch. Themistokles musste, so leid es ihm war, vor der Salaminer
Schlacht dem Dionysos drei gefangene Perser opfern, was diesen Bekennern der
zoroastrischen Dogmen tiefbarbarisch vorgekommen sein muss, und Pelopidas wäre
bei Leuktra nahezu einer ähnlichen Versuchung erlegen. In Athen wurden am
Thargelienfeste zwei Menschen unter Flötenbegleitung mit Feigenruthen und Meer-
zwiebeln durch die Stadt gepeitscht und draussen geopfert. Der Unterschied von
den älteren Menschenopfern bestand nur darin, dass man Verbrecher nahm, so
auch zum Sturz vom leukadischen Felsen, wo man dem Opfer noch behülflich
war, dass es möglicherweise davon kommen konnte. Dunkler ist ein arkadischer
Brauch, der noch in nachchristlicher Zeit dem lykäischen Zeus Menschen opferte.
Auch in Rom fiel noch unter den Kaisern jährlich ein Mensch, jedoch gleichfalls
ein zum Tode verurtheilter Verbrecher, am Altar des Jupiter Latiaris, und die
Gladiatorenspiele zumal sind ausdrücklich auf Grund der alten von Numa abge-
schafften Menschenopfer eingeführt. Aber auch bei uns noch — was freilich dem
Christenthum nicht zur Last fällt — sind bis ins späte Mittelalter bei Brücken- und
andern, selbst bei Kirchenbauten, lebendige Menschen, besonders Kinder, eingegraben worden.

Nun liegt uns noch ob, eine Anzahl der hierher gehörigen Abbildungen
römischer Opfergeräthe von Taf. I aufzuführen. Fig. **7, 75, 49, 50** sind die
beim Opfer gebrauchten Schalen (Paterae) für feste oder flüssige Gegenstände.
theils mehr theils weniger flach, theils mit theils ohne Handhabe. Der infulirte
Ochsenschädel bei Fig. **7** zeigt, wie die Thiere geschmückt waren, wenn sie zum
Altar geführt wurden. Nebenan befindet sich, über einer Weihrauchplatte, eine
andere Form der Infula, wie sie sowohl vom Priester als vom Opfer getragen
wurde, mit doppelten Tänien an den Enden zum Knüpfen. Fig. **8, 9** und **10**
sind Feuerwerkzeuge, wie man sieht, und zwar ein Feuerhaken, der ganz den
unsern gleicht, eine auf Rädern laufende Zange und eine Schaufel. Fig. **11, 29**
und **59 a** sind verschiedene Formen des Opfermessers (Secespita). Fig. **76** ist
der Weihwedel von Pferdehaaren mit kuhfüssiger Handhabe, von den Archäologen
Aspergillum genannt, zum Aussprengen des Weihwassers dienlich, Fig. **54, 55**

und **39** sind Schlägel, womit das Opfer niedergeschlagen wurde, zwei in Form des Hammers (Malleus), einer in Form des Beils (Securis), Fig. **39** ist ein Salbenbehälter, auch Gefäss, um den Libationswein auf die Patera zu giessen, Guttus genannt, weil die Flüssigkeit nur tropfenweise dem engen Hals entfliessen konnte (daher auch Sparkrüglein zum Hausgebrauch), Fig. **38** ein Schöpfer (Simpulum oder Simpuvium) nach Art des griechischen Kyathos, womit man den Wein aus dem Mischgefäss in die Becher schöpfte, nur dass das Simpulum ausschliesslich bei Opfern diente, Fig. **40** das beim Vestaopfer gebrauchte Wassergefäss, Futile genannt, das, wie man sieht, nicht auf den Boden gestellt werden konnte, weil dies in diesem Cult ein grober Verstoss gewesen wäre. Der niedliche Käfig, Fig. **23** (Cavea, Arcula), beherbergte die heiligen Hühner, deren eifriges Fressen ein günstiges Auspicium war; die Handhabe weist auf die häufige Berufung des Hühnerwärters (Pullarius) hin, der mit ihnen erscheinen musste, den Willen der Götter zu erforschen, besonders im Felde, wo jede Legion ihre eigenen heiligen Hühner hatte. Die Opfertischchen, wie Fig. **41** eines bietet, wurden auch zu dem berühmten Lectisternium gebraucht, dem Götterschmause, wobei man die Götterbilder in der nämlichen Weise, wie man sie kleidete und frisirte, auf Polstern oder Sitzen bei Tisch (Mensa sacra) bediente. Fig. **42**, ein bei Palästrina (Präneste) gefundenes metallenes Gefäss, hat längere Zeit für ein geheimnissvolles Festgeräth der Bacchanalien (cista mystica) gegolten, wird aber jetzt einfach für ein Schmuckkästchen erklärt. In Fig. **47** erscheint der unzweifelhafte Ahnherr unsers Krummstabs, der Lituus des Augurs; er spielte vornehmlich bei der oben erwähnten Eintheilung des Himmels in gewisse für die Auguraldisciplin bestimmende Felder eine wichtige Rolle, indem mit ihm die Linien gezogen wurden. Fig. **46** und **51** endlich sind Weihrauchgefässe, dieses das Kästchen, worin man den Weihrauch zum Gebrauche an den Altar verbrachte; jenes das Thuribulum, das eigentliche Rauchfass zum Anzünden und Verdampfen, das ganz wie bei uns gehandhabt wurde und mit seiner eleganten Kette sich recht modern ausnimmt. Es versteht sich, dass diese Weihrauchopfer bei den verschiedensten Gelegenheiten, auch für sich allein, vorkamen, doch waren sie unzertrennlich von den Schlachtopfern, und die Ursache ist leicht einzusehen, auch wenn uns nicht Moses Maimonides (denn die Juden bedurften des Weihrauchs gleichfalls) Aufschluss darüber gegeben hätte. Der süsse Geruch für die himmlischen Mächte war nämlich ein ganz anderer in der Nase der irdischen Darbringer. Fürwahr, wenn man dies bedenkt und die massenhaften, hekatombenartigen Opfer, die fort und fort von Staatswegen auf öffentlichen Plätzen vor den Tempeln gebracht wurden, auch nur oberflächlich sich vergegenwärtigt, so geht durch das antike Religionsleben — nicht zu gedenken der Grausamkeit einzelner Ritusgebräuche, wonach z. B. dem Opferthier zuerst die Glieder abgehauen wurden — ein Blutduft, ein Fleisch- und Knochenbrandgeruch und ein Eingeweidegestank, den alle Wohlgerüche Arabiens nicht übertäuben können und der uns unsere modernen Schlachthäuser, so unästhetisch und irreligiös (im Sinn der Alten) sie sind, als einen unermesslichen Fortschritt willkommen macht.

»Ernst ist das Leben, heiter ist die Kunst.« So wohl es auch den Alten bei manchen ihrer Cultushandlungen, zumal bei den grossen Volksfesten und Opferschmäusen, in Frömmigkeit und Lebenslust geworden sein mag, so bleibt doch das

Wirkliche weit hinter den Gebilden, zu welchen es die Kunst, gleichsam den perlenden Schaum davon abschöpfend, gestaltet hat. Dies ist besonders der Fall bei den griechischen Kunstwerken, die das Allgemeine und Einfache geistreich frei zu behandeln lieben, während die römische Darstellung (dem Geschmacke der heutigen Welt entsprechend) sich in der genauen Detailschilderung des einzelnen, zusammengesetzten Vorgangs gefällt. Die griechischen Gemmenbilder namentlich sind theils von so abgelöstem Inhalt, dass man sie wie eine schöne poetische Erfindung auf sich selbst beruhen lassen muss und eine Beziehung des Opfers auf eine bestimmte Gottheit, wo nicht deutliche Attribute reden, so wenig mit Sicherheit behaupten kann, als sich von gewissen betenden Figuren neuerer Kunst aussprechen lässt, zu welchem oder welcher Heiligen sie beten.

Tafel XI, die aus der Menge der griechischen und römischen Opferbilder eine Auswahl gibt, enthält unter andern einige dieser lieblichen, mitunter genreartigen Darstellungen auf geschnittenen Steinen.

Fig. 1, Venusopfer, ist als solches durch die Tauben bezeichnet, die der Aphrodite-Venus heilig sind. Ob aber dieselben geopfert werden sollen, ist zu bezweifeln, da Taubenopfer nicht unter den gebräuchlichen aufgeführt sind und dieser Göttin überhaupt in Italien wie in Griechenland — mit Ausnahme einzelner Orte, wo man ihr, jedoch im Widerspruch mit andern Orten, Schweine opferte — vorherrschend unblutige Opfer, ja weinlose Trankspenden (Nephalia), aus Wasser, Honig und Milch, gebracht wurden. Ob das bedeckte Gefäss eine solche Spende oder das Futter für die Tauben enthält, muss dahingestellt bleiben, aber die Opferhandlung scheint in der That darin zu bestehen, dass die Tauben von der um sie beschäftigten Frau zu Ehren der Göttin gefüttert werden, welche harmlose Darbringung von der Flötenbläserin auf der Doppelflöte begleitet wird. Das Heiligthum, zu dessen Füssen die Handlung vorgeht, ist ein wahres Bildstöckchen, dergleichen man heute noch gar manches am Wege sieht, und die oben besprochene Neigung, das Götterbild mit frischem Grün umgeben darzustellen, hat auch hier gewaltet. — Gemmenbild der Galerie von Florenz. (Gori Mus. Flor. I, pl. 74, 5. Tableaux etc. de la Gal. de Flor. etc. dessinés par Wicar T. II.)

Fig. 2. Ceresopfer. Schweine wurden vorzugsweise der Demeter, auch dem Dionysos, geopfert, angeblich weil sie den Saaten und Reben Schaden thaten, daher der Name des Bildes. Drei Jünglinge (Epheben) schreiten in einer Art graziöser Prozession der Opferstätte zu. Der vorderste trägt mit anmuthiger Kraft, gleichsam tanzend, auf der Schulter das schwere Schwein, das mörderisch zu schreien scheint. Der zweite, das Priesteramt zu verrichten bereit, folgt mit Schlachtbeil und Schlachtmessern. Der dritte trägt räthselhafte Gegenstände, die beim Opfer zu dienen bestimmt sein müssen, in der Linken etwas, das für eine Laterne gehalten wird, so dass es sich um eine nächtliche Feier handeln würde, und in der Rechten einen in Form eines Füllhorns geflochtenen Korb, der vermuthlich das Opfermehl enthält. — Vasenbild. (Gerhard Antike Bildwerke Tafel LXX.)

Fig. 3. Häusliches Opfer. Dass die beiden hintersten Gestalten, der Mann im Pallium und die verschleierte Frau, mit den nach antikem Ritus betend erhobenen Händen, ein Ehepaar sind, scheint nicht zu bezweifeln, und die kleinere Gestalt, die in einen weiten Mantel gehüllt vor ihnen hergeht, scheint sonach ihr Kind zu sein. Ihnen vor tritt eine grosse weibliche Gestalt opfernd an den Altar, in der Linken eine Schale, wie man sie voll auf der flachen Hand trägt, in der

Rechten die Schöpfkanne, woraus sie eingegossen. Da dieselbe auch die Erwachsenen an Wuchs weit überragt, so mag man geneigt sein, sie für eine Gottheit zu halten, die zur Feier einer bedeutsamen Familienscene herbeibemüht wird, um selbst das Opfer für das Haus zu bringen. Dass Götter selbst als opfernd dargestellt werden, ist der griechischen Kunst keineswegs fremd, und wo sie mit Menschen zusammen erscheinen, wird der Unterschied gern durch riesige Grösse der Götter ausgedrückt. Zoëga erklärt die grosse Gestalt für eine Priesterin, die einer Gottheit opfert, deren Bild den verlorenen Theil des Marmors einnahm, und muthmasst aus dem halbkugeligen Gegenstande zu Füssen der Opfernden, »der eine Cortina bedeuten könnte,« das Opfer könnte auf Asklepios abgesehen sein, und zwar für die Wohlfahrt des Kindes, das durch seinen Anzug als genesend angegeben zu sein scheine; doch gesteht er durch diese Erklärung selbst wenig befriedigt zu sein. Eine Beziehung auf Heilgottheiten würde wohl eine andere Deutung des Kindes erfordern, das dem in seinen dichten Mantel gehüllten kleinen Dämon Telesphoros, dem gewöhnlichen Begleiter des Asklepios oder der Hygieia, gleicht, welche Letztere dann etwa in der Opfernden zu erkennen wäre, wobei freilich zu der Schale die Schlange fehlt; der Gedanke an Krankheit oder Genesung würde dann auf das betende Paar übergehen. Indessen kann auch das Kind ein natürliches sein, das zugleich durch seine Erscheinung an Telesphoros erinnert, welcher ja wiederum ganz das Ebenbild eines zimpferlich eingemummten Genesenden ist, und eben so kann die Opfernde eine Priesterin sein, die zugleich — wie die Begriffe des Priesters und der Gottheit leicht in einander übergehen — durch die Telesphorosgestalt des Knaben zum Ebenbild der Hygieia gestempelt wird. Denn das Eigenthümliche der rechten Kunst ist es, dass sie stets Wirklichkeit und Symbol in einander fliessen lässt. — Griechisches Relief in der Villa Albani. (Zoëga Bassirilievi antichi. Vol. I.)

Fig. 4. Man hat dieses schöne Vasengemälde als »Apollonsopfer« erklären wollen, aber die Lorbeerkränze der Opfernden und der Lorbeerzweig, auf welche diese Erklärung gestützt ist, weisen nicht ausschliesslich auf Apollo hin, nicht einmal im Cultus, geschweige in der Kunst, die sich an die rituell und zum Theil örtlich abweichenden Unterschiede in der Wahl der Pflanzen zur Bekränzung der Opfernden wenig gebunden fühlte. Der Lorbeerzweig diente als Weihwedel, um aus dem Weihbecken (Chernips) Opfernde, Opfer und Altar zu besprengen. Die Gestalt, die ihn trägt, hält in der andern Hand eine muschelartige Kelchschale gegen den Opfergenossen hin, der in der Rechten das Gefäss zum Eingiessen hat. Auf der Linken trägt dieser den Opferkuchen. Von der andern Seite des Altars schreitet eine priesterliche Gestalt her, welche eine Patera in der Rechten hält und deren Bewegung es nicht unwahrscheinlich macht, dass das Bild den die Opferhandlung beginnenden Umgang um den Altar darstellt, wobei es nicht an der gewohnten Flötenbegleitung fehlt. Mag sich nun das Gemälde auf Apollon oder auf irgend welche Gottheit oder gar auf einen »unbekannten Gott« beziehen, gleich jenem Altar, welchen der Apostel in Athen vorfand, — immerhin werden wir es als eines der edelsten seiner Art bezeichnen dürfen, das in der anmuthgepaarten, stillen Hoheit und Klarheit seiner Gestalten die volle Eigenthümlichkeit echt griechischer Kunst erkennen lässt. (Tischbein Vases, I, 27.)

Fig. 5. Bacchusopfer. Der Thyrsos mit dem Fichtenzapfen und den Bändern verräth den Gott, dessen Bild auf der Säule steht, und dem ein echt ländlicher Altar aufgeschichtet ist, welchen der Kopf einer geopferten Ziege schmückt.

Ziegenopfer für den Dionysos sind sehr häufig auf Gemmen. Eine Frau giesst eben den Wein in die Flamme aus, während sie in der Linken einen Opferfladen oder etwas der Art bereit hält; der mit dem Zottelfell bekleidete Knabe trägt die Schwinge (Virgil's vannus mystica) mit den Früchten und dem Phallus — auf der Abbildung irrthümlich ein Ziegenfuss — in der Linken hält er einen Zweig mit Frucht und Blättern, die wie aus einer Schote hervorhängen oder etwa so am Zweige befestigt sind, wie man die Eiresione, den mit Wolle umwickelten Oelzweig, zum ländlichen Erntefeste mit Früchten und anderen Weihgeschenken behing. (Geschnittener Stein bei Montfaucon L'Antiq. expl. II.)

Fig. 6. Jupitersopfer. Gemme. Der Gott, dem die Trankspende gilt, ist durch den Ammonskopf mit Widderhörnern und den Adler darunter deutlich bezeichnet. Auch hier hat sich der Opfernde mit Lorbeer bekränzt, obgleich dem Zeus die Eiche heilig war. (Montfaucon Vol. II, suppl.)

Fig. 7. Ländliches Opfer. Man wird einer Kunst, die das Bäurischplumpe in den Gestalten bei aller Wahrheit so manierlich darzustellen weiss, die Bewunderung nicht versagen können. Sehr humoristisch nimmt sich der geschürzte silenenhafte Knirps mit seinen Flöten aus, der den Stein als Piedestal benützt, um sich ein monumentales Ansehen zu geben. Da weder Altar noch Götterbild vorhanden ist, um das arme Schaf zu belehren, wofür es eigentlich zu bluten habe, so hat der antiquarische Eifer, eine Erklärung um jeden Preis zu geben, das Unmögliche geleistet und — den Wind an den Haaren herbeigezogen. »Le vent de septentrion, dit Xénophon dans l'expédition du jeune Cyrus, incommodant beaucoup l'armée, le devin dit qu'il fallait lui sacrifier; on lui sacrifia et le vent cessa.« Darum also auch dieses ein xenophontisches Sturmesopfer! (Montfaucon II.)

Fig. 8. Bocksopfer vor einer Herme, wobei der eine der Opfernden die Eingeweide auf einem Opfertischchen zerschneidet, der andere sie auf dem herdförmigen Altare brät. Unter dem Tischchen liegt der Bockskopf, daneben ein Körbchen für Opfergeräth, Opfermehl oder dgl. An der Wand sind die ausgehauenen Schenkel fleischermässig aufgehängt. Der Unterschied der Kunstperiode gegen die vorhergehenden Bilder ist sehr bemerklich. — Sehr alterthümliches Vasengemälde, unter den bei Volci gefundenen. (Micali Storia degli popoli italiani Tav. 96, 2.)

Fig. 9. Rauchopfer. Eine Frau (Aphrodite) schüttet Weihrauch aus dem Kistchen auf das Thymiaterion (Taf. I, 29). Ihr entgegen schwebt Eros mit einer perlengeschmückten Tänia. — Attisches Vasenbild. (Stackelberg Gräber der Hellenen Taf. 35.)

Fig. 10. Priester mit zwei jungen Ministranten und einem Flötenspieler. Jener nimmt aus dem flachen Korbe des einen Opferdieners das Opfermehl, um es in die Flamme zu streuen; der andere hält einen langen Stab, oben fackelartig bewunden. — Vasenbild. (Millin Peintures de vases antiq. I, 8.)

Fig. 11. Ländliches Opfer. Auf einer neueren Abbildung dieses Gegenstandes, welche dem Herausgeber nicht zugänglich war (Museum Worsleyanum T. II. pl. 22), sieht man statt des Gefässes auf der Säule ein bärtiges Cultusbild mit Fackel oder Thyrsus in der Rechten; auch hält die halbbekleidete Frau, wie bei nr. 5 unserer Tafel, eine Schale, deren Inhalt in die Flamme ausgegossen wird, wornach also unsere Zeichnung zu berichtigen ist. Die Darstellung, welche, wie man sieht, im Wesentlichen mit Fig. 5 übereinstimmt, zeichnet sich durch die heitere Naivität der Auffassung aus. — Statt des Knaben sehen wir hier Silen mit dem heiligen Korbe auf dem Kopf; das Tuch, mit welchem der Inhalt bis zum

Beginn der heiligen Handlung verhüllt war, ist zurückgeschlagen und schon wird
der zu opfernde Bock an den Altar herangezogen, der sich in höchst ergötzlicher
Weise gegen sein Schicksal sträuben zu wollen scheint. An der untersetzten,
kurzbeinigen Silensgestalt kann abermals die ungemeine Zierlichkeit der Darstellung
gemeinerer Gestalten nicht genug bewundert werden. (Geschnittener Stein nach
Montfaucon II, 93. Vergl. auch die in den Beiwerken genauere Abbildung in O.
Müllers Denkmälern der alten Kunst, fortgesetzt von Wieseler II, t. 49, nr. 6.)

Fig. 12. Pansopfer. Satyrn, Panisken, Faune, den Waldgeistern unserer Sagen verwandt, aus uralten verklungenen Religionsbegriffen muthwillig herabgezo-
gene Gestalten, von der Kunst tausendfältig verarbeitet. Hier sind zwei dieser
geschwänzten Bursche, die über dem cippusartigen, brennenden, bekränzten Altar
mit einander das Zicklein schlachten und ein gewiss sehr artiges Gemmenbildchen
abgeben. (Montfaucon II.)

Fig. 13. Frauen, die einen Opferstier führen, ohne Zweifel an den Altar
des Dionysos, worauf schon der erregte, fast bacchantische Ausdruck der weiblichen Gestalten schliessen lässt. Die erste hält eben so anmuthig als energisch das
rebellische Thier im Zaume (den Strick, an welchem es gehalten wird, liess der
griechische Künstler als Nebensache weg); die Frau rechts weicht mit rascher
Bewegung den Gefahr drohenden Hörnern aus, indem sie zugleich den mit Binden
geschmückten Candelaber, der zu fallen droht, zurückhalten zu wollen scheint.
Die Gruppe, wohl nur Fragment einer grösseren Darstellung, hat weniger sach-
liches als künstlerisches Interesse, indem sie in der zugleich so lebhaften und
wieder so massvollen Bewegung, in dem edeln Schwunge der Gestalten, in dem
feinen und reichen Rhythmus der Linien den Geist jener Kunstblüthe erkennen
lässt, welche durch einen Skopas und Praxiteles ins Leben gerufen ward. — Basrelief im Vatican-Museum. (Mus. Pio-Clem. V, 9.)

Fig. 14. Weincultus der Mänaden. Der Cultus des Dionysos — mit dem
selbst in Delphi Apollo sich in das Heiligthum theilte — ist, in sehr alter Zeit
vom Orient her in Griechenland und Italien eingewandert, wohl der verbreitetste
und reichhaltigste. Er spielt in allen Farben, vom tiefsten Schwarz bis zum bren-
nendsten Roth und lustigsten Grün. Ursprünglich eine ernste sacramentale Feier,
wie in den Mysterien, ein wilder, aber strenger und düsterer Sühncult, wie in den
drittjährigen (trieterischen) Dionysien, galt er keinem Weinspender, sondern einem
von den Titanen zerrissenen Gotte, dessen Tod, Bestattung und Wiedererweckung
von den Weibern in nächtlicher Feier (Nyx teleia, Weihnacht) unter Vermum-
mungen und Gebärden, die sein Schicksal nachahmend darstellten und bis zur
frommen Raserei sich steigerten, begangen wurde. Einem ganz andern Boden als
dieser alterthümliche Gottesdienst, dessen Priesterinnen zur rauhen Zeit der Win-
terwende auf dem parnassischen Waldgebirge in Schnee und Sturm zu erfrieren
gefährdet waren, entstammten jene andern Dionysien, wie sie besonders in Attika
gefeiert wurden, die jubelnden Volksfeste des Weingottes, in deren Ausgelassen-
heit und Begeisterung die beiden Musen des Drama's ihr Dasein empfangen
haben. Aber die üppige Lust dieser neueren, populären Feste mag auf die
älteren, mystischen Weihedienste zurückgewirkt haben, die, auch in ihrem heiligen Ernste sinnenaufregend genug, bei dem Verfall des Glaubens zu jenen
tollen Orgien ausarteten, welche schon Euripides eine Schmach für Griechenland
nannte und deren Umsichgreifen einige Jahrhunderte später in Rom den grossen
Staatsprozess herbeiführte. Die Kunst hat aus all der Gährung den reinen Wein

herausgeschlürft und die bacchische Leidenschaft — »das Aug' in schönem Wahn-
sinn rollend« — in einem überquellenden Reichthum von Bildern dargestellt, von
welchen auch die weitläufigste Uebersicht nur eine höchst mangelhafte Vorstellung geben könnte. Diesem Kreise gehört das vorliegende an, das man wohl die
Krone unserer Tafel nennen mag. Vier epheubekränzte Bacchantinnen (Mänaden,
Thyiaden), zu denen man noch vier weitere von der Rückseite der Vase hinzu-
denken muss, umgeben opfernd und feiernd das Bild des Dionysos, vor welchem
ein Tisch mit zwei Krügen, einem Trinkgefässe, Früchten und Binden steht. Auf
dem Original sind die beiden Vordersten, die zur Linken mit dem Namen Dione,
die zur Rechten mit der Aufschrift Mainas bezeichnet, und da Thyone-Dione der
Name der in den Olymp mit erhobenen Mutter des Dionysos, Semele, ist, so mag
auch hier wieder der Zug der Kunst, Wirkliches und Mythisch-Ideales zu ver-
mischen, obgewaltet haben. Der Uebergang ergab sich um so leichter, da es, wie
schon gesagt, Sitte war, dass die Feiernden in Verkleidungen die Begebenheiten
der Götter nachspielten. Eine solche ist das Reh- oder Hirschkalbfell (Nebris),
worin vermummt die Bacchantinnen mit Thyrsusstäben und brennenden Fackeln,
unter dem Getöse von Saiteninstrumenten, dem Brummen tiefer Pfeifen und den
dumpfen Schlägen der Erzpauken, Stiergebrüll nachahmend — »Komm, Dionysos,
einher mit dem Stierfuss stürmend!« — durch Gebirg und Wald dahintobten.
Von all dem ist hier das Grause abgestreift, die Nebris ist zierlich über das Gewand (Chiton) gegürtet, und die leidenschaftlichen Verzerrungen, die in der Wirklichkeit abstossend sein mussten, sind zur Schönheit verklärt. Dieses harmonische
Mass zeigt sich besonders an den beiden hintern Gestalten, die mit auf- und zu-
rückgeworfenen Häuptern die Fackeln rückwärts schwingen, während Mainas sich
begeistert umschauend mit der Rechten das Tympanon schlägt und Dione mit der
Kelle (Kyathos) aus dem Weinkruge in den Trinkbecher schöpft. Merkwürdig ist
das Götterbild, mit welchem in die reingriechische Erscheinung etwas von orientalischer Welt hereinragt, bärtiger Dionysoskopf mit einem an Serapis erinnernden
Kopfschmuck — Fruchtmass (Modius) mit einer Art von Strahlen — Scheiben
oder Becken zu beiden Seiten, von Epheu und Lorbeer an Schultern und Leib
umgeben, in sterngesticktem Chiton über langer Stola, in einen Pfahl endigend. —
Vasenbild im Museum von Neapel. (Mus. Borbon., XII, 23.)

Fig. 15. Römisches Opfer, Fragment, wovon nachher weitere Beispiele folgen.
Zwei Opferknechte (Victimarii) halten den Opferstier mit niedergebeugtem Kopfe,
wie man den unterirdischen Gottheiten, Heroen und Todten opfert. Der Popa —
unterschieden vom Cultrarius, der mit dem Messer die Kehle durchstach — schlägt
ihn mit der Securis in den Nacken. Aehnliche Darstellungen, wie auf diesem
Relief, werden wir weiterhin begegnen. (Bartoli Adm. Rom. ant.)

Fig. 16. Ländliches Opfer. Ein fast nackter, wohlgebildeter Landmann
giesst Wein aus dem Schlauche in ein grosses Gefäss. Welchen Gott das Bild auf
der Säule mit Helm und Schild zwischen Trauben und Weinlaub vorstelle, ist
nicht zu sagen, aber sicherlich ist er dankbar wie Catull's gemüthlicher Feldgott,
der den diebischen Knaben rund heraus erklärt, hier sei nichts zu holen, denn
wenn man ihn so in Ehren halte, wie die Besitzer dieses Feldes trotz ihrer Armuth
thun, so müsse er auch für Alles einstehen, fort also — »nächst hier an ist ein
Reicher und steht ein Priap, der nicht aufpasst.« — Gemmenbild. (Montfaucon II.)

Fig. 17. Sühnung des Orest. Apollo, der dem Orest den Mord der Kly-
tämnestra geboten, reinigt nun im delphischen Tempel, auf dem täniengeschmückten

Erdennabel (Omphalos) sitzend, den Muttermörder mit dem Lorbeerzweige von der Blutschuld. Orest, den linken Fuss auf irgend einen Gegenstand gestützt, der in der Art griechischer Gefässzeichnungen nicht angedeutet ist, überreicht ihm das in die Scheide gesteckte Schwert; er hat den am Sturmbande getragenen Reisehut (Petasos) über die Schulter zurückgeworfen. Die weibliche Gestalt hinter ihm kann wohl nur seine Schwester Elektra sein, und die männliche mit dem Petasos hinter Apoll wird man, obwohl Aeschylos in der Scene zu Delphi den Orest zwischen Apollo und Hermes stellt, für Pylades erklären müssen. Die merkwürdigste Gestalt dieses Bildes ist die hinter Pylades auf dem Dreifuss sitzende, gleich dem Gott bekränzte und eine Tänia in den Händen haltende Pythia, eine grosse Seltenheit auf antiken Kunstwerken. — Vasenbild. (Raoul Rochette Monum. inédits pl. 37.)

Fig. **18.** Marsopfer. Medaillon von einem durch Hadrian errichteten Trajansdenkmal, später zum Schmuck an den Bogen Konstantin's versetzt, von welcher Benützung schon im Text zum Bilderatlas die Rede gewesen. Trajan opfert mit verhülltem Haupte, hinter ihm Hadrian und Antinous, Alle gerüstet, als ginge es in das Feld. Hoch über dem Altar ein kleines Bild des Mars. »Die Victoria fliegt leicht aus der haltenden Hand.« (Bartoli Arcus triumphales 39.) •

Fig. **19.** Aeskulapopfer, so genannt wegen der Schlange, mit der sich der sitzende nackte Mann beschäftigt (die andere nämlich, welche die etwas reife aber doch wohlgestaltete Schöne in der Hand hält, ist nach der Erklärung in der Reale Galleria di Firenze keine Schlange, sondern eine Patera zur Libation). Nun waren neben andern Göttern allerdings insbesondere dem Asklepios die Schlangen heilig, und die Wundergeschichte von der Schlange, die aus seinem Tempel zu Epidauros den römischen Gesandten folgte, um Rom von der Pest zu befreien, ist bekannt. Das Vornehmen des Mannes würde dann etwa dem der Frau in Fig. 1 gleichen, nämlich eine Fütterung der Schlange zu Ehren des Gottes bezwecken. Allein der Widderkopf auf der Säule, der denn doch nur ein Götterbild vorstellen kann, scheint die Beziehung auf den Heilgott nicht wohl zu gestatten, es wäre denn, dass er den Jupiter repräsentirte, der zwar nicht als Ammon, aber in anderer Eigenschaft, mit Aeskulap in Verbindung vorkommt. Dass dieser im Mythus nur ein Heros, im Cultus aber ein Gott war, beweist wie weit die beiden Gebiete auseinander gehen konnten. — Gemme. (Gall. d. Fir., Ser. V. Cammei ed Intagli, tav. 15, 1.)

Fig. **20.** Aufrichtung einer Herme. Auch hier findet die artige Vermischung der wirklichen und der Phantasiewelt statt, denn die schlichten Landleute, für die man die mit dem Werke Beschäftigten halten könnte, und von denen besonders der mit dem Rücken Nachschiebende einen äusserst heitern Eindruck macht, sind, wie die berufseifrige Figur zur Rechten durch ihr Schwänzchen zu erkennen gibt, zu Satyrn erhoben. Die weibliche Figur, die ihr Möglichstes thut, der Dionysosherme am Kopfe auf die Beine oder vielmehr auf das Bein zu helfen, gehört also auch in die Sippschaft, und darf von unseren Landnymphen, so wie von der Kunst, die sich um dieselben bemüht, um diesen Vorzug beneidet werden. Embleme dieses ländlich bacchischen, mit Pans- und Satyrwesen verschmolzenen Kreises füllen den untern Raum: Schäferstab, Syrinx, Doppelflöte und Cymbeln. Von dem Kruge oben muss man annehmen, dass die Herme ihn in der Linken hält, sonst würde er in der Luft schweben. Etwas Sommerfrische ist auch hier durch den Baum angedeutet. — Lampenrelief. (Bartoli Lucernae II, 28.)

Fig. **21.** Abwaschung einer Herme, dergleichen früher schon besprochen worden. Uebrigens bemerkt Wieseler in der zweiten Auflage von O. Müllers Denk-

2 *

mälern, eine deutlichere und etwas vollständigere, durchaus ähnliche Reliefdar-
stellung in Campana's Antiche Opere in plastica zeige, dass es Trauben seien,
was die männliche Figur aus dem Becken nehme, so dass es sich also zunächst
mehr um eine Bekränzung des Hermenkopfes handeln würde. Auf eine Waschung
jedoch, fügt er hinzu, deuten die Geräthe in den Händen der augenblicklich unbe-
schäftigten Dienerin. Die beiden Dienerinnen sind durch Tracht und Haltung von
der edleren Gestalt mit dem Lorbeerzweige unterschieden, der etwa auch zur Bekränzung oder zur Besprengung dienen mag. Die Handlung, obgleich hier die
Gestalten alle menschlich sind, hat doch viele Aehnlichkeit mit dem vorhergehenden Bilde, und so wird man sich auch nicht wundern, dass die Figur mit den
Trauben auf jenem bei O. Müller angeführten Bilde mit »entschiedenen« Satyr-
ohren versehen ist. Die Herme ist (in der Abbildung undeutlich) phallisch, welches
Symbol neben dem Hermes hauptsächlich dem Dionysos zukommt und die Identi-
ficirung desselben mit Priap erklärt. Das Symbol wurde an den Dionysien, als
Personification oder auch als Compan des Gottes, in welcher Eigenschaft es Phales
hiess, festlich umhergetragen, wie man bei Aristophanes in seinen Acharnern sehen
kann, wo Dikaiopolis ihm, »des Bacchos lustigem Spielgesellen,« ein erbauliches
Loblied singt. Ja, so sehr griffen bei diesem Symbol der Geist des Muthwillens
und der politisch-religiöse Ernst in einander, dass die attischen Colonieen, natürlich
die nächstzugewandten der athenischen Bundesgenossen, an den grossen Dionysien,
zur Zeit da diese den Tribut zu zahlen hatten, einen Phallos in die herrschende
Stadt einsenden mussten. Man denke sich, dass es mit einer modernen Hegemonie
so weit kommen könnte! (Mus. Worsley. 1. 15.)

Die römischen Opferbilder sind Cultusdarstellungen im buchstäblichsten Sinn,
so wie die übrigen auf unserer Tafel XII abgebildeten Gegenstände bestimmte
Cultbeziehungen haben. Die Letzteren, grossentheils auf Münzen enthalten, machen
den Beginn. Fig. 1, ein silberner Denar des Augustus (Millin Gall. myth. t. 38.
149), stellt zwei der heiligen Schilde, Ancilia, dar; bekanntlich fiel einer vom
Himmel dem betenden Numa in die Hände, der sodann elf andere nicht zu unter-
scheidende durch Mamurius Veturius nachbilden liess und das ganze Dutzend der
Brüderschaft der Salier anvertraute, die damit am grossen Marsfeste im März ihre
Umzüge durch die Stadt machten; zwischen den Schilden erscheint der Apex, die
helmartige Kopfbedeckung (eigentlich Galerus) mit der heiligen Ruthe auf der
Spitze (Apex), die von allen Priestern und so auch von den Saliern getragen wurde.
Fig. 2, eine Florentiner Gemme (Gall. d. Fir., Cam. pl. 21, 1.), setzt den Alter-
thumsforscher in Verlegenheit, indem sie gleichfalls Ancilien zeigt, die aber mit
denen des augustischen Denars wenig Aehnlichkeit haben; diejenigen, die sie tragen,
sind keine Salier, sondern untergeordnete Diener, die denselben die Schilde zu tragen
haben. Zwei Mitglieder dieser salischen Ordensbrüderschaft in voller Tracht sollte
man in Fig. 3, laut der Unterschrift, zu suchen haben, allein die Tracht — Tunica
(bunt) mit breitem ehernem Gurt darüber, und Ritterkleid (Trabea) mit purpurnem
Vorstoss, nebst dem Apex — stimmt nicht völlig, und wir werden gleich nachher
Gelegenheit haben, sie einem andern Mitgliede der Geistlichkeit zuzuschreiben.
Die Salier waren ein Zwölfercollegium auf dem Palatin, zu welchem noch ein
gleichzähliges auf dem Quirinal kam, beide dem Jupiter, Mars und Quirinus geweiht. Bei den genannten Umzügen führten sie (woher unzweifelhaft ihr Name)
eine Art Waffentanz mit dreimaligem Auftreten (Tripudium) auf, wobei sie mit dem
Stab auf das am linken Arm getragene Ancile schlugen und Lieder (Axamenta) in

alter Sprache dazu saugen, die im Laufe der Zeit dem Volke und zuletzt den
Priestern selbst unverständlich wurden. Am Schluss des Liedes war auch jenes
Mamurius gedacht, dessen mythische Bedeutung jedoch daraus erhellt, dass am
Tage vor den März-Iden ein in Felle vermummter Mensch unter dem Namen des
Schmiedes Mamurius Veturius — ganz in der Weise unseres Winter- oder Todaus-
treibens — durch die Stadt geführt und mit weissen Stäben hinausgepeitscht wurde.

Fig. 3. Flamen (angeblich von dem wollenen Faden [Filamen] um den
Apex, oder vielleicht eher vom Anblasen der Opferflamme so genannt) hiess jeder
Priester einer bestimmten Gottheit. Die drei vornehmsten waren die Flamines des
Jupiter, Mars und Quirinus, Dialis, Martialis und Quirinalis genannt. Von dem
Flamen Martialis gibt die hier abgebildete cornelische Familienmünze (Morelli Fam.
Rom. num., Corn. tab. II, 7.) eine Anschauung. Sie stellt die Einweihung der Statue
des Julius Cäsar, die August im Marstempel aufstellen liess, durch den dem cor-
nelischen Geschlechte angehörigen Marspriester dar. (Von den Familienmünzen
ist schon im Text zum Bildcratlas gehandelt worden.) Eine Abbildung des Flamen
Dialis findet sich wohl in der vordersten der beiden Fig. 1 0 mit der Unterschrift
Salier gegebenen Gestalten. Erster unter den Flamines, und im geistlichen Range
nur dem Opferkönige (Rex sacrificulus) nachstehend, trug er eine Toga praetexta, die
— einzig von der Hand seiner Frau aus schwerer Wolle gewoben — ohne Knoten in
der Gürtung war, sowie auch der Wollenfaden am Apex keinen Knoten haben und die
ganze Kleidung nur durch Spangen gehalten werden durfte. Zu den zahllosen
Beschränkungen, die dieser geplagte Würdenträger zu beobachten hatte, gehörte
auch die, dass er — in früherer Zeit wenigstens — seinen Apex nicht einmal zu
Hause abnehmen durfte. Jeder Tag war für ihn ein Feiertag, der durch Tragen
des Amtsornats geheiligt werden musste. Bohnen, die, als den Todten geweiht,
auch von den Pythagoräern nicht gegessen wurden, durfte er nicht einmal nennen,
musste Epheu- und Weinlauben wegen des geilen umstrickenden Wachsthums mei-
den, durfte nicht drei Nächte ausserhalb seines Bettes zubringen, Haar und Bart
nur von einem Freien mit ehernem Messer scheeren lassen, worauf sie, wie die
Abschnitte seiner Nägel, unter einem fruchttragenden Baum vergraben werden
mussten, u. dgl. m. Seine Frau, die Flaminica Dialis, Priesterin der Juno, war
ähnlichen Beschränkungen unterworfen, wie sie denn während gewisser heiliger
Zeiten, z. B. eben während jenes Märzfestes u. s. w., ihre Haare nicht machen,
noch die Nägel schneiden, noch ihren Mann berühren durfte und bei einem gewissen (Heroen-) Opfer sogar mit ungekämmtem entblösstem Haar erscheinen
musste. — Neben diesen geistlichen Aemtern bildeten, um dies kurz beizufügen, die
Pontifices — höchst wahrscheinlich von der Besorgung der Tiberbrücke so genannt,
weil der Brückenbau bei allen alten Völkern etwas sehr Heiliges war — ein eigenes
Collegium, dessen Vorstand, der Pontifex maximus, früher dem Opferkönig und den
drei obersten Flamines untergeordnet, nach und nach als Haupt der geistlichen
Oberaufsichtsbehörde und als Gewählter des Volkes zu jener päbstlichen Stellung
emporstieg, welche die Kaiser zuletzt mit ihrer weltlichen Oberherrschaft vereinigten.

Fig. 4. Gelübde waren eine vorherrschende Form römischer Götterver-
ehrung. Die hier dargestellten gehören der Kaiserzeit an. Am 3. Januar, dem
Tage der Vota (pro salute principis), brachten die höchsten Staatswürden und die
gesammte Priesterschaft für das Wohl des Kaisers und kaiserlichen Hauses Opfer
und Gebete dar, die sie den Göttern im vorigen Jahr gelobt hatten, und gelobten
neue, welche Gelübde am nächsten 3. Januar gelöst wurden. Das Fest stammt,

wie der ganze lästige Kaisercultus, aus der Zeit des August, und ist hier auf einer
Münze des Commodus dargestellt.   (Vaillant Sel. numism. pag. 43.)

Fig. **5**. Augur, mit dem schon gedachten Lituus in der Hand, zwischen
zwei Vestalinnen, einen Vogel zu den Füssen. (Gall. d. Fir. Statue, bassirll.
pl. 142, 77.) Das uralte Collegium der Augurn hatte nach einer herkömmlichen
Masse von Vorschriften (Disciplina) die den göttlichen Willen andeutenden Zeichen
zu beobachten und die im römischen Cultus zahllosen Weihungen, zum Theil in
Gemeinschaft mit andern Priesterschaften, vorzunehmen. Hiezu gehörte auch die
Inauguration der Priester selbst. Die Zeichenbeobachtungen, zunächst von der
Vogelschau Auspicien genannt, beschränkten sich nicht auf diese, sie umfassten
auch die bei uns so bekannten »Angänge« vierfüssiger Thiere, wie Wölfe u. a.,
ganz entsprechend auspicia pedestria geheissen, und vornehmlich die Blitze. Von
den heiligen Hühnern ist bereits gehandelt. Die Vögel theilte man, je nachdem
man die Zeichen aus der Stimme oder aus dem Fluge deutete, in Oscines und
Alites. Diese Vögelbeobachtung war auch im Orient und in Griechenland (Oiono-
skopie) altgebräuchlich. Mit dem Sinken des Glaubens an Zeichen und Vorbe-
deutungen sank auch das Institut, obgleich es seine äusserliche Bedeutung behielt.

Fig. **6**, **7**, **20**. Das heilige Feuer des Staatsfamilienherdes, welchem,
wie jedem häuslichen Herde, Vesta vorstand, war den Vestalinnen, ursprünglich
vier, dann sechs an der Zahl, Jungfrauen aus den besten Familien, zum Hüten
anbefohlen. Im Alter von sechs bis zehn Jahren gewählt, waren sie zu einem
dreissigjährigen Dienste verpflichtet, zehn Jahre Lernzeit, zehn Jahre Dienstzeit
und zehn Jahre Unterricht der Novizen, worauf sie austreten und sich verheirathen
durften, was aber selten geschah, zumal man glaubte, dass sie kein Glück ins
Haus bringen. Bekanntlich war ihr Dienst eben so streng als ihre heilige Stellung
durch die höchsten Ehren ausgezeichnet. Wenn sie das Feuer, das sie Tag und
Nacht wechselsweise zu unterhalten hatten, verlöschen liessen, so wurden sie vom
Pontifex maximus, ihrem geistlichen Vater, gegeisselt, und Verletzung der Keuschheit hatte Lebendigbegrabenwerden auf dem Lasterfeld (Campus sceleratus) zur
Folge. Ihr Zeugniss galt ohne Eid, ihr Begegnen rettete den Verbrecher, und die
höchsten Behörden senkten die Fasces vor ihnen. Weisse Wolle, in Italien wie
in Griechenland heilig, war ihr Gewand, die Kopftracht die schon geschilderte In-
fula mit den hängenden Bändern, wozu bei allen Opferhandlungen noch der weisse
Schleier (suffibulum) kam.   Fig. **6**, ein Medaillon der Lucilla, Gemahlin des
Lucius Verus (Vaillant Numism. sel. 41, 1), stellt den runden Tempel der Vesta
mit ihrer Statue dar, nebst den sechs Vestalinnen, die den Altar opfernd umgeben.
Das Institut erhielt sich nämlich bis auf Theodosius. Fig. **7**, eine bronzene
Platte mit dem Bildniss einer Vestalin (Millin Gal. myth. 79, 332), gibt eine deutliche Anschauung der Infula und des Schleiers, die so umgelegt sind, dass sie die
Haare nonnenartig verbergen. Das wollene Pallium deckt auch den Hals und ist
auf der Brust von einer Heftel zusammengehalten. Auf diese Tracht wurde besonders in alter Zeit so streng gehalten, dass eine blosse Abweichung davon den
schlimmsten Verdacht nach sich zog. Vgl. die Vestalenmünze in Weissers Bilderatlas*)
Taf. 19, Fig. 48. Fig. **20** gibt die Statue einer Vestalin, am heiligen Feuer beschäftigt (Clarac Musée de Sculpture, pl. 772, 1920).

Fig. **8**. Die Fetialen, ein altitalisches Institut, bildeten das Cultpersonal

---

*) In der II. Auflage I. Bd. I. Abth. Taf. 37, Fig. 46.

für die auswärtigen Angelegenheiten. Priester des Diespiter (des Jupiter als Schwurgottes), hatten sie die Verrichtungen des Bundesschlusses, der Reclamation und der Kriegserklärung. Mit dem heiligen Grase vom capitolinischen Hügel, das Grund und Boden der Burg bedeutete, mit dem heiligen Kiesel (Jupiter lapis) und der Lanze zogen sie zu den religiösen Gesandtschaftshandlungen aus, welche der aus ihrem Collegium (zwanzig an der Zahl) bevollmächtigte Pater patratus verrichtete. Bei Bündniss- und Friedensschlüssen opferte er ein männliches Schweinchen, indem er es mit dem heiligen Kiesel — vermuthlich einem Donnerstein, der zugleich den Donnerkeil des Gottes repräsentirte — an den Kopf traf, unter Anrufung Diespiters, dass er den Wortbrüchigen eben so und um so viel stärker, als er selbst stärker und mächtiger sei, treffen möge. Dieses Opfer ist auf vielen Münzen, so auch auf der gegenwärtigen (Münze der Veturia gens, Morelli Vetur. fig. 2) und früher schon auf Taf. 20, a, fig. 8 in Weissers Bilderatlas*) dargestellt. Bei der Reclamation, die Clarigatio hiess, ging der Fetial in das feindliche Land, um unter Anrufung des heiligen Rechtes zurückzufordern, was dem römischen Staat genommen war oder gebührte (res repetere). Wurde die Genugthuung verweigert, so kehrte er nach Rom zurück, um nach gefasstem Kriegsbeschlusse wieder an die feindliche Grenze zu ziehen und den Kriegsspeer über die Grenze zu schleudern, wodurch der Krieg zum heiligen und gerechten wurde. Als die Grenze immer ferner rückte, wurde sie durch ein Symbol ersetzt, was zuerst im Kriege mit Pyrrhus geschah. Ein gefangener Soldat desselben musste vor dem Thore bei dem Tempel der Bellona ein Stückchen Landes kaufen, das als auswärtiges Gebiet galt und einen Grenz- und Kriegspfeiler (columna bellica) erhielt, über welchen der Fetial von da an seine Lanze warf.

Fig. 11 führt uns zur Trajanssäule zurück, von welcher schon der Bilderatlas (Taf. 23, a) einige Stücke gegeben hat. Trajan ist so eben siegreich aus dem dacischen Kriege nach Rom zurückgekehrt und als Triumphator, von den lorbeerbekränzten Senatoren empfangen, in die festlich bewegte Stadt eingezogen. Ein grosser Opferzug, Stiere, Popae, Victimarii, geht ihm voran und schaart sich um die Altäre, von den Feldzeichen der glücklich zurückgeführten Legionen begleitet. Gleich wird der Kaiser (wie auf der Fortsetzung der Säule zu erblicken) seinen Lorbeerkranz dem Jupiter darbringen, aus der Schale libiren und das Zeichen zum Beginne des Stieropfers geben.

Fig. 12. Schon die Fig. 7 der Taf. 23, a in Weissers Bilderatlas**) hat uns die Suovetaurilia vor Augen geführt, jenes Dreithieropfer, durch dessen Namen man sich unwillkürlich an unser Sprachkunststückchen »Starrabelster« erinnert fühlt. Diese Opfer von Schwein, Widder und Stier (sus, ovis, taurus), die häufig auf Kaiserbildern begegnen, waren indessen sehr alt und wurden namentlich bei den Sühn- und Segensumzügen um die Felder (Ambarvalia) dargebracht. Das gegenwärtige, im Louvre befindliche Bild (Clarac Mus. d. Sculpt. II, pl. 219, 312) zeigt uns eine Opferhandlung mit vielen Theilnehmern, wobei die drei Thiere vorgeführt werden. Der am Altar Opfernde hat nach römischer Sitte das Haupt verhüllt, während die Griechen, wenigstens nach den Bildern zu urtheilen, mit unverhülltem bekränztem Haupte opferten. Neben ihm steht, die Acerra mit dem Weihrauch in der Hand, ein höherer Opferdiener (Camillus), wie sie, aus guten Familien erlesen, beim Tempel- und Opferdienste als Ministranten gehalten wurden.

---

*) In der II. Auflage I. Bd. I. Abth. Taf. 36, Fig. 8.   **) Taf. 44, Fig. 7.

Fig. **17**. Haruspicium gilt gewöhnlich für Eingeweideschau (Extispicium),
und dieser schon früher berührte Theil der Haruspicin ist auf unserem Bilde
(Clarac, pl. 195, 311) dargestellt. Dieselbe erstreckte sich aber namentlich auch
auf die Beobachtung des Blitzes und Donners, worin die Etrusker besondere Erfahrung hatten. Neben dem bestehenden Augurcollegium konnten die etruskischen
Haruspices keine officielle Geltung erlangen, kamen aber doch neben demselben
auf und überflügelten es zuletzt unter den Kaisern, so dass sie es, trotz der Con-
currenz der Chaldäer und deren Astrologie, zu einem Collegium brachten, das bis
auf sechzig Priester anstieg. Noch in der Völkerwanderung versuchten solche
etruskische Priester den Gothen Alarich durch ein Donnerwetter abzutreiben.

Ausser der Priesterin Fig. **9**, die ein pompejanisches Gemälde darstellt
(Mus. Borb. III, 6), enthält unsere Tafel XII noch eine Anzahl Statuen, die, mit
Ausnahme des Opferpriesters Fig. **19**, im Museum Pio-Clementinum auf dem
Vatican (Reveil Mus. d. peint. et d. sculpt., II, 138), sämmtlich aus dem
Werke von Clarac entnommen sind. Fig. **13**, betende Statue im Louvre, Fig. **15**,
Camillus, ebd., Fig. **14**, gleichfalls ein Camillus (wahrscheinlich im Privatbesitz,
daher der Standort nicht angegeben), Fig. **18**, römischer Priester, in der Coll.
Gabbari, Fig. **20**, Vestalin, im Museum von Florenz, Fig. **21**, Kanephore
(Ministrantin mit dem Korbe, worin Opfergegenstände) in der Villa Albani zu Rom.

Fig. **16**. Das unterste Bild unserer Tafel schliesst das antike Religionsleben geschichtlich passend ab. Dem Dionysos-Demeterkreise in seiner ältesten
Gestalt engverwandt und von Griechen selbst, wie Plutarch, geradezu für eins mit
ihm erklärt, verbreitete sich der Osiris-Isiscult, nachdem er in seiner Heimath
eine Umwandlung (Erneuerung des Osiris als Serapis) erlitten, in dieser seiner
ägyptischen Form über Griechenland und Italien und von Rom aus in der Kaiserzeit — nach heftigen Reactionen, z. B. unter Tiber, wo die ägyptischen Priester
gekreuzigt, Tempel und Bild der Göttin zerstört wurden — über das ganze
römische Reich. Da bei allen Völkern von Alters her grosse mütterliche Gottheiten verehrt waren, so konnte Isis um so leichter als gemeinsame Ein- und
All-Göttin (te tibi una quae es omnia Dea Isis) an ihre Stelle treten. Die Ausgrabungen im Neapolitanischen haben bekanntlich bedeutende Reste dieses Cultus zu
Tage gefördert, so das Gemälde von Herculaneum, wovon unsere Fig. eine Abbildung gibt. (Antichità d'Ercolano, II, 321.) Vor einem auf Stufen erhöhten, mit
Sphinxen zu beiden Seiten des Eingangs geschmückten Tempel geht die heilige
Handlung vor. Ein Priester facht mit einem Fächer die Flamme an, die auf der
bekränzten Ara brennt. Ein zweiter neben ihm hält in der Rechten einen Stab, in
der Linken ein anderes Instrument, gleich dem, welches der vor den Stufen stehende
dritte Priester emporhebt. Apulejus, der die Ceremonien des Isisdienstes beschrieben
hat, spricht von einem Stab des Friedens und einer Siegespalme, ferner von einem
goldenen, einer Weiberbrust gleichenden Gefässe, woraus (die allnährende Mutter
vergegenwärtigend) Milch träufelte. Hinter dem zweiten Priester sitzt ein Flötenbläser, wie er auch den bisher geschilderten Opfern nicht fehlt. Aber hier
kommt noch andere Musik dazu. Mehrere der Anwesenden halten das Sistrum in
der Hand, eine Art Klapper mit beweglichen Metallstäben, die an die Glöckchen
der türkischen Musik erinnert (vgl. Taf. I, Fig. **36**). Es wurde von den Einge-
weihten gehandhabt, die innerhalb des Volkes einen eigenen Orden bildeten und
von denen wir hier eine Versammlung vor uns haben, der Beschreibung entsprechend, die Apulejus von einer Prozession derselben gibt: »Männer und Frauen

jedes Standes und Alters, in blendend weissen Linnengewanden, die Einen das
von duftenden Oelen feuchte Haar mit weissen Stoffen umwunden, die Andern mit
glattgeschornen blossen Häuptern.« Gleich hier links im Vordergrund erblicken
wir einen solchen Glatzkopf. »Und da lassen diese irdischen Sterne der grossen
Religion,« setzt der Verfasser des goldenen Esels spottend hinzu, »die gellenden
Klänge ihrer Erz-, Silber-, ja Goldklappern vernehmen.« Also auch hier gleich
wieder Ständeunterschiede in der Klapper vor der Gottheit, vor der doch Alles
gleich sein sollte! Von den drei weiblichen Gestalten oberhalb der elf Stufen
scheint die mittlere jedenfalls eine Priesterin mit dem heiligen Kruge zu sein,
welcher die beiden andern (denn es sind doch wohl keine Bilder) assistiren; die
Franzen des Obergewandes gehören zur priesterlichen Tracht. Die Sphinxe haben
die heilige Lotosblume auf dem Kopfe, und dem einen sitzt ein Ibis auf dem
Hinterleibe. Zwei andere Exemplare dieses Vogels befinden sich am Altar. Die
Palmen, die den Hintergrund abschliessen, sind eine weitere ägyptische Beigabe
zu dem Bilde. — In Pompeji hat man, wie bekannt, einen Tempel der Isis ausgraben, der einen sehr denkwürdigen Beitrag zur Geschichte des Isis-Cultus darbot. »Es verdient bemerkt zu werden,« sagt Overbeck, »dass Isis die einzige
Gottheit gewesen zu sein scheint, an welche man sich in den letzten Augenblicken
mit religiösem Vertrauen wendete; auf den Altären des Isistempels wie auf keinem
anderen fand man halbverbrannte Opfer. Das kann freilich auch Zufall sein und
berechtigt wenigstens nicht zu dem vielfach mit grosser Sicherheit gemachten
Schlusse, dass der neueste, fremdeste und abstruseste Aberglaube des sinkenden
Heidenthums der zäheste gewesen sei.« Der Schluss scheint indessen doch nicht
so ganz bodenlos, denn wie sehr diese Glaubensform eingewurzelt war, ist ja nirgends bezweifelt; immerhin wäre es nachdenkenswerth, wenn jene Welt in der
letzten Noth ihres Zusammenbrechens sich einzig an das »Ewig-Weibliche« ange-
klammert haben sollte.

Die Nachricht, dass seit der Regierungsänderung in Neapel die früher so
sehr vernachlässigten Arbeiten von Pompeji mit regem Eifer wieder aufgenommen
worden sind, ist überall mit Freude begrüsst worden. Vielleicht darf jedoch bei
der Gelegenheit die Ansicht ausgesprochen werden, dass Unternehmungen dieser
Art billig als eine gemeinschaftliche Servitut der gesammten gebildeten Welt behandelt und von den vereinigten Culturstaaten amphiktyonisch betrieben werden
sollten, — eine Ansicht, in Betracht der nun doch einmal eingeleiteten »civili-
satorischen Kreuzzüge« nicht mehr für utopisch gelten kann. Eine solche Ge-
sammtexpedition aber hätte sich nur gleich direct nach dem griechischen Boden
zu wenden, von dem man sich doch ganz andere Ausbeute als von einem wenn
auch noch so schätzenswerthen unteritalischen Landstädtchen zu versprechen hat.

2. Theater.

(Tafel I, II, XIII, XIV, XV.)

Die Religion steht an der Spitze aller Cultur, und alles Weltliche ist in
frühester Zeit aus Geistlichem hervorgegangen, Wissenschaft, Dichtung, Tanz,
Musik, Spiele jeder Art, vom Schauspiel bis herab zum Würfelspiel. War ja

doch in alter frommer Zeit Essen und Trinken selbst ein Gottesdienst und die
Stätte des Genusses ein Altar. Zum Verständniss der Entstehung des Theaters
aus Religionshandlungen hat man schon oft auf die geistlichen Schauspiele unseres
Mittelalters, auf die sogenannten Mysterien, hingewiesen, und wenn es auch nicht
eben feststeht, dass bei uns, wie im Alterthum, das weltliche Drama ausschliesslich aus dem geistlichen entsprungen, so geben uns diese unsere christlichen Tragödien, Komödien und Tragikomödien doch einen höchst lebendigen Begriff von
dem, was auch bei der Vergegenwärtigung und Beurtheilung der antiken Theater-
anfänge die Hauptsache ist, von dem kirchlich-religiösen Bedürfniss nach scen-
ischer Darstellung und von der dabei obwaltenden wunderbaren Toleranz zwischen
Heiligem und Scurrilem, zwischen Passionsfeier und Eselsprozession. Gerade für
diesen Widerspruch, der uns bei den Alten auffällt, bietet uns unsere eigene
Entwicklung schlagende Beispiele: wir begreifen kaum, wie die alte Komödie mit
ihren Göttern die heillosesten Possen treiben durfte, ohne dafür beim Kopf genommen zu werden, noch befremdlicher ist es uns, wie von einer solchen Seite
her der Rationalismus eines Sokrates Verfolgung erleiden konnte, und doch haben
wir es fast noch als selbsterlebt vor Augen, wie eine Religion, die keine Art von
Ketzerei duldet, dennoch unendlichen Spass verträgt. Man denke an Sebastian
Sailers verhältnissmässig noch nicht altes Satyrspiel von Welterschaffung und Sündenfall, das freilich, wenn es heute erst zur Welt käme, wohl schwerlich mehr die
religiöse Unbefangenheit antreffen würde, in deren Schosse es entstand. Auch
unsere Fastenpredigten, obgleich eine Erscheinung von ganz anderer Form und
bei aller Unbändigkeit entfernt nicht an den bacchischen Taumel der altattischen
Komödie reichend, machen es einigermassen denkbar, wie dieses wilde Haberfeld-
treiben, das weder Himmel noch Erde verschonte, und bei welchem meist noch
vom Chor der Kordax getanzt wurde, der antike Cancan, den kein athenischer
Bürger bei andrem Anlass und ohne Maske hätte zu tanzen wagen dürfen, —
einen so hervorragenden Theil einer religiösen Festfeier ausmachen konnte.

Gottesdienst und Opfer waren bei den Griechen von jeher mit der künstlerischen Begleitung des Chorreigens verbunden, der den dichterischen Ausdruck
des religiösen Gefühls zugleich sang und tanzte. Indem das einfachere Lied zum
Wechselchor mit Strophe und Gegenstrophe wurde, war schon etwas von dramatischer Bewegung eingetreten, und hiermit ergab sich der Fortschritt zu einer Art
von Oratorium und von diesem zum förmlichen Drama von selbst. Die Entwicklung des letzteren knüpfte sich an den Dionysoscult, weil dieser, wie schon bemerkt, vorzugsweise Veranlassung gab, die Schicksale des Gottes nachzuahmen,
die nun, seine Leiden sowohl als seine Freuden, in immer weiter ausgebildeter
Handlung, wobei jedoch der Chor der lyrische Mittelpunkt dramatischer, ursprünglich mehr epischer Episoden blieb, dargestellt wurden. Die Benennungen der
dramatischen Dichtarten liegen, wie dies so häufig bei derartigen Namen der Fall
ist, in ihren Ursprüngen nicht so weit von einander ab, wie sie durch den Sprach-
gebrauch auseinander gerückt worden sind. Man leitet die Tragödie von dem
Bocke (Tragos) ab, der manchmal der Preis der Aufführung war und von den
Siegern dem Dionysos geopfert wurde; es ist aber fast wahrscheinlicher, dass die
Chöre der bocksfüssigen Satyrn, die als Hauptgestalten im Schwarme (Thiasos)
des Gottes bei seinem Feste nicht fehlen durften, dem »Bocksspiel« seinen Namen
gaben. Die Natur der Sache führt zu der Vermuthung, dass in den frühsten Darstellungen das Traurig-Feierliche und das Lustig-Ausgelassene vermischt waren, und

dass die »Böcke« dabei ungefähr eine ähnliche Rolle spielten, wie die komischen
Personen in unsern geistlichen Spielen und noch in den ernsten Dramen unserer
älteren Bühnenblüthezeit. Denn als die hohe Tragödie, in der zweiten Hälfte
des Jahrhunderts vor den Perserkriegen von Thespis, Chörilos, Phrynichos geschaffen, mit der Wahl ihrer Stoffe den Dionysoskreis verliess und die Neuerung
mit dem Ausruf: »Nichts vom Dionysos?!« begrüsst wurde, scheint das was man
vermisste, doch hauptsächlich das alte Clownselement gewesen zu sein, wie daraus
hervorgeht, dass die Unzufriedenheit des Volks durch Hinzufügung des Satyrspiels
als erheiterndem Nachspiels zu den üblichen drei tragischen Aufführungen be-
schwichtigt wurde, — der Ansicht Jon's von Chios gemäss, welcher sagte, mit
der Tragödie und der Tugend sei es gleich beschaffen, bei beiden komme das
Satyrwesen als nothwendiges Bestandtheil hintendrein. Dieses (jedoch nicht im
gemeinen Sinn) parodistische und ironische Element konnte die Komödie, die nicht
an den Satyrchor gebunden war — sie scheint dem Wortlaut nach aus dem
gleichfalls an den Dionysosfesten umziehenden Mummenschanze lustiger Gesellen
hervorgegangen zu sein — in grösserem Masse verarbeiten, und was sie hierin geleistet hat, das ist dem Namen Aristophanes (vielleicht nur, weil Kratinos und
Eupolis vergessen sind) in unverlöschlichen Zügen aufgeprägt. Die sicilische Komödie, nach Epicharmos benannt, scheint zum Theil, in satyrlauniger Behandlung
der Götter und Heroen, mit der attischen gleichen Gang gehalten, zum Theil, durch
Anlehnung an das Volksleben, dem häuslich-bürgerlichen Element der späteren,
moderneren Komödie Bahn gebrochen zu haben. Den Gipfel der Tragödie, und zwar
für alle Zeiten, wird man mit dem Namen Aeschylos bezeichnen dürfen, denn wenn
auch mit Sophokles die Kunst fortschritt, wenn auch neuere Zeiten ebenbürtige
oder überlegene Dichterkräfte brachten, so hat sich die tragische Muse doch nie
wieder zu der Grösse und Freiheit eines Verfahrens erheben können, das die streitenden Ansprüche der Götter vor das Schwurgericht des Areopag stellte und einen
gefesselten Gott in mehr als Faustischem Aufbäumen mit dem obersten göttlichen
Weltherrscher um Recht und Gerechtigkeit kämpfen liess; indessen behielt sie auch
bei den Nachfolgern für den Bedarf ihres Stoffes der als wesentliche Grundlage der Form nur gar zu entscheidende Bedeutung hat — den unschätzbaren Vorzug, fort und fort in den so leicht zugänglichen und nicht zu erschöpfenden Schatz
der Mythen greifen zu dürfen. Unter dem Sinken der Tragödie, die sich bei Euripides parlamentarisch-dialektisch zerfasert, erreicht die attische Komödie ihre höchste
Höhe, um nach der tollsten Parentation, die sie jener gehalten, sammt dem
ganzen Boden des hochtragischen und hochkomischen Pathos im Schiffbruch des
altattischen Freiheitsstaates unterzugehen. Mit dem durch diese Katastrophe
angebahnten endlichen Siege des Makedonen verfällt das Drama vollends ganz;
die Tragödie wird später von den Alexandrinern geschmacksmässig gepflegt; die
moderne Komödie, von welcher die untergegangenen griechischen Originale in Plautus und Terenz fortleben, bringt, dem eigentlichen Cultus so wie der mythischen
Welt entfremdet und ohne Chor, jene Mischung von Romantik und Alltagsleben
auf, die nachher in die ganze neuere Literatur, Novelle, Roman, Lustspiel, theilweise selbst in die Tragödie übergegangen, ja fast der Hauptgegenstand der
jetzigen Kunstdichtung geworden ist, so weit nicht das heroische Gebiet der Geschichte und die geistige Welt des Bildungsringens einigermassen den unersetz-
lichen Vorrath der mythischen Stoffe ersetzen.

Minder bekannt als die Geschichte des Drama dürfte die antike Theaterein-

richtung sein, daher wir uns jetzt mit dieser zu beschäftigen haben. Der bauliche
Theil derselben ist durch die Verhältnisse bestimmt, in welchen Chor, Handlung
und Zuschauer zu einander stehen. Der Chor bedarf zu seinem Tanzreigen eines
ebenen Platzes, die Handlung eines erhöhten, vor welchem sich der Chor umher
bewegt, und beide umgibt der Zuschauerkreis bis an die Bühne hin, die ihn zum
Halbkreise abschneidet, auf einem Platze, der, um ihn über den Chor weg nach
der Handlung sehen zu lassen und um die Zuschauermenge nach Bedürfniss zu
vertheilen, eine natürlich oder künstlich abgestufte halbkreisförmige Anhöhe bilden
muss. Nach diesem Plane, zu dem schon die früheste bewegliche Bühne genöthigt
war, wurde in Athen, nachdem bei dem ersten Preiskampfe des Aeschylos mit
Chörilos und Pratinas ominöserweise die Holzgerüste gebrochen waren, das grosse
steinerne Dionysostheater am Abhange der Akropolis angelegt, das — während
der Glanzzeit der Tragödie und Komödie nicht einmal ganz vollendet, später auch
zu den Volksversammlungen dienend — das Muster aller andern, nach demselben
Plan und in dem gleichen kolossalen Masstab gebauten griechischen Theater geworden ist. Fast ohne Ausnahme war für den Zuschauerraum, der im Dionysostheater 30,000, in andern 60—80,000 Menschen fasste, ein natürlicher Abhang
benützt, der durch Bearbeitung ein halbtrichterförmig ausgehöhltes Aussehen erhielt,
daher dieser Schauraum (Theatron im engeren Sinn) auch Koilon, römisch Cavea
hiess. Es versteht sich nach diesem von selbst, dass das ungeheure Ganze ohne
Dach unter freiem Himmel lag. Die Sitze, oft in den Fels gehauen, liefen im
Halbkreis oder grösseren Kreisabschnitt concentrisch nach oben zurücktretend
um den Raum, den wir Parterre nennen, der aber im griechischen Theater für
den Chor bestimmt war (Orchestra). Sie wurden, besonders in grossen Theatern,
durch breite Gänge (Diazomata, Praecinctiones) in rang- oder stockwerkartige Abtheilungen geschieden, die wiederum durch strahlenförmig auf den Mittelpunkt der
Orchestra zulaufende Treppen in keilartige Abschnitte (Kerkides, Cunei) getheilt
waren. Gegen die Bühne waren sie auf beiden Seiten durch eine Mauer abgegrenzt, die nach der aufsteigenden Linie der Sitze rückwärts abgestuft die
Aussicht nach der Bühne frei liess. Eben so waren sie von der Orchestra durch
eine Einfassungsmauer getrennt, die die unterste Sitzreihe, den ersten Rang, zu
gleicher Höhe mit der Bühne erhob. Die oberste Reihe, der Juchhe, war durch
einen schönen Säulengang für die Entfernung von der Bühne entschädigt. Den
Abschluss nach aussen bildete eine Mauer, gleichfalls mit einem Säulengang. Hier
befanden sich, je nach Massgabe der Oertlichkeit, Eingänge von der Höhe des
Berges her, andere führten an den Seitenmauern, andere von der Orchestra selbst
herauf. Die Orchestra bildete, ihrem Namen gemäss, den Tanzboden des Chors,
der theils die Handlung mit seinen Reigenbewegungen begleitete, theils mehr oder
minder lebhaft in dieselbe eingriff. In letzterem Falle betrat er die in der Mitte
der Orchestra gelegene Thymele, oder er stürmte über eine Treppe auf die Bühne,
von der er aber bald wieder in die Orchestra hinunterstieg. Dieses Halbrund
wurde eben so wie der Zuschauerraum durch die Bühne abgeschnitten, die bekanntlich an grosser Breite bei geringer Tiefe noch die Shakespeare'sche übertraf.
Der Vorderraum, zu dem die Treppe aus der Orchestra emporführte, war der
Sprechplatz (Logeion, Pulpitum), den die Hauptpersonen einnahmen, während bei
Wechsel- und Gegenreden mit dem Chor der Chorführer auf der Höhe der Thymele
gegenüber stand. Nach G. Hermann's abweichender Ansicht jedoch lag die Thymele als Dionysosaltar ganz ausser dem Bereich des Schauspiels und wurde bloss

ein Theil der Orchestra für dieses benützt. Der Hinterraum war, da die meisten und bedeutendsten Stücke vor einer Königsburg (etwa auch Tempel) spielten, durch eine ständige Decoration abgeschlossen, die, in wirklicher Architektur ausgeführt, ein Mittelgebäude mit zwei Flügeln, also mit einem Portal und zwei Seitenpforten, darstellte. Da jedoch Komödie und Satyrspiel einen andern Hintergrund erforderten und auch in der Tragödie mitunter Scenenwechsel vorkamen, so hatte man bewegliche gemalte Decorationen, die vor die steinerne Façade vorgeschoben wurden; der Wechsel der Seitenansicht wurde in diesem Falle durch gemalte Dreiecke (Periakten), die sich auf einem Zapfen drehten, bewerkstelligt. Die Hinterwand stieg, mit Obergeschossen ausgefüllt, bis zu gleicher Höhe mit den obersten Zuschauersitzen empor, ebenso die Seitenwände, so dass sämmtliche Theile ein rings nach aussen gleichmässig abgeschlossenes Ganzes bildeten. Indessen wird das Letztere mit mehr Sicherheit vom römischen Theater zu sagen sein als vom griechischen, von dessen Bühnengebäuden nichts mehr übrig ist. Das römische nämlich, im Allgemeinen dem griechischen Plane folgend, suchte keinen Hügel auf, um sich daran zu lehnen, sondern stieg auf starken Bogen und Wölbungen unmittelbar aus der Ebene empor. Eine weitere Hauptabweichung bestand darin, dass die Orchestra bei der Reigenlosigkeit der römischen Tragödie nicht für den Chor, sondern zum selben Gebrauch bestimmt war wie unser Parterre, nur in höherer Bedeutung, denn sie diente in Rom als Hofloge, in der Provinz als erster Rang. Aus diesem Grunde war sie kleiner als in den griechischen Theatern (in den späteren wenigstens), und unterschied sich von den Verhältnissen der griechischen Orchestra noch besonders durch ihre Erhebung gegen die Bühne, die im griechischen Theater mehr als mannshoch über der Orchestra lag, im römischen aber des Sehens wegen nicht höher sein durfte als bei uns ungefähr die Bühne über dem Parterre. Bekanntlich hat Rom erst durch Pompejus ein stehendes Theater erhalten, das neben dem berühmten von August erbauten Theatrum Marcelli mehrmals erneuert und noch von unserem Gothenhelden Theoderich wieder aus seinen Trümmern aufgerichtet wurde.

Einer der merkwürdigsten Ueberreste antiker Theaterbauten ist auf den Abbildungen Taf. I, Fig. 55, 56 und 67 dargestellt. Es ist dies das grössere der beiden zu Pompeji ausgegrabenen Theater, das zugleich griechisch und römisch gebaut ist und deshalb lebhafte Erörterungen über seinen Ursprung hervorgerufen hat. Es lehnt sich nach griechischem Brauche mit der Cavea an den Stadthügel an, aber die vier obersten Sitzreihen, die in dem Grundriss Fig. 55 weiss gelassen und in dem Ausschnitt Fig. 56 nach der Natur gegeben sind, ruhen auf einem gewölbten Corridor und sind nach hinten durch eine Doppelmauer, in welcher gleichfalls ein gewölbter Gang läuft, abgeschlossen. Die Orchestra, die im rein römischen Theater — Fig. 55 stellt ein solches von Herculaneum dar — sich auf den Halbkreis beschränkt, schreitet hier in der hufeisenförmigen, fast geradlinigen Verlängerung der beiden Seiten der Cavea weit über jenes Mass hinaus. In ihrem Höhenverhältniss zur Bühne jedoch ist diese griechische Orchestra ein römisches Parterre, während sie andrerseits wieder mit der Bühne durch kleine fünfstufige Treppen verbunden ist, die keinen Sinn haben würden, wenn sie nicht dem Chor zur Bewegung aus der Orchestra auf die Bühne gedient haben sollten. In Betracht dieser Doppelform wird man entweder anzunehmen haben, dass das Theater zuerst griechisch angelegt und später römisch umgestaltet worden sei, oder dass die Pompejaner, die als römische Municipalen auf altgriechischem Boden sassen und selbst auf ihren Theatermarken — ein Beispiel siehe Taf. XIII, Fig. 19 — griechisch redeten, abwechselnd griechische und römische Theatervorstellungen gegeben haben. Im Uebrigen kann man sich von dem, was dem griechischen und römischen Theater, bei allen Abweichungen im Einzelnen, gemeinsam war, eine deutliche Ansicht aus dem pompejanischen gewinnen, das doch immerhin 5000 Menschen fasste. So zeigt das Bruchstück Fig. 56, verglichen mit dem Grundriss des Ganzen, die strahlenförmig nach der Orchestra laufenden Treppen und die Keile, in welche die Sitzreihen dadurch zerschnitten werden, ebenso einen Quergang, der die vorderen Sitzreihen von den mittleren trennt. Ein zweites Diazoma ist nach römischer Weise durch den gewölbten Gang ersetzt, auf welchem die obersten Sitze ruhen. Sämmtliche sechs Treppen münden in diesen Gang mit Thüren (Vomitoria), die bei einem Regenguss oder sonstiger Gefahr die in der mittleren Cavea sitzende Menge in den Corridor und durch denselben nach aussen ausspeien konnten, während der oberste Rang sich auf gleiche Weise durch den in der Hintermauer befindlichen Gang entleerte und der unterste theils durch die Orchestra, theils durch zwei Thüren am Ende seiner Präcinction den Ausweg fand. Diese praktische Einrichtung, die sich sehr für unsere Theaterbrände empfiehlt, war besonders auch den Amphitheatern eigen, und man hat berechnet, dass das Colosseum seine 90,000 Zuschauer in fünf Minuten ausschütten konnte. Die drei Abtheilungen entsprachen zugleich den Rangstufen, in welche die Gesellschaft zerfiel. Auf der infima Cavea (falls nicht die Vornehmsten in der Orchestra selbst ihre Plätze hatten) sassen die landstädtischen Senatoren (Decuriones) mit ihren Präsidenten (Duumviri) und die kaiserliche Geistlichkeit (Augustales), nebst den andern breitsitzigen Persönlichkeiten, denen die Ehre zuerkannt war. Da die Stufen hier nicht zum Sitzen, sondern als Unterlage für die Ehrensessel (Bisellia) dienten, so sind sie breiter und niedriger als die übrigen Sitzstufen. Noch jetzt sieht man an einem der dortigen Grabmäler (dem der Naevoleia Tyche) ein solches Bisellium zu Ehren des von den Decurionen damit bedachten Mannes — einer Commerciengrösse, wie es scheint — in Relief dargestellt, wobei zur sonnenklaren Veraugenscheinlichung, dass der Doppelsitz nur für Einen ist, mitten davor ein Schemel steht — ein unsterblicher Beweis, dass es auch in Pompeji echte Philister und Philisterinnen gegeben hat. Die media Cavea, mit zwanzig Sitzreihen, gehörte der Bürgerschaft, die summa dem gemeinen Volk. Die einzelnen Abtheilungen der Sitze waren — einigermassen wie bei uns die Strassen — mit berühmten Namen (von Göttern, Helden oder Menschen) bezeichnet, die im Genitiv angeschrieben und ebenso auf der betreffenden Einlassmarke (Tessera) angegeben waren. Hiernach ist die Inschrift der bereits erwähnten Marke, Taf. XIII, Fig. 19, mit dem Namen des Aeschylos und dem römisch und griechisch ausgedrückten Zahlzeichen als Platzbezeichnung zu verstehen und in unser heutiges Kauderwelsch etwa mit »Section Aeschylos Nr. 12« zu übertragen. Die Rückseite mag etwa eine leicht angedeutete Bühnendecoration oder Theaterlocalität vorstellen sollen. Den Namen Aeschylos hat man eine Zeit lang auf eine Aufführung des Dichters gedeutet, um so mehr, als bei Orelli die Abbildung einer andern Tessera existirt, die neben genauer Angabe von Caveastockwerk 2, Keil 3, Sitzstufe 8, eine Aufführung der Casina des Plautus ankündigt (Taf. I, Fig. 69); aber diese Marke ist seitdem (Wieseler, Theatergebäude etc. S. 38) für ein »reines Phantasiestück« erkannt worden, und die Uebereinstimmung mit andern ähnlichen Marken, sowie die Unwahrscheinlichkeit, dass immer wieder frische, als Theaterzettel gleichsam, ausge-

geben worden wären, spricht für die obige Deutung. Vermuthlich waren diese
theils elfenbeinernen, theils beinernen Marken nur für den ersten und zweiten
Rang bestimmt, wo denn auch die Abtheilungen noch mit den Statuen oder Büsten
der betreffenden mythischen oder historischen Personen geschmückt gewesen sein
mögen; dass auf die obere Gallerie weniger Rücksicht genommen wurde, ist daraus
zu ersehen, dass sie, wie der Ehrenrang, nur vier Sitzreihen hat. An der Hintermauer dieser summa Cavea sind sodann noch Reste einer Einrichtung erhalten,
die das luxuriöse Römerthum sehr von den Griechen unterscheidet, Steinringe
nämlich, durch welche Masten zum Ausspannen der gegen Sonnengluth und gelin-
dere Regenschauer schützenden Zeltbedeckung (Velum) gesteckt waren. Desto un-
gestörter versetzen uns die Ueberbleibsel der der Cavea gegenüberliegenden Bühne
(Taf. I, Fig. 67) in die griechische Theaterwelt, nur dass die römische Bühne länger
und tiefer ist. Diese Trümmer aus Stein und Marmor aber, die sich hinter dem
Proscenium erheben, sind die Reste der griechischen Königsburg, die, wie oben
geschildert, der stehende körperliche Hintergrund des Theaters war. Noch sieht
man die drei Eingänge, die Königspforte mit den beiden Seitenthüren, welche die
handelnden Personen, je nachdem sie aus dem Palast oder aus dem Frauenzimmer
mit den Wirthschaftsgebäuden rechts oder aus der Gastwohnung zur Linken
kamen, schon durch das blosse Auftreten bezeichneten. Die Theatersprache hatte
für diese ersten, zweiten und dritten Rollen die Ausdrücke Protagonist, Deutera-
gonist und Tritagonist. »Alle drei Eingänge liegen im Hintergrund von Nischen,
die regia Porta in einer grossen halbrunden Nische, in der links und rechts von
der Thür eine Statuenbasis erhalten ist, die Nebeneingänge sind in kleineren viereckigen Nischen angebracht; die Mauerflächen zwischen den Eingängen waren mit
Statuen geziert.« Um von der Schönheit einer solchen Façade einen vollen Eindruck zu erhalten, muss man freilich entweder die Reste an Ort und Stelle oder
vielleicht noch besser eine restaurirte Ansicht des Ganzen sehen, wie sie Overbeck von der Scena stabilis des herculaneischen Theaters gibt, und dann mag man
sich von diesen Provinztheatern römischer Epigonenkunst eine Ahnung entnehmen,
welch einen Anblick die architektonisch-plastische Decoration des griechischen
Theaters in der grossen Kunstzeit dargeboten haben muss. Scena stabilis heisst
sie bei den Römern im Gegensatz zu der beweglichen Decoration (Scena ductilis)
und zu der Drehcoulisse (Scena versilis). Von letzterer sind noch in den Substruc-
tionen der Bühne die Steinblöcke übrig, worin sich die Zapfen der Trigone (ver-
surae) drehten, so dass je mit einer andern der drei bemalten Flächen eine in den
Scenenwechsel eingreifende Ansicht zum Vorschein kam. — Taf. I, Fig. 46 stellt
das kleinere pompejanische Theater dar. Es war ein sogenanntes Theatrum tectum,
und mag bei schlechtem Wetter zu Schauspielen, nebenher vielleicht auch als
Odeum gedient haben. Die Bedachung verlangte einen viereckigen Mauerschluss,
daher nur die infima und ein Theil der media Cavea den ganzen Halbkreis erreicht
und der Rest der Sitze an den Enden abgeschnitten ist. Die Orchestra bildet ein
Halbrund. Das Proscenium lässt auf unserer Abbildung deutlich den Spalt sehen,
in den sich der »Vorhang« (man kann ihn nur uneigentlich so nennen) bei Beginn des Stückes senkte und aus dem er am Schluss desselben wieder emporstieg,
eine Vorrichtung, die in den grossen Theatern wegen der Offenheit nach oben
unerlässlich war, und bei der nun einmal dafür vorhandenen Construction auch
im bedeckten beibehalten wurde. Das Logeion der alten Bühne war, wie man
hier sehen kann, ausserhalb des »Vorhangs« gelegen. Da ebenso der durch die

Mauer zwischen der Cavea und der Bühne in die Orchestra führende Eingang
(Parodos), dem ein gleicher auf der entgegengesetzten Seite entspricht, auf gegenwärtiger Abbildung besonders in die Augen fällt, so ist seiner bei dieser Gelegenheit zu gedenken, obgleich er just bei dem in Rede stehenden kleinen Theater,
wo die vorspringenden Flügel der untersten Sitzstufen den Raum verengen, von
geringer Bedeutung ist. Im griechischen Theater waren neben den drei Eingängen
des Bühnenhintergrundes diese beiden Pforten die bedeutendsten; hier bewegte
sich der Chor in die Orchestra, hier traten die handelnden Personen, die aus der
Fremde kamen, ein, um über die Treppe auf die Bühne zu steigen, und hier gingen
die pompösen Züge auf der Strasse zwischen Orchestra und Bühne hindurch, wobei
die rechte Seite (vom Zuschauer aus) die Fremde, die linke die Heimath bedeutete.
Aber auch ein Theil der Zuschauer gelangte durch diesen Eingang auf seine Plätze.
Fig. 46 lässt eine kleine Treppe sehen, die aus dem Proscenium auf den Raum
über der Parados führt, in eine Prosceniumsloge also, wie sie in Rom für die
Vestalinnen reservirt waren, und daher wahrscheinlich auch in Pompeji für die
Priesterinnen dienten. Das griechische Theater dagegen hatte keine Sitze über
dem Eingang und sein Zuschauerraum war nicht bis an die Bühne fortgeführt. —
Schliesslich sei erwähnt, dass die beiden Theater bereits durch das Erdbeben vom
Jahr 63 n. Chr. stark beschädigt worden und noch in der Wiederherstellung begriffen waren, als die Katastrophe vom 24. August 79 sie für immer schloss, so
dass man, nach dem Aussehen, das sie bei der Aufgrabung hatten, sogar bezweifelt,
ob sie, wiewohl nahezu vollendet, schon wieder zu Vorstellungen tauglich gewesen
seien. Die Marken, von denen die Rede war, sind in keinem der Theater gefunden worden, beweisen also in der Frage, ob diese bei der Verschüttung im Gebrauch waren, nichts.

Die innere Einrichtung des Theaters war schon unter Aeschylos sehr weit
gediehen. Man schreibt ihm die Maschinerie, die Decoration und die Charakter-
maske (diese statt der früheren Beschmierung des Gesichtes) zu. Die gemalte
Decoration soll durch Sophokles eingeführt worden sein; jedenfalls machte auch
sein älterer Nebenbuhler Gebrauch von ihr, und bedeutende Maler förderten diesen
Zweig der Kunst. Die Maschinen, im Boden und in den obern Stockwerken der
stehenden Rück- und Seitendecoration (Episkenien und Paraskenien im Gegensatz
zum Proskenion) angebracht, dienten zu Flugwerken für die Götterscheinungen,
zum Verschieben der auf Holz oder Leinwand gemalten Scenerie, zum Blitzen,
Donnern u. s. w.; im Podium waren Versenkungen für das Verschwinden von Personen oder für das Aufsteigen von Geistern, so weit diese nicht aus der stygischen
Pforte, die sich (jedoch bestritten) unter den Zuschauern befand, durch die
Orchestra auf die Bühne schwebten. Des »Vorhangs« haben wir bereits gedacht;
für die altattische Bühne wird er übrigens bezweifelt.

Das antike Drama vereinigte in sich die Formen, die bei uns getrennt auftreten: es war zugleich Schauspiel, Oper und Ballet. Auch näherte es sich durch
die Pracht seiner Decorationen und Festzüge, wo diese vorkamen, einigermassen
dem, was man bei uns Spectakelstück nennt, nur mit dem grossen Unterschiede,
dass die griechische Kunst, die überall weise symbolisch verfuhr und von der
Illusion des Zuschauers verstanden wurde, nicht nach römischer und moderner
Art durch Massenentfaltung zu imponiren suchte, sondern die Masse durch verhältnissmässig wenige Personen andeutete und so die nöthige Wirkung gleich sicher
erzielte. Man hat sich also z. B. die Triumphscene, wie Agamemnon auf seinem

Wagen mit der gefangenen Seherin einzieht, wenn auch im Einzelnen noch so
prächtig, doch in der Zahl und Grösse der Gruppe sparsam ausgestattet zu denken,
und das überdies um so mehr, als die Orchestra des athenischen Dionysostheaters,
nach einem noch vorhandenen Münzenbilde zu schliessen, im Vergleich mit andern
Planen griechischer Theater gar nicht gross gewesen zu sein scheint. Was aber
unserer Vorstellung ewig fremd und ungeheuerlich vorkommen muss, das ist der
Aufputz des Schauspielers mit Maske, Kothurn und Polsterwulst, eine Vermum-
mung, die indessen auch schon im Alterthum nicht Jeglichem gefallen hat. »Welch
ein abscheulicher Anblick! Menschen zur äussersten Unförmlichkeit aufgestutzt,
auf hohen Absätzen wie auf Stelzen einherwankend, mit ungeheuren Masken, die
weit über den Kopf hinausragen, und aufgerissenen Mäulern, als ob sie die Zuschauer verschlingen wollten! Nicht zu gedenken der dicken Wattirungen, womit
Brust und Bauch umgeben sind, um einen verhältnissmässigen Umfang zu bewerkstelligen, damit die übermässige Länge nicht durch die schmächtige Breite zu
Schanden werde. Aus jener Larve nun singt oder vielmehr brüllt der Mensch aus
Leibeskräften, steigt bald über Vermögen, bald sinkt er mit der Stimme, dehnt
und schleppt bisweilen seine Jamben aufs Unausstehlichste, und erzählt uns, was
das Ungereimteste ist, seine tragischen Erlittenheiten singend unter Trillern u. s. w.
In der guten Zeit war das nun freilich nicht so arg wie in den Tagen der Entartung, in welchen Lucian diese Worte schrieb; aber grosse, etwas grelle Züge
und einen ziemlich geöffneten Mund musste die Maske immer haben, um bei der
ungeheuren Ausdehnung des Raumes dem entfernten Zuschauer mit dem Typus,
für welchen der Gebrauch allmählich eine Menge feststehender Abstufungen einführte, hinreichend sichtbar zu sein. Sie deckte den ganzen Kopf, daher ihr uner-
schöpflicher Gegner seinen Anacharsis von Helmen reden und gegen Solon die
Meinung äussern lässt, nebenher werden sich die Athener derselben wohl auch in
der Schlacht bedienen, um den Feinden durch die furchtbaren Mäuler Schrecken
einzuflössen, wie denn auch die so hochbeinig machenden Schuhe zum Davonlaufen
zweckmässig seien, oder den Feind mit Siebenmeilenschritten zu verfolgen. Ferner
hatte die tragische Maske zu grösserer Erhöhung einen diademartigen Aufsatz
(Onkos), der zuweilen über den Haaren, meist aber so getragen wurde, dass die
Haare über ihn aufgethürmt waren. An den Augen war das Weisse des Augapfels
angebracht und nur für den Augenstern des Schauspielers eine Oeffnung gelassen.
Der Kothurn, der je nach dem Range der Handelnden grösser oder kleiner war,
faltige, bis auf die Sohlen reichende Gewänder und ausgestopfte Handschuhe, die
den Arm verlängerten, dienten das Uebermenschliche der Gestalt zu vollenden.
Einem ungewohnten Publicum mag die Erscheinung wahrhaft entsetzlich vorgekommen sein. Als zu Nero's Zeit — so erzählt der ältere Philostrat — ein Tra-
göde, um dem allerhöchsten Concurrenten aus dem Wege zu gehen, in Sevilla
(Hispalis) auftrat, grauste es den schlichten Zuschauern schon bei dem blossen
Anblick; die mächtigen Schritte, mit denen er einherstelzte, die weite Oeffnung
des Mundes, die hohen Kothurne und die ganze wunderliche Bekleidung, das Alles
machte einen unheimlichen Eindruck; als er aber vollends die Stimme erhob und
(vielleicht mit Hülfe der Schallmaske, worin sich ein Sprachrohr befand) weithin
donnernd sprach, da befiel die guten Leute ein panischer Schrecken und die
Meisten ergriffen die Flucht. — Allem diesem entsprach das Stabile, das ein dramatischer Charakter das ganze Stück hindurch beibehielt, und der gemessene, meist
feierlich langsame Reigenschritt der antiken Tragödie, deren Bewegung auf plastische

Gruppen hinstrebte, während das Gebärdenspiel mit ganzem Leibe, das dem Süd-
länder stets eigen war, das man sich aber hier einförmig und nach Art unserer
altdeutschen Gebärde und Haltung conventionell gebunden denken muss, die Bewegung der Miene entbehrlicher machen mochte. »Die Komöden sind nicht so
hoch als Jene,· sondern gehen auf dem ebenen Boden; sie sehen menschlicher aus
und schreien auch nicht so sehr, aber ihre Masken sind noch viel lächerlicher,
und die Zuschauer insgesammt mussten über sie lachen, während sie jenen Hoch-
beinigen immer mit betrübten Gesichtern zuhörten, aus Mitleid vielleicht« — meint
der Skythe — »weil sie so schwere Fussblöcke nachschleppen mussten.« Auch
wurde in der Komödie mehr gesprochen, natürlich auch geschrieen. Die komische
Maske war, wenn sie lebende Personen darstellte (so lang diese auf die Bühne
gebracht werden durften), Carricaturconterfei; bekannt ist, dass Aristophanes, als
er den Kleon spielte, keinen Maskenverfertiger fand, der ihm das Gesicht des allmächtigen Schlachtopfers seines Witzes nachzubilden gewagt hätte, und sich dies-
falls mit der längst abgängig gewordenen Dionysosschminke, der Weinhefe, begnügen
musste. Die Censur, die dem peloponnesischen Kriege folgte, gab dieser Theater-
freiheit den Todesstoss. Unter den makedonischen Herrschern aber brachte die
Furcht, durch zufällige Aehnlichkeiten nach oben zu verstossen, jene Verzerrungen
auf, die dem Ironiker von Samosata die tragische und komische Maske, die gäh-
nenden, wie er sie nennt, so widerwärtig gemacht haben. Doch ist es nicht nur
dies: man meint aus seinem Angriff herauszufühlen, dass die freilich unbefrie-
digende Form des Redens und Handelns mit bewegungslosem Gesichte sich überlebt
hatte, und dass die Welt nach einer natürlicheren Darstellungsweise der Leidenschaften verlangte, wiewohl das Lob, womit er den pantomimischen Tanz, eine
Art Ballet, — wegen der wohlgeformten Maske mit dem geschlossenen Munde —
der Tragödie und Komödie gegenüberstellt, nur beweist, auf welch arme Surrogate
die Menschen gerathen können, ehe das Rechte gefunden ist. Zwar war dies in
Rom der Fall, wo nur die Atellane von jeher in der einheimischen Maske, das
Drama aber bei seinem Aufkommen unmaskirt gespielt wurde; aber auch dort
drang mit der Zeit die griechische Maske durch, und die Ursache hievon wird wohl
gleichfalls die Grösse des Theaters gewesen sein. — Von der tragischen Maske gibt
Tafel XIII, Fig. 11, von der komischen Fig. 16 eine besonders klare Anschauung,
von der Theatermaske (Prosopon, Persona) überhaupt, und auch von der Art, wie sie
ausser der Vorstellung gehandhabt, in der Hand getragen oder über den Kopf zurückgeschoben wurde, Fig. 12, 24, 25. Aus der Menge von Masken, die das
Alterthum auf Wandgemälden, Mosaiken, Ornamenten u. dgl. hinterlassen hat, findet
sich in den Fig. 1—21 eine Auswahl zusammengestellt; da aber diese Masken
einem andern Kunstzwecke dienten, so lässt sich von den wenigsten sagen, ob sie
treue Nachbildungen theatralischer Masken waren, wiewohl nicht zu zweifeln ist,
dass sie wenigstens den Maskenausdruck im Allgemeinen wiedergeben. Wenn man
sich übrigens diese allerdings zum Theil scheusslich aufgerissenen Mäuler durch
die entsprechenden Gesichtstheile des Schauspielers ausgefüllt denkt, wie auch auf
mehreren der nachfolgenden Bilder zu sehen ist, so muss man sich doch die Ver-
zerrung bei der tragischen Maske durch den natürlichen Menschenmund einigermassen gemildert vorstellen, während bei der komischen die Beweglichkeit desselben innerhalb des wunderlichen Ringes die Komik der Fratze noch ungemein
erhöhen konnte. Die tragische Maske Fig. 5 weist übrigens auf eine Zeit und
Art der Darstellung zurück, der kein Spötter etwas abgewinnen könnte. Auch die

Silensmaske Fig. **7** und die weibliche Maske Fig. **17** sind durchaus edel. Abkömmlinge von echten römischen Theatermasken, die bekanntlich erst durch Terenz nach dem Muster der griechischen eingeführt wurden, sind ohne Zweifel Fig. **9** und **10**, aber sie gehören einer (in der vaticanischen Bibliothek befindlichen) Handschrift des Terenz an, die erst aus dem 8. oder 9. Jahrhundert stammt. Die Masken mit dem weniger geöffneten Munde sind in der Regel weibliche. Die auf Fig. **13** wiedergegebene (von einer herculaneischen Terracottalampe) wird für eine Pantomimenmaske gehalten, in welchem Fall sie Lucian's Lob nicht sonderlich verdienen dürfte. Besonders bemerkenswerth ist die Maske Fig. **14** (von einem geschnittenen Stein), die ganz dem Pulcinella gleicht.

Um nun ein Bild eines athenischen Theatertages oder gar Theaterabends entwerfen zu können, dazu sind uns viel zu dürftige Nachrichten verblieben. Man nimmt an, dass die drei nach Art unseres Wallenstein zusammenhängenden Tragödien eines Dichters, was bei dem langsamen Gang der Recitative und Chorgesänge wohl sich denken lässt, vom frühen Morgen bis zum späten Abend gespielt haben, so dass das gleichfalls zu dem tragischen Gegenstand in Beziehung stehende und die Tetralogie vollendende Satyrspiel bei Fackelschein erfolgen konnte. *) Da in diesem Fall der ganze Tag Einem Dichter gehörte, so hatte der Preiskampf einen ganz regelmässigen Verlauf, indem drei Dichter — so nimmt man an — in drei Tagen ihre Tetralogieen zur Aufführung brachten. Dagegen erfährt man aus Aristophanes, dass zu seiner Zeit Vormittags Tragödie und Nachmittags Komödie gespielt wurde. Vermuthlich wurde es zu verschiedenen Zeiten verschieden gehalten. So soll Sophokles wegen seines angeblichen Widerwillens gegen das Satyrspiel (das dann durch Euripides, den Dichter des einzig übrig gebliebenen, wieder eingesetzt worden wäre) die Vergünstigung erhalten haben, mit seinen Trilogieen ohne dasselbe aufzutreten, so dass es vielleicht durch die Komödie ersetzt wurde. Die Angabe, es habe Drama gegen Drama gekämpft, lässt die Erklärung zu, oder scheint sie sogar zu fordern, dass die Trilogie nicht mehr in unmittelbarer Folge, sondern durch die gegnerischen Stücke unterbrochen gegeben wurde, und das war für die seinige, wenn sie bei völliger Geschlossenheit des einzelnen Stücks so lose zusammenhing

---

*) Droysen hat von einem solchen heitern Nachtstück — das er übrigens, nach der aus der Odyssee bekannten Sage von Menelaos und Proteus, selbst componirt — eine romantische Beschreibung gegeben. „Das Abendroth ist schon erloschen, mehr und mehr dunkelt es in dem weiten Raume des Theaters, in den die Sterne hinabblicken vom unumwölkten Himmel; nur auf dem Wachtposten der Satyrn, der Thymele in der Balgenflur, brennt ein Feuer, und schwankender Schein fällt atzelhaft zu der Bühne hinüber, zu den weiten Räumen der Schauenden hinauf; im dämmerhaften Lichte erkennt man den hehren Achaierhelden und die borkefüssigen Strandhüter und des Meeres schöngewandige Tochter. Und schon regt sich in dem Schatten ein klumpenhaft schwärzliches Gewimmel; es ist die Robbenheerde, die plumpe Brut des Meeres, zwischen ihr der Meeresalte, wie ein riesiger Schatten hoch hinschreitend wandelt er auf und ab. Dann wird gefasst, es beginnen die wilden Verwandlungen, doppelt spukhaft in diesem webenden, ungewissen Scheine, noch verwirrender durch das wüste Durcheinander flüchtiger Robben und kreischender Satyrn; plötzlich schiesst jäh flammend der blendende Feuerschein empor, und sinkt dann schnell zusammen; rings ist's dunkel und geheimnissvoll; der Zauberer wird wahrsagen. Ist das Alles vorüber, und Proteus zurück ins Meer, und die Satyrn wieder zur Stelle, so sieht man von allen Seiten her Lichtschein nah und näher kommen; es sind die Gefährten, die ihren Fürsten suchen und endlich finden. Der hellste Fackelglanz leuchtet durch die weiten Räume und in die Luft empor, und durch die Luft herab schreitet der Götterherold, an seiner Hand die Ledatochter, wie ein Stern leuchtend in ihrer Schöonheit; singend und jubelnd, die hellen Fackeln voran, ziehen sie in die stille Nacht hinaus." So wäre denn das Fehlende etlichermassen durch die Phantasie ersetzt.

wie die beiden Oedipus und die Antigone, weit weniger störend als für die Orestie,
die einzige übrig gebliebene Aeschylische Trilogie. Gottfried Hermann hat jedoch den
Satz aufgestellt, die Tri- und Tetralogieen haben gar keinen zusammenhängenden
Inhalt, sondern bloss eine Steigerung der äussern Formen gefordert, wozu Göthe aus
seinen südlichen Erinnerungen beibringt, wie er Goldonische Stücke mit eingescho-
benen komischen Opern, ja eine ernste Oper mit einem heroischen und einem komischen Ballet in den Zwischenacten, ohne alle Beziehung der Stücke auf einander, gesehen habe. Von der Preisbewerbung weiss man so viel. Der Dichter hatte sich bei
demjenigen der Archonten, der dem Feste vorstand, zu melden, und erhielt, wenn
seine Arbeit angenommen war, vom Staat einen Chor zum Einüben nebst den
Schauspielern (Hypokritai) angewiesen. Diese waren, nachdem früher der Dichter
selbst die Hauptrolle gespielt hatte, durch die Vermehrung der handelnden Personen seit Sophokles nöthig geworden, daher die Namen der von ihm und auch der
von Aeschylos in späteren Stücken beschäftigten Schauspieler aufbehalten sind. Die
Preisrichter wurden fast wie bei uns die Geschwornen durchgesiebt. Zunächst schlugen die Stammgemeinden oder Zünfte (Phylen) im Rathe der Fünfhundert ihre zu
diesem Amte geeigneten Männer vor, aus welchen eine Anzahl ausgewählt wurde.
Aus diesen wurden dann am Tage der Aufführung im Theater selbst die Richter
durch das Loos gezogen, wobei der Unparteilichkeit wegen diejenigen, deren Phylen
Chöre gestellt hatten, im Voraus als abgelehnt galten. Die Ausgeloosten mussten
schwören, ihren Wahrspruch nach bestem Wissen und Gewissen abzugeben. Die
Nachrichten über ihre Zahl schwanken, es werden Fünf, auch Sieben genannt,
und in einem sehr berühmten Falle waren es zehn. Als der junge Sophokles gegen
Aeschylos auftrat, herrschte im Theater leidenschaftliche Parteiung, und der fest-
ordnende Archon war in Verlegenheit, wie er unparteiische Richter erlangen sollte.
Zufällig war zu dieser Zeit Kimon mit der Flotte und den Gebeinen des Theseus
von Skyros zurückgekommen, und die zehn Feldherren traten eben in das Theater,
um nach alter Sitte dem Dionysos die Spende zu giessen. Der Archon nutzte die
Gelegenheit und verfuhr wie ein Stuart'scher Lord Oberrichter, nur in besserer Absicht: er hielt die Feldherren fest, die ohnehin jeder einer der Phylen angehörten,
schwur sie ein, und das erlauchte Preisgericht ertheilte dem Jünglinge den Sieg.
Er wurde, während der Alte nach Sicilien ging, so sehr der Liebling von Athen,
dass die Ueberlieferung sagt, die Aufführung seiner Stücke habe mehr gekostet
als der ganze peloponnesische Krieg. Dies mag übertrieben sein, doch kann man
sich von der Pracht der theatralischen Ausstattungen einen Begriff machen, wenn
man noch Demosthenes, den Genossen einer schon sparsamer gewordenen Zeit,
den Athenern vorwerfen hört, dass sie auf die Panathenäen- und Dionysienfeste
so ungeheure Summen wie auf keine Flottenausrüstung verwenden. Dabei war der
Staat noch von der Stellung des Chors (Choregie) befreit, die, mit schweren,
ja ruinösen Kosten für Unterricht, Verköstigung, Kleidung, Schmuck und Besol-
dung der Choreuten während ihrer Einübung, zu den freiwilligen Diensten (Liturgieen) der Reicheren gehörte. Der Staat dagegen hatte die Honorare für Dichter,
Schauspieler, Chöre und — Zuschauer zu tragen. Die ersteren waren theils Belohnungen, theils Preise; das letztere — eine Aufmunterung, deren manches moderne
Publicum bedürftig wäre — bestand bekanntlich in dem Ersatz des Eintrittgeldes
(Theorikon), das dem Theaterpächter bezahlt werden musste. Es betrug zwar nur
zwei Obolen (etwas über zwei Batzen) auf den Mann, aber bei der Menge der
Zuschauer und der häufigen Wiederholung der Schauspiele und anderer Feste, auf

die es ausgedehnt wurde, darf man sich nicht wundern, wenn eine noch vorhandene Rechnung über einen nicht einmal vollständigen Betrag der Theoriken für etwa fünf Monate die Summe von 25.000 Thlr. nachweist. Der jährliche Gesammtbetrag derselben wird von Böckh auf 25—30 Talente (1 Talent = 1500 Thlr.) veranschlagt. Die Entnehmung dieser Gelder aus der Bundeskriegskasse wurde damit gerechtfertigt, dass die Athener (zur Zeit der Hegemonie) sich auch im Frieden als das stehende Heer zum Schutze der Bundesgenossen betrachteten, wodurch die Einrichtung eine entfernte Aehnlichkeit mit unserer Ermässigung des Theatergeldes für den Wehrstand erhält. Auch Wohlhabendere machten von dieser Art Freikarte Gebrauch, während die Reichen und Liebhaber die besseren Plätze höher, bis zu einer Drachme (etwa 1 Franc) scheint es, bezahlten.

Diese Volksmasse, aufs beste geschmückt und bekränzt, füllte seit dem frühsten Morgen den unermesslichen Raum. Dass, in der Tragödie wenigstens und von den Sitzen der Männer getrennt, Frauen anwesend waren, ist durch die Untersuchungen von Becker u. A. mehr als wahrscheinlich gemacht, und die Sage, dass der aus dem pythischen Tempel hervorstürzende Chor der Eumeniden, deren Dichter auch wegen Erfindung sehr eindrucksvoller Reigenbewegungen gerühmt wird, Schwangere vor der Zeit zum Kreisen gebracht habe — diese Sage leidet wenigstens nicht an archäologischer Nichtigkeit. Knaben hatten auch in die Komödie Zutritt. Der Hauptkörper der Zuschauermenge blieb den ganzen Tag; man ass und trank im Theater. Dabei aber fand ein beständiges Ab- und Zuströmen statt, und Mancher, der seine zwei Obolen sich anderweit zu Nutze machte, kam erst, nachdem, wie bei uns, die Kasse geschlossen war. Die Vermöglicheren brachten Sklaven mit, die ihnen das Polster unterbreiteten, da die steinerne Sitzstufe ihre Unbequemlichkeiten hatte. Bekannt ist der Angriff, welchen Demosthenes von seinen Gegnern erlitt, weil er Philipp's Gesandte auf dem Ehrenplatze mit Kissen und Teppichen bedient haben sollte. Es versteht sich, dass dieser Vor- oder Ehrensitz (Proëdria) der Orchestra zunächst lag, und dass die oberste Reihe die schlechteste war, in welchem Sinn auch Aristophanes von erstem und letztem Range spricht. Die Sklaven sodann, welche Polster, Essen u. dgl. gebracht, die Kinder ins Theater geführt (Obliegenheit des »Pädagogen«), hatten sich wieder zu entfernen; wiewohl zu Plato's Zeit auch Sklaven unter den Zuschauern waren. Dieses Kommen, Gehen und Wimmeln mag, zumal wenn man sich die südliche Beweglichkeit vergegenwärtigt, dem Theater mehr Lebhaftigkeit als uns lieb wäre, mitgetheilt haben. Dazu kam, in späterer Zeit wenigstens, die seltsame Sitte einer gewissen Art von Proclamationen, nämlich dass, »zur Belästigung der Zuschauer und der Choregen und der wettkämpfenden Tragöden,« wie Aeschines sagt, und mehr durch Privatveranstaltung als auf öffentliches Gebot, Ehrenkränze, die Jemand irgend woher erhalten, ja gar Sklavenfreilassungen im Theater ausgerufen wurden, wo, wegen der Anwesenheit der vielen Fremden aus ganz Griechenland, die Oeffentlichkeit und die Ehre am grössten war. Aber auch die theilnehmenden Zuschauer selbst verhielten sich nicht besonders stille. Die Dienstfertigkeit des grossen Redners gegen die makedonische Gesandtschaft wurde, wenn man seinem Gegner glauben darf, sofort ausgezischt. Aehnliche Demonstrationen wurden missliebigen Persönlichkeiten, die im Theater erschienen, zu Theil. Auch Schlägereien fielen vor, wie aus dem Leben des Alkibiades und des Demosthenes bekannt. Das Drama begleitete man mit lärmenden Aeusserungen des Beifalls und Missfallens, die, wie bei uns, in Klatschen und Pfeifen bestanden, wenn die Kritik

nicht noch auf handgreiflichere Weise sich Luft zu machen beliebte. Demosthenes
erinnert seinen Gegner wiederholt, wie er als schlechter Schauspieler — auf einem
Landtheater, wo es noch unbändiger hergehen mochte als in der »violenbekränz-
ten« Stadt — Feigen, Weintrauben und Oliven (natürlich alles unreife) aufgelesen
habe, wobei es im Kampfe zwischen Schauspielern und Zuschauern gleich als in
einer Schlacht auf Leben und Tod gegangen sei, und beruft sich auf die Zuschauer
selbst, wie sie denselben als Thyest u. dgl. ausgepfiffen, von der Bühne gejagt,
ja schier gesteinigt haben, bis ihm die Jammerrolle des Tritagonisten vergangen
sei. Das Durchfallen (wörtlich Ausfallen), das er ihm vorhält, könnte in Betracht
der halsbrechenden Costümirung des Tragikers für einzelne Fälle buchstäblich
zu nehmen sein. Lucian wenigstens schildert es als ein ganz gewöhnliches Ereig-
niss, wie so ein stolzer Kekrops oder Sisyphos im goldenen Mantel aus Unvor-
sichtigkeit über das Logeion hinaus tritt und hinunterfällt, wie dann ein Gelächter
sich unter den Zuschauern erhebt, wenn die Maske sammt dem Diadem zu
Schanden gegangen ist und nun das blutige Gesicht des Schauspielers, seine
armseligen Lumpen, seine blossen Beine, die schmächtigen Füsse im Missverhält-
niss zu dem unförmlichen Kothurn, zum Vorschein kommen. Dem Dichter ging
es, wenn er beim Publicum anstiess, nicht besser als einem solchen armen Thyest;
er wurde mit Steinen geworfen, aus dem Theater gejagt u. dgl. Kam doch Aeschylos selbst (dieser aber vielleicht noch als Schauspieler) auf der Bühne einmal
in Gefahr der Steinigung, weil er sich an den Mysterien versündigt haben sollte,
und konnte nur durch Flucht an den Altar des Dionysos dem ersten Wuthaus-
bruch entgehen. Dass die Stabträger (Rhabdophoren), welche die Theaterpolizei
handhabten, gegen das souveräne Volk nichts unternahmen, sondern nur im Einzelnen, z. B. wenn Einer sich einen ungehörigen Platz angemasst hatte, die Ordnung aufrecht hielten, versteht sich von selbst, eben so dass die Unruhe und der
Lärm das Behagen des Sehens und Hörens so wenig störte als heute noch bei
den Südländern, am wenigsten in der Komödie. Die Tragödie aber mag doch
zuweilen unter dem Treiben etwas gelitten haben, und trotz der Feinsinnigkeit,
Rührfähigkeit, ja Thränenseligkeit, die dem geistreichsten Volke der Erde nachgerühmt wird, mag manche schöne Stelle todtgeboren zur Welt gekommen sein,
daher man zu der Annahme gezwungen ist, dass der ruhige Freund der Poesie,
die ja doch zuletzt die Seele der Aufführung blieb, und doch auch ihre Freunde
haben musste, sich zeitig um eine Vervielfältigung der Theaterhandschrift bemüht
haben werde. Ueber die Frage, ob damals schon ein Buchhandel bestanden habe,
sind die Stimmen getheilt; gewiss aber ist, dass schon Pisistratos eine öffentliche
Büchersammlung angelegt hatte, und dass bei Schriftstellern des nächsten Jahrhunderts von kleineren und grösseren Privatbibliotheken dichterischen und wissenschaftlichen Inhalts die Rede ist. Ja gerade die Theaterlectüre, die wir im Auge
haben, ist aus dieser Zeit ziemlich sicher bezeugt, denn wenn Aristophanes seinen
Fröschechor den beiden sich zum Kampf anschickenden Dichtern zurufen lässt,
sie sollen nicht fürchten, ein ungebildetes Publicum vor sich zu haben, das ihre
Finessen nicht verstehe, im Gegentheil, es seien exercirte Leute, die Jeder sein
Büchlein lesen und Judicium daraus ziehen, — so verlangt die dramaturgische
Katzbalgerei, die er hiemit einleitet, fast nothwendig eine engere Beziehung auf
Theaterliteratur. Authentische, so zu sagen offizielle Abschriften der grossen
Classiker, wo nicht die Originale selbst, wurden später, zur Controle der Schau-
spieler, damit sie bei der Wiederaufführung nicht fälschen konnten, im athenischen

Staatsarchiv aufbewahrt. Ptolemäos Euergetes erbat sich dieses Exemplar gegen ein Pfand von fünfzehn Talenten zum Abschreiben für die alexandrinische Bibliothek, behielt es aber, liess das Pfand dahinten und schickte eine schöne Abschrift zurück.

Ein kleiner Rest von diesem herrlichen Niederschlag eines so üppig strotzenden Festlebens, drei Tragiker und nur Ein Komiker, und auch von diesen kaum ein Zehntel ihres Gesammtschaffens, — das ist Alles was uns aus der grossen Zeit der athenischen Dionysosbühne übrig blieb. Zwar haben auch die bildenden Künste von dem Antheil, den sie dem Theater zugewendet, Zeugnisse in Fülle hinterlassen, aber nicht die höheren, die bei dem vorherrschenden Sinn für Einfachheit dem bacchischen asiatischbunten, gebauschten Prachtcostüm — Gewand (Chiton) und Mantel (Himation, Pallium) von hellen Farben und mit reicher Stickerei — aus dem Wege gingen, daher diese Darstellungen, die sich auf Vasen- und Wandgemälden, Mosaiken und Miniaturen befinden, wenig Tragisches enthalten. Dagegen ist ein Reichthum von Bildern, die sich auf das Satyrspiel und die ältere wie die spätere Komödie beziehen, auf uns gekommen; so hoch aber diese grossentheils höchst künstlerischen Hervorbringungen über unsern vielen dem Theater gewidmeten Almanachsbildern aus dem vorigen Jahrhundert stehen, so haben sie doch in Einem Punkte eine gewisse Aehnlichkeit mit denselben, sofern nämlich die zu ihrem Verständniss gehörige Literatur fast ganz untergegangen ist. Aus diesem Grunde ist die Deutung meist unsicher; ja selbst in solchen Fällen, wo ein Bild der Hauptsache nach ungezwungen an ein noch vorhandenes Stück erinnert, will es doch nicht ganz zu der betreffenden Scene passen, sei es dass der Künstler sich Wüllkürlichkeiten erlaubt hat, sei es dass ihm ein anderes Stück vorschwebte, das den gleichen Gegenstand in abweichender Weise behandelte. Unsere Besprechung muss sich, um nicht ins Unendliche zu geben, auf das Nöthigste beschränken, indem wir Diejenigen, die aus diesem vor andern noch unabgeschlossenen, von Streitfragen vollen und selbst dem Eingeweihtesten vielfach räthselhaften Theile der Wissenschaft ein eigenes Studium, wie es Noth thut, machen wollen, auf Wieseler's Werke verweisen.

Wir beginnen mit Fig. 11 und 16 der Tafel XIII, in welchen wahrscheinlich eine und dieselbe mythische Person als Gegenstand hier der komischen, dort der tragischen Muse abgebildet ist. Auge, Tochter des Königs Aleos von Tegea, Athenepriesterin, wird von dem trunkenen Herakles überwältigt Mutter des Telephos, den sie im Tempel verbirgt und später ähnlich wie Jokaste den Oedipus heirathen soll, was aber durch eine glückliche Erkennung abgewendet wird. Die Sage ist von Aeschylos, Sophokles und Euripides behandelt worden, und von Letzterem, dem in den Fröschen unter andern dramatischen Unthaten »gebärende Weiber im Tempelraum« vorgerupft werden, ist ein Fragment der betreffenden Scene noch erhalten. Sie spielt auf dem Platze vor dem Tempel, in welchem die Geburt stattgefunden, und es handelt sich um die Frage, was mit dem Kinde anzufangen sei. Zu dieser Scene nun, oder zu einer ganz ähnlichen, passt das Bild, ein pompejanisches Wandgemälde, worauf eine Herrin im Schleppkleide, den Säugling im Arm, und eine Person im kürzeren Gewande, aber mit Chlamys, also wohl Amme, in der Hand ein Schöpfgefäss, das zum Baden des Neugebornen gedient haben mag, in bedrängnissvoller Berathung begriffen sind. Man meint die langgesponnenen einzeiligen Wechselreden, die das griechische Drama liebt, zu hören. — Der frühere Vorgang scheint den Inhalt der Komödienscene abzu-

geb·n, die auf einem sicilischen Vasenbilde dargestellt ist und deshalb für die
von Epicharmos gegründete sicilische Komödie in Anspruch genommen wird. Jedenfalls gehört sie der älteren Komödie an, für welche Herakles in seiner Löwenhaut, mit seinem Heldenthum im Essen und Trinken und mit seinen Liebesbel-
denthaten (letztere auch im Passivum) ein Liebling war. Hier tritt er im Activum
auf, die Keule angelehnt, um besser zugreifen zu können, und die weibliche Gestalt, die sich gegen ihn sträubt, kann füglich für die Auge gelten, womit zunächst
dem Anschein nach das weibliche Cultusbild hinter dem Altare als Athene und
das durch Säulen angedeutete Gebäude als Tempel der Göttin bezeichnet wäre.
Allein es wird bezweifelt, ob die alte Komödie, die sich allerdings mit der Auge
beschäftigte, dieselbe als Priesterin dargestellt habe; hiebei könnte die Beziehung
auf die Person unverändert bleiben, nur dass das Gebäude dann etwa zum Palast
des Aleos mit einem in der Vorhalle stehenden Götterbilde würde. Die Gestalt
hinter Herakles hat man für Aleos selbst, und zwar in der Komödienfigur des
Hetärenwirths (Pornoboskos), die Gestalt auf der andern Seite für Jolaos, den
Genossen des Herakles, gehalten; die erstere scheint jedoch der Tracht nach ein
altes Weib (Amme mit kurzem Sklavenhaar) und die letztere ein Sklave zu sein.
Unzweifelhaft ist nur die Deutung auf Herakles, der hier in einer seiner Lieb-
schaften den flegelhaften Heros spielt; aber auch die beiden Figuren rechts und
links, obgleich man sie nicht benennen und noch weniger auf eine bestimmte
Komödie beziehen kann, geben doch die Art ihrer Theilnahme an der Handlung
ziemlich deutlich zu erkennen, indem sie, jede in ihrer Art, die Hände in Un-
schuld waschen, wobei der angebliche Aleos den angeblichen Jolaos ins Feuer zu
schicken und dieser sich mit der Bemerkung, dass mit einem solchen »Teufels-
rachen« (Aristophanes) nicht gut Kirschen essen sei, zurückzuziehen scheint.
Eben so gewährt uns das Bild eine entschiedene Anschauung von der geistreich
abscheulichen Parodie, welche die Komödie ihren Göttern und Helden in Gesicht.
Gestalt und Haltung angedeihen liess, und deren Wirkung, wie sie Anacharsis schildert, Niemand bezweifeln wird. Bemerkenswerth ist die bewegliche, ganz einer
Leiter gleichende Treppe, die aus der Orchestra auf das Proskenion führt, dessen
Unterraum (Hyposkenion) mit Candelabern und Wollenschnüren geschmückt ist.

Bei Fig. 13 war man seit Winckelmann im Streite, ob die sitzende Gestalt
mit der Maske in der Hand für einen Dichter oder Schauspieler zu halten sei.
Wieseler erinnert aber, gewiss sehr treffend, an den tragischen Schauspieler
Aesopus, von welchem Fronto erzählt, er habe ihn eine Maske aufgesetzt, ohne
sie vorher lang angeschaut zu haben, um sich aus ihrem Gesichtsausdruck die
erforderliche Gebärde und Stimme zu entnehmen. Wir sind also im Studirzimmer
eines antiken Schauspielers, ob eines Tragikers oder Komikers, darüber wird, in
Bezug auf die vor ihm liegenden Masken, gestritten. Hinter und über dem Tisch
befindet sich ein Brett an einer Stange und darauf eine halb aufgeschlagene Rolle,
dramatischen Inhalts vermuthlich, weiter rechts, auf dem vollständigen Relief sichtbar, ein Fenster und vor demselben eine weibliche Gestalt, die dem Sitzenden
gleichfalls eine Rolle entgegenhält, Personification des Studiums oder der Muse,
mit deren Hülfe der durch den Kranz angedeutete Sieg errungen wurde.

Fig. 14 wird am wahrscheinlichsten auf Athamas und Ino mit ihren Kindern
gedeutet, von welchen der rasende Athamas den Learchos schlachtet, während
Ino mit dem Melikertes entflieht. Dieser Mythenstoff ist von den griechischen
Tragikern, aber auch von den Begründern der römischen Tragödie, Livius Andro-

nicus, Ennius und Attius behandelt, daher das einer römischen Lampe angehörige Bild einem römischen Drama entsprechen kann.

Fig. **19** ist der Mehrzahl der Erklärer eine Scene aus dem Hippolytos des Euripides, die trauernde Phädra mit der Amme und einer Chorfigur, welche beide an dem Schmerz der durch die kolossale Gestalt bezeichneten Hauptperson theilnehmen, darstellend. Wieseler bemerkt dagegen, dass die euripideische Phädra, die in jener Scene die Amme verwünscht, eine andere Haltung haben müsste, und schliesst vornehmlich aus dem Fehlen der Kothurne und des Onkos, dass das Bild, ein herculanisches Wandgemälde, eher oder doch wenigstens eben so gut aus der Komödie genommen sein könne, in der es ja auch betrübte Personen gegeben habe. Ein Beispiel, wie schwankend die Bedeutung vieler dieser Bilder ist und wie weit die Erklärungen aus einander gehen können.

Fig. **22** gehört einer Reihe sehr roh gearbeiteter aber für das Studium des tragischen Costüms lehrreicher Figurenpaare eines auf etruskischem Gebiet gefundenen Mosaikfussbodens an, sämmtlich tragischen Inhalts, aber von meist unerklärlicher Bedeutung, Männer und Frauen in gleicher Tracht und auf höchst wunderliche Kothurnstelzen gestellt. Es könnte somit auffallend erscheinen, dieses einzige Paar von beinahe zwei Dutzenden für das Satyrspiel in Anspruch genommen zu sehen, aber der kleine tanzende Satyr mit dem Hirtenstabe lässt keine andere Deutung zu, und die grosse Gestalt wird ungeachtet der weiberartigen Kleidung durch den kahlen Scheitel als Silen bezeichnet.

Fig. **23**, ein Bild von einer in Aulis gefundenen Vase, ist als das Innere des athenischen Theaters begrüsst und zugleich als ein Hauptbeweis für die Anwesenheit von Frauen bei dramatischen Aufführungen geltend gemacht worden. Auch würden nach griechischer Symbolik die männliche und weibliche Gestalt im Hintergrunde vollkommen hinreichen, ein aus beiden Geschlechtern gemischtes Publicum vorzustellen, aber die beiden Frauen in der Orchestra würden die Zahl der Zuschauerinnen über alles Mass hinaus steigern. Unter diesen beiden Letzteren, die auch durch Tracht und Ehrensitz ausgezeichnet und sichtlich in einer Berathung begriffen sind, hat man sich daher Festordnerinnen zu denken, und da Frauen in dieser Eigenschaft nie einer Theateraufführung, wohl aber Wettkämpfen von Festchören vorstehen konnten, so bleibt zwar das Innere des Theaters, aber die dramatische Beziehung fällt weg. Die Gebäude im obern Theile des Bildes, die man früher, in Uebereinstimmung mit der sonstigen Erklärung, für die über dem Dionysostheater gelegenen Tempel der Akropolis gehalten, werden jetzt — aus Gründen, die nichts mit dem Theater zu schaffen haben — nach Lebadea versetzt, auf dessen Zeuscultus das durch den Eingang der Orchestra blickende Blitzsymbol bezogen wird.

Fig. **24.** Dionysos, in hervorragender Grösse zwischen seinem Thiasos stehend, unter welchem Silen bemerklich ist, setzt die personificirte Komödie ein, die, schon costümirt, und den Krummstab in der Hand, mit Hülfe des Gottes die Maske überzuwerfen im Begriffe ist, während ein Satyr ihr den Soccus anlegt. (Krummstab und Soccus als Attribute der Komödie, nebst der Ehrenpalme, s. Taf. XV, Fig. **22**.) O. Müller, der dieses schöne pompejanische Wandgemälde früher in der so eben angegebenen Weise deutete, hat später in der Gestalt der Komödie mit mehr Wahrscheinlichkeit einen jungen Burschen zu erkennen geglaubt.

Fig. **25**, Mosaikbild. Chorlehrer (Didaskalos) in der Einübung eines Satyrspiels begriffen, vor ihm zwei Choreuten vom Satyrchor, im Hintergrund ein

Schauspieler, der eben angekleidet wird, eine Maske neben ihm, vor dem Didaskalos ein Flötenspieler (oder Flötenspielerin?) eifrig blasend, und hinter diesem
ein schon angekleideter Schauspieler, der zuzuhören scheint. Es sieht aus, als
ob der Alte den Choreuten, nachdem er sie überhört, eine Vorlesung über die vor
ihm liegenden Masken hielte, wozu sich freilich die Flötenbegleitung etwas anar-
chisch ausnehmen würde.

Fig. 26, ein Wandgemälde, hat schon Müller für die erste Scene der Iphigenia in Aulis erklärt. Allein die Haltung Agamemnon's, der den greisen Diener
vertrauensvoll zu Gemahlin und Tochter sendet und bei Euripides das letzte
Wort hat, müsste eine andere als die hier dargestellte sein. Wieseler räth deshalb, »wenn denn einmal an eine noch erhaltene Tragödie gedacht werden soll,«
auf die allerdings passendere Scene in der Antigone, wo Kreon, zornig über die
dem Polynikes erwiesene Todtenehre, die der Wächter so eben zur Anzeige gebracht hat, sämmtliche Wächter des Leichnams lebendig aufhängen zu lassen
droht, wenn sie den Thäter nicht entdecken, und nun im Unwillen weggeht.
Aehnliche Scenen, worin die Hauptperson missmuthig abgeht und der Geringere
noch etwas zur Begütigung oder Verständigung Dienliches hinter ihr drein zu
sprechen sucht, mag es in verlorenen Stücken der alten Tragödie freilich noch
genug gegeben haben. Besonders belehrend ist das gegenwärtige Bild für die
Kenntniss des Kothurns, der hier, wie man sieht, nach Massgabe des Ranges der
Personen verschiedene Grösse hat.

Taf. XIV, Fig. 1 wäre, die Richtigkeit der Deutung des Vasenbildes vorausgesetzt, die ins Komische parodirte unmittelbare Fortsetzung der vorhergehenden Scene.
Der Wächter — der schon bei Sophokles eine leichte Tinctur von Humor hat —
führt die Antigone mit der ehernen Giesskanne vor, mit der sie dem Todten dreimaligen Staubguss spendend betreten worden ist, aber die abgenommene Maske
und ein auf unserer Abbildung nicht sichtbarer Phallos zeigen dem verdutzten,
allerdings sehr gut zu einem Komödienkreon passenden Tyrannen, dass die Heldin,
nicht mehr die Sophokleische, sondern ganz der Hasenfuss der Komödie, statt ihrer
einen spasshaften alten Diener zur Erfüllung der frommen Pflicht abgesendet
hat, der sich jetzt, um gleichfalls sein Leben zu salviren, zu erkennen giebt. Die
betreffende Figur hat übrigens, wie die andern, eine Maske über dem Gesicht,
müsste also, wenn sie die in der Hand getragene jetzt erst abgenommen hätte,
doppelt maskirt gewesen sein. Der Augenblick der komischen Katastrophe wäre
der der verhängnissvollen Wiederabführung, gegen die der Delinquent sich sträubt.
Immerhin kann die von Panofka aufgestellte und von Welcker verbesserte Deutung
nur das Recht eines höchst glücklichen Einfalls ansprechen, zumal man von komischen Darstellungen der Antigone gar nichts weiss, während jedoch andrerseits
keine irgend mögliche andere Erklärung der Possenscene sich geben lässt. Demosthenes würde wohl nicht übel zufrieden gewesen sein, aus der Spottfigur des
Tyrannen eine Erinnerung an seinen verhassten Gegner Aeschines herausfinden
zu können, den er einst in dem Sophokleischen Stücke den Kreon tragiren sah.
Wieseler, der zwar die Stichhaltigkeit der Deutung bezweifelt, bereichert sie noch
durch die von der Stumpfnase, dem umgeworfenen Fell und dem muthmasslichen
Köchertragriemen entnommene Erklärung des Wächters für einen athenischen
Polizeisoldaten. Das Auftreten dieser grösstentheils aus Skythen bestehenden
Gensdarmerie in einer parodirten Tragödie musste für die Athener von unwi-
derstehlicher Wirkung sein.

Fig. 2 ist auf alle Fälle ein antiker Falstaff, zwar minder dick, doch aufgedunsen, und ganz dasselbe weissköpfige, ehrwürdige Laster. Die monologische Stellung zeigt ihn über etwas Grossem brütend und tief durchdrungen vom Gefühl seiner Unwiderstehlichkeit. Die oskische, von rechts nach links zu lesende Aufschrift Santia, die dem griechischen Xanthias entspricht, hat Veranlassung gegeben, die Figur für den Sklaven Xanthias der alten Komödie zu erklären, welcher Annahme aber schon die bessere Tracht mit dem Franzenmantel im Wege steht. Wieseler denkt daher an einen Parasiten von der vornehmeren Klasse, was durch die (auf dem vollständigen Vasenbilde befindliche) Statue des Herakles, des Patrons der Parasiten, besonders wahrscheinlich gemacht wird, und hält den Namen für den des Vasenfabrikanten, der sich wohl hier oben habe einschreiben können, da das Costüm verboten habe, an den Komödienxanthias zu denken. Könnte der Name, da ihn schwerlich ein Parasit in einer Komödie geführt hat, nicht der des Schauspielers sein, dessen meisterhafter Monolog durch das Bild gefeiert werden sollte?

Fig. 3 ist der schon bei Taf. XIII, Fig. 10 erwähnten römischen Handschrift des Terenz entnommen, die erst um das 9. Jahrhundert von einem Hrodgarius, dem Namen nach vermuthlich einem Deutschen, gefertigt wurde. Die Miniaturen, womit sie geschmückt ist, gelten der Forschung für Copieen älterer und besserer Originale, die aber selbst schon nicht mehr dem eigentlichen Alterthum angehörten, daher ihnen das Verdienst, ein durchaus zuverlässiges Bild von der Art, wie die Comoedia palliata und die Terenzische insbesondere gespielt wurde, zu geben, abgesprochen wird. Die hier dargestellte Scene ist die zweite im dritten Act des Phormio, wo dieser Parasit gegen den alten von seinen drei Rechtsfreunden Hegio, Cratinus und Crito begleiteten Demipho im Einverständniss mit dessen Sohn Antipho und Sklaven Geta die Prozessintrike verhandelt, durch welche Antipho's eigenmächtige Heirath gedeckt werden soll. Der Sklave steht so, dass er dem heftig schreienden, aber schlecht einstudirten Parasiten einblasen und zugleich seinem replicirenden Herrn gegen denselben beistimmen kann. Wie es aber kommt, dass die drei Stockfische, die in dieser Scene den Mund nicht aufthun und in der folgenden keinen Rath wissen, oder wenigstens zwei davon, nicht bloss mit offenem Maskenmunde, sondern auch gesticulirend in die Handlung hinein schreien, ist nicht abzusehen. — Aus der gleichen Handschrift stammt Fig. 4, der mit einem Zweig auftretende Prologus zu Phormio, dessen Rede, wie die meisten Terenzischen Prologe, gegen den ›scheelsüchtigen alten Dichter‹ gerichtet ist. Der Herausgeber D'Agincourt legt der Figur die Schlussstelle in den Mund, worin die Zuschauer ermahnt werden, aufzumerken und unparteiisch in Ruhe anzuwohnen (date operam, adeste aequo animo per silentium). Eben so gut hätte wohl die frühere Stelle gepasst, wo der Dichter sagt, wenn der Gegner Gutes von ihm gesprochen hätte, so würde er es erwidert haben, denn wie man ausgebe, so nehme man ein. Man wird durch dieses sanft überredende Prologusbild, das, wenn echt, den wackern Theaterdirector Ambivius Turpio darstellen würde, auffallend an gewisse mittelalterliche Stellungen und Fingergebärden erinnert, wobei jedoch nicht zu übersehen ist, dass auch der sogenannte Xanthias des alten Vasenbildes, wiewohl bei weit freierer Körperstellung, die Finger ähnlich hält. — Eine andere Handschrift des Terenz, die ambrosianische zu Mailand, hat ebenfalls Miniaturen, aus welchen Fig. 10 der zu Anfang der vierten Scene im dritten Act des Heautontimorumenos mit seinem schelmischen Sklaven Syrus im Gespräch

begriffene Chremes genommen ist. Sein Sohn Clitipho, der sich zu verrathen im
Begriffe war, ist eben auf Betreiben des Syrus, um so besser für ihn wirken zu
können, spazieren geschickt worden, und der getäuschte Chremes lauscht jetzt
beifällig auf die Ermahnung des Sklaven, den jungen Herrn schärfer in Zucht zu
halten.   Offenbar steht das Bild den vaticanischen Miniaturgemälden nach, und
das ist bei der hier nicht wiedergegebenen Figur des Sklaven noch mehr der Fall.

Fig. 5 führt uns in die muthwillige Welt der alten Komödie zurück.   Eine
der beliebtesten Schnurren des Alterthums war das Märchen von den gaunerischen
Kerkopen, die, zwar von ihrer Mutter vor dem Schwarz.... (Melampygos) ge-
warnt, dennoch selbst den Herakles zu bestehlen wagen und dafür von diesem
am Tragbalken über die Schulter geworfen mitgenommen werden.   Von hier an
spaltet sich das Märchen; nach dem einen Bericht lässt der Heros die drolligen
Bursche lachend unterwegs wieder laufen, nach dem andern bringt er sie der
Omphale, in deren Dienst er das Abenteuer bestand, und wiederum nach einem
andern hing dasselbe mit der Fahrt gegen Geryon zusammen, an dessen Rinder
sich die Diebe gleichfalls gemacht.   Die Komödie hatte hier Stoff zu Dutzenden
von Benützungen, woraus dann wieder die Kunst ihre Bilder schöpfen konnte.
Das gegenwärtige, ein sicilisches, stellt offenbar den Dienstherrn Eurystheus als
den glücklichen Empfänger der Marktwaare dar, denn das ist sie, da sie von
dem bäurisch carrikirten Gotthelden in förmlichen Marktkörben herbeigetragen
wird.   Komisch genug ist die zoologische Aehnlichkeit des Empfängers mit den
Gefangenen, die auch sonst häufig als Affen vorkommen, während Mantel, Scepter
und Krone, ähnlich wie bei Kreon, den König zeigt.   Den Herakles bezeichnet
die ständige Keule.   Der lederne Phallos wurde, nebenbei bemerkt, auf dem
Theater in brillanter rother Färbung getragen.

Fig. 6. Althäa, die Gemahlin des weinbeglückten Königs Oeneus, wurde,
wie als Mutter des Meleager tragisch, so als Geliebte des Dionysos komisch behandelt.   Das gegenwärtige Vasenbild, ein Seitenstück zu einem ganz ähnlichen,
auf welchem Zeus mit Hülfe des Hermes bei Alkmene einsteigt, kennzeichnet
durch die Weinblätterkränze, die bacchische Fackel und das Trinkgefäss den
Dionysos als den Helden der gleichen Unternehmung bei Althäa.   Der Gott und
sein Diener sind bekränzt, wie es sich ziemte, wenn er, nach Silen's Worten im
Kyklops, mit dem Komosschwarme vor Althäa's Haus gezogen kam.   In der
Linken hält er Liebesbinden und mit der Rechten bietet er (hier nicht sichtbar)
Liebesäpfel, nach ihm selbst benannte, dar.

Fig. 7. Herakles, der »Galgenstrick aus Melite,« der Fresser und Säufer,
der den Wirthinnen sechszehn Laib Brod, zwanzig Würste und den frischen Käs
mit sammt den Körben wegfrisst, beim Zechemachen aber grob wird und wie ein
Stier brüllt (Aristophanes), hat hier seinen Mann gefunden — an einem Weibe, die
eine komische Hebe sein könnte.   Sie hat ihm den Wein (den er vielleicht gar
von der Göttertafel weggeraubt) entrissen, und nun läuft er verzweiflungsvoll mit
dem Kuchen, um den nicht auch zu verlieren, hinter ihr her, wobei sie ihm
neckend den Krug vorhält oder, nach Wieseler's Auslegung, den drohenden Keulenschlag auf eine ausgesucht boshafte Weise zu pariren droht.   Der Krug hat,
wie Wieseler beifügt, zugleich die Form der Vase, worauf das Bild gemalt ist.

Fig. 8. Statue des bärtigen, haarigen Papposilen, wie er im Satyrspiel
als Erzieher des Dionysos oder als sorgsamer Papa und Hüter der ausgelassenen
Satyrn auftrat.

Fig. ● erinnert einigermassen an Act V, Sc. 2 der Andria, wo der alte Simo den spitzbübischen Sklaven Davus im Zorn über die Nachricht, dass die Andrierin, mit der sich sein Sohn verbunden, athenische Bürgerin sei, durch Dromo festnehmen lässt, während sein Freund Chremes ihn zu besänftigen sucht. Auf unserem Relief aber ist der angebliche Simo besser gekleidet als sein Standesgenosse Chremes, und der vermeintliche Davus, der der Angefasste sein müsste, trägt nicht die Tracht des anfassenden Mitsklaven, wird auch nicht gefangen genommen, sondern scheint vielmehr der Knutenmeister (Lorarius) zu sein, der Befehl erhalten hat, den Sklaven zu peitschen, wogegen dieser sich durch Anfassen und gute Worte schützen zu wollen scheint. Sein Herr, der noch obendrein mit dem Stock auf ihn losgehen will, wird von der andern Person zurückgehalten. Uebrigens muss diese doch nicht unbedingt von geringerem Stande sein, denn so gut in der vorliegenden Komödiengattung die erste Rolle (Hegemon presbytes, Senex) durch den Krummstab ausgezeichnet ist, so gut kann sie auch vor den andern den Franzenmantel voraus haben. Die Situation ist jedenfalls im Allgemeinen eine ähnliche wie in dem Terenzischen Stücke, weist aber auf ein anderes unbekanntes Drama der gleichen griechischen oder griechisch-römischen Komödiengattung hin. · Ob die Flötenspielerin in die Handlung gehört oder, was unwahrscheinlich, in solcher Nähe den Dialog (Diverbium) begleitet, ob ihre Anwesenheit gar aus der etrurischen Sitte, Sklaven bei Flötenspiel zu peitschen, zu erklären ist, bleibe dahingestellt.

Fig. 11. Das einzige Bild, das mit Sicherheit auf ein noch vorhandenes Drama bezogen werden kann, und zwar auf kein geringeres als die Frösche des Aristophanes. Der Künstler hat sich zwar nicht allzu genau an den Text gebunden, aber die Beziehung ist gleichwohl so unverkennbar, dass sie keinem Zweifel unterliegen kann. Wir haben eine der beiden Anklopfscenen vor uns, gleichviel welche, da keine von beiden buchstäblich getreu gegeben ist. Dionysos, der mit seinem Leporello-Xanthias angezogen kommt, um einen guten Dichter zu suchen, ist nicht als der weibische Fettwanst abgebildet, der über dem Safrankleid und Kothurn die Löwenhaut und Keule trägt, was auf der Bühne gewiss sehr komisch aussah, für die bildliche Darstellung aber zu complicirt war, sondern einfach als der »Bruder« Herakles, den er spielt, daher ihm auch noch der Bogen beigelegt ist, und für den Xanthias, der schon in der ersten Scene abgestiegen sein sollte, ist auf alle Fälle der Esel beibehalten, der nach richtigem Kanon einen unveräusserlichen Theil seines Charakters bildet. Höchst possenhaft, gewissermassen puppenspielartig, kommt der Gott mit Keule und Füssen zugleich »wie ein Kentaur ans Thor geprallt« (die übersetzten Stellen sind von L. Seeger), so dass ihm die Löwenhaut von den Schultern fliegt. Die Nacktheit des Xanthias, die auf dem Bilde wohl als wirklich zu nehmen ist, wurde auf der Bühne ähnlich wie die scheinbare Nacktheit in unserem Ballet bewerkstelligt; im Uebrigen trägt er, ganz nach Vorschrift des Textes, den Pack am Stecken auf der Schulter. Von besonderem Interesse ist noch, dass die Rückseite der Vase, auf der sich das Bild befindet, nach Wieseler's Bemerkung die Schlussscene der Frösche — Aeschylos von Pluton Abschied nehmend, um zur Oberwelt zurückzukehren — enthält. Welcker hebt als merkwürdig hervor, dass in Italien Komödien des Aristophanes so viel gelesen wurden und in Abschrift verbreitet waren, dass die Maler aus ihnen schöpfen durften, wogegen Wieseler das Bild in keinem Fall als Original gelten lässt und an Kramer's Bemerkung erinnert, dass für die Vasen mit komischen Scenen nirgends mit grösserer

Sicherheit die Musterbilder gesucht werden können, als in Athen. Dieses dürfte durch den athenischen Polizeisoldaten Fig. **1** eine starke Bestätigung erhalten.

Fig. **12**. Die beiden männlichen Figuren auf diesem Wandgemälde drücken offenbar ähnliche Verhältnisse aus, wie die beiden auf der sogenannten Scene aus der Andria zur Linken befindlichen. Die Frau mit der Haube wird für eine Hetärenmutter erklärt. Ein Stück, worauf das Bild bezogen werden könnte, ist nicht bekannt.

Fig. **13** und **14** sind Räthselbilder zu verlorenen Komödien des älteren Styls. Bei dem Charinos, der auf dem Lager ausgestreckt von einem Gymnasos am Fuss und von einem Diasiros am Arm gefasst wird, während ein Kanchas Fratzen dazu schneidet, hat man an das Streckbett des Prokrustes und eine Parodie dieser Sage gedacht. Bemerkenswerth ist ausser den das Hyposkenion zierenden Säulen die einwärts geöffnete Thüre, die eine Haustküre vorstellt, und das schülerhafte Feecit des Künstlers: »Asstctas egraaphe.«

Fig. **14.** Als Chiron durch den schlangengiftigen Pfeil des Herakles auf den Tod verwundet war, wusch er sich in dem Flusse Anigros, bei welchem die Höhle der nach demselben genannten Nymphen gelegen ist. Diese Sage, auf welche man den Gestank und die angebliche Heilkraft des Wassers zurückführte, mag Gegenstand der Komödie geworden sein. An dem Bilde ist so viel klar, dass ein leidender Chiron, dessen Name, wie die auf dem vorigen Bilde, übergeschrieben ist, ein alter Herr von mangelhaftem Wandel, der sehr des Stabes bedarf, von einer Art Doctor Eisenbart am Kopf auf die Bühne oder ein sonstiges Gerüste hinaufgezogen wird, während ein Anderer (der übrigens auch für den burlesk dargestellten Hinterleib des Kentauren gehalten wird) nachschiebt. Gerhard und Panofka, welche das ..thias über dem Kopfe des Heilkünstlers für Pythias lesen, finden in demselben einen komischen Apoll, der durch skythischen Bogen. Hut (oder phrygische Mütze) und Reisesack, die er hinter sich in seiner Charlatanbude liegen hat, als Hyperboräer, dem in Athen verehrten skythischen Arzte Toxaris vergleichbar, bezeichnet ist. Wieseler liest statt Pythias Xanthias, und verwandelt den Apoll in den bekannten Sklaven, der Chiron's Gepäck besorgt und den Herrn selbst auf tölpelhafte Weise in der Nähe der Nymphengrotte einstweilen unter Dach und Fach bringt. Die beiden weiblichen Gestalten im Hintergrunde haben nämlich die Ueberschrift Ny(mph)ai, woraus sich die Beziehung auf die Anigrideo ergibt. Die jugendliche Gestalt im Vordergrunde rechts hat auffallenderweise gar nichts Komisches. Einige halten sie, weil sie unmaskirt scheint, für einen Repräsentanten des Publicums, wogegen Wieseler bemerkt, man könnte, wenn die Gegenwart des Apollo sich sonst nachweisen liesse, die Gestalt wegen des Kranzes wohl auf diesen beziehen. Geppert erblickt in den Hauptfiguren »zwei Sceniker, die ihren Mittelsmann, der ihnen entsprungen zu sein scheint, durch Ziehen und Stossen auf das Logeion zurückzubringen im Begriffe sind«, in der Jünglingsfigur einen Zuschauer oder Kampfrichter, und in den beiden Damen die fehlenden Rollen, die ausserdem in dem Stück vorkamen und daher gewissermassen hinter oder vielmehr ausser der Scene dargestellt sind. Der Leser hat zwischen diesen verschiedenen Deutungen die Wahl, und kann sich zugleich überzeugen, wie viele Meinungen die Ungewissheit gebiert.

Fig. **15**. Die der späteren Komödie angehörige Handlung erklärt sich schon durch den blossen Anblick, noch mehr aber durch Vergegenwärtigung der Scenen aus dem Bramarbas des Plautus oder aus dem Eunuchen des Terenz, in welchem

der Parasit oder der Sklave vor dem renommistischen Offizier ihre unterthänigst
verschlagenen Reden führen. Am nächsten kommen die beiden Hauptfiguren dem
Pyrgopolinices, »dem klugen, kühnen, königsgleichen Manne« (Uebersetzung von
M. Rapp), und dem abgefeimten Sklaven Palästrio, der ihm — »kein Kieselstein
so dumm wie der!« — weiss macht, wie die Weiber »nach seinen Reizesreizen
dürsten«, ihn ermahnt, sie winseln, schmachten, betteln zu lassen — »kein Sterb-
licher, dich und den Lesbier Phaon ausgenommen, hat das Glück gehabt, so
jämmerlich von einem Weib geliebt zu werden« — und, nachdem er ihm die
schlimmste Suppe eingebrockt, beim Abschied trotz der Gefahr, die im Verzuge
liegt, nicht satt werden kann, zu versichern, wie bald es sich zeigen werde, wer's
gut, wer's schlimm mit ihm gemeint. Der treffliche Einfall des Malers, den
Offizier in der Weise, wie sonst Götter dargestellt werden, die andern Personen
überragen zu lassen, stimmt ganz zu der Scene, wo der Capitano erklärt: »Den
Morgen drauf, nachdem die Göttin Ops den Jupiter geboren, kam Ich auf die
Welt!« und Palästrio, der ihm nicht stark genug secundirt, sich entschuldigt, er
habe allerdings Einiges unterschlagen, um nicht in den Verdacht zu kommen, er
schneide auf. Aber die Nebenfiguren des pompejanischen Wandgemäldes passen
weder zu dieser Scene noch zu einer sonstigen, die man bei Plautus oder Terenz
suchen mag, und das Bild gehört somit einer andern der vielen untergegangenen
Komödien an, die den Alazou, den Miles gloriosus, ganz in der gleichen Art behan-
delten, wie wir ihn aus den beiden römischen Dichtern als stehenden Charakter
der griechischen Komödie späteren Styls kennen, da das alte, durch das Zerfallen
des Weltreichs Alexanders des Grossen neubelebte griechische Miethstruppen- und
Condottierewesen einen willkommenen Stoff für das bürgerliche Lustspiel des Me-
nauder bot. Die griechische Theatermarke, die wir Taf. XIII, Fig. 19 kennen
haben, macht es nicht unwahrscheinlich, dass in Pompeji die griechischen Originale
der römischen Stücke aufgeführt wurden. Die beiden sitzenden Stabträger zu beiden Seiten des Bildes sind der Handlung fremd, wie sie ja auch nicht nach ihr
hinsehen, sie stellen vielmehr nach Wieseler's Erklärung eine wohllöbliche pompejanische Theaterpolizei vor, die in zwei Nischen zu beiden Seiten des Prosceniums
ihre Sitze hatte. Natürlich sind es Vorgesetzte, deren Untergebene in der Cavea
vertheilt waren. Man wird in ihren Gesichtern eine gewisse provinciell-aufgeklärte
Biedermännlichkeit nicht verkennen, womit sie nicht bloss das Betragen des Publicums, sondern auch den intellectuell-moralischen Eindruck des Stückes auf dasselbe
überwachen.

Wir schliessen mit einigen kurzen Bemerkungen zu Tafel XV, deren zu gegenwärtiger Abtheilung gehörige Bilder meist durch die Unterschriften erklärend bezeichnet sind.

Zu Fig. 1 und 19 ist zu bemerken, dass die Schauspieler in Rom ehrlos
waren, zur Kaiserzeit aber, nachdem schon früher die Gebildeten, wie Cicero, einen
Roscius und Aesop geehrt hatten, hinlängliches Ansehen erlangten, um es erklärlich zu machen, dass ihnen Statuen gesetzt wurden. Von Schauspielerinnen aber
erfährt man das erste Wort aus der Zeit, wo Donat den heiligen Hieronymus in
der Grammatik unterrichtete; denn dieser Gelehrte ist es, der als Scholiast des
Terenz die Darstellung der weiblichen Rollen durch verkleidete Männer, »wie bei
den Alten«, und durch Frauenzimmer, »wie jetzt«, unterscheidet, womit freilich
nicht gesagt ist, ob diese Sitte erst im 4. Jahrhundert oder noch vorher aufgekommen war. In Byzanz erhielten auch Tänzerinnen Statuen.

Unter den in verschiedenen Lagen dargestellten Sklaven fällt zunächst Fig. 18, der lustige Sklave, in die Augen, der in Abwesenheit des Herrn High life below stairs spielt, den Kranz der Freude aufs Haupt gesetzt hat und sich mit einer Flötenspielerin gütlich thut. Mittlerweile ist der Herr zurückgekommen und ungesehener Zuschauer des blauen Montags geworden, ganz wie in so vielen Scenen der griechisch-römischen Komödie, die das »bei Seite« und »für sich« noch viel weiter als die unsere trieb. Die Daumenbewegung verkündigt bereits seinen still gefassten Entschluss und weist nach einem unliebsamen Orte, nach der Mühle etwa, wohin man unartige Sklaven nach empfangener Tracht Schläge zu weiterer Abkühlung — wie man sich den Alten für sich redend denken muss — zu schicken pflegte. Der noch ahnungslose Schwelger wird daher im nächsten Augenblicke seinem Kameraden Fig. 22 gleichen, wofern nämlich die Deutung richtig ist, dass derselbe sich auf den Altar geflüchtet hat, um der Strafe zuvorzukommen. Dass dieses Asyl jedoch nicht unbedingt sicher gewesen wäre, zeigt Fig. 6, wo ein Sklave einen ganz ähnlichen Sitzplatz gefunden hat, aber mit hinten zusammengebundenen Händen und einer Schmerzensmiene, welche deutlich besagt, dass bereits weit mehr als bloss dieses hinter seinem Rücken vorgegangen ist. Der Altar dürfte also zu verlassen sein. Dass jedoch Regen mit Sonnenschein abwechselt, gibt der auf einem Bein tanzende Sklave Fig. 7 zu erkennen, der sehr einem der erwähnten Miniaturbilder gleicht, dem Davus aus der Andria nämlich, wie er sich über das Gelingen der ausgeübten Streiche freut. Mit Streichen, die empfangen werden, scheint Fig. 8 in mehr oder minder naher Beziehung zu stehen, sofern die übereinandergeschlagenen Arme die Gebärde des sorgenvollen Nachdenkens sind, wie die an den Kopf gelegte Hand des Parasiten Fig. 10, dem es auch in mehr als einer Weise hinderlich ergangen zu sein scheint, Schmerz und Niedergeschlagenheit bedeutet. Höchst bemerkenswerth ist die Fig. 26 dargestellte, in Neapel heute noch übliche (von der gleichbedeutenden Fica des übrigen Südens in der Gebärde verschiedene) Indocchiatura, die dem Sinne nach unserem »Unberufen!« entspricht. Man streckt den Zeig- und kleinen Finger, indem man die andern einschlägt, gegen das, was man gelobt hat, aus, um auf diese Weise den durch das Lob hervorgerufenen Neid der unheimlichen Mächte, besonders den bösen Blick, abzuwenden. Der wohlgenährte, voll Buffonerie auftretende Sklave, offenbar ein gutgehaltener Obersklave, hat, wie aus dieser seiner conventionellen Gebärde hervorgeht, der Hetäre so eben irgend eine scurrile Schmeichelei über ihr Aussehen gesagt, wobei übrigens sowohl dieses als sein schalkhaft zur Seite gewendetes Gesicht beweisen, dass es ihm keineswegs Ernst ist mit dem Compliment. Die Hetäre ziert sich oder hält die Hand vor den Mund, um das Lachen zu verbergen, während die Hetärenmutter sie aufmunternd vorwärts schiebt. Weitere Hetären finden sich Fig. 2 und 13 dargestellt, wobei zu bemerken, dass Erstere auch für eine Sklavin einer Hetäre angesehen wird, und dass das Instrument am Knie der Letzteren eine Lampe ist, zu welcher die Doppelfigur (auf dem Original befindet sich nämlich noch ein Sklave dabei) als Oelbehälter dient.

Von den Parasiten und Possenreissern, deren Gattungen mehrfach in einander übergehen, mögen einzelne Figuren unserer Tafel der Atellane angehören, der altnationalen römischen Charakterposse, die neben dem aus Griechenland entlehnten Drama fortbestand, aber nicht kunstmässig entwickelt wurde, die unmaskirten aber, besonders die Kahlköpfe unter ihnen, dem Mimus, einer ähnlichen Farce, die sich von der Atellane hauptsächlich dadurch unterschied, dass sie ohne Maske gespielt wurde, und dass Frauen darin auftraten, woraus etwa die Statue Fig. 22 erklärt werden könnte. Diese Art von Lustspiel, die mitunter in die Redefreiheit der alten Komödie zurückgreifen durfte, gewann neben dem Drama immer mehr den Vordergrund, und überlebte zuletzt nicht bloss dieses, sondern auch das römische Reich. Ja, ein Blick auf Fig. 11, 21, 24 wird zeigen, dass sie heute noch umgeht. Etwas anderes als der Mimus war der schon erwähnte Pantomimentanz, ein meist heroisches Ballet, das sich von dem unsrigen dadurch unterschied, dass ein einziger Mime, durch Chorgesang unterstützt und abgelöst, sämmtliche Personen des Stücks nach einander gab. Welchen Furor diese Gattung in den feineren Kreisen machte, kann man aus der mit wahrhaftem Fanatismus geschriebenen Abhandlung ersehen, die Lucian der Pantomime gewidmet hat. Es muss aber auch völlige Garrick's unter jenen stummen Alldarstellungskünstlern gegeben haben, wenn man seine Anekdote von dem halbwilden Prinzen glauben darf, der sich einen solchen von Nero für gewisse diplomatische Verlegenheitsfälle, wo die Contrahenten gegenseitig nicht mit der Sprache fortkamen, als Dolmetscher erbat. Mimische Tänze zählten sodann überhaupt zu den beliebtesten Gegenständen der kaiserlich römischen Schaulust, und zwar ernste wie komische, in Gruppen oder einzeln, bis herab zu dem Zwerge, der Fig. 13 seinen grotesken Tanz mit Klapperbegleitung aufführt.

Tänzer solcher Art und herumziehende Gaukler sind das letzte Glied im langen Gefolge des Thespiswagens, daher sie auch, nur lose noch mit ihm zusammenhängend, bei unsern Abbildungen den Kehraus machen. Fig. 19, von einer pompejanischen Mosaik mit beigeschriebenem Namen ihres Verfertigers Dioskorides von Samos, führt in pagodenartiger Gestaltung eine eigene Abart von Gauklern vor, eine heilige, jene Priester der phrygischen Göttermutter und später der syrischen Göttin, von denen Lucian eine nicht sehr auferbauliche Schilderung entworfen hat. Ursprünglich rasende Schwärmer, die sich zu Ehren ihrer Gottheit in heiliger Wuth entmannten, waren sie zu seiner Zeit Bettelpfaffen der gemeinsten Art geworden, zogen mit ihrer Göttin von Dorf zu Dorf, machten Verdrehungen, verwundeten sich, sammelten dann für die Göttin ein, und nannten dies, gerade wie unsere heutigen fahrenden Komödianten, »Arweiten.« Dass aber diese Galli — der Name wird am wahrscheinlichsten orientalisch abgeleitet und auf ihre Verdrehungen bezogen — dem beschriebenen Zustande sich schon im ersten Jahrhundert der neuen Zeitrechnung genähert hatten, ist durch das pompejanische Bild dargethan, auf welchem sie als vagirende Kymbalen- und Tympanenschläger erscheinen. — Fig. 20 endlich zeigt einen Gaukler, der, ganz in heute noch gebräuchlicher Art, Bälle auf Stirne, Händen, Armen, Beinen und Füssen rollen lässt, und sechs Sänger, zwei Erwachsene mit vier Knaben, die von einer Syrinx und einer Wasserorgel begleitet werden.

Bilderquellen: Taf. XIII. Fig. 1. Pitt. d'Ercol. T. IV, p. 23. Fig. 2. Mus. Borb. Vol. XI, t. 42, 2. Fig. 3. Pitt. d'Ercol. T. IV, p. 19. Fig. 4 Mus. Borb. Vol. I, t. 22. Fig. 8. Mus. Borb. Vol. VII, t 44, 2. Fig. 9. Seroux d'Agincourt, Histoire de l'Art etc. T. V, pl. 85. 2. Fig. 10. Ebendaselbst. Fig 11. Nach Mus. Borb. Vol. I, t. 21. Fig 12. Winckelmann Monumenti ined. nr. 192. Fig. 13. Lucerne d'Ercolano T. 35, 2. Fig. 14. Wieseler. Theatergebäude etc. V, 48. Fig. 15. Ficoroni de Larv. etc. t. 74. Fig. 16. Monumenti dell' Inst. di Corrisp. arch. 1844. Vol. IV, t. 12. Fig 17 Mus. Borb. Vol. XIII, t. 21, 2. Fig. 18. Pitt. d'Ercol. T. I, t. 4. Fig. 19. Pitt. d'Ercol. T. IV, p. 9 u. 10. Fig. 20. Mus. Borb. Vol. VII, t. 44, 3. Fig. 21. Mus. Borb. IX, t. 60, 2. Fig. 22. Müller

Descript. d'une Mosaïque ant. Wieseler VIII, 11. pag. 57 (erste
Spalte unten). Fig. 23. Millin peintures de Vases ant. T. II, 55.
Fig. 24. Mus. Borb. V. III, t. 4. Fig. 25. Mus. Borb. V. II, t. 56.
Fig. 26. Wieseler IX, 1.

Taf. XIV. Fig. 27. Gerhard, Ant. Bildwerke Taf. 73. Fig. 28. Panofka, Cab.
Pourtalès pl. IX. Fig. 29. Seroux d'Agincourt, Hist. de l'Art etc.
T. V, pl. 36, 2. Fig. 30. Ebendaselbst. Fig. 31. Serradifalco Antich. della Sicilia. Fig. 32. Panofka, Cab. Pourtalès. Fig. 33.
Panofka, Mus. Blacas. Fig. 34. Clarac, Mus. de Sculpture pl. 874 A.
nr. 2221 D. Fig. 35. Mus. Borb. IV, t. 24. Fig. 36. A. Mai
a. a. O. Fig. 37. Gerhard, Denkmäler etc. Fig. 38. Mus. Borb. I,
20. Fig. 39. Millingen, Peint. de Vases Gr. pl. 46. Fig. 40. Le-
normant et de Witte Él. céramogr. Fig. 41. Mus. Borb. IV, t. 18.

Taf. XV, erste Hälfte. Fig. 1. Clarac, Mus. de Sculpt. pl. 874 D. 2221 F.
Statue im Mus. Borb. Fig. 2. Wieseler, Supp. A, Fig. 31. —
Pistolesi, Il Vat. etc. Fig. 3. Wieseler XII, 3. — Micali Antich.
Monum. Fig. 4. Wieseler XII, 27. Fig. 5. Wieseler XII, 39.
Fig. 6. Ficoroni, De Larv. scen. etc. Fig. 7. Ficoroni, De Larv.
scen. Fig. 8. Ebendaselbst. Fig. 9.. Clarac, Mus. de Sculpture
pl. 874. Fig. 10. Caylus Rec. IV, pl. 92. Fig. 11. Caylus Rec.
III, 76. Fig. 12. Clarac, Mus. de Sc. 874 D. 2221 G. Statue
im Mus. Borb. Fig. 13. Ficoroni, De Larv. scen. Fig. 14. Caylus
Rec. III, 75, 1. Fig. 15. Bronzi d'Ercol. II, 9L. Fig. 16. Fico-
roni, De Larv. Scen. t. 9, 2. Fig. 17. W. Supp. A. 33. Fig 18.
Mus. Borb. VII, 21. Fig. 19. Mus. Borb. IV, 34. Fig. 20. Mus.
Veronense p. 111. Fig. 21. Caylus Rec. III, t. 75. Fig. 22. Mus.
Pio-Clem. III, 28. Fig. 23. W. XII, 43. Fig. 24. Bartoli Lu-
cernae I, 34. Fig. 25. Ficoroni, De Larv. scen. t. 27, fig. 2.
Fig. 26. Mus. Borb. IV, 33. Fig. 27. Clarac, Mus. de Sculpt.
pl. 874 B.

---

3. Musik und Tanz.

(Tafel I, II, XVI, XVII.)

Musik war dem Wortverstande nach für den Griechen ein weit grösseres
Gebiet des geistigen Lebens als für uns, denn die musische Bildung umfasste bei
ihm Alles, was wir wissenschaftliche und künstlerische Bildung nennen, vom Lesen
und Schreiben an bis zur Poesie und Philosophie hinauf. Eine der gepflegtesten
und unentbehrlichsten aber im Kreise seiner Künste war ihm die Tonkunst, die
Musik im engeren Sinn, und das so sehr, dass noch Aristophanes, zu dessen
Zeit sie bereits von ihrer Höhe herabgestiegen, ganz nach Seume's Denkart —
»wo man singt, da lass dich ruhig nieder, böse Menschen haben keine Lieder« —
einen Dieb, der die Kithar nicht zu spielen verstehe, für unzurechnungsfähig und
daher seinen Frevel für verzeihlich erklärte. Die Musik wurde, sobald die ersten
Anfangsgründe überwunden waren, in Sparta sogar unbekümmert um Lesen und
Schreiben, als einer der wichtigsten Gegenstände des Unterrichts betrieben. Die
religiös-moralischen Wirkungen, die man ihr zuschrieb, werden auch vollkommen
begreiflich, wenn man sich erinnert, dass sie ursprünglich aufs engste mit dem
Cultus zusammen hing, daher man wohl berechtigt ist, ihr in dieser Beziehung

aus der Geschichte unserer eigenen Entwicklung bis zu einem gewissen Grade die
geistliche Musik und das Kirchenlied an die Seite zu stellen. Röth in seinem
(vielleicht bei einzelnen Ausschreitungen seines grossartigen Scharfsinns) wundervollen Leben des Pythagoras hat diesen Gesichtspunkt ungemein einleuchtend
auseinandergesetzt. Bekanntlich wird von dem Vater der Philosophie als etwas
Befremdliches erzählt, dass er in seinem berühmten Institute die Musik an die
Spitze der Erziehung gestellt, dass er sie in ausgedehntem Masse zur Läuterung
und Reinigung der Gemüther angewendet und dies seine Heilmethode durch die
Musik genannt habe. Da waren Gesänge, wird berichtet, die sich gegen die
Leiden des Gemüthes, gegen Niedergeschlagenheit und Gewissensbisse äusserst
hülfreich erwiesen, wiederum andere, die gegen die Affecte, gegen Erbitterung und
Zorn und ähnliche Gemüthsaufregungen gerichtet waren, noch andere dienten
wider die Lüste und Begierden. Abends vor Schlafengehen liess er die Schüler
durch Gesänge sich von den Leidenschaften des Tages reinigen und die zurückge-
bliebenen Aufregungen beschwichtigen, um sich zu einem ruhigen und die Reinig-
keit des Geistes wiederherstellenden Schlafe vorzubereiten. Nach dem Aufstehen
aber liess er wiederum durch Gesänge die nächtliche Verschlafenheit und Verdros-
senheit verscheuchen und zu frischer Thätigkeit aufmuntern. Diese Wirkungen,
zu denen man bei Augustin und Luther die entsprechenden Seitenstücke angegeben findet, sind von den neuplatonischen Compilatoren der älteren Lebensbe-
schreibungen des Pythagoras alles Ernstes dahin missverstanden worden, als ob
der Weise von Samos vermittelst der Musik sympathetische Curen verrichtet
hätte, dergleichen bei uns allerdings bis zum vorigen Jahrhundert im Schwange
waren. Aber es braucht nicht vieler Worte, sagt Röth, um hier die bei unsern
Altvordern in ehrbaren und gottesfürchtigen Familienkreisen in so hohem Ansehen
stehende Sitte der geistlichen Lieder und der geistlichen Musik, der Morgen- und
Abendgesänge, der Trost- und Trutzlieder in allen geistlichen Anfechtungen mit
ihrem Schatze von Kernsprüchen und Melodieen gegen alle Gebresten des Leibes
und der Seele, jener so kräftigen und belebenden Mittel des inneren gottvertrau-
enden Gemüthslebens und der daraus hervorgehenden wahren Sittlichkeit, in einem
nach Ort und Zeit verschieden gestalteten, in allem Wesentlichen aber ganz über-
einstimmenden Gegenbilde wiederzuerkennen. Und wie wir einen solchen Schatz
geistlicher Lieder und Melodieen besitzen, in denen unter zum Theil veralteter
Schale und unter einer oft sehr ungeläuterten Dogmen- und Bilderhülle ein kost-
barer Kern religiösen Gefühls enthalten ist, so hatten nicht minder auch die
Griechen zu des Pythagoras Zeit einen solchen Schatz religiöser Dichtung und
Musik. Zu schweigen von den nach Orpheus benannten religiös-lyrischen Hinter-
lassenschaften eines grauen Alterthums, deren Echtheit bestritten ist, hatte schon
ein volles Jahrhundert vor Pythagoras und noch vor Alkäos und Sappho der
lesbische Sänger Terpandros neben der im ersten Aufblühen begriffenen weltlichen
Lyrik, aus dem alten in der Tempeltradition fortvererbten »orphischen« Lieder-
schatze schöpfend, eine mit seiner Verbesserung und reicheren Besaitung der
Kithar Schritt haltende kunstmässigere geistliche Poesie und Musik begründet.
Er ist der Erfinder der griechischen Notenschrift, die — in ein paar notirten
Hymnen und einem notirten Fragment von Pindar noch erhalten — ihre Zeichen
aus dem Alphabet entnahm, so dass sie, ganz wie unsere musikalische Zahlen-
schrift, nur die Intervalle der Melodie bezeichnete, und daher aus jedem Schlüssel
gesungen werden konnte. Sie wurde über den Text gesetzt, dessen Versmass

4 *

zugleich den Takt angab und eine besondere Taktbezeichnung überflüssig machte. Da sie jedoch, wie unsere ältere Choralnotenschrift, die den Organisten und Sängern zur vollen Ausführung die Kenntniss des Generalbasses auferlegte, nur den Cantus firmus bezeichnen konnte, und da bei den weiteren Fortschritten der Musik zu der Singzeile noch eine zweite gleichfalls nur andeutende Notenzeile für die Instrumentalbegleitung kam, überdies auch die aus vereinzelten nationalen Ursprüngen zu allgemeiner Verbreitung gediehenen Tonarten, die dorische, lydische, phrygische u. s. w., genaues Verständniss forderten, so bedurften nicht bloss die Tonmeister, sondern auch die ausübenden Musiker und Sänger für den richtigen und (wie es sich nun auch mit der vielbestrittenen Harmonie verhalten haben mag) vollständigen Vortrag des Musikstücks einer ausgedehnten theoretischen Musikbildung, daher denn auch die eigentlichen Musiker bei den Alten, wie bei uns, zu den Gelehrten, d. h. nach antiker Redeweise zu den Philosophen gerechnet wurden und die Philosophen selbst, Pythagoras, Plato, Aristoteles, sich mit der von Ersterem ausgebildeten mathematischen Musiklehre (Kanonik) angelegentlich beschäftigten. Von Terpander sind noch die Worte vom Eingang eines Hymnus übrig, wie er zu den beim Opfer gebrachten Trankspenden (Spondai) in dem danach benannten spondeischen Versmasse gesungen wurde. Sie lauten:

> Zeus, des Alls Urquell, des Alls Regierer,
> Zeus, dir weih' ich dieses Lied der Lieder.

Nur muss man sich im Griechischen, das an Spondeen reicher war als unsere Sprache, die bekanntlich kaum den Bedarf für den Hexameter zu decken vermag, sämmtliche Silben gleich lang denken, da das, was bei uns ohne Rücksicht auf Senkung oder Hebung der Silbe durch die blosse Länge oder Kürze des musikalischen Tons bewerkstelligt wird, der Takt, in der antiken Musik dem Texte und der Melodie gemeinsam war. Schon das Versmass also, obgleich wir die Melodie nicht mehr haben, zeigt uns den Rest eines förmlichen Chorals, der sich nach Art unseres alten strengen Choralstyls in gleich langgezogenen schweren Noten dahin wälzte. Aber choralartige Anklänge, die durchaus an solche gottesdienstliche Lieder erinnern, kommen auch noch im Chor der Tragödie vor, besonders bei Aeschylos, und es mag feierlich zu hören und zu sehen gewesen sein, wenn die Handlung, nicht bloss objectiv, wie bei uns etwa in den Hugenotten, sondern wirklich cultusmässig, sich in eine andächtige Feier verwandelte und das Theater zur Kirche wurde.

Das Instrument für die ernste geistliche Musik war das, wie wir bei Homer sehen, von Alters einheimische Saitenspiel, Phorminx oder Kitharis von ihm genannt. Terpander und eine gefeierte Reihe von Künstlern, die nach ihm die Kunst noch mehr vervollkommneten, hatten diesem Instrument den Vorzug und durch seine sozusagen kirchliche Anwendung den Charakter gegeben, vermöge dessen es ungeachtet seines ärmeren Klanges für den Griechen das war, was für uns die Orgel ist. Und wie man bei uns in der älteren Zeit Hausorgeln hatte, die nicht immer gerade nur Choräle spielten, so diente im griechischen Hause die Lyra, die Kithar auch der nichtgeistlichen Musik. Sie galt, namentlich zu Athen, für das ausschliesslich anständige Instrument im Gegensatz zur Flöte, die sich nur nach langen Kämpfen in Griechenland Eingang verschaffen konnte. Von diesen Kämpfen sind geschichtliche Zeugnisse überliefert, und auch die Mythologie trägt Spuren davon. Denn wenn Athene die Flöte erfindet, aber wegen der Ge-

sichtsentstellung wieder wegwirft, wenn Marsyas, der das verachtete Rohr aufgenommen, von Apoll, dem auf so vielen Kunstwerken herrlich abgebildeten Kithar-
spieler, im Wettkampfe besiegt wird und der Preisrichter Midas seine Eselsohren
einem strafbaren Kunstgeschmacke verdankt, so beweist dies eben, dass die My-
thendichtung, in ihrer Auslegung altüberkommener Religionssinnbilder, dem nationalen Saitenspiele den Vorrang vor dem phrygischen Blasinstrument ertheilen
durfte. Schon nach dem ersten heiligen Kriege, zu Solon's Zeit, als das pythische
Fest neu geordnet wurde, fügte man zu dem alten Wettkampfe (Agon) der Kitharsänger (Kitharöden) einen neuen für Flötenspieler (Auleten) und Sänger zur Flöte
(Aulöden) hinzu; derselbe konnte sich aber nicht halten und wurde wieder abgeschafft. Auch Pythagoras öffnete die Hallen seiner Schule nur dem Saitenspiele,
dessen Alles ergreifender und beruhigender Klang, wie Pindar in der ersten pythischen Ode singt, selbst den spaltenden Strahl des ewigen Feuers löscht, und
verbannte die Flöte, weil sie etwas Wildberauschendes, nach Festversammlungen
Schmeckendes (also nach unserer Redeweise Kirchweihartiges) habe. Bekannt ist
die Anekdote, wie er einmal Nachts, mit Beobachtung der Sterne beschäftigt,
einen unter Flötenklang vom Schmause heimkehrenden Jüngling von Thaten trunkenen rachsüchtigen Wahnsinns abgehalten, indem er den Flötenspieler plötzlich
eine jener spondeischen Melodieen anstimmen hiess. In der That, meint Röth,
würde in einer ähnlichen Lage ein plötzlich angestimmter Choral: »O Ewigkeit,
du Donnerwort«, bei einem nicht völlig verwilderten Gemüthe wohl auch heute (?)
noch ganz dieselben Eindrücke hervorbringen. Jedenfalls hat der Auftritt eine
gewisse Aehnlichkeit mit der Faustischen Scene, in welcher Glockenklang und
Chorgesang, die Himmelstöne, mächtig und gelind, an die auch der glaubenslose
Denker von Jugend auf gewöhnt ist, gleichfalls eine jener musikalischen Heilungen
bewirken und der Leidenschaft selbstmörderischer Verzweiflung das verhängnissvolle Glas vom Munde wegziehen; und wer die Scene schon in einem genügsamen
Haustheater mit dem Behelf einer Guitarre dargestellt sah, die mit möglichst
vollen Accorden die Kirchenklänge ersetzen musste, der hat bei dieser Gelegenheit eine echte Probe altgriechischer Kircheninstrumentalmusik genossen. Die
Flöte wusste jedoch nicht bloss in der weltlichen Musik, sondern auch bei einem
Theil des Gottesdienstes ihren Platz neben der Kithar zu behaupten, nämlich eben
bei jenen wilden, kirchweihmässigen, faschinghaften Festlichkeiten, die aus Asien
eingedrungen waren, und dass sie sogar das vorherrschende Instrument
wurde, das haben uns die Kunstbilder gelehrt, auf welchen wir Opferhandlungen
von der Flöte begleitet finden. Auch im Theater gewann sie die Oberhand; indessen ist uns ein gerade für diese Entwicklung kostbares Fragment von Pratinas,
dem älteren Zeitgenossen des Aeschylos, erhalten, das den grimmigsten Hass
gegen die Neuerung athmet und das Geschöpf des künstlichen Bohrstahls beschul-
digt, dass es nur zu Faustkampf, zu thyrsosschleuderndem Streit in wildem
Weinrausch anzuführen tauge. Schlag' die Phrygerin, ruft dieses Chorlied, die
Lärmerin, die buntes Getös in die Luft giesst, wirf in das Feuer das speichel-
triefende Rohr, den Schwerfallendgesangestaumelrhythmentrunkenbold (Droysen)!
Pratinas gilt für den Erfinder des (kunstmässigen) Satyrspiels, und will auch
sonst in diesem Liedesbruchstücke keineswegs als Kopfhänger angesehen sein, er
will und muss schwärmen und lärmen mit den Nymphen im Wald u. dgl., aber
die Flöte ist ihm dabei zuwider, und so lässt er uns lebendig sehen, dass,
wie schon früher bemerkt, mit der bacchischen Lust ein religiöses Pathos ver-

bunden war, das durch nichts Fremdartiges in seinen Empfindungen gestört sein wollte. Es kann wunderlich scheinen, dass der armen Flöte so viel Unheil aufgebürdet wird, dass selbst Alexander der Grosse aus ihren Klängen wilde Waffenbegeisterung geschöpft haben soll; aber die Menschheit hat denn doch, bei aller Aehnlichkeit im Ganzen, nicht zu allen Zeiten gleich gefühlt, wie man sich z. B. überzeugen kann, wenn man aus Uhlands Rath der Nachtigall erfährt, dass der Gesang dieses Vogels, der seit der Minneliederzeit nur zärtliche Bedeutung hat, in einer früheren Welt als Aufruf zu Krieg und Rache wirkte. Hiezu kommt, dass unsere sanfte Querflöte den Griechen wenig galt, dass ihre Flöte vielmehr die Clarinette war, die immerhin kräftigere Töne von sich gibt. Gleichwohl wurde sie, als Perikles das Odeon baute und die Flöte gleichberechtigt mit der Kithar in die Conzerthalle einzog, das Werkzeug des musikalischen Verfalls; denn die Musik, als eine zur Selbständigkeit geborene Kunst, darf sich zwar von den Fesseln der Poesie befreien, jedoch nur da, wo sie, wie bei uns, selbst sprechen kann. Die griechische Musik, die auf den Saiten nur stammeln und höchstens mit Hülfe der Flöte etwas singen konnte, der Redemittel aber, die allein in den Streichinstrumenten ausreichend dargeboten sind, völlig entbehrte, war nicht stark genug, um auf eigenen Füssen stehen zu können, sie musste sich daher auf dem Wege zur Unabhängigkeit in Ueberkünsteleien*) verirren, wozu von der voraneilenden Flöte auch die Kithar verführt wurde und anfangs selbst die einem verdorbenen Geschmacke huldigenden Dichter beitrugen, bis vollends jenes ohrenkitzelnde oder auch nur durch Leistung des Unmöglichen betäubende Virtuosenthum aufkam, das, wie immer, für den Mord an der Kunst mit schweren Talenten bezahlt wurde. Es ist also natürlich, dass die Klagen der Späteren über die Entartung der Musik, die zur Zeit des Plato und Aristoteles bereits in vollem Zuge war, gewöhnlich mit Vorwürfen gegen die Blasmusik verbunden sind.

Pindar, der, obgleich die letztere in Böotien besonders heimisch war, vorzugsweise für die Lyra, die goldene Phorminx componirte und die Flöte nur mit Mass zur Mitwirkung zog, bezeichnet den Höhepunkt der griechischen Musik und der Bildung, die in ihr noch Jahrhunderte lang der zum Besseren erzogene Jüngling auch in sinkenden Zeiten finden konnte. Es war die beste oder vielmehr die einzig gute Zeit dieser Musik, als sie im Dienste der Poesie stand und den bescheidenen, aber noch von der heutigen Kunst geliebten Beruf hatte, dem Dichterworte ihre Schwingen zu leihen. Die beiden Künste gingen aber noch geschwisterlicher zusammen als jetzt, denn jene Lyriker und Dramatiker waren selbst Tonsetzer, die ihre eigenen Dichtungen componirten, und Sing- und Musiklehrer, die den Chören, den Schauspielern, den Musikern ihre Weisen einübten. In jenen Oden, jenen Chören also, deren Metrum schon so viel Kopfbrechen verursacht hat, sind herrliche Texte zwar auf uns gekommen, die wir aber rhythmisch uns niemals ganz zu eigen machen können, weil dem Text die Töne fehlen.

Was nun der Knabe nach gutem altem Brauch in der Musikschule lernte,

---

*) Die Anzahl der nach und nach erforderlich gewordenen Notenzeichen soll nach Alypius nicht weniger als 1620 betragen haben; und wenn auch Forkel dieselben, mit Ausscheidung der bloss theoretischen, auf „nur" 990 praktische reducirt — die für das Ohr noch um sehr viel weiter zusammenschmelzen, wenn man bedenkt, dass die unbequeme Notenschrift, um genau zu sein, den gleichen Ton in seinen verschiedenen Verbindungen verschieden bezeichnen musste — so war die Kunst doch, wie man sieht, weitschweifig und verwickelt genug geworden.

das entsprach, wie wir sehen, nach einer Seite ganz der Jugendbildung unserer
frommen Vorzeit, die den Menschen mit einem Schatz von Versen und Melodieen
ihrer geistlichen Lieder reichlich ausgestattet in das Leben sandte, aber so bedeutend auch der Rang ist, den diese Lyrik in der Geschichte der Poesie und
Musik einnimmt, so war der Bildungsschatz des Griechen doch geistig unendlich
reicher, als der, den unser Gesangbuch geben konnte, weil ihm Geistliches und
Weltliches nicht so aus einander gebrochen war, wie uns. Das seinige umfasste
eine Literatur, wie sie unserer Jugend noch vor kurzer Zeit (und fast jetzt noch)
mehr halb verstohlen als durch den Unterricht in die Hände kam, und obendrein
welch kleinem Bruchtheil dieser Jugend! Dem jungen Griechen gewährte seine
Musikschule, was Kirche und Liederkranz dem jungen Deutschen unter den gün-
stigsten Umständen so ungetrennt, so unbefangen vereinigt gewähren können,
Einführung in das Beste seiner Poesie, in eine Fülle frommer, mächtiger, freier,
edler Gedanken, die, wie er sie im Gesang vortragen und mit seinem Saitenspiel
begleiten lernte, sich ihm einprägten und ihn auf seinen Wegen begleiteten. Dies
ist es, was Plato verlangte, wenn er sagte, das Leben des Menschen bedürfe des
schönen Rhythmus und der innern Harmonie, und darum müssen die Jungen mit
den Liedern der guten Dichter bekannt gemacht werden und sie zur Kithar singen
lernen, damit sie an rechtes Mass und schöne Ordnung gewöhnt und zum entsprechenden Verhalten in Worten und Werken herangebildet werden. Ob die Stücke
aus Homer, die Terpander componirt haben soll, die übrigens für den Griechen
biblische Geschichte waren, ob sodann die eigentlich weltlichen Lieder, die innigen
der Sappho, die leichten des Anakreon, sich mit ihrer Musik in rascheren Rhythmen nach unserer Art bewegten, darüber wird sich wohl nicht leicht etwas fest-
stellen lassen. Wenn die Behauptung erwiesen wäre, dass unser Paulus Diaconus
sein Ut queant laxis etc. einer alten, gleicherweise zuvor von Horaz benützten
Melodie von Sappho unterlegt habe, so dürfte man sich auch die nichtgeistliche
Musik der Griechen als sehr geistlich klingend vorstellen; denn es ist eine Melodie,
bei der man die Orgel mittönen zu hören meint. Aber selbst die Echtheit der
Pindar'schen Noten ist über jeden Zweifel erhaben, da Pater Athanasius
Kircher, der sie in der Bibliothek des Klosters St. Salvator zu Messina fand, das
Vertrauen, das sein Charakter verdiente, durch Leichtgläubigkeit erschüttert hat. Das
Fragment — es ist die beinahe vollständige Anfangsstrophe des erwähnten pythischen Siegesliedes — hat übrigens ganz den Gang und Ton unserer ältesten Kir-
chenmelodieen. Diese Feierlichkeit der Musik würde vollkommen zu Pindar's Lyrik
stimmen, die sich, auch wo sie nicht unmittelbar dem Tempel zuschreitet, beständig
durch die ganze Götterwelt bewegt, während zugleich der Fund, seine Echtheit
vorausgesetzt, die von ältern und neueren Forschern aufgestellte Behauptung bestätigen würde, dass die altgriechische Musik, die ernste wenigstens, uns nicht
verloren sei, sondern sich in der byzantinischen Kirche erhalten habe, von welcher
sie sodann durch Ambrosius nach Italien und durch die Singschule Gregor's des
Grossen in die übrigen Abendländer gekommen wäre.

Seine Musik erweiterte jedoch der reiche ästhetische Darstellungsdrang des
Griechen noch nach einer andern Seite hin, indem er, wie schon gesagt, zu den
Worten und Tönen die ausdrucksvolle Bewegung, den Tanz, gesellte. Jene Dichter
und Componisten waren auch Tanzmeister, wie wir schon an Aeschylos gesehen
haben und wie uns von Thespis und seinen Nachfolgern gleichfalls überliefert ist.
Freilich hatte die griechische Orchestik mit unsern modernen Fussbemühungen wenig

gemein, besonders die religiöse, die einen feierlichen Reigenschritt mit wechselnden, symbolisch darstellenden Bewegungen führte. Da wohl fast alle dem Namen
nach bekannte religiöse Musikstücke — der einfache Hymnos, der zusammenge-
setztere Päan, der heftige, dem Dionysos ausschliesslich eigene Dithyrambos (vom
Dreischritt abgeleitet, der auch der Tanz der römischen Salier gewesen zu sein
scheint), das marschartige Prosodion u. s. w. — von rhythmischen Bewegungen
begleitet waren, so muss das Hyporchema, das der Benennung nach ausdrücklich
für den Tanz gedichtet und gesetzt war, dem letzteren einen vorherrschenden Rang
eingeräumt haben, daher Böckh vermuthet, dass es in sehr leichten, raschen
Rhythmen gegangen und von mimisch-scenischen Tanzbewegungen begleitet gewesen
sei. Von einem mimischen Elemente war jedenfalls, anders als bei uns, die ganze
antike Tanzkunst durchdrungen, und die alten Schriftsteller drücken dies aus, wenn
sie von einem Tanzen mit den Händen, ja mit den Augen reden. Es ist daher
begreiflich, dass bei eintretender Verweltlichung der Kunst sich jener Pantomimentanz ausbildete, der in späteren Zeiten das Entzücken aller Modekreise war. Das
ursprüngliche Verhältniss des Tanzes zur Religion, das auch Plato noch forderte,
war dasselbe, wie bei den Aegyptern und andern Völkern des Alterthums. Namentlich weiss man auch von den Mysterien, dass die Weihen unter Gesang und Tanz
ertheilt wurden, daher man von denen, welche diese Geheimnisse profanirten, den
Ausdruck gebrauchte, sie verrathen die heiligen Tänze. Andrerseits aber hing bei
dem Griechen, der in Allem nach künstlerisch schöner Körperhaltung strebte, der
Tanz mit der Gymnastik und dem Kriege, die ja selbst wieder unter sich verwandt
waren, eng zusammen. Zu den vornehmsten Tänzen gehörten daher die Waffentänze, unter welchen der älteste und gefeiertste die religiös-kriegerische Pyrrhiche
war, und da bei diesem Spiele taktische Uebung und kriegerische Tüchtigkeit mit
der Meisterschaft im Tanze unzertrennlich verbunden sein mussten, so klingt es
nicht verwunderlich, dass die Athener den besten Tänzer zum Feldherrn machten
und die Thessaler den Vorkämpfer in der Schlacht Vortänzer nannten. Es ist
unmöglich, alle die Tanzarten, die in den verschiedenen Landschaften und zu verschiedenen Zeiten sehr verschieden waren, namentlich aufzuführen, denn ihrer wurden nicht weniger als 200 gezählt. Unter den sogenannten friedlichen steht die
Emmeleia voran, die sich allmählich als tragischer Tanz festsetzte, während der
schongenannte Kordax und die Sikinnis die Tänze der Komödie waren. Als merkwürdig, weil er ausnahmsweise von beiden Geschlechtern getanzt wurde und hiedurch eine gewisse Aehnlichkeit mit unsern neueren Tänzen hat, ist der spartanische Hormos zu nennen, den wir nachher in den Abbildungen finden werden.
Gleichfalls einer neueren Belustigung ähnlich war ein gewisser spartanischer Tanz,
wobei man sich einander über die Schultern schwang, und sonderbar ist nur das
dabei, dass derselbe von Frauen ausgeführt wurde. Sparta hielt übrigens allein
die alte Würde der Pyrrhiche aufrecht, während anderwärts der ernste Tanz zu
einem weichlichen bacchischen Tanzvergnügen ausartete, das statt der Waffen
Thyrsusstäbe und Fackeln trug; ja er wurde im römischen Aegypten zur förmlichen Affenkomödie, indem der Hofgeschmack Affen in Purpurgewändern mit Masken
den Tanz aufführen liess, bis ein Schock unter sie geworfener Nüsse die Affennatur
zum Durchbruch brachte. Neben solcher Entartung war es freilich noch etwas
Edles um das Virtuosenthum, das auf der römischen Bühne zum Canticum des
Sängers und zur Flöte des Musikers die Handlung pantomimisch tanzte. Wie aber
auch die Pantomimik auf dem Wege modefrommer Restauration zur alten religiösen

[1] Orchestik ihre Versuche zurücklenkte, darüber ist uns im Leben des Apollonius
von Tyana ein wunderliches Beispiel berichtet. Dieser neupythagoräische Heilige
[1] des 1. Jahrhunderts n. Chr. stiess in Athen auf ein theologisches Ballet, das ihn
so sehr ärgerte, dass er den Athenern zurief, sie sollen doch nicht die Salaminier
und ihre andern edlen Vorvordern durch ihre Tänze höhnen. Es war nämlich eine
theatralische Darstellung in der Weise unserer früheren biblischen Tragödien und
Komödien, nur dass der Stoff aus einer frommen heidnischen Epopöe, der sogenannten Theologie des sogenannten Orpheus, genommen war und von Schauspielern in
Masken von Horen und Bacchantinnen unter Flötenbegleitung abgetanzt wurde.
Indessen haben auch die ersten Christen, wie König David, ihre Festtänze gehabt.

Die Musikinstrumente der Alten sind auf unserer Tafel I. zusammengestellt,
und zwar zunächst Fig. 81, 85, 57—66 die Saiteninstrumente. Hier aber
begegnet der auch sonst vorkommende Uebelstand, dass die Bildwerke mit den
Beschreibungen und Unterscheidungen der Schriftsteller wenig übereinstimmen, so
dass Fortlage sich zu der Bemerkung gedrungen sieht, man könne die Abbildungen
der griechischen Instrumente nur für traditionelle Typen mythischer und vorge-
schichtlicher Tonwerkzeuge halten. Unter diesen ist das berühmteste die Lyra,
die aber technisch früh verschwand und nur als Symbol des Saitenspiels sprachge-
bräuchlich und in Bildern fortdauerte. Bekanntlich schreibt der Mythus ihre Erfindung dem Hermes zu, der eine Schildkröte als Schallkasten mit Saiten überspannte
und das Instrument dem Apollo schenkte. Betrachtet man dagegen das älteste
ägyptische Saitenspiel in seiner Harfen- oder Bogenform, so wird man kaum zweifeln können, dass der ursprüngliche menschliche Erfinder durch den Sehnenklang
des abgeschossenen Bogens auf diese Verwendung der Saiten geführt worden ist.
Bei Homer treten, wie schon erwähnt, Phorminx und Kithar auf, die ihm gleichbedeutend zu sein scheinen, da er seine Musiker bald »auf der Kithar phorminxen«,
bald »auf der Phorminx kithern« lässt. Somit wird auch Pindar's Phorminx nur
der alterthümlichere, poetische Ausdruck für die Kithar sein, die durch Vermehrung der Saiten, Vervollkommnung der Resonanz und durch das kunstmässigere
Spielen mit den Fingern — anstatt des Plektron (Fig. 68), womit man sie früher
schlug — zum herrschenden Saitenspiele ausgebildet wurde. In technischer Genauigkeit findet sie sich nur auf ägyptischen Bildwerken dargestellt, wo sie, wie unsere
Guitarre, ein Griffbrett mit Gebinden hat. Unvollkommener, sagt Fortlage, dürfe
man sich die griechische Kithara nicht vorstellen. Die bildende Kunst hat sich
also, wie man sieht, um das Technische nicht bekümmert. Von künstlichen asiatischen, zeitweise in Griechenland eingebürgerten Instrumenten werden Barbiton,
Pektis, Magadis u. a. genannt. Ersteres glaubt man auf einem pompejanischen
Gemälde, wovon Fig. 81 entnommen ist, zu erkennen, was an sich nicht wider-
sprechend wäre, da das Barbiton, nachdem es bei den Griechen längst abgekom-
men, von den Römern zu Opfergebräuchen beibehalten wurde. Von älteren Schriftstellern aber werden Barbiton und Pektis der Magadis gleich oder wenigstens
ähnlich geachtet, die ein zwanzigsaitiges, zweioctaviges Instrument, worauf in
Octavengängen zum entsprechenden antiphonischen Gesang eines Doppelchors gespielt wurde, also eine Art Harfe war. Indessen wird auch ein aus Pfeifen bestehendes Tastenschlaginstrument, eine Art Orgel also, Magadis genannt. Wiederum
eine Harfenart war das Trigonon (Fig. 84 und 66) mit kurzen und langen Saiten.
Dass übrigens schon zur Zeit des Aristoteles diese Pektiden, Barbiten, Trigone,
Sambyken u. dgl. unter die veralteten und, als sinnlich und allzu virtuosisch, abge-

schafften Instrumente gehörten, ersieht man aus dem vorletzten Capitel seiner Politik, woraus zur Ergänzung des oben Gesagten nachzutragen ist, dass damals zu Athen auch die Flöte, die um die Zeit der Perserkriege fast bei allen Freigebornen Eingang gefunden, als nicht strengsittlich aus der Hausmusik wieder verwiesen war. Der Vater des Isokrates, der reichgewordene Flötenfabricant, bezeichnet also gerade die Zeit zwischen dem persischen und peloponnesischen Kriege als die günstige Geschäftsconjunctur, in der man jene Musikmode ausbeuten konnte.

Von dem letzteren Instrumente nun, das doch immer wieder hauptsächlich den Virtuosen zufallen musste, geben die Taf. II, Fig. 2 etc. ein ziemlich starkes Assortiment. Die einfache Flöte (Monaulos) der Alten ist ein gerades, manchmal auch gebogenes Rohr von Holz oder Knochen, das, wie die Clarinette, durch ein Mundstück mit Zunge geblasen wurde, wobei anfangs einfache Löcher, später vervielfältigte Klappen den Tonwechsel hervorbrachten. Seltener ist die Querflöte (Plagiaulos). Die Doppelflöte, die auch die Römer hatten, bestand in zwei entweder gleichen oder ungleichen Flöten, die zusammen geblasen wurden; und zwar gaben nach Donat die Tibiae dextrae tiefe und ernste, die Tibiae sinistrae oder Sarranae hohe und heitere Töne, beide aber gemischt (Tibiae impares) eine gemischte Musik. Jedenfalls hat dieses Doppelspiel etwas Wunderliches, und noch wunderlicher ist der Kappzaum (Phorbeia, Capistrum, Fig. 33), den der Flötenspieler um die Wangen und Lippen trug, um den Athem beim Blasen zu sparen, eine Vorrichtung, die wohl Keinem so nöthig gewesen wäre, als dem allzu eifrigen Harmonides, der gleich beim ersten Auftreten den ganzen Lebensathem mit sammt dem Dasein in seine ehrbegierige Flöte blies. Die hieher bezügliche Literatur ist übrigens so unklar und widerspruchsvoll, dass die ganze Doppelflötenwesen und auch den Kappzaum in die mythische Vorzeit zurück zu rücken wagt, was indessen weder die schriftlichen noch die bildlichen Zeugnisse zugeben. — Eine Abart der Flöte ist die unter dem Namen Syrinx bekannte und durch einen artigen Mythus gefeierte Pansflöte (Fig. 48, 49, 54), eine andere die Sackpfeife, das jetzt noch übliche Instrument der Pifferari, im Alterthum vom Askaules (Utricularius) geblasen, und eine Syrinx im Grossen, zugleich die Vorläuferin unserer Orgel, ist die Wasserorgel (Hydraulos), die, von Archimedes oder nach andern von Ktesibios erfunden und von dessen Schüler Hero in einer noch vorhandenen Schrift beschrieben, mittelst einer Claviatur, wobei Wasser die Luft in Bewegung setzte, gespielt wurde (Fig. 15).

Die kriegerische, aber auch gottesdienstliche Blasmusik, mit trichterförmigem Mundstück und erweiterter Mündung, war die Salpinx, und zwar die hellenischargivische lang, der römischen Tuba verwandt (Fig. 37), dann eine ägyptische runde, dem römischen Cornu ähnlich (Fig. 28), ferner eine gallische, medische, tyrrhenische, und die paphlagonische Stiertrompete mit einer stierrachenförmigen Mündung (,Stier von Urie'). Bei den Römern kam ausser der Tuba und dem im Blasen über die Schulter getragenen Cornu die muschelförmig gewundene Buccina (Fig. 23, 24) und der dem Krummstabe der Augurn ähnliche Lituus (Fig. 13) zur Anwendung.

Der lärmenden asiatisch religösen oder auch theilweise volksthümlich wilden Musik dienten das Kymbalon (Becken, Fig. 58, 60), das Krotalon (Castagnette, Fig. 19), das Tympanon (Pauke, Tamburin, Fig. 55, 57) und die Glöckchen und Schellen (Tintinnabula, Fig. 50, 51, 52), lauter Instrumente, die grossentheils in unserer türkischen Musik fortleben, in welche Gesellschaft auch das bereits geschilderte Sistrum gehört.

Wir wenden uns zu den Bildern, welche Musik und Tanz zu Gegenständen künstlerischer Darstellung haben.

Tafel XVI, Fig. 1 führt uns in einen jener Kreise ein, in welchen die Kithar als die ehrbare Dienerin schöner dichterischer Bildung zu Hause war. Zwei epheubekränzte Jünglinge, von welchen vielleicht der Stehende der Schüler, der Sitzende der Lehrer ist. Letzterer hält in beiden Händen eine aufgeschlagene Schriftrolle, vermuthlich poetischen Inhalts.

Fig. 2. Auf dem Sessel ein Lyraspieler, an der andern Seite ein Sänger mit geöffneter Rolle, deren zwei Buchstabenreihen etwa einen notirten Text enthalten könnten, zwischen ihnen eine Gestalt mit Rolle oder Stab, die den Capellmeister zu machen scheint.

Fig. 3. Mit dem Plektron spielender Kitharöde auf der Tribüne vor dem mit dem Stab in der Hand sitzenden Lehrer oder Preisrichter. Eine Victoria (Nike) schwebt herbei, seinen Sieg andeutend; eine gleichfalls schwebende weibliche Gestalt mit Tänia naht sich ihm von der andern Seite, um ihn zu bekränzen.

Fig. 4. Aehnliches Bild. Der Sieger, im bunten Gewand, die Kithar in der Linken, wird von zwei Victorien begrüsst, die ihm auf gleiche Weise lohnen zu wollen scheinen, wie der alte Sänger in der Ballade belohnt wird. Bei bedeutenden musischen Agonen übrigens, besonders auf Staatskosten, gab es sehr stattliche Preise, denn man findet in athenischen Rechnungen, dass der Preis, oder der Werth des Preises (Goldkranzes), den ein Kitharöde für einen Sieg erhielt, bis zu zehn Minen (1 M. = 25 Thr.) betragen konnte.

Fig. 5. Reisender Virtuos, der sich auf beide streitende Instrumente versteht. Er bläst die Doppelflöte in die Welt hinein, das Saitenspiel, das ziemlich leicht sein muss, hat er an den Krückstock gehängt, den er unterm Arme trägt. Das burschikose Einhertreten zeigt, dass es ihm in jeder Hinsicht wohl geht. Das beweist auch das zu seinen Füssen schwer wandelnde, wohlgenährte Thierchen, das im Alterthum theuer bezahlt wurde. Es gleicht ganz einem Exemplar der bei uns ausgestorbenen Thiergattung, die, einst Mops genannt, kaum noch in der Erinnerung des lebenden Geschlechtes weilt, und dient daher als dankenswerther Beitrag zur Festellung der Naturgeschichte jener Schooshündchen von Melite, mit deren Wartung die antiken Damen selbst ihre Leibphilosophen behelligten.

Fig. 6 und 14 Kymbalen- und Fig. 7 Krotalenspielerin. Die Krotalen (etwas grösser Taf. II, Fig. 19) haben hier völlig die Form der jetzt gebräuchlichen Castagnetten. Die bildende Kunst hatte von solchen Instrumenten mehr Gewinn als die Musik, weil sie, wie bei diesen Relieffiguren, Anlass zu freien tanzartigen Stellungen gaben.

Fig. 8. Kitharöde im Mantel mit geschmücktem Instrument vor dem sitzenden mantelbekleideten Preisrichter, dabei zwei weitere gespannt aufmerksame Zuhörer, mit Stäben in der Hand.

Fig. 9 und 13, zwei zusammengehörige Streifen, die ein Ganzes bilden, sind der Wand einer ausgemalten Grabgrotte in der Nekropolis von Kyrene entnommen. Diese vormals griechische Colonie an der afrikanischen Nordküste, später unter ptolemäisch-ägyptischer, endlich unter römischer Herrschaft, hatte, wie das spätrömischer Zeit zugeschriebene Bild erzählt, von Rom die Sitte angenommen, die Leichenbegängnisse durch Schauspieler im Costüm begleiten zu lassen, welche

tragische Stellen recitirten oder auch Possen rissen. Dass hier Tragiker
Musiker mit ihren Chören in Thätigkeit sind, welchen sich (links von der T
vielleicht zwei Komiker angeschlossen haben, und dass am Anfang und Sch
des Bildes Tische mit Preisgaben stehen, so wie dass der ganze Festzug zu
Ort, an dem er sich befindet, einem Grabe also, eine bestimmte Beziehung
ist wohl ausser Zweifel, aber die Einzelerklärung hängt von so viel verwick
Fragen über archäologische Specialitäten ab, dass wir diejenigen, denen an e
ausführlichen Erörterung des in dieser Hinsicht merkwürdigen Bildes liegt,
Wieseler XIII, 2, S. 99 ff. verweisen zu dürfen glauben. Höchst sonderbar is
dass die drei Tragiker auf Postamente gestellt sind. Müller hat sie deshalb
Statuen gehalten. Wieseler glaubt, dass die Postamente den Sohlenunterbau
Kothurns ersetzen sollen, scheint aber mit dieser Erklärung doch nicht ganz
frieden zu sein, da er sich nebenher von dem Verdacht beschleichen lässt.
Zeichnung (Pacho Relation d'un Voyage dans la Marmarique, la Cyrénaïque
möchte nicht ganz genau sein. Beiläufig sei auf die Tracht des Musikers mit
schweren Instrument, auf dem untern Streifen, aufmerksam gemacht: sie ist
antiken Bildwerken unerhört und hat eine auffallende Aehnlichkeit mit dem Cos
das auf unserem Theater zu Ende des vorigen Jahrhunderts in romantisc
Stücken gebräuchlich war.

Fig. 10. Flötenspieler und Sänger auf der Thymele, beide bekränzt.
Jedem schwebt eine Nike heran, die eine deutet auf den Kranz, die andere br
eine Tänia.

Fig. 11 und 12. Lyraspielerinnen, die eine nach einem herculaneisc
Gemälde, die andere nach einer Gemme, die den Künstlernamen Onesas trägt.

Fig. 13. Lehrer, auf den Stab gestützt, überreicht dem in bescheide
Haltung des Schülers vor ihm stehenden lorbeerbekränzten Jüngling Ball :
Saitenspiel. Die Schreibtafel darüber deutet vielleicht auf die zurückgeleg
unteren Stufen des Unterrichts.

Fig. 16. Virtuosin, die auf einem liegenden und einem aufrechten Inst
ment zugleich spielt. Die beiden stehenden Gestalten treiben die Aufmerksa
beinahe zu weit.

Fig. 17. »Schönes Vasenbild einer Versammlung von Flöten-, Cither-
Trigonenspielerinnen nebst Sängerinnen vom Blatt.« Müller. Aber der Sängeri
sind's nur Eine, die für ein so grosses Concert doch etwas zu wenig ist. Die
der dreifachen Gruppirung schön dargestellte Neunzahl legt die Vermuthung n
dass wir eine Versammlung der Musen vor uns haben. Zwar sind sie hier n
durch die Attribute unterschieden, die man bei ihnen zu sehen gewohnt ist, ab
diese Attribute sind erst nach und nach von der Kunst aufgebracht und nie
endgültig gegen einander abgegrenzt worden. Es gibt alte Vasenbilder, auf weld
die Musen in gleicher Tracht, langen faltigen Gewanden, und ohne strenge Sch
dung von Attributen mit Flöten und Saitenspielen, andere mit Schriftrollen, n
kleinen Kästchen zur Aufbewahrung von solchen erscheinen, also ganz wie hi
Die Sängerin würde sich sonach in diejenige Muse, die im abgeschlossenen N
senchor als Klio gilt, und das Notenblatt in die Rolle, die ihr gewöhnlich be
gegeben wird, verwandeln. Der kranichartige Vogel zu ihren Füssen liesse n
allenfalls auf die Sage beziehen, dass der Kranichflug der Formirung der Buch
staben bei Erfindung der Schrift zum Vorbilde gedient habe, womit der Künst
die Musen, die Bringerinnen aller Bildung, gar wohl in Verbindung setzen durf

In der vorzugsweise musischen Mittelgruppe hätte man dann die eigentlichen Ge-
sangsmusen, nach der gebräuchlich gewordenen Annahme Polyhymnia, Melpomene
(oder auch Kalliope) und Erato, zu erkennen, welchen die Kithar und das harfen-
artige Trigon in die Hände gegeben ist.

Fig. 18 gilt bei Müller für eine Musikprobe, worin die Kitharspielerin
einen Fehler gemacht habe und nun durch die Blicke der Andern in Verlegenheit
gebracht sei, wogegen Wieseler, gewiss mit Recht, bemerkt, dass der Fehler bezweifelt werden könne. Doch nimmt auch er die Verlegenheit an, die er dem
Umstande zuschreibt, dass das Mädchen in dem Augenblick unmittelbar vor Anfang des Spiels dargestellt sei. Sicher scheint, dass der Flötenspieler in einem
Solo begriffen ist, und dass die beiden Mädchen jetzt, die Kitharistin gleich, die
Sängerin, die anmuthig vorgebeugt ihre Pausen zu zählen scheint, etwas später
einzufallen haben. Indessen sind so allgemeine Handlungen, wenn nicht sehr
markirte Züge mit unterlaufen, immer verschiedener Auslegung zugänglich. Der
dirigirende Flötenspieler, der allein keinen Kranz trägt, sei es, dass er als Untergeordneter zur Gesellschaft zugezogen ist, sei es, dass die Mädchen und die
Zuhörer zum öffentlichen Auftreten bestimmte Musikerinnen und Schauspieler sind,
trägt den mehrbesprochenen Blasezaum, an dessen Wirklichkeit auf einem so realistischen (herculaneischen) Wandgemälde gewiss nicht zu zweifeln ist. Er gibt mit
dem Fusse den Takt oder auch das Zeichen zum Einfallen, und trägt dort wohl
das Tafel II, Fig. 21 abgebildete Scabillum (Hypopodion), eine Art Fusskukuk,
der einen Ton von sich gab und zum Takttreten diente. Müller erblickt in dem
Virtuosen ein interessantes Exemplar dieser Classe, deren musikalische Leistungen
eine eigene Körperbeschaffenheit verlangten und selbst wieder darauf zurückwirkten:
starke vierschrötige Gestalten von fleischigem Körperbau — die feisten Opferbläser
aus Etrurien sind bekannt — die bei dem anstrengenden Spiel der Doppelflöte
die hochrothen Backen gewaltig aufbliesen.‹ Er mag allerdings beim Pfeiferfeste
eine stattliche Figur gemacht haben, wenn die Zunft (seit Numa ein förmliches
Collegium) das Andenken des Tages von Tibur feierte. Man hatte ihnen einmal
den Schmaus im Tempel des Jupiter entzogen, was sie zu einer Secessio nach
Tibur bewog. Da jedoch die Römer bei den vielen Opfern, Spielen und Leichen-
begängnissen ihre Tibicines nicht entbehren konnten, so machten sie es wie der
hohe Rath von Venedig, als er ›nostre meretrici bene merite‹ aus der unbedacht
verhängten Verbannung zurückrief, und schickten von Senats wegen nach Tibur,
um die Ausgetretenen wieder zu holen. Die entrüsteten Musiker wollten sich
nicht dazu verstehen, aber man schenkte ihnen fleissig ein und führte sie im
Schlaf auf Wagen nach Rom zurück, wo sie Morgens auf dem Forum erwach-
ten und unter allgemeiner Heiterkeit für das Bleiben gewonnen wurden. Der
Tag wurde dann zum jährlichen Feiertage mit Schmaus und Trunk und Mummenschanz. Uebrigens waren sie auch im flötenliebenden Rom, obgleich sehr
gut bezahlt und (die Staatspfeifer wenigstens) wohlgenährt, den Kitharöden nach-
gesetzt.

Tafel XVII, Fig. 1 zeigt den oben genannten spartanischen Kettentanz. Lucian, der eine Beschreibung davon gibt, rühmt zuerst an den Spartanern, wie sie
selbst in der Schlacht, nachdem die Flöte das Zeichen zum Angriff gegeben, die
Bewegungen des Kriegers durch Takt und Musik bestimmen lassen, und sagt dann,
zu dem friedlichen Tanze, den sie Hormos oder die Halskette nennen, übergehend:
›Dieser wird von Jünglingen und Mädchen gemeinschaftlich in einem bunten

Reigen getanzt, und hat in der That viele Aehnlichkeit mit einer Kette. Den
Reigen führt der Jüngling mit männlichem Tanzschritt und unter Bewegungen,
wie er sie einst im Kriege zu machen hat; das Mädchen folgt mit dem sittsam
zierlichen Schritte ihres Geschlechts, so dass das Ganze die männliche Kraft und
die jungfräuliche Bescheidenheit, in eine gefällige Kette gewunden, darstellt.«
Die Beschreibung ist, wie man sieht, mehr geistreich spielend als anschaulich.
Anfangs also schritt Jedes für sich; im Verlaufe aber, wenn der Tanz seinen
Namen nicht bloss allegorisch verdienen sollte, muss es, wie auf dem Bilde, zu
einer Reigenschlingung gekommen sein. Da ein Paar allein tanzt, dem von beiden
Seiten Myrthenkränze gereicht werden (man hat sich nämlich die Figuren zu
einem Kreise zusammengeschlossen zu denken), so folgert Panofka, es werde ein
Brautpaar sein.

Fig. 2. Seiltanzende Satyrn aus einem herculaneischen Arabeskenbilde. Sie
sind in verschiedenen schwierigen Stellungen des Flöten-, Kitharspielens, Wein-
schenkens dargestellt. Auf dieses Wiegen auf einer Fussspitze und Ausstrecken
des andern Fusses verstehen sich unsere Künstler auch, aber die römischen (meist
»hungrige Griechlein« oder wenigstens gräcisirt, auch Sklaven, Schoinobatae, Fun-
ambuli), die sogar Elephanten aufs Seil brachten und selbst auf saitendünnen
Schnüren gingen (Neurobatae), so dass sie in der Luft zu schweben schienen,
waren doch stärker. Auch die mythische Einkleidung und die ihr entsprechenden
ungemein ästhetischen Verrichtungen, so z. B. der Bogenguss aus dem Trinkhorn,
geben dem halsbrechenden Unternehmen, das ohne Zweifel dem Leben nachgebildet ist, etwas Edel-Gefälliges. Antonin liess in Folge eines Unglücksfalls Ma-
tratzen unterbreiten, und später spannte man Netze zum gleichen Zwecke aus.

Fig. 3 ist der berühmte tanzende Satyr oder Faun, jene vielbewunderte
kleine Bronzestatue, die zu Pompeji in der Casa de Goethe gefunden wurde und im
Museum von Neapel aufbewahrt wird. Man kann dem trefflichen Schelm nicht gram
sein, obgleich durch ihn das Haus, das 1830 in Gegenwart des Sohnes des Dichters
ausgegraben und zu Ehren des Vaters nach seinem Namen benannt wurde, diesen
Namen wieder verloren hat und in Casa del Fauno umgetauft worden ist. Es ist
dasselbe Haus, in welchem 1831 die in der Kunstgeschichte so entscheidend gewordene Alexandersschlacht (Weissers Bilderatlas Taf. 14 *), Fig. 3) gefunden wurde,
von der es auch den dritten wetteifernden Namen Casa del gran Mosaico trägt. Die
erste Benennung, in der sich gleichsam eine Ahnung aussprach, dass in dem Hause
etwas Grosses verborgen sei, wäre doch schon aus diesem Grunde aufrecht erhalten zu werden werth gewesen.

Fig. 4. Korybantentanz, das mythische Urbild aller Waffentänze. »Rhea
war, wie die Sage lehrt, in den ältesten Zeiten die Erste, welche an dieser
Kunst Wohlgefallen fand und ihre Korybanten in Phrygien und die Kureten in
Kreta Tänze aufführen liess. — Es war eine Art Waffentanz, wobei die Tänzer
mit ihren Schwertern auf die Schilde schlugen und ihre kriegerische Begeisterung
in wilden Sprüngen ausdrückten. Auch in der Folge war es in Kreta die ernste
Beschäftigung aller Tapfern nicht bloss aus dem Volke, sondern auch aus den edelsten Familien, im Tanze es zu einer gewissen Vollkommenheit zu bringen.« Lucian.

Fig. 5. Tanzende Nymphen oder Grazien aus den Thermen des Titus.

---

*) In der II. Auflage I. Bd. I. Abth. Tafel 30, fig. 3.

Unter den zahllosen Pantomimen, in welchen die gesammte Mythologie auf die Bühne gebracht wurde, kam auch ein Tanz der Charitinnen vor.

Fig. 6. Ernste religiöse Pantomime aus einem jener mysterienhaften Culte, worin eine entschwundene Gottheit vermisst, gesucht und wiedergefunden wurde. Das Weinlaub in den Haaren der hintersten Gestalt und ein auf dem Original über ihr befindliches Weinblatt bezeichnet den dionysischen Kreis. Panofka erkennt in diesen Thyiaden diejenigen, »welche alle neun Jahr an dem Fest Herois in Delphi die Heraufholung der Semele aus dem Hades durch mimische Tänze den Gläubigen ins Gedächtniss zurückriefen.« »Die Vorantanzende mit zwei brennenden Fackeln entspricht der Bedeutung nach der Artemis Hegemone als Phosphoros, während die hinterste, zu welcher das oberhalb sichtbare Weinblatt gehört, des Dionysos Gemahlin Ariadne zu vertreten scheint.« Dass Semele die zu Delphi verehrte Heroine war, gründet sich auf eine Vermuthung Plutarch's. Dass Dionysos seinen Antheil am delphischen Heiligthume, ja sein Grab daselbst hatte, wurde früher schon erwähnt. Das Bild darf wohl eines der schönsten, geistig angehauchtesten, welche die alte Kunst hervorgebracht, genannt werden.

Fig. 7. Die Karyatiden, Mädchen des zwischen Nussbäumen gelegenen lakonischen Dorfes Karyä, feierten von Alters her die Artemis in einem zierlichen Tanze, der so zu Ansehen kam, dass die ersten Jungfrauen von Sparta daran theilnahmen. Sie wurden dabei einmal von Aristomenes, dem romantischen Messenierhelden, überfallen und weggeraubt. Der Name der Dorfmädchen ging auf Alle über, die den karyatischen Festchor tanzten, die Kunst liess es sich nicht entgehen, die, wie man aus dem Bilde sieht, eben so eigenthümlichen als reizenden Stellungen festzuhalten, und zuletzt bemächtigte sich die Architektur der stehenden, beliebten Form, um sie statt der Säule zum Tragen des Gebälkes zu verwenden. Daher der allbekannte technische Ausdruck Karyatiden, die in weiblicher Gestalt dem gleichen Zwecke dienen wie die männlichen Atlanten (römisch Telamonen). Der Kopfaufsatz, ein korbartiges Geflecht, das Müller für Eurotasschilf erklärt (Karyä lag im Eurotasthale), hat, in Verbindung mit dem Umstande, dass die frühsten weiblichen Tragfiguren in der athenischen Baukunst vorkommen, wo sie für Kanephoren erklärt werden, eine archäologische Streitfrage hervorgerufen, zu deren Auseinandersetzung hier kein Raum ist. Noch füglicher kann die historische Fabel übergangen werden, wonach ein Ort Karyä im Perserkriege wegen Verraths bestraft und seine Weiberschaft zu einer architektonisch verewigten Sklavenschmach verurtheilt worden sein soll.

Fig. 8. Wurden früher für die Horen gehalten, von Müller aber für »tanzende Dorierinnen mit aufgehäkeltem Chiton« erklärt. Die Säulen sind korinthisch.

Fig. 9—12 enthalten eine Auswahl aus den weltberühmten pompejanischen Tänzerinnen, von deren wunderbarer Schönheit theils in den Körperformen theils in den faltigen und doch so leichtfliessenden Verhüllungen, von deren Anmuth oder Grossartigkeit in den Haltungen das Auge sich nur ungern wendet. Sie gehören bekanntlich zu den frühsten pompejanischen Entdeckungen, und haben dem 1749 bei La Cività gefundenen Hause, dem sie angehören, den Namen Casa della danzatrici verschafft. Die in den Wandgemälden jener verschütteten Städte so beliebte Kunstsitte, schwebende Gestalten, die keines Bodens bedürfen, auf den Mittelflächen der Wände darzustellen, hat, wie sie in anderen Häusern für die vorherrschend mythologischen Bilder das Motiv des Fluges oder Tanzes ergriff, so in diesem das letztere mit besonderer Liebhaberei für die Balletttänzerinnen

der damaligen Gegenwart, natürlich dem Geschmack und der Bestellung des Hausherrn gemäss, gewählt. Aber, wie Göthe bei Besprechung des Gegenstandes sagt:
»Lasse man den Tänzern und andern, durch bewegte Gegenwart uns erfreuenden
Personen ihre technisch herkömmlichen, mitunter dem Auge und sittlichen Gefühle
widerwärtigen Stellungen; fasse und fixire man das, was lobenswürdig und musterhaft an ihnen ist, so kommt auch wohl hier eine Kunst der andern zu Gute, und
sie fügen sich wechselseitig in einander, um uns das durchaus Wünschenswerthe
vor Augen zu bringen«, so hat die Kunst auch damals den Unterhaltungskünsten
des Tages die schönsten, die würdigsten Seiten abzugewinnen gewusst, wozu freilich,
wie die Begeisterung des sonst ziemlich kühlen Lucian annehmen lässt, jene pantomimischen Künstler und Künstlerinnen selbst schon das Ihrige vorarbeitend beigetragen haben mögen. Hat nun, wie eine Vergleichung der Bilder gegenwärtiger Tafel mit den minder belebten der vorigen deutlich bestätigen wird, der
antike Tanz mit seinen von Hause aus dramatischen Stellungen und Bewegungen
einerseits der bildenden Kunst reiche Geschenke gemacht, so hat er andrerseits,
in Griechenland wenigstens, auch das Leben mit einer Fülle von Kraft und Schönheit bereichert, da ja Jung und Alt in den Reigen gezogen wurde und selbst ein
Sokrates, wenn er auch die Uebung mehr wegen ihrer heilgymnastischen oder
überhaupt körperstärkenden Wirkungen schätzte, sich gern beim Tanzen überraschen liess. Nach dieser Seite jedoch stand die Tanzkunst in Verbindung mit
der Palästra, zu welcher uns die zweite Hälfte der Tafel führt.

Bilderquellen: Taf. XVI, zweite Hälfte. Fig 1. Panofka, Bilder antiken Lebens IV, 2.
Fig. 2. Panofka IV, 6. Fig. 3. Mus. Etruscum Gregorianum II,
t. 22, fig. 2 a. Fig. 4. Ebendaselbst II, t. LX, fig. 3 a. Fig. 5.
Panofka IV, 3. Fig. 6, 7. Montfaucon, l'Ant. expl. III, pl. 191.
Fig. 8. Panofka IV, 6. Fig. 9. Wieseler XIII, 2. Fig. 10.
d'Hancarville I, 37. Fig. 11. Le Pitture antiche d'Ercolano, V,
t. 54. Fig. 12. Wicar II, 43. Fig. 13. Wieseler XIII, 2. Fig. 14.
Montfaucon l'Ant. expl. III, pl. 191. Fig. 15. Tischbein Vas. IV,
59. Fig. 16. Mus.-Borb. I, 30. Fig. 17. Dubois Maisonneuve 43.
Fig. 18. Mus. Borb. I, 31.
Taf. XVII, erste Hälfte. Fig. 1. Mus. Borb. VIII, 58. Fig. 2. Mus. Borb.
VII, 50—52. Fig. 3. Mus. Borb. IX, 42. Fig. 4. Visc. Mus.
P. Cl. IV. 9. Fig. 5. Bartoli pl. V. Fig. 6. Tischbein Vas. I. 48.
Fig. 7. Die erste Figur links nach einem Relief in der Villa
Albani bei Zoëga Bass. I, t. 20; die beiden andern Figuren Relief
im Louvre bei Clarac Mus. de Sculpt. pl. 168, nr. 78. Fig. 8.
Clarac pl. 163, nr. 259. (Marmorrelief im Louvre.) Fig. 9. Pitture
d'Ercolano I, tav. 17. Fig. 10. Ebendaselbst I, tav. 19. Fig. 11.
Ebendaselbst IV, tav. 24. Fig. 12. Ebendaselbst I, tav. 18.

4. Gymnastik und Kampfspiele der Griechen.

(Tafel XVIII, XIX.)

Schon am Grabe des Patroklos, nachdem der aufgeschichteten Waldung ungeheures Gerüst herabgebrannt, der glostende Schutt mit rothfunkelndem Weine
gelöscht, des freundlichen trauten Genossen weisses Gebein von den Helden in
die goldene Urne geborgen und über dem kreisrunden steinernen Grundbau die
Erde zum Hügel gethürmt ist, finden wir das homerische Griechenland zu den
heiligen Leichenspielen versammelt. Den Anfang macht das Wagenwettrennen,
Staub wirbelt über dem Gefilde auf, die Mähnen fliegen, bald streifen die Wagen
das nährende Erdreich, bald durchsausen sie die Luft, selbst die Götter, die
Freunde der Spiele, mischen sich ein, und ihre Theilnahme bewirkt, dass der
Vorderste neben dem zerbrochenen Wagen übel zerschlagen am Boden liegt und
der Nächste an ihm vorüber die stampfenden Rosse zum Ziele treibt. Dann folgt
der Faustkampf, bei welchem bereits der Schlagriemen, vom Felle des ländlichen
Stieres geschnitten, seine missliche Brauchbarkeit bewährt, dann der Ringkampf,
worin Odysseus, von Ajas in die Höhe geschwungen, den Gegner durch List zu
Falle bringt, dann der Wettlauf, wobei der lokrische Ajas zu allgemeinem Gelächter
über den Unrath der geschlachteten brüllenden Rinder strauchelt, so dass sich
ihm Nüstern und Mund damit füllen, hierauf der Speerkampf, der Wurf mit der
Eisenkugel, statt deren sonst der steinerne Diskos dient, endlich der Bogenschuss;
der Speerwurf, der den Beschluss machen soll, unterbleibt, weil Agamemnon darin
als unbestrittener Meister gilt. So erscheinen die Turnspiele, neben welchen bei
den Phäaken noch ein kunstreiches Ballspiel auf dem nahrungspendenden Erdreich
getanzt wird, in dem homerischen Anschauungskreise als etwas Altherkömmliches,
und wenn Nestor, der Urgreis, der kampflos von Achilleus mit der Preisschale
erfreut wird, von seiner Jugend erzählt, wo ers in Faust- und Ringkampf, in
Schnelllauf und Speerwurf Allen zuvorgethan habe und nur im Wagenrennen nicht
der Erste gewesen sei, so wird das Bestehen der Sitte in einen das Bild ab-
schliessenden unvordenklichen Hintergrund hinaufgerückt. Aber auch der Alte
von Pylos hat die Preise, deren er sich rühmt, bei einer Leichenfeier gewonnen,
und so zeigen sich diese Spiele, obgleich sie auch bei andern Veranlassungen
vorkommen, doch ursprünglich vorzugsweise an eine Religionshandlung geknüpft.
Ein religiöses Element haben sie auch stets bei den Griechen und Römern behalten,
und ihre festliche Bedeutung bestand bis in die späteste Zeit eben darin, dass sie
den Göttern zu Ehren angeordnet waren und dass die Götter dabei als gegenwärtig gedacht wurden. Merkwürdig ist es, aus ägyptischen Grabbildern zu ersehen, dass auch die alten Aegypter neben religiösen Tänzen eine förmliche nationale Gymnastik besassen, die mit der altgriechischen wenigstens Ring- und Faustkampf gemein hatte, jedoch zur Zeit der späteren geschichtlichen Berührungen
zwischen Griechenland und Aegypten völlig verschwunden war.

Im 9. Jahrhundert vor Christus sodann begegnen wir den olympischen Spielen,
die um diese Zeit durch Iphitos von Elis in Verbindung mit dem spartanischen

Gesetzgeber Lykurg angeblich nicht sowohl gestiftet als mit Berufung auf uraltes
Herkommen, ja göttliche Einsetzung erneuert werden und schon zu Anfang des
folgenden Jahrhunderts, zwei Jahrzehnte vor Erbauung Roms, der verbreitetsten
antiken Zeitrechnung, den Olympiaden, ihren Ursprung geben. Das Fest, das
immer nach vier Jahren (pentaeterisch) gefeiert wurde, wuchs neben den vielen
andern in den einzelnen Staaten gangbaren Festen, von welchen aber bloss die
pythischen, nemeischen und isthmischen grössere Bedeutung erlangten, zum allgemeinen Nationalfeste für ganz Griechenland heran, und wurde namentlich auch
von den italischen Grossgriechen eifrig beschickt. Während des Festes herrschte
Gottesfriede (die olympische Ekecheirie), und zwar so anerkannt, dass in Ueber-
tretungsfällen selbst die Grossstaaten Sparta und Athen, letzteres freilich erst vom
delphischen Gotte gezwungen, sich die von den Eleiern, den Territorialherren und
Vorstehern des Festes, auferlegte Geldbusse gefallen liessen. Festgesandtschaften
(Theorieen) wurden von sämmtlichen Staaten, wie es auch sonst gegenseitig bei
ihren Festen geschah, so ganz besonders zu diesem Hauptfeste abgeordnet; ihre
Ausstattung lag neben dem Staate dem ersten Gesandten (Architheoros) ob, dessen
kostspieliges Amt zu den bekannten Liturgieen gehörte. Die Feier fiel in den
ersten Vollmond nach der Sommersonnenwende und wurde mit der Zeit auf fünf
Tage oder mehr ausgedehnt. Der erste und, wie es scheint, bei den vier genannten Nationalfesten ursprünglich einzige Turnwettkampf war der Lauf in der
Laufbahn (Stadion), die 600 Fuss lang dem entsprechenden Längenmasse den
Namen gegeben hat. Später wurde der Doppellauf (Diaulos) und dann noch der
siebenfache (Dolichos) hinzugefügt. Anfangs liefen die Kämpfer mit einem Schurz
um die Lenden, aber in der 15. Olympiade kam schon die völlige Nacktheit auf,
die der antiken Kunst so unermesslichen Vorschub geleistet hat. Verheirathete
Frauen waren übrigens, mit Ausnahme der eleischen Demeterpriesterin, von dem
Schauspiel ausgeschlossen; keine durfte während der Festtage, bei Strafe, vom
typhischen Felsen gestürzt zu werden, den Alpheios kreuzen, an welchem der
Festhain Altis gelegen war. Den Jungfrauen dagegen war der Zutritt unverwehrt.
Ob die jungen Athenerinnen von dieser Freiheit Gebrauch machten, ist freilich
sehr die Frage; desto weniger aber trifft der Zweifel die spartanischen Turnjung-
frauen, die ja daheim nach den Zeugnissen unverwerflicher Schriftsteller selbst
nackt, und unter den Augen der Jünglinge, Gymnastik zu treiben pflegten. In
der 18. Olympiade wurde der Fünfkampf (Pentathlon), Lauf, Sprung, Diskoswurf,
Speerwurf und Ringkampf, dieser auch für sich, in der 23. der Faustkampf mit
Schlagriemen, in der 33. das von Xenophanes grauenhaft genannte Pankration,
Ring- und Faustkampf zusammen, in der 65. der schwere Waffenlauf, der später
erleichtert werden musste, eingeführt. Eine Entschädigung für den Ausschluss
vom Feste fanden die Frauen in dem seit der 25. Olympiade eingeführten Wagen-
kampfe, an welchem sie in der Entfernung Antheil nehmen durften, sofern sie
Rosse und Wagenlenker dazu sandten, die ihnen den Kranz gewinnen konnten.
Es gab verschiedene Arten des Rennens, darunter auch einen Wettritt, wobei die
Reiter zuletzt abspringen und die Zügel in der Hand neben den Pferden herlaufen
mussten. Die Fest- und Kampfgesetze waren streng. Vor der Zulassung wurde
die Unbescholtenheit sowohl des Kämpfers als des griechischen Staates, dem er
angehörte, genau geprüft, und als einmal, während Sparta in der erwähnten Acht
war, ein angesehener Spartaner mit einem Wagengespann sich einzuschleichen
wagte, verhängte die Festbehörde Geisselung über ihn, was jedoch Krieg zur Folge

hatte. Auch musste man schwören, dass man sich mindestens zehn Monate vorbereitet habe, und dass man im Kampfe keinerlei unerlaubtes Mittel anwenden werde. Doch wurden die Kampfgesetze häufig verletzt, obgleich selbst geringere derselben durch Geldstrafen bis zu einem Talent befestigt waren. Die Behörde der Festordner und Preisrichter — Hellanodiken genannt, welcher Name ohne Zweifel während der steigenden Theilnahme an den Olympien zur Uebertragung des Hellenennamens von den ersten Theilnehmern auf sämmtliche Stämme das Meiste gethan hat — wurde von der Landsgemeine von Elis aus ihrem Schoose theils gewählt, theils ausgeloost, hatte sehr ausgedehnte Amtsgewalt, und ertheilte nach Beendigung der Kämpfe, die unter Flötenbegleitung stattfanden, den Siegern einen vorläufigen Palmenzweig, am Tage der Preisvertheilung aber, bei welcher dem Ursieger Herakles ein »Heil dir im Siegeskranz« nach Archilochos gesungen wurde, den Kranz vom wilden Oelbaum, der im Festhaine wuchs. Dieses bescheidene Siegeszeichen, das seit der siebenten Olympiade an die Stelle des früheren Werthpreises (Dreifuss, Geld u. dgl.) getreten war, gewährte gleichwohl neben einem an Unsterblichkeit gränzenden Ruhme Vortheile sehr materieller Art. Einmal wurde die olympische Siegesfeier, die mit Opfern und Festmahlen, Anrufung des Siegers, seines Vaters und seiner Vaterstadt durch den öffentlichen Herold, Eintragung in das Siegerverzeichniss, und dem Rechte, seine Statue in der Altis aufzustellen, verbunden war, in der Heimath aufs festlichste wiederholt. Der Olympionike, als eine Zierde seiner Vaterstadt, seiner Familie, seiner Freunde, wurde in glänzendem Aufzuge eingeholt, wozu ein Theil der Stadtmauer und des Thores eingerissen wurde, und seine Statue prangte in den Gymnasien, Palästren, Säulengängen, auf den Märkten, an Tempeleingängen. Dichter, wie Pindar, beeiferten sich, ihn in Festliedern zu preisen und alle Götter und Heroen herbeizuziehen, die bei der Gründung seiner Vaterstadt oder an den Ursprüngen seines Stammes betheiligt gewesen. Ferner hatte er den Ehrensitz bei allen Spielen und Festen, zu Sparta den Platz beim König in der Schlacht. Dann aber erhielt er in manchen Staaten auch einen Jahrgehalt, in Athen freilich bloss eine Prämie von 500 Drachmen, doch nebst lebenslänglicher Speisung im Prytaneum, und überall war er von öffentlichen Leistungen befreit.

Zur Erreichung dieser höchsten irdischen Glückseligkeit wurde die griechische Jugend — der bessere Theil freilich nicht zu diesem Zwecke allein — von früh an in der Palästra und dem Gymnasion herangezogen. Man wird diese beiden Anstalten, die zu den archäologischen Streitfragen gehören, ungefähr wie unsern Turnplatz und unsere Turnhalle unterscheiden können, nur dass man sich beide, besonders das Gymnasion, in weit ausgedehnterem und unendlich grossartigerem Masse denken muss. Die Palästra war die uralt herkömmliche Ringschule, worin der Knabenturnmeister (Pädotribe) schlecht und recht Ringen, Springen, Werfen u. dgl. lehrte. Mit den Fortschritten des Turnwesens stieg die Anzahl und die Einrichtung der Palästren, bis bei noch weiterer Ausbildung neben sie und theilweise an ihre Stelle die Gymnasien mit höheren Turnkunstlehrern (Gymnasten) traten, ganz in derselben Weise, wie bei uns in Folge des Aufschwungs und der nationalen Bedeutung des Turnwesens die Turnhallen neben und zum Theil an die Stelle der alten Turnplätze zu treten beginnen. Und gleichwie wir bei der Erbauung der Turnhalle schon da und dort Bedacht darauf nehmen, sie ausserdem gewissermassen als Weltkirche, als panegyrische Räumlichkeit (griechisch zu reden) für Gesang und Vortrag, für Festzwecke jeder Art einzurichten, so bot

5 *

auch das Gymnasion neben seinen Höfen, Turnsälen und andern den Uebungen
gewidmeten Räumen grosse Hallen (Exedren) für geselligen und geistigen Verkehr,
ja selbst für philosophische Lehrcurse, von welcher wissenschaftlichen Seite ja die
so ganz veränderte neuere Bedeutung seines Namens stammt. Eine Stadt, die
nicht aus dem Range der Städte gestrichen sein wollte, musste ausser einem
Theater mindestens Ein Gymnasion haben. So finden wir in Athen die drei berühmten Gymnasien Lykeion, Akademie und Kynosarges, von welchen die beiden
ersten ihre Namen gleichfalls in anderer Bedeutung auf uns vererbt haben, und
zwar das zweite mit einer durch Plato's Lehrvorträge empfangenen Weihe, von
der sich der alte Heros Akademos in seinem heiligen Platanenhaine schwerlich
etwas träumen liess. Eine Gesinnung, die nicht bloss den Geist, sondern auch den
Leib für bildungswürdig hielt, steigerte die Zahl dieser Gymnasien später auf
sechs, neben welchen noch eine Menge von Palästren im Gebrauche waren.

Ueber die Einrichtung der Gymnasien herrscht, da Vitruv's Angaben den
gelegentlichen Andeutungen griechischer Schriftsteller nicht völlig entsprechen, ein
schwerlich je zu entscheidender Streit, von welchem mehrere Controversgrundrisse
zeugen. Einer derselben ist Taf. II, Fig. 31 abgebildet; er stellt das Gymnasion
von Ephesos dar, wovon noch ansehnliche Ruinen übrig sind, deren Erklärung
jedoch theilweise auf Conjectur beruht und daher auch in diesem einzelnen Falle
etwas abweichende Risse hervorgerufen hat. Indessen ist dies nur für das Special-
studium von Gewicht; auch lässt sich leicht erachten, dass nicht alle griechischen
Gymnasien streng nach dem gleichen Plane angelegt waren. Im Allgemeinen ent-
hielten sie einen Turnsaal (Ephebeion), einen Auskleidesaal (Apodyterion), einen
Einölungssaal (Elaiothesion), einen Bestäubungssaal (Konisterion), einen Ballspiel-
platz (Sphäristerion), Bäder aller Art, daher auch die Thermen eine ihnen ähnliche
Einrichtung erhielten, offene und bedeckte Gänge zum Lauf wie für Spaziergänger,
Hallen, Säulengänge, Baum- und Gartenanlagen, Altäre, Bildsäulen, Gemälde und
jede Art von künstlerischem Schmuck. Oft auch war mit ihnen das Stadion verbunden, wogegen der zum Ross- und Wagenrennen dienende Hippodrom abgesondert lag. Der Normalturnpalast Vitruv's, der sein Vorbild im griechisch-römischen Neapel gehabt haben soll, verlangt einen zwei Stadien (1200 Fuss) im Um-
fange haltenden säulenumgebenen Hof (Peristyl) mit drei einfachen Säulengängen
und einer Doppelporticus gegen Süden, an welche die vorhin genannten Säle
stossen sollen, während die drei andern Peristylshallen den Philosophen, Rhetoren
und allen geistigen Unterhaltungen bestimmt sind; die weitere Ausführung, die
hinter dem Hauptgebäude einen zweiten ähnlichen Hof mit doppelter Porticus nach
Norden und einem an das Ganze sich anschliessenden Stadium anzunehmen scheint,
ist Erörterungen unterworfen, die noch nicht abgeschlossen sind.

Die Uebungen selbst nun, auf welche näher einzugehen die Bilder den besten
Anlass geben werden, hatten in der guten Zeit des hellenischen Lebens, und in
den gesunden Theilen desselben zu allen Zeiten, ihre durchaus schöne und bewun-
dernswerthe Seite. Sie erzeugten Mannhaftigkeit, Kriegstüchtigkeit, Frische des
Leibes und der Seele und jene Vollkommenheit der körperlichen Erscheinung,
welche nur die durch Kunst veredelte Natur gewähren kann. In der Gymnastik
reichten Krieg und Friede einander die Hand, wie in dem ihr verwandten Tanze,
und die Heldenschaar, die am Vorabend des Thermopylenkampfes mit ihren fest-
lichen Turnspielen den fremden König staunen machte, hatte vorher zu Hause die
schönen Gymnopädien gefeiert, an welchen Sänger, Turner und Tänzer Eines

waren, jenes hinreissende Fest, das mit solcher Innigkeit begangen wurde, dass
selbst die Nachricht von einer verlornen Entscheidungsschlacht den Reigen nicht
auflösen konnte. Was solche Blüthen trieb, war würdig, von den Dichtern, Philosophen, Staatsmännern und Aerzten des Alterthums gefeiert zu werden, und das
Beste wohl, was darüber gesagt worden ist, findet sich in den bekannten Worten
des classischen Epigonen: »Nicht allein um der Kampfspiele willen üben sie sich,
um dort die Siegerpreise davontragen zu können, denn zu diesen können nur ganz
Wenige von Allen gelangen, sondern ein grösseres Gut erwerben sie dadurch dem
ganzen Staate und sich selbst; denn es ist noch um einen andern gemeinsamen
Wettkampf aller guten Bürger zu thun, und um einen Kranz, nicht von Fichten- oder
Oelzweigen und Eppich, sondern der das ganze Heil der Sterblichen in sich be-
greift: ich meine die Freiheit des Einzelnen und die gemeinsame des ganzen Vater-
landes, und Wohlstand, und Ruhm, und der heimischen Feste Frohgenuss, und
der Angehörigen Sicherheit, mit Einem Worte, das Schönste von Allem was wir
von den Göttern uns erbitten können. All dieses ist in jenem Kranze zusammen-
geflochten und wird errungen in jenem Wettkampfe. Und zu solchem Ziele führen
diese Uebungen und Mühen.«

Dieser schönen Seite aber steht von Anfang an eine schiefe gegenüber.
Xenophanes klagt mit all der Bitterkeit, zu der ihn seine Lebensschicksale so sehr
berechtigten, über die nichtige Vorliebe, die seine Zeit den Künsten des Leibes
vor der Geistesbildung zugewendet. Mag auch ein solcher Sieger in den Kampfspielen, sagt er, Vorsitz und Ehrengeschenk empfangen und auf Kosten der Stadt
genährt und gespeist werden, doch nicht ist er so würdig wie Ich, denn mehr als
die Stärke, Mannes wie Rosses, ist doch unsere Weisheit von Werth. Aber auch
als nach den Befreiungskriegen in der Blüthe des Nationallebens die geistige Bildung zu höheren Ehren kam, mochte es dem Denker, dem Dichter doch mitunter
etwas wunderlich zu Muthe sein, wenn er einen vierschrötigen Gesellen, dessen
ganzer Witz in der Faust sass, auf einem Wagen mit vier weissen Rossen durch
die Mauerbresche eintriumphiren und in den Ehren eines Halbgottes prangen sah.
Selbst die höchste Stufe der Gymnastik, der Kampf für das Vaterland, wird in ein
einseitiges Licht gerückt, wenn im »kornprangenden« Gela der trotzige Aeschylos
nichts weiter auf sein Grab schreiben mochte, als dass er bei Marathon dem
»dichtlockigen Meder« seine Kraft gezeigt habe; aber welchen Werth hatte vollends
der Beifall, den Herodot durch seine Vorlesung in Olympia davongetragen haben
soll, im Vergleich mit dem Triumphe eines siegreichen Boxers? Mit der Einführung dieser Kampfart war in die griechischen Turnfestspiele schon sehr früh ein
Element der Gemeinheit eingedrungen, dem die Edleren zwar sich ferne hielten,
das aber als Mehlthau an der schönen Pflanze hängen blieb. Der Faustkampf
allein war schon roh genug, doch konnte er als derber Brauch aus schlichter alter
Vorzeit wenigstens die Uebung der Körperkraft für sich reden lassen, und so wird
er auch auf Götter und Heroen zurückgeführt, obwohl ihn Homer nicht besonders
anlockend schildert. Seine Ausbildung zum Allmeisterstück aber, worin alle berechneten Künste, Kraftanstrengungen, Finten und Listen und Wuthausbrüche der
Faust und des Ringens vereinigt waren, gebar jene handwerksmässige Athletik, die
ein Schandfleck des griechischen Lebens genannt werden muss. Sie wurde als
Gelderwerb betrieben, indem man auf die Kunst von Kampf zu Kampf reiste und
Agone aufsuchte, bei welchen Werth- und Geldpreise ertheilt wurden, oder bei
den Zuschauern Geld einsammelte; aber auch diejenigen, welche auf einer höheren

Leitersprosse der Gesellschaft standen, als dass sie des Geldgewinns bedurft hätten,
mussten in solcher Schule geistig herunterkommen. Welche Gesinnung bei diesen
Athleten — Faustkämpfer oder Pankratiasten oder auch beides zusammen —
herrschte, ist an einem überlieferten Beispiel abzunehmen. Zwei Agonisten werden
nach langem unentschiedenem Kampfe von der Nacht überrascht und verabreden,
jeder solle sich einem beliebigen Schlage stellen. Der Eine muss einen Schlag
auf den Kopf hinnehmen, den er aushält, und gebietet nun dem Andern, die Hand
aufzuheben. Der thut es, da führt ihm Jener, von langen scharfen Fingernägeln
unterstützt, einen raubvogelartigen Schlag in die Weiche, dringt hinein und reisst
ihm die Eingeweide heraus. Er wurde zwar vom Platze gejagt und der Kranz dem
Getödteten zuerkannt, aber die blosse Möglichkeit eines solchen Vorgangs, der
nicht vereinzelt dasteht, spricht laut genug. Das Verhalten der öffentlichen Meinung spiegelt sich in einem andern Fall. Ein Faustkämpfer, der seinen Gegner
auf ähnliche Weise absichtlich getödtet und ebenso den Kranz verloren, wird hierüber verrückt und reisst einmal in einem Anfall des Wahnsinns die Säule eines
Gebäudes um, worin Knabenturnschule gehalten wird, so dass das Haus einstürzt
und die Knaben oder Jünglinge begräbt. Für diese That will ihn das Volk stei-
nigen, er flüchtet sich in einen Tempel und verbirgt sich in einer Kiste, die man,
wie sie nach langen vergeblichen Bemühungen erbrochen wird, leer findet. Die
nachdenkliche Begebenheit veranlasst eine Beschickung des delphischen Orakels,
und dieses — erklärt den Entschwundenen für einen Heros, für den letzten der
Heroen, der hinfort mit Opfern zu verehren sei. Das sind Lebensbilder, von welchen man sich gerne zur Gegenwart wendet. Mag unser Turnwesen dem antiken
in manchen Beziehungen weit nachstehen, es ist durch die ganze Grundlage, auf
der es erwachsen ist, und durch alle seine Einrichtungen vor den Auswüchsen der
griechischen Gymnastik für immer bewahrt.

Und nicht einmal kriegerische Tüchtigkeit wurde in jenem Athletenthum er-
zielt, denn die ungeheuren Fleischmassen, die durch eine fabelhafte Zwangsfrass-
diät herangezogen wurden, taugten zu nichts als zu dem Handwerke, für das sie
bestimmt waren, und Galen verglich die Riesenleiber mit riesigen aber baufälligen
Mauern. Der rechte Soldat wandte dieser Gattung von Gymnastik den Rücken.
Epaminondas betrieb die Leibesübung bloss als Exercitium, und Philopömen, als
er hörte welche Lebensweise ein Athlet zu befolgen habe, wurde ein Todfeind der
Kunst, die ihm die beste Mannschaft verderben konnte. Ueber das Athleten-
gesindel aber, und nicht bloss über dieses, sondern über die einseitige und ausschliessliche Turnwuth überhaupt, hatte sich schon Euripides mit bitterer Verachtung ausgesprochen. Auch ist nicht zu verkennen, dass jene Agonistik, so sehr
sie der Gymnastik als fördernder Hebel diente, indem sie Jung und Alt auf der
Bahn vorwärts trieb, auf welcher der festliche Sieg mit allen seinen Herrlichkeiten
winkte, ihre sterbliche Ferse hatte, wie sie ja meist der Ehrgeiz hat. Es geht
ohnehin durch das Hellenenleben ein Rennen und Haschen nach Kränzen, das in
der Nähe nicht immer so lieblich aussieht, wie von ferne, sondern mitunter unserer
modernen Ordensjagd in jeder Art und Weise gleicht. Zwar waren die Sieges-
ehren, die sich der Turner erringen konnte, gewiss in den meisten Fällen recht-
mässiger erworben, als so manche andere Kränze, die einflussreiche Persönlichkeiten in ihrer Umgebung oder durch Geschäftigkeit für befreundete Staaten u. dgl.
sich zuwege zu bringen wussten, aber ungerechnet die Uebertreibung der Ehre
für blosse Körpergewandtheit gab es auch bei jenen Festen eine Gelegenheit zum

Siegen, die der unbefangenen Betrachtung durchaus verwerflich erscheinen muss, nämlich das Wagenwettrennen, das begreiflicherweise nur von den Reichen und Vornehmen beschickt werden konnte, und worin der Besitzer oder die Besitzerin des Gespanns, ohne auch nur anwesend sein zu müssen, den Sieg und den Kranz und den Jubellärm und alle die unverdienten Auszeichnungen lediglich der Geschicklichkeit des Wagenlenkers verdankte. Zu den Agonen von bedenklichem Charakter kann auch der Wetteifer gerechnet werden, womit die Staaten einander in Ausstattungen, Weihgeschenken und Festgaben zu überturnen suchten, und den man, bei so viel Grossem, Glänzendem, was er geschaffen, nicht zu genau untersuchen darf, um nichts von Ostentation der lieben Eitelkeit an ihm zu entdecken.

Trotz der Schattenseiten jedoch war das griechische Volksfest und besonders das den Mittelpunkt aller Feste bildende olympische — obwohl es den beständigen innern Hader nicht hat versöhnen, dem endlichen Untergang der Freiheit nach aussen nicht hat vorbeugen können — ein Nationalfest, wie bei keinem andern Volke der Geschichte eines blühte. Der religiösen Weihe, die auf ihm ruhte und ihren Ausdruck in den Festopfern am grossen Zeusaltar, sechs Doppelaltären und vielen andern heiligen Herden fand, entsprach die Hingebung, ja Aufopferung, die schon für die blosse Theilnahme des Zuschauers erfordert wurde. Denn das Fest fiel, wie gesagt, in den Hochsommer, und seine Heiligkeit — die den Siegern den Namen Hieroniken gab — verbot jede Kopfbedeckung. So hielt man denn vom frühesten Morgen bis zum heissen Mittag baarhaupt unter erstickendem Gedränge und Gewühle in einer Gluthhitze aus, die manchem Kämpfer das Leben kostete und selbst manchen Zuschauer gefährdete, von Staub und Durst geplagt und in fieberhafter Aufregung dem Verlauf der Wettkämpfe folgend, an deren Ausgang so Vieles hing. Nach dem Zeugniss der Alten selbst brachen unter der im engen, von der Sonne ausgedörrten Raume zusammengedrängten Menschenmasse oft hitzige Krankheiten aus, und ein weniger begeisterungsfähiges Gemüth konnte wie jener Chier seinem Sklaven drohen, dass er ihn, statt in die Mühle, auf den Festplatz nach Olympia schicken werde. Aber die Seufzer des Ungemachs verhallten in der ungeheuren Festbewegung, die Jedem gab, was ihm zusagte, Heiliges und Profanes, Kampfspiel, Prunk und Pracht, Musik, Kunstanschauungen, Ausstellungen, Vorträge von Dichtern und Rednern aller Art, Wiedersehen alter Freunde, eine grosse Messe mit dichtumdrängten Buden, Marktschreier, Wunderkünstler, Zeichendeuter u. s. f. Dazwischen traten wunderliche Heilige auf, wie Diogenes (dieser übrigens bei den Isthmien) in seiner eigenmächtigen Selbstbekränzung, weil er nämlich den gefährlichsten Gegner, sich selbst, überwunden, oder jener räthselhafte Peregrinus Proteus, der, um das Schauspiel eines Heroentodes zu geben, vor allem Volk zu Olympia in den brennenden Scheiterhaufen sprang. Von der überwältigenden Anziehungskraft und Wirkung der griechischen Volksfeste zeugt endlich der Umstand, dass sie nicht bloss durch die ganze griechische Geschichte in ungeschwächter Lebendigkeit fortgedauert haben, sondern auch, das olympische voran, nach dem Untergang der Freiheit Griechenlands in gewissem Sinn Nationalfeste für das römische Reich geworden sind. Kaiser, wie Tiberius und Nero, rechneten es sich zur Ehre, ihr Haupt mit dem olympischen oder pythischen Kranze zu schmücken, und der Name Hieronike oder gar Periodonike — der in der ganzen Festrunde (Periodos) zu Olympia, Delphi, Nemea und Korinth gesiegt — war in Rom so gefeiert wie in Griechenland. Dreimal hatte Lucian,

den kein Verdacht der Schwärmerei trifft, die olympischen Spiele gesehen, und doch
zog es ihn zum viertenmale hin, bei welchem Anlass er das »Verduften« des Peregrinus sah, das Fest aber schöner denn jemals fand. Damals hatte es auch eine
Auffrischung gewonnen, deren es schon in seinen classischen Zeiten mehr bedurft
hätte als so mancher von Staaten und Einzelnen gestifteten Prachtstücke, jene
Wasserleitung nämlich, wodurch Marc Aurel's Lehrer, der berühmte Herodes Atti-
cus, die Besucher des Volksfestes »von der Gefahr befreite, vor Durst zu ver-
schmachten.« Nie hat sich dieses Nationalfest überlebt, nicht einmal mit dem besiegten Heidenthum ist es abgestorben, vielmehr hielt es sich noch das ganze
Jahrhundert des siegreichen Christenthums hindurch und wurde erst ein paar
Jahre vor Ablauf desselben, nachdem es beinahe die dreihundertste Olympiade
(nur sieben weniger) erreicht hatte, von Theodosius dem »Grossen« abgeschafft.

»Aber sage mir doch, Solon, was wollen die Jünglinge da? Die Einen um-
schlingen einander und unterschlagen Einer dem Andern das Bein; Andere würgen
einander und winden sich und wälzen sich mit einander im Kothe herum, wie die
Schweine. Und doch sah ich, wie sie sich anfangs, gleich nachdem sie sich entkleidet hatten, mit Oel salbten, und wie da der Reihe nach Einer den Andern
ganz friedlich einrieb. Drauf aber weiss ich nicht, was sie anwandelte, denn auf
einmal rennen sie mit gebückten Köpfen gegen einander und stossen die Stirnen
zusammen, wie die Böcke. Und siehe, Einer hebt den Andern bei den Beinen
empor und lässt ihn zu Boden fallen; dann wirft er sich auf ihn und lässt ihn
nicht emporkommen, sondern drückt ihn noch tiefer in den Koth hinein; endlich
schlingt er die Beine um seinen Leib, den Arm drückt er ihm an die Kehle und
würgt ihn erbärmlich. Dieser aber klopft ihm auf die Schulter und bittet, glaube
ich, ihn doch nicht vollends ganz zu ersticken. Des Oels ungeachtet besudeln
sie sich so, dass man gar nicht mehr sieht, dass sie sich gesalbt haben. Und
lächerlich ist es zu sehen, wie sie, mit Koth und Schweiss überzogen, gleich Aalen
sich aus den Händen schlüpfen. Wieder Andere thun dasselbe im Freien des
Hofes, jedoch hier ohne Koth. Sie haben nämlich eine Menge Sand in jene Grube
geworfen, womit sie sich wechselseitig bestreuen und sich selbst freiwillig be-
werfen, wie scharrende Hähne, ohne Zweifel, um im Ringkampfe einander desto
weniger entschlüpfen zu können, indem der Sand das Schlüpfrige benimmt und
ein festeres Anfassen des trocknen Körpers gestattet. Und die Aufrechtstehenden
dort sind gleichfalls eingestäubt, und schlagen auf einander los, und stossen mit
den Füssen. Da, siehst du, ist Einer mit der Faust an die Kinnlade geschlagen
worden, so dass er den Mund voll Sand und Blut hat und fast noch die Zähne
mit ausspuckt, der arme Tropf. Dennoch bringt sie auch sogar der Archon dort
nicht auseinander, um dem Streit ein Ende zu machen; ich schliesse wenigstens
aus dem Purpurkleide, dass er einer der Archonten ist. Vielmehr hetzt er sie
noch auf, und lobt den, der so zugeschlagen hat« u. s. w. Diese Worte des Anacharsis, die dem Vertreter Athen's Gelegenheit geben, den Barbaren über die Ver-
nünftigkeit des vermeintlich wahnsinnigen Treibens aufzuklären, enthalten zugleich
ein lebhaftes Bild der griechischen Turnschule, wenn man sich die andern Zweige
der Kunst hinzudenkt, die in der Unterredung später noch berührt werden. Das
Kopfschütteln, womit der Fremdling aus Norden den Staub und Koth, das Würgen
und Werfen u. dgl. betrachtet, scheint ästhetisch nicht ganz unbegründet zu sein,
und dennoch ist gerade aus diesem rauhen Boden die höchste Blüthe der Kunst
entsprungen, wie aus dem harten spröden Steine, den sie bearbeitet, die Schönheit

entspringt. In der Palästra sah der Künstler die lebendigsten, bewegtesten Modelle, die zarten Jugendformen, die nervigen Männergestalten, die wechselnden Stellungen voll Kraft und Biegsamkeit, kurz, eine Fülle von Anschauungen und Motiven, die sich seinem Auge einprägten und bei seinem Schaffen gegenwärtig waren. Den unmittelbarsten Anstoss aber hatte die Kunst schon frühe durch die Sitte erhalten, die Bildsäulen der olympischen Sieger, anfangs von Holz, in der Altis aufzustellen; zwar waren diese Bilder steif und unpersönlich, denn nur dem dreimaligen Sieger wurde die Portraitstatue (die ikonische) bewilligt, aber durch die Aufgabe war die Plastik ihrem Hauptgegenstande, der Darstellung des menschlichen Körpers, zugeführt, auch das Götterbild trat jetzt aus der symbolischen Unform in die Menschengestalt herüber, seine hölzernen Glieder bekleideten sich mit Gold und Elfenbein (chryselephantine Bilder), Erzguss und Bildhauerei wetteiferten mit der Toreutik, und kaum war ein Jahrhundert verflossen, seit Arrhachion, steif wie unsere alten Ritterbilder, zu Olympia aufgestellt war, da verliessen die Werkstatt des Ageladas die drei Schüler unvergänglichen Namens Phidias, Polyklet und Myron, von welchen besonders die beiden Letzteren dem Bilden olympischer Siegerstatuen das Beste ihres künstlerischen Vermögens zugewendet haben. Zahllose Künstler drängten sich um die so volksthümliche Aufgabe, und die Bilder der Altis mehrten sich wie die Stämme eines Waldes. Von dieser unübersehbaren Masse meist eherner Bilder Olympia's und Delphi's ist, wie von den vielen anderen Ehrenstatuen in griechischen Städten, fast nichts übrig geblieben, doch erkennt man in Marmorcopieen einige der berühmtesten jener Kunstwerke, die auch in der classischen Nachbildung entzücken, und die gleichfalls auf Copiren angewiesene Vasenmalerei hat uns, ähnlich wie der Kupferstich einen Ersatz für plastische und malerische Schätze bieten kann, eine fast vollständige Sammlung des Untergegangenen, zum Theil bis in eine sehr alte Kunstperiode zurück, hinterlassen.

Eines der schönsten von den übrig gebliebenen Bildwerken ist die dem Berliner Museum angehörige, unter dem Namen Adorante bekannte Bronzestatue, die auf Taf. XVIII, Fig. 1 abgebildet ist und einen um Sieg flehenden Kämpfer, halb Knaben, halb Jüngling, darstellt. Diese Art Vorbereitung zum Kampfe ist nicht selten von der Kunst zum Gegenstande gewählt worden. Die zarte Gestalt gilt für ein Werk der Schule Polyklet's, sie hat auch in den Formen eine gewisse Charakterähnlichkeit mit dem die Binde um das Haupt windenden Sieger desselben Meisters, den uns die folgende Tafel vorführen wird. Sie gibt zugleich eine vollkommene Anschauung von der antiken Haltung im Gebet, welche die Hand oder beide Hände mit der innern Fläche nach oben wandte, damit sich die erbetene Gabe gleichsam unmittelbar darauf herabsenken konnte. Knabenwettkämpfe waren in Olympia schon seit der 37. (Lauf und Ringen) und 38. Olympiade (Pentathlon) eingeführt. In der 41. kam auch noch der Faustkampf hinzu, in welchem ein sybarthischer Knabe der erste Sieger war. Aristoteles indessen, der mit dem gesunden Theil der Nation eben so sehr der Gymnastik zugethan war als er die Athletik missbilligte, spricht in seiner Politik, wo er von der Jugenderziehung handelt, die warnende Bemerkung aus, man finde unter den olympischen Siegern höchstens zwei oder drei, die schon als Knaben und später auch noch als Männer gesiegt haben, weil sie in der Jugend gewöhnlich durch übertriebene Anstrengung geschwächt worden seien. Das Virtuosenthum, das durch einseitige Steigerung die Natur zu überbieten vermag, hat diese Aeusserung später häufig widerlegt, aber nur zur Hälfte, denn mancher jener von Jugend auf siegreichen Athleten starb in

der Blüthe des Mannesalters — einer im Augenblicke da er nach dem Kranze
griff — an Epilepsie.

Eine weitere Vorbereitung zu Kampf oder Uebung ist die Oelung, worauf
sich Fig. 2, 3, 4 und 12 beziehen, zu welchen auch noch Fig. 1—5 der
Tafel XXI zu nehmen sind. Diese Maassregel, die freilich nur beim nackten (gymnischen) Turnen anwendbar war, aber von allen Gymnasten, nicht bloss Ringern,
sondern auch Läufern u. s. w. angewendet wurde, hatte ihren guten Zweck, und
Lucian bezeichnet denselben sehr treffend, wenn er seinen Solon sagen lässt, es
sei sonderbar, zu meinen, dass todtes Leder, durch Oel erweicht, dauerhafter werde,
und nicht auch die lebendige Haut. Der Staub, den man auf die eingeölten
Glieder streute, für den Luxus am liebsten der feine gelbe Nilsand, diente nicht
bloss zum Greifbarmachen des Körpers, sondern schützte gegen Erkältung, Auf-
springen der Haut, erschöpfenden Schweiss, einigermassen auch gegen Verwundung,
und das ganze Verfahren gab den Gliedern eine unglaubliche Geschmeidigkeit. Nach
beendigter Uebung ging der Körper im Bade und unter dem Schabeisen (Stlengis,
röm. Strigil) glänzend aus dem Hautüberzug hervor. Das Einreiben wurde daher
zu einer förmlichen Kunst mit genauen Verfahrungsarten ausgebildet und von
eigenen Sachverständigen, den Aleipten, ausgeübt, wie denn beim Fortschreiten
der Gymnastik die Beamten und Diener der Anstalten zu einem zahlreichen Personal erwuchsen. Welche Bedeutung dem Oele beigelegt und in welcher Menge
es verbraucht wurde, geht aus der Notiz hervor, dass die Rhodier nach dem furchtbaren Erdbeben von ihren sikeliotischen Stammverwandten Hiero und Gelo ein Geschenk von 75 Talenten bloss zur Anschaffung des Oels für das Gymnasion erhielten.
Gymnasten oder Athleten, sich salbend, mit grösseren oder kleineren Oelgefässen
in der Hand, wie Fig. 2 und 3, oder mit dem kleinen Salbfläschchen (Lekythos)
und der Stlengis, wie Fig. 4, in ruhiger Haltung, oder sich mit der Stlengis
abschabend (apoxyomenoi), Taf. XXI, Fig. 1—4, sind gleichfalls häufig wiederkehrende Gegenstände der alten Kunst. Berühmt war Polyklet's Apoxyomenos,
eben so der des Lysippos, der später das eifersüchtig gehütete und dem kaiserlichen Schlafzimmer wieder abgeforderte Schosskind des römischen Volkes wurde,
und den man in der schönen Statue des Museo Chiaramonti, Taf. XXI, Fig. 2,
wiederfinden will. Das meisterhafte Gemmenbild auf Taf. XXI, Fig. 2, ist unter
dem Namen Tydeus apoxyomenos bekannt und bezieht sich auf den Mythus,
der die im Zuge gegen Theben begriffenen Sieben die nemeischen Spiele als Leichenspiele für das Kind Archemoros, den Erstling ihrer Todesloose, stiften lässt.
Das Original trägt nämlich die Inschrift Tute, in Uebereinstimmung mit der andern
berühmten etruskischen Gemme, auf welcher Tute (Tydeus), Pulnice (Polynikes),
Amphtiare (Amphiaraos), Atresthe (Adrastos) und Parthanapae (Parthenopäos), die
bei jenem ersten Spiele siegreichen fünf Helden, in tief ernster Betrachtung oder
Berathung beisammen sind. — Auf vielen Vasenbildern sodann, wie z. B. auf
einem nolanischen, Tafel XVIII, Fig. 12, findet man das Fläschchen, den Strigel
und den Schwamm (Spongia) an der Wand der Palästra hängend abgebildet, zum
Zeichen, dass kein Festplatz, sondern die werktägliche Uebungsschule dargestellt
ist. Das Fläschchen, an einer Schnur hängend, erblickt man auf diesem Bilde
auch in der Hand des dienenden Knaben, der dem mit der Stlengis über der
Schulter dastehenden Gymnasten Stock und Gewand trägt. Der Stange und den
Sprunggewichten, welche die beiden andern Turner halten, werden wir weiterhin
begegnen. Aber nicht bloss die Turnschule, sondern auch das Bad wird durch

die vorgenannten Geräthschaften bezeichnet, zu welchen auf Taf. IX, Fig. 5, noch
in Handspiegel kommt. Was wir jedoch hier sehen, ist nicht die Abbildung eines
Bildes, sondern der Wirklichkeit selbst, denn die Strigeln mit dem Fläschchen
und Spiegel hängen am Ringe, wie sie gefunden wurden, im Museum zu Neapel.
Die daneben abgebildete Stlengis zeigt, dass, wie bei einem solchen Instrument zu
erwarten, verschiedene gleich zweckdienliche Formen existirten. Auch waren diese
Schabeisen, wie sich von selbst versteht, nicht alle aus dem gleichen Material: es
gab eiserne, bronzene, beinerne, auch silberne u. s. w.

Von den Uebungen nun, zu welchen uns die weiteren Bilder der Taf. XVIII
führen, war die älteste und angesehenste der Lauf (Dromos), und zwar letzteres
so sehr, dass diese Kampfart an der Spitze der Festspiele stand, dass die Olympiade, wenn man zu näherer Bezeichnung einen Siegernamen hinzufügte, fast nur
nach dem gekrönten Läufer benannt wurde, und dass, zum Theil eben aus diesem
Grunde, von sämmtlichen Olympiasiegern nur die Namen der Wettläufer in beinahe
vollständiger Folge auf uns gekommen sind. Diese Auszeichnung, die ziemlich
stark von unsern heutigen Sitten absticht, verliert etwas von ihrer Fremdartigkeit,
wenn wir den alten Berichten glauben dürfen, dass es in Griechenland Schnell-
läufer gab, welche Hasen einholten oder ein Schlachtross im Wettlaufe dahinten
liessen. Wenn wir einem Wettkämpfer, der in drei Olympiaden achtmal durch
Schnellfüssigkeit gesiegt, den Namen Ross (Hippos) beigelegt sehen, so möchten wir
einen andern, der in vier Olympiaden zwölfmal siegte, dem Strauss, und einen
dritten, der an Einem Tag im Stadion, Diaulos und Dolichos den dreifachen Kranz
davonzutragen den Athem hatte, einem ganzen Vogel vergleichen. Nach einer
bereits angeführten Angabe wird dieser Langlauf so bemessen, dass das Stadion
siebenmal hin und her zu durchlaufen gewesen wäre; nach andern Angaben jedoch
betrug er das Zwölffache des Diaulos, also 24 Stadien, was einer starken Stunde
gleichkommt (die nicht im Dauerlauf unsres Turners, sondern im Schnelllauf der
sich überbietenden Wettläufer zurückzulegen war), und diese Berechnung wird zur
wahrscheinlicheren durch das Schicksal des windschnellen, von Myron gefeierten
Spartaners Ladas gemacht, der den Kranz im Dolichos mit dem Leben bezahlte.
Myron's berühmtes Bild: »Ladas in der letzten und höchsten Anstrengung, voll
Siegeshoffnung, mit krampfhaft eingezogenen Weichen den entschwebenden Athem
noch auf den Lippen festhaltend,« hat man in der Fig. 5 wiedergegebenen Statue
des Museums von Neapel erkennen wollen, die nachher bei den Diskoswerfern zur
Sprache kommen wird.) Rühmlicher nach unsern Begriffen, wenn man der Sage
trauen dürfte, die so gern ihre Ranken um grosse geschichtliche Ereignisse schlingt,
war der Tod des Philippides (oder Phidippides), der die Siegeskunde von Marathon
athemlos und sterbend nach Hause gebracht haben soll, nachdem er kurz zuvor
den besser verbürgten Lauf von Athen nach Sparta (1140 Stadien, nicht ganz
30 Meilen), um Hülfe zu holen, in zwei Tagen zurückgelegt hatte. Jedenfalls
aber wurde dieser von Euchidas dem Platäer noch übertroffen, der nach der
Schlacht von Platää, weil die Perser das Feuer »verunreinigt,« um frisches Feuer
nach Delphi geschickt wurde: der Weg hin und her betrug 1000 Stadien, die er
in Einem Tage durchmass, so dass er mit dem Feuer anlangend todt zu Boden
sank, was ihm ein Heutiger wohl schon vor der fünfzigsten Stunde zuvorthun
würde. Auch Aeschines, der nachmalige Staatsmann, trug in diesem Fache, glücklicher als im tragischen, einen Lorbeer davon: er brachte die Siegesbotschaft von
Tamynä so schnell nach Athen, dass ihm vom Rath und Volk der goldene Kranz

zuerkannt wurde. Der Beruf dieser Staatseilboten (Tagläufer), welche — ingens die uno cursu emetientes spatium — den Telegraphendienst des Alterthums versahen, gab der Uebung eine hohe Bedeutung, die es genügend erklärt, wie sie an die Spitze sämmtlicher gymnischen Kampfspiele gestellt werden konnte.

Fig. 6 und 7 vergegenwärtigen die höchst eigenthümliche Art des antiken Laufes, woran unsere neueren Schnelläufer vielleicht lernen könnten. Auf dem einen Bilde sind es die flachen Hände, die gleichsam als Segel, auf dem andern die geschlossenen Fäuste, die gleichsam als Ruder dienen, Bewegungen, die den Laufvögeln abgelauscht scheinen und die Geschwindigkeit der weitausgreifenden Füsse durch Vorwärtsschnellen des Körpers gar sehr beflügelt haben mögen. Diese Bilder entstammen dem Panathenäenfeste, von welchem wir nicht bloss das Werk des Phidias — die grosse Prozession mit dem heiligen Gewande vom Cellafries des Parthenon — sondern noch andere, auf sonderbarem Wege der Nachwelt erhaltene Darstellungen besitzen. Die Preise nämlich für die Sieger in den mit diesem Feste verbundenen gymnischen Spielen bestanden in gemalten Gefässen, worauf eben diese Wettkämpfe verschiedentlich abgebildet waren, und diese »panathenäischen Preisvasen« wurden, wenn auch wohl schwerlich in Athen selbst, so doch in einem Theil der übrigen Welt, besonders im südlichen Etrurien, zu einem Modeartikel, der mit seiner ursprünglichen Bedeutung so wenig mehr zusammenhing als heutige Modeartikel mit Windsor oder Bath oder sonstigen ursprünglichen Benennungen. Dass es in Athen erlaubt gewesen sei, solche Preisgefässe zu führen, ohne sie in den Spielen verdient zu haben, ist kaum denkbar, und dass daselbst eine einzige Amphora dieser Art, sicherlich ein echtes Preisgeschenk, ausgegraben wurde, gibt, wenn auch kein voller Beweis, der Vermuthung grosse Wahrscheinlichkeit. Ausgeführt aber, oder auswärts bis auf die panathenäische Inschrift und die alterthümlichen Formen nachgemacht, oder auch beides, wurde der Artikel in grosser Menge, so dass er bei dem volcentischen Funde noch in beträchtlicher Anzahl zum Vorschein gekommen ist. Etruskische Gräber waren es also (denn die echt attische Vase stellt einen siegreichen Wagen dar), die uns von der Art, wie die Griechen den Lauf ausführten, bildliche Verdeutlichungen hinterlassen sollten. Denn dass nicht bloss zu Athen, sondern bei allen griechischen Spielen auf die gleiche Weise gelaufen wurde, versteht sich doch wohl von selbst, und auch die in den Bildern angedeuteten Abweichungen, die etwa den Jählauf im Stadion von dem ausdauernden Schnelllauf im Diaulos und Dolichos unterschieden haben mögen, sind ohne Zweifel überall gleichmässig angewendet worden. Zu der Unterstützung durch Segeln und Rudern, welche die Bilder zeigen, findet sich bei den alten Schriftstellern noch die weitere angegeben, dass die Läufer unter dem Laufen mächtig zu schreien pflegten, ein Mittel, das zwar anfeuernd aber auch erschöpfend gewirkt haben mag.

Vom Stadion, um dies hier zu berühren, gibt Taf. II, Fig. 1 den Grundriss an. Es wurde, wo die Natur das erlaubte, auf einer Thalsohle angelegt, deren umschliessende Anhöhen ähnlich wie im Theater zu Sitzstufen ausgearbeitet wurden; wo nur Eine Höhe war, wurde die andre Seite aufgeworfen und aufgemauert oder auch ganz weggelassen. Das Ziel befand sich innerhalb des ganz theaterförmigen Halbkreises (Sphendone), wo die Kampfrichter und die vornehmsten Zuschauer sassen und in der Arena der Platz für die andern dem Laufe folgenden Kämpfe war. Drei Säulen theilten das Stadion der Länge nach in zwei Hälften, die die Hin- und Rücklaufenden (in den beiden grösseren Laufspielen) von einander

chieden und Verwirrung verhinderten. Auf der ersten Säule stand ›Halt dich
rav,‹ auf der zweiten ›Spute dich,‹ und an der dritten, wo um das Ziel der
tücklauf begann, stand ›Wende.‹ Da nicht alle Kämpfer zugleich laufen konnten,
o wurden Abtheilungen gebildet, deren Sieger nachher noch einmal zusammen-
rcten mussten, so dass erst der Sieger im zweiten Kampfe den Preis erhielt.
Jatürlich hatte die Laufbahn festen Boden; in der Turnschule lief man, um sich
echt zu der Uebung auszubilden, durch tiefen Sand.

Fig. 8 stellt einen Waffenläufer dar, der mit der einen Hand segelt und am
ndern Arme den Schild trägt, auf welchem wiederum ein Waffenläufer mit dem
schilde, nur ohne Helm, abgebildet ist. Die Schale (Kylix), der er entnommen,
st ganz dem auf alten Bildwerken seltenen Waffenlaufe gewidmet, und mit
.usnahme von zwei Läufern, deren einer einen Löwen, der andere einen geflügelten
'hallos auf dem Schilde führt, haben die Schilde der andern, gleich dem gegen-
.ärtigen, wieder ihr kleines Ebenbild zum Emblem.

Fig. 9. Fackelläufe, zu Fuss und auch zu Ross, waren mancherorten und
ei manchen Festen gebräuchlich. Der berühmteste Fackellauf fand an den
'anathenäen statt, welche, da sie kurz vor dem Neumond einfielen, die dunkle
nondlose Nacht für sich hatten. Da liefen Jünglinge mit brennenden Fackeln
on der Akademie nach der Stadt, andere ohne Fackeln hinter ihnen, der Fackel-
räger, der von seinem Hintermann eingeholt wurde, musste die Fackel an diesen
bgeben, und wer zuerst mit brennender Fackel am Ziel anlangte, erhielt den
.rans. Fig. 10, eine der sinnbildlichen Darstellungen des Sieges, zeigt drei
nit Palmblätterkränzen geschmückte Fackelläufer, deren einem eine Nike die
'änie bringt. Die beiden Andern sind noch in leidenschaftlicher Bewegung
egriffen, der Dritte scheint den Zweiten zurückhalten und dieser nach dem
'ittig der Siegesgöttin greifen zu wollen, als ob er den Sieg noch streitig machen
.ollte. Freilich kam es nicht selten vor, dass durch treulose Mittel, trotz der
'erpönung, der Nike sogar eine Feder ausgerupft wurde, und auch dies findet
ich auf Sinnbildern geistreich dargestellt. — Ein berittener Fackelläufer ist auf
'af. XX, Fig. 8, einer tarentinischen Münze entnommen.

Fig. 11. Die dorischen Jungfrauen werden als starke Wettläuferinnen ge-
ühmt. Diesmal ist jedoch Ottfried Müller der Ansicht, dass die hier abgebildete
statue des Pio-Clementinischen Museums eher einer Wettrennerin aus der Zeit
)omitian's (der ein Stadium baute, worin Jungfrauen unter seinem Vorsitz Wett-
äufe hielten) als einer Spartanerin gesetzt worden sei.

Zu den Laufübungen kann man endlich auch noch das Reiftreiben Fig. 12
echnen, das, wie bei uns, ein beliebtes Kinderspiel war, und wobei, wie man sich
enken kann, der Reif bald aus Holz, bald aus Metall gefertigt, mit Ringen,
3lechen u. dgl. behangen sein konnte.

Eine weitere Uebung war der Sprung (Halma), der ursprünglich mit freien
Iänden, turngerecht aber mit Gewichten, ähnlich unsern Hanteln, nur andern
sebrauchs, ausgeführt wurde. Diese Sprunggewichte (Halteres) sollte man, wenn
nan Solon bei Lucian reden hört, für eine Erschwerung des Sprunges halten;
ie dienten aber im Gegentheil, gleich der Ruderbewegung im Laufen, zum Fort-
chnellen des Körpers durch den gewaltigen Schwung. Da auf vielen alten Bildern,
rie Fig. 12 u. a., Stangen vorkommen, die unsern Springstangen zu gleichen
cheinen, so hat man angenommen, dass auch in der griechischen Turnschule
.oltigirt worden sei, andere Stimmen aber erklären dieselben für Wurfspiesse

oder Gere, zum Theil auch für Messstangen, womit die Weite des Sprunges, des Wurfes abgemessen wurde. Wo nämlich der Niedersprung geschah, der Diskos niederfiel, wurde eine kleine Furche gezogen, um die Leistungen gegen einander abzumessen, und hieraus erklärt sich einerseits der Messstab, andrerseits der Mann mit der Spitzhacke, der häufig, z. B. Taf. XIX, Fig. 19, auf gymnastisch-agonistischen Bildern erscheint. Indessen ist die Annahme eines Sprunges mittelst Stange nicht ganz zu verwerfen, da im Kriege wenigstens bei vorkommenden Fällen der Speer dazu benützt wurde, was immerhin Vorübungen räthlich machen mochte. Das weitaus vorherrschende Werkzeug aber und das bei den Wettkämpfen allein gebrauchte waren die Springkolben — denn dies ist unter den verschiedenen Formen der Halteren diejenige, die am häufigsten auf den Bildern begegnet — und welchen Vorzug sie vor unserer Voltigirstange gehabt haben müssen, das ergibt sich aus überlieferten Sprungmassen, welche die heutigen durchschnittlichen Leistungen um das Doppelte, ja Dreifache übertreffen. Das höchste dieser Masse ist dem Phayllos angeschrieben worden, der neben seinem Landsmann Milon glänzte, so lang Kroton, die erste der griechischen Städte vor der unseligen Bürgerfehde, in welcher die pythagoräische Schule unterging, noch die Siegerver-zeichnisse der heiligen Spiele füllte. Er, der einzige Grossgrieche, der, dazu auf eigene Kosten, bei Salamis mit einem Schiff erschien, Sieger im Pentathlon und Wettlauf, mächtig im Diskoswurf, zeichnete sich, der Vogelleichte, wie ihn Aristo-phanes nennt, am meisten im Springen aus. Freilich klingt die in Prosa und Versen gefeierte Ziffer wie eine Fabel: ein Weitsprung von fünf und fünfzig Fuss.

Fig. 13 gibt einen Niedersprung, der nicht viel Gutes verspricht, denn die Halteren, die sonst noch den Körper im Gleichgewicht zu halten gedient haben müssen, werden hier schwerlich den Springer vor dem bösen Rückwärtsstürzen bewahren können. Das scheint auch eine auf der Abbildung nicht sichtbare Figur auszusprechen, die auf dem Original hinter dem unglücklichen Turner steht und mit aufgehobenem Arme ihre Theilnahme zu erkennen gibt.

Fig. 14. Sprung über drei spitze Pfähle. Fig. 15. Ein durch eine Vor-richtung zum Prellen in die Höhe geschnellter Jüngling überschlägt sich in der Luft. Wie er herabgelangen wird, ist noch die Frage. wenigstens scheinen die beiden andern Theilhaber des Spieles auf ihrem sichern Standpunkte ernstliche Besorgniss an den Tag zu legen. Fig. 16. Ueber den Kopf voltigiren, wie bei uns, und zwar unaufgesetzt, daher der so horizontale Flug, der wohl die zu beiden Seiten grünenden Palmen verdient.

Fig. 17. Ein Jugendspiel begleitet auch diese Classe von Uebungen, das Sprungseil, das in der antiken Kinderwelt so heimisch war wie bei uns, und sich trefflich zu einem zierlichen Gemmenbildchen oder im vorliegenden Fall zu einem Bronzefigürchen eignete.

Während der Sprung nur im Pentathlon vorkam, bildete der Ringkampf sowohl einen Theil dieser gemischten Kampfart als einen für sich allein beste-henden Kampf. Diese uralte Uebung, die der Palästra den Namen gab, haben wir schon bei Homer und auch bei diesem schon als eine verwickelte Kunst kennen gelernt, und da sie allmählich zu einem kaum übersehbaren, auch nicht vollständig überlieferten und in den überlieferten Stücken nicht einmal durchgängig erklärlichen Complex von Ringerstreichen aller Art, als da sind Stossen, Drängen, Schieben, Würgen, Quetschen, Ausrenken, Fingerbrechen, Zehenknicken, neben den gewöhnlichen Umschlingungen, Beinstellungen u. dgl., ausgebildet wurde, so

erxichten wir auf eine erschöpfende Darstellung, wie ja auch Fachschriften selbst
darauf verzichten, und begnügen uns mit Erläuterung desjenigen, was die Bilder
n die Hand geben.

Fig. 19 zeigt die einfachste Kampfweise, die aber nur von den Stärksten
unternommen werden kann, den passiven Widerstand, wobei es gilt, sich nicht vom
'latze bringen zu lassen. Milon, der Staatsmann und Feldherr von Kroton, Athlet
m alten ehrenhaften Sinn des Worts, d. h. Ringkämpfer, soll in dieser Behauptung
des Standpunktes ausgezeichnet gewesen sein.

Fig. 20. Beginn des Ringkampfes, wobei man sich gegenseitig an den
Armen zu erfassen strebt. Die Köpfe der beiden Kämpfer sind einander so nahe
gekommen, dass es scheint, sie werden auch noch von den antiken »Stutzbock«
Gebrauch machen, nämlich sich gegenseitig mit den Stirnen drängen, ja gar gleich
Widdern (nach Lucian) mit den Köpfen zusammenrennen.

Fig. 21 und 23. Eine Ringweise war, den Gegner aufzuheben und zu Boden
u werfen, wie es schon Ajas gegen Odysseus prakticirte, der ihn dann freilich in
die Kniekehle stiess und zu Falle brachte. Ein ähnliches Aufheben, aber mit
nderem Ausgange, war der Kampf des Herakles mit Antäos, der gewöhnlich dargestellt wird, wie der Held den Riesen mit beiden Händen um den Leib gefasst
hält und so in den Lüften erstickt. Es ist daher zweifelhaft, ob die bronzene
Fingergruppe Fig. 23 mit Recht auf diesen Kampf bezogen werden kann, vielmehr scheint dieselbe einfach das Kampfstück darzustellen, wie man den Gegner
über die linke Schulter kopflings zu Boden schwingt. Der Ueberwundene hält sich
m Arme des Siegers und streckt die andere Hand vor, um den Sturz zu brechen
nd wenigstens den Kopf zu schützen. Uebler wird es dem Besiegten Fig. 21
eben, dem dieser Schutz unmöglich gemacht wird. Vielleicht ist bei letzterem
Kampfe ein unerlaubtes Mittel (Kakotechnia) angewendet worden, da die Figur im
Hintergrunde mit dem Stabe einschreiten zu wollen scheint. Es ist ein Kampfrichter oder Aufseher, vielleicht der Archon, wie ihn Anacharsis heisst, d. h. der
Gymnasiarch, dem die oberste Aufsicht, Leitung, zum Theil auch die Unkosten
des Gymnasions zufielen, und dessen Amt zu den schon mehr erwähnten Liturgieen gehörte.

Fig. 22 entspricht dem Kunstausdruck Abführen. Der Unterliegende ist
om Stärkeren über die Schulter und um die Seite gefasst und muss sich nach
dem Belieben des Siegers fortschleppen lassen. Zwei Kampfrichter oder Aufseher
scheinen beifällig anzuwohnen.

Hierher ist noch die berühmte, dem Kephisodotos, Praxiteles' Sohne, zu-
geschriebene Gruppe (Symplegma) von Florenz zu ziehen, die auf Tafel XIX,
Fig. 14 und 15, von beiden Seiten abgebildet ist und somit im Hinblick auf die
Worte des Plinius, dass der Fingereindruck über einen Körper als Marmor ver-
rathe, betrachtet werden kann. Freilich ist es streitig, ob Plinius die gegenwärtige
Fingergruppe gemeint hat, denn Welcker beweist dagegen, dass Kephisodot's
Symplegma vielmehr ein erotisches gewesen sei. Auch ist Streit darüber, ob
die beiden Kämpfer als Ringer oder als Pankratiasten anzusehen seien. Winckelmann, Müller und Welcker haben das Letztere angenommen, wogegen aber Krause
mit Recht bemerkt, dass der Kampf im Liegen (Kylisis) bei dem Ringen eben so
ohl als bei dem Pankration vorgekommen sei. Wenn er jedoch hinzusetzt, die
geballte Faust könne man bloss als Zeichen angestrengter Muskelkraft betrachten,
o ist dies doch wohl zu entschieden behauptet. Es liegt freilich in der Natur

der Sache, dass der Faustkampf mehr im Stehen stattfand; hatte aber das Schlagen
und aufrechte Ringen den einen oder beide Kämpfer zu Boden gebracht und war
es, wie auch beim Ringkampf in diesem Falle, zur Kylisis gekommen, so konnte
auch jetzt noch, wenn sich der Vortheil bot, ein wirksamer Fauststreich das Seinige
thun. Im vorliegenden Falle hat der eine Kämpfer den andern durch Umschlingung
des Schenkels zu Fall gebracht oder er hält ihn erst jetzt durch diesen Kunstgriff
(Schema) am Boden fest, während er ihm zugleich mit einem Ruck, der dem
Besiegten eine Schmerzgebärde entpresst, den rechten Arm zurückkreist; da dieser,
wenn er nicht vollends platt zu Boden kommen will, von der Linken keinen
Gebrauch mehr machen kann, so kann die erhobene Faust des Siegers wohl nur
die Absicht haben, durch Schläge an den Kopf — worauf das Abwenden desselben
deuten mag — oder durch Stösse in die Seite der Sache ein Ende zu machen.
Letztere standen aber auch dem Ringer zu, und so wird es, bei aller Entschiedenheit
des Bildes, unentschieden bleiben können, ob dasselbe Ringer oder Pankratiasten
darstellt. Je gewaltsamer die Athletik sich ausbildete, desto leichter konnten
einzelne Verläufe der beiden Kampfarten in einander verschmelzen, gleichgültig
für die Kunst, die sich daraus entnahm, was sie brauchen konnte, wie sie ja auch
den Schrecken des Krieges Motive der Schönheit entnimmt. Eine weitere Streitfrage ist endlich noch die, ob unsere beiden Ringergestalten zu der Niobegruppe
gehören, mit welcher sie gegen Ende des 16. Jahrhunderts zusammen aufgefunden
worden sind. Nun waren zwar Niobe's Söhne, als Apoll sie erschoss, eben in
gymnischen Spielen begriffen, und dies scheint die Annahme (Winckelmanns) zu
unterstützen, aber unsere Gruppe ist so für sich abgeschlossen, dass es schwer
halten wird, sie in irgend einer andern Handlung künstlerisch aufgehen zu lassen.

Der Diskos war zu Homer's Zeit von Eisen (Solos) oder Stein, später von
Erz. »Sodann,« sagt Solon zu Anacharsis, »hast du im Gymnasion ein rundes,
einem kleinen Schilde ähnliches Stück Erz gesehen, das aber weder Handhabe
noch Riemen hat. Es lag gerade vor dir, deswegen versuchtest du dich daran,
es schien dir aber zu schwer und wegen seiner Glätte nicht leicht zu fassen.
Diese Scheibe werfen sie nun in die Höhe und in die Ferne, und setzen eine Ehre
darein, sie am weitesten zu bringen und die Andern zu übertreffen. Diese Arbeit
stärkt ihre Schultern und vermehrt die Spannkraft in den Vorfüssen.« Eigentlich
aber ging der Wurf nicht in die Höhe, sondern der möglichst flache Bogen, den man
ihm zu geben suchte, diente nur dazu, ihn recht weit in die Ferne zu treiben.
Stellung und Haltung (Schema) wird von Philostrat so beschrieben: »Eine kleine
Erhöhung ist aufgeworfen, hinreichend für Einen Stehenden, welche, dem Hinterleib und dem rechten Schenkel zum Stützpunkt dienend, dem Vorderleibe sich
nach vorn über zu neigen gestattet, wobei der andere Schenkel nachhilft, der mit
der rechten Hand zugleich sich aufschwingen und mitbewegen muss. Was nun
die Haltung desjenigen betrifft, der die Scheibe aufgehoben hält, so muss er den
Kopf nach rechts so viel gekrümmt neigen, als hinreicht, diese Seite an seinem
Leibe zu überschauen, und dann werfen, wie an einem Riemen springend, und die
ganze Kraft der rechten Seite dransetzend.« Man sieht, dass es hiebei ziemlich
ähnlich wie beim Kugelschieben hergeht, oder vielmehr ganz wie in dem Spiele,
worin die Kugel durch die Luft geworfen statt am Boden geschoben wird, nur
dass der Diskos linsenförmig, Schildchen oder Scheibe war, und dass er in der
Regel nicht nach einem Ziel geschleudert, sondern so weit als möglich getrieben
wurde, da die grösste Entfernung den Sieg verschaffte.

Tafel XIX, Fig. 1 stellt den in alter und neuer Zeit hochgefeierten Diskoswerfer des Myron dar. Lucian in seinem Lügenfreund, wo von der gespenstig umgehenden Statue des Pelichos die Rede ist, nimmt die Gelegenheit wahr, auch von andern in dem gleichen Hause stehenden Bildsäulen, dem Diskobolos, Diadumenos, Harmodios und Aristogiton, zu reden, wobei er den ersteren so beschreibt: »mit dem Oberleibe vorgebeugt, wie im Augenblick des Wurfs, den Kopf nach der diskoshaltenden Hand gewendet, mit halbgebogenem Knie, als wollte er nach dem Wurfe zugleich sich mit erheben.« Diese Beschreibung des alten Kunstkenners ist maassgebend, um die in Statuen und Gemmen erhaltenen Copieen des Myron'schen Werkes, deren beträchtliche Anzahl von dem Ansehen desselben zeugt, zu beurtheilen und sich zu überzeugen, dass manche jener Copisten theils handwerksmässig oberflächlich gearbeitet haben, theils absichtlich von ihrem Urbilde abgewichen sein mögen. So ist die auf unserer Abbildung wiedergegebene berühmte vaticanische Statue keineswegs eine getreue Nachbildung des von Lucian geschilderten Werkes, nicht deshalb weil sie hier den Diskos in der linken Hand hält (denn dies ist nur ein Versehen des von der Gegenseite genommenen Stichs), sondern weil die von dem Beschreiber hervorgehobene und auch der Anforderung Philostrat's entsprechende Wendung des Kopfes fehlt, die, wie man schon bei den Worten ahnt, dem Bilde einen besondern Reiz geben muss. Das ist auch in hohem Grade der Fall bei der in den achtziger Jahren am Esquilin ausgegrabenen Statue der Villa Massimi, die in Müller's und Wieseler's Denkmälern der alten Kunst nach Guattani vorzüglich abgebildet ist. Die unverhältnissmässige Länge des linken Fusses, die man auf unserer Abbildung (hier also am rechten) bemerken wird, findet sich indessen auch bei dieser andern Copie, und aus dieser Uebereinstimmung erwächst die interessante Frage, ob schon Myron sich ein solches Naturspiel erlaubt oder etwa ikonisch dargestellt haben möge. Bewundernswürdig ist das Werk auch in den Copieen; es hält nicht bloss die gegenwärtige Handlung fest, sondern kündigt durch die höchste Kraftanspannung auch den nächsten Augenblick voraus, wo das schwere schwirrende Erz weithin fliegen wird, wie die Scheibe des Phayllos, dem ein Wurf von 95 Fuss nicht zu viel gewesen sein soll.

Fig. 2. Der antretende Diskoswerfer des Naukydes, der in diesem Werke den berühmten Lanzenträger (Doryphoros) seines Lehrers Polyklet nachgeahmt haben soll. Das Werk des Naukydes ist gleichfalls in einigen Copieen, sowie auf Vasen und Gemmen erhalten. Man wird anzunehmen haben, dass der Jüngling seine Scheibe zunächst in der linken Hand trägt, um die rechte nicht vor der Zeit zu ermüden. Ob er sich anschickt, genau in die Normalstellung Philostrat's zu treten? Die Sache erlaubt Abweichungen, und die Bilder haben sie ebenfalls.

Fig. 3. Vgl. Taf. XVIII, Fig. 5. Erinnert man sich der mitunter so heitern Stellungen auf Kugelbahnen, wenn die abgegangene Kugel von der leidenschaftlichen Theilnahme des nachsehenden Versenders begleitet wird, der ihr oft unwillkürlich mit Auge, Hand und Fuss noch nachzuhelfen bestrebt ist, so wird man sich sogleich bei diesen beiden Gestalten heimisch fühlen und über ihre Bedeutung keinen Augenblick im Zweifel sein. Es sind Diskobolen, dargestellt in dem erwartungsvollen Augenblicke, wo das Schicksal des geschehenen Wurfes noch unentschieden ist. Für einen Wettläufer, gar für einen Ladas, wäre auch die bewegtere der beiden Gestalten, verglichen mit dem Gewaltsamen (distortum bei Quintilian), was Myron's Scheibenwerfer hat, fast leblos zu nennen. Eher könnte man, und dies ist mehrfach geschehen, an Ringer denken, die sich in dieser

Kurz, Erläuterungen. 6

Stellung auslegen, um 'wo möglich den Gegner zu fassen, ohne von ihm gefasst
werden zu können. Es fehlt auch nicht an Bildern solcher Art aus dem Gebiet
des Ringkampfes, aber immer sind es Paare, die sich in derartiger Haltung gegenüber stehen, denn einzeln würden sie keinen Sinn haben. Da jedoch unsere
Figuren Statuen sind, so mag man immerhin, wenn man will, annehmen, sie seien
ursprünglich an ihrem Standorte gepaart gewesen. Aber dann müssten sie einer
einer zusammengesetzteren Gruppe angehört haben, um künstlerisch gerechtfertigt
zu sein; daher die Annahme der Diskobolen die einfachere bleibt.

Fig. 4. Antretender Diskoswerfer, der die Scheibe vorerst noch mit beiden
Händen fasst, gerade wie man es oft mit einer schweren Kegelkugel thut, um sie
in die richtige Lage zu bringen. Als Embleme hat er Strigel und Schwamm vor
sich, hinter sich eine Fackel.

Fig. 5. Siegreicher Diskobolos, in der Rechten die Palme, in der Linken der
Diskos, zwischen einem Dreifuss mit Kranz und Palme und einer Preisvase stehend.

Neben dem Sprung und Diskos ist der Wurfspeer die dritte der nur dem
Pentathlon zukommenden Kampfweisen, daher dasselbe auf den Vasenbildern
gewöhnlich durch die beiden Wurfarten nebst dem Sprung, oft auch durch diese
und die Halteren allein bezeichnet wird. Fig. 17, nach einer jener Vasen von
Volci, lässt in der Mitte den Akontisten erblicken, wie er eben im Werfen begriffen
ist; sein Speer, der nicht ganz sichtbar ist, mag die Vermuthung, dass man sich
hiebei der blossen Wurfstange bedient habe, bestätigen. Dagegen kann das ganz
ähnliche Werkzeug in der Hand der vierten Gestalt, die sich mit dem Sprunge
beschäftigt, die Annahme des Messstabes, mit welchem die Weite des Sprungs
gemessen werden soll, zu unterstützen scheinen. Die Stellungen der Kämpfer
gehen bis zum Possenhaften, und besonders der Diskoswerfer ist eine wahre
Carricatur von Myron's Statue. Das auf dem Bauche eines Henkelgefässes gemalte
Bild Fig. 18 kann nur uneigentlich auf das Pentathlon bezogen werden, da bei
den Kämpfen, die hier unter dem Vorsitz eines Lehrers oder Gymnasiarchen
stattfinden, auch der Faustkampf vorkommt, und die andere Seite ein Wagenrennen
(wovon hernach) darstellt. Der Stab in der Hand des Vorstehers, dessen Länge
auf vielen Bildern, wie Fig. 82 der vorhergehenden und Fig. 10 der gegenwärtigen Tafel, Seitenstücke findet, kann die Bedeutung der Messstange Fig. 17
in Frage stellen, doch ist zu bemerken, dass ein solcher Stab in den Händen
nackter Gestalten, welche Turner oder Diener vorstellen, etwas anderes sein muss
als der den die bekleideten Würdenträger der Palästra führen. Der sehr groteske
Ringkampf enthält den gleichen Schulgriff (Schema), den wir schon auf der vorigen
Tafel gesehen haben. Was die nach dem Aufseher folgende Figur in den Händen
hat, können nur Hälteren des Springers sein. Ob der scheinbare Hackenstock
des Andern vielleicht ein Wurfspiess sein soll, und ob derselbe damit an dem
Springer vorbei in die Ferne zielt, wie auf Fig. 17, oder ob er ihm eine Stelle
im Gesichte bezeichnet, wohin er ihn nach vollbrachtem Weitsprung zu treffen
sich anheischig macht, muss bei der sorglosen Zeichnung solcher alten Vasenbilder
unentschieden bleiben. Ueber die Reihefolge der Kämpfe im Pentathlon herrscht
Streit; es mag damit zu verschiedenen Zeiten verschieden gehalten worden sein.
Auch schmolzen zuletzt die fünf Kämpfe auf drei (Triagmos) zusammen, denn da
der Wettlauf, der im Pentathlon doch nur der abgekürzte sein konnte, im Dolichos
der Ringkampf aber gewissermassen im Pankration aufging, sofern er mit diesem
zusammen zur athletischen Hauptkunst ausgebildet wurde, so blieben nur noch die

drei andern Kampfweisen und bildeten in ihrer aufrecht erhaltenen Verbindung den Ueberrest aus der schönen Zeit der Gymnastik, in welcher die Pentathlonkämpfer als die schönsten Menschen gepriesen worden waren. Merkwürdigerweise aber sind wir mit diesem Dreikampfe auf den Boden unserer deutschen Heldensage gelangt, wo wir gleichfalls den Sprung und beide Würfe heimisch wissen. Mit dem Speerwurf, hier nach dem Schild des Gegners, beginnen Brunhildens Kampfspiele (geteiltin spil), dann wirft sie, statt des Diskos, den Stein, den kaum zwölf Helden trugen, zwölf Klafter weit fällt er hindann, sie aber bricht den Wurf mit Sprunge, d. h. sie springt nach und überspringt ihn, worauf jedoch Siegfried noch weiter wirft und weiter springt.

Den Faustkampf (Pygme) der homerischen Heroenzeit mit den Ochsenhautriemen (Himantes) haben wir bereits kennen gelernt. Die Cultur, die nicht bloss zur Humanität, sondern auch aus dem Rohen ins Rohere fortschreitet, entwickelte aus dieser sandalenartigen Hand- und Armbekleidung, die vornehmlich die Pulsadern schützte, durch verschiedene verschärfende Zusätze von schneidenden Riemen, von Nägeln, bleiernen Platten, Buckeln u. dgl. nach und nach jene furchtbaren Werkzeuge, die man unter dem Namen des Myrmex oder Cestus kennt. Seine Vollendung hatte dieser Fausthandschuh erreicht, als der gliederzermalmende Ring hinzukam, der die Faustschläge zu Keulenschlägen machte. (Fig. 12. Taf. II, Fig. 20.) Die Anlegung des einfachen Riemens zeigt Fig. 6, von einer schönen Kylix des Berliner Museums, als deren Verfertiger Epiktetos beigeschrieben steht und die erstmals von Panofka herausgegeben worden ist. Fig. 7, 8 und 9 sodann stellen Faustkämpfer in ihrer schrecklichen Herrlichkeit dar; der mittlere gilt für den Dioskuren Polydeukes, der beim Einlauf der Argonauten in den Bosporos den ungeschlachten Riesen Amykos im Faustkampf besiegte. Fig. 10 gibt ein alterthümliches Gemälde von einer Amphora (Verfertiger Nikosthenes) wieder, worauf die Figuren schwarz und nur die Fausthandschuhe (hier das mildere Gewinde der früheren Zeit), die Mantelumwindungen der Aufseher und einige sonstige Verzierungen weiss sind. Beide Kämpfer bluten aus den Nasen, was nicht sehr künstlerisch, aber um so naturwahrer dargestellt ist. Die obern Theile waren bei diesem Kampfe, wie beim Boxen, am meisten blossgestellt, ausgeschlagene Augen, eingeschlagene Nasen und Zähne waren an der Tagesordnung, und platt geschlagene Ohren waren bei Bildwerken charakteristische Kennzeichen der Pykten und Pankratiasten. Wie sehr man jedoch die Zeiten zu unterscheiden hat, zeigt ein Blick der Vergleichung auf Fig. 11 unserer Tafel und Fig. 3 der Tafel XX. Letzteres ist doch immer noch ein Bild aus dem griechischen Athletenleben — der gefallene Kämpfer hebt die Hand auf, zum Zeichen dass er sich besiegt gibt, und gegen seinen Gegner, der fortschlagen will, schreitet der Kampfrichter mit dem gabelförmigen Stabe ein, während ein dritter Athlet diesem das Zeichen des Besiegten gleichfalls zur Kunde bringt — das andere aber ist eine römische Gladiatorenscene, ein Kampf auf Leben und Tod, der mit dem Habet — Der hat's! — geendigt hat. Diese ausgekünstelten Faustarmaturen sind die Geburt der Spätzeit, die das Athletenthum in das Gladiatorenthum übergehen sah (bei dessen Besprechung wir zu den Monumenten Tafel XIX, Fig. 13, und Tafel XX, Fig. 1 und 2 zurückkehren werden). Pindar, dessen Muse vor der Besingung des Faustkampfs und Pankrations so wenig als der Adel vor der Ausübung desselben zurückbebte, kennt nur die Himantes, und sein Diagoras, dessen glänzendes Geschlecht in einer besonderen Statuengruppe

6 *

zu Olympia verewigt war, muss bei aller ritterlichen Barbarei — denn etwas
Derartiges klebt doch jenen älteren Heroen der Athletik an — eine ganz andere
Erscheinung gewesen sein als der Cestuarius der römischen Arena. Und doch
hatte auch diese noch ihren Melankomas, der es für den reinsten und wahrsten
Sieg hielt, den Gegner ohne Wunde vom Platze zu schicken, und dies dadurch
erreichte, dass er zwei Tage lang, ohne zu ermüden, in unnahbarer Auslage
verharren konnte.

Das Pankration, bei welchem des Ringens wegen keine Faustriemen in Anwendung kamen, wie denn auch dabei nicht eigentlich mit der Faust, sondern
mit gekrümmten Fingern geschlagen und zugleich gegriffen worden sein soll,
könnte hienach für humaner als der Faustkampf angesehen werden, und dem Cestus-
kampfe mag es allerdings an Scheusslichkeit nachstehen. Bedenken wir aber das
Schicksal des schongenannten Arrhachion — er wurde, nachdem es zum Wälz-
kampfe (Kylisis) gekommen war, von seinem Gegner gewürgt, und als er diesen
mit letzter Kraft durch Zerquetschung der Zehe zum Loslassen zwang, war es zu
spät und Arrhachion bereits erdrosselt — so werden wir das Urtheil des Xenophanes über diese Kampfart schon in altathletischer Zeit gerechtfertigt finden
müssen. Der ältere Philostrat in einer seiner problematischen Gemäldeschilde-
rungen lässt die Zuschauer dieses hässlichen Trauerspiels vor Begeisterung ausser
sich gerathen. »Sie erheben ein lautes Geschrei, von ihren Sitzen aufgesprungen,
die einen heben beide Hände auf, die andern das Kleid, die dritten hüpfen vom
Boden auf, die vierten fangen mit ihren Nachbarn zum Spiele zu ringen an. Denn
so etwas Erstaunliches erlaubt den Zuschauern nicht, sich ruhig zu verhalten.
Oder wer wäre wohl so gefühllos, über den Kämpfer nicht laut aufzuschreien?
Denn wiewohl er das Grosse für sich hat, schon zweimal in den Olympien gesiegt
zu haben, so ist es doch diesmal noch etwas Grösseres, nachdem er den Sieg
mit dem Leben erkauft hat, mit Staub bedeckt ins Land der Seligen hinüber zu
gehen.« Um nationale Gefühlsäusserungen ist es freilich eine eigene Sache, das
kann man heutzutage noch an den spanischen Stiergefechten sehen. Die Spartaner
haben indessen von diesem Nationalgeschmacke, besonders auch im Gegensatze
zu den Athenern, die im Faustkampf und Pankration stark waren, eine bemerkens-
werthe Ausnahme gemacht: bei ihnen war nur das edle Pentathlon nebst den
daraus abgesonderten Kampfarten des Laufens und Ringens im Schwange. —
Zwei Scenen des Pankrations sind auf Tafel XIX, Fig. 16, und Tafel XX, Fig. 3
dargestellt. Dort sehen wir zwei Pankratiasten mit unbewaffneten Fäusten, von
denen der eine dem andern mit Stossen und Schlagen zusetzt, während dieser
ihn am Fusse fasst, um ihn zu Boden zu werfen. Der dritte ist der Ephedros,
der den Erfolg abwartet, um sofort in den Kampf mit dem Sieger einzutreten.
Auf dem zweiten Bilde liegt der eine Kämpfer bereits am Boden, der andere aber
fährt zu würgen und zu stossen fort; denn hier galt jedes »Schema,« nur Beissen
und Kratzen nicht, wiewohl auch hievon unerlaubter Weise Gebrauch gemacht
wurde. Dagegen scheint der Sieger darin zu fehlen, dass er den Kampf fortsetzt,
ungeachtet der Besiegte die Hand in die Höhe streckt, welche Unterwerfungsge-
bärde ihm alsbald Frieden verschaffen sollte. Der Vorsteher oder Kampfrichter
hätte daher alle Ursache, die Gabel, die einen Widerspänstigen in Ordnung zu
halten geeignet scheint, auf gleiche Weise in Anwendung zu bringen, wie dies von
seinem Collegen Fig. 3 geschieht.

Nachdem wir nun die gymnischen Uebungen und Kampfarten durchgegangen, stossen wir, ehe das Wettrennen an die Reihe kommt, noch auf einige Bilder, die, wie die betenden und sich salbenden Kämpfer den Eingang, so den Ausgang der Palästren und Festplätze zu schmücken berechtigt sind. Und zwar betrachten wir zuerst Taf. XX, Fig. 19 den zartgeformten Jüngling-Knaben, der sich die Siegesbinde um das Haupt windet, und welchen Polyklet im Gegensatze zu seinem männlicher gebildeten Doryphoros (Diadumennm fecit molliter puerum — Doryphorum viriliter puerum, Plin.) in der weichen ersten Jugendblüthe schuf. [Da Phidias seinen Liebling Pantarkes gleichfalls als Diadumenos am Throne seines olympischen Zeus angebracht, so liegt die Vermuthung nahe, dass der Diadumenos Polyklet's ein Werk des Wetteifers gewesen sei. Von den vielen Copieen, in denen ein solches Kunstwerk verbreitet gewesen sein muss, hat sich ausser einigen Reliefs nur die gegenwärtige Statue der Villa Farnese erhalten, die zwar nicht ohne Widerspruch, doch fast allgemein anerkannt diesen Namen trägt. Ein Sieger von stärkeren Formen und athletenhafter Bildung, mit der Preisvase in der Hand, ist Fig. 20 dargestellt. Eine Bekränzung durch eine Siegesgöttin, wie wir sie auf der vorhergehenden Tafel gesehen, findet Fig. 18 statt, und hier findet sich auch das bereits besprochene artige Motiv, wie der Nebenbuhler des Siegers der Nike eine Feder aus dem Flügel zieht. Die Waffe, auf die derselbe sich stützt, scheint anzudeuten, dass der Sieg im Speerwurf errungen wurde. Eine Zusammenfassung der gymnischen Spiele und Siege endlich, worin selbst einzelne bekannte Kunstmotive wiederkehren, ist in den Bildern enthalten, welche die personificirten Agone, die Genien der Palästra, darstellen, und von welchen Fig. 5 ein Beispiel gibt. Es entspricht ganz dem bekannten Bilde des Philostratos, von welchem Goethe begeistert ausruft: »Ueberschwenglich grosses Bild! wer den Begriff desselben fassen kann, ist in dem Kunst sein ganzes Leben geborgen.« Nur fehlt die personificirte Palästra, um welche bei Philostrat »die Ringerkünste, als Knaben vorgestellt, keck umherspringen.« Statt ihrer ist ihr Vater Hermes, der Schutzgott des Turnplatzes, in Gestalt einer Herme zugegen. Das Haar haben diese ungeflügelten Genien im Schopf gebunden, zum gleichen Zwecke, wie die Kämpfer der andern Bilder kurze anliegende Haare tragen, um nämlich nicht so leicht gefasst werden zu können. Diese Haartracht bezeichnet die Gymnasten.

Das Wettrennen, so wenig es mit der Gymnastik zu schaffen hat, ist doch, wie wir schon bei Homer gesehen haben, ein unzertrennlicher Bestandtheil der griechischen Festkämpfe. Aus der natürlich gegebenen Ebene, die sich zum Dahinjagen, Umwenden und Rückkehren der Gespanne darbot, und an deren Seite sich die Zuschauer einen Hügel wählten, ging der künstliche Hippodrom hervor, auf ähnliche Weise, wie das Stadion, nur in grösseren Verhältnissen angelegt, eine Rennbahn längs einer natürlichen Anhöhe, welcher auf der andern Seite ein aufgeworfener Damm parallel lief. Der Hippodrom von Olympia, das Muster aller andern, ist in einer freilich späten und verschiedenen Auslegungen unterworfenen Beschreibung, der des Pausanias, auf uns gekommen, nach welcher verschiedene Plane gefertigt worden sind, von denen Taf. II, Fig. 46 einen von Visconti gibt. Am Eingang lag an einer Halle der mit Altären angefüllte Ablaufstand (Aphesis), der sich wie ein Schiffsschnabel in die Rennbahn hinein zuspitzte. Er enthielt zwei 400 Fuss lange Reihen von Wagenschuppen, deren schief nach der Bahn gelegene Mündungen durch Seile geschlossen waren, so dass durch successives Fallenlassen derselben, zuerst des hintersten Seils, dann des nächsten u. s. f., sämmtliche durch das Loos in diese Stände gewiesene

Wagen von der Basis bis zur Spitze der Aphesis, also die letzten mit den ersten, gleichzeitig in die Bahn gelassen werden konnten. Visconti hat, wie man sieht, die Aphesis ganz in die rechte Seite des Hippodroms hereingerückt, bei Pausanias aber, welchem der Plan von Hirt folgt, füllt ihre Basis beide Seiten aus; die Unzuträglichkeit, welcher man durch den von Pausanias abweichenden Plan begegnen wollte, dass nämlich die von der linken Seite der Aphesis abfahrenden Wagen von der linken des Hippodroms, der Rückrennseite, auf die Abrennseite hinüberlenken mussten, konnte doch wohl durch die Breite der Einfahrt und durch ausgleichende Vorsprünge der Linken gegen die Rechte beseitigt sein. Jedenfalls galt die Einrichtung für glänzend sinnreich, und ihr Urheber durfte seinen Künstlerstolz in einer Inschrift aussprechen. Auch für das Signal zum Beginn des Rennens hatte er ein Kunstwerk ausgedacht: an der Spitze des Schnabels nämlich erhob sich ein eherner Adler allem Volke sichtbar in die Lüfte, während ein eherner Delphin zu Boden sank; auf dieses Zeichen fielen die Seile nach und nach, wie die hinteren Wagen vorbrechend die vorderen Stände erreichten, und so stürzten von der vordersten Linie aus alle zusammen in die Bahn. Diese hatte auf der Gegenseite eine ähnliche Rundung wie das Stadion, indem der die rechte Langseite bildende Erdwall durch eine halbmondförmige Fortsetzung, worin ein Durchgang, mit dem Hügel verbunden war. Indem wir aber den Wagen in ihrem Laufe folgen, müssen wir uns, um Schaden zu verhüten, die in den Plan Fig. 47 gezeichnete römische Meta vorerst hinwegdenken; es liegt noch Gefahr genug vor ihnen. Der kleine Kreis, der links davon im Plane angegeben ist, bedeutet den Pferdewauwau, den schrecklichen Taraxippos, der so manches Unheil angerichtet hat. Es ist zwar nur ein runder harmloser Altar, aber, erzählt Pausanias, wenn die Pferde daran vorbei müssen, so scheuen sie, und es gibt Unruhe und Verwirrung, so dass nicht selten die Wagen zu Schanden gehen und die Lenker verletzt oder gar getödtet werden. Der Altar war also, wo nicht das Ziel selbst, das umfahren werden musste, doch der Nachbar desselben, und die Thiere wussten, dass hier der gefährliche Wendepunkt begann. Welche Schwierigkeit es gehabt haben muss, den Bogen haarscharf zu nehmen, um den Vorsprung zu behalten, erräth sich aus dem Glückwunsche Pindar's, der einen Sieger preist, dass er (zu Delphi) unter vierzig Wagen den seinigen allein unversehrt durchgebracht habe. Die nach glücklich zurückgelegtem Wendeziele auf der linken Seite zurückjagenden Wagen — es ist nicht ermittelt, ob die beiden Längenhälften der Bahn durch eine Erhöhung nach römischer Art, wie auf unserem Plane, geschieden waren — empfing, jedoch erst nach zwölfmaligem Laufe, als Endziel am Anfang des Hippodroms eine eherne Statue der Hippodameia, dem Sieger eine Binde entgegen haltend, wie sie sie einst ihrem Pelops entgegen hielt. Hier, in dieser Rennbahn, hatte ja der geliebte Held über ihren Vater durch Poseidon's Wundergespann und die Bestechlichkeit des königlichen Wagenlenkers den Sieg davongetragen, hier waren die Helden, die Oenomaos früher besiegt und getödtet, durch ein gemeinsames Denkmal und Heroenlieder gefeiert, und er selbst, der tückische Stifter dieser Rennspiele, von seinen Rossen hier zu Tode geschleift, galt als das im Taraxippos waltende Gespenst, wenn nicht der Rossegott Poseidon selbst es war, dessen geisterhafte Gegenwart in dem Altar den Thieren Grauen einflösste. So waren auf diesem geheiligten Turnierboden, auf welchem die Nachkommenschaft zu spielen und zu siegen fortfuhr, Mythisches und Menschliches, Fabel und Wirklichkeit mit einander verwebt.

Mit dem Gebrauche des Rosses im Felde, der übrigens erst im peloponnesischen Kriege allgemein geworden war, kam das Reiterrennen zum Wagenrennen
hinzu, das sich nur noch in den Spielen erhielt, nachdem es aus der Kriegführung
als alterthümlich heroischer, halb barbarischer Brauch längst verschwunden war.
Das Ausrennen aus der Aphesis und Umkreisen des Wendeziels war dabei dasselbe
wie im Wagenwettlaufe. Fig. 6 stellt zwei Keletizontes, Reiter auf ausgewachsenen Rossen, im Gegensatze zum Wettritt auf Fohlen, dar. Fig. 7, ebenfalls
ein treffliches Vasenbild, zeigt, dass es auch bei diesem leichteren Unternehmen
des Hippodroms Unglücksfälle geben konnte. Der hinterste der fünf Reiter ist
gestürzt, und wird, indem er sich noch nicht in sein Schicksal ergeben zu wollen
scheint, am Zügel geschleift. Fig. 8, eine Silbermünze von Tarent, enthält eine
Figur aus einem berittenen Fackelrennen, Fig. 15, desgleichen, einen siegreichen
Wettreiter, der bekränzt wird; auf der Rückseite ist das Symbol dieser und anderer
Seestädte, der Delphinritter, unter welchem hier Taras, der mythische Stadtgründer
Tarent's, zu verstehen ist. Fig. 16 und 17 stellen abermals die unvermeidliche
Nike, dort mit einer ungeheuren Vase, hier mit einem Oelkranze dar. Diese Niken
sind, dem Verfahren der girechischen Kunst gemäss, häufig als Personificationen
der kranzverleihenden Mächte, der Festorte u. dgl., anzusehen. So liess Alkibiades
sich malen, wie die Olympia und die Pythias ihn bekränzten, wie er der Nemea
im Schosse sass. Die Kampfart, in welcher der abspringende Reiter mit Schild
und Speer den Kranz erhält, ist die früher erwähnte, Kalpe genannt, worin der
Reiter zuletzt das Pferd verliess und mit ihm, den Zügel in der Hand, zu Fuss
das Ziel errannte. Aehnlich, aber mit dem Wagenrennen verbunden und besonders
zu Athen bei den Panathenäen üblich, war das Auf- und Abspringen der hievon
so genannten Anabaten oder Apobaten, die sich vom Wagen schwangen und ihn
wieder zu gewinnen wussten. Die Reliefgebilde vom Parthenon geben eine, diese
Bezeichnung erweiternde Darstellung. Nicht bloss der Apobat, sondern auch der
Wagenlenker selbst, dieser in homerischer Tracht, sprang ab und auf, indem er
die Zügel, nur von Zeit zu Zeit in die Lenkung eingreifend, einer Stellvertreterin
übertrug. So sieht man bei einem der Wagen des wundervollen Festzuges den
Wagenlenker abgesprungen das nachrennende Gespann mit dem Schilde zurück-
drängen, während der gleichfalls abgesprungene Apobat den Wagen umkreist, der
unter Beider Fürsorge der weiblichen Führung überlassen ist. Das gleiche Verhältniss, nur mit veränderter Handlung, findet bei dem vorhergehenden Wagen
statt; hier springt der Wagenlenker mit Helm und Schild so eben wieder zu der
Lenkerin auf den Wagen, während höchst symmetrisch hier der Apobat es ist, der
die Rosse des nachfolgenden Wagens mit dem über den Arm geworfenen Mantel ab-
wehrt. Diese Scenen, auf einen längeren Wagenzug ausgedehnt — zu jedem Wagen
neben einem Mädchen ein Jüngling in Heroentracht und einer im friedlichen Fest-
gewande gehörig, diese beide wechselsweise oder auch zusammen abspringend, in
kunstreichen Bewegungen den Wagen schützend, kränzend, umschwärmend, und
immer wieder, der Wagenlenker wenigstens, zu der verlassenen, im Getümmel
bedrohten Lenkerin zurückkehrend, indessen der Apobat mehr den Läufer macht
und erst etwa am Schlusse aufspringt, — entrollen ein Bild, das mit seinem reizenden Wechsel von Erscheinungen wohl einen modernen Circus zur Nachahmung
locken dürfte. *)

------

*) Obige Erklärung des Heniochos egbihazon und des Apobates (wie sie auf den bekannten
Inschriften heissen) muss die richtige sein, wenn die dritte Person ein (nach gewöhnlicher An-

Fig. 9 enthält drei Viergespanne (Quadrigen) mit dem zweirädrigen Karren, wie er sich als heroische Ueberlieferung bei den Spielen erhielt. Von dem vordern Gespann hat sich ein Pferd losgerissen, dessen weit ausgreifende Vorderfüsse den sechs verlassenen sich wieder beizugesellen streben. Es werden Wunderdinge von diesen auf das Kampfspiel eingeübten Rossen erzählt, wie sie, nachdem sie den Wagenlenker abgeworfen, für sich allein kunstgerecht den Lauf vollenden und am Ziele stehen bleiben. Eben so gewann ein Reitpferd, die berühmte Aura, ihrem Reiter den Kranz, den sie vor den Hellanodiken siegesbewusst Halt machend zu fordern schien. Sie erhielt eine Bildsäule in der Altis. Die gleiche Ehre widerfuhr andern berühmten Siegesrossen. Auch Siegeswagen wurden in Erz verewigt, doch wohl nur mit dem Sieger und den Rossen zusammen. »Wie die Thierformen einer andern Weltperiode,« sagt Julius Braun, »müssen die unzähligen alten Statuen, ganz oder gebrochen, in den Schichten von Geröll und Schlamm, worunter der Alpheios den alten Boden zwölf, sechzehn Fuss tief begraben hat, eingebacken ruhen und noch zu finden sein.«

Fig. 10. Sturz beim Wagenrennen, Basrelief in der Villa Mattei. Man will in dieser Darstellung, ungeachtet der römischen Spina, den Sturz des Orestes in der olympischen Rennbahn erkennen, wie er in der Elektra des Sophokles geschildert wird. Nun haben zwar unsere mittelalterlichen Bilder antiken Lebens in mittelalterlichem Costüm ihre Vorbilder auch schon im Alterthum gehabt, wie etwas weiter unten, S. 93, Z. 13, zu ersehen, aber darum muss doch nicht gerade jedes römische Circusbild ein Stück griechischer Heldensage vorstellen.

Fig. 11—14. »Halte dich nah zum Ziel, auch treibe das Ross an der Rechten rufend voran mit der Geissel und gib ihm loser die Zügel; lass dein Ross zur Linken so dicht anstreifen am Ziele, dass dir die ragende Nabe des kunstreich prangenden Rades scheine den Rand zu berühren, den Stein nur meide zu treffen, denn du verwundest die Rosse dir sonst und zertrümmerst den Wagen« (Uebers. v. Donner), diese Instruction des weisen Nestor ist für jegliches Renngespann, Biga oder Quadriga, stets massgebend gewesen. Den linken Flügel des Gespanns möglichst kurz und etwas angehalten um das Wendeziel herum zu führen, dem rechten aber Raum und Schwung zu lassen, das war die Aufgabe. Wurde aber das Ziel gestreift, so ergriff das Verderben, wie in der so anschaulichen Sophokleischen Beschreibung, auch die nächsten Mitbewerber, »Einer zerschmetterte durch den Einen Fehl den Andern, und zerbrochener Rennwagen Trümmer deckten rings das Feld.« Fig. 11 ist im vollen Rennen, Fig. 12 am Ruheziele angelangt, die Pferde im letzten Laufe hemmend, von einer Nike empfangen, Fig. 13 um das Wendeziel biegend, Fig. 14, nach dem Jagen der Pferde und der geschwungenen Geissel zu urtheilen, im gleichen Augenblicke dargestellt. Freilich hält

nahme eine weibliche Gottheit vorstellendes) Mädchen ist. Vgl. die Abbildungen in Müller's Denkm. d. a. K. T. XXIV, n. 117, und Overbeck's Gesch. d. griech. Plast. Fig. 49, a—d. Von andern Seiten wird dieselbe unter Aberkennung des weiblichen Geschlechts für einen einfachen Wagenlenker erklärt. Die Abbildungen bestreiten dies; wie aber die weibliche Gestalt, die auf drei Wagenbildern (bei Overbeck) in der nämlichen gleichmüthigen Haltung wiederkehrt, zu der Bezeichnung „εγbibαzon" kommen sollte, wäre wohl so wenig befriedigend zu erklären, als wenn man den so lebhaft in das Spiel eingreifenden bemantelten Jüngling (den Apobaten) zum blossen Conducteur oder Staatsherold, also zum Werkzeug einer dem Bilde, das gewaltige Festbewegung ausdrücken will, fremden polizeilichen Beschränkung macht. — Die Artemis des phigalischen Frieses, als Wagenlenkerin Apollo's, hat, beiläufig bemerkt, eine auffallende Aehnlichkeit mit den panathenäischen Wagenlenkerinnen.

sich auf dem letzten Bilde der rechte Flügel schlecht oder ist vom Verfertiger schlecht aufgefasst, trotz der Palme in der Hand der Wagenlenkerin, aber man darf es mit Vasenbildern nicht so genau nehmen. Diese Wagenlenkerin ist als eine geschichtliche Person aufgefasst worden. Agesilaos, erzählt Xenophon, veranlasste, als er sah, dass seine Spartaner allzusehr von der Infanterie zur Cavalerie übergehen wollten, seine Schwester Kyniska, ein Gespann nach Olympia zu schicken, damit man sehe, dass solche Siege ohne alle persönliche Tüchtigkeit bloss durch Reichthum errungen werden können. Kyniska wurde auch mit Wagen und Rossen und Wagenlenker zu Olympia statuarisch verewigt, aber eben dies widerlegt die Annahme, die unsere Wagenlenkerin zur Kyniska stempeln will. Die vornehme Welt, nicht bloss Damen, sondern auch Herren, besonders die »Tyrannen,« Fürsten u. dgl., schickten bloss ihre Wagenlenker, und Pindar hebt es als einen ausserordentlichen Fall hervor, wenn einer dieser Vornehmen selbst die Zügel ergriff. Doch beweist das Bild, dass, wenn auch nicht in Olympia, doch bei andern Wagenrennen sich Frauen persönlich betheiligen konnten.

In Olympia bezeichnete der obwohl von der Menge angestaunte Ross- und Wagenkampf die Kluft zwischen der Aristokratie und Demokratie von Griechenland, und in dieser Lücke hebt sich die Heldengestalt des Alkibiades empor, der, weil er nicht mit »Gevatter Schneider und Handschuhmacher« im gymnischen Kampfe concurriren wollte, seine Gespanne in die Altis schickte, aber in der Unzahl derselben, folglich auch in den gewonnenen Preisen, nicht bloss jeden Privatmann, sondern auch jeden griechischen Staat und jeden auswärtigen König aus dem Felde schlug. Hiemit kommt in der griechischen Welt bereits ein römisches Element zum Vorschein, das wir im nächsten Abschnitt weiter zu verfolgen haben.

Schliesslich noch die Notiz, dass die Olympien im heutigen Griechenland, und zwar zu Athen, wo auch in alter Zeit schon gleichnamige Volksfeste bestanden, mit Hellanodiken, mit Diaulos, Dolichos, Diskoswurf, Ausstellung u. s. f., vor Kurzem wieder eingeführt worden sind.

Bilderquellen: Taf. XVIII. Fig. 1. Bronzestatue in Berlin. Réveil, Musée de Peinture et de Sculpture VII, nr. 480. Fig. 2. Clarac pl. 856, nr. 2169. Fig. 3. Clarac pl. 270, nr. 2166. Fig. 4. Statue in der Glypt. zu München. Clarac 858, nr. 2175. Fig. 5. Statue im Mus. Borb. V, 54, Clarac pl. 863, nr. 2196 A. Fig. 6 und 7. Mon. ined. publ. dell' Inst. di Corrisp. arch. I, tav. 22. Fig. 8. Krause Gymn. u. Agonist. d. Hell. Taf. VII b, fig. 14 d. Fig. 9. Gerhard ant. Bildw. IV, Taf. 63. Fig. 10. Tischbein vas. d'Ham. III, 48. Fig. 11. Statue im Mus. Pio-Clement. Clarac pl. 864, nr. 2199. Fig. 12. Panofka Taf. I, 8. Fig. 13. Mus. Chius. T. II, tav. 125. Fig. 14. Caylus Rec. d. Antiq. T. III, pl. 21, 4. Fig. 15. Mus. Chius. T. II, tav. 132. Fig. 16. Caylus III, 86, 3. Fig 17. Grivaud Rec. d. Mon. ant. pl. 23. Fig. 18. Krause IX b, 25 n. Fig. 18. Dubois Maisonneuve Introd. à l'ét. d. vas. ant. 6, a. Fig. 20. Auf einer Vase im Mus. Etrusc. Gregorianum II, t. 16, f. 2 a. Fig. 21. Mus. Chius. T. II, tav. 148. Fig. 22. Kr. XIII, 41. Mon. publ. d. Instit. d. corr. arch. I, 22, nr. 5 b. Fig. 23. Clarac pl. 802, nr. 2014.

Taf. XIX. Fig 1. Réveil, Musée de Peinture et de Sculpt. Bd. VII, nr. 474. Fig. 2. Statue im Louvre. Réveil, Mus. de Peint. et de Sculpt. Bd. IX, nr. 612. Fig. 3. Broncestat. aus Herculaneum. Clarac pl. 860, nr. 2196 B. Fig. 4. Gerhard ant. Bildw. I, 68. Fig. 5. Gal. de Flor. IV, 403. Fig. 6. Panofka II, 2 (Ἐπίκτητος).

Fig. 7. Gerhard ant. Bildw. IV, 86. Fig. 8. Clarac pl. 327, nr. 2042. Fig. 9. Marmorstatue, im Besitz von Graf Fries. Clarac pl. 856, nr. 2182. Fig. 10. Panofka, Musée Blacas. Pl. II. Fig. 11. Relief im Louvre. Clarac pl. 200, nr. 221. Fig. 12. De' Bronzi di Ercolano T. II, p. 1. Fig. 13. Montfaucon l'Antiquité expl. III, 168. Fig. 14 und 15. Wicar I, 61. Fig. 16. Laborde Coll. d. vas. gr. I, 73. Fig. 17. Mon. d. Inst. d. corr. arch. I, 22. Fig. 18. Vasenbild im Mus. Etrus. Gregor. XVII, 1 a. Fig. 19. Krause XVIII e, 66 k.

Taf. XX. Fig. 1 und 2. Mus. Chiaramonti t. 21 and 22. Fig. 3. Krause XVIII c, 58 b. Fig. 4. Mus. Chius. II, 87. Fig. 5. Relief im Louvre. Clarac pl. 187, nr. 223. Fig. 6. Tischbein Peint. d. vas. d'Hamilton I, 47. Fig. 7. Panofka III, 4. Dubois Maisonneuve Introd. 43. Fig. 8. Panofka III, 6. Fig. 9. Panofka III, 10. Fig. 10. Reliefbild. A. de Laborde, Description d'un pavé en Mosaïque decouvert dans l'ancienne ville d'Italica. pl. XVIII. Fig. 11. Tischbein vas. d'Hamilton II, 27. Fig. 12. Millin Peint. d. v. ant. II, 72. Fig. 13. Mon. d. Inst. d. c. arch. I, 22. Fig. 14. Tischbein vas. II, 28. Fig. 15. Franc. Carell. Numm. Ital. Vet. pl. CXIV, nr. 214. Fig. 16. Tischbein vas. II, 26. Fig. 17. Tischbein vas. I, 48. Fig. 18. Panofka II, 9. Tischbein v. I, 52. Fig. 19. Statue in der Villa Farnese. Clarac pl. 858 C, nr. 2189 A. Fig. 20. Statue im Mus. zu Florenz. Clarac pl. 862, nr. 2190.

---

5. Circus. Amphitheater.

(Tafel XXI, XXII.)

Auch in Rom lässt die Sage die heiligen Spiele von Anfang an bestehen. Geschichtlich aber sind sie eine etruskische Pflanzung und hängen hiedurch mit Griechenland zusammen, auch wenn die Ueberlieferung, dass die von Tarquinii nach Rom übergesiedelte Familie der Tarquinier ursprünglich aus Korinth eingewandert sei, auf sich beruhen bleibt. Diese etruskischen Emporkömmlinge gaben dem mitten in einer alten Culturwelt wild aufgeschossenen jungen Staate Stücke hellenischer Cultur, Buchstabenschrift, Mass und Gewicht, Götterbilder, sibyllinische Orakel und Anknüpfung an das delphische Heiligthum. So stiftete nun auch Tarquin der Alte nach dem Siege über das latinische Apiolä aus der Beute die circensischen Spiele, oder, sagenhaft zu reden, er vervollkommnete die Spiele der früheren Könige, gerade wie man zu Olympia am Gründungstage angeblich die alten Spiele wieder hergestellt, nachher aber in Aegypten angefragt hatte, ob man die richtige Norm getroffen habe. Er steckte zwischen dem Palatin und Aventin die Rennbahn ab, die neben den andern mit der Zeit aufkommenden Bahnen als Circus maximus fortbestand, und liess Pferde und Faustkämpfer darin auftreten, »meist aus Etrurien verschrieben,« wie Livius sagt. Eben so holte man von dort später die Bühnenspiele, als man durch Einführung derselben die Götter beschwichtigen und der Pest Einhalt thun zu können glaubte. Wie sehr aber dort die Kampfspiele und besonders die Wagenrennen zu Hause waren, zeigen die Stuckgemälde in den Grabkammern der Nekropolis von Tarquinii.

Diese Spiele hatten in Rom von ihrer ersten Zeit an einen andern Charakter als in Griechenland. Hier betraten der Demokrat und der Aristokrat, der freie Städter oder Landmann und der Reiche, der Adelige, der Tyrann, Fürst oder König, Alle als gleichberechtigte Hellenen den Plan, um im grossen Nationalleben sich mit zu tummeln und geltend zu machen; es war, wenn auch im Einzelnen nicht durchaus wett und eben, doch im Ganzen ein Fest, bei welchem die Nation im Darstellen und Beschicken fast mehr noch als im Zuschauen wetteifernd sich selbst vertrat. In Rom dagegen war gleich das erste Circusrennen ein von der Herrschaft und auf Herrschaftskosten dem Volke gegebenes Schauspiel. Man hat das Königthum der Tarquinier treffend mit der gleichzeitigen Tyrannis griechischer Städte und Staaten verglichen, die mit dem Fuss auf dem Nacken der Aristokratie das Volk durch volksfreundlich glänzende Anstalten aller Art gewann, und wenn sich eine solche, wie sie ja in verschiedenen Ansätzen und Versuchen da und dort immer wieder auftauchen wollte, von einem einzelnen Punkte über das Ganze hätte ausbreiten können, so würde sie vielleicht in Olympia die gleiche Erscheinung herbeigeführt haben, die der römische Circus gewährt. Doch ist dabei in Rechnung zu nehmen, dass der griechische Selbstdarstellungsdrang überhaupt den Römern nicht eigen war. Jedenfalls blieb, nachdem der letzte Tarquinier zugleich mit dem letzten Pisistratiden gestürzt war, der Charakter der Circusspiele ein für allemal der gegebene: sie wurden von Staats wegen zu Ehren der Götter und zur Schau des Volkes veranstaltet, wobei die Patricier, die allein das Volk heissen wollten, sich das hergebrachte Spiel aneigneten und die Plebejer ein besonderes erhielten. Hiezu kamen im Lauf der Zeit noch viele andere, theils stehende, theils angelobte, theils »instaurirte,« sofern nämlich, wie bei den Opfern, irgend ein Versehen im Ritus die Wiederholung des ganzen oder halben Festes nothwendig machte. Nachdem aus den Kämpfen zwischen den Geschlechtern und Zünften eine neue Aristokratie, das Optimatenthum, hervorgegangen, überboten sich die veranstaltenden Magistratspersonen in der Ausstattung der Spiele und in den Privatzuschüssen zum Staatsbeitrage noch grossartiger und verderblicher als einst die athenischen Choregen, während der draussen erbeutete Reichthum in immer wenigeren Händen zusammenfloss, das Volk immer mehr zum Pöbel herabsank, bis die als Pyramide dieses Zustandes aufwachsende Tyrannis im kolossalen Masse, das Kaiserthum, zuletzt die gesammte Erbschaft aller ehrgeizigen Selbstverherrlichungen in sich vereinigte. Unter diese gehörte auch die Anordnung der Circenses, theils aus der Casse des Kaisers selbst, theils auf Kosten des unter die Pyramide geschmiegten Honoratiorenthums, indem theils Prätoren, Consuln und Quästoren die Pflicht, theils Privatleute die Erlaubniss hatten, sich in Honorem Domus Divinae zu ruiniren.

Hatte dieses Schauspiel, das der Römer ohne eigenen Antheil durch Sklaven aufführen liess, ihn schon zu Zeiten der Republik höchlich vergnügt, so wurde es ihm als Entschädigung für die verlorne Freiheit immer mehr zur Leidenschaft. Diesen Volksgeist, der sich die ganze Kaiserzeit hindurch gleich blieb, zeichnen Juvenal's bekannte Worte von dem einstigen Inhaber aller Gewalt, der jetzt nur noch nach Brod und Circusspielen hange und bange. Die Leidenschaft durchdrang auch die Provinzen, jede Stadt musste ihren Circus haben, und die Trierer riefen nach einer Zerstörung der ihrigen die wiederherstellende kaiserliche Gnade

zuerst um Circenses an. In Rom selbst hatte man jetzt die Genugthuung, vornehme
ja fürstliche Dilettanten — Nero konnte mehr als 1800 Kränze im Circus zur Schau
tragen — mit den Kutschern vom Fache (Agitatores) wetteifern zu sehen. Aber auch
diese waren angesehene Leute geworden, die mit Freilassung, ungeheuren Geldge-
schenken, Statuen und Ehren aller Art belohnt wurden. Diese Raserei dehnte sich
auch auf die Pferde aus; wer nicht im Nachtrab der Mode sein wollte, musste
Namen, Herkunft und Alter der Renner, die eben en vogue waren, kennen, musste
ihre Stammregister am Schnürchen hersagen können, und darüber war, sagt Lucian,
»ein ewiges Schwatzen auf allen Gassen. Denn mit der Pferdewuth ist es dort in
der That weit gekommen, da sie bereits auch viele Männer, die für sehr vernünftig
galten, angefallen hat.« Die ängstliche Schaulust stürzte schon um Mitternacht
dem Circus zu; Caligula liess einmal das Gedränge, das ihn im Schlafe störte, mit
Prügeln auseinander treiben, wobei von Rittern und Matronen je ein paar Dutzend
nebst vielem Plebs auf dem Platze blieben. Die leidenschaftlichste, bekanntlich
oft blutige Theilnahme drehte sich um die vier Parteien (Factiones), die sich nach
den Farben der vier gewöhnlich mit einander wettrennenden Wagen benannten. In
letzten Jahrhundert der Republik gab es bloss eine weisse (albata) und eine rothe
(russata); später kamen die blaue (veneta) und grüne (prasina) hinzu, die dann so
hervortraten, dass sie allein noch genannt werden. Die Wagen und das Personal
wurden von Compagnieen gestellt; dies die ursprüngliche Bedeutung der Factionen,
die, da das Publicum sich je nach Geschmak oder aus sonstigen Beweggründen
für sie entschied, den Parteien ihre Entstehung gaben. Die Frauen trugen ihre
Parteifarbe am Sonnenschirm zur Schau, und mancher berühmte Agitator machte
bei ihnen sein Glück. Aber auch die Männer begeisterten sich für die Lieblings-
kutscher ihrer Partei, so dass, als ein gestorbener Wagenlenker von den Rothen
verbrannt wurde, einer seiner Anhänger sich gleich der indischen Wittwe in den
Holzstoss warf. Auch die Kaiser nahmen Partei, und nicht bloss, wie Titus, der
Popularität wegen. Dem Caligula wurde nachgesagt, er habe Pferde und Wagenlenker der Gegenpartei vergiften lassen. Caracalla liess den Euprepes, einen mit
782 Kränzen geschmückten Wagenlenker, der der Gegenfarbe des Kaisers zugethan war, ermorden. Elagabal suchte sich bei den Kutschern seine Lieblinge
und erhob die Mutter des ersten unter denselben aus dem Sklavenstande zu con-
sularischem Rang. Die blutigen Scenen des Factionstreibens wiederholten sich in
den Provinzen; Nachrichten aus Alexandrien und Antiochien bezeugen dies. Daher
die angebliche Predigt des Apollonius an die Alexandriner: »Troja wurde durch
ein Pferd zerstört, das die Achaier ersannen, Euer Verderben sind Wagen und
Pferde, die euch nicht gezügelt leben lassen. Nicht durch Atriden und Aeakiden,
sondern Einer durch den Andern kommt ihr um, was nicht einmal die Troer in
der Trunkenheit thaten. Feuer über eine solche Stadt!« Und als der Plan, über
dem schon Cäsar und August gebrütet hatten, den Mittelpunkt des Reiches an
den Hellespont zu verlegen, von Konstantin am Bosporos verwirklicht war, über-
täubten die Unruhen des Hippodroms oft noch das byzantinische Kirchengezänk.
Was die Monophysiten selbst unter Theodora's Schutze nicht wagen durften, dem
allmächtigen Justinian zu trotzen, das wagten die Grünen gegen den Kaiser und
die Kaiserin zusammen, und als gar Veneter und Prasiner gemeinschaftliche Sache
machten, war Konstantinopel Tage lang der Schauplatz einer der wildesten Revo-
lutionen. »Du lügst, meineidiger Esel!« schreit das Volk, als Justinian beschworne
Amnestie anbietet, die Entlassung des verhassten Oberredacteurs der Pandekten

und Institutionen bleibt wirkungslos, ein Gegenkaiser wird gewählt, und ohne den
Muth der gekrönten Bärenwärterstochter und Belisar's Energie wäre der Vater
des Corpus juris verloren gewesen. Mehr als dreissigtausend Menschen fielen in
jenem Blutbade, und in den Flammen, die der Stadt den Untergang drohten, ging
auch die ältere Sophienkirche mit zu Grunde. Justinian aber blieb trotz des vereinigten Aufstandes der entschiedene Freund der Blauen, die sich unter seinen Augen
den frechsten Uebermuth erlauben durften, und die Grünen, die er bei versuchter
Gegenwehr niederhauen liess, büssten auf diese Weise, was sie unter Anastasius
an ihren Gegnern gefrevelt hatten. Noch im neunten Jahrhundert, unter dem
circustollen Michael III., kommen die Farben vor, und zwar jetzt wieder alle vier;
im zwölften Jahrhundert wird dieser Parteikämpfe als vergangener Geschichten
gedacht. In Rom hatten nicht einmal die Völkerwanderungsstürme den Circusspielen ein Ende machen können, denn Theoderich fand sie daselbst vor und
brachte sie durch volle Spenden für einige Zeit zum alten Glanze zurück. Die
Naivetät der eingewurzelten Anschauung des Circus zeigt sich gar artig in den
Miniaturen der ambrosianischen Iliashandschrift, deren eine die am Grabe des
Patroklos wagenrennenden Fürsten im Costüm circensischer Wagenlenker darstellt.
Der römische Circus — Taf. XXI, Fig. 6—11, Grundriss Taf. II, Fig. 4,
Oppidum Fig. 22, Carceres Fig. 59, und die auf den grösseren Bildern wiederkehrenden Bestandtheile Fig. 44, 47, 41, 49 — glich im Ganzen, trotz
der Massenhaftigkeit seines Bauwesens, dem griechischen Hippodrom, nur war
er schmaler als der für zehn Gespanne berechnete olympische, auch wenn er
ihn, wie der Circus maximus, an Länge übertraf. Den Ablaufstand bildete das
sogenannte Oppidum (auf unserer Abbildung dem Circus des Caracalla entnommen) mit den durch Schranken geschlossenen Abtheilungen (Carceres, hier nach
einem Basrelief im brittischen Museum), welche, um beiden Seiten gleiche Vortheile zu gewähren, in schiefer Linie gegen die rechte Seite der Bahn gebaut
waren. Durch das Thor in der Mitte kam der grosse Festzug (Pompa) herein, der
an Hauptfesten vom Capitol über das Forum in den Circus ging. Die capitolinischen Götterbilder selbst blieben an Ort und Stelle, wie es scheint, denn ihr
Tempel war so gerichtet, dass sie von dort aus den Spielen im Circus maximus
zusehen konnten, aber ihre Attribute wurden nebst vielen andern Heiligthümern,
Bildern oder Attributen der Gottheiten, auch der Kaiser, die ja gleichfalls zu den
himmlischen Mächten gehörten, durch den Circus geführt. An der Spitze der
Prozession zog der den Spielen vorsitzende Magistrat in der Tracht des Triumphes,
Musik voraus, eine Clientenschaar in weissen Togen hintendrein, ein Staatssklave
hielt den etruskischen Eichenkranz aus Gold und Edelsteinen über seinem Haupte.
Spielleute, Tänzer und Springer, Priester und Opferthiere umgaben die heiligen
Wagen und schlossen den Zug. War dies vorüber, so begann das Rennen. Der
Vorsitzende gab das Zeichen von dem über das Carceres gelegenen Balcon, indem
er ein weisses Tuch (Mappa) in die Bahn warf. Jetzt sprangen mittelst eines Me-
chanismus sämmtliche Gatterflügel der Wagenschuppen durch einen Druck auf
einmal auf und die Wagen versuchten ihr Glück. Das Rennen ging, wie im griechischen Hippodrom, von rechts nach links, wonach das oberste unserer Bilder
Fig. 6) zu berichtigen ist. Das Wendeziel bestand in drei auf einem Unterbau
aufgestellten Kegelsäulen (Metae), eben so das Endziel am Anfang der Bahn, wo
sich aber noch zu genauerer Bezeichnung eine weisse Linie befand, die man, um
Sieger zu sein, beim siebenten Rücklauf zuerst überfahren musste. Zwischen bei-

den Zielen war die niedrige Mauer gezogen, die den Circus gleich einem Rückgrath durchzog und daher, jedoch erst spät, den Namen Spina führte. Sie war, wie auf mehreren unserer Bilder zu ersehen, mit reichem Schmuckwerk angefüllt. Der grosse Obelisk stammt aus Aegypten, woher August ihn kommen liess, ein Vorgang, der dann in allen andern Rennbahnen nachgeahmt wurde; den zweiten noch grösseren im Circus maximus fügte Constantius hinzu. Da war ferner die grosse Göttermutter (Fig. 9 sichtbar), auf einem Löwen reitend, und Altäre und Säulen mit Statuen der Victoria, Fortuna und anderer Gottheiten, endlich die Delphinensäulen und die Eier, welche beiderlei Zeichen, je sieben an der Zahl, die sieben Umläufe bezeichneten, indem nach jedem Umlauf ein Delphin und ein Ei herabgenommen wurden. Wenn die beiden Säulengerüste geleert waren, so war ein Rennen (Missus) vollbracht. Die Zahl derselben stieg mit der geistlosen Pracht, so dass das ursprüngliche Spiel einer Stunde zuletzt auf den ganzen Tag ausgedehnt wurde.

Die Wagen waren, wie die Bilder zeigen, sehr klein und leicht, gewöhnlich Viergespanne, daher die Quadriga dem capitolinischen Jupiter besonders heilig war. Die vier Pferde liefen neben einander, die beiden mittleren im Joch. Der Wagenlenker (Fig. 12 und 13) trug eine kurze ermellose Tunica von der Farbe seiner Partei, mit breiten Binden um den Oberleib festgeschnürt, und eine Art Helm auf dem Kopfe; ein in den Gürtelbinden steckendes Messer war bestimmt, die am Leibe befestigten Zügel im Fall der Noth zu durchschneiden. Die Reiter, die auf den gegenwärtigen wie auf vielen andern Bildern neben den Wagen vorkommen, lassen sich nicht genügend erklären. Fig. 7 reitet einer in der dem Wagenlaufe entgegengesetzten Richtung, und wenn dieses Bild, welches Genien des Rennens oder Amoren als Circuskämpfer darstellt, keine buchstäbliche Auffassung verlangt, so führt doch das offenbar präcis gemeinte Bild Fig. 9 einen einzelnen Reiter ganz in gleicher Richtung auf. Dasselbe Bild zeigt eine Art von Apobaten, römisch Desultores genannt, die aber in moderner Weise auf zwei oder mehreren Pferden ritten und von einem auf das andere sprangen. Noch grösseres Kopfbrechen als die einzelnen Reiter haben die Figuren mit Gefässen, die zu Fuss herzukommen oder gar unter dem Wagen liegen (Fig. 7 und 9), die Vögel (Fig. 9) u. s. w. verursacht; man hat an Begiessung der rauchenden Wagenräder, an Darbringung von Wein für die Wagenlenker, an Gaukler und Springer zwischen und unter den Wagen, an Vögel, die die Pferde scheu machen sollten, oder auch an Taubenpost und dergl. gedacht. Auf Fig. 10, einer Abbildung der 1806 in Lyon gefundenen Mosaik, sollte man die Reiter für einfache Vorreiter halten, dergleichen auf einem andern Bilde einer ganz die Tracht des ihm mit dem Viergespann folgenden Wagenlenkers trägt; aber es sind ihrer nur zwei, während im Original die vier Parteien durch ihre bekannten Farben bezeichnet sind. Die Reiter sind gekleidet wie die zu Fusse thätigen Personen, beide Paare aber tragen allerdings, so viel man jetzt noch sehen kann, die Farbe der beiden Hauptparteien: der Fussgänger, der dem um die Meta biegenden Gespann mit der Peitsche nachhilft, ist, wie der Wagenlenker desselben, blau, der erhaltene Reiter und der Fussgänger zur Linken der Spina sind grün. Der Letztere scheint eine Schale (mit Münzen?) vor dem vorbeirennenden Wagen präsentiren zu wollen. Der Viergespanne sind es hier acht, zwei für jede Partei, und eben so viele Carceres zählt man an dem durch die Farbe als Holzconstruction angedeuteten Oppidum. Auf dem Tribunal über dem Eingang ist der Geber (Editor) des Spiels (Munus) zu sehen, der, etwas kindlich dargestellt, noch immer mit dem weissen Tuche das Zeichen gibt (mappam mittit), obgleich das Rennen längst begonnen hat und schon ein paar Wagen, ein grüner und ein rother, am Boden liegen. Das Merkwürdigste auf diesem Bilde ist die Spina, die nicht aus einer Mauer, sondern aus zwei ungleichen oblongen Wasserbassins besteht, daher auch die Delphine sich hier ganz in ihrem Element befinden und Wasser speien. Der Ueberfluss von Wasser, dessen zur Begiessung der Räder viel zu viel wäre, erklärt auf einmal seinen Zweck: Dämpfung des Staubes. Diese Einrichtung muss in vielen Rennbahnen vorhanden gewesen sein, und die Lyoner Mosaik, die auf diese Annahme hinleitet, erklärt zugleich den für die Spina vorkommenden Namen Euripus, der eben einen solchen Canal bedeutet. Einen andern Euripus liess Cäsar im Circus maximus graben, nämlich einen längs der Bahn umlaufenden zehn Fuss breiten und eben so tiefen Canal, der, da die Thierkämpfe damals noch in einem Theil des Circus stattfanden, die Zuschauer von der Bahn scheiden und vor den Bestien schützen sollte. Da er später überflüssig wurde, so warf ihn Nero wieder zu.

Die beiden Münzen Fig. 11 und 13 gehören zu den räthselhaften vielbesprochenen Contorniaten, jenen Kupfermarken, die auf dem Avers einen willkürlich gewählten Kaiser- oder andern Kopf und auf dem Revers zwar nicht immer, aber doch meist eine Beziehung auf öffentliche Spiele haben, daher gestritten wird, ob sie als Eintrittsmarken oder als Preismedaillen in einem oder dem andern Sinne zu betrachten seien. Der Annahme, sie seien Prämien gewesen, würde Fig. 13 nicht im Wege stehen: sie stellt einen siegreichen Wagenlenker vor, der gleich denen auf dem Relief Fig. 9 durch Namensinschrift — »Lisiphonus« steht auf der Marke — ausgezeichnet ist. Auf dem Avers ein Augustuskopf mit der Aufschrift Divus Augustus Pater, eben so bei der andern Münze. Diese hat auf dem Revers den Circus maximus in seiner ganzen Moles, wovon freilich das kleine Bild nur eine schwache Vorstellung gibt. Seine letzte Gestalt zwar nicht, aber die Vergrösserung, die ihn neben den andern Rennbahnen seinen Namen mit Recht fortführen liess, hatte er durch Cäsar erhalten. Die Sitzreihen, die unteren von Stein, die oberen von Holz, ruhten auf einem dreifachen Stockwerk von Bogenwölbungen; aussen lief eine ein Stockwerk hohe Halle mit Buden u. dgl. Die unterste Sitzreihe (Podium) war für den Kaiser, wenn er nicht als Editor auf dem Balcone über dem Hauptthor sass, und für die Senatoren bestimmt. Die übrigen Sitzreihen waren, wie die Cavea des Theaters, durch Präcinctionen abgetheilt. Die Geschlechter sassen hier nicht, wie in den andern Schauspielen, getrennt, und Ovid findet es daher sehr empfehlend, dass man im Circus hübsch zusammenrücken musste, worüber Juvenal freilich anderer Meinung ist. Jeder der folgenden Kaiser verschönerte den grossen Circus, am meisten Trajan, der ihn laut Inschrift »zur Aufnahme des römischen Volkes genügend« machte. Die Angaben über die Menge, die er fasste, steigen von 150,000 auf 250,000, auf 385,000, endlich gar auf 485,000. Da konnte wohl der eine Dichter »Totam hodie Romam Circus capit« seufzen und der andere »Cogit nos linea jungi« lächeln.

Tief abwärts auf der Nachtseite der Menschennatur führt uns der vorgezeichnete Weg in das grauenhafte Gebiet der amphitheatralischen Arena.

Die Gladiatorenspiele sind ursprünglich, wie schon bemerkt, auf Grund alter Menschenopfer aufgekommen. Wenn Achill am Scheiterhaufen seines Freundes

zwölf Gefangene, »tapfere Söhne hochherziger Väter«, mit dem Erze hinvor.
so war es gewissermassen ein Fortschritt, die Opfer ritterlich mit einander kämpfen
zu lassen. Die Sitte soll aus Lydien nach Etrurien eingewandert sein, wo in
Urnen derartige Leichenspiele sich finden, und von Etrurien kam sie nach Rom,
jedoch zu einer verhältnissmässig so späten Zeit, dass sie nicht mehr als Milderung
eines uralt rohen Vaterbrauches erfordert worden wäre. Erst im zweiten Drittel
des dritten Jahrhunderts vor Chr., im ersten Jahr des ersten punischen Krieges
scheint sie bei dem Begräbniss eines Brutus zum erstenmal in Anwendung gekommen zu sein. Damals kämpften drei Paare auf dem Viehmarkt (Forum boarium).
Vierzig Jahre nachher waren es schon zweiundzwanzig, und ehe ein Jahrhundert
verflossen war, sah man in Einem Spiele schon siebzig, auch hundert und zwanzig
Mann. Im letzten Jahrhundert der Republik war der Geschmack an der blutigen
Lustbarkeit so gestiegen, dass Cäsar als Aedil 320 Paare fechten liess. Von der
Leichenfeier war sie auf jeden andern Anlass, bei welchem ein Privatmann Spiele
geben konnte, übergegangen, und die Magistratspersonen, die sie jetzt auch amt-
lich anzuordnen hatten, wetteiferten in der Beschickung dieser Spiele nicht minder
als in der Ausstattung der circensischen. Magnificentia gladiatorii muneris war die
beste Wahlbewerbung, der man vergebens durch Gesetze, wie Cicero's Lex Tullia
de ambitu, zu steuern suchte. Zu gleicher Zeit waren die Familiae Gladiatorum,
die wie Circusrosse vom Lieferanten zu Kauf oder Miethe gehalten wurden, in den
politischen Parteikämpfen ein auch für den »Gutgesinnten« so nothwendiges Uebel
geworden, dass derselbe Cicero, dem die Bande des Clodius staatsgefährlich war,
den Ankauf von Gladiatoren, wenn Milo sich und den Consul mit ihnen umgab,
für eine rettende That erklärte. Ein Mann, der, wie Brutus Albinus, viele Gladiatoren besass, war eine wichtige Erwerbung für Cäsar's Mörder, und mehrmals
wurde diese Waffengattung auch im Kriege benützt, nachdem Spartacus ihre Brauchbarkeit hiefür so nachdrücklich bewiesen hatte.

Zu den Fechterspielen waren sodann schon unter der Republik die sogenannten
Thierjagden (Venationes) gekommen. Es war zu Anfang des zweiten Jahrhunderts
vor Christus, Karthago und Griechenland waren so eben als die zwei kostbarsten
Glieder in den Ring der beginnenden Weltherrschaft geschmiedet worden, da sahen
die angehenden Herren der Erde in den Spielen, die Fulvius im Aetolischen Kriege
gelobt hatte, zum erstenmal einen Athletenkampf und zum erstenmal eine Löwen-
und Pantherjagd. Zeichen und Wunder begleiteten die neue Erscheinung: ein
Blitz schlug in den Tempel der Ops auf dem Capitol, im Picenischen fiel ein
dreitägiger Steinregen, elektrische Flammen versengten den Leuten Haut und Kleider, und aus Umbrien kam gar die Schreckenskunde, dass man einen beinahe
zwölfjährigen Zwitter gefunden habe. Bettage, Opfer und Lustration dienten die
Himmlischen zu versöhnen, und das »Scheusal« wurde nicht bloss aus dem römischen Gebiete, sondern aus der Welt geschafft; aber der Himmel der Republik
blieb gewitterhaft überzogen und die Zwittergeburt der Weltmonarchie vollendete
sich durch den Verlust der Freiheit für die Herren selbst. Seitdem kamen die
seltensten Thiere der eroberten Länder in immer zahlloseren Massen nach der
herrschenden Stadt; wenn sie in den Triumphzügen mit ihren Schicksalsgenossen,
den gefangenen Königen, Königinnen und Kriegern durch die beiden Bahnen, den
Flaminischen und den Hauptcircus, geführt wurden, konnten sie sich die Stelle
beschauen, wo sie später von tapferer oder feiger Hand in der Nähe oder aus
der Ferne erlegt fallen oder den wehrlosen Verurtheilten zerreissen sollten. Ein

war die Stelle zwischen dem Ablaufstand und der ersten Meta. Da jedoch hier nur die begünstigtsten Zuschauer einen Genuss vom Schauspiel hatten, so musste man auf eine andere Einrichtung denken. C. Scribonius Curio, der im Bürgerkriege zwischen Pompejus und Cäsar seine Rolle spielte, war der Erste, der, diesmal wieder bei Leichenspielen, die massgebende Form aufstellte. Er baute zwei hölzerne auf Drehaxen ruhende Theater, die am Vormittag mit dem Rücken gegen einander gekehrt zu Schauspielen dienten und am Nachmittag für die andern Aufführungen mit beiden Zuschauermassen herumgedreht aus zwei halbrunden Schauräumen in einen kreisrunden (Amphitheatrum) verwandelt wurden. Die Erfindung wurde seither nachgeahmt, und der Name Cavea, der vorher dem Theater angehörte, wurde nach und nach fast ausschliesslich auf das Amphitheater angewendet, so dass, wenn Cicero noch die Belustigungen nach Circus und Cavea abgeschieden hatte, Augustin später einen rasenden Circus, eine unsinnige Cavea und eine lascive Scena unterscheiden konnte. Mit den Venationen wurden jetzt auch die Gladiatoren, die bis dahin auf dem Forum Romanum gefochten hatten, in das Amphitheater gebracht, dem man, um Platz zu gewinnen, für Arena und Schauraum eine ovale Form gab, und nur die grossen Thierhetzen, die förmlichen Schlachten zu Pferd und zu Fuss, die Schauspiele, worin eben beendigte Kriege mit Eroberungen und Plünderungen von Städten in buchstäblicher Aufführung dargestellt wurden, blieben (neben andern Schauplätzen wie Marsfeld u. dgl.) dem Circus maximus vorbehalten, der mit seiner langen Streckung sowohl für das unglückliche Personal der Bahn, als für die leidenschaftliche Zuschauermenge die grössten Raumverhältnisse bot.

Das erste Amphitheater, das diesen Namen führte, wurde von Cäsar gebaut. Es war aus Holz, und wurde, wie die hölzernen Theater des Mummius, des Scaurus, die auch nur für die jedesmaligen Spiele bestimmt waren, nach Beendigung der Lustbarkeit wieder abgebrochen. Auch das Amphitheater von Statilius Taurus, unter August, das als das erste steinerne genannt wird, muss, im Innern wenigstens, gutentheils aus Holz gewesen sein, da es im Neronischen Brande zu Grunde ging. Nero baute gleichfalls ein hölzernes. Erst unter Vespasian erstand das Flavische Amphitheater, das Wunder der Welt, das auf der Münze seines Sohnes, Taf. XXII, Fig. 1, nur wie ein Sandkorn, doch in den äusseren Verhältnissen deutlich angegeben ist. Ueber achtzig mächtigen Bogen stieg es in vier Stockwerken zu einer Höhe von 150 Fuss empor, und die Zahl der Zuschauer, die es fassen konnte, wird auf 87,000 angegeben. Titus weihte es ein, aber ganz vollendet wurde es erst unter dem folgenden und letzten Flavier. Den Namen Colosseum hatte es entweder von seiner ungeheuren Grösse oder von dem 70 Fuss hohen Apollokoloss, den Vespasian von Nero's goldenem Hause nahm und vor seinem Amphitheater aufstellte. Er lebt im Namen Coliseo fort, denn so nennt ja der jetzige Römer den etwa zur Hälfte noch stehenden, den Märtyrern, die darin starben, geweihten Riesenbau, welchen Byron so geisterhaft geschildert, Göthe, gegen Geistergrauen so abgehärtet, mit einem Schauer verlassen hat, und in welchem der verwogene Benvenuto Cellini wirkliche Geister, tausendlegionenweise, gesehen haben will. Eine ausführlichere Anschauung als die Münzen des Titus geben von dieser Art Theater, die alle nach dem gleichen Hauptplan gebaut waren, die auf Taf. II abgebildete Aussenansicht (Fig. 45) und der Durchschnitt (Fig. 50) des wohlerhaltenen Amphitheaters von Pola in Istrien, so wie das Innere des am besten erhaltenen Amphitheaters von Pompeji (Fig. 55). Die Cavea ist, ausser dass sie rings herumgeht,

ganz wie die des Theaters eingerichtet, sie hat die Keile, die Treppen, die Stock-
werke, die Präcinctionen, die wir bei jener kennen gelernt haben, und endlich, nur
in viel grösserer Anzahl, die Vomitorien, die es erklärlich machen, dass man im
pompejanischen Amphitheater, das für etwa 20,000 Menschen Raum hatte, nicht
mehr als sechs Gerippe gefunden hat, vielleicht obendrein getödtete Gladiatoren.
(Bekanntlich sagt Dio Cassius, die Bewohner von Pompeji seien bei jenem Vesuv-
ausbruch eben im Theater versammelt gewesen, und Gründe, die schon früher berührt wurden, leiten zu der Annahme, dass dasjenige Theater gemeint ist, das dem
geistigeren Schauspiele ohnehin den Rang abgelaufen hatte.) Die Arena, in gewöhnlichen Amphitheatern fester, mit Sand bestreuter Grund, war im Colosseum ein
auf tiefen Mauern ruhender Bretterboden, der mit seinen unterirdischen Maschine-
rieen und Käfigen für wilde Thiere zu jeder Art Theaterverwandlung benützt werden
konnte. Zunächst um die Arena lief das Podium, an welchem zum Schutze gegen
die wilden Thiere ausser dem Geländer noch Walzen, die sich bei der Berührung
drehten, und Netze mit zahnförmigen Spitzen angebracht waren. »Hier« — sagt
Friedländer in seiner Beschreibung der Amphitheaterspiele der Kaiserzeit (im Bk.
Museum) — »sassen die Stammhalter der alten fürstlichen Geschlechter, in ihrer
Amtstracht die Würdenträger der Monarchie, die Priestercollegien im Ornat, die
Vestalinnen; in der Mitte, in einer prachtvollen Loge, der Kaiser mit seinem Hause
und Gefolge. In diesen glänzenden Reihen zog wohl ein orientalischer Fürst, mit
hoher Mütze und weiten, bunten, juwelenbedeckten Gewändern, die Blicke auf sich,
oder ein deutscher Häuptling, mit knapp anschliessender Tracht, erregte durch
seine Riesengestalt die Bewunderung der Römer und durch sein blondes Haar den
Neid der Römerinnen. Denn hier war der Platz der fremden Könige und Gesandten, und auch vornehme Gefangene verhinderte man nicht, bei solchen Gelegenheiten sich dem Volke zu zeigen. Die Tausende und aber Tausende der übrigen
Stände bedeckten die marmornen Sitze, die sich über dieser ersten Reihe in immer
weiteren Kreisen erhoben, unter sie mischten sich die Formen und Farben aller
Racen und Nationen, denn aus den fernsten Ländern strömten Menschen nach
Rom. Alle römischen Bürger waren mit Rücksicht auf die kaiserliche Gegenwart
und zu Ehren des Festes in die weisse Toga gekleidet und grün gekränzt. Eine
hohe ringsumlaufende Brüstungsmauer schloss diese Sitze der Männer ab, und
trug eine prachtvolle, von siebzig Säulen gebildete Galerie, unter deren Dach die
Frauen sassen. Auf den höchsten Bänken, über den Sitzen der Frauen, drängte
sich unter dem Dache die Masse derer, die ihr schmutziger oder zerlumpter Anzug
und ihr Stand von den untern Sitzen ausschloss (Pullati). Dem Auge, das über
den weiten Raum hinschweifte, erschienen diese Massen in einer eben so einfachen
als imposanten Anordnung, und das gewaltige Bild war in den würdigsten Rahmen
gefasst, alle architektonischen Linien durch reiche und kunstvolle Verzierung
gehoben. Ueber den ganzen Zuschauerraum konnte zum Schutz vor der Sonne
ein Zeltdach gespannt werden, und seine bunten Felder gossen dann einen farbigen
Schimmer über die von ihnen bedeckten Plätze aus. Aus der Arena sprudelten
Springbrunnen Strahlen wohlriechender Wasser bis zu ungeheurer Höhe (Sparsiones), kühlten die Luft und füllten sie zugleich mit Düften.« Das Velarium, das
wie im Theater von Matrosen oder Flottensoldaten aufgezogen und über dem ungeheuren Raume ausgespannt wurde, hing in Tauen an rings auf der obersten Mauer
stehenden Masten, und zwar ohne Zweifel so, dass die Mitte des Zeltdachs mit
strahlenförmigen Tauen aufwärts gezogen an den höchsten Spitzen befestigt war,

während die Taue, die zum Ausspannen dienten, oder die einzelnen Streifen des Dachs (Vela), eben so strahlenförmig abwärts nach niedrigeren Punkten an den Masten oder auf der Höhe der Mauer liefen. Dieses Riesendach liess Nero von purpurnem Zeuge machen, in welches der Sonnengott auf seinem Gespann eingestickt war; sonst war es auch von Seide, die damals mit Gold aufgewogen wurde. Von der Grösse des ganzen Gebäudes gibt es einen Begriff, zu erfahren, dass drei der grössten Paläste Rom's, die Cancelleria vecchia, Palazzo Farnese und Palazzo Barberini, aus den Steinen des Coliseo erbaut worden sind, ohne mehr als die Hälfte der äusseren Umfangsmauer aufgezehrt zu haben. So musste die Masse sein, um dem Zweck zu dienen, den Göthe im Amphitheater von Verona erkannte und der in Rom noch grössere Ausdehnung erforderte, dem Zweck, »dem Volk mit sich selbst zu imponiren, das vielköpfige, vielsinnige, schwankende, hin und her irrende Thier sich selbst sehen zu lassen, zu einem edlen Körper vereinigt, zu einer Einheit bestimmt, in eine Masse verbunden und befestigt, als Eine Gestalt, von Einem Geiste belebt, die Simplicität des Oval jedem Auge auf die angenehmste Weise fühlbar, und jeder Kopf zum Masse dienend, wie ungeheuer das Ganze sei.«

Nun aber der Geist, der diesen einheitlichen Körper vom Kaiser auf dem Podium bis zum letzten Pullatus auf dem Juchhe durchdringt? Was die gespannt auf die Arena gerichtete vereinigte Erwartung sich versprechen darf, haben Mauerprogramme angekündigt, dergleichen heute noch in Pompeji zu lesen sind, als: »Venatio, Athletae, Sparsiones, Vela erunt«, oder: »... i·Familia gladiatoria pugnabit iterum, pugnabit 16. Kal. Junias, Venatio, Vela«, u. dgl. Das Alles natürlich zu Rom im grössten Massstab, und noch Einiges mehr dazu. Das Munus begann mit der Pompa der Gladiatoren, die in ihren prachtvollen Rüstungen unter Musik feierlich die Arena durchzogen und dabei, trotz der persönlichen Ehrlosigkeit Lieblinge des Volks, im Leben und im Tode von der Kunst gefeiert, das Herz mancher Dame eroberten. Dann traten sie vor den Editor, häufig den Kaiser selbst, um ihre Waffen prüfen zu lassen. Bekannt ist der Gruss: »Ave, Imperator, morituri te salutant.« Nach einem Scheingefecht mit stumpfen Waffen gibt die Tuba das Zeichen zum scharfen Kampfe, und der Römer geniesst den Kitzel, unter dem Auswurfe der Menschheit Personen vom höchsten Adel — sei es aus Zwang, wie schon unter Cäsar geschehen, sei es zur Fristung eines herabgekommenen Lebens — mitkämpfen zu sehen, wenn nicht gar ein Domitian oder ein Commodus selbst in die Arena tritt, ein Caracalla, ein Geta Arm in Arm mit Gladiatoren und Wagenlenkern sein Jahrhundert in die Schranken fordert. Die Zahl der Fechterpaare steigt in die Hunderte; zur Abwechslung werden ganze Schlachten gegeben, worin Elephanten mit Thürmen und Mannschaft auf dem Rücken auftreten, oder ein andermal wird ein Geschwader der kaiserlichen Garde von seinen Offizieren gegen ein Heer Panther geführt. Dazwischen führten gezähmte Thiere ihre Künste auf, Kraniche kämpften mit einander, Löwen fingen Hasen, die sie wieder springen liessen, Elephanten lagen zu Tische, tanzten auf dem Seil, schrieben lateinisch, und bekannt ist die Anekdote des Plinius von dem Elephanten mit dem harten Kopfe, der in nächtlichen Privatübungen sich zu vervollkommnen suchte. Ein andermal schwindet der Boden der Arena und ein Wald steigt empor, worin Gethier aus fernen Ländern in scheinbarer Freiheit sich tummelt, oder die Arena ist zum Schiff umgewandelt, das plötzlich aus einander fällt und Hunderte von Bären, Löwen, Panthern, Straussen, Auerochsen ausspeit, die durch Stacheln, Feuerbrände u. dgl. — auch Füchse mit brennenden Schwänzen kommen vor —

7 *

zur Wuth gereizt einander anfallen oder in verschiedenartigen Kämpfen erlegt werden. Die Zahl dieser Thiere, wie sie schon in den letzten Zeiten der Republik und noch massenhafter unter den Kaisern in der Arena erschienen, wird in unglaublichen Ziffern angegeben; bei der Einweihung des Flavischen Amphitheaters werden 5000 an Einem Tage genannt. Die hiezu nöthigen Jagden hielten Tausende vom Ganges bis zum Rhein in Athem, und die Transporte nach dem ungeheuren Thier- und Völkerzwinger trafen die unterwegs gelegenen Städte mit der Servitut des Unterhalts, während die entvölkerten Wüsteneien sich dem Ackerbau öffneten und das Nilpferd von der nächtlichen Weide in den ägyptischen Waizenfeldern nach Nubien hinauf entwich. Denn auch dieses Ungethüm schreckte so wenig wie das Krokodil und Nashorn durch die Schwierigkeit des Fanges ab, und auch so seltene Thiere, wie Giraffen, waren in Rom nichts Ungesehenes. »Seit der Wiedererweckung der Wissenschaften«, sagt Friedländer, »ist bis ins neunzehnte Jahrhundert keine Giraffe mehr in Europa gesehen worden, und Buffon musste sich begnügen sie zu beschreiben, ohne dass er wagen konnte eine Abbildung zu geben. Der einzige und vermuthlich in der neuern Zeit erste in Europa befindliche lebende Hippopotamus ist in London. Der ganze Einfluss eines englischen Consuls bei einem Pascha von Aegypten reichte kaum hin, ihn zu erlangen. Sein Fang beschäftigte eine kleine Armee, sein Transport vom weissen Nil bis Kairo dauerte allein fünf bis sechs Monate. Aber Commodus tödtete eigenhändig fünf Nilpferde und eine Giraffe.« So wird dieses Rom zum centralsten, aber auch unfruchtbarsten zoologischen Garten, den die Welt gesehen hat.

Wieder ein andermal füllt sich die Arena mit Wasser, Triremen fahren gegen einander und beginnen eine Seeschlacht, die Wasser laufen wieder ab, worauf der kaum getrocknete Boden sofort zum Wahlplatz eines Landtreffens wird. Dieser rasche und sogar mehrmals wiederholte Scenenwechsel fand unter Nero statt. Auch andere Kaiser benützten das Amphitheater zu dem beliebten Seegefecht. Für die Naumachie im grossen Massstab aber wurden eigene Bassins gegraben und historisch berühmte Seeschlachten zur Darstellung gewählt. Die erste brachte Cäsar auf dem Marsfelde auf, wobei zwei Flotten, aus Zwei-, Drei- und Vierruderern bestehend, mit 4000 Ruderknechten und auf beiden Seiten mit 1000 Seesoldaten bemannt, einen Kampf der Tyrier und Aegypter nachahmten, die zweite, eine Seeschlacht zwischen Athenern und Persern, gab August. Die grösste war die des Claudius, zu welcher der Fuciner See gewählt und mit Gerüsten für die Zuschauer — Plinius der Oheim sass unter ihnen — umgeben wurde; 19,000 Mann als Rhodier und Sicilier kämpften dort, »obwohl Missethäter, mit dem Muthe tapferer Männer,« wie Tacitus erzählt. Domitian übertraf das Alles durch die Errichtung eines steinernen Gebäudes, worin Geschwader von fast der wirklichen Grösse zweier Flotten kämpften und vor- und nachher der Boden zu Thierhetze und Wagenrennen trocken gelegt werden konnte. Eine Münze von ihm, die auf unsrer Taf. II, Fig. 56. abgebildet ist, hat diesen Bau, dessen Steine später zu einem grossen Circus dienten, der Nachwelt aufbewahrt. Noch toller, wenn wahr, denn sie beruhen auf einem »Fertur«, sind Elagabal's Naumachieen, die in weingefüllten Bassins gehalten worden sein sollen.

Alle diese Kämpfe, die den Boden der Arena, oder das Wasser, oder, wenn es so sein soll, den Wein des Seeschlachtbeckens roth färbten, der eiserne Kampf Mann gegen Mann, oder in Massen, oder des bewaffneten Mannes gegen das Thier der Wüste, einzeln oder in Massen, hatten bei aller Schrecklichkeit des zwecklosen

Blutvergiessens etwas Ritterliches. Aber es gab auch andere Schauspiele. Die Arena füllte sich mit Zwergen, die einander zerfleischen mussten, und der Poet, der dies beschreibt, meint, es sei ein Hauptspass für Götter, wie Mars und Bellona. Ueberboten freilich wurden diese Unglücklichen von Frauen, die freiwillig, selbst hochgeborene, mit den Gladiatoren wetteifernd und um ihren Beifall buhlend sich in die Arena drängten, bis Septimius Severus ihr Auftreten verbot. Im Gladiatorenthum selbst stand neben den Heroen der Arena, deren wilde Todesverachtung immerhin ein gewisses Recht auf bewundernde Theilnahme hatte, eine andere Classe, die ein scheussliches Schauspiel darbietet. Seneca kam einst um Mittag ins Amphitheater und sah ungeübte Gladiatoren mit einander kämpfen. Es waren Verbrecher, denen man, als Strafverschärfung und gewiss auch oft wegen blosser Untüchtigkeit, keine Zeit zum Lernen liess, wie andern zur Gladiatur Verurtheilten, die nach furchtbar strenger Schule und Zucht in der Fechtercaserne und blutiger Laufbahn in der Arena durch Tapferkeit, Glück und Gunst das Stockrappier (Rudis), womit sie in Ehren entlassen (Rude donati) wurden, erlangen konnten. Um nun diesen bejammernswerthen Neulingen wenigstens eine unterhaltende Seite abzugewinnen, liess man sie ohne Schutzwaffen kämpfen, so dass sie gegenseitig mit dem ganzen Leibe den zerfleischenden Hieben und Stössen ihrer Angriffswaffen preisgegeben waren, und wer davor zurückbebte, der wurde mit Peitschen und glühenden Eisen in den Kampf getrieben. »Hiemit verglichen«, ruft der Philosoph, »sind alle bisherigen Kämpfe Erbarmen — es ist reiner Mord, Metzelei.« Es gab (Claudius z. B.) besondere Liebhaber dieses Schauspiels, das den Freunden geregelter Fechtkunst unter ihrer Würde sein musste, und deswegen in die Mittagszeit verlegt wurde, wo die meisten Zuschauer das Amphitheater verlassen hatten. Noch scheusslicher war ein Theil der Thierkämpfe, sofern man ihm nur überhaupt diesen Namen geben kann. Die eigentliche Venatio war ein der Gladiatur ebenbürtiges Handwerk, zu welchem die gleichfalls in Familien eingereihten Venatores ganz wie die Gladiatoren in Schulen herangebildet wurden, und welches sie mit den dem Zwecke angemessenen oder auf die Hervorhebung der Kunstfertigkeit berechneten Waffen ausübten; diejenige Classe der Bestiarii aber, die dem sichern Verderben geweiht war und mit ihren Martern zur Volksbelustigung dienen sollte, wurde den wilden Thieren mit schlechten Waffen, auch völlig waffenlos, ja nackt und gebunden vorgeworfen. Diese Verurtheilung, vor welcher das Bürgerrecht (später übrigens den gemeinen Mann nicht mehr) schützte, traf Verbrecher, oder was man so hiess, falls nicht gelegentlich ein Genie wie Caligula in Ermanglung von Verurtheilten die nächsten besten Zuschauer dazu presste und ihnen, damit sie nicht protestiren konnten, die Zungen ausschneiden liess. Sie traf besonders auch Kriegsgefangene, mit welchen man auf diesem Wege wie durch die Gladiatur schnell oder langsam aufzuräumen wusste. Noch Konstantin, ehe er als Christ das Amphitheater schloss und mit dem Circus vertauschte, gab zu Trier gefangene Alemannen und Franken, die Fürsten sammt dem Volke, den wilden Thieren preis, so dass an der Masse der Opfer »der Zahn der rasenden Bestien ermüdete.« Dass Christen in dieser Weise zahlreich geblutet haben, ist bekannt. Eine Märtyrergeschichte berichtet einen Fall aus einem afrikanischen Theater, wo die Verurtheilten im Costüm, die Brüder als Saturnspriester, die Schwestern als Cerespriesterinnen, sich zerreissen lassen mussten. Dies führt zu einer besondern Art von Schauspielen, worin der Geist des Amphitheaters in seiner Vollendung erscheint. Eine Anekdote aus dem Anfang des gegenwärtigen Jahrhunderts erzählt von einem Delinquenten, der, da

man ihm das Recht der letzten Bitte eingeräumt, bei einer Aufführung des Fiesco
als Mohr sterben zu dürfen gebeten habe; er habe die Rolle mit hinreissendem
Humor gespielt, und sei dann auch richtig auf der Bühne aufgeknüpft worden.
Diese übrigens nicht sehr verbürgte Einkleidung einer Execution in eine Theater-
scene war ein allbeliebter Modeartikel der römischen Welt. Der Räuber Selurus,
der »Sohn des Aetna«, wurde auf einem künstlichen Aetna zur Schau gestellt,
plötzlich brach das Gerüst zusammen und er stürzte unter wilde Thiere, die ihn
zerrissen. Der Räuber Laureolus, der am Kreuz den Thieren zum Besten gegeben
worden war, wurde in diesem Aufzuge der Held einer gern gesehenen unblutigen
Mimenposse; Juvenal, der sie sah, hätte es dem Schauspieler gegönnt, dass mit
dem Kreuzigen Ernst gemacht worden wäre, und Domitian führte diesen Gedanken
wirklich aus. Wenn dabei die Glieder tropfenweise herabfielen, bis »der Körper
kein Körper mehr war«, so hatte der Geschmack des Zuschauers die höchste Befriedigung erlangt. An den Pantomimenkünstler fordert Lucian, dass er die ganze
Mythologie und Geschichte von der Weltschöpfung bis auf Kleopatra herunter
gut inne habe, und die gleiche umfassende Bildung war den Intendanten, ja wohl
gar den erbarmenswürdigen Darstellern dieses schauderhaften Ernstspiels vonnöthen.
Da wurde die Verbrennung des Herakles auf dem Oeta gegeben, Mucius Scävola
hielt die Hand in sein Kohlenbecken, bis sie — »streng geschichtlich«, wie eine
gewisse Gattung unserer historischen Romane und Novellen unter dem Texte zu
bemerken pflegt — von der Gluth verzehrt war. Mythologische Gewande kamen
zur Darstellung, wie sie der Medea zugeschrieben werden, kostbare, golddurch-
wirkte Tuniken und Purpurmäntel nebst dem verhängnissvollen Kranze; in diesem
Schmucke tanzten die Opfer, denn die Peitsche und das glühende Eisen im Hintergrund konnten wohl Lust zum Tanze machen, was auch auf diesen folgen
mochte; zuletzt fuhr Feuer aus den Gewanden, das die Rolle vollends zu Ende
spielte. Wenn Tertullian nicht übertreibt, so gab es Verzweifelte, die sich zu
diesem Aeussersten verkauften, und dann sind wohl auch die romanhaften Erzäh-
lungen von »edlen« Gladiatoren, die sich so für Angehörige opferten, etwas mehr
als Roman. Zur Abwechslung kam der bekannte Gegenpol der Grausamkeit in
Wirkung, Pasiphae mit dem Stier wurde gegeben, Leander schwamm durch die
unter Wasser gesetzte Arena, von Nereïden und Meergottheiten geleitet, zu seiner
Hero. Dann wieder sieht man Orpheus in seinem wohlarrangirten Waldgebirge,
Bäume und Felsen in Bewegung setzend, von Vögeln und Vierfüssern umgeben;
nun sollten, mythologisch orthodox, seine bacchischen Verderberinnen heranstür-
men, aber Hof und Publicum nehmen es in solchen Dingen nicht allzu genau, und
er wird dafür um so buchstäblicher von einem Bären zerrissen. Diese (von Friedländer zusammengestellten) Scenen sind nur ein kurzer Auszug aus dem grossen
Katalog. Sie haben nicht alle zu Rom und im Amphitheater des gütigen Titus
stattgefunden, aber doch die meisten spielten dort, und dort muss man überhaupt
den Superlativ von Allem suchen, was im Reiche geschah.

    Tafel XXII, Fig. 9—10, sind die hauptsächlichsten Classen und Kampf-
weisen der Gladiatoren dargestellt. Zuvörderst aber haben wir die drei Statuen
Fig. 3—5 auszuscheiden, die jedenfalls nicht zum eigentlichen Handwerk gehören.
Kriegergestalten, wie der borghesische Kämpfer, der sterbende Kelte (vor welchem
auch Byron noch »die Arena schwimmen« sah), sind jetzt aus der Gladiatoren-
caserne losgesprochen und ihrem wirklichen Berufe zurückgegeben. Unsere drei
Statuen werden wohl den gleichen Anspruch machen dürfen. Zwar, wenn man

sich einen Spartacus, statt in der Schlacht gefallen, in Gefangenschaft gerathen und unter jene unglücklichen Mittagsfechter (Meridiani) gesteckt vorstellt, so möchte der ins Knie gesunkene Brave (Fig. 3) ein seiner nicht unwürdiges Bild abgeben, und mancher Kriegsgefangene mag in der That solchergestalt, einer Statue werth, geendigt haben; aber auch dann hätte man immer noch das Recht, das Bild dem Gladiatorenthume streitig zu machen und jenen Kampfbildern beizurechnen, deren Reigen die pergamenische Kunst mit ihren lebensvollen Gallierkämpfen eröffnet hat. Ja, die letzte unserer drei Statuen scheint geradezu für eine Nachfolge dieser Schule in Anspruch genommen werden zu müssen. Betrachtet man nämlich den sterbenden »Fechter,« in welchem jetzt der gallische Krieger erkannt ist, wie er zusammengebrochen sein schwindendes Leben in beginnender Bewusstlosigkeit und Todesbitterkeit noch aufrecht zu halten sucht, während das Schlachtfeld »vor ihm schwimmt« (s. die Abbildung in Weisser's Bilderatlas der Weltgesch., Taf. 15 b, Fig. 12 *), so sieht man, dass ihn der nächste Augenblick, wenn der stützende Arm zusammenknickt und der linke Fuss sich vollends ganz streckt, in der völlig gleichen Lage zu Boden bringen muss, worin unser todter Kämpfer (Fig. 5) dargestellt ist, dass also diese Statue sich gewissermaßen (in künstlerischem Sinn) als die Fortsetzung der freilich weit überlegenen pergamenischen geben zu wollen scheint, mit welcher sie auch die realistische Behandlung gemein hat, wiewohl der Gefallene nicht eben ein Gallier, sondern durch die phrygische Mütze als »Barbar« von der Ostseite bezeichnet ist.

Den echten und gerechten Gladiator dagegen erblickt man in der Statue Fig. 2. Er hat die wesentlichen Kennzeichen des Samniten, einer Gladiatorenart, deren Name seit dem zweiten Samnitenkriege, in Folge der sehr unpolitischen Feindschaft der Campanier gegen diese ihre natürlichen Bundesgenossen, aufgekommen ist. Damals verloren die Samniten eine Schlacht und mit ihr eine Unzahl ihrer goldenen und silbernen Waffen, die den Römern und Campaniern in die Hände fielen. Jene schmückten ihr Forum damit, diese, die noch vor den Römern Gladiatoren hatten und sie bei ihren Banketten auftreten liessen, dass das Blut Tische und Gäste bespritzte, zogen aus Stolz und Hass gegen die Besiegten ihren Fechtern die Prachtrüstungen an und nannten sie fortan Samniten. Von dieser Waffenart ist der grosse Schild (Scutum) geblieben, aber nicht mehr unten zugespitzt, wie er der Handlichkeit wegen im Kriege getragen worden war; der Schwamm, der die Brust gedeckt hatte, ist weggefallen, aber die Schiene, die das linke Bein schützte, wurde beibehalten; anstatt des Helmes mit dem hohen Federbusche dient der Visierhelm, den alle schwerbewaffneten Gladiatoren tragen, und an Abenteuerlichkeit nimmt er es bei unserer Figur mit dem groteskesten Ritterhelme des Mittelalters auf.

Andere nach Völkerschaften, also wohl ursprünglich von deren Kriegsgefangenen oder von den auch bei ihnen heimischen Fechtspielen benannte Gladiatorenarten sind die Galli und die Threces. Letztere, besonders kenntlich durch den kleineren runden Schild (Parma), finden sich auf der von Winckelmann herausgegebenen Mosaik Fig. 6. Sie tragen beide Beine beschient und sollten ihrer Kategorie gemäss mit der kurzen Harpe (Sica), die sich in verschiedenen Formen findet, versehen sein, ihre geraden kurzen Schwerter zeigen dagegen, dass die Kategorieen in den Bildern und natürlich auch in der Arena selbst nicht eben pedantisch

---

*) II. Aufl. I. Band I. Abth. Taf. 32, Fig. 12.

eingehalten wurden. Ihre Visiere sind maskenartig, was sich bei vielen der andern Figuren wiederholt. Auf beiden Abtheilungen des Bildes sind im Originale ihre Namen, Habilis und Maternus, beigeschrieben; schon auf der untern, die den Beginn des Kampfes gibt, steht bei Maternus die verhängnissvolle durchstrichene Null, die das Todeszeichen, das griechische Th (Thanatos), vorstellt. Die weitere Beischrift: »Quibus pugnantibus Simmachius ferrum misit,« hat wahrscheinlich die Bedeutung, dass ein anderer Gladiator Namens S., der in diesem Falle bei Volk und Editor sehr wohl angeschrieben gewesen sein müsste, solchen Kämpen gegenüber auf den Kampf, etwa den Nachkampf mit dem Sieger, verzichtet habe. Die beiden andern Figuren mit Stäben sind Lanistae, eigentlich nur Kampfwärter unter dem Befehl des Lanista, der der erste Fechtmeister und Aufseher, oft auch Eigenthümer der betreffenden Fechterfamilie ist. Auf der obern Abtheilung liegt Maternus am Boden, und Habilis befindet sich neben ihm in einer Stellung, als ob er ihm gar mit dem dort liegenden Steine den Rest geben wollte. Seine Identität ist durch den beigeschriebenen Namen besser gewahrt als durch die Figur, die von der auf der unteren Abtheilung abweicht; aber auch bei seinem Gegner zeigt das Fehlen der Beinschienen, dass der Künstler es nicht genau genommen hat. Der eine der Lanisten ist abwesend. Ueber dem andern steht das Wort »Neco,« das wohl eher dem Habilis zukommt, und weiterhin: »Haec videmus.« Hierin scheint ein interessanter Aufschluss über das Verhalten des Publicums bei diesem letzten Acte zu liegen. »Hoc habet!« rief man, wenn einer seinen »Treff« hatte. Hoffte und wünschte er noch das Leben zu behalten, so hob er die Hand oder den Finger auf. Diese Appellation an das Volk — dem sie von allen Editoren, ausser vom Kaiser, eingeräumt war — wurde, wenn er Gnade fand, mit dem gleichen Zeichen beantwortet; auch schwenkte man Tücher, wobei Diebe ihre Rechnung gefunden zu haben scheinen, und dass man zu Gunsten eines Lieblingsfechters auch von der Stimme Gebrauch machte, liegt in der Natur der Sache. Im entgegengesetzten Falle schlug man den Daumen ein, und dann musste das Opfer »sine missione« bis zum Tode fortkämpfen, oder, wenn es schon kampfunfähig war, wurde es auf dieses Zeichen vom Sieger oder einem andern Henker der Arena hingerichtet, worauf man es, oft unter Mummenschanz, durch die Todespforte (Porta libitinensis) in das Spoliarium schleppte. Oft musste der Sieger in den Wunden des Gefallenen herumwühlen, um zu beweisen, dass es mit dem Umbringen Ernst sei, und in wem man nachher noch Leben fand, dem wurde in der Todtenkammer vollends der Garaus gemacht. Das Zeichen zur Hinrichtung nun wird wohl auch nicht immer stillschweigend gegeben worden sein, und die Ausdrücke, die hiebei üblich sein mochten, scheinen die in der Inschrift enthaltenen zu sein, wobei der Henker seinen Vorsatz, zu tödten, dem Publicum ankündigte, und dieses, wenn es einverstanden war, ein gleichmüthiges »Nur zu« erwiderte. Eine weitere Beischrift: »Simmachi Homo felix,« scheint den Simmachius zu beglückwünschen, dass er von dem bösen Spiele weggeblieben ist.

Fig. 7, von der gleichen Mosaik, stellt den Netzwerfer (Retiarius) vor, der, an Kopf und Leib sehr ungeschützt, nur mit einer viereckigen Achselklappe statt des Schildes versehen, mit einer der vorhergehenden Waffengattungen, gewöhnlich mit dem Myrmillonen, einer Abart des Gallus, kämpft. Er führt das Netz, die dreizackige Harpune (Fuscina) und den Dolch. Da seine Kampfweise einigermassen dem Fischfange gleicht, so scheint der Gegner, eine Zeit lang wenigstens, bis es aus der Mode kam, einen Fisch auf dem Helme geführt zu haben. Daher der Spottvers des Retiarius, wenn er angriff: »Non te peto, piscem peto, quid me fugi', Galle?« Gelang es ihm nun, dem Myrmillonen das Netz über den Kopf zu werfen, so zog er ihn an sich und spiesste ihn mit der Harpune; wusste aber dieser auszuweichen, so dass der Netzwurf fehlging, so musste der blossgegebene Retiarius die Flucht ergreifen, auf welcher er sein Netz wieder zusammenfaltete, um es im günstigen Augenblicke von Neuem zu werfen. Um ihm hiezu keine Zeit zu lassen, trieb ihn der Gegner in hitziger Verfolgung durch die Arena, woher er auch Secutor heisst. Er ist in seiner stattlichen Rüstung der vornehmere der beiden Kämpfer, und so hat er auch die meiste Gunst für sich. Caligula war ein leidenschaftlicher Freund der Secutoren. Fünf derselben standen einst fünf Retiariern gegenüber, und der Kampf sollte in Masse geschehen. Aus Respect vor dem Kaiser liessen sich die Letzteren ohne Kampf besiegen, da aber Befehl gegeben wurde, sie zu tödten, so ergriff einer von ihnen seinen Dreizack und erlegte sämmtliche fünf Secutoren. Caligula war ausser sich über den »grausamen Mord,« und erliess ein Edict, wodurch er Alle, die die That mit angesehen, verfluchte. Auf gegenwärtigem Bilde nun sehen wir einen Retiarier Kalendió mit seinem Gegner Astianax im Kampfe begriffen. Prachtnamen, wie dieser, waren in der Gladiatorenschule (Ludus) sehr heimisch; die Leute wurden dadurch aufgemuntert. Aber neben dieser Auszeichnung und einer sorgsamen Pflege nebst saftiger Kost hielt man sie, aus begreiflichen Gründen, unter grausam strenger Fuchtel — gemäss dem Eide, den auch die Freiwilligen beim Handgeld (Auctoramentum) leisten mussten, sich brennen, binden, hauen, mit dem Eisen tödten zu lassen, in Allem dem Herrn als getreu eigene Gladiatoren mit Leib und Seel' hold und gewärtig zu sein — und in der Caserne von Pompeji sind drei Gerippe von Arrestanten gefunden worden, die kurz angefesselt, so dass sie nicht stehen konnten, langsam vom Aschenregen begraben wurden. Mehr als einmal hat das Reich vor diesen Fechtercasernen gezittert, aber auch der Gladiatorenschwur ist in mehr als einem Falle ritterlich gehalten worden. Nach der Schlacht bei Actium wollten die Gladiatoren des Antonius von Syrien nach Aegypten marschieren, sendeten ihm »Botschaft von seinen treuen Regimentern« und würden gern den Weltkampf erneuert haben, wenn nicht ihr Herr es vorgezogen hätte, sterbend bei Kleopatra einzusteigen und in ihren Armen zu verscheiden. Kehren wir zu unserem Bilde zurück. Der Retiarius hat mit geschickter Hand dem Astianax das Netz über den Kopf und den ganzen Leib geworfen, aber diesem ist es geglückt, die Schnur, die zum Zusammenziehen diente, zu zereissen oder zu durchschneiden, und nun gleitet die Harpune des Angreifers an dem grossen gewölbten Schilde ab. Seiner Hauptwaffe beraubt, die der Myrmillone jetzt gleichsam als Schmuck über der Rüstung trägt, ist Kalendio trotz des langen Dreizacks dem kurzen Schwerte seines Gegners ausgeliefert, und der Schlussact des Kampfes, in der obern Abtheilung, lässt ihn am Boden erblicken, wie er vom Dolch als letztem Mittel noch Gebrauch zu machen sucht. Den Ausgang erzählt das als Θ zu lesende Φ, das seinem Namen beigezeichnet ist.

Die mit verschiedenen, für uns gleichgültigen Namen bezeichneten Modificationen der genannten Waffengattungen, in Betreff der Form und Zier des Helmes, Figur, Grösse, Wölbung des Schildes, Art der Arm- und Fussbedeckung, mag man zum Theil aus dem grösseren Gladiatorenbilde Fig. 10, das dem oberen Reliefstreifen an dem sogenannten Grabmal des Scaurus zu Pompeji entnommen ist, ersehen, wobei noch Fig. 8, 9 (Grabdenkmal eines Fechters unter Caracalla, mit

höchst unförmlichem Cylinder am linken Beine) und das Monument des Exochus
zu vergleichen sind.   Bei dem pompejanischen Bilde werden sich die Leser der
»Letzten Tage von Pompeji« auf bekanntem Boden finden, wiewohl nur die beiden
berittenen Fechter (Equites) Bebrix und Nobilior dem Bilde gemäss, die andern
Kämpfe dagegen frei, mitunter auch etwas unrichtig, im Ganzen aber nebst dem
gesammten Gladiatorenwesen sehr lebendig geschildert sind.   In der Mitte des
Streifens sieht man die Hinrichtung eines Gladiators, der dem Retiarius erlegen.
Viermal ist die Gebärde des Gnadeflehens dargestellt, einmal der günstige Erfolg
derselben, indem der voreilige Sieger durch den Lanista vom beabsichtigten weiteren
Vorgehen abgehalten wird.   Der letzte Fechter rechts zeigt die vollendete Eleganz
gladiatorischer Erziehung: sterbend hält er den Schild hinter sich, um »mit Anstand zu fallen.«   Und für ein so ausgezeichnetes Subject kann Festus Ampliatus,
der laut Inschrift der Eigenthümer der hier dargestellten Familie ist, nicht mehr
als ungefähr 1000 Francs anrechnen.   So viel Denaro nämlich scheint nach dem
gewöhnlichen Preiscourant, wie er bei Gajus angedeutet ist, die völlige Abnützung
eines Fechters gekostet zu haben, während bei schadenloser Benützung deren
zwanzig für die Arbeit (pro Sudore) an den Herrn bezahlt wurden.

Hier haben wir noch einen Gladiatorenmonument von Taf. XIX, Fig. 13,
herbeizuziehen.   Blicken wir zuerst auf die beiden Reliefhalbfiguren, Taf. XX,
Fig. 1 und 2 — Uhland's Greiner und sein Sohn ins Griechische übersetzt, sonst
übrigens als die Faustkämpfer Entellus und Dares aus der Aeneassage angesprochen
und eine Zierde der vaticanischen Bibliothek — und dann auf das Zunftgesicht
des ehrlichen Exochus.   Er muss jedoch der Stolz Derer gewesen sein, die ihm
dieses Denkmal setzen liessen, und muss die kostbaren Beinschienen mit den
Pausbackengenien, die Kränze und Bänder, die Palme, die er so würdig schultert,
reichlich verdient haben.   »M. Antonius Exochus, Threx,« beginnt die Inschrift
(auf dem oberen Theil des Marmors), und wiederholt dann den Namen noch einmal,
als ob man sich nicht daran sättigen könnte.   Unser Exochus ist zu Alexandria
geboren, wo sein Vorname vom Triumvir Marc Anton her populär gewesen sein
mag, und trat als Novix (Tiro) erstmals zu Rom bei einem von Trajan's Triumphen
auf.   Wenn es jener war, bei welchem in 123 Tagen 10,000 Gladiatoren fochten
und 11,000 Thiere fielen, so muss das Stück, das unten vom Marmor abgebrochen
ist, einen ganzen Block ausmachen, denn die Inschrift bricht schon im Eingang
zur Aufzählung des dritten Kampfes ab.   Bei dem ersten, am zweiten Tage der
Spiele, kämpfte er als Tiro mit einem gewissen Araxes, und zwar stans missus, wie
Friedländer erklärt. d. h., er durfte aufhören, ohne überwunden zu sein, vielmehr
dem Gegner noch gegenüber stehend.   »Was Cae. ist, weis ich nicht,« sagt Friedländer.   Wäre es zu gewagt, ein vulgärsprachliches »caestopugnavit« zu vermuthen?
Der Tiro war jetzt graduirt, war ein Spectatus geworden, und konnte schon am
neunten Tage der nämlichen Spiele wieder die Arena betreten, wo er, wenn wir
diesen brachliegenden Theil der Inschrift nicht unrichtig lesen, einen Freigelassenen
Fimbria neunmal »ausgeschmiert« zu haben scheint (novies missum fecit).   Auch
dieser muss bei dem Publicum besondere Rücksicht gefunden haben, wenn man
ihn neun unglückliche Gänge machen liess.   Die weitere Laufbahn des hoffnungsvollen Anfängers, die Thaten, welche Faustkämpfer und Threces von ihrem Genossen zu rühmen bekamen, endlich das Ende dieses glänzenden Elends, ob es
im dunkeln Spoliarium erfolgte, oder ob er als emeritirter Veteran ein friedliches
Privatleben erreichte, oder einer der Schulen als Fechtmeister vorstand, oder gar,

vie manche Gladiatoren, Priester der Bellona wurde, — das Alles ist mit dem untern
Theil des Denkmals in die Brüche gegangen. Im Uebrigen beweist seine Aus-
rüstung, dass eine archäologisch strenge Scheidung der Departements nicht durchzu-
führen ist, da er ungeachtet seiner in der Inschrift genannten Waffengattung statt des
für diese als obligat angegebenen kleinen Rundschilds ein ziemlich grosses Scutum
führt. Besonders merkwürdig ist seine Sica, die nicht gekrümmt ist, sondern in
einem mathematischen Winkel absetzt, eine Form, die auch auf andern Gladiatoren-
denkmälern vorkommt und praktischer gewesen sein mag als sie auf den ersten
Blick erscheint. Den Ermel am rechten Arme hat er mit den Gladiatoren des
pompejanischen Bildes und mit dem Samniten (Fig. 8) gemein, mit Letzterem auch
die Kopfbedeckung, denn was der Greif zwischen den Vorderfüssen hält, ist fast
ganz der Visierhelm des Samniten, nur ohne das wunderliche Giebeldach, etwas
gar zu klein zwar für das ansehnliche Haupt unseres Gefeierten, was wir aber dem
Bildhauer, der ohnehin auch die Figur des Greifen auf dem Gewissen hat, zu verantworten überlassen. Das Thier nimmt übrigens, obgleich es sich noch nicht correct
zu benehmen weiss und statt des Schildhalters den Helmhalter macht, einen recht
merkwürdigen Anlauf zur Heraldik, und scheint nebst diesen Visieren, Schienen
und all dem prunkvoll überladenen ritterlichen Apparat einigermassen vorbedeutend
für unser Mittelalter zu sein.

Die Thierkampfbilder, Fig. 11—19, erklären sich zum grossen Theile selbst.
Die fünf letzten gehören dem vorgedachten pompejanischen Grabmal an. Besonders
merkwürdig ist Fig. 19, weil hier die Kampfweise erscheint, die noch jetzt bei Stiergefechten üblich ist; nur ist es hier ein Bär, den der Venator mit dem vorgehaltenen
Tuche bekämpft, während ein anderer Fig. 15 dem Jagdspiess erliegt. Aber auch
der Stier kam in die Arena, häufig von thessalischen Reitern gehetzt. Fig. 17
wird einer nach heutiger Weise vom Matador durchbohrt, der sich zu wundern
scheint, wie das Thier nach einem solchen Kraftstosse noch mit der Lanze im
Leibe fortrennen kann. Fig. 18 dient ein Stier zu einem raffinirten Vergnügen.
Ein Panther ist an ihn angebunden, was den Kampf einerseits für den Bestiarius
erleichtert, andrerseits aber desto unberechenbarer macht, da der Stier von zwei Be-
wegungskräften, dem vorgespannten Panther und dem Spiesse des nachfolgenden Trei-
bers, gehetzt wird. Die Kämpfer scheinen meist geschulte und ziemlich siegesgewisse
Leute zu sein, so auch Fig. 11—14, und besonders die Löwenkämpfer auf dem
Lampenbilde Fig. 13, wo der Zuschauerkreis mit dem Festgeber und seiner
Mappa in der Mitte so drollig angedeutet ist, und die Todespforte, denn das wird
vermuthlich das Loch auf der Seite sein, braucht ihnen kein Grauen einzuflössen.
Eine Ausnahme aber scheint der Bestiarius Fig. 16 links zu machen, der offenbar
»ad bestias damnatus« ist. Nackt und bloss hat er nichts als ein leichtes Wurf-
geschoss gehabt, und nachdem er es an den fliehenden Wolf verschossen, sieht er,
dem Zahne des Ebers preisgegeben, einem Schicksal entgegen, zu welchem die
Gazelle auf der andern Seite des Reliefs das vorbedeutende Gegenstück bildet.
Ein weiteres (hier nicht wiedergegebenes) Relief von jenem Grabmal hat einen
völlig wehrlosen nackten Mann zwischen einem Löwen und einem Tiger, welche
seltsamerweise vor ihm in vollem Laufe nach beiden Seiten davonrennen. Ohne
Zweifel hat dieses Bild in dem Bulwer'schen Roman den Tiger des Olynth und
den Löwen des Glaukus hervorgerufen, des romantischen Atheners, den die uner-
bittliche archäologische Forschung, nachdem er in seiner vorglaukischen Existenz
»Poëta tragico« gewesen, seitdem in einen gebildeten pompejanischen Goldschmid

umgewandelt hat. — Und das Menschenherz bei einem Anblick wie Fig. 16? »Man gewöhnt's,« sagt ein rheinisches Sprüchwort für gewisse Fälle, und Deutsche von nichts weniger als gefühlloser Art, die in Spanien waren, bestätigen leider bis zu einem gewissen Grade die Wahrheit dieses kalten Spruchs. Als Antiochus der Erlauchte die römischen Fechterspiele bei seinem Volke einführte, verursachten sie anfangs, wie Livius erzählt, mehr Schrecken als Belustigung; durch öftere Wiederholung aber, durch den Anblick der Wunden, ja des Kampfes sine missione, machte er die Augen mit dem Schauspiel vertraut und befreundet, und weckte in der Jugend die Waffenlust. Die Römer selbst waren gegen die Menschenschlächtereien längst abgestumpft, als sie noch Mitleid mit Thieren fühlten, mit Elephanten wenigstens; denn seit sie durch Pyrrhus mit den vermeinten »lucanischen Ochsen« bekannt geworden, wurden dieselben auch in die Arena gebracht, gewannen aber bei der ersten grösseren Hetze, die Pompejus gab, durch ihr menschenartiges Wesen das Volk so für sich, dass der Editor mit der neuen Unterhaltung durchfiel. Gleichwohl wiederholte man das Schauspiel, und bald sah der Römer mit Behagen zu, wie die edlen Thiere zu Hunderten nutzlos hingemetzelt wurden. Diese Beispiele zeigen, wie man Stufe für Stufe zu den geschilderten Scheusslichkeiten gelangen kann. Sie machen es begreiflich, wie die Spiele des Amphitheaters den sämmtlichen Nationalitäten des weiten Reiches mundgerecht wurden, wie sie, die gladiatorischen wenigstens, auch den Juden kein Aergerniss und selbst den Griechen keine Thorheit waren. Jene, gleichwie sie von den Griechen Turnerei und Athletik gelernt hatten — der Hohepriester Jason baute in Jerusalem ein Gymnasion (»Spielhaus« übersetzt es Luther 2. Makk. 4, 12) — so nahmen sie von den Römern das Munus der Arena an, nicht eben zwar das ganze Volk, aber als Herodes Agrippa I. sein Amphitheater in Berytus baute, würde es vielen seiner Unterthanen aus Judäa schon die Begeisterung für ihn nicht gestattet haben, von der Einweihung, bei welcher 700 Gladiatoren an Einem Tage fochten, wegzubleiben. In Griechenland dagegen waren die Fechterspiele allverbreitet, und zwar von Korinth aus, wie es scheint. Die Athener, die es den Korinthern zuvorzuthun suchten, entweihten sogar ihr durch so grosse Geister heilig gewordenes Dionysostheater, und liessen Verbrecher darin bis zum Tode kämpfen. Apollonius von Tyana — so weit nämlich seinem Evangelisten zu glauben ist — hat ihnen hierüber eine scharfe Strafpredigt gehalten. Es wird indessen fraglich sein, was menschenwürdiger ist, den Verurtheilten — wenn einmal Todesstrafe sein soll — bis zum letzten Hauche die Kraft seiner Glieder und die Freiheit seiner Seele gebrauchen zu lassen, oder ihn auf ein Brett zu binden und ihm mit einem Kunstmesser den Kopf abzuschneiden. Freilich handelte es sich im attischen Theater der römischen Kaiserzeit auch nicht gerade um Aufrechterhaltung der Menschenwürde, denn die armen Sünder, die sich dort abschlachten mussten, wurden, rein des Spectakels wegen, nah und fern mit grossen Kosten aufgekauft.

Wir verlassen die Arena mit einem Blick auf die Familienmünze Fig. 17, die der Livineia Gens mit dem Beinamen Regulus angehört. Ein Livineius Regulus war unter Cäsar Mitglied des Münzcollegiums (IIIviri monetales Auro Argento Aeri flando feriundo); er hatte eine »Calamität,« über die man aus Cicero's Briefen nichts weiter erfährt, als nur dies. Die vorhandenen Münzen ergeben, dass ein Vater und ein Sohn dieses Namens unter den Münzmeistern waren. Die gegenwärtige beweist, dass in der Familie Geschmack für das Amphitheater herrschte und dass ein L. Regulus einmal eine Thierhetze gab. Diese Vorliebe hat auch

inem Enkel eine Calamität zugezogen, der unter Tiberius seinen Namen nicht
nehr auf Münzen prägen konnte, dafür aber männlich im Senate sprach, später
edoch aus dem Senat gestossen wurde und sich auf das Land zurückzog, wo
·ine in Rom gefallene Grösse immer noch die erste Rolle spielen konnte. Er
vählte Pompeji, wo er Anno 59 Fechterspiele im Amphitheater gab. Dasselbe
var, wie leicht von allen Amphitheatern zu erachten, nicht bloss für die betreffende
3tadt allein bestimmt, sondern Mittelpunkt eines ganzen Bezirks, und so strömten
zu dem Feste die Einwohner der benachbarten campanischen Städte, darunter
auch die von Nuceria. Dieses aber hatte mit Pompeji schon längst in freundnach-
barlichen Reibereien gelebt, die auch bei dieser Gelegenheit wieder ausbrachen.
Man schritt zu Steinwürfen, endlich zu den Waffen. Die überlegenen Pompejaner
siegten, aber die Nuceriner wandten sich nach Rom, wiesen Wunden, erschlagene
Kinder und Eltern auf, und erhoben einen verdriesslichen Process, der vom Kaiser
Nero) dem Senat, von diesem den Consuln und von den Consuln wieder dem
3enat zugeschoben wurde, bis nach all den Incompetenzerklärungen endlich der
Bescheid erging, dass Livineius nebst den Mitschuldigen des Crawalls zu verbannen
und das pompejanische Amphitheater auf zehn Jahre zu schliessen sei. Man hat
an einem Hause des wiederaufgegrabenen Stadttheils eine trostlose Mauerkritzelei
gefunden, einen Gladiator mit der Palme und zwei sich zerrende Figuren darstellend,
mit einer Inschrift, welche zu besagen scheint, dass den Pompejanern jener Sieg
theuer zu stehen gekommen sei (»Campani victoria unā cum Nucerinis peristis«).
Noch hungerten sie nach den verbotenen Spielen, als sie durch das Erdbeben
von 63 so schwer betroffen wurden, dass der Senat zu Rom berieth, ob man der
Stadt den Wiederaufbau gestatten solle. Man that es, und auch die Zeit des In-
terdicts lief ab — (die laut Inschrift zur Feier der Wiederherstellung von Spielen
geprägte Münze Fig. 11 würde recht artig zu diesem Freudentage passen, aber
in unserem Bilderquellenverzeichniss ist, was übrigens wenig verschlägt, die Angabe
ihrer Heimath und Entstehungszeit ausgefallen) — da kam das Jahr 79, in welchem
die Natur zum zweitenmal, und auf mehr als anderthalb Jahrtausende, dieses Amphitheater schloss. Seine Ausgrabung ist 1748 begonnen, 1816 vollendet worden. Die
schaurigen Räume wieder bevölkert zu sehen, war erst dem jetzt lebenden Geschlechte vorbehalten, und wieder war es ein Flüchtling aus Rom, Pio Nono, der dort
das Volk um sich versammelte, um ihm seinen apostolischen Segen zu ertheilen.

Bilderquellen: Taf. XXI. Fig. 1. Clarac pl. 848 B. nr. 2188 A. Fig. 2. Winckelmann
W. VII, pl. 2. B. Fig. 3. Zwei Athleten mit Stlengis. Mus.
Etrusc. Gregorianum II. tav. 87 fig. 2 a. Fig. 4. Athlet mit
Stlengis. Mus. Etr. Gregor. II. tav. IV, 1 a. Fig. 5. Stlengis
u. Salbfläschchen. Krause XXI, 83. Fig. 6. Circus-Rennen.
Mus. Florentinum II, pl. 79, 1. Fig. 7. Genien des Circus-Spiels.
Sarkophag-Relief im Louvre. Clarac pl. 190 nr. 217. Fig. 8.
Circus-Rennen. Sarkophag-Relief Gal. di Firence Serie IV,
Vol. II. tav. 99. Fig. 9. Circus-Rennen. Relief. Montfaucon
l'Ant. expl. Vol. III, 284. Fig. 10. Circus-Rennen. Artaud,
Mosaiques de Lyon pl. 1. Fig. 11. Röm. Hippodrom. Morelli,
XII Priorum Imperatorum Romanorum Numismata I, pag. 335,
nr. 12. Fig. 12. Statue im Mus. Pio-Clement. Clarac pl. 864,
nr. 2197. Fig. 13. Münze bei Morelli XII Priorum Imper.
Num. I. pag. 335, nr. 14.
Taf. XXII. Fig. 1. Münze des Titus. Eckhel, z. alt. Numismatik. Taf. IV, 8.
Fig. 2. Statue im Mus. Borgia zu Velletri. Clarac pl. 866 nr. 2201.

Fig. 3. Stat. im. Mus. S. Marco zu Venedig. Clarac pl. 868.
nr. 2211. Fig. 4. Statue im Mus. Capitolin. Clarac pl. 858 A.
nr. 2212. Fig. 5. Stat. im Mus. Borb. Clarac pl. 871, nr. 2217.
Fig. 6. Winckelmann, Monum. ined. pl. 198. Fig. 7. Ebds. pl. 197.
Fig. 9. Montfaucon, l'Ant. expl. III, 94. Fig. 10. Mazois
Pompei I, pl. 32. Fig. 12. Münze bei Morelli. Fig. 13. Auf
einer Lampe bei Passeri, Lucernae fict. III, tab. 2. Fig. 14.
Statue der Coll. Giustiniani in Rom. Clarac pl. 871. nr. 2220.
Fig. 15—19. Mazois Pompei I. pl. 31.

6. Griechische Kriegsbilder.

(Tafel XXIII, XXIV.)

Die Ilias ist eine Gemäldehalle der schönsten Kampfbilder, bei welchen es
aber freilich dem Dichter nicht eben darum zu thun war, einem Geschichtschreiber
der Taktik und Strategie mit Beiträgen zur Geschichte der altgriechischen Kriegsverfassung in die Hände zu arbeiten. Die Fürsten führen ihre Mannschaften, zum
Theil durch das Loos ausgehoben, dem Oberkönig Agamemnon zu, der jedoch auf
Nestor's Rath beschliesst, die einzelnen Haufen nach Geschlechtern und Stämmen
gesondert unter dem Heerstab ihrer angestammten Führer kämpfen zu lassen,
damit man die Feigen und die Tapfern desto besser unterscheiden könne, — eine
Weisheit, die eine durchsichtige Zulassung und Zurechtlegung einer bereits vollbrach-
ten Thatsache ist und das Verhältniss einer Scheincentralgewalt zu einer eigen-
und übermächtigen Aristokratie enthüllt. Der alte Taktiker von Pylos hält sodann
etwas auf Schlachtordnung, bei den Seinen wenigstens; er stellt Reisige mit Rossen
und Wagen voran, hinten die mauerfesten Fusskämpfer, das Gesindel in die Mitte,
dass es gezwungen kämpfen muss, und ermahnt die Reisigen, ja nicht im Uebermuth einzeln vorauszustürmen, sondern fein Linie zu halten. Es wäre aber dem
Dichter schlecht gedient, wenn sämmtliche Achaier die Disciplin des erfahre-
nen alten Kriegsmannes befolgten. Wohl taucht mitunter das Massenbild einer
vollen Heerschlacht mit geschlossenen Schaaren auf, »Lanzen gedrängt an Lanzen,
und Schild' an Schilde sich reihend, Tartschen an Tartschen geschlossen, an
Helm Helm, Streiter an Streiter, oben an buschigen Helmen berührten sich schim-
mernde Bügel, wenn sie nach vorne sich neigten, so dicht stand Alles vereint
hier« (Donner); die Heere, Fussvolk gegen Fussvolk, Reisige gegen Reisige, stossen
auf einander, was zu unerschöpflichen Vergleichungen Anlass gibt, und die Reihen
des einen werden durchbrochen; aber das rollt nur als flüchtiges Bild vorüber,
um gleich wieder den mit nieversiegender Mannigfaltigkeit gemalten Einzelkämpfen
Platz zu machen, die dann von Zeit zu Zeit, wenn um den Leichnam und die
Rüstung eines Gefallenen gestritten wird, sich zu grösseren Gruppen von gleicher
Abwechslung verdichten. Selbst wo der Streit am wildesten wogt, bleibt doch
immer für die vorkämpfenden Fürsten und Helden Raum genug zwischen den
Heeren, den zweirädrigen Streitwagen durch das Feld zu tummeln und sich den
Gegner auszusuchen, oder vom Wagen zu springen, um sich den Pfeil aus der

Wunde ziehen zu lassen, oder gar mit dem Gegner eine gütliche Zwiesprache im Umfang von stark hundert Versen zu halten und dann noch vom Wagen sich schwingend Hände zu schütteln und Waffen zu tauschen. Bei einer solchen Art von Kriegführung ist es kein Wunder, wenn man zehn Jahre lang vor einer Stadt liegen bleiben muss, und der Schalk, der aus dem Unfug so grosse dichterische Vortheile zieht, unterlässt daher gleichwohl nicht, durch seinen Nestor jenen geordneten Kriegsbrauch der Alten, als wodurch sie Mauern und Festen gestürzt, dringlich empfehlen zu lassen.

Der homerische Kriegswagen mit seinem Kämpfer und Wagenlenker, der Schlachtenluxus der Könige und Edeln, kommt ganz in gleicher Form auch auf den ägyptischen und assyrischen Bildern vor, die uns, jene wenigstens zweifellos, in eine so viel ältere Culturwelt blicken lassen. Daneben aber erscheint auf diesen Bildern das Fussvolk in compacten, taktisch geordneten Massen, wie sie für grosse kriegführende Staaten zu jeder Zeit unentbehrlich sein mussten, und ihre Formirung zeigt weit vorgreifend schon die Gestalt nachzeitlich bekannter Kriegskörper, wie Phalanx und Testudo; auf assyrischen Belagerungsbildern treten auch schon die Annäherungsthürme der späteren Kriegsgeschichte auf. (Vgl. u. a. die betreffenden Tafeln in Weisser's Bilderatlas der Weltgeschichte.) So zeigt sich in Kriegs- und Friedenseinrichtungen — wie z. B. im babylonisch-ägyptisch-altgriechischen Geldgewicht — das weltgeschichtliche Gesetz, dass jüngere Staaten von den älteren lernen und dann das Gelernte selbständig weiterbilden. Die Kriegsschule aber stand beständig offen, zunächst seit uralter Zeit für die vorderasiatischen Staaten, die so oft das Kriegstheater für die Grossmacht im Süden und die ihre Herren wechselnde Weltmacht im Osten hergeben mussten, und eben so später für die in Kleinasien angesiedelten Griechen, die sich mit den Lydern gegen Kimmerier, Skythen und Meder zu wehren hatten, im Solde Nebukadnezar's und Necho's, wie früher schon erwähnt, auf beiden Seiten fochten, und endlich, von Lydien in enge Zucht genommen, sammt diesem dem Alles verschlingenden Perserreiche zur Beute wurden, durch ihren Aufstand aber (500 v. Chr.) ihre den Weltereignissen bis daher fremder gebliebenen festländischen Brüder gleichfalls tief in die Schule der grossen Kriegs- und Staatshändel hineinführten.

Als nun (im zehnten Jahr dieses fünften Jahrhunderts) die zahllose Kriegsmacht des östlichen Grossherrn in Attika ans Land stieg und bei Marathon Fuss fasste, flog ihr eine Linie schwerbewaffneter Fussgänger (Hopliten) entgegen, freie athenische Wehrmänner, die den Dienst als Ehrenpflicht aus eigenen Mitteln leisteten und eines jener Wunder der Kriegsgeschichte verrichteten, die nur da möglich sind, wo jeder einzelne Mann sich als den Kern des Ganzen fühlt und die staatsbürgerlichen und ökonomischen Verhältnisse noch unverschoben im Gleichgewichte stehen. Eine Phalanx, wie sie schon bei Homer heisst, nämlich eine einfach geschlossene Heerschaar, die möglichst rasch zum Nahkampfe schreitet und unwiderstehlich durchbricht, ist hier das ganze Geheimniss der Strategie. Der Kampf gegen den Feind ist zugleich ein Wettkampf zwischen den Corporationen, welche die einzelnen Heerestheile, oder, wie in den späteren Perserkämpfen, zwischen den Staaten, welche die Contingente gestellt, auf die Wahlstatt wird zum olympischen Festplatze, auf welchem nach der Schlacht die Siegreichsten von den Siegern bekränzt werden und die Ehre des rechten Flügels für das nächste Treffen erhalten; das Gedächtniss des Tages aber lebt in Kampfspielen fort, die auf dem Platz gestiftet werden. Auch noch im peloponnesischen Kriege, der das so hoff-

nungsvoll begonnene Jahrhundert so traurig schloss, zeigt der fortwährende Wechsel und die mitunter so wunderliche Wahl der Feldherren, dass ihre Bedeutsamkeit
nicht vorherrschend eine technische war. Kriegswissenschaftliche Erscheinungen
im volleren Sinn des Worts bringt erst der nächste Abschnitt der innern Kämpfe
Griechenlands, der spartanisch-thebanische Dualismus, der beinahe die Hälfte des
vierten Jahrhunderts lähmt und im 38. Jahr desselben mit der Schlacht von Mantinea,
nach dem richtigen Urtheil seines obwohl nicht unbefangenen Geschichtschreibers,
die Verwirrung in Griechenland noch grösser hinterlässt, als sie je zuvor gewesen.
In dieser Epoche erfindet Epaminondas, vor allen Zeitgenossen einer minder ver-
worrenen Zeit würdig, jene Schlachtordnung, die in zurückgestufter Stellung der
starken Hauptheersäule, »gleich einem Kriegsschiff mit der Spitze«, den keilartigen
Stoss auf den entscheidenden Punkt des Feindes gestattet; Iphikrates schafft
zwischen der Hauptwaffe, den Hopliten, und den Leichtbewaffneten eine Mittel-
classe (die Peltasten), die Beider Vorzüge vereinigt und die Beweglichkeit des
Treffens erhöht; Chabrias bildet eine Art Quarree, indem er seine Phalanx mit
dem Schild vor dem Knie und mit vorgestreckter Lanze den Feind empfangen
lässt (was Lessing bekanntlich in der Erklärung des Borghesischen »Fechters«
eine Weile etwas zu hitzig ergriff); Xenophon folgt diesen Thaten am Schreibtisch
mit sachkundigem Auge hinter spartanischer Brille, der berühmte Veteran, der zu
Anfang des Jahrhunderts seine griechischen Soldgenossen im Dienste der verunglückten grossherrlichen Palastrevolution durch den ewig denkwürdigen Rückzug
über einen halben Erdtheil weg gerettet. Die Folge dieser von Griechen im
Kampfe gegen Griechen gemachten Fortschritte ist dann freilich die, dass schon
vierundzwanzig Jahre nach Epaminondas' Tode sein »Kriegsschüler« Philipp bei
Chäronea, wo in der heiligen Schaar von Theben die letzten Trümmer des längst
mehr und mehr durch Miethstruppen ersetzten griechischen Bürgerheeres ver-
bluten, sich vom Schiedsrichter vollends zum Kriegsherrn von Griechenland aufschwingen kann. Seine Phalanx, deren Name jetzt erst technische Bedeutung erhält, dringt unter Alexander bis nach Indien, wo sie der antiken Kriegskunst die
Riesencavalerie der Elephanten erwirbt, und behauptet ihren taktisch-strategischen
Ruhm unter den Diadochen, unter Pyrrhus, das ganze nächste Jahrhundert hindurch,
während Rom seine Herrschaft gründet und seine Legionen bildet, bis zum dritten,
ja bis zum zweiunddreissigsten Jahr des zweiten Jahrhunderts, wo der endgültige
Beweis erfolgt, dass sie diesen Legionen gegenüber — Zopf geworden ist. Freilich
immer noch ein achtunggebietender Zopf. In der ersten jener beiden Schlachten,
bei Kynoskephalä, mochte die Phalanx, nachdem sie eben noch ein Jahr zuvor
sich an geeigneter Stelle glänzend bewährt, nur der Ungunst der Natur zu erliegen scheinen, da sie auf dem zerschnittenen Terrain sich nicht bewegen konnte,
ein Uebelstand, der ihr von jeher angeklebt hatte, daher auch schon Philipp und
Alexander sich zum Angriff gern der Reiterei bedienten, die den Feind festhielt
und der Phalanx Gelegenheit gab, offensiv oder defensiv den Ausgang der Schlacht
zu decken. Am Tage von Pydna sodann, der ihr letzter war, flösste der lanzen-
starrende lebendige Wall dem Sieger Aemilius Paulus, wie er selbst oft nachmals
unverhohlen erzählte, Staunen und Grauen ein. Eine mauerfest gedrängte Masse
mit nur drei Fuss Raum für den Mann, sechzehn Mann und oft doppelt so tief,
bewaffnet mit der mehr als zwanzig Fuss langen Lanze, der furchtbaren Sarissa,
die wir aus der Alexanderschlacht kennen und die noch vom fünften Gliede über
die Front vorragt, während die übrigen Hinterglieder, die Lanze auf die Schulter

des Vormanns gelegt, einen unwiderstehlichen Druck auf die vordern ausüben, die
Formirung des wie Ein Mann auftretenden Körpers gewöhnlich ein Viereck, das
sich aber mit rascher Evolution in mancherlei Figuren verwandeln und bis zum
stachligen Igel zusammenballen kann, die Bewegung bei aller Schwerfälligkeit un-
aufhaltsam vorstürmend, so lang nämlich ebener Boden oder berittener Flanken-
schutz die Glieder ungebrochen zusammenhält, also unserem Dampfwagen ähnlich,
der auf seinen Schienen rollend jedes Hinderniss vernichtet, aber ausserhalb des
Geleises jede Wirkung versagt, — so hatte die Phalanx Alexanders des Grossen
im Orient, dessen Fussvolk weder Festigkeit noch gegliederte Beweglichkeit besass, der Reiterei, dem Sichelwagen und selbst dem Elephanten die Ueberlegenheit
menschlicher Maschinerie gezeigt. Das Terrain, das sie bei Pydna fand, war
offenes Blachfeld, zur stelletretenden Entfaltung der alten unnahbaren Macht geeignet, aber ansteigende Hügel standen dem Vorrücken im Wege. Der Beginn
des Kampfes zeigt die gefürchtete Schlachtordnung, wie sie in ihrer besten Zeit
gewesen: trotz der Entmuthigung durch die vorhergegangene Mondsfinsterniss, die
nicht im makedonischen Kalender stand, bleibt die angreifende Cohorte in den
mit Einem Ruck gefällten Stacheln stecken, vergebens suchen die Römer die
langen Lanzen abzuhauen, mit dem Schild zurückzudrängen oder mit der Hand auf
die Seite zu reissen, sie werden gespiesst und zum Theil über die Phalanx weg-
geschleudert, die Andern weichen in halber Flucht, dass der Consul vor Zorn und
Jammer den Feldherrnmantel zerreisst. Jetzt aber sieht er, wie der geschlossene
Körper des Feindes im Vorrücken da und dort klafft und die bewegliche Legion ihre
Manipel in die Risse werfen kann. Es geschieht, die Römer dringen statt mit
der Linie in Rotten ein, die wogende Phalanx wird in lauter Einzelgefechte verwickelt, verwirrt sich mit der unbehülflichen Sarissa, wie weiland bei Magnesia
die syrische Phalanx des Antiochus, und fällt gleich einem Trümmerhaufen aus
einander, um in einem jammervollen Schlachten das Ende einer so langen und
glorreichen Geschichte zu finden. Ihr König wird gefesselt mit seiner Familie vor
dem Wagen des Triumphators hergeführt, und die alte Marsenstadt Alba geniesst
das Schauspiel, wie sein verwaister Erbe, Namenserbe des Besiegers von Asien,
als Toreut und öffentlicher Schreiber das Brod des Arbeiters erwerben lernt.

Taf. XXIII gibt eine Zusammenstelluug alter griechischer Bilder, die sich näher
oder entfernter auf den Krieg beziehen. Schlachtenmalerei, wie sie der späteren
griechisch-römischen und der modernen Kunst eigen ist, darf man von diesen
Bildern nicht erwarten, die, mit wenigen, doch merkwürdigen Ausnahmen, allgemeine oder sagenhafte Gegenstände behandeln. So stellt Fig. 1 eine Rüstungs-
scene dar, die an den Anfang jedes beliebigen Kriegszuges gesetzt werden kann.
In der Art, wie links der Schild vom Futteral befreit wird, weiterhin ein Krieger
die Lanze putzt und ein anderer die Beinschiene zum Anlegen fertig hält, ist die
schon auf den früheren Tafeln mehrfach bemerklich gewordene Neigung der Vasenbilder zum Drolligen zu erkennen. Die an der Wand hängende Armatur kann der
Liebhaber aus Taf. V reichlich ergänzen, wo eine Garderobe und Waffenkammer
griechischen sowohl als römischen Ursprungs enthalten ist, Helme, Schwerter,
Schilde, Panzer, Pfeile, Schienen, Feldzeichen etc. etc., die nebst Anderem, was
wir zur Ersparung des Raumes unausgeführt lassen, in einem sächlich verzeich-
nenden kurzen Nachtrage benannt werden sollen.

Fig. 2, eine Standplatte (Stele) mit zwei Unterschriften, welche besagen,
dass dies ein Denkmal des Aristion, gefertigt von Aristokles, sei, wurde 1832 in

der Nähe des alten Marathon gefunden. Nun sind unter den attischen Künstlernamen zwei Aristokles bekannt, Vater und Sohn des Künstlers Kleötas, der die Aphesis in Olympia machte, und der erste derselben lässt sich mit ziemlicher Wahrscheinlichkeit in die marathonische Zeit hinaufrücken. Auf dem mächtigen Hügel in jener Ebene, der neben dem Grab der Platäer und Böotier und dem Grab der Sklaven für die gefallenen Athener errichtet wurde, sah Pausanias noch die Denksäulen mit ihren Namen und den Namen ihrer Stämme; dass bildliche Denkmale sich dabei befunden, sagt er freilich nicht. Indessen ist der schlichte, freundliche, ehrbare, feste Bürgersoldat in seiner gemüthlichen Beschränktheit sichtlich das Kind einer »guten alten Zeit«, als welche wir jene Befreiungsepoche, besonders in ihrem Beginne, uns zu denken haben, und es hat einen eigenen Reiz, sagen zu können: so stand das athenische Bürgerheer im Marathoner Felde Gewehr bei Fuss, ehe es die Lanze in die Rechte herüberschwang und jenen rasenden Sturmlauf erhob, der die verblüfften Perser auf die Meinung brachte, der Feind sei plötzlich verrückt geworden. Die Angriffsweise fand in Griechenland grossen Ruhm und häufige Wiederholung, aber Alles nützt sich ab. Das Bild gewährt sodann noch einen unschätzbaren Ersatz für die zahllosen untergegangenen Ehrenstatuen, und beweist, dass die altgriechische Kunst für diese Art von Aufgaben doch auch ein recht realistisches Verfahren kannte. Ein altpreussischer Grenadier mit seinem Zopfe kann kaum eine präcisere Darstellung fordern, als diesen Rollenlöckchen, die indessen sammt dem Keilbarte gar sehr an die alte Mode auf den asiatischen Bildern erinnern, diesem von Achselklappen gehaltenen Harnisch mit seinen Ornamenten und den doppelten erzbeschlagenen Lederlappen, in die er endigt, diesem staffelförmig gefältelten Unterkleide, diesen Beinschienen und der ganzen Paradehaltung des schmucken Hopliten (wenn man ihn ohne Schild so nennen darf), zu Theil geworden ist. Bei aller Präcision jedoch ist es augenscheinlich von dieser Kunst bis zu der des Phidias ungefähr so weit, wie von den ersten Zwanzigen eines Jahrhunderts bis zu den Fünfzigen und Sechzigen, und die Zopflöckchen, mit denen man, seit Alkibiades seinen hohen Vormund belehrte, wie ein Rechenschaftsbericht zu ordnen sei, ungefähr seit einem halben Jahrhundert nicht mehr getragen. Endlich gibt das Bild merkwürdige Aufschlüsse zur Frage von der Polychromie der Alten, sofern es sehr lebhafte Farbenspuren enthält, welche beweisen, dass das Fleisch ungefärbt gelassen und die Färbung hauptsächlich auf Gewand, Waffen, aber auch Augen und Haare angewendet wurde. So war hier der Grund des Reliefs roth, Helm und Harnisch blau, die Querbänder des letzteren roth und weiss, das Unterkleid röthlich u. s. f. Unser Marathonkämpfer ist im Tempel des Theseus (oder des Ares, wie man neuerdings will) untergebracht, der jetzt als Museum für archäologische und künstlerische Trümmerreste aus dem alten Athen eingerichtet ist.

Fig. 3. Da die Kylix, deren Innenbild gegenwärtige Handlung darstellt, auf der Aussenseite das Urtheil des Paris und die Schmückung der Helena hat, so schliesst Gerhard aus dem Zusammenhange, dass mit dem dargestellten Abschiede der des Hektor von Priamos gemeint sei.

Fig. 4. Kann als Abschied oder als Ankunft aufgefasst werden. Millin glaubt darin die siegreiche Heimkehr eines Athleten zu erkennen, der die im Kampfspiel gewonnene Chlamys fahnenartig an der Lanze aufgehängt habe, während die vom Kopf zu Fuss in den Mantel eingehüllte Frau, seine Gattin oder noch wahrscheinlicher seine Mutter, ihm und seinem Pferde zu trinken bringe.

Fig. 5. Abschied einiger Krieger. Der vornehmste tritt zu dem Wagenlenker

auf den Wagen; seine Frau, ein nacktes Kind auf der Schulter, reicht ihm die
Lanze. Die zweite Frau mit dem Kinde wird als Gattin des zweiten Kriegers zu
verstehen sein. Gerhard gibt dem Bilde einen athletischen Bezug, wegen des
bemantelten Figürchens, das nach Art der palästrischen Figuren unter den Pferden
erscheint.

Fig. 6. Auch dieses Bild, einen Helden mit einer Niko auf einem Viergespanne darstellend, lässt die Wahl zwischen Krieg und Kampfspiel frei, da die
Palmen im einen wie im andern errungen sein können.

Fig. 7. Die Ueberschrift Lykaon über dem mit gesenkter Lanze heimkehrenden Krieger lässt in Verbindung mit der Aufschrift Antandros über dem Greise
weder auf den arkadischen noch auf den trojanischen Lykaon, noch auf den Vater
des Pandaros eine erweisbare Beziehung zu. Unzweifelhaft, schon durch die Aufschrift Nike, ist die Beziehung der Gestalt, die ihm den Siegestrank einschenkt,
in der Linken den Hermesstab haltend, den sie, wie Iris und Irene, als Symbol
der Friedensbotschaft führen darf. Die weitere Inschrift gilt einem »braven« Euaion
(EVAION KALOS), dem die Vase gewidmet ist, und belehrt uns, dass das Gefäss
ausdrücklich zu diesem Geschenk bestellt wurde, da die gewöhnlichen Gaben dieser
Art mit der allgemeinen Inschrift »braver Knabe« (KALOS HO PAIS), gleich
unserem »Souvenir,« zu Dutzenden in den Läden vorräthig zu haben waren.

Fig. 8 ist für den Krieg in so fern lehrreich, als daraus zu ersehen, wie
man Bogen und Pfeile — nicht handhaben soll. Drei junge Leute schiessen nach
dem Hahn auf der Säule, und die Pfeile zeigen, nebst der komischen Verzweiflung
des Vordersten, welche schlechte Geschäfte gemacht worden sind.

Fig. 9. Symmetrische Anordnung eines Kampfes, der links von einem Reiter,
rechts von einem Fussgänger eröffnet wird, während links ein Fussgänger, rechts
ein Reiter die Seite schliesst. Auf beiden Seiten wird zum Angriff geblasen, links
mit einer Trompete, rechts mit einem Horn.

Fig. 10. Wenn Visconti Recht hätte, so würde der Kriegsmann mit dem
feinen bedeutenden Antlitz einen jüngeren und, sowohl was die Persönlichkeit als
die künstlerische Darstellung betrifft, sehr fortgeschrittenen Zeitgenossen des
Aristion, den Themistokles nämlich, vorstellen, welcher der Athene durch eine
Nike zum Dank für einen Seesieg ein Schiffsornament vom Schnabel und Hinter-
theil (Akrostolion oder Aplustre) darbringen lässt, gleichwie die Spartaner nach
dem Tage von Aegospotamoi ein Tropäon aus den Aplustren der vernichteten
athenischen Flotte zusammenstellten; allein seine weitere Vermuthung, dass der
Held etwa auch Kimon sein könnte, zieht uns gleich wieder den Boden unter
den Füssen weg, und diejenigen, die das Relief selbst gesehen haben, erklären
den Gegenstand in der linken Hand der Siegesgöttin für eine Palme, das Geschäft
der rechten aber für eine Fütterung der um die Säule des Cultusbildes gewundenen
Schlange, so dass also auch von keiner Schiffsverzierung mehr die Rede sein kann.
Der durch das Nagen von Gewässern oder Wurzelwuchs — so heisst es bei Clarac
— sehr hart mitgenommene, aber in seinen einfach schönen, so ernsten als an-
muthigen Formen von der glücklichsten Kunstzeit zwischen Altem und Neuem
zeugende Marmor hat den Archäologen von Winckelmann bis auf unsere Tage
viel zu schaffen gemacht. Der Begründer der Kunstgeschichte fand in dem Bilde
zuerst einen Krieger, der der Athene Polias, der Stadtgöttin und Hauptbesitzerin
des Erechtheion auf der athenischen Burg, ein Opfer darbringe; später kam er
auf Philoktet, den er sich mit einem Dankopfer für die Heilung seiner Wunde

beschäftigt dachte. Raoul-Rochette sieht in der Nike eine Stadt und in dem Krieger das Heer derselben repräsentirt, beide für die Gefallenen opfernd, welcher Annahme ein ähnliches Basrelief im brittischen Museum mit einer langen Reihe von Namen, die die Bedeutung einer Gedächtnissfeier zu haben scheinen, zu Hülfe kommt. Die Bedeutung des Bildes wäre sonach eine gedoppelte, in welche sich die beiden Gestalten theilen: Siegesfeier und Trauer um die Gefallenen, mit hohem Takt jene der Göttin und diese dem Kriegsmann zugewiesen. Die Schlange wird hiebei auf den Leichencult bezogen. Andrerseits würde dieselbe als Symbol des Erechtheus-Erichthonios, in dessen Hause zu Athen schon Homer die Göttin heimisch wusste, sehr gut zu der früheren Auffassung Winckelmann's passen, nur dass hier erst eine Streitfrage über das Aussehen des alten vom Himmel gefallenen Schnitzbildes der Athene Polias zu lösen ist, nämlich ob dasselbe ein friedlich sitzendes oder ein in voller Rüstung stehendes war, wie das gegenwärtige. In letzterem Falle würde es sich übrigens von den Palladien, deren eines ja auch zu Athen, abgesondert von der Polias, Parthenos, Nike und Promachos, in der Stadt unten stand, durch nichts unterschieden haben, als durch die »haushütende« Schlange, in welcher allerdings die Beziehung zum Erechtheion nahe liegt. Ein ganz ähnliches Bild mit der Schlange, vor welchem eine Nike ein Rind opfert, ist in Müller's und Wieseler's Denkmälern der alten Kunst, Th. 2. Taf. XX, 209, nach einer Gemme abgebildet, und wird daselbst auch als Athene Polias bezeichnet. Pausanias, der die Frage entscheiden könnte, da er das Bild der Polias noch sah, vergisst es näher zu bezeichnen, da ihn die Legende vom himmlischen Ursprung vorüber scheucht. Die Erichthoniosschlange übrigens, die ja auch, zwar nicht lebendig wie im Erechtheion, aber als plastisches Symbol, im Parthenon zu Füssen der Parthenos sich befand, kann eben so gut jedem andern Bilde der Göttin zu Athen, z. B. also eben dem Palladion, beigegeben gewesen sein. Allein eine Schlange in Gesellschaft der Göttin weist uns nicht einmal ausschliesslich nach Athen, denn sie kommt auch anderwärts vor, z. B. auf Münzen von Phaselis, wo Athene mit einer Schlange auf einem Schiffe steht. Da somit jeder örtliche Halt zu schwinden scheint, so wird nichts übrig bleiben, als der einfachen Erklärung von Petit-Radel beizutreten, der in dem Bilde ganz allgemein einen der Athene durch Vermittlung der Nike seinen Dank abstattenden Sieger erblickt (wobei der runde Gegenstand an der Säule für seinen als Weihgeschenk dargebrachten Schild zu nehmen ist). Eine Beziehung bleibt aber auch in dieser Allgemeinheit immer noch an dem Bilde haften, wenn sie auch nicht näher bezeichnet werden kann: der Krieger oder Feldherr nämlich hat, im Gegensatze zu den sonstigen vielen griechischen Idealbildern, in seinem ganzen Wesen (man vergleiche die grössere Abbildung bei Müller und Wieseler, Th. I, Taf. XIV, 48) etwas so Bestimmtes, Historisches möchte man sagen, dass man sich unwillkürlich umsieht, wo diese Persönlichkeit etwa in der Geschichte zu Hause sein könnte. Dabei fehlt es jedoch der so individuellen Gestalt keineswegs an dem Symbolischen, wodurch sie zum Träger eines höheren Gesammtbegriffes wird, sie hat im Gegentheil diese Eigenschaft in einem für uns befriedigenderen Sinne, als jene Niken und so manche ähnliche allegorische Figuren. Eine Wucht von Gedanken, die das ernst sinnende staatskluge Haupt niederbeugt, lässt in ihm, wie auch ein Theil der Erklärer gefunden hat, den Vertreter eines ganzen Heeres, ja eines ganzen Staates erkennen, und über der frommen Feier ruht ein gewitterschwerer Ausdruck, in welchem man zu lesen glaubt, dass die Palme theuer errungen ist, oder dass mit dem Einen Siege noch nicht alle Kämpfe und Gefahren überstanden sind. Uns Neueren wird es schwer, von dem Bilde zu scheiden, und der Grund ist, dass dasselbe etwas mit uns Verwandtes hat, nicht in der Siegesgöttin, aber um so mehr in dem Feldherrn, bei welchem der Geist des Künstlers frei walten durfte, und in dem wir ein von der antiken Welt nicht festgehaltenes Prototyp für das Verfahren unserer modernen Kunst erkennen müssen, die das Einzelne, Persönliche, Historische in seiner ganzen realistischen Erscheinung zugleich als symbolischen Träger eines Höheren, eines Idealen zu behandeln angewiesen ist.

Fig. 11 a, b, und Taf. XXIV, 10, 11. Zwei Statuen etruskischer Krieger, erstere 1835 bei Todi gefunden, beide eine Weile für Mars gehalten.

Fig. 12. Die beiden Kämpfer sind auf der zu Rom im Privatbesitz befindlichen Prachtvase als Achill und Memnon bezeichnet, jener der jugendliche, dieser der ältere bärtige Held, der jedoch für sein Alter fast zu wild anstürmt. Auf dem Original sind noch die Mütter beider Helden, Thetis und Eos, als bewegte Zuschauerinnen zugegen. Letztere sieht man auch auf einem alterthümlichen agrigentinischen Vasenbilde, wie sie den gefallenen Sohn vom Schlachtfelde trägt.

Fig. 13. Wenn man diese Reihe Krieger für sich betrachtet, so kann man sie allerdings, wie die Unterschrift thut, für Hopliten im Angriff halten, wobei indessen doch die Tiefe einer derart auftretenden Colonne ihr Bedenken haben würde. Auf der Schale aber, der sie entnommen sind, bilden sie einen Theil eines vollständigen, mit Flötenbläser, Klageweibern etc. einherschreitenden Leichenzuges, und ihre Haltung nebst der gesenkten Lanze soll Betrübniss ausdrücken.

Fig. 14—17 und Taf. XXIV, 1—5 und 8 bilden in dem für uns übersehbaren Gebiete der griechischen Kunst eine Ausnahmserscheinung, die nach rückwärts den ägyptischen und assyrischen Kriegsbildern, nach vorwärts den römischen Ehrenbogen und Ruhmessäulen sich anreiht. Da sieht man der Phalanx festgeschlossene Glieder in gleichem Schritt und Tritt marschiren, in der Mitte den commandirenden Offizier, Schwenkungen und Evolutionen kommen zum Vorschein, die mit grosser Leichtigkeit ausgeführt sind, Zinnen, über welche die Belagerten, diese noch in etwas kindlicher assyrischer Art, herausschauen, Ausfälle, Angriffe, wobei die Sturmleiter von knieenden Soldaten mit Stricken festgehalten wird, u. dgl. m. Das Hauptbild stellt den Oberbefehlshaber dieser Truppen vor, einen Satrapen, der nach persischer Weise in der Mütze des Despotismus, die später so sonderbar zur Freiheitsmütze geworden, und unter dem Sonnenschirme der königlichen Gewalt auf dem Throne sitzt, die Rechte vermuthlich auf einen hohen Stab gestützt, vor ihm die Rebellen, was für ihn und seinen Sultan alle freie Völker sind, in einer Gesandtschaft vertreten, die er, bei alledem eine würdige Gestalt, mit mild-ernstem Verweis empfängt, so dass man sieht, die Sache werde gnädig enden, hinter ihm seine jonischen Offiziere im langen Rock und mit einer Haltung von vielsagender Gelassenheit Angesichts der Thatsache, dass es Griechen sind, die mit Persern gegen Griechen zu Felde liegen. Denn dass die edlen Gestalten mit dem auf echt griechische Weise hinten nach rechts und vorn nach links geschlungenen Mantel, dass die aus der Festung ausfallenden Krieger, die ihren Angreifern von Kopf zu Fuss in Allem gleichen, Griechen genannt werden müssen, das kann bei der realistischen Präcision, mit welcher die Costüme gearbeitet sind, keinen Zweifel leiden. Es ist ein Stück illustrirte Zeitung, also nichts, was man nicht heute zur Noth noch übertreffen könnte, aber es ist auch nur ein untergeordnetes Bruchstück aus einem Ganzen, das nichts desto weniger der Kunst einen Zuwachs erster Grösse

geschenkt hat, und dabei nicht bloss die Kunstgeschichte, sondern auch die politische mit einer spannenden Frage berührt. Auf dieses unter dem Namen »Har-
pagosdenkmal« bekannte Ganze, dessen Besprechung eine lohnende Aufgabe ist,
hier aber zu vielen Raum erfordern würde, werden wir an einem andern Orte
zurückkommen.

Fig. **6.** Schlachtscene, meist aus Einzelkämpfen bestehend, wobei die
Wappen auf den Schilden und die Aehnlichkeit einiger Trachten mit der Tracht
Aristion's zu bemerken.

Fig. **7.** In einer langen Erklärung dieses Vasenbildes bemüht sich Millin,
einen Kampf um den Leichnam des Patroklos nebst den angemessenen Namen der
freundlichen und feindlichen Kämpfer zu demonstriren. Merkwürdig ist es dabei,
welche Sorge ihm der Abmangel der classischen Wahrzeichen, nämlich der Brust-
und gar der Rückenwunde an dem liegenden Helden macht, und wie leicht er es
dagegen mit der Todsünde nimmt, die sein vermeintlicher Ajas, nach dem Peliden
einer der Hauptvertreter des Hellenenthums dem Osten gegenüber, wider alle und
jede Kleiderordnung begeht. Dieser phrygisch bemützte Vorkämpfer stellt jeden
andern Helden eher als einen der beiden Ajas vor. Mit den Helmen und andern
Waffen brauchte es der Künstler nicht peinlich genau zu nehmen, wie denn auch
die zwei Speere zu Wurf und Stoss, die homerische Normalbewaffnung, keineswegs
immer berücksichtigt sind; aber die Ostmütze, zumal mit dem Streithammer verbunden, ist das entschiedene Kennzeichen des Ostkämpfers, und steckt auch
etwaige Westhelme auf ihrer Seite mit einer mehr oder minder östlichen Bedeutung an. Ostkämpen vom angeblich reinsten griechischen Blute, wie die Lykier
Glaukos und Sarpedon, kennt man ja sattsam aus Homer, und auch in den andern
zahllosen Mythenkreisen (Kyklen), aus deren Gängen er die beiden kleinsten und
kostbarsten Edelsteine herausgebrochen hat, fehlt es nicht an derlei Helden be-
denklicher Vor- und Urgeschichten, worin Ost und West ganz in derselben Weise
durch einander gesprengt erscheinen, wie in der historischen Zeit zu verschiedenen
Malen in West und Ost Perser und Griechen gegen Griechen, Griechen und Perser
gegen Perser und Griechen gefochten haben. Die gegenseitigen Erinnerungen an
diese gemischten Kämpfe, besonders an den platäischen, überlebten, wie die alten
Gastfreundschaften, das dritte und vierte Glied, wechselten aber nicht so holde
Worte wie Diomed und Bellerophon's Enkel, sondern richteten noch anderthalb
Jahrhunderte hernach unsäglichen Verdruss und unabsehbares Unheil an. Daher
mögen denn ihre mythisch-heroischen Vorbilder in der Kunstdarstellung — neben
hunderterlei andern denkbaren Beziehungen und Andeutungen, wie sie der Grieche
in seinen Bildern liebte — wohl auch nach der bezeichneten Seite hin mitunter
einen besondern mehr oder minder guten Sinn, eine beschönigende, anklagende,
gegenbeschuldigende etc. Bedeutung gehabt haben, zu deren untrüglicher Ergrün-
dung indessen freilich vorerst den mancher schwarze Schafbock
wird anzugeloben sein. Der Kampf über einem gefallenen Helden, gleich dem der
Ilias über dem Leichnam des Patroklos, gehörte natürlich zur stereotypen Maschinerie der sämmtlichen Epopöen, deren überschwemmende Masse auf Homer
gefolgt ist, wie die Sündfluth der historischen Romane auf den zwar tiefer stehenden, aber in manchem Betracht — wenn man die echten Schöpfungen aus dem
traurigen Vielschreibeplunder sondert — doch auch unerreichbaren Walter Scott.
Aus den theilweise überlieferten Inhaltsangaben zu schliessen, kann es kaum zweifelhaft sein, dass jene Mythenkreisler (Kykliker) — einige bedeutendere Namen,

wie einen »gewissen« Pisandros, einen Arktinos etwa, ausgenommen, neben welchen
auch unser Göthe mit seiner Achilleïs nicht vergessen werden darf — mit all ihrer
Kunstmeisterei blossen Stoff zusammengeschleppt haben; diese Stoffmasse jedoch
wurde nach abgelaufenem Gewässer eine Goldgrube für alle die redenden und bildenden Künste des Alterthums bis auf die Vasenmalerei herab, und eben hiemit
auch noch für unsere heutige Wissenschaft, sofern gerade die letztgenannte untergeordnete Kunstgattung uns in ihren immer zahlreicher zu Tage gehenden Scherben
ein wahrhaftes Lexikon mythologicum vererbt hat, das an Reichthum des Inhalts
alle neueren Werke dieser Art übertrifft und in seinen leider oft nur allzu stummen
Enthüllungen der mythendeutenden Geschichtforschung — neben manchem ohne
Zweifel werthlosen Gerümpel — einen unergründlichen Schatz alter Geschichte
aufzuschliessen begonnen hat. Heil unserer modernen Mythik und Kyklik, der
Romanhistoriographie, wenn nach fast dreitausend Jahren ihre Rudera auch nur in
dieser Gestalt und Weise noch so nutzbar erfunden werden sollten!

Fig. 9. Das hübsche Souvenirbild eines in die Schlacht tanzenden und
sich dazu auf der Trompete begleitenden Hopliten bedarf im Ganzen der Erklärung nicht, und für einen erklärungsbedürftigen Einzelpunkt, wie der innerhalb
seines Fusspaares obwaltende wunderliche Unterschied ist, wissen wir keine bei-
zubringen.

Fig. 10 gibt das Innere der berühmten, im Berliner Museum befindlichen
Sosiasvase wieder, so genannt, weil die Inschrift einen Sosias als Verfertiger bezeichnet. Wenn diese guten Töpfer eine Ahnung von ihrer heutigen Celebri-
tät gehabt hätten, wie würden sie ' vor den antiken Docenten und Professoren
die Köpfe hoch getragen haben! Die Schale ist aussen mit einer Götterversamm-
lung, innen mit einer antiken Ambulance bemalt, mit einer Darstellung nämlich,
wie Achill den verwundeten Patroklos verbindet. Der arme Freund ist nämlich
bei einer verunglückten Anabasis während jener neun mageren Jahre, die erst ver-
fliessen mussten, ehe man unter Homer's Führung am skäischen Thore pochen
durfte, von Telephos, dem »griechischen« Mysierkönig, verwundet worden. Die
Begebenheit war in dem Epos, »die Kyprien« genannt, besungen, und den Telephos
haben wir auf einer der Theaterbildertafeln als hoffnungsvolle Puppe auf dem Arme
einer tragischen Mutter kennen gelernt. Der Königssohn von Phthia scheint in dem
chirurgischen Cursus seines vierfüssigen Erziehers keine besonders schmerzstillenden
Handgriffe erlernt zu haben, denn der Patient macht ein jämmerliches Gesicht zu der
Anlegung des Verbandes, und thut überhaupt so wehleidig, wie es nur einem mythischen Heros gestattet ist. Uebrigens hocken die beiden Fürsten und Helden recht
zeltkameradschaftlich bei einander, und es ist kein Zweifel, dass das Bild aus dem
Leben, nämlich aus dem antiken Wachtstubenleben, gegriffen ist. Meister Sosias
hat Humor besessen, obwohl nicht eben homerischen; trotz der Feinheit der
Zeichnung dorisirt der Geschmack eher etwas, als dass er jonisch wäre. Dagegen
hat er dem Homer einen andern feinen Zug abgelauscht, der von alten Mythikern
und modernen Commentatoren übersehen worden ist, bis Panofka (nach Plato) darauf aufmerksam machte, nämlich die Bejahrtheit des Menötiaden, den er dabei obendrein langbeinig wie eine Heuschrecke gezeichnet hat. Das will augenscheinlich zu
verstehen geben, dass Alles, was man sonst dieser Zeltkameradschaft nachgesagt
habe, reine Verleumdung sei. Als besondere Merkwürdigkeit ist noch das Leder-
käppchen des alten Patroklos hervorzuheben, das von dem unvordenklichen Ursprung eines zu Anfang unseres Jahrhunderts noch ländlich-sittlich weit verbreiteten,

dem heutigen Geschlechte aber mehr und mehr entschwindenden altehrwürdigen Abkömmlings — »Schmeerkappe« in der Sprache der Sterblichen — zeugt. — Ueber das auf dem Aussengemälde der volcentischen Vase dargestellte Götterparlament ist unter Anderm in Müller's von Wieseler wieder herausgegebenen Denkmälern der alten Kunst viel Belehrendes zu lesen.

Fig. **14**, zu welcher wir übergehen, um die längere Besprechung von Fig. **13** an den Schluss des Abschnittes zu stellen, ist eine Münze von Selge mit dem Bilde eines Schleuderers. Mit dieser Waffe sind, wenn man den alten Schriftstellern glauben darf, grössere Wunder geleistet worden, als mit unsern Feuergewehren, die die Kugeln doch wenigstens nicht zum Schmelzen bringen. Jedenfalls gab es Schleuderer, die den besten Schützen von heute nicht nachstanden. Bei der ersten Unterwerfung Griechenlands bedienten sich die Römer zu einer Belagerung achäischer Schleuderer, die aus weitem Abstand durch kleine Ringe schossen und die Stelle im Gesicht, wohin sie den »Feind« treffen wollten, vorher bezeichneten. Sie waren von Kind auf eingeübt, erst mit den runden Kieseln vom Meeresufer, dann mit der bleiernen Spitzkugel (Glans), und thaten es den balearischen Schleuderern, die man sonst anzuwerben liebte, weit zuvor. Unter den Griechen verstanden sich ausserdem auch die Akarnanen auf diese übrigens bei östlichen und westlichen Völkern weitverbreitete Waffe. Aber auch bei Marathon hat man solche »Eicheln« ausgegraben, verziert mit einem Donnerkeil und einem humoristischen Recipe (Dexai), welche Inschrift sich dem Perser auch ohne Wörterbuch verständlich machen konnte. — Merkwürdig ist die Münzenschrift »Estfediiys«, die sich auch auf Münzen von Aspendos findet. Hier wird die barbarische Aufschrift dem Umstand zugeschrieben, dass diese (pamphylische) Stadt unter barbarischer Botmässigkeit gestanden sei, aber Selge (in Pisidien), das die gleiche Aufschrift führt, war eine durchaus freie Stadt von angeblich rein griechischem Ursprung. Noch merkwürdiger sind die drei schwingenden Menschenfüsse, die sich neben dem Schleuderer als Wappen befinden. Diese sogenannten Triquetren, die den erklärenden Scharfsinn bis jetzt vergeblich, wie es scheint, beschäftigt haben, kommen auf lykischen, kilikischen, pamphilischen und kyprischen Münzen, auch auf phönikischen und griechischen Vasen (auf einer etruskischen als Wappen am Schild des Enkelados) vor. Auf Münzen von Panormos finden sich die drei Beine durch ein Medusenhaupt verbunden und mit Aehren durchsetzt. In dieser Gestalt erscheint das räthselhafte Symbol auch auf einer Münze eines Consuls Lentulus, was damit erklärt wird, dass einer der beiden Pompejaner dieses Namens nach der Pharsaler Schlacht in Sicilien gewesen sei. Seltsamerweise jedoch führte der Fluchtgenosse des Lentulus Spinther den Beinamen Bein (Crus), worin fast nichts andres als eine Beziehung auf das fragliche Symbol zu liegen scheint. Dasselbe scheint in etwas veränderter Form später an den heiligen Nikolaus gekommen zu sein, der, ein Lykier von Geburt, Bischof in der lykischen Hauptstadt Myra war. Seine kirchlichen Attribute sind anderer Art, aber die Legende lässt ihn drei von einem Bösewicht zerstückte Kinder (nach einer andern Lesart Pilger) wieder lebendig machen, und auf einem die Legende darstellenden Bilde sitzen die drei Kindlein betend in einem Kübel, während auf dem Tische zwischen dem Mörder und dem Heiligen ein abgehauener Menschenfuss von der Grösse eines Erwachsenen liegt. Die Anknüpfung kann nicht zufällig sein; dies geht daraus hervor, dass die »Nikolauszöpfe«, die an manchen Orten dem Heiligen zu Ehren gebacken werden, an andern Orten »Bubenschenkel« heissen. Ein Bohrgeist, der auch den Topf am Feuer nicht in Ruhe lässt, könnte selbst die Dreizahl noch auswittern, und an einer Stelle, wo nicht leicht Jemand das Triquetrum suchen wird. »Drei Bubenschenkel, wovon einer einen Kreuzer kostet« etc., so beginnt das Recept zum »Auflauf von Bubenschenkeln« in dem einst weithin gebietenden Küchenorakel, »der Löfflerin Kochbuch« genannt. »Warum gerade drei?« So richtig es nun aber auch ist, dass in manchem gedankenlosen Brauch sich ein vergessenes altes Symbol forterhalten hat, so verzichten wir doch, einem etwaigen Culturzusammenhang der altwirtenbergischen Prälatenküche mit lykischen etc. Denkmälern weiter nachzuspüren.

Fig. 15. Zur Vervollständigung des Kriegsapparates ist die numidische Münze mit dem Elephantenführer in unsere Tafel aufgenommen worden. Die Geschichte dieser Waffengattung, die dem Feinde so gefährlich, aber oft noch verderblicher dem eigenen Heere war, ist im Allgemeinen bekannt.

Die Aegineten.

(Zu Fig. 13.)

Die mit Salamis in den Meerbusen zwischen Attika und dem peloponnesischen Festlande eingeschlossene, jedoch um ein gutes Theil freier als Salamis gelegene Insel, auf welcher Zeus dem gerechten Aeakos aus Ameisen ein Volk erweckte — sie war durch industriellen Fleiss, Kunstthätigkeit, Handel, Schifffahrt und durch ihre zwar verhältnissmässig kleine, aber den meisten andern Griechen überlegene und wahrscheinlich bei Salamis ausschlaggebende Seemacht eine Schule für Athen, das jederzeit in der zwischen Staaten üblichen Weise den Lehrlohn zu bezahlen suchte, — hat — nach einer Annahme, die von einem Theil unserer Gelehrtenwelt festgehalten, von einem andern bestritten wird, und eben darum für weitere Fragen noch offen liegt — die Perserkriege ähnlich wie der grosse Befreiungsstaat, nur etwas früher, durch ein frommes Denkmal verewigt, sei es dass ein Athenetempel (von welchem indessen Pausanias entschieden schweigt) errichtet, sei es dass das alte angeblich schon von Aeakos gestiftete Heiligthum des panhellenischen Zeus — für eine dessen hauptentsprungene Tochter umgebende Heroengruppe auch kein unangemessener Ort — in einer der Zeitbildung entsprechenden Kunstform neu gebaut wurde. Den erhaltenen Resten zufolge wird der Tempel von der Kunstgeschichtschreibung für ein noch etwas alterthümlicheres Seitenstück des »sogenannten« Theseion erklärt. Der Theseustempel aber, wenn er auch seines Namens verlustig gehen sollte, behält darum doch seine übrigen Eigenschaften ungefährdet bei, und unter diesen somit auch die Wahrzeichen, welche die Zeit seiner Entstehung festzusetzen dienen. Er ist der ältere gedrungenere Bruder des etwas jüngeren leichteren Parthenon, des schlanken Riesenkindes der Perikleïschen Zeit. Diesem auf Anschauung beruhenden Urtheil der Kenner entspricht die Wahrnehmung, die man gemacht hat, dass der pentelische Marmor am Theseion noch als blosser Baustein verwendet ist, während zu den Sculpturen der parische genommen wurde, und dass erst die kühne Kunst des Phidias das einheimische, wohlfeilere, aber schiefrige Material bewältigen lernte, das den Gegnern dieser Kunst, vom Finanzpunkte aus, den Mund stopfen sollte. »Wir lieben das Schöne, doch mit mässigem Aufwande,« sagte Perikles bei einer denkwürdig gewählten Gelegenheit. Ein weiteres Zeugniss besteht in den am Theseion gefundenen Steinmetzenzeichen, die von den Inschriftenkennern wegen der Form der Buchstaben in die Kimonische Verwaltungsperiode gesetzt werden. Diese umfasst die dreissiger Jahre des betreffenden (5.) Jahrhunderts bis zum vierzigsten, in welchem sie mit einem jener eigenthümlichen Ministerwechsel, die der athenische Souverän in Form scherbengerichtlicher Ausweisungen zu vollziehen pflegte, ihr Ende fand. Die Vollendung des Parthenon fällt ins dreiundsechzigste, und wenn sich unser äginetischer Tempel so zum Theseion verhält, wie dieses zum Parthenon, so bekommt man zur Bestimmung seiner Entstehungszeit etwa ein paar Friedensjahre zwischen Anno 10 (Marathon) und 20 (Salamis), und dann wieder die Friedenszeit zwischen 21 (Plataä) und 43, in welchem Jahre es um Aegina's Unabhängigkeit, Industrie und Kunst geschehen war. *) Nach abwärts ist hiemit eine scharfe Grenze gezogen, wie sich nach aufwärts keine finden lässt. Man kann unter anderem etwa sagen, dass neben dem Baustyl eines Landes im culturverwandten Nachbarlande ein etwas ältlicherer, wenn nur in den Entwicklungsformen nicht allzu weit abweichender, gleichzeitig habe wirken können; allein wenn unser Tempel in der Zeit nach dem zweiten Befreiungskriege gebaut wurde, so ist es doch wahrscheinlicher, dass dies in der ersten Siegesfreude und im Vorgefühl einer Nachblüthe, die so kurz dauern sollte, geschah, zu einer Zeit also, wo das aus Doppeltrümmern neu erstehende Athen dringender an Mauern als an Tempel zu denken hatte. Erwägt man aber die Frage einer älteren, vielleicht einer noch vormarathonischen Bauzeit, so wird man sich zunächst an die Kunst, und zwar vornehmlich an die bildende, die bei der Ausschmückung des Tempels thätig war, um Aufschluss wenden müssen.

Der Tempel trug in jedem seiner beiden Giebelfelder eine Gruppe von Statuen, beide in fast mathematischer Gleichförmigkeit den bekannten, unvermeidlichen, von Homer normirten und von zahllosen Poeten nachgesungenen Kampf um den Leichnam eines gefallenen Heros darstellend, den »Patrokloskampf« im Allgemeinen, der, in der einen Bildergruppe wie in der andern, zu Füssen der in Mitte überragenden, durch ihre Attribute kenntlichen Göttin Athena geführt wird. Die Gruppe des östlichen Giebels ist fast ganz zerstört, die westliche, besser erhaltene, ist diejenige, die, in so vielen Abbildungen wiederholt, unter dem Namen der »Aegineten« fast allgemein bekannt geworden ist.

Nun zeigt ein oberflächlicher Blick auf die Statuen, dass die Kunst, die den Stein in dieser Weise zu bearbeiten verstand, neben einer sehr alterthümlichen Gebundenheit, die man Zopf zu nennen pflegt, doch in der Behandlung des Menschenkörpers eine überraschende Technik und eine weit vorgeschrittene Entwicklung errungen hatte.

Die nächste Frage ist also, auf welchem Punkte sich diese Entwicklung befunden habe, als sie Gestalten schaffen konnte oder musste, die in einem so merkwürdigen Abstand von dem Bilde der Göttin und einem so viel merkwürdigeren noch von ihren eigenen Köpfen und Gesichtern stehen.

Allein die Geschichte der griechischen Kunstanfänge, und nicht bloss die Kindheit, nicht bloss der mythische Dädalos, dieser »athenisch«-kretische Wieland der Schmied, nicht bloss der ohne Zweifel geschichtlichere Meister Schnitzer

(Smilis) von Aegina, sondern fast die ganze Jugendgeschichte, eine bedeutende und lange Entwicklungsperiode bis nahe an die tageshelle historische Zeit heran, ist, wie wir wissen, tief in Dunkel gehüllt. Als das älteste Kunstwerk von sicherem Datum — urzeitlicher Petrefacte, wie das mykenische Löwenthor, zu geschweigen — gilt der vielbesprochene Schrein, welchen etwa um die Mitte des 7. Jahrhunderts Kypselos, Tyrann von Korinth und Vater des »gelehrten« Tyrannen Periander, als heiliges (Weih-) Geschenk nach Olympia stiftete; er enthielt Schnitzereien mit mythischen Bildern in Cedernholz nebst eingelegtem Gold und Elfenbein, vielleicht so werthvoll wie manche Schnitzarbeiten aus ziemlich frühen Zeiten unseres Mittelalters, Kunstwerke, vor welchen ein heutiger Künstler auf die Kniee fallen kann, ohne sie jedoch darum nachzuahmen. Dem Anfang des nächsten (6.) Jahrhunderts sodann, der Zeit, wo die sieben »gelehrten Meister« angeblich ihre Weisheit nach Delphi trugen, mag der (recht asiatisch) aus Gold getriebene Zeus angehören, den jenes korinthische Haus gleichfalls nach Olympia gestiftet (geweiht) haben soll. Um die Mitte des gedachten Jahrhunderts verbrennt — um von ihm als dem vornehmsten hier allein zu reden — der delphische Tempel, ein steinerner Bau von unbekanntem Styl, und an seiner Stelle ersteht sofort ein prächtiges Gotteshaus in schweren, dabei aber schon höchst vollendeten, würdigen Bauformen, nach einem Plane, dessen auch das folgende Jahrhundert in all seiner Herrlichkeit sich nicht geschämt zu haben scheint, da es in seinen siebziger Jahren, schon unter dem Tosen des peloponnesischen Krieges, durch Aufstellung des Giebelschmucks die letzte Hand an diesen Tempel legte. Der Meister, der den Plan entworfen, hiess Spintharos von Korinth, und aus Korinth stammt auch die Form des Giebels mit dem ursprünglichen »Adlerfelde.« In dieser letzteren Andeutung, die Pindar gelegentlich hinwirft, ist die Geschichte der europäisch-hellenischen Baukunst bis tief herab ins 6. Jahrhundert nahezu erschöpft, und die in ihren Trümmern so beredten Tempel Grossgriechenlands schweigen über ihre Entstehungszeit. Etwas glücklicher, wiewohl auch nicht gerade beneidenswerth, sind wir in der Kunde, die wir von den bildenden Künsten jener klein- und grossgriechischen Nebeltage haben. Dass z. B. das heilige Wappenzeichen im Giebel zu irgend einer Zeit reicheren Kunstgebilden Platz machte, die ihrerseits nach und nach vom Relief zur Rundbildergruppe fortschritten, das erzählt neben andern Ueberresten eben die Entwicklungsstufe, die uns in den äginetischen Statuen vor Augen steht. Aber wann und wo und wie der Fortschritt in diesen Formen und in den Tempelbildwerken überhaupt geschah, darüber sind in Bild und Schrift theils gar keine, theils nur dürftige, indessen gleichwohl sehr bedeutungsvolle Winke überliefert.

Von Kunstresten selbst, zunächst von kirchlichen, wenn man den Ausdruck unbefangen brauchen darf, besitzen wir aus jener alten Zeit an Götterbildern eine nicht ganz unbeträchtliche Auswahl, die zu unsern Aegineten theils wie Ahnen oder Eltern, theils wie ältere oder jüngere Geschwister und Verwandte stehen. An Heroendarstellungen u. dgl. haben wir die beiden Generationen selinuntischer Metopen, bei welchen ein ähnliches Verhältniss obzuwalten scheint, besonders wenn man die hohe Bejahrtheit griechischer Grosseltern jener Tage für die ältere Generation (Kerkopen- und Medusenscene) beansprucht, die uns nur stammelnd und grinsend noch erzählen kann, dass sie eben in gar alter Zeit einmal vom heiligen Kasten an den Tempelfries emporgestiegen sei. Aber auch die jüngeren Gestalten dieses ganzen Geisterkreises, Götter, Göttinnen, Heroen, Giganten und Pferde, haben alle ihren Geburtstag vergessen.

Im gleichen Falle befinden sich die Menschen und die menschlich-natürlich
dargestellten Ueberwesen, die etwa in jener unbestimmten Kunstvorzeit heimisch
sein mögen, das merkwürdig altbürgerliche Sängerpaar Sappho und Alkäos, die so
reichsstädtisch mitteldeutsch aussehen und doch kunstgeographische Mitbürger der
Aphrodite von Melos sind, das ihnen ziemlich ähnliche Orestesrelief von Aricia
etc., endlich, die Perle von allen nicht zu vergessen, der Tübinger Wagenlenker
des Amphiaraos, dessen Vergleichung übrigens mit dem Philoktet des Pythagoras
— in Bezug auf den Kunstcharakter und mit einem Blick nach dem verlornen
Original -- keine ganz hinkende sein möchte. Dieser Pythagoras aber, der von
Plinius in die achtziger Jahre des 5. Jahrhunderts gesetzt wird, hat Siegerstatuen
verfertigt für einen Athleten, der im zweiten, und für einen andern, der im dritten
Jahrzehent dieses Jahrhunderts gesiegt hatte, und ist somit als ein schon ziemlich
später Zeitgenosse äginetischer Kunst datirt. Die schönen athenischen Grabreliefs-
gestalten, die man der Phidias'schen Zeit und Nachzeit zuschreibt, und die im
Ausdruck frei- und hoch-bürgerlicher Gesinnung und Bildung das Dichterpaar des
melischen Reliefs so weit hinter sich lassen, scheinen dasselbe auch dem Kunst-
alter nach um ein gutes Jahrhundert zurückzurücken. Allein nicht bloss die
Wahrheit, sondern auch die Täuschung hat ihre Wahrzeichen, und der Künstler,
der sich bewogen fand, die beiden lesbischen Sterne so altehrbarlich wie Grossvater und Grossmutter darzustellen, gesteht uns gleichwohl dabei, dass ihm die
Anschauung des — Zopfes abhanden gekommen ist, des männlichen nämlich. Sein
Alkäos trägt Bart und Haare etwas zottig-schlicht, was eben altväterisch aussehen
soll, aber der Schnitt ist ganz der gleiche, wie bei dem gebildeten Bürger des
athenischen Grabpfeilers, der einen von der verewigten Gattin Abschied nehmenden
Gatten vorstellt, beide in Tracht, Gesicht und Haltung so portraitartig, dass man
nicht zweifeln darf, ein athenisches Ehepaar aus der besten Zeit vor sich zu
haben, wie es festlich gekleidet zum Tempel, ins Theater, und zuletzt — im Bild —
zu Grabe ging. Das mit Namen verdeutlichte Graburnenbild, auf welchem der
reisige Schiffs- und Wehrmann Onesimos nebst den beiden unmündigen Kindern
von seiner mit einem vorangegangenen Chäreas vereinigten Eukoline so einfach
rührend scheidet, ist etwas schlichter, also entweder weniger vornehm oder um ein
Kleines älter, aber jedenfalls ganz aus der gleichen guten Zeit.

Wenn man den Eindruck dieser Bilder und die kunstgeschichtliche Nach-
forschung überhaupt mit einem vorübergehenden Versuch in Costümphilosophie zu
unterbrechen wagt, worin von Haar- und Barttrachten, ja gar von Zöpfen die Rede
ist, so läuft man zum mindesten Gefahr, den Vorwurf unnützen Plauderns und Ab-
schweifens auf sich zu laden, da zunächst von dem melischen Alkäos und dann
wieder von den Aegineten gehandelt werden soll. Allein mit dem Lied von dem
mehrberührten Hängsal, das unsern Grossvätern im Nacken baumelte und noch
unsern Vätern so lang zu Herzen ging, bis sie es endlich abzuschneiden beschlossen, stehen wir dicht neben den Aegineten und hart neben besagtem Alkäos, denn
jene müssen wir fragen, wie sie bei ihrer sonst so anständigen Körperbildung zu
so faustdicken Zöpfen kommen, die nicht bloss im Nacken hängen, sondern den
ganzen Kopf umwulsten, und diesem haben wir es zu verweisen, dass er zwei
einem Adeligen seiner Zeit und einem Bürger des folgenden Jahrhunderts verschieden auferlegte Culturformen für beide Theile gleich unanständig vernachlässigt.
Sind wir hiemit in einem Fall, wo bei einer zugleich kunst- und culturgeschicht-
lichen Zeitbestimmung das Costüm für die Kunstgeschichte das Wort nimmt, so

wird es gerechtfertigt sein, bei ihm, und zwar zunächst vor den athenischen Grabdenkmälern, noch eine Weile stehen zu bleiben.

. Diese Vollbärte, wie sie hier in ihrer Fülle und Mässigung einen grossen
und nicht den schlechtesten Theil unserer heutigen männlichen Bevölkerung an-
heimeln müssen, waren, nebst einem ähnlich geschnittenen frei fliessenden oder
wallenden Haupthaar, die allgemeine Männertracht jener unvergesslichen Zeit, die,
zeitlich und ungefähr bezeichnet, zwischen Marathon und Chäronea liegt. Sie
sind mehrfach seitdem in der Geschichte der Culturnationen und ihrer Trachten
wiedergekehrt, und scheinen jedesmal mit einer Zeit zusammentreffen zu wollen,
die still ringend oder laut scheltend sich eher unter- als überschätzt, dagegen von
der Nachwelt, nicht immer gerade von der nächsten, aber um so mehr von späteren
Jahrhunderten, einer vorzüglichen Beachtung werth gehalten wird. Vor allen
andern nun besitzt diese, die im Schatten der Platanen so tausendfältige Keime
geistiger Bildung für uns pflanzte, unsere dankbar innige Theilnahme und Bewunderung, obgleich sie selbst, bei mancher Ueberhebung im Einzelnen, im Ganzen
mit sich höchst unzufrieden war. Sie hatte auch, bei der grössten Vorliebe muss
man es sagen, vollen Grund dazu, denn neben dem Grossen und Herrlichen, das
sie in Künsten aller Art geleistet, zerarbeitete sie sich vergebens an einem politischen Räthsel, das die Sphinx der Geschichte ihr zu lösen auferlegt, und als ihre
Stunde schlug, liess sie die Aufgabe ungelöst für die kommenden Geschlechter
zurück. Freilich war es kein Kinderspiel um diese Vorlage, dunkel, wie sie ist
von Namen, und von Wesen eine scheinbare Unmöglichkeit. Mythisch-historisch
wurde sie »Mark- und Eidgenossenschaft« (Amphiktionie), offiziell »Tagsatzung«
genannt; »Schattenspiel zu Delphi« heisst sie parlamentarisch bei Demosthenes;
eine pragmatische Bezeichnung aus der Zeit selbst giht es nicht, denn die strengere
Geschichte hat sie keines Worts gewürdigt. Aus spärlichen, zum Theil mythischen,
zum Theil statistischen Notizen ist jedoch zu ersehen, dass einmal in dunkler Vorzeit eine Art Kaiserthum (»Agamemnons Scepter«) gestürzt ist, dass dann auch die
Reichsfürsten allmählich grösstentheils nachgerollt sind, dass hierauf an ihrer Stelle
ein Bund entstand oder sich erhielt, der aus dem Geschiebe der Völker und aus der
Dämmerung der Zeiten hervortritt als ein Bund zweier Grossstaaten und einer Gruppe
Mittel- und Kleinstaaten, letztere noch manigfach zu einer Art von Curien zusam-
mengelegt, Staaten und Curien eingetheilt, wie es scheint, nach den urconstituiren-
den Völkerschaften einer Vorfluthzeit, und jedenfalls gleichberechtigt alle, gross
und klein. Diesen todtgebornen oder wenigstens stündlich sterbenden und Gross
wie Klein gleichfalls tödtlich bedrohenden Bund durch einen Bundeseinheit und
Bundesfreiheit gewährleistenden Umbau lebensfähig zu machen, das war die Aufgabe,
die, so weit geschichtliche Zeugnisse reichen, zum erstenmal an eine Culturnation
herantrat, eine offenbar zu schwere Aufgabe für ein junges feuriges Volk, das auf
dem kürzesten Wege das Richtige zu finden glaubt. Er hat tief in die Wüste
geführt, jener kurze Weg, und nicht bloss in eine Welt von Ungeheuern, dergleichen
die Wüste gebiert, sondern zu seltsamen, unglaublichen Erscheinungen, z. B. wie
die beiden Grossstaaten in einem Separatfriedensversuche die durch den Bundes-
krieg entzweigerissene Bundesgrundverfassung — dies Eine Mal von Thukydides
durchsichtig, aber schneidend namenlos erwähnt — etwas revidirt für die andern
Staaten herstellen und auch für sich selbst getreulich halten wollen, »wofern nicht
von Seiten der Götter oder Heroen ein Hinderniss dazwischen kommt.« Die
lächerlich traurigste, für unser Mitgefühl unerträglichste aller dieser Erscheinungen

ist aber die, dass der vermeintlich kürzeste Weg auf den allerlängsten geführt
hat, dass das witzigste Volk der Weltgeschichte nach jeder missglückten Lösung
durch Hegemonie oder Sonderbund jedesmal wieder zu seinem verhassten, verachteten, verspotteten — Bundestag zurückkehren muss, dass das Ausland mit wol-
lüstigem Hohne diese Form in der bestehenden schlechten Verfassung aufrecht
hält, und dass Griechenland seine Schulruthe, zur Strafe für die zur rechten Zeit
versäumte Verbesserung einer an sich guten Staatsform, behalten muss von
den ersten historischen Tagen bis zum letzten Schattendasein im spätrömischen
Reiche, wo ihr dürrer Rest vom vollendeten Despotismus nebst andern veralteten
Formen ins Kehricht geworfen wird. Die Barttracht eines herrlich in die Laufbahn
getretenen, aber im Laufe gestrauchelten Volkes der Naturwahrheit und Freiheit
verfällt gleich mit der ersten und grössten Niederlage dem »cultivirenden« Rasir-
messer Alexanders d. Gr., und diese schärfste, aber eben daher mitunter etwas
schartige Haarculturwaffe ist seitdem, in innerer Verbindung, scheint es, mit gewissen andern gleichfalls wohlgeschliffenen Nivellirungsklingen, wiederholt über
antike wie moderne Voll-, Halb-, Schnurr-, Knebel-, Stoppel- und Strubelbärte gegangen. Es hat ja zu verschiedenen Malen Zeiten und Menschen gegeben, die,
gleich jenem gewaltigen Arbeiter im Weinberge der Weltmonarchie, nur glatte
Gesichter leiden konnten. Nicht dass sie darum ohne Ausnahme ästhetisch bis
zum Schmachten gewesen wären, wie jener zartgebildete Würger, sie waren vielmehr von sehr verschiedenem, ja entgegengesetztem Gepräge, die eine Zeit mit
ihrer grossen Mehrheit hoch, die andre tief, die eine gebildet, die andre unge-
bildet, die eine gläubig, die andre ungläubig, die eine republicanisch-imperialistisch,
eine andre cäsaro-papistisch, eine dritte päbstlich-kaiserlich, eine vierte monarchisch-
republicanisch, und wie die Gegen- und Selbstgegensätze alle heissen mögen, aber
jede in ihrer Weise ein bischen tief- oder hochtyrannisch, vom Cäsarsblick bis zur
Tyrannei der Mode, vom Senatsconsulte bis zum Conventsdecrete, dem Nach- und
Vorbilde der königlichen Lettre de cachet und der kaiserlichen Ordonnanz. Doch
die Natur in ihren so lehrreichen Gleichgewichtsschwankungen hat jedesmal, wenn
der eine Haarboden misshandelt wurde, am entgegengesetzten einen Ueberschuss
in Plus oder Minus oder auch absonderliche Mischformen eines Minus-Plus hervor-
springen lassen, so unter andern vom Löwen-, Tiger- oder Affenkopfe des im Irr-
garten antiker Romantik umhertaumelnden Soldatenhalbgotts bis zur titusartig modi-
ficirten Cäsarsglatze, von der heiliggeschornen Platte des byzantinisch-romanisch-ger-
manischen Mönchskaisers, Kirchenfürsten oder Pfaffenkönigs bis zum Ringellocken-
gewirre des antik-modern-mystisch-romantisch-freigeisterischen Cavaliers, von der
Allongeperrücke des französisch-römischen Classicitätsherrschaftsbegründers und
gallicanischen Kirchenreformators bis zu Ludwigswurst und Friedrichsschwänzchen,
vom Haarbeutel des aufgeklärten Menschheitsbeglückungsdespotismus bis herab
zu dem mehr oder minder verklärten Schatten, der, wie viele sonst nicht sehr
gläubige Geisterseher unserer Tage versichern, noch immer unsichtbar in unsrer
Mitte wandelt, oder, falls dieses Gespenst ein Märchen wäre, bis hinauf und rückwärts zu jenem grauenvollen Ungethüme, das auch die Köpfe unserer Aegineten,
in zwar gemilderter Form, noch ziemlich stark verunstaltet, zu dem die freigebornen
Haupt- und Barthaare ins Doppeljoch der Knechtschaft spannenden Kopf- und
Kinngeflecht.

Das Alter und den Lebenslauf dieses ehrfurchtbaren Ungeheuers zu erkun-
den, genügt ein flüchtiger Ueberblick. In goldner Paradieseszeit war es nicht zu

Hause, weil die junge Menschheit ihr Haar als Mantel trug. Aber es spukt bereits in den durch die neueren Entdeckungen und Ausgrabungen zu Tage geförderten Bilderdocumenten jener beiden urgeschichtlichen Grossmächte, die sich in ihren Tagen so oft auf Tod und Leben gerauft haben und auch in den unsern noch jeweils den Frieden der Wissenschaft zu erschüttern drohen. Um es mit keiner von beiden zu verderben, halten wir uns an das Alphabet, in welchem, obwohl sie beide das A behaupten, Aegypten — mit Erlaubniss Assur's — den Vortritt hat. Dort herrscht nun ein Hauptzopf (Kopfzopf), der den geistigen Charakter jenes Volkes — nüchterne und zugleich phantastische Verständigkeit — gleich einem Titelbilde vertritt. Auch der Kinnzopf begegnet, riemen- und zapfenartig, oder krystallinisch vielseitig, bei Göttern sowohl als Menschen, jedoch so weit die uns Laien zugängliche Auswahl der Bilder schliessen lässt, befindet er sich in der Minderheit, und die grosse Mehrzahl der menschenköpfigen Figuren, in welchen sich irdische oder überirdische Wesen offenbaren, trägt das Kinn sorgfältig rasirt, wobei jedoch die schon erwähnte Ausgleichung eintritt, dass die am untern Kopftheile verkürzte Natur in ihrer obern Hälfte — durch ein künstliches Riesengeflechte oder einen sonstigen riesengebirgigen Aufsatzschmuck — überschüssig entschädigt ist. Dies jedenfalls in den höchsten Regionen; in den andern erscheinen auch geringere Aufsätze, selbst Glatzköpfe; das Kinn jedoch hat die ganze Nation — mit Ausnahmen, wie gesagt, die vielleicht besonders grosse Tyrannen und Kaiser verrathen — dem Messer des einen, allgemeinen, gleichmachenden Culturzwangs dargeboten. Den assyrischen Bildern dagegen, so weit wir sie übersehen können, eignet, neben geschornen Rangstufen verschiedener Art, in den entscheidenden, hoch- und höchstgebietenden Kreisen ausschliesslich die andere Form des urgeschichtlichen Culturzwangs, der Doppelzopf, und zwar ist es bei den Königen ein Kopf- und Kinn-Allongezopf, der uns im Bilde noch zu Boden schmettern möchte, wie er seine Mitwelt weiland unter Walzen und Sägen legen konnte. Eine gewissenhaftere Betrachtung, als unser oberflächlicher Ueberblick, wird dieses Doppelgeflecht nicht eigentlich zu den Erscheinungen zählen, in welchen die Natur ein gestörtes Gleichgewicht durch abenteuerliche Gegenformen des Haupt- oder Kinnhaarwuchses herzustellen suchte, vielmehr wird sie es für ein diesem vorausgegangenes Erzeugniss einer Cultur erkennen, die — an Phantasie die ägyptische überbietend, also theils schlaffer theils noch straffer in ihren Zwangsformen — die überwuchernde Natur durch Fesseln der erstickendsten Art ins Gleichgewicht bannte, so dass erst nach der Erlösung von dieser Tyrannei — nach einer vergänglichen Freiheitszeit — das gedachte Wechselspiel der Formen sich entfaltete. Dieser assyrische Doppelzopf nun hat auf phrygischen, lydischen und andern vorderasischen Culturpfaden, nach und nach gemildert oder »aufgeweicht,« wie man in diesem Fall zu sagen pflegt, seine Wanderung nach Westen genommen und ohne Zweifel die ganze dortige Culturwelt unterworfen. Ob zu jener frühen Zeit schon ein Versuch gemacht wurde, der Freiheit und Schönheit im mässig entfesselten Wachsthum des Haupt- und Barthaars einen Ausdruck zu geben? Schriftliche Zeugnisse scheinen dafür zu sprechen, die wie beleuchtete Mondberge aus der Dämmerung der Geschichte ragen, unvergängliche Schöpfungen des Geistes im ernsten Palästina und im schönen Griechenland. Dort erzählt uns die Sage von einem jungen Helden, der mit dem üppigen Haarwald in einer Eiche behängen blieb, und hier führt uns der Dichter im vollen Reichthum des natürlichen Schmuckes seine »hauptumlockten Achaier« vor. Aber Sage und Dichtung lieben zu ver-

schönern; auch andere Völker haben in ihrer Heldenjugend Haupt und Nacken
mächtig umwallt getragen, aber die Mähne war im Wirbel fest gebunden, wie bei
Licht betrachtet der Zopf des Indianers ist. Fragt man nach historischem Grund
und Boden, so trägt jene etwas unvortheilhafte Figur auf einem der ägyptischen
Bilder, die nach der Hieroglypheninschrift als Neffe Absalom's und Ursächer des
jüdisch-israelitischen Dualis, nämlich als »Rehabeam König von Juda« gelesen wird,
einen richtigen Doppelzopf (den Keilbart mit Fug und Recht als Kinnzopf gerechnet), und dieses jüdische Costüm des 10. Jahrhunderts herrschte auch durch das
sechste noch z. B. im griechischen Kolophon, der Vaterstadt des Philosophen Xenophanes, der in seinen jungen Jahren tausend Bürger im Purpurgewand und mit
künstlich geflochtenem, salbenduftendem Haar — »nach lydischer Mode,« sagt er
seiner nächsten Anschauung gemäss — auf den Markt zu Rathe wandeln sah. Ein
echter Alkäos also, zumal als Aristokrat vom reinsten Wasser, konnte für sein
Haupthaar nichts Besseres thun, als sich den Kopf der politischen und literarischen
Freundin, die ihm gegenüber sitzt, zum Muster zu nehmen. Aber nicht bloss bei
den kleinasiatischen und den Inselgriechen, auch auf dem griechischen Festlande
herrschte der asiatische Zopf, und zwar zu Athen in einer Form, die dem, was
wir Neueren unter der Benennung verstehen, ziemlich nahe kam, nur dass die
Flechte, statt im Nacken, nach altjonischer Sitte vorn über der Stirn auf dem geflochtenen Haare sass. Drei Arten dieses Zopfes sind mit Namen überliefert: der
majestätische Korymbos, der polternde Krobylos, und der krebsschwänzelnde Skor-
pios. Seitenformen der Mode, worin die alte Wildtracht nachwirkte, wie der auf-
gebundene Schopf der Dorier, die Hörnerform u. dgl., können kaum im Vorbeigehn
berührt werden. Bezopft nach guter Väterweise zogen auch die biderben Mannen
von Marathon in die Schlacht, doppelt bezopft, wie aus dem Haupthaargeflecht
und Keilbart des Marathonkämpfers Aristion zu ersehen; und es ist die beste Be-
kräftigung für die Echtheit dieses Denkmals, dass sein Costüm so einzig mit der
Marathoner Zeit zusammentrifft. Bei Thermopylä der Dreihundert, lauter gereifte,
ihrer Lieben zu Hause denkende Männer, die sich Leonidas als die Tauglichsten
erlesen, für das Vaterland zu sterben — ein Leichtes, wo der Staat als voller
Ersatz für den gefallenen Familienvater eintrat — sie zopften sich vor der Schlacht,
wie weltbekannt, um festlich geschmückt in den Opfertod zu gehen. Dass aber
nach den Befreiungskriegen die Ausländerei weggeworfen wurde, stünde als selbst-
verständlich zu errathen, wäre es nicht ausdrücklich bezeugt. In dem conserva-
tiven Sparta zwar behielt man noch geraume Zeit die langen Haare bei, und mit
dem Ruhme der lykurgischen Verfassung war es ziemlich vorüber, als das kurz-
geschorne Haupt zum Kennzeichen des echt lakonischen Mannes wurde; aber während hier der ehrbare und in Delphi der hochehrwürdige Zopf noch umherging,
hatte Athen die Emancipation von der orientalischen Mode längst vollzogen. Im
Phidias'schen Panathenäenzuge vom Parthenon erblickt man bei den Männern den
gleichen Haar- und Bartschnitt, wie auf den Grabdenkmälern, die so sehr zum
Verweilen einladen; die wenigen Ausnahmen, die an der Stelle des Zopfes noch
das alte Zopfband und eine Art Surrogat des vormaligen Geflechtes tragen, mögen
wohl der Geistlichkeit angehören, die, selbst bei einem innerlichen Drang nach
Vorwärts, äusserlich stets den Nachtrab der Mode bilden muss. Wenn dann Thukydides, der während des peloponnesischen Krieges schrieb, bemerkt, es sei nicht
gar lang, dass in Athen die Bejahrten unter den Wohlhabenden aufgehört, den
Stirnzopf mit der goldenen Cicade und das weichliche linnene (altjonisch-lange)

Unterkleid zu tragen, so klingt das gerade, als wenn ein Heutiger erzählte, man habe noch bei Menschengedenken ein paar alte Herren mit dem Schwänzelzöpfchen und im Rococofracke gesehen. Doch wird es dem aufmerksamen Blicke nicht entgehen, dass auch die schöne, freie, kühne Haar- und Bartlockenfülle, welche die vollendete Kunst ihren Göttern und Menschen gibt, immer noch ein wenig Neigung zeigt, und wäre es auch in der aufgelöstesten Form, den Umrissen der alten gebundenen Haarlegung zu folgen, ja selbst die Stirnflechte ist, in anmuthig leichtem Wurfe, für Jugendgottheiten beibehalten, wie sie denn in dieser Gestalt noch am vaticanischen Apoll erscheint. Im Leben dagegen kamen nach und nach Abweichungen von dem feinen Mittelschnitt der besseren Zeit auf die Bahn, romantische Köpfe erschienen in der Lockenperrücke des achilleïschen Cavaliers, und wilde Landsknechte liessen den Bart ins Unkraut schiessen. Das letztere Freiheitsübermass bestätigt einigermassen die Anekdote, nach welcher die Perser, die mittlerweile den Kinnzopf mit Stumpf und Stiel ausrotten gelernt, bei Arbela die »Barbarenbekämpfer« an ihren Schweizerbärten zu Boden rissen, und Alexander, dem die neue östliche Mode gefiel, seine Freiheitszöpfe aus taktischen Gründen noch unter der Schlacht rasiren liess. Hiemit sind wir wieder an dem Punkte angekommen, von welchem die weitere Entwicklung und Abwechslung der Formen durch die alte und die neue Welt hindurch beginnt.

Wenn nun unsre Aegineten zum Theil den Haupthaarzopf und den Keilbart tragen, zum Theil aber neben jenem den unverhältnissmässigen Zeitsprung eines rasirten Kinns zu zeigen scheinen, so kann dieses nur die Bartlosigkeit des frühen Jünglingsalters vorstellen, falls nicht der grosse Restaurator, der die Gruppe ergänzt hat, in Toilettensachen etwas weniger gross war, als in seiner Kunst. Die Aehnlichkeit ihres Zopfes jedoch mit dem Zopfe des Marathonkämpfers Aristion wird für die gesuchte Zeitbestimmung ziemlich maassgebend sein. Sollte aber die Haartracht nicht endgültig entscheiden, so wird die Kunstgeschichte wieder an ihrer Statt das Wort zu ergreifen haben, um nachzuweisen, wie viele Zeit etwa vergehen musste, bis die Aufgabe der Kunst, Athletenstatuen zu schaffen, dahin führte, nackte Leiber in einem verhältnissmässig so hohen Grade von Vollkommenheit zu bilden, wie sie in diesen äginetischen Gestalten vor Augen steht. Ergibt sich nun aus beiden Nachweisungen gleichmässig eine grosse Wahrscheinlichkeit, dass sie zur Zeit der Befreiungskämpfe gegen die Perser, somit als Denkmal dieser Kämpfe, aufgestellt worden sind, und wird diese Wahrscheinlichkeit noch gesteigert durch einen andern Theil des Costüms, durch die Tracht der Göttin nämlich, welche geradezu auf jene so kurze Freundschaft zwischen Athen und Aegina feiernd hinzudeuten scheint, so liegt bei Erwägung des gesammten Inhalts, der diesem Denkmal beizuschreiben sein möchte, zunächst ein Theilnahme erweckendes Capitel der politischen Geschichte vor, sofern Aegina in jener dritten Gruppe von Mittel- und Kleinstaaten das erste Opfer war, das dem Dualismus der beiden Grossstaaten erlag, weiterhin aber treten auch religions- und kunstgeschichtliche Beziehungen hervor, die eine ausführlichere Erörterung verdienen. Diese wollen wir, da es sich hier nur um möglichst kurze Erläuterungen belehrender Bilder handelt, nebst der angekündigten Besprechung des »Harpagos-Denkmals« einer andern Gelegenheit vorbehalten, und hier nur noch so viel bemerken, dass mit dem Nachweis des Tempels und seiner hochnationalen Aeakidengruppen als Befreiungsdenkmal zugleich die Frage über den Tempel selbst gelöst ist, sofern der in den Befreiungskriegen allgemein durchgedrungene Hellenenname ein Heiligthum des

Zeus Hellanios, wo ein solches bestand, vom blossen Stammesheiligthum plötzlich zu nationaler Bedeutung erhob, ja dass nicht einmal eine Wahl zwischen Zeus- und Athenetempel gelassen ist, weil sich nämlich überzeugend darthun lässt, dass es auf Aegina einen Tempel der Athene überhaupt nicht gegeben hat, und dass die Stelle bei Herodot, die von einem solchen zu reden scheint, anders (»Heiligthum der Aphäa« statt »der Athenäa«) gelesen werden muss.

Die Deutung der Gruppen endlich — in der einen Telamon mit Herakles im älteren Trojakampfe, in der andern (vollständigeren) Achill als Gefallener, und Ajas Telamon's mit Teuker etwa und dem kleineren Ajas gegen Aeneas und Paris um den Leichnam kämpfend — sowie die bestimmte Beziehung dieser westöstlichen Kämpfe der Nationalheroen auf die so eben erfochtenen Siege von Salamis und Plataä erfolgt aus dem Obigen, sobald die Zeitbestimmung sich rechtfertigt, von selbst.

Bilderquellen: Taf. XXIII. Fig. 1. Vasengemälde (Schale) im Gregorianischen Museum zu Rom. Mus. Etrusc. Gregorianum t. LXXXI, 2 a. Fig. 2. Aristion. Gezeichnet nach der Abbildung im Museum of class. Antiquities I, 252. Fig. 3. Nolanische Patera in der Koller'schen Sammlung. Gerhard, antike Bildwerke pl. 35. Fig. 4. Vasengemälde bei Millin, Peintures de vases ant. I, 13. Fig. 5. Archaisches Vasengemälde bei Gerhard, auserlesene griech. Vasenbilder III, 208. Fig. 6. Vasengemälde bei Millin I, 24. Fig. 7. Gerhard, auserlesene gr. Vasenb. II, 150. Fig. 8. Museo Borbonico VII, 41. Fig. 9. Panofka, Bilder antiken Lebens taf. 6, fig. 9. Fig. 10. Griech. Relief im Louvre. Clarac. II, pl. 223, nr. 255. Fig. 11, a, b. Der sogenannte Mars von Lodi. Etrusk. Bronze im M. Gregor. I, t. 44, 45. Fig. 12. Achilles und Memnon. Höchst lebendiges Vasengemälde bei Gerhard, auserles. Vasenb. III, 204. Fig. 13. Ausgezeichnet seltene Vase von Volci, im Besitz des Prinzen von Canino. Nach Micali, Storia degli antichi popoli italiani. tav. 96, 1. Fig. 14, 15, 16, 17. Mus. of class. Ant. Nr. 3.
Taf. XXIV. Fig. 1, 2, 3, 4, 5, 6. Mus. of class. Ant. Nr. 3. Fig. 7. Gemälde einer Patera im Mus. Gregor. II, t. 74, 2 a. Fig. 8. Peintures de vases I, 49. Fig. 9. M. Gregor. II, t. 69, 2 a. Fig. 10. Micali, Ant. mon. tav. 39. Fig. 11. Gerhard, Trinkschalen taf. 6, 7. Fig. 12. Müller, Denkmäler taf. 6, 7. Fig. 13. Münzen von Selge. Mionnet Planches, pl. 47, f. 6. Fig. 14. Numidische Münze bei Mionnet, IX, pl. 9, f. 5.

7. Römische Kriegsbilder.

(Tafel XXV, XXVI, XXVII, XXVIII.)

Das Römerheer war zur Königszeit und in den guten Tagen der Republik, wie das griechische in seinen gesunden Zeiten, reine Bürgerwehr, und der Name Quiriten (von Quiris = Wehr = Ger), der später nur noch in civil-bürgerrechtlicher Bedeutung erscheint, besagte ursprünglich diejenigen Bürger, die es allein im vollen Sinn des Wortes waren, die Wehrmänner. Legio, von der Aushebung so benannt, gleichwie unsere deutsche Miliz in der Zeit vor den stehenden Heeren mancherorten Landauswahl oder Landausschuss hiess, war der Name des ganzen Heeres, das anfangs, gleichmässig aus den drei urpatricischen Tribus ausgehoben, 3000 Fussgänger und 300 Ritter zählte. Mit dem Wachsthum des Staates wuchs die Zahl der Legionen, und das durch die Verfassung des Servius Tullius anerkannte Emporkommen der Plebejer gab dem Fussvolke das Uebergewicht über die vormals ausschliessliche patricische Reiterei, die einerseits mit zwölf plebejischen Rittercenturien vermehrt, andrerseits durch Vertheilung auf die Flanken der jetzt zur Phalanx gewordenen Legion ihrer früheren Bedeutung als Hauptheerkörper entkleidet wurde. Recht und Pflicht des Wehrmanns aber blieb auch unter dieser neuen Verfassung auf dem Census beruhen; wer nichts hatte, war vom Kriegsdienst frei und der Waffenehre baar. Der vermögliche Vollbürger, der auf eigene Kosten diente, war vom 17. bis zum 45. Jahre für das Feld und von da bis zum 60. für die Stadtwehr pflichtig; Entlassung aus der ersten Diensthälfte konnte er nicht suchen, ehe er 16—20 oder als Ritter 10 Feldzüge gethan, und zehnmal wenigstens musste er die Heerfolge geleistet haben, bis er sich um ein Amt bewerben durfte. Schon im vejentischen Kriege *) jedoch — zu einer Zeit übrigens, wo der von Perikles erstmals besoldete athenische Wehrmann bereits des Dienstes müde aus dem peloponnesischen Kriege hervorging — wurde für den römischen Bürgersoldaten die Löhnung eingeführt und hiedurch die erste Stufe der künftigen Weltherrschaft, regulärer Krieg mit Winterfeldzug und Belagerung, ermöglicht, auch durch die Auflösung der Phalanx in leichtere Körper, die damals schon stattgefunden haben soll und dem Camillus zugeschrieben wird, der Grund zu der späteren Unwiderstehlichkeit der Legionen gelegt, die ihren Siegesflug durch Italien nach jenen etrurischen Eroberungen wohl rascher fortgesetzt haben würden, wenn nicht der aufstrebende Staat durch die Gallier, die er sich auf den Hals gezogen beinahe in's Nichts zurückgestürzt worden wäre.

Dennoch hat das zum Herrn der Welt bestimmte Volk, das zu Anfang des 4. Jahrhunderts den Degen des Brennus und noch im letzten Drittel desselben die caudinische Schmach über sich ergehen lassen musste, schon im zehnten Jahre des folgenden 3. Jahrhunderts seine Samnitenkriege zu Ende geführt, bindet sofort mit den Griechen in Unteritalien an, lernt bei Pyrrhus Elephanten und höhere Kriegswissenschaft kennen, beginnt gleich darauf die Weltkämpfe mit Karthago, die die Mitte und dann den Schluss dieses Jahrhunderts röthen, und mit dessen

---

*) Im Jahr 94 des V. Jahrhunderts v. Chr., herkömmlich 406 v. Chr.

9 *

98. Jahr, das bei Zama den Lorbeer Hannibal's auf Scipio übergehen sieht, ist das neue Weltreich der Hauptsache nach fertig, so dass, nachdem es in den Jahren 3, 9 und 10 des 2. Jahrhunderts durch die Niederwerfung Makedoniens bei Kynoskephalä, Griechenlands und Syriens bei Thermopylä und Magnesia besiegelt worden, die Schlacht von Pydna im Jahr 32 und die Verzweiflungskämpfe, die im Jahr 54 mit dem Fall Karthago's und Korinth's endigen, nur als unglückliche, wenn gleich gefährliche Auflehnungen gegen eine längst vollbrachte Thatsache erscheinen *).

Zu dieser Zeit, auf dem Gipfelpunkte der Republik, machte sich Polybius, der römisch gewordene Grieche aus der Schule Philopömen's, des letzten hellenischen Militärreformators, mit Rom's Kriegsverfassung bekannt. Jedes Jahr wurden aus den römischen Bürgern vier Legionen ausgehoben, deren je zwei ein consularisches Heer bildeten und in der Regel von einem der beiden Consuln geführt wurden. Jede dieser Legionen bestand aus 4200 Fussgängern nebst 300 Reitern, und einer eben so grossen Anzahl der italischen Bundesgenossen, wozu seit den punischen Kriegen noch eine je nach Umständen mehr oder minder starke Abtheilung leichter Auxiliartruppen aus dem fremden Lande, in welchem sich jeweils der Kriegsschauplatz befand, gekommen war. Die Zahl der ständigen Legionen war im zweiten punischen Kriege bereits auf 22 angewachsen, und betrug später in den Bürgerkriegen mehr als das Doppelte. Statt der regelmässigen Aushebung (Delectus) wurde im Fall der Noth (»in tumultu«) auch eine willkürliche vorgenommen, wobei die Ablegung des Fahneneides, weil sie nicht einzeln, wie beim förmlichen Sacramentum, sondern in tumultuarischem Zusammenschwören geschah, Conjuratio genannt wurde. Neben dieser Art von Conscription fand eine Vocatio statt, vermittelst welcher ausgediente Soldaten gegen höheren Sold und Offiziersrang zu einem Elitencorps angeworben wurden. Die Form der Phalanx hatte längst einer gegliederten, zu verschiedenen Zeiten wechselnden Eintheilung in Cohorten, Manipel — deren Feldzeichen ursprünglich ein Heubündel (Manipulus) — und Centurien Platz gemacht. Eine weitere Haupteintheilung bildeten die bekannten drei Treffen, in welchen die Hastati, Principes und Triarii hinter einander standen, im Widerspruch mit den Namen jedoch nur die letzteren mit der Hasta bewaffnet, die beiden ersteren dagegen mit dem Pilum, dem eigenthümlichen Wurfspiesse, der, mit biegsamer Spitze im Schilde des Feindes hängend, denselben schwer zu Boden zog. Die Legion ist befehligt von sechs Militärtribunen, die von zwei zu zwei Monaten abwechseln, und 60 Centurionen, deren Jeder den zur Züchtigung des Soldaten bestimmten Rebenstock (Vitis) führt (Taf. XXV, Fig. 1). Die Unständigkeit der oberen Kriegswürden, die mit Beendigung des Feldzuges erlöschen, so dass, wer fernd den Oberbefehl führte, heuer in untergeordneter Stellung dient, die Volkswahl, aus welcher nicht blos die Consuln, sondern bald auch die ursprünglich von den Consuln ernannten Tribuni militum hervorgingen, und neben dieser republicanischen Gleichheit die strenge Unterordnung und eiserne Mannszucht, die im Dienste gehandhabt wurde, dazu die hohe Ausbildung, die fast jeden Soldaten befähigte, erforderlichen Falls ein Commando zu übernehmen — das Alles wirkte zu jener seltenen Verbindung von Freiheit und Einheit zu-

---

*) IV, 11 (Gallier in Rom) = 389 v. Chr.; IV, 79 (Caudium) = 321. III, 10 = 290; 90 (Tarent, Pyrrhus) = 280; 36—59 (1. pun. Kr.) = 264—241; 82—99 (2. pun. Kr.) = 218—201. II, 3, 9, 10, 52, 54 = 197, 191, 190, 168, 146.

sammen, durch welche Rom ewig geworden wäre, wenn nicht das Schicksal der antiken Welt ihm die verhängnissvolle Aufgabe der Weltmonarchie beschieden hätte.

Diese brachte denn auch die Neuerung, die das griechische Kriegswesen schon durch den peloponnesischen und die folgenden Kriege erlitten, den Landsknechtsdienst nämlich, der die Republik in's Grab legte und das stehende Heer des Kaiserthums hinterliess, auch dieses jedoch nur wieder bestimmt, nach langer Zeit des Ruhmes zwar, den freien Germanen zu erliegen, wie die stehenden Heere der Nachfolger Alexanders den römischen Bürgerwehren erlegen waren. In der langen Abwesenheit von Haus und Feld, worin die auswärtigen Kriege ihn erhalten, war der römische Bürgersoldat verarmt, und neben den Wohlhabenden, die nur auf die Gelegenheit warteten, sich ungestraft dem Dienste zu entziehen, war ein Proletariat erwachsen, aus welchem man unter dem richtigen Namen eines Bürgerheeres reine Miethtruppen auf die Beine stellen konnte. Durch den Ausgang des Bundesgenossenkrieges, der sämmtlichen Italienern das römische Bürgerrecht verschaffte, wurde die Masse und Recrutirungsfähigkeit dieses Proletariats über ganz Italien ausgedehnt, und der regelmässige Delectus verwandelte sich immer mehr in eine tumultuarische Werbung, die nach Bedürfniss der Parteihäupter durch die Landschaften ging. Zu dem gefährlichen Auskunftsmittel, Sklaven ⬛ ter die Waffen zu rufen, hatte man, freilich in der höchsten Noth, schon nach der Schlacht von Cannä gegriffen. Im Jugurthinischen Kriege sodann warf Marius absichtsvoll den ganzen bisherigen Bestand des Kriegswesens über den Haufen, indem er sein Heer aus Besitzlosen warb. Die Ueberreste von Census- und Altersklassen, auf welchen die drei Treffen beruhten, waren hiedurch aufgehoben, und da im Vernichtungskriege mit den Cimbern und Teutonen der furchtbare Anprall dieser Gegner ohnehin eine neue Taktik verlangte, so wurde die Legion in ein geschlossenes Treffen zusammengezogen, von welcher Anordnung auch bei späteren Veränderungen die Unterschiedlosigkeit des Soldaten und die dichtere Cohortenstellung anstatt der Manipularstellung blieb. Im Bürgerkriege zog er auch die Sklaven an sich, und eben so machten in den späteren Bürgerkriegen Gladiatoren und Sklaven verhängnissvolle Bestandtheile der Parteiheere aus. Unter andern Reformen des wilden Volkskriegers wird angeführt, dass er den Adler zum Hauptfeldzeichen der Legion machte, und dass er seine Soldaten — so als wenn die heutigen den Tornister auf der Spitze des Bajonetts tragen müssten — ihr schweres Gepäck an einer Stange über der Schulter tragen liess, daher sie vom Volkswitz marianische Maulthiere genannt wurden. Die in früheren Kriegen ohnehin unzulängliche, weil aus einem hohen Census hervorgegangene römische Reiterei hatte als solche jetzt völlig aufgehört, indem diese Waffe, in sehr vermehrter Zahl, aus Gallien, Spanien, Germanien, Africa etc. angeworben wurde. Unter diesen Auxiliarvölkern befanden sich auch die Scharfschützen, die Bogner nämlich und die Schleuderer, deren wir früher schon erwähnt; sie wurden vornehmlich von den Balearen und von Kreta bezogen. Das Maschinenwesen, dessen Fortschritte von den griechisch-makedonischen Armeen stammten — unter denen die des Demetrios Poliorketes mit der (vergeblichen) Belagerung von Rhodos durch die berühmte Maschine »Städtefängerin« (Helepolis) sich in der alten Kriegsgeschichte besonders hervorgethan hatte, obgleich schon Perikles auf Samos bewundernswürdige Maschinen angewendet haben soll — bestand in Belagerungswerkzeugen und Geschützen, welche letztere nicht so zahlreich wie unsere Kanonen, aber an

Ort und Stelle um so wirksamer waren, sofern sie von Dreihundert- bis zu Zwölf-
hundertpfündern stiegen. Die grössten und bekanntesten sind die beiden Riesen-
armbrüste, Ballista und Katapulte genannt, jene Steinmassen im Bogenwurf, diese
Balkenbolzen geradeaus versendend, und die Riesenschleuder Onager. Indessen
auch der Zahl nach war die antike Artillerie, die lang in den »Blyden« und ähnlichen Wurfmaschinen des Mittelalters fortgelebt hat, nicht ganz verächtlich: bei
der Eroberung von Carthagena, im zweiten punischen Kriege, fanden die Römer
120 grosse und 281 kleine Katapulten, 23 grosse und 52 kleine Ballisten nebst
zahllosen kleineren Schiesswaffen, und Josephus, der römisch gewordene Jude,
zählt bei der Belagerung Jerusalem's 300 Katapulten nebst 40 Ballisten als Ver-
theidigungsmaterial seiner Landsleute auf.

Mit Ausrüstungen von dieser oder ähnlicher Wucht versehen, errichtet auf
einem Söldnerverhältniss, das den Soldaten durch den Fahneneid für zwanzig
Jahre an die Person des Jmperators kettete, wohlgepflegt, für jetzt noch streng
disciplinirt und doch zugleich dem friedlichen Bürgerthum gegenüber bis zur äussersten Verwöhnung gehätschelt, war das römische Heer an dem Punkte angekommen,
wo »auf des Degens Spitze die Welt jetzt steht«. Und nicht nur factisch durch
die Gewalt, auch formell rechtlich konnte der Soldat die Republik beherrschen,
durch sein Stimmrecht nämlich, das er als Bürger in den Comitien ausübte. So
trug die Anhänglichkeit des Heeres den republicanischen Parteiführer ganz in der
gleichen Weise empor, wie später auf den Schilden der Prätorianer der kaiserliche Prätendent zum Throne gelangte. Was brauchte Cäsar sich um die paar
Millionen Schulden zu kümmern, wegen deren seine Gläubiger ihn nicht aus Rom
lassen wollten, wenn er dort eine Partei zurückliess, Geld und Ruhm in seiner
Provinz machen konnte, und der Soldat ihm zur Entscheidung, wer in Rom Herr
sein solle, über den Rubicon folgte? Nach vollendeter Dienstzeit wurde der
Veteran mit Grundbesitz auf den herrenlosen Ländereien belohnt, die während der
Bürgerkriege in Folge jener grossartigen, nicht bloss über Einzelne, sondern über
ganze Gemeinden, Städte und Territorien verhängten Proscriptionen und Confis-
cationen dem Staate oder vielmehr seinem Machthaber anheim fielen. Im Sulla-
nischen Kriege war die Verödung so gross geworden, dass die »Staatsländereien«,
nachdem alle Soldaten darauf versorgt waren, zum Theil unvergeben blieben. Der
unbehauste, unwirthschaftliche Veteran erhielt sich nur kurze Zeit in seinem Besitze, der eine starb aus, der andere verkaufte und lief — was die Meisten thaten
— bei dem nächsten Tumulte wieder der Fahne, dem Feldherrn und der Beute
zu, der ausgetriebene Besitzer vermehrte das »Futter für Pulver« (wenn man so
sagen darf) oder die Bettler- und Räuberbanden oder das immer verzweifelter
anwachsende Proletariat in Rom, und die römischen Reichen konnten, trotz der
von Zeit zu Zeit dazwischen geworfenen Ackergesetze, immer wieder jene unverhältnissmässigen Grundherrschaften erwerben, jene »Latifundien«, an welchen
Italien noch heute krankt. Solchem Unwesen vermochte auch Cäsar nicht abzu-
helfen; er vertheilte die damals zusammengeschmolzenen Staatsländereien unter
20,000 Soldaten und Nichtsoldaten, und wollte 80,000 weitere römische Arme in
Griechenland, Asien und Afrika, auf Kosten der genannten Provinzen somit, unter-
bringen, als dieses reichsväterliche Vorhaben nebst dem Plane, in einem Parther-
feldzuge sich die Königskrone aufzusetzen und den fertigen Reif nach Rom
zurückzubringen, durch die Dolche seiner Mörder vereitelt wurde. Das Feuer,
womit über seinem Scheiterhaufen der letzte Lebensfunke der Republik noch

einmal aufflackerte, hatte nur zur Folge, dass die siegreichen Triumvirn nach der
Schlacht von Philippi 170,000 Soldaten zu versorgen bekamen.   Proscribiren und
Confisciren reichte hier nicht mehr zu : es blieb nichts übrig, als die Maske der
Achtung des Eigenthums völlig abzuwerfen.   Unter furchtbarer Verwirrung, die
durch die wechselnden Massregeln der um die Gunst bald der verwilderten Sol-
daten, bald des Volkes buhlenden Gewalthaber noch gesteigert wurde, musste, wie
Antonius selbst sich ausdrückte, »Italien auswandern«, zum Theil wenigstens.   Die
Beraubten waren nicht alle so glücklich, wie Virgil, Horaz, Tibull, Propers, die,
damals durch wild zugreifende Veteranen von Haus und Hof vertrieben, an der
auch in den Gewitterstürmen fortscheinenden Sonne der Bildung mehr oder weniger
sich wärmen konnten.   Schaarenweise strömten die Heimathlosen, Jünglinge und
Greise, Weiber und Kinder, nach Rom, lagen auf dem Forum und in den Tempeln umher, und jammerten, dass man sie, die doch nichts verbrochen haben und
Italiener seien, wie Einwohner eines eroberten Feindeslandes behandle.   Das Volk
stimmte ihnen bei, und es gab blutige Auftritte in der Hauptstadt, wie in den
durch den Krieg ohnehin verödeten und jetzt noch mehr dem Verderben preis-
gegebenen Landschaften.   Elemente solcher Art, die auch dem catilinarischen Unternehmen eine gewisse Weihe verliehen hatten, waren ohne Zweifel zur immerwäh-
renden Verschwörung gegen einen Staat in Räuberbänden berechtigt, mit dem
gleichen Rechte freilich, mit welchem auch von Zeit zu Zeit das Schwert des
Kriegsgottes aus der Scheide fährt, um die tausend und abertausend Ungerechtig-
keiten des Friedens zu bestrafen.

Julius Cäsar hatte über 40 Legionen hinterlassen, und mehr als 70 standen
im Gegenkaiserkampfe der um sein Erbe streitenden Zweimännerherrschaft gegen
einander.   Diese wurden, als Cäsar Octavian, von dem unserem Steigen der Pa-
piere entsprechenden Sinken der Getreidepreise begrüsst, aus einem räuberischen
Parteihaupte ein ehrbarer Augustus geworden war, auf die Zahl von 28 einge-
schmolzen, wovon die Armeeliste bei seinem Tode noch 25 aufführte, nachdem ihr fünf Jahre zuvor die bekannten drei auf dem »Winfeld« und im »Mord-
kessel« des Teutoburger Waldes verloren gegangen waren.   Später stieg die
Zahl wieder auf 30 und noch etwas höher, und zwar bei einem Bestande von
6000 Mann, auf welchem sich die Legion seit Marius ziemlich unverändert erhalten zu haben scheint.   Die früher bloss mit Nummern bezeichneten Legionen
wurden seit den letzten Zeiten der Republik, wo gleichnumerirte Legionen auf
feindlich entgegengesetzten Seiten gestanden, durch die bekannten Beinamen, wie
Germanica, Alauda, Victrix, Rapax etc., unterschieden.   Den Oberbefehl der
Legion führte ein Legat, unter welchem die Militärtribunen standen, eine Anordnung, welche Cäsar getroffen hatte, weil der junge Adel, der seine Carriere mit
dem Tribunat zu beginnen pflegte, zum Commandiren nicht geeignet war.   Dies
das stehende Heer des Kaiserthums bis auf Diocletian, mit welchem die grossen
Veränderungen der Heeres- wie der Staatsverfassung begannen, die bei der ersteren
der Art waren, dass das Staatshandbuch der Theodosischen Zeit, das man unter
dem Titel Notitia Dignitatum Imperii kennt, für den Orient 70 und für den Occi-
dent 62 Legionen verzeichnet, wobei indessen angenommen wird, dass der Bestand
der Legion nicht höher als 1000 Mann gewesen sei.

Als August, der in den Parteikriegen bei seinen eigenen Soldaten oft nicht
des Lebens sicher gewesen, nach Ausstossung der zügellosen Elemente eine reguläre
wohldisciplinirte Kriegsmacht hergestellt, wurde auch die allgemeine Dienstpflicht

der früheren Zeiten zu Recht erhalten, obwohl mehr nach dem gesetzlichen Buchstaben als in Wirklichkeit. Zwar im Schrecken über die Hiobspost aus Deutschland wurde eine strenge Conscription angeordnet und der Ungehorsam bei den Jüngeren je am fünften, bei den Aelteren am zehnten Mann mit Confiscation und Ehrlosigkeit, bei Einigen auch mit dem Tode bestraft. Für gewöhnlich aber zog man es vor, den jährlichen Ergänzungsbedarf der Legionen durch löhnungsbedürftige, vertragsmässig angeworbene Leute zu decken, und sah es gerne, wenn der wohlhabendere Italiener Geist und Uebung des Krieges verlor. Dies führte zu der modernen Erscheinung, dass der Pflichtige — der in Conscriptionsfällen der angedeuteten Art sich durch Flucht, oder, wie in unsern Zeiten nicht selten geschehen ist, durch Verstümmlung der rechten Hand dem Dienste zu entziehen gesucht hatte — endlich ganz vom Militärjammer erlöst wurde, indem er sich durch Stellung eines Einstehers (Vicarius) dienstfrei machen durfte. Auf diese Weise wurde das Heerwesen ein Gewerbe, das der Mann für den besten Theil seiner Lebenszeit ergriff, um in ihm sein Brod und nach vollendeten 16 oder 20 Dienstjahren seine Versorgung zu finden, und da die Recrutirung nach und nach ausschliesslich auf die Provinzen überging, so schwand dem Mittelpunkte des Reiches die Kraft, die einst das Ganze zusammengebracht hatte. Die Ausbreitung des römischen Bürgerrechts bei den Provinzialen machte es möglich, das Heer bei dem Namen, dem blossen Namen freilich, eines römischen Bürgerheeres zu erhalten; denn in die Legionen wurden nur römische Bürger aufgenommen, und wenn Freigelassene (Sklaven waren streng ausgeschlossen) oder Peregrinen, die sonst unter den Auxiliartruppen oder auf den Flotten dienten, zum Legionsdienste zugezogen wurden, so ertheilte man ihnen beim Eintritte die Civität. Nachdem jedoch Caracalla, um seine Einkünfte zu vermehren, das ganze Reich mit dem Bürgerrechte beschenkt hatte, konnte nicht mehr von Peregrinen die Rede sein, auch die Auxiliartruppen bestanden jetzt aus römischen Bürgern, und so zog sich die römische Wehrkraft immer mehr nach der Peripherie, bis sie zuletzt in den Besitz der »Barbaren« gelangte.

Den ersten Rang in der Armee behauptete die berühmte Kaisergarde, die man unter dem Namen Prätorianer kennt. Der Name und zum Theil auch die Sache kommt schon von Scipio Africanus her, der für sich aus erlesenen Leuten seines Heeres eine Art Leibwache errichtete, Cohors praetoria genannt, weil sie den Dienst bei dem in der Mitte des Lagers aufgeschlagenen Feldherrnzelte (Praetorium) hatte. Durch die Verschmelzung des Imperatortitels mit der kaiserlichen Würde erhob sich das Praetorium, das schon vorher eine der Republik verderbliche Stufe erreicht, vollends zur Bedeutung der »Pfalz«, und das frühere Imperatorenleibcorps stieg aus seiner schon damals begünstigten Stellung zur Pfalzgarde empor, die, bei doppeltem Sold und kürzerer Dienstzeit, das ehrenvolle Amt erhielt, die kaiserliche Hofburg zu bewachen. Unter Augustus zwar, dessen Palast (obwohl Palatium und Praetorium zugleich) die Häuser anderer vornehmen Römer in nichts übertraf, und der sein Lebenlang die republikanischen Formen mit äusserster Beflissenheit festhielt, waren die von ihm ständig errichteten neun prätorischen Cohorten keineswegs so nahe um die Person des Herrschers versammelt. Sie dienten, damals noch aus Italienern bestehend, grossentheils zur Besatzung Italiens, und nur drei davon waren in Rom stationirt, auch diese grossentheils in Bürgerquartieren untergebracht und bei dem »Oberhaupte der Republik«, das sich so sicher im Schosse des Volkes zu betten wusste, nur in kleinen Abtheilungen

die Wache beziehend. Allein bereits unter Tiber wurden sie in eine feste Caserne gelegt, und hier betraten sie die erste Staffel jener furchtbaren Janitscharen-
macht, vermöge deren sie, wie einst die Soldtruppen die Republik, so jetzt — besonders seit durch Septimius Severus die Prätorianer aus den Eliten sämmtlicher
Legionen zusammengesetzt waren — das Kaiserreich beherrschten, bis, nach
manchen erfolgreichen Auflehnungen der Provinzlegionen gegen das gebietende
Hauptcorps, Diocletian den Prätorianern ihre Bedeutung nahm und Konstantin ihre
Auflösung decretirte. — Die auf Taf. XXV, Fig. 2 dargestellte Soldatenabtheilung
wird wegen des prachtvollen Aufzugs, der eine sehr bevorzugte Truppe zu erkennen gibt, wohl als diesem glänzenden Corps, in welchem der Gemeine Cen-
turionenrang hatte, angehörig zu betrachten sein. Der Tempel des capitolinischen
Jupiter, auf den die »Nobelgarde« zuzuschreiten scheint, würde die Annahme
noch wahrscheinlicher machen, aber dieser Hintergrund ist, ob zwar antik, nicht
echt, sondern vom Restaurator des Basreliefs einem andern Denkmal entnommen.
Clarac, der das Relief herausgegeben, hält die fraglichen Prätorianer wegen der
Blitze auf den Schilden zugleich für Angehörige der berühmten Legion, welche
Gegenstand einer Legende geworden ist. In diesem Fall müsste der zur Prä-
torianergarde beförderte Soldat das Abzeichen der Legion, aus der er erkoren
war, in seiner neuen Würde getragen haben. Das Wunder übrigens, das Xiphilin
in Umlauf brachte, hat das Schicksal vieler andern Wunder getheilt, sofern geschichtlich erwiesen ist, dass die Legion, die in Pannonien den Regen auf den
Freund und auf den Feind das Donnerwetter herabgebetet haben soll, unter dem
Namen Fulminata (nicht Fulminatrix) längst bestanden, und obendrein seit August
Asien, wo sie unter anderm an den jüdischen Feldzügen theilnahm, nicht verlassen hat. Ueber die Quadenschlacht selbst s. unten S. 157. Wie kläglich ein
anderes Wunder in jenem Kriege, das des Magiers Alexander, ablief, mag man
bei Lucian nachlesen, der den Wundermann, obwohl nicht ganz zu eigenem Vortheile gezeichnet hat.
     Von der Gründlichkeit des Kriegshandwerkes im Kaiserheere zeugt wohl
nichts so sehr als die Zahl der Unteroffiziere, die nicht weniger als neun Dienst-
grade zwischen dem Gemeinen und dem Centurio, jenen als ersten und diesen als
elften gerechnet, ja zum Theil noch mehr Zwischenglieder betragen zu haben scheint.
Da die oberen Chargen der Aristokratie, dem Senatoren- und Ritterstande, vorbe
halten waren, so brachte es der gemeine Mann im Avancement gewöhnlich nicht
höher, als bis zum Centurio, höchstens zu einer Art Majorsrang in der Legion
(Tribunus Legionis), einzelne zum Rittmeister über ein Reitergeschwader (Prae-
fectus Alae). Glückskinder freilich schwangen sich mit der Zeit noch höher, ja
bis auf den Kaiserthron. Der Gemeine, der nicht weiter gekommen, erhielt nach
vollendeter Dienstzeit seine ehrenvolle Entlassung (honesta Missio) nebst einer
Versorgung, die von August in Geld gereicht wurde — etwas über 2000 Gulden
für den Prätorianer und etwa 1300 Gulden für den gewöhnlichen Soldaten —
später aber meist wieder in Landanweisung bestand, und das mit gutem Grunde,
da die fortschreitende Verödung Italiens Zuwachs von Ackerbaukräften und die
ausgesetzte Lage der Provinzen die Wehrkraft der Militärcolonieen erforderte.
Rechnet man hierzu den reichlichen Sold — der schon für den blossen Legionär,
ohne die tägliche starke Brodration, seit Cäsar 225, seit Domitian 300 Denare
(Franken) jährlich, für den Prätorianer 720 betrug — und die ausserordentlichen
Belohnungen, als da sind Beuteantheil, Solderhöhung, besonders aber die bei

Triumphen und Thronbesteigungen an das Heer vertheilten Donativa, die den Gemeinen mit Summen bis zu 20,000 Sesterzen (1 Sesterz = stark 7 Kreuzer, also mehr als 2000 Gulden) treffen konnten, — so wird die Lage des römischen Soldaten der Kaiserzeit, besonders im Verhältniss zu dem ärmeren Bürger, nicht eben beklagenswerth erscheinen.

Diesen Vortheilen entsprachen auf der andern Seite strenge Anforderungen, denn der Dienst wurde, seit ihn August wieder geregelt hatte, mit der alten eisernen Pünktlichkeit geübt, und der Soldat musste ihm seine ganze Zeit widmen. Im Lager wurde sie, wenn die Waffen ruhten, durch Schanzarbeit, Tag- und Nachtwachdienst (Excubiae, Vigiliae) und Exercitien ausgefüllt. Diese fanden für die Recruten (Tirones) zweimal und für die Uebrigen einmal im Tage statt. Ausser der Recrutendressur bestanden sie in Marschübung (Ambulatio), Manövre (Decursio, wenn dies nicht Waffenlauf ist) und Scheintreffen mit Holzrappieren und Knopfspeeren, in Springen, Schwimmen, Fechten und Schiessen, Voltigiren und Reiten, lauter Dingen, welche die Deutschen nachher kunstmässig bei den Römern lernten und in das Mittelalter herübertrugen; denn unter Karl dem Grossen wie unter seinen deutschen Nachfolgern ist gewaltig exercirt worden, und das Kampfspiel, das Turnier, verdankt in natürlicher Folge seinen Ursprung dem römischen Tirocinium. Ausserdem musste das Römerheer jene grossartigen öffentlichen Bauten ausführen, von welchen jetzt noch zum Theil bewundernswürdige Reste und Spuren übrig sind: Strassen, Grenzwälle, Festungen, Canäle, Brücken, Häfen, Tempel, Säulenhallen, Basiliken, selbst Bergwerke, Sumpfarbeiten und Weinbergpflanzungen waren Schöpfungen des Soldaten, den kein tüchtiger Führer einen Augenblick müssig gehen liess. »Laboremus!« rief der sterbende Septimius Severus dem Tribunen zu, der die Parole verlangte.

Die Zucht, mittelst welcher so grosse Kriegs- und Friedenswerke zu Stande gebracht wurden, war nicht erst eine Ausgeburt des kaiserlichen Absolutismus, sie war vielmehr die alt-, ja vorrepublicanische Kriegsdisciplin des Alterthums. Aristoteles erinnert daran, dass Agamemnon zwar in der Versammlung viel habe gefallen lassen müssen, mit dem Ausrücken ins Feld aber standrechtliche Gewalt besessen habe, so dass er drohend sagen konnte: »bei mir ist der Tod.« Eben so legt er Gewicht darauf, dass die spartanischen Könige, die zu Hause so beschränkt waren, im Felde das Recht über Leben und Tod ihrer Krieger hatten. In Athen nun freilich, wo ohnehin Alles auf den Prozessweg gebracht wurde, würde der Stratege, hätte er dieses Recht auch besessen, schon im Hinblick auf seine politische Zukunft sich wohl gehütet haben, Gebrauch davon zu machen. Bei den Römern dagegen war die unbedingte, keiner weiteren Instanz unterworfene Herrsch- und Staatsgewalt des Feldherrn vom Königthum ungeschmälert auf die Consuln und Imperatoren übergegangen, und auch die vollendete bürgerliche Gleichheit hinderte den Feldherrn nicht, vorkommenden Falls den Soldaten zu erklären, ihnen liege nichts ob, als sich an Leib und Seele so zu halten, dass er sie zum Siege führen könne, alles andere sei seine Sache; und wie einzelne Führer in Insubordinationsfällen ihr Recht über Leben und Tod ohne Rücksicht auf Tapferkeit, Kriegsglück, ja mit Unterdrückung der stärksten Menschen- und Familiengefühle ausübten, ist bekannt genug. Daher, als es die in den Bürgerkriegen zerfallene Mannszucht wieder herzustellen galt, brauchte man nur zu den alten Satzungen zurückzukehren, die weder aufgehoben noch vergessen waren, und diese unmittelbare Anknüpfung an die Vergangenheit war es ohne Zweifel, was im stehenden Heere des Kaiserthums etwas von jenem altrömischen Geiste fortleben liess, der die «Republik» — «Disciplina majorum rempublicam tenet», sagte ihr Gebieter Alexander Severus — noch drei Jahrhunderte aufrecht hielt, bis die letzten Verwandlungen des Flickwerks von Freiheit und Herrschaft in die despotische Staatsform den morschen Bau erkünstelten, von dessen beiden Hälften die eine, die vollendet orientalische, gleichwohl den Stössen der Völkerwanderung noch ein Jahrtausend Dauer abtrotzte, die andere jedoch, durch den unzulänglichen Rest von Freiheitselementen nur noch mehr zermürbt, unter der Gewalt einer fremden Soldateska die kümmerliche Neige ihrer Tage hinschleppte und in der Stunde, wo die Geschichte das Ende des weströmischen Kaiserthums aufzuzeichnen hatte, dem Wesen nach längst zusammengebrochen war.

«Geh, Lictor, bind' ihn an den Pfahl!» lautete der Vollstreckungsbefehl, den man bei allzu strengen Urtheilen, mit Bezug auf jene Sage von Titus Manlius Torquatus, einen «Manlischen» nannte. Das Beil, mit welchem in älteren Zeiten die Enthauptung geschah, wurde später durch das Schwert verdrängt, und statt des Lictors (der übrigens noch unter den späten Kaisern fungirte) hatten Ordonnanzen (Speculatores) oder Soldaten, auch Sklaven, die Execution — ausserhalb des Lagers, wenn man sich im Lager befand — zu vollziehen. Eine andere Art Hauptstrafe war die von Kameradenhänden, die sich in unserem mittelalterlichen Spiesrecht und der nachmaligen — wenn man so sagen kann — gelinderen Form des Spiessruthenlaufens erhalten hat: der Tribun berührte den Verurtheilten leicht mit dem Stabe, und dann durfte er fliehen, wurde aber von den übrigen Soldaten mit Stockschlägen (daher die Strafe Supplicium fustuarium heisst) und Steinwürfen meist niedergemacht, oder wenn er je entrinnen konnte, so war er ehr- und heimathlos. Entehrend war auch die der Enthauptung vorangehende Auspeitschung mit Ruthen. Bei Empörungen einzelner Truppenkörper wurde Decimation verhängt, in Milderungsfällen auch nur der zwanzigste oder hundertste Mann hingerichtet; doch begab es sich auch, dass eine ganze Legion die Todesstrafe erleiden musste. Eine körperliche Züchtigung leichterer Art, die nicht für entehrend galt, war eine Tracht Schläge mit der Vitis des Centurio. Die nächste nach der Todesstrafe war Ausstossung (ignominiosa Missio). An sie schlossen sich verschiedene Degradationen an, Rangverlust (Gradus Dejectio) bei Offizieren, Schanz- und Wachdienst (Munerum Indictio) bei Gefreiten, Versetzung zu schlechteren Truppentheilen (Militiae Mutatio) bei Gemeinen. Geldstrafe (pecuniaria Mulcta) war Abzug an Sold und Beute, oder, im härteren Fall, Abrechnung des Feldzuges an der vorgeschriebenen Dienstzeit. Letztere konnte eine ganze Legion treffen, die sich schlecht gehalten hatte. Solchen straffälligen Truppentheilen wurde auch Campiren ausserhalb des Lagers, Marschiren unter dem Gepäck oder Gersten- und Haferbrod dictirt. Die gewöhnliche Ration bestand nämlich in Weizenbrod, woraus — zumal seit Augustus Fleisch und seit Carus Wein dazukam — abermals zu ersehen ist, dass der römische Soldat nicht schlecht gehalten war.

Wie die Strafen, die schweren wenigstens, so gehen auch die Belohnungen vom Feldherrn aus, doch werden sie nicht willkürlich, sondern im Einklang mit der öffentlichen Meinung im Lager, nach Anhörung von Zeugen oder auch durch ein besonders vom Feldherrn eingesetztes Preisgericht zuerkannt. In der Heerversammlung (Concio), in welcher er von den Offizieren und Feldzeichen umgeben seine Anrede (Allocutio) hält, die mit nicht minderer Spannung als jetzige Thronreden und Präsidentenbotschaften aufgenommen wird und dem Verhältniss zwischen

Imperator und Soldaten cinen so parlamentarischen Anstrich gibt, werden, wenn diese Versammlung nach einem grossen Siege, nach einem beendigten Feldzuge stattfindet, die Belobungen und Belohnungen im Ganzen wie im Einzelnen ertheilt. Ausser den allgemeinen Donativen und Beutetheilen erwartet den Einzelnen, der sich ausgezeichnet hat, ein besonderes Geldgeschenk, auch Solderhöhung, Avancement, Decoration. Und zwar gab es dieser Decorationen nicht wenige. Die älteste war der Ehrenschaft ohne eiserne Spitze (Hasta pura), der ursprünglich, wie bei uns der Ehrendegen, die Waffenehre bezeichnet haben mag; diese Decoration kommt noch unter den Kaisern des dritten Jahrhunderts vor. Andere Ehrenzeichen dieser Art waren Fähnchen (Vexilla) verschiedener Farben, in der Kaiserzeit purpurne an silbernem Schaft, goldene oder silberne Armbänder (Armillae, nach Paulus Diaconus so genannt, weil bei den Alten die Arme Armi geheissen haben sollen), Kettchen (Catellae), mit Hefteln (Fibulae) befestigt, silberne oder goldene Halsketten (die ursprünglich »barbarischen« Torques), und Medaillen (Phalerae). Die letzteren haben eine stufenweise Entwicklung durchgemacht und sind zum militärischen Hauptschmucke geworden, fallen auch auf den Abbildungen am meisten in die Augen. Anfangs wurden diese kleinen Rundschilde als Zierrathen am Stirnband der Pferde getragen; auch gingen sie, mit Götter- und Kaiserbildern geschmückt, auf die Feldzeichen über. Sie wurden aber zur eigentlichen, ziemlich an moderne Ehrenzeichen erinnernden Decoration auf der Brust des Mannes, der sie, wie unser Centurio Fig. 1, auf Kreuzgurten aufgeheftet, zu welchem Behufe sie einige Löcher haben, über dem Panzer trägt. Seit Caracalla wurden aus ihnen grosse kostbare Medaillons, die, in Gold oder Steine gefasst und gehenkelt, am Bande getragen wurden.

Höher als alle diese Auszeichnungen waren die altherkömmlichen, die in Kränzen oder Kronen bestanden. Die Bürgerkrone (Corona civica) von Eichenlaub erhielt, wer einem Bürger in der Schlacht das Leben gerettet hatte; sie verlieh Ehrenvorrechte, bei Spielen den Ehrensitz nächst am Senat, der mit allem Volke vor ihrem Träger aufstand, wenn dieser bei den Spielen erschien. Die Mauerkrone (muralis) von Gold mit Zinnen wurde dem Ersten, der eine Mauer erstiegen, die Wallkrone (castrensis, vallaris) in Form eines Ringes von Schanzpfählen dem, der zuerst in's feindliche Lager eingedrungen, die Schiffskrone (navalis, rostrata, classica) mit goldenen Schiffsschnäbeln angeblich dem, der zuerst das feindliche Schiff enterte, ertheilt. Angeblich, denn als die Republik Seeschlachten zu schlagen begann, war Rom nicht mehr das alte Rom, und höchste Auszeichnungen, wie sie früher der einfache Bürger erringen konnte, wurden jetzt auf den Ehrenscheitel des Feldherrn, später des Kaisers, gehäuft. Die erste und seltenste unter allen diesen Kronen war in alter Zeit die Graskrone (graminea oder obsidionalis) gewesen, die einzig dem Führer vom Heere, wenn er es aus einer Belagerung oder sonst einer verzweifelten Umzingelung befreit hatte, aus dem an Ort und Stelle gewachsenen Gras und Kraut geflochten wurde. Wäre die Geschichte zur Zeit des Appius Claudius und der Virginia in allen Theilen streng verbürgt, so würde unter allen römischen Kriegern von den Königen bis in die späteste Kaiserzeit keiner dem tragischen Volkshelden Lucius Siccius Dentatus die Riemen an den Schuhen auflösen dürfen, welchem — ausser in 120 Schlachten verdienten 45 Narben, alle vorn, 36 Spolien, 18 Hastae purae, 25 Phalerae, 83 Torques, 160 Armillae, 26 Coronae (auch in späterer Zeit als Auszeichnung im Allgemeinen ertheilt), 14 Coronae civicae, 8 aureae, 3 murales — auch die Graskrone nachgerühmt wird. Die aufgeführten

Spolien bestanden ohne Zweifel nur aus solchen Waffenstücken, die er im Einzelkampfe den Feinden abgenommen hatte, so wie Romulus und ein paar Helden
nach ihm dem feindlichen Feldherrn seine Rüstung (Spolia opima); sonst und später wurden sie aus der Gesammtbeute vom Feldherrn einzelnen Soldaten als Be-
lohnung für ausgezeichnete Dienste gegeben.

Die erste nach der Graskrone und mit der Zeit die oberste im Rang war
der Lorbeerkranz (C. triumphalis), unter welchem der siegreiche Feldherr und
mit ihm sein Heer den Triumphzug hielt. Imperator im höheren Sinn des Titels
wurde er durch den feierlichen Zuruf, den der Soldat nach einem grossen Siege
zu erheben berechtigt war, — eine Sitte, die auch in unserem Mittelalter noch
nachklingt, wie denn Otto I. als Sieger in der grossen Lechschlacht, bekanntlich
sieben Jahre vor seiner Kaiserkrönung, vom siegjauchzenden Heere zum Imperator
ausgerufen wurde. Ein weiteres Vorrücken des Titels ergab sich sodann, als
Cäsar vom Senate die Ernennung als lebenslänglicher Grossfeldherr der Republik
erhielt, welche Würde auf seine Nachkommen und Nachfolger überging und mit
den andern republikanischen Grossämtern, besonders dem tribunicischen und pon-
tificalen, vereinigt, den Inhaber zum unumschränkten fürstlichen Lenker der
Republik machte. Dem siegreichen Feldherrn nun konnte der Senat ein blosses
Dankfest (Supplicatio) votiren, wobei den Göttern für seine und des Heeres
Verdienste Opfer dargebracht wurden; an diesem konnte er aber nicht in der
Eigenschaft als Imperator theilnehmen, da sein Imperium nur ausserhalb des
Stadtbannes galt und er beim Eintritt in die Stadt die Toga wieder anlegen
musste. Die einzige Ausnahme von dieser Regel machte der Triumph. Derselbe
wurde nur auf förmliches Ansuchen und unter besondern Vorbedingungen, z. B. dass
der Krieg völlig beendigt war, dass er ein bedeutender, dass er kein Bürgerkrieg
gewesen, dass mindestens 5000 Feinde gefallen etc., bewilligt. Der ansuchende
Feldherr blieb also vor der Stadt, und der Senat versammelte sich in dem gleichfalls ausserhalb gelegenen Bellonatempel, damit der Feldherr daselbst, ohne sein
Imperium zu verlieren, eingeführt werden konnte. Nun gab er Rechenschaft von
seinen Thaten und knüpfte hieran die Bitte: «ut ob eas Diis immortalibus honos
haberetur sibique triumphanti urbem invehi liceret.» Nach oft stürmischen De-
batten, die meist durch Einspruch von Seiten der Volkstribunen veranlasst wurden,
wurde die Bitte entweder abgeschlagen, in welchem Fall sie an das Volk gebracht
werden konnte — Unregelmässigkeiten, wie Triumphe gegen den Willen des Senats
und des Volkes, übergehen wir — oder genehmigt, oder statt des Triumphes die
geringere Ovation — Triumph im Myrtenkranze und zu Fuss oder zu Pferd —
eingeräumt. Durch Senatsbeschluss wurden jedesmal die Volkstribunen aufgefor-
dert, ein Gesetz bei dem Volke einzubringen, wodurch dem Triumphator gestattet
wurde, über den oder die Tage seines Triumphes das Imperium ausnahmsweise
auch in der Stadt zu führen, und bei dieser Gelegenheit war es noch einmal den
Missgünstigen, ja seinen eigenen über Strenge oder Sparsamkeit murrenden Soldaten möglich, den Triumph zu hintertreiben oder wenigstens durch widrige Angriffe etwas zu verkümmern.

Am Tage des Triumphes versammelte sich das Heer auf dem Marsfelde um
den Imperator, um durch die Porta triumphalis einzuziehen. Dort kamen ihm die
Magistrate, der Senat und viele Bürger entgegen, alle bekränzt und im weissen
Gewande, während das übrige Volk, gleichfalls festlich gekleidet, in den Stadt-
theilen, durch welche der Zug kommen musste, oft auf Gerüsten, die in Theatern

Weise errichtet waren, harrte.   Behörden und Senatoren stellten sich an die Spitze
des Zuges, den sodann Musiker (Tubicines) eröffneten. Hinter ihnen kam auf
Wagen, Gerüsten, Tragbahren die Kriegsbeute aller Arten, Waffen, Fahnen, die
weggeführten Kunstschätze, Kronen und Insignien besiegter Könige, Prachtgeräthe
und Gefässe, Gold und Silber in Barren und gemünzt, dazu in symbolischer Darstellung die eroberten Städte, Berge, Flüsse, Statuen und Bilder berühmter Persönlichkeiten auf Seiten der Unterworfenen, Modelle von Schiffen, Kriegsmaschinen,
Alles im Ausstellungsgeschmacke geordnet.   Mit den Erfolgen der römischen
Waffen, und da jeder Triumph den vorhergehenden zu überbieten suchte, wuchs
diese Abtheilung des Zuges in's Unermessliche.   Bei dem berühmtesten der
Triumphe, die noch der echtrepublicanischen Zeit angehören, dem des Siegers von
Pydna, musste man den Zug auf drei Tage vertheilen.   Der erste reichte kaum
hin, diejenige Beute, die schon des Triumphes wegen ihren Reiz hatte, die Statuen
und Gemälde nämlich, die nicht weniger als 250 Wagen erforderten, aufzuführen.
Der zweite verging unter dem Schaugepränge der eroberten Waffenstücke, die in
kunstreicher Regellosigkeit wie zufällig über einander geworfen schienen und im
Fahren hie und da zusammenstossend ein kriegerisches Getöse verursachten, manchem Zuschauer ein Grauen einflössend, wie sie es an den Leibern der Phalanx
ihren Bekämpfern eingeflösst hatten. Sie waren gefolgt von 750 mit silbernen
Münzen angefüllten Gefässen, jedes drei Talente enthaltend und von vier Männern
getragen. Mischkessel, Trinkschalen, Pokale u. dgl., durch Grösse, Gewicht, Arbeit
und Zusammenstellung glänzend, beschlossen die Abtheilung dieses Tages. Am
dritten wurde der Zug, der Gewohnheit entgegen, mit kriegerischen Fanfaren eröffnet. Hinter den Musikern kamen 120 fette Ochsen, mit vergoldeten Hörnern,
Kränzen und Binden, geführt von prächtig geschmückten Jünglingen und Knaben,
welche goldene und silberne Opferschalen trugen; dann folgte das gemünzte Gold
in 77 Gefässen von gleichfalls drei Talenten, und ein Schatz von goldenen Trinkgefässen aus königlichem Tafelgeräthe, endlich die traurige Abtheilung, mit welcher
man den Beutezug zu beschliessen pflegte, die vornehmsten Gefangenen nämlich,
mit welchen man sich brüsten konnte, und welche, wenn dies geschehen, vom
Triumphe weg in das Gefängniss, ja nicht selten sofort zum Tode geführt wurden.
In diesem Theil des Zuges sind Jugurtha, Vercingetorix, Tigranes, Thusnelda,
Arsinoe, Zenobia u. A. durch Rom gegangen.   Bei dem genannten Triumphe war
es König Perseus, der mit seiner Familie und einem fremden mitgefangenen Prinzen
den Ehrenzug des Aemilius Paulus schmücken musste. «Dann kamen» — so
lautet die ergreifende Schilderung des Geschichtschreibers — «die Kinder des
Perseus, begleitet von einer Schaar Erzieher und Lehrmeister, welche mit Thränen
ihre Hände den Zuschauern kläglich entgegen streckten und die Kinder anwiesen,
demüthig das Erbarmen des siegenden Volkes anzuflehen. Es waren zwei Söhne
und ein Töchterchen, welche den Zuschauern um so grösseres Mitleid einflössten,
weil sie selbst in ihrem zarten Alter ihr Unglück kaum erkennen konnten. Darum
konnten sehr Viele sich der Thränen nicht enthalten, und Alle befiel eine Art
stiller Wehmuth, welche, so lang die Kinder vor ihren Augen waren, sie die Freude
nicht rein geniessen liess. Hinter seinen Kindern ging, mit seiner Gemahlin,
Perseus in dunklem Gewande, einem Betäubten und Niedergedonnerten ähnlich,
dem die Grösse seines Elends die Besinnung völlig genommen zu haben schien.
Ihm folgte die Schaar seiner Freunde und Vertrauten, in deren Mienen tiefer
Schmerz sich offenbarte, und die, immerfort auf ihn die Augen heftend und das

Gesicht mit Thränen netzend, deutlich genug ausdrückten, dass sie sein Unglück betrauern, des eigenen uneingedenk.» Aber nicht bloss der besiegte König, sondern auch der triumphirende Feldherr war an diesem Ehrentage eine tragische Gestalt: denn als nun der ehrfurchtgebietende Greis, in Gold und Purpur strahlend, hinter den Gefangenen angefahren kam, da fehlten auf dem Wagen seine beiden jüngsten Söhne, von denen der eine fünf Tage zuvor gestorben war, der andere den Triumph nur noch drei Tage überleben sollte.

Auf diese Abtheilung des Zuges also folgte, Lictoren mit lorbeerumwundenen Fasces, Sänger, Musiker, auch Possenreisser voraus, der Triumphator, auf hohem, rundem, thurmähnlichem, vergoldetem Triumphwagen, von vier Rossen gezogen. Seit Camillus waren es weisse, daher Ramler's «Schäme dich, Camill!» Auch das römische Volk hatte damals sich durch den Uebermuth vor den Kopf gestossen gefühlt, aber nachdem einmal der Vorgang geschehen war, erhielt sich die Sitte bei den folgenden Triumphen. Er trug die mit Palmzweigen gestickte Tunica (Tunica palmata) und die purpurne goldgestickte Toga (Toga picta), beide aus dem Tempel des capitolinischen Jupiter genommen, dessen Statue mit diesen Stücken bekleidet war, daher auch der Triumphator, der an diesem Tage eine Aehnlichkeit mit dem höchsten Gotte haben durfte, sich gleich demselben schminkte. In der Rechten hatte er einen elfenbeinernen Stab mit dem Adler, über seinem Haupte hielt ein öffentlicher Sklave die Triumphkrone; nach Tertullian hätte ihm dieser von Zeit zu Zeit in's Ohr sagen müssen: «Thu Rückschau und gedenke, dass du ein Mensch bist (rescipe post te, hominem memento te)». Bei ihm, theils auf den Pferden des Triumphwagens, theils im Wagen selbst, sassen seine jüngeren Kinder, wenn er sie nicht, wie der arme Paulus, im Grabe oder auf dem Sterbebette wusste. Aeltere Söhne ritten bei den Oberoffizieren neben und hinter dem Wagen. Denn diesem folgte jetzt das Heer mit Lorbeeren, die Decorirten mit ihren besondern Decorationen geschmückt, Alle «Jo Triumphe» rufend, aber mit unbeschränkter Carnevalsfreiheit Lob- und Spottlieder auf den Feldherrn oder die Offiziere singend. «Jo Triumphe!» rief auch das Volk längs des ganzen Zuges, der vom Marsfeld durch den Circus Flaminius in die Stadt, über das Forum Boarium nach dem Circus maximus, von da in die Via sacra und über das Forum romanum ging. Alle Strassen und Tempel waren bekränzt, diese geöffnet und Weihrauch duftend. Vom Forum bog der Zug nach dem Capitol hinauf, und dieser Wendepunkt war es, wo die Gefangenen abgeführt und die dem Tode Geweihten in das schauerliche Tullianum gebracht wurden, das auch Jugurtha's und der Catilinarier Ende sah. Auf dem Capitol, wo ein besonders frommer Imperator die Stufen des Jupiterstempels, wie Spätere jene späteren, auf den Knieen hinanrutschte, legte er dem Gotte den Lorbeer von den Fasces in den Schooss (Palmam dedit). Dann grosses Opfer. Diesem folgt ein öffentliches Festmahl der Magistrate und des Senats, nach Umständen auch eine Bewirthung der Soldaten und des Volkes durch den Triumphator selbst, und die nächtliche Heimgeleitung des Gefeierten mit Fackeln und Pfeifen und Volkszuruf beschliesst die Feierlichkeit.

Als erster in der Reihe der römischen Triumphatoren wird Romulus aufgeführt, womit die Ableitung des Triumphes (wie so vieler andern heiligen Gebräuche der Römer) von den Etruskern sich vertragen würde. (Der auf Taf. XXVII, Fig. ♥ nach dem Relief einer etruskischen Vase abgebildete Triumphzug hat übrigens, wie man sieht, nichts spezifisch Etruskisches, sondern gehört, gleich dem pompejanischen Gemälde Fig. ♥, jener nach und nach durch alle Provinzen verbreiteten römischen Kunst an, welche Triumphzüge, Tropäen, siegreiche Feldherren mit Victorien u. dgl., in unzähligen Wiederholungen darstellte.) Andere, wie Diodor, führen die Sitte, die allen kriegerischen Völkern, wie ja ganz natürlich, von jeher eigen war, auf den indischen Kriegs- oder Triumphzug des Dionysos zurück, und auch das Wort selbst (Triumphus = Thriambos = Dithyrambos) wird von dem Dreischritt der bacchischen Tänze abgeleitet. (Die Kunst freilich hat es sich nicht entgehen lassen, Triumph- und Bacchuszug mit einander zu verschmelzen. So gleicht das den letztern darstellende Relief Fig. 5 mit den von Satyrn auf der Trage dahergebrachten Bildern besiegter Völker oder Städte ganz dem römischen Triumphzuge, bei welchem man solche trauernde Figuren in der Beuteabtheilung auf dem Ferculum trug; und Antonin's (?) Aufzug Fig. 10 erinnert hinwieder an den prächtigen Bacchuszug des bekannten Cammeo, auf welchem die Kentauren vor dem Triumphwagen in der gleichen auseinandergehenden Richtung, wie hier die Elephanten, sich bewegen.) Wie dem sei, in seiner historischen Ausbildung ist der Triumph eines der eigenthümlichsten römischen Feste geworden. Nach Dionys von Halikarnass hat Romulus erstmals das siegreiche Heer in festlichem Gepränge, er selbst lorbeerbekränzt auf einem Viergespanne fahrend, unter vaterländischen Gesängen durch die Stadt geführt, und ist dieses mit Tropäen und Opfern begleitete Fest der erste römische Triumph gewesen, einfach und, wie der Geschichtschreiber hinzusetzt, weit abweichend von dem theatralischen Prunke der späteren Zeiten, die mehr den Reichthum zeigen als Manneswerth würdigen wollten. Nach Livius hat der sagenhafte Held einfach die Rüstung des von ihm erschlagenen feindlichen Königs, eine höchst seltene Ehrengabe übrigens, auf das Capitol getragen, bei der heiligen Eiche niedergelegt und mit diesem Weihgeschenke den Platz für den von ihm angelobten Jupiterstempel bezeichnet, der erste Triumph aber ist von Tarquin gehalten worden, welche Angabe dem etruskischen Ursprung noch stärker das Wort reden würde. Ueber das erste Vorkommen der Quadriga bei dem Triumphe waren die altrömischen Antiquare und Geschichtschreiber selbst im Streit, aber ob nun einer der Könige oder Publicola oder Camill sich zuerst des Wagens bedient hat, dessen thönernes Abbild als Heilszeichen der Stadt über dem Giebel des capitolinischen Tempels stand, so war jedenfalls seine Anwendung vom Ursprung an sehr nahe gelegt, und wenn auch das Volk dem Sieger von Veji, wie Livius erzählt, die Anmassung, sich mit seinem Gespanne dem höchsten Jupiter gleichzustellen, schwer verdacht hat, so konnten doch die folgenden Triumphatoren mit gutem Fug in die gleiche Bahn einlenken, weil der Triumph der römischen Religionsanschauung gemäss eine heilige Feier zu Ehren des obersten Gottes war, als dessen Stellvertreter die das Imperium in der Stadt führenden Behörden sich zu betrachten hatten. Diese höchste Staatsgewalt lag am Tage des Triumphes in den Händen des Imperators, daher auch die Consuln, um nicht der Würde desselben durch ihre Anwesenheit Eintrag zu thun, von dem Festmahle wegzubleiben pflegten. Doch war dem kurzen Nimbus, der den Sterblichen im Aufzuge des höchsten Gottes zeigte, eine Furcht vor Ueberhebung beigesellt, daher der Triumphator den Fascinus, das phallische Amulet wider den bösen Neid, unter der heiligen Quadriga hängen hatte und auch der Spottlieder seiner Soldaten als ähnlich wirkenden Gegengiftes sich getröstete.

Mit den punischen Kriegen, welche auswärtige Beute brachten, die alles bisher Gesehene in Schatten stellte, änderte sich der alte einfache Charakter des römischen Triumphes, und es begannen die theatralischen Schaustellungen, über welche der vorgenannte Geschichtschreiber klagt. Cäcilius Metellus brachte aus Sicilien, wo er Hasdrubal geschlagen, ausser dreizehn karthagischen Offizieren 120 Elephanten mit, die er dem Volke durch die Strassen führte. Kurz zuvor hatte der Consul Duilius den ersten Seetriumph (Triumphus navalis), verherrlicht durch die Säule mit Schiffsschnäbeln (Columna rostrata), gefeiert, wobei ihm die lebenslängliche Ehre zu Theil wurde, vom Nachtmahl mit Fackel und Pfeifer heimkehren zu dürfen. Damals kam auch für triumphlüsterne Feldherren, denen man den rechten Triumph nicht bewilligte, die Vergünstigung auf, aus eigener Macht ohne Erlaubniss des Senats einen kleinen Triumph auf dem Albanerberge halten zu dürfen. Das Beispiel des Consuls Claudius Pulcher, der den Auspicien trotzte und die heiligen Hühner, weil sie nicht fressen wollten, ersäufen liess, beweist zugleich, wie in jener Zeit auch ein Riss in die altrömische Glaubenseinfalt gekommen war, an deren Stelle nun Eigenmacht und selbstverherrlichende Ruhmsucht trat. Wie blendende Effectstücke, eins mit dem andern um den Beifall der verwöhnten Menge ringend, folgten sich die Triumphe, deren einen wir gesehen haben. Alle diese verdunkelte der Siegeszug, welchen Pompejus der Grosse am Ende des pontischen Krieges hielt. Da sah man einen fabelhaften Schatz von Kostbarkeiten, die zum Theil bis in die Tage des ersten Darius hinaufreichten, zum Theil von dem kunstsinnigen Mithridates gesammelt worden waren, und nicht weniger als 124 der vornehmsten Gefangenen, darunter ein Judenkönig, Königssöhne und Königstöchter, Häuptlinge und Anführer der besiegten Nationen; auch die Abwesenden waren in Bildern zugegen, Mithridat's Flucht und Ende war in Gemälden dargestellt, und Bildnisse von Barbarengöttern im heimischen Schmucke wurden vorbeigetragen. Pompejus selbst trug das Gewand des grossen Alexander, das von Kleopatra an die Koer und von diesen an den pontischen König gekommen sein soll, und die mit Edelsteinen gezierte Quadriga des Triumphators wurde, nach dem Vorbilde des indischen Bacchus, zum erstenmal von Elephanten gezogen. Neben solchem Prunk und Reichthum — 16,000 Talente wurden unter das Heer ausgetheilt, 20,000 erhielt der Staatsschatz — kam auch eine entsprechende Humanität zur Schau, sofern die Gefangenen diesmal geschont und auf öffentliche Kosten in die Heimath zurückgesendet wurden. Doch wurde auch dieses Gepränge überboten durch Cäsars vierfachen und viertägigen Triumph, bei welchem Rom die erste Giraffe sah. Die Humanität aber hatte Rückschritte gemacht: eine Königin in Fesseln, Arsinoe, war ein nie gesehenes Schauspiel, und Vercingetorix wurde nebst andern Gefangenen zum Tode abgeführt. Dafür war die Religion wieder mehr in Flor gekommen: der grosse Julius verschmähte es nicht, gleich seinem glaubensstarken Nachfolger Karol dem Franken die Tempelstufen hinanzuknieen. Aber die Menge der Lictoren, die man in solcher Zahl noch nie beisammen gesehen, verletzte die Römer aufs Empfindlichste. Und doch war der neue Herr der Republik gegen Alle leutselig, freilich gegen niemand mehr als gegen seine Soldaten, die sich in ihren Spottliedern schrankenlosen Hohn, politischen und andern, gegen ihn erlauben durften. Nur was sie über seine Freundin Kleopatra und besonders über seinen Freund den Bithynierkönig sangen — »Gallias Caesar subegit, Nicomedes Caesarem« — ärgerte ihn gewaltig; er wollte sich rechtfertigen und schwur dass es nicht wahr sei, wurde aber von den frechen Kriegsknechten nur ausgelacht. Als »Medicina« gegen den Neid der Schicksalsmächte haben sich diese Triumphschnaderhüpfln nicht bewährt, aber das Omen vom ersten Tage des Triumphes, wo ihm die Axe am Triumphwagen brach, dass er auf einem andern weiter fahren musste, ist blutig in Erfüllung gegangen.

Das Ende der alten Republik bringt wiederum einen neuen Charakter des Triumphes mit sich. Die Zeiten des Triumvirats hatten noch einige Triumphe erlebt, bei denen Antonius sich in den Rollen des Bacchus und Hercules gefiel, Octavian sich mit blossen Ovationen begnügte, bis er als Alleinherrscher den grossen dreitägigen Triumph feiern konnte, der zugleich der letzte der alten und der erste der neuen Triumphe war. Noch liess er dem Agrippa einen Triumph anbieten, den dieser aber ablehnte. Von jetzt an ist der Triumph ausschliesslich kaiserliche Prärogative. Wie nämlich im alten Rom nur der Oberfeldherr selbst, nicht aber einer seiner Unterbefehlshaber der Ehre theilhaftig werden konnte, so waren, seit die Oberfeldherrnwürde auf den Kaiser übergegangen war, seine Feldherren als blosse Legaten des Imperators angesehen, und hiemit vom Triumphrecht ausgeschlossen. Zwar sind sowohl vom republicanischen Grundsatze in der letzten Zeit der Republik zu Gunsten von Legaten als vom kaiserlichen nachher zu Gunsten kaiserlicher Prinzen Ausnahmen gemacht worden, allein die ersteren fallen als unregelmässig nicht ins Gewicht, und die letzteren scheinen, den Triumph des Germanicus unter Tiber ausgenommen, mehr Ovationen als Triumphe gewesen zu sein. Seit der Ablehnung des Agrippa bleibt der Triumph grundsätzlich dem Kaiser vorbehalten und wird der siegreiche Feldherr durch die Ertheilung der Ornamenta triumphalia geehrt. Dies waren die bekannten Insignien des Triumphators, die Toga picta, die Tunica palmata, der Elfenbeinstab und die Lorbeerkrone, welche der so Decorirte bei feierlichen Gelegenheiten tragen durfte, in Verbindung mit einer Statue, die ihm errichtet, und einem Dankfest, das ihm nach glücklich beendigtem Feldzug decretirt wurde. Diese dem kriegerischen Verdienste zugedachte Auszeichnung wurde jedoch schon unter Tiber den Delatoren zu Theil, die für ihre Bemühungen, Andere ins Unglück zu bringen, nicht bloss Antheil am confiscirten Vermögen der Angegebenen und Verurtheilten, nicht bloss Belohnungen aus dem kaiserlichen Schatze, sondern sogar Statuen und Triumphinsignien erhielten, so dass ehrliche Leute, die deren gleichfalls gewürdigt wurden, die Ehre ausschlugen, um nicht den Spionen dadurch gleichgestellt zu werden. Als Hoforden für Günstlinge, die kaum oder nie im Kriege gewesen waren, dauerte sie unter den folgenden Kaisern fort, bis Vespasian mit der Ehre der römischen Waffen auch die der Triumphinsignien in ihr ursprüngliches Recht wieder einsetzte. Nachdem sie unter Domitian abermals an Menschen verschleudert worden waren, die niemals Pulver oder wenigstens Schlachtenstaub gerochen, wurden sie durch Trajan von Neuem ehrlich gemacht, jetzt aber als Staatsorden, sofern sie nicht bloss ausgezeichneten Kriegern, sondern allen Consuln bei feierlichen Aufzügen ertheilt wurden. Viri triumphales sind von da an Solche, denen eine Statua inter Triumphales, d. h. bei den Bildsäulen der alten Triumphatoren, zuerkannt worden ist.

Das persönliche Triumphrecht des Kaisers wurde nach den hierin zurückhaltenden Regierungen August's und Tiber's von den folgenden Juliern zur Lächerlichkeit gemacht. Bekannt ist, wie Caligula nach seinen Schandthaten in Gallien das Heer an den Ocean führte, in Schlachtordnung stellte, die Trompeten zum Angriff blasen liess, und dann Befehl gab, Muscheln zu sammeln, die als Siegesbeute beim Triumphe dienen sollten. Den Triumph scheint er jedoch aus Aerger über den Senat unterlassen zu haben. Einen regelrechten Triumph über Britan-

nien feierte Claudius, der, von seinen beiden Schwiegersöhnen auf beiden Seiten unterstützt, seinem grossen Vorfahr nachahmend die capitolinischen Stufen auf den
Knieen erstieg. Der »Triumph«, den er seinen britannischen Legaten Plau-
tius halten liess, war eine blosse Ovation. Einen in der römischen Geschichte
unerhörten Triumph hielt Nero nach der Kunstreise, die er mit seinen 5000 Cla-
queurs durch Griechenland gemacht, nicht als Feldherr, sondern als Sieger in den
griechischen Festspielen. Er liess, wie es die griechische Sitte für den Hieroniken
verlangt, einen Theil der Stadtmauer und der Thore zu seinem Einzuge abbrechen,
fuhr aber, wie die alten Triumphatoren, durch Circus und Forum auf das Capitol,
und bediente sich dabei der berühmten Quadriga, auf welcher August seine Siege gefeiert hatte, nur dass er einen begünstigten Kitharöden neben sich sitzen hatte. Volk
und Senatoren begrüssten ihn zujauchzend als olympischen und pythischen Sieger,
als Hercules, als Apoll, und liessen die »himmlische Stimme« hoch leben. Dafür
beglückte er sie auch mit dieser kostbaren Stimme, denn er trat bei den nun folgenden Spielen nicht bloss als Circusrenner, sondern auch als Theatersänger auf,
nachdem Einer aus dem Publicum sich unterwunden, ihm 250,000 Denare anzu-
bieten, wenn er die Kithar zu spielen geruhe. Der hohe Künstler hatte die Gnade,
die Leistung gratis zu gewähren, liess aber nachher durch seinen Tigellinus das
gebotene Honorar in der Stille unter Androhung des Todes eincassiren. In Ehren
triumphirte Vespasian nach der Eroberung Jerusalems; vgl. die Münze Taf. XXVII, 9,
deren Andeutung, dass der Triumph durch Senatsconsult verwilligt wurde, das
Verhältniss des Kaisers zu dieser Körperschaft bezeichnet. Titus theilte übrigens
den Triumph; er sass, zum Imperator ernannt, bei dem Vater auf dem Triumphwagen, während der jüngere Sohn Domitian denselben zu Pferde begleitete, mehr
die Prätension als das Wesen des Triumphes in sich aufnehmend, den er dereinst
sich nur in gefälschter Form erschleichen sollte. Von Romulus bis auf Vespasian
werden 320 Triumphe gezählt, nachher noch etwa 30. Die Bedeutendsten unter
diesen sind die Trajan's, der den Triumph wieder zu Ehren brachte, der Marc
Aurel's und später der glänzende Triumph Aurelian's, welchen die grosse Zenobia
und der Gegenkaiser Tetricus schmückten. Der letzte zu Rom, bei welchem es
aber etwas knauserig herging, wurde von Diocletian, der letzte überhaupt, wenn
dies ein förmlicher Triumphzug war, von Belisar zu Konstantinopel gefeiert.

Eine Verewigung, die in der That einen Theil der römischen Triumphe bis
auf unsere Zeit lebendig erhalten hat, bestand in eigenthümlichen Denkmälern verschiedener Form, die diesen Siegesfesten errichtet wurden. Die eine dieser Formen
ist die Säule (Columna), die andere die Ehrenpforte oder der Bogen (Arcus). Der
älteste Bogen war, wie sich von selbst versteht, die Triumphpforte, durch welche
der Zug vom Marsfelde in die Stadt eintrat. Der Luxus, dem diese nicht genügte,
führte noch ausserdem besondere Ehrenbogen auf, und zwar anfangs der Sieger
sich selbst auf eigene Kosten. Als der Erste wird L. Stertinius genannt, der aus
seiner spanischen Beute, die 50,000 Pfund Silber für den Staatsschatz abwarf, noch
zwei Siegesbogen mit vergoldeten Statuen, einen auf dem Forum boarium und
einen am Circus maximus, bauen konnte. Wenige Jahre darauf baute Scipio
Africanus am capitolinischen Hügel einen, der mit sieben vergoldeten Statuen
und zwei Pferdegebilden geschmückt war. Diese Bogen, deren Lage schon darauf
hindeutet, dass sie bestimmt waren, dem durch die Stadt sich bewegenden Triumphzuge zu Durchgängen zu dienen, wurden unter der Kaiserzeit nicht bloss zu Rom,
sondern auch in den Provinzen von der Unterthanenbeflissenheit den Kaisern und

10 *

ihren Angehörigen für wirkliche oder erdichtete Siege, oder auch nach ihrem Tode zum Andenken und ohne Beziehung auf den Weg des Triumphes errichtet. So erhielt schon August Triumphbogen in Rom, Rimini, Susa und Aosta, von welchen die auswärtigen noch jetzt vorhanden sind, und unter den späteren Kaisern wurden sie ins Endlose vermehrt. Die Form dieser Ehrenbogen ist dieselbe die im Wesentlichen noch bis in neuere Zeiten gangbar war, nur prächtiger: ein freistehendes Portal, meist mit zwei Nebeneingängen, an den Façaden Säulen, Statuen, Reliefs, über dem Aufsatz Quadrigen, Reiterstatuen, Tropäen. Zu Rom allein waren in dem Jahrhundert nach der Völkerwanderung von diesen Bogen nicht weniger als 31 vorhanden, von denen jetzt noch fünf übrig sind, der des Drusus, der des Titus, des Septimius Sever, des Gallienus, des Konstantin. Auch in den ehemaligen Provinzen sind noch einige erhalten, wie in Benevent, Ancona, Nismes. Die Säule, in grösserem Masse errichtet, kommt zuerst als Denkmal des vorerwähnten duilischen Sieges über die Karthager vor. Als Gestell für die Statue diente sie, den Gefeierten hoch und immer höher über die Regionen der Sterblichkeit zu erheben; aber auch nachdem August, wie er sich rühmte, die Ziegelstadt, die er antraf, als Marmorstadt hinterlassen hatte, dauerte es noch geraume Zeit, bis die Säule zu der Höhe emporstieg, welche die Statue fast verschwinden macht, und mit ihrem Sculpturschmucke jenen Abschnitt der römischen Kunst bezeichnete, der in den Säulen Trajan's und Marc Aurel's noch jetzt vor Augen steht. Vorbilder dieser Bogen und Säulen mögen übrigens aus dem Orient im Durchgang durch die makedonisch-ägyptische Prachtperiode ihren Weg nach Rom gefunden haben, wie später die römische Kunst in ihrem Zerfall auf die orientalische zurückgewirkt hat.

Wir wenden uns nun zu denjenigen der so eben angeführten Denkmäler, die aus Anlass unserer beiden vorliegenden Tafeln ein näheres Eingehen verlangen.

1. Der Bogen des Titus.
(Tafel XXVII, Fig. 1 a — c.)

Die wechselseitige Intoleranz, die das zäheste aller Völker ausübte und gegen sich herausforderte, hatte die grösste aller antiken Tragödien, die Vernichtung der jüdischen Nation, auf die Weltbühne geführt. Die heilige Stadt, mit dem durch die Belagerung überraschten österlichen Volksgedränge überfüllt, unter monatelang fortgesetzten Kämpfen dem Hunger und dem Schwert erliegend, in den letzten Stunden noch felsenfest an die Ankunft des Messias glaubend, jedes Anerbieten der Schonung verschmähend, war Schritt für Schritt von den Römern erstürmt, die Brandfackel flog in den Tempel Jehova's, die Rache des Siegers raste durch das Allerheiligste und über die Stufen des grossen Opferaltars strömte das Blut der Erschlagenen, im Vorhof vor dem Thore opferten die Legionen ihren Heiligthümern, den Adlern, und riefen den Feldherrn jauchzend zum Imperator aus, der reichste Tempelschatz der Welt wurde davongeschleppt, während der Berg Moria aus den Wurzeln heraus zu brennen schien und die Priester sich von den Zinnen in die Flammen stürzten.

Ein Andenken dieses Tages ist der Bogen, der uns, in seinem Haupttheil erhalten, noch jetzt die alttestamentlichen Heiligthümer, den siebenarmigen goldenen Leuchter, den Tisch mit den Schaubroden, die Jubelposaunen vor Augen

stellt, wie sie im Triumphzug der beiden Vespasiane zur Schau getragen und nebst
andern Schätzen zu Rom aufbewahrt wurden, bis die Vandalen den Leuchter nach
Afrika entführten, von wo ihn später Belisar nach Konstantinopel brachte. Der
Bogen wurde nicht gleich nach dem Triumphe, sondern erst unter der Regierung
des Titus, und zwar, wie eine jetzt nicht mehr vorhandene Inschrift erzählte, in
seinem letzten Jahre decretirt. Vollendet aber wurde das Werk erst, nachdem
der Adler die Seele des consecrirten Kaisers symbolisch aus den Flammen gen
Himmel getragen hatte; dies erhellt aus der im Bogengewölbe dargestellten
Apotheose und aus der erhaltenen zweiten Inschrift: »Senatus Populusque Romanus Divo Tito Divi Vespasiani F. Vespasiano Augusto«. Der Bogen hatte in den
fast ganz zerstörten Seitengebäuden keine Eingänge, sondern länglich viereckige
Fenster. Die Reliefs vom Fries des Säulengebälkes, die auf unserer Tafel abgebildet sind, enthalten den zur Pompa triumphalis gehörigen Opferzug: Stiere mit
Infuln um die Hörner und breiten Binden über den Rücken, von Opferschlächtern
geführt, von Priestern und Opferdienern mit Gefässen begleitet, dazwischen Soldaten mit Feldzeichen und Schilden, sonst in Friedenstracht. Nach dem früher
schon geschilderten Brauch wird auf einer Bahre der Flussgott des eroberten Landes getragen: es ist der Jordan. Die Reliefbilder an beiden Seitenwänden unter
dem Bogen stellen einerseits den Kaiser auf dem Triumphwagen, von einer Roma
geführt, von einer Victoria bekränzt, von Lictoren und Gefolge umgeben, andrerseits einen Theil des durch die Triumphpforte schreitenden Zuges dar, welcher
die salomonischen Tempelgeräthschaften auf Bahren trägt. Beide Bilder nebst
der Apotheose sind schon früher in Weisser's Bilderatlas der Weltgeschichte
Tafel 22 b, Fig. 26, 27 und 28 (II. Auflage, Tafel 43, Fig. 26, 27 28) gegeben worden.

Es ist ein Wunder, dass dieser Bilderschmuck, obwohl vielfach sehr beschädigt, die Stürme der Zeit überdauert hat. Der Titusbogen musste sich im Mittelalter bequemen, als Burgthor an einem Castell zu dienen, das die Frangipani neben
ihm errichteten und so fest mit ihm verbanden, dass, als man diese Fortificationen
wegnehmen wollte, der Bogen selbst zu sinken begann und neu gefestigt werden
musste.

2. Die Trajanssäule.
(Tafel XXV, Figur 3—9, Tafel XXVI, Fig. 1—11.)

Die Monarchie war eine Nothwendigkeit und mit dem Aussterben der Familie des Usurpators eine schuldlose Institution geworden, die, dem Tüchtigsten
übertragen, vom ganzen Reiche nur noch als Wohlthat begrüsst werden konnte.
In diesem Sinne hatten die beiden ersten Flavier das Erbe der Cäsaren angetreten,
und in diesem Sinne handelte der greise Nerva, als er auf dem Capitol die feierliche Erklärung gab: »Zum Glück, wie ich hoffe, für den Senat, für das römische
Volk und für mich nehme ich den Marcus Ulpius Nerva Trajanus zum Sohne
an«. Ein Staatsoberhaupt mit den bürgerlichen Formen eines republicanischen
Präsidenten, die Freiheit des geringsten Mannes achtend und schirmend, Soldat und
Staatsmann im besten Sinn dieser vielbedeutenden Ausdrücke, die Ehre des
Reiches nach aussen kräftig verfechtend, eben so kräftig die Verwaltung im Innern
handhabend, die auf den Staat angewiesene, weil in den Händen eines blossen
Publicums stets verrathene Kunst und Wissenschaft congenial oder wenigstens
gewissenhaft pflegend, durch die Verfassung an eine trotz namenloser Entwür-

digungen immer noch altansehnliche und aufschwungsfähige Reichsrathskörperschaft, den Senat, gebunden, mit den Augen und Händen der erprobtesten Einsichten und Kräfte der Zeit die Geschäfte leitend, die unverfälschte öffentliche Meinung als Richtschnur des Handelns erforschend, erster Diener des Staats in der wahrsten Bedeutung des Worts — gewiss, diese Staatsform wäre allen andern vorzuziehen, wenn sie nicht auf zwei Augen stünde, wenn bei der Adoption des Nachfolgers das Familienherz vor dem Staatswohl schwiege, und wenn auch dann die menschliche Weisheit sicher wäre, in der Beurtheilung des Erkornen keinen Missgriff zu thun. Jedenfalls ist die von Trajan heraufgeführte, unter den nächsten Regierungen mehr oder minder treu fortvererbte, unter Hadrian in Bildung hoch gesteigerte Epoche eine der seltensten in der Geschichte der Menschheit, die, wenn sie die Kraft der Dauer in sich getragen hätte, den Fortschritt bis zu der Stufe, zu der wir fast zwei Jahrtausende gebraucht haben, in wenigen Jahrhunderten fördern zu können schien.

Auch die Kunst hatte an jenem Aufleben einer neugeordneten Welt ihren Theil, erst eine eigenthümlich römische Kunst, und dann noch eine wiedergeborne griechische, die freilich mit kurzer Blüthe den schönen Abend krönen sollte. Die erstere, die allein bei dem vorliegenden Gegenstande zur Sprache kommen kann, darf allerdings auf den Namen Kunst keinen Anspruch machen, da sie eine Illustration ist, dergleichen wir in den Kriegs- und Schlachtbildern des Harpagosdenkmals kennen gelernt haben; aber sie ist eine vollendete Technik, die in ihrer Naturwahrheit, vornehmlich in der bewundernswürdigen Lebendigkeit und charakteristischen Mannigfaltigkeit der Köpfe, in ihrem Compositionsreichthum und der wohl überlegten Vermeidung fast unvermeidlicher Wiederholungen des immer gleichen Stoffes künstlerische Verdienste hat, und nebenbei einen unschätzbaren historischen Werth geltend macht, indem sie in ihren zahllosen Darstellungen, besser als irgend ein Buch, eine vollständige Anschauung des Kriegswesens und der Kriegführung, besonders auch der aus blosser Wortbeschreibungen so schwer erkennbaren Tracht, in allen einzelnen Theilen gibt, so dass wir nicht bloss die römischen Legionen, Waffen und Feldzeichen wie eines der kriegerischen Schauspiele unserer Gegenwart über die Scene gehen sehen, sondern auch von der gar nicht verächtlichen Culturstufe der sogenannten Barbaren zum Theil eine deutlichere Vorstellung gewinnen.

Unter Trajan stand diese Art der Kunst am höchsten. Nachdem die Kaiserpolitik das Forum Romanum, den Platz der alten Freiheit, durch Prachtgebäude immer mehr einzuengen und neben ihm noch andere, nach dem Namen der kaiserlichen Urheber benannte, gleichfalls mit grossen Rahmen umzogene Fora zu errichten, schon von Cäsar und August den Nachfolgern überliefert worden war, baute Trajan, unter wetteifernder Theilnahme des Senats, das prachtvollste von allen diesen, das Forum Trajanum. Baumeister war der berühmte Apollodor, der nachher der Künstlereifersucht Hadrian's zum Opfer fiel. Hier lag die mächtige Basilika mit dem Namen des Kaisers und die ebenfalls nach ihm genannte grosse ulpische Bibliothek, wozu nachher der ihm von Hadrian geweihte Tempel und eine Menge anderer Verschönerungen, so wie eine Sammlung von Statuen ausgezeichneter Männer kam. Ein Triumphbogen bildete den Eingang des Forums, und hinter der Basilika erhob sich die berühmte Marmorsäule, die, noch jetzt vorhanden, obgleich nicht mehr zugänglich, einst die Statue des Kaisers trug, und im Fussgestelle seine Asche barg. Ihre weitere Bestimmung war, die Höhe oder

Tiefe anzuzeigen, bis zu welcher, um den Raum zu diesem kolossalen Bauwesen zu schaffen, der Bergrücken zwischen dem Capitol und Quirinal abgetragen werden musste; daher auch die Inschrift: »Senatus Populusque Romanus Imp. Caesari Trajano etc. Ad declarandum quantae altitudinis mons et locus tantis operibus sit egestus«. Diese Höhe beträgt hundert Fuss und 17 für das Piedestal. Letzteres ist mit Flachreliefs geschmückt, die zu den schönsten Decorationsarbeiten alter und neuer Zeit gerechnet werden; es sind, ausser zwei Victorien, Tropäen aus den erbeuteten Waffen der Dacier. Der Schaft besteht aus 23 Marmortrommeln, die, sehr genau auf einander gefügt, ein spiralförmiges, nach oben der optischen Wirkung wegen breiter werdendes Band bilden, dessen Reliefs in 114 Bildern mit mehr als 2500 menschlichen Figuren den ganzen Verlauf des dacischen Krieges erzählen. Die einzelnen Compositionen sind durch dazwischenstehende Bäume von einander getrennt. Eine andere, jedoch nur zufällige Unterbrechung, die sich in den Abbildungen etwas wunderlich ausnimmt, besteht in den zahlreichen Fensterchen, die den Schaft der Säule begleiten, um dem Wendelstieg im Innern Licht zu geben; denn die Säule war bis vor nicht sehr langer Zeit (Göthe) von innen zu ersteigen und gewährte einen wundervollen Blick auf die Stadt, das Coliseo, das nahe gerückte Capitol und den Palatin dahinter. Jetzt ist der Zugang vermauert, weil man dem schadhaften Bauwerke Festigkeit geben musste.

Aus der kaum übersehbaren Masse der Bilder, die im Bemühen, die Fülle des Stoffes zu bewältigen, mitunter an Unklarheit der Darstellung leiden, Ausmärsche, Flussübergänge, Schifffahrten, Baumfällungen, Lager- und Castellbauten, Allocutionen, Opfer, Schlachten, Belagerungen, Erstürmungen, Anzündungen, Vorführungen von Gefangenen in verschiedenem Sinn, Unterwerfungsscenen, die wieder mit wilden Angriffen und Kämpfen abwechseln, bis zum Selbstmord des Decebalus, dessen Haupt ins römische Lager gebracht wird, und der Plünderung und Einäscherung der dacischen Städte, heben wir dasjenige hervor, was auf den beiden Tafeln wiedergegeben ist.

Tafel XXV, Figur 8. Die tapfern, ohne Zweifel grossentheils germanischen Völkerschaften, die unter dem Namen des dacischen Bundes bekannt sind, — Jacob Grimm vermuthet Namensverwandtschaft zwischen Daken und Dänen — hatten die Schwächung des römischen Reiches nach dem Ausgang des julischen Hauses benützt, um sich in den Landen an der untern Donau festzusetzen, die in den fünfziger Jahren unseres Jahrhunderts durch den russisch-türkischen Kampf die Augen Europa's auf sich gezogen haben und auch jetzt wieder in den Vortrab der orientalischen Frage einrücken zu wollen scheinen. Durch Vespasian's Legaten beschränkt, hatten sie nachmals die Römer so zu Paaren getrieben, dass Domitian — »Dominus et Deus noster« — von ihrem grossen Führer Decebalus den Frieden mit einem schimpflichen Tribut erkaufen musste, der ihn nicht hinderte, in Rom zu triumphiren. Trajan brach den Frieden durch Einstellung des Tributs, und da hierauf sofort von der Gegenseite Feindseligkeiten begannen, so begab er sich auf den Kriegsschauplatz und ging über die Donau, um die angeblichen Brigandenzüge durch Thaten, die in der civilisatorisch herrschenden Sprache jederzeit durch vornehmere Ausdrücke bezeichnet worden sind, zu überbieten. Diesen Flussübergang vergegenwärtigt das vorliegende Bild. Zur Linken, auf der Abbildung nicht sichtbar, streckt der Flussgott sein schilfbekränztes Haupt aus seiner Grotte und schaut, eine gewaltige Wassermasse versendend, gleichwie staunend dem Unternehmen zu. Der Ausmarsch geschieht auf Schiffbrücken, voraus ein höherer Offizier, dem der Adler, das Vexillum und die andern Signa folgen. Die Soldaten gehen baarhaupt, den Helm über die Schulter gehängt, das Gepäck mit Mundvorrath (Zwieback, Käse, Salzfleisch), Trink- und Kochgeschirr in der schon erwähnten marianischen Weise auf der Lanze tragend, das ernste Gesicht voll gelassenen Selbstbewusstseins, als ob Jeder den künftigen Imperator in sich fühlte, nebst einem gewissen Normalausdruck, dessen Gemeinsamkeit das treffliche Zusammenhalten des Gesammtkörpers, der auf diesen Männern beruht, verkündigt. Der Kaiser mit dem Generalstab (Fig. 7) ist schon voraus und befindet sich auf der Bühne (Suggestus, Tribunal), vor welcher die stattlich geschmückten Rosse ihrer Reiter harren. Diese sind zum Kriegsrath versammelt, wobei der Kaiser den ihm in Rang und Tracht nächsten Offizieren (Legaten oder Präfecten) den Sitz bei sich eingeräumt hat. Sein Alter Ego geniesst sogar die Ehre des curulischen Stuhles neben dem Kaiser, nur dass er zur Linken sitzt. Costümgeschichtlich ist Trajan als der letzte rasirte Kaiser dieser Periode zu bemerken, dessen Sitte, wie die Bilder zeigen, noch von der hohen Generalität getheilt wird, während im Heere bis zu den Offizieren hinauf bereits der Vollbart durchgedrungen ist, mit guter Aussicht, bald auch den Widerstand der höchsten und gebildetsten Kreise zu überwinden.

Figur 3 und 4 stellen spätere Scenen aus dem Feldzuge dar, einen Uebergang über einen kleineren Fluss, wobei der Soldat, wo das Wasser tiefer ist, den Schild als Waffen- und Kleiderbehälter auf dem Kopfe trägt, und eine Lagerscene. Der Kaiser sendet Kundschafter aus, die mit sehr resoluter Bewegung abmarschiren. Prätorianer oder wenigstens durch Wehrgehänge ausgezeichnete Soldaten stehen Schildwache und bemühen sich, durch die Gebärde der Attention, die ziemlich mittelalterlich aussieht, des in sie gesetzten Vertrauens würdig zu erscheinen. Das Lager ist an einem Flusse aufgeschlagen, wo man bequem Wasser holen kann. Das Gitterwerk am Flusse soll eine Brücke bedeuten, wobei es artig zu sehen ist, wie diese Kunst in all ihrem Realismus wegen der Beschränktheit des Raumes und der Menge der anzudeutenden Gegenstände zu symbolischen Darstellungsmitteln zu greifen genöthigt war. Eines derselben haben wir auch beim Donauübergange kennen gelernt, wo die Schiffbrücke mitten im Strome endigt. Angesichts solcher Symbolik, deren Verwendung auch zu rein technischen Abbreviaturen nahe genug lag, sollte man bei Betrachtung jenes vielbestrittenen Flusses der Peutingerschen Tafel kaum im Zweifel sein können, dass ein Fluss, an welchem oben Rottenburg (Samulocenae-Solicinium) und unten Regensburg (Reginum) liegt, eben nichts anderes als eine symbolische Combination des Oberneckar- und Donaugebiets vorstellen kann.

Figur 8, 9. Tafel XXVI, Fig. 1. Lagerarbeiten, welche der Kaiser in Person, von seiner Generalität gefolgt, befeuert. Abermals eine Brücke, die indessen auch eine Fortsetzung der vorhergehenden sein könnte, da der Fluss der gleiche ist. Das Lager steigt rasch aus dem Boden, wobei der Künstler sich den sinnreichen Spass gemacht hat, die Bäume, welche die Bilder trennen sollen, zugleich zum Fällen zu benützen. Innerhalb sieht man die Fourrage, in Spitzschuppenform compact aufgeschichtet. Wieder eine Brücke. Ein Spion mit auf den Rücken gebundenen Händen wird vor den (in der Abbildung nicht sichtbaren) Kaiser gebracht, dessen Miene, wie die des neben ihm stehenden Legaten, Unheil verkündigt. Ueber einen lebhaften Fluss wird eine Brücke von höherer Construction geschlagen. Zum Zimmerwerk gesellt sich die Maurerarbeit; man sieht, wie Kalk oder Sand, oder beides, in Körben aus der Grube geschafft wird, um die herbeigetragenen behauenen Steine zu festigen. Alles das gehört zum Soldatenhandwerk, und bei jedem

Fache ist der Kaiser als Obermeister zugegen. Auf dem letzten (dem späteren Feldzuge angehörigen) Bilde führt der Soldat ausserhalb des fertigen Lagers die Pferde auf die Weide, schneidet was er nicht gesäet hat, und bringt den Ertrag des Feindeslandes in Garben nach dem Lager.

Tafel XXVI, Fig. 2. Ueberfall aus einer dacischen Befestigung, welchen die trajanischen Truppen, in der Mitte die Römer, auf den Flügeln die Bogenschützen und Schleuderer von den Hülfstruppen, zurückschlagen, worauf sich der Feind wieder in sein Pfahlwerk wirft, das hernach erobert wird.

Figur 4 ist dem zweiten Feldzuge entnommen, der an ergreifenden und tragischen Scenen reicher ist, als der erste. Man sieht in dem Bilde dacische Landleute, die den Kaiser um Gnade anflehen; da aber die Scene die erste bei der Ankunft am Kriegsschauplatze ist, eine solche Unterwerfung also als verfrüht und gefährlich angesehen werden müsste, so dürften die älteren Erklärer Recht haben, welche in dem mit Weib und Kind herbeieilenden Volke, das weiterhin mit dem Kaiser durch ein Thor einzieht und bei seinem Opfer gegenwärtig ist, die Jazygen erblicken, die damals von den Daciern beeinträchtigt waren und daher die Römer als Freunde und Retter begrüssten. Ihr Vertrauen wurde übrigens zu Schanden, denn Trajan gab ihnen die von Decebalus geraubten Besitzungen nicht zurück, was Marc Aurel hernach entgelten musste.

Figur 11. Sarmatische Reiter, Verbündete der Dacier, ausgezeichnet durch ihre Nationalwaffentracht — Mann und Ross von Kopf zu Fuss im Schuppenpanzer — werden von römischer Reiterei in die Flucht geschlagen. Nach der Sitte dieser Schützenvölker schiesst Einer noch einmal rückwärts gewendet den Bogen ab.

Tafel XXVII, Fig. 8 und Tafel XXVIII, Fig. 3. Hier Angriff der Dacier auf römische, dort der Römer auf dacische Verschanzungen. Die Dacier kämpfen mit krummen Säbeln, von ihren Mauern herab wehren sie sich mit Pfeilen und schweren Steinen. Eine Reihe solcher Sturmscenen schliesst sich im zweiten Feldzuge an einander, bis zu dem Schauerbilde, auf welchem die Dacier verzweiflungsvoll den Giftbecher trinken und sterbend über einander stürzen.

Tafel XXVIII, Fig. 15, zum ersten Feldzuge gehörig, ist eines der besten und berühmtesten Bilder der Trajanssäule, daher es häufig in Abbildungen angetroffen wird. Die älteren Erklärer haben es in eine Anzahl einzelner, einander fremder Handlungen, wie sie allerdings in diesen Reliefs ziemlich vorherrschen, zersplittert, die neueren aber nehmen, mit mehr Recht, das ganze Hauptbild zwischen den beiden Baumstämmen als Eine Composition. Ein römisches Castell an einem der bedeutenderen Ströme, also Donau oder Theiss, wird von Daciern zu Fuss und von sarmatischer Reiterei in ihren Schuppenpanzern angegriffen. Der Sturmbock zeigt, dass die Barbaren im Kriegswesen nicht ganz zurückgeblieben sind. Aber ihre Reiterei, die über den Fluss zu dem Fussvolk zu stossen sucht, hat verzweifelt, und zum Theil, wie es scheint, rettungslos, mit der Wuth der Wellen zu kämpfen. Ihre Freunde, bei welchen man die drachenartigen Feldzeichen der Dacier erblickt, brechen theils in Klagen aus, theils suchen sie die Versinkenden ans Ufer zu ziehen. Also ein grösseres Stück Handlung mit dramatischem Ineinandergreifen, was man freilich von wenigen dieser Bilder und, genau genommen, auch von diesem nicht völlig rühmen kann. — Ein von diesem abgegrenztes Bild ist das zur Linken des ersten Baumstamms. Der Römer ist siegreich eingedrungen, Menschen und Vieh liegen erschlagen umher, die Brandfackeln wehen durch das Land, da wenden sich die Frauen mit ihren Kindern flehend an den Kaiser, der den schon nach ihnen greifenden Händen der Soldaten Einhalt thut.

Drei andere Bilder aus diesen Reliefs, ein Opfer, eine der vielen Allocutionen in deren unermüdlicher Wiederholung der Künstler oder vielleicht der Besteller sich gefallen hat, und die Unterwerfung des Decebalus am Ende des ersten Feldzuges, sind in Weisser's Bilderatlas der Weltgeschichte Tafel 23 a (II. Aufl. Tafel 44), Figur 7, 8 und 9 gegeben worden.

Zu der Erhaltung der Trajanssäule hat ein merkwürdiger Umstand beigetragen. »Im Mittelalter« — sagt Platner in der »Beschreibung der Stadt Rom« — »war diese Säule einige Zeit im Besitze einer Kirche San Nicolò, die in ihrer Nähe stand und von ihr den Beinamen della Colonna Trajana führte. Im Jahr 1162 ertheilte sie der Senat mit der gedachten Kirche dem Kloster S. Ciriaco, und erliess zu gleicher Zeit ein Decret, in welchem bei Lebensstrafe verboten wurde, sie im mindesten zu beschädigen. Diese ausgezeichnete Sorgfalt für die Erhaltung dieses Monumentes, in einem Zeitalter, in dem man wenig Achtung für die Denkmäler des alten Rom zeigte, ist wahrscheinlich aus der im Mittelalter herrschenden Verehrung Trajan's zu erklären, den, wie man glaubte, Gregor der Grosse durch die Kraft seines Gebetes so lang wieder zum Leben rief, als ihn zu seiner Bekehrung nöthig war, durch welche er sich der Herrlichkeit des Paradieses erfreute; und vielleicht haben wir daher dieser Sage die gute Erhaltung dieses vorzüglichen Denkmals zu verdanken«.

An der Stelle der abgegangenen Statue des Kaisers hat bekanntlich Sixtus V. der Säule die bronzene Bildsäule des Apostelfürsten aufgesetzt.

3. Trajansbilder am Konstantinsbogen.
(Tafel XXVI, Figur 6—9.)

Als nach Maxentius' Untergang der Senat dem Sieger Konstantin einen Triumphbogen decretirte, wurde derselbe mit so tumultuarischer Eile gebaut, dass man sich auf ähnliche Weise, nur in weit grösserem Masse des Entlehnens, behalf, wie schon in älteren Zeiten häufig geschehen war, wenn man einer Statue einen andern Kopf aufsetzte und einen andern Namen gab. Das Meiste und einzig Gute an diesem Bogen wurde von trajanischen Monumenten, das Beste wahrscheinlich vom Triumphbogen Trajan's genommen und dem neuen »Gründer der Ruhe«, dem jüngsten »Befreier der Stadt« inschriftlich zugeeignet, wozu die Uebereinstimmung des rasirten Kinns aufs glücklichste passte; denn Konstantin machte das Beispiel, mit welchem einzelne Kaiser vor ihm, wie Alexander Severus, Maximin, Decius, vorangegangen, wieder zur herrschenden Mode, die sich sodann, nachdem Julian der Apostat noch einmal den griechischen Philosophenbart hatte wachsen lassen, bis auf Romulus Augustulus erhielt.

Das günstige Schicksal, das dieser Bogen vor allen andern gehabt hat, ist auch seinen trajanischen Bestandtheilen zu Statten gekommen. Es sind erstens acht grosse Reliefs an den Fronten des Uebersatzes (Attika): Trajan's Triumpheinzug zu Fuss, nach dem ersten dacischen Kriege, Trajan mit zwei griechisch bebarteten Männern, deren einer vermuthlich der Baumeister Apollodor, vor der symbolisch dargestellten Via Appia, die er durch die pontinischen Sümpfe geführt, Trajan als Waisenvater, Audienz des Parthamasires von Armenien, Verleihung des parthischen

Königthums an Parthamaspates, Trajan, vor welchen zwei gefangene Dacier geführt werden, Allocution, Suovetaurilia; dann vor der Attika über den Säulen jene trefflichen kopflosen, im vorigen Jahrhundert wieder restaurirten Statuen gefangener Barbaren, deren Verstümmlung am jüngeren Lorenzo von Medici hängen geblieben ist; über den Seitenbogen zwischen den Säulen acht Medaillons mit anmuthig dargestellten Jagd- und Opferscenen aus dem Privatleben des Kaisers; endlich die vier grossen Reliefs, zwei an der schmalen Seite der Attika und zwei unter dem Haupteingang zu beiden Seiten, vier Marmorstücke, die als Bruchstücke eines Frieses und Theile Einer Composition angesprochen sind.

Dieses letztere Hauptbild, die grosse Dacierschlacht nach der Zusammensetzung von Rossini, ist es, was der Streifen Fig. 6—9 unserer Tafel bringt, nachdem das Mittelstück schon früher in grösserem Masstabe auf der vorhin bezeichneten Tafel mitgetheilt worden. Auf diesem sprengt der Kaiser als Hauptfigur mit dem Speer auf die Feinde ein, die ihm theils erliegen, theils um Gnade flehen. Hinter ihm tobt ein etwas verworrenes Reitergefecht, in welchem die Römer nach entgegengesetzten Seiten stürmen, was gleich den Hergängen auf der äussersten Rechten wohl nur so zu erklären ist, dass die Feinde von allen Seiten umringt in die Pfanne gehauen werden; denn die Reiter im Hintergrunde rechts tragen die gleichen Helmaufsätze, wie einer von denen, die dem Kaiser die abgehauenen Dacierköpfe entgegenstrecken, und wie die beiden, die auf der Linken unter den Römern auf die Dacier einreiten (vgl. die ähnlichen bei Tafel XXV, Fig. 2.). Zur äussersten Linken, jedoch unzertrennlich mit dem Beginn des Schlachtbildes verbunden, ist die Triumphpompa des Kaisers dargestellt, der, von einer Victoria bekränzt, der vor ihm einhergehenden Roma die Weltkugel (aus welcher später der Reichsapfel wurde) reicht. Das Gewirre und die Uebermasse der Figuren gibt dem Bilde etwas Erdrückendes, aber die Schönheit der Formen, die Lebhaftigkeit der Bewegungen und das Ausdrucksvolle der Handlung, Vorzüge, durch welche die Reliefs der Säule grossentheils überboten sind, werden bei Beschauung dieser Gruppen immer zuletzt den Sieg davon tragen.

4. Marc Aurel's Säule.

(Tafel XXV, XXVI, XXVIII, 5 etc.)

Sie trug den Namen »Antoninssäule«, wie sie früher gewöhnlich geheissen wurde, in so fern mit Recht, als sie das Andenken des zweiten der Antonine feiert, der aber unter dem Namen Marc Aurel bekannter ist. Mit Antoninus Pius, der eine Granitsäule ohne Reliefband erhielt, war eine glänzende Friedenszeit, wie nur je unsere moderne Welt eine erlebt hat, zu Grabe gegangen, und sein Nachfolger musste ein der Thatkraft des Friedens geweihtes Leben und einen von Studien halb aufgeriebenen Leib fast ganz der Thatkraft des Krieges opfern. Nachdem ihm der parthische Krieg einen nur durch tüchtige Anordnungen im Kriegsministerium verdienten Triumph gebracht, riefen ihn die furchtbaren Stürme, womit der germanisch-slavische Völkerbund die Grundfesten des Reichs erschütterte, persönlich auf den Kriegsschauplatz an der Donau, wo er sich in drei sauern Jahren reichlich den Triumph erkämpfte, den er nach der Rückkehr mit seinem Sohne Commodus hielt. Nach kurzer Ruhe musste er an die Donau zurück, und lieferte den Jasygen ein berühmtes Treffen auf dem gefrornen Flusse. In diese Zeit fällt auch die Quadenschlacht, deren sagenhaften Verlauf wir bereits berührt haben, und welcher wir in einem der Bilder sofort begegnen werden. Die Empörung des Avidius Cassius zwang ihn nach Syrien zu eilen, wo er zugleich die asiatischen Provinzen beruhigte und den Frieden mit den Parthern für einige Zeit befestigte. Zu abermaligem Triumphe nach Rom zurückgekehrt, entschuldigte er sich wehmüthig bei dem Volke, dass er so viele Jahre ausserhalb Roms habe zubringen müssen. »Achte!« schreit Alles und zeigt es mit Fingern, wie es denn auch richtig war. Antoninus Philosophus aber verstand die Fingersprache besser, lächelte und sagte: »Die sollt ihr haben!« worauf er an Männiglich acht Goldstücke, andere grosse Wohlthaten ungerechnet, vertheilen liess. Nach zwei Jahren musste er, der das Blutvergiessen hasste, so dass die Gladiatoren vor ihm nur mit stumpfen Waffen kämpfen durften, abermals das Schwert gegen die Markomannen ziehen. Ein beträchtlicher Sieg belohnte seine Anstrengungen, aber ehe er dessen Früchte ernten konnte, nahm ihn der Tod aus dem Heerlager hinweg, in das ihn sein unfreundliches Geschick fast lebenslang gebannt gehalten, und bestätigte vollends den Trauerspielvers, den der Dulder in Krankheiten und andern Calamitäten gern im Munde geführt und der dann wieder dem Volkswitz bei vermeinten Missgriffen zur parodirenden Anwendung gedient hatte : »Das ist die Frucht des unglückseligen Krieges«.

Nach seinem Tode wurde ihm die Säule errichtet, von welcher der Platz Colonna den Namen führt. Sie ist im Wesentlichen der Trajanssäule nachgebildet, hat wie diese einen schneckenförmigen (aus 28 Marmortrommeln zusammengesetzten) Fries, im Innern eine Wendeltreppe (Cochlis), und auch die gleiche Höhe des Schaftes, nur dass das Postament viel höher ist, wodurch sie eine Gesammthöhe von 175 Fuss erhält. Die Höhe der Säule selbst ist, in Verbindung mit einer auf sie bezüglichen, im vorigen Jahrhundert gefundenen Inschrift, für die Bestimmung des römischen Längenmasses classisch geworden, indem die Angabe, dass sie 100 altrömische Fuss gemessen (»Columna centenaria Divi Marci«), neuerdings zur Meilenzählung der Via Appia benützt worden ist. Auch das Eigenthumsrecht des Kaisers Marcus auf die Säule ist durch diese Inschrift urkundlich sicher gestellt, wenn dies überhaupt nöthig wäre, da seine auf dem Spiralbande dargestellten Thaten von der Bedeutung der Säule hinreichendes Zeugniss geben.

Es sind Scenen aus dem Kriege, der die Hauptaufgabe seines Lebens war, und der nach dem Vorvolke des bekämpften Völkerbundes der markomannische heisst. Den Bildern der Trajanssäule nachgeahmt, zeigen diese Arbeiten die Kunst einer schon vom Sturm und Drang der beginnenden Zersetzungskämpfe ergriffenen Zeit in raschem Sinken, und ihr Werth liegt bloss noch im Stoffe, der viel historisch und ethnographisch Interessantes enthält. Einige dieser Bilder sind schon in der ersten Abtheilung unseres Werkes, Tafel 23 b (II. Aufl. Tafel 45), Figur 10—13, abgebildet worden, denen sich die folgenden hier anschliessen.

Tafel XXV, Figur 5. Der Kaiser steht mit seinem Heer an einem Flusse, und findet den Uebergang von den Feinden verwehrt, die jenseits schlagfertig hinter ihren Schilden liegen. Ein Offizier ist, während der Kaiser sich beräth, auf eine Anhöhe gesprungen, und parlamentirt von da nach dem Gegenufer, wo sich ein Führer der Barbaren zu gleichem Zwecke, lebhaft gesticulirend, hinter den Schilden emporgerichtet hat. Der fast komische Eindruck, den das Bild macht, kommt grösserentheils auf Rechnung des Zustandes, in dem es sich mit dem umgebenden Theil der Säule befindet. Dieselbe ist nämlich bei einer der vielen

Heimsuchungen, die über die ewige Stadt ergangen sind, hart vom Feuer mitgenommen und geschwärzt worden. Auch hat sie durch Blitzstreiche gelitten, daher Sixtus V. die weichenden Steinblöcke durch Klammern befestigen liess.

Tafel XXVI, Figur 3. Testudo. Diese Schlachtordnung soll einer kreisförmig zusammengeschlossenen, mit den Schilden nach oben und aussen gedeckten Truppe solche Mauerfestigkeit verliehen haben, dass Rosse und Wagen auf ihr umherfahren konnten. Besonders tauglich war sie für Sturmcolonnen, die als lebendige Mauer das hölzerne Schutzdach entbehren und einfach in der abgebildeten Weise oder eine Abtheilung auf dem Rücken der andern die feindliche Befestigung ersteigen konnten. Den Geist des Bildes bezeichnet die kindliche Präcision, mit welcher die auf den Schildkrötenpanzer vergebens herabgeschleuderten Wurfgeschosse, Schwerter, Steine, Wagenräder, Fackeln, brennende Töpfe, angegeben sind.

Figur 14. Allocution. Der Kaiser steht mit seinen Generalstabsoffizieren, unter welchen man Pertinax, den nachmaligen Kaiser, suchen mag, auf dem Tribunal, das hier etwas improvisirt zu sein scheint, sonst aber wo möglich behufs dieser für den Soldaten so wichtigen Handlung sorgfältig aufgemauert wurde. Die Haltung Marc Aurel's ist sehr anspruchslos; in der Hand hält er einen kurzen Spiess. Cassius Dio erzählt, er sei so schwächlich gewesen, dass er vor einer solchen Allocution, selbst bei Nacht, immer habe bei Seite gehen müssen, um sich durch etwas Speise zu stärken; sonst übrigens sei seine Hauptnahrung in Theriak bestanden.

Tafel XXVIII, Figur 4. Die wunderbare Quadenschlacht. Dieses Bild führt uns zu der bereits (aus Anlass der Fulminata, bei Tafel XXV, Figur 2) besprochenen Legende zurück, zu welcher es, da beiden der gleiche Fall zu Grunde liegt, ein theils historisches, theils mythologisches Gegenstück von grosser Merkwürdigkeit bildet. Hören wir über den Vorgang zunächst den so eben genannten Geschichtschreiber. »Die Markomannen und Jazygen«, sagt er, »unterwarf Marcus nach vielen blutigen Kämpfen und Gefahren. Hierauf brach ein gefährlicher Krieg gegen die Quaden aus, in welchem ihm durch sein gutes Glück oder vielmehr durch die Fügung der Gottheit ein wunderbarer Sieg zu Theil wurde. Da sie in der Schlacht in grosser Gefahr waren, errettete sie die Gottheit auf eine wundervolle Weise. Die Quaden hatten sich in einer Gegend in die Schlacht eingelassen, wo sie die Römer einschliessen konnten. Diese schlossen sich fest mit ihren Schilden an einander und kämpften aufs tapferste. Die Feinde liessen jetzt vom Kampfe ab, indem sie hofften, dass Hitze und Durst sie leicht ohne Anstrengung von ihrer Seite in ihre Hände liefern müsste. Sie hatten rings umher Alles verschanzt, damit sie nirgend woher Wasser bekommen könnten, denn sie waren ihnen auch an Zahl weit überlegen. Die Römer geriethen durch Anstrengung, Wunden, Sonne und Durst in die grösste Noth. Schon waren sie ausser Stand, den Kampf fortzusetzen oder sich zurückzuziehen, und mussten in der glühenden Sonnenhitze schmachtend in Reih und Glied stehen bleiben, da zogen sich plötzlich dichte Wolken zusammen und ergossen sich nicht ohne göttliche Schickung in einen reichlichen Regenstrom. Man erzählt auch, dass der ägyptische Magier Arnuphis, der sich in dem Gefolge des Marcus befand, unter andern Göttern auch den Luftgott Hermes beschworen und so diesen Regenguss herbeigeführt habe.« Bis hieher Dio. Nun unterbricht ihn der byzantinische Auszügler, der sich am Ende des 11. Jahrhunderts ein unleugbares Verdienst um ihn wie um die Nachwelt erworben hat. Diese griechischen Geschichtschreiber, sagt er, haben absichtlich die Wahrheit verhehlt, nicht der Magier Arnuphis sei es gewesen, vielmehr habe in der höchsten Noth jener Schlacht der Leibwachenoberst dem rathlosen Kaiser vorgestellt, dass die Christen durch Gebete Alles vermögen und dass er, der Oberst, eine ganze Brigade solcher Leute unter sich habe; darauf die Erlaubniss, ja Aufforderung des Kaisers, zu ihrem Gott zu beten (vgl. Jens 1, 5—6), dann das Wunder, und endlich die kaiserliche Ernennung der Legion zur »Wetternden«. Aber auch bei Dio wird die Sache noch wunderhafter, als sie schon in seiner bisherigen Erzählung erscheint, denn Xiphilin gibt ihm, nachdem er seine Legende eingeschoben, wieder das Wort, wie folgt: »Dion erzählt weiter, die Römer haben beim ersten Ergiessen des Regens gen Himmel geblickt und ihn mit dem Munde aufgefangen; die Einen haben sodann ihre Schilde, die Andern ihre Helme untergehalten, und das Wasser nicht nur gierig geschlürft, sondern auch ihren Pferden zu trinken gegeben. Als die Feinde auf sie eindrangen, tranken und kämpften sie zugleich, und einige Verwundete schlürften das mit dem Wasser in die Helme rinnende Blut. Auch würde ihnen in diesem Augenblicke der Angriff der Feinde verderblich geworden sein, wenn nicht ein heftiger Hagel mit Blitzen Schlag auf Schlag die Feinde betroffen hätte. Nun sah man, wie zur selben Stelle Wasser und Feuer vom Himmel schoss. Während die Einen vom Regen erfrischt wurden und tranken, wurden die Andern vom Blitze erschlagen und starben. Zwar schlug das Feuer auch unter die Römer, erlosch aber im Augenblicke. Den Feinden half der Regen nichts, nährte vielmehr gleich dem Oele das Feuer. Es regnete bei ihnen und doch schmachteten sie nach Wasser. Die Einen verwundeten sich selbst, um mit dem Blute das Feuer zu löschen, Andere stürzten auf die Römer zu, um bei ihnen das rettende Wasser zu finden. Selbst Marcus hatte Mitleid mit ihnen; er aber wurde von den Soldaten zum siebenten Male als Imperator begrüsst«. Man sieht, wenn nicht der Byzantiner den ihm in diesem Punkte verhassten griechischen Geschichtschreiber zu seinen eigenen Zwecke mit einigen starken Zügen bereichert hat, so liegt schon bei Dio eine ganz ausgebildete Legende vor, nur keine christliche. Jedenfalls gehört der Magier Arnuphis ausschliesslich dem Dio zu, denn Xiphilin protestirt gegen diese Figur, und versichert, Marcus habe kein Gefallen an der Gesellschaft und den Gaukeleien der Magier gefunden; somit verbleibt der Erzählung des Dio, selbst wenn der Auszügler ein wenig gefärbt haben sollte, ein sagenhaftes Element, gleichwohl nicht ohne geschichtlichen Kern. Dio zählte beim Tode Marc Aurel's 25 Jahre, also muss die Schlacht, die noch völlig in den miterlebten Gesichtskreis des Geschichtschreibers fällt, wirklich von einem Naturereigniss begleitet gewesen sein, das schon der Mitwelt wunderbar erschien; und eben dies bezeugt auch das vorliegende Bild von der Säule Marc Aurel's, das gleichfalls aus einer Zeit stammt, in der die frische Erinnerung keine ganz aus der Luft gegriffene Sage zugelassen haben würde. Dasselbe führt ein mythisches Wesen auf, eine persönlich gestaltete wolkenbruchartige Naturgewalt, mit Windesschwingen und Wassergefieder, von welcher ein Regensturz mit entgegengesetzten Wirkungen ausgeht, und gleich auf den ersten Blick springt uns ein Zug in die Augen, der auch in Dio-Xiphilin's Erzählung lebhaft vorgetragen ist, nämlich dass die Römer ihren Theil vom Regen in ihren Schilden begierig auffangen. Zwar kommen auch auf der Trajanssäule mythische Erscheinungen über den geschichtlichen Hergängen schwebend vor, aber sie stehen nicht in so lebendigem Zusammenhange mit der Handlung, wie hier, wo das Bild überraschend mit dem geschichtschreiberischen Berichte

— fast wie spätere Heiligenbilder mit ihrer Heiligengeschichte — zusammenstimmt. Von den vernichtenden Blitzen zwar, die den Künstler etwa zur Darstellung hätten anreizen können, ist nichts zu erblicken, doch sieht man, wie der Wetterriese sich nach der einen Seite gütig, nach der andern zürnend erzeigt: wo die Ströme über die verhüllte linke Hand gerade herabstürzen, liegen Barbaren gewaltsam dahingeschmettert; wo sie, die Bewegung der rechten gleichsam schützenden und segnenden Hand fortsetzend, sich horizontal verbreiten und in sanftem Bogen niederfallen, da drängen sich auf römischer Seite Menschen und Thiere wohlgemuth der Erquickung entgegen. Obgleich es in der Art dieser Antoninsbilder liegt, dass die Figuren gerne zweck- und gedankenlos durch einander stehen oder laufen, dass Vorder- und Hintergrund ohne Halt auseinander fallen, wie man es kaum je an der Trajanssäule sieht, so ist doch auf dem gegenwärtigen Bilde das Ganze ziemlich zusammenschliessend um das Hauptereigniss gruppirt. Die linke Seite des Vordergrundes, auf welcher der Kaiser mit der Lanze in seiner Umgebung steht, scheint einen Kriegsrath vorzustellen, dem die Neuigkeit vorerst noch fremd ist, und auch die Schlacht im Hintergrunde, wo germanische Römerhülfstruppen gegen ihre Stammesgenossen kämpfen, ist unberührt davon; aber schon gegen die Mitte hin wendet sich im Hintergrunde Alles dem Wunder zu, und weiterhin werden auch die Statisten vorne aufmerksam, von welchen Einige nach hinten starren und Einer auf die Niedergestreckten zeigt. Rechts ist ein Theil der Feinde mit Weibern und Kindern in wehrloser Haltung dargestellt; und hinten erscheint der Kaiser noch einmal, wie ihn die bedrängten Niedergeschlagenen um Gnade ansehen. Die schrägen Gewitterstreifen, die hier zum Vorschein kommen, mögen etwa den Hagel bedeuten, der von der schroffen Seite des Dämons in die Feinde fährt, und der freilich nicht ausgiebiger dargestellt werden konnte, weil ihm der kaiserliche Doppelgänger hier ziemlich ungeschickt im Wege steht. Die sich in Regen auflösende Götter- oder Dämonengestalt, die mit dem Wunder in die Handlung tritt, hat in der Regel für den Jupiter pluvius gegolten; allein die kunstarchäologische Vorstellung von diesem Regengotte ist eben zumeist aus unserem Antoninsbilde entsprungen, während eine ephesisch-römische Münze aus der Zeit des Antoninus Pius existirt, die den Zeus hyetios ganz anders darstellt, nämlich in voller Gestalt thronend, so dass der Regen nur an ihm herniederfliesst. Da nun die Schwingen Attribut einer Windgottheit sind, so hat man bei dem Bilde an den Gewitter und Regen bringenden Südwind, den Notos-Auster, gedacht. Am Thurm der Winde zu Athen ist dieser zwar als geflügelter Jüngling mit einem umgestürzten Wasserkruge dahinschwebend dargestellt; seine Beschreibung bei Ovid jedoch, wie er von Jupiter ausgesendet wird, die Schrecken der Sündfluth zu eröffnen, klingt fast als ob sie dem Künstler bei gegenwärtiger Figur vorgeschwebt hätte:

> „Auf triefenden Schwingen enteilt er,
> Sein furchtbares Gesicht in pechschwarz Dunkel gehüllet,
> Schwer von Güssen der Bart, Fluth strömt von den grauenden Haaren,
> Nebel umlagern die Stirn, hin fliessen Gefieder und Busen.
> Und wie in breiter Hand er die hängenden Wolken zerdrückte,
> Kracht der Donner, und dicht vom Aether stürzen die Güsse."

Nach der Zornseite hin entspricht der Dämon durchaus dieser Beschreibung, und wenn er auch auf der Gnadenseite den freundlichen Regengott vertritt, so passt er doch in seiner Gesammterscheinung besser zu dem Vorgange als der Ju-

piter Pluvius, »zumal« — sagt Welcker — »da M. Aurelius selbst in seinem Brief
an den Senat äussert, dass er von den väterlichen Göttern vernachlässigt und
nicht gehört sei«. Scharfsinnig setzt er hinzu: »Stellte der Künstler den Notus
dar, so wich er dadurch der misslichen Antwort auf die Frage, welches Volkes
oder Glaubens Gott das Gewitter gesandt habe, auf eine sehr zweckmässige
Weise aus«. Die eben angeführte Aeusserung des Kaisers — die Originalstelle
ist uns nicht zur Hand — klingt auffallend. Als ausgemachten geschichtlichen
Kern des in Wort und Bild (nur dort mehr vulcanistisch, hier mehr neptunistisch)
überlieferten Wunders wird man anzunehmen haben, dass während der Schlacht
ein Gewitter ausbrach, das nicht, wie die Natur gewöhnlich thut, über Gerechte
und Ungerechte gleichmässig erging, sondern vorherrschend seinen Segen auf die
Römer und sein Unheil auf die Feinde entlud. Aehnliches ist auch in andern Schlachten vorgekommen, ohne dass man es für besonders übernatürlich hielt; andrerseits
ist es kein Wunder, dass die Römer, je grösser ihre Noth vorher gewesen, desto
fester an ein Wunder glaubten. Wenn nun den Worten des Kaisers die Betonung
beizulegen ist, dass die väterlichen Götter ihn im Stich gelassen haben, so war
freilich der Frage, wer geholfen habe, nicht erst für die fortwuchernde Sage, sondern für die handelnden Personen selbst schon auf dem Wahlplatze, Thür und
Thor geöffnet. Wie dem sei, in der Zeit, von der wir reden, war der grosse
Wettlauf der Religionsculte aus allen Theilen des Reiches im vollsten Gange. Die
ägyptischen, die nachmals am längsten und hartnäckigsten mit dem Christenthume
rangen, waren damals oben auf, und es ist daher natürlich, dass zunächst ein
Arnuphis das Verdienst des Hermes oder Pluvius oder Notus an sich reissen
konnte, wie es gleichfalls natürlich ist, dass später dieses Verdienst dem Aegypter
wieder genommen und dem christlichen Wunderschatze angeeignet wurde.

Die Antoninssäule muss schon im Mittelalter stark von Pilgern besucht gewesen sein, die ein Eintrittsgeld bezahlten, denn sie war mehrere Jahrhunderte
an ein Kloster verpachtet. An die Stelle Marc Aurel's, dessen Statue auf ihr
stand, hat Sixtus V. den Apostel Paulus gestellt, so dass die beiden besten Kaiser
Roms die beiden vornehmsten Apostel als Erben hinterlassen haben. Die Aussicht
vom Altan dieser Säule entschädigt für den verschlossenen Zugang zur Trajanssäule. »Nirgends«, sagt Emil Braun, »tritt uns der Pincio, der Gartenhügel der
Alten, der Quirinal, das Capitol so deutlich entgegen als hier. Das Treppenge-
bäude des aurelianischen Sonnentempels und die Lage des Jupitertempels auf Araceli
stellen sich uns namentlich wahrhaft majestätisch gegenüber. Vor allem aber
imponirt die neuere Stadt durch die zahlreichen Kuppeln — die alle geschlagen
werden durch Michel Angelo's Riesengebilde, durch dies grösste und schönste
aller Domgewölbe, welches vielleicht an keiner andern Stelle seine unerreichbare
Grösse so zur Schau trägt wie gerade hier«.

5. Der Bogen des Septimius Severus.
(Tafel XXVII, Figur 4.)

Die Jahrhunderte der römischen Kaisergeschichte bieten die wiederkehrende
und sich leicht dem Gedächtniss einprägende Erscheinung, dass jedesmal gegen
den Schluss des Jahrhunderts das wankende Reich durch hervorragendere Persönlichkeiten, durch Theodosius freilich nur noch unzulänglich, neu befestigt wird, und

die beiden ersten Jahrhunderte nehmen einen fast buchstäblich ähnlichen Endverlauf, indem nach den guten Regierungen der Vespasiane und der schlechten des Domitian die Wiederhersteller Nerva und Trajan, nach den Regierungen der Antonine und des Commodus die strengen Aerzte Pertinax und Septimius Severus in die Lücke treten. Die Aehnlichkeit beschränkt sich indessen auf das Aeusserliche, denn die Zeiten waren vom zweiten gegen das dritte Jahrhundert hin so anders geworden, dass der zeitgenössische Geschichtschreiber beim Tode Marc Aurel's seinen Abschnitt mit den Worten schliesst: »Und von der goldenen Zeit des römischen Kaiserthums sinkt die Geschichte des Römervolkes und meine Erzählung nun in die eiserne und rostige herab«. Wenn die Worte wahr sind, die Septimius zu seinen Söhnen gesprochen haben soll: »Vertraget euch mit einander, bereichert die Soldaten und fraget weiter nach Niemand«, so lässt sich der Charakter seiner Regierung nicht kürzer bezeichnen. Zwar wird von ihm gerühmt, dass er in der Verwaltung und Rechtspflege eine wenn auch rauhe und irregeleitete Rechtschaffenheit gezeigt habe; aber die Regierungsthätigkeit jener Zeiten musste vornehmlich nach aussen gerichtet sein, um den stets gegen das Reich anwogenden Völkerocean zurückzudämmen. Für die Geschichte des Kriegswesens ist es vielsagend, dass man zu dieser Zeit, um dem Anstürmen der Barbarenheere einen festeren Körper entgegenzusetzen, wieder zu der verlassenen Form der Phalanx zurückkehren musste. Ein noch sichereres Mittel für den Augenblick war die Aufnahme jener bildungsfähigen und schon längst nicht mehr so gar ungebildeten Völker ins römische Heer, die sie freilich für die Zukunft mit den Waffen versah, womit sie dem Reich ein Ende machten, — nicht sowohl weil sie es zerstören wollten, als weil es ihnen, wie Kindern, die sich um ein kostbares Spielzeug raufen, in den Händen zerbrach.

Eine Zeit in solcher Verfassung sieht keine Kunst gedeihen. Vorerst erhalten sich die alten Gilden noch und haben Beschäftigung vollauf, aber mit der schwindenden Bildung des Jahrhunderts ist auch aus der Kunst die Seele entschwunden, und dem Soldatengeschmacke des Bestellers gemäss wird in der hergebrachten Manier immer handwerksmässiger fortgearbeitet, wie die Bilder am Bogen des Severus zeigen, die eben so arm in der Darstellung als überreich in Ueberladung sind. Der auf unserer Tafel abgebildete Triumphzug ist nur eine von vieren, die sich an diesem Bogen befinden und einander wie ein Ei dem andern gleichen.

Dass die Darstellungen der so beliebten gefangenen Barbaren bei diesem Kunstzweige immer handgreiflicher werden, und dass sie sowohl am gegenwärtigen als an einem kleineren Bogen Sever's keineswegs gespart sind, versteht sich von selbst. Da nun die Gefangenen von Fig. 6, falls man sich auf die Abbildung verlassen darf, ganz im gleichen Geschmacke gearbeitet sind, so wird das Sarkophagrelief, dem sie angehören, derselben Zeit zuzuschreiben sein.

Auch dieser Bogen war im Mittelalter eine Festung. Später stieg die Verschüttung bis zur Wölbung des mittleren Bogens, und ein Töpfer hatte seine Werkstätte in ihm aufgeschlagen, als man im Jahre 1803 an seine Ausgrabung und Wiederherstellung ging.

6. Konstantinsbogen.
(Tafel XXVI, Fig. 10. Tafel XXVII, Fig. 8.)

Wie es mit Kunstsinn und Kunstbetrieb in dem so eben geschilderten Zeit-abschnitte immerhin noch bewandt gewesen, geht wohl am anschaulichsten aus dem Nachfolgenden hervor.

Damals trieb ein Räuber in Italien sein Wesen, Bulla Felix, ein echtes Vorbild jener Räuberhelden, die im vorigen Jahrhundert unsere gebildeten Leser und Leserinnen zu ihren Mitverschwornen hatten. Er sammelte eine Bande von 600 Räubern um sich und plünderte im Angesichte der kaiserlichen Regierung und des Heeres zwei Jahre lang ganz Italien. Zahlreiche Truppenabtheilungen wurden gegen ihn aufgeboten, aber sein Geld und seine Schlauheit öffneten ihm immer wieder freie Bahn. Lagen Leute von seiner Bande irgendwo gefangen, so kleidete er sich als Statthalter der Landschaft und reclamirte sie angeblich zu der Venatio zu der sie schon verurtheilt waren. Einen Centurio, der ihn aufheben sollte, lockte er unter dem Versprechen, ihm den grossen Räuberhauptmann auszuliefern, in ein Waldthal, erschien dort plötzlich in Feldherrntracht vor ihm, liess ihn greifen, ihm die Haare abscheeren, und schickte ihn mit einem beissenden Auftrage an die Regierung zurück. Es ist nicht der Ort, den Roman dieses Rinaldo Rinaldini bis zu dem Augenblicke, wo er den Bestien vorgeworfen wurde, zu Ende zu führen; nur zur Bezeichnung der innern Zustände sei beiläufig bemerkt, dass der Roman unter dem kräftigen Septimius spielte, der sich vor Wuth kaum zu fassen wusste und den Banditen zuletzt nicht einmal durch offene Gewalt in seine Hände bekam.

Dieser Räuber nun, der immer über den Zug der Reisenden und ihre Ver-hältnisse genau unterrichtet war, pflegte ihnen einen Theil ihrer Baarschaft abzu-nehmen, worauf er sie sogleich wieder freiliess, mit Ausnahme der Künstler, die er eine Zeit lang bei sich behielt und mit reichen Geschenken, nachdem er sich ihrer Dienste bedient hatte, wieder entliess. Zu jener Zeit also waren die Künstler, obgleich die Kunst von ihrer Höhe gesunken war, immer noch gesucht, sie fanden nicht bloss in Rom Beschäftigung, sondern konnten mit Aussicht, wie einst, als Pompeji neu gebaut wurde, auch in die Provinzen reisen. Ja, selbst ein ge-bildeter Räuber beehrte sie mit seinen Aufträgen, und wer steht dafür, ob nicht ein und der andere verkannte Künstler absichtlich den Weg eingeschlagen hat, um sich von einem solchen Kenner fangen zu lassen?

Wenn nun während jenes dritten Jahrhunderts nicht bloss die Kunst, sondern auch die handwerksmässig tüchtige Kunstfertigkeit so reissend schnell verfiel, dass zu Anfang des vierten fast keine Spur mehr von ihr übrig ist, so kann die Ursache dieser Erscheinung doch wohl nur darin gesucht werden, dass in der steigenden Noth der Zeit, im Waffenlärm aussen und innen die Bestellungen und Belohnungen — nicht bloss von Seiten der bildungslosen Soldaten- und Bauernkaiser, sondern auch von Seiten der gebildeten aber verarmenden Privatleute — zusammenschrumpf-ten und mit dem Vertrocknen dieser Quellen auch die Arbeitskräfte versiegten. Denn als Konstantin die von Diocletian wiederhergestellten Zügel des Reiches in seine starke Faust bekam, da fehlte es weder an Geld noch an Prachtliebe, um in der alten Weise sich verherrlichen zu lassen, aber die Künstler waren ausge-storben, und nicht bloss die Eile, mit welcher der Triumphbogen gebaut wurde, son-·dern auch die Kunstarmuth zwang zu dem Auskunftsmittel, die Vergangenheit zu bestehlen. Diese Vergangenheit stand niederbeugend über ihren Erben. Wohl werden sich die Aelteren unserer Generation noch der Zeit erinnern, da unsere mittelalterlichen Münster und Kunstwerke von dem lebenden Geschlechte für geschmacklos gehalten wurden, das sich auf solche Art des Eindrucks der Grösse entschlagen konnte, weil in der That der Geschmack nach andern Formen strebte. Damals aber war es nicht so, der Geschmack war der alten Formen nicht entwöhnt, die verfallene Kunst arbeitete, wenn auch noch so barbarisch, im gleichen Style fort, und vernichtend drückte dieses Unvermögen auf ein Geschlecht, das in einem Walde von riesigen Kunstherrlichkeiten lebte, in einem Walde, der so unermesslich war, dass nicht bloss die Völkerwanderung, die ihm am wenigsten geschadet hat, sondern die viel zerstörenderen Stürme der folgenden Zeiten ihn nicht völlig ausrotten konnten.

Was der Bogen Konstantins ausser den Trajansbildern von Kunstwerken aus der Konstantinischen Zeit enthält, ist nicht der Rede werth, und es bedarf daher nur noch der Bemerkung, dass die beiden Abbildungen — Tafel XXVI, Figur 19, Niederlage der Prätorianer unter Maxentius, und Tafel XXVII, Figur 3, Triumphzug Konstantins — die Originale weit übertreffen.

Bilderquellen: Taf. XXV. Fig. 1. Maffei, Mus. Veron. pag. 124, 4. Fig. 2. Basrelief im Louvre bei Clarac. pl. 216, Nr. 333. Fig. 3. u. 4. Bartoli u. Bellori, Col. Trajani etc. Fig. 5. Bellori, la colonna Antoniana.
Taf. XXVI. Fig. 1. 2. Bartoli, Col. Trajani. Fig. 3—5. Bellori, Col. Anton. Fig. 6—9. Bartoli, Admiranda Romanorum antiq. Fig. 10. Montfaucon, L'Antiquité expliquée. Suppl. IV. pl. 30. Fig. 11. Bartoli, Col. Trajani.
Taf. XXVII. Fig. 1. a. b. c. Bartoli Admiranda Romanorum antiquitatis etc. Fig. 2. Morelli, XII Priorum Imp. Rom. Numismata. Fig. 3. Montfaucon, Supp. IV, 30. Fig. 4. Ebendas. Fig. 5. Relief in der Villa Albani. Zoega, Bassir. ant. II, 76. Fig. 6 a. b. Sarkophag-Relief. Mus. Pio-Clem. V, 1. Fig. 7. Relief auf einer etrusk. Urne. Micali Antichi monumenti. tab. 3. 4. Fig. 8. Bartoli, Col. Trajani. Fig. 9. Pompejanisches Gemälde. Mus. Borb. IV. 19. Fig. 10. Mon. Ined. dell' Inst. d. C. a.
Taf. XXVIII. Fig. 1. Montfaucon IV, pl. 82. Fig. 2. Bartoli, Col. Trajani. Fig. 3. Montfaucon IV. Fig. 4. Bartoli und Bellori Col. Antonini. Fig. 5. Bartoli, Col. Trajani.

8. Jagd. Fischfang.
(Tafel XXIX, XXX.)

Die Jagd, das »Scheinbild des Krieges«, bat in den Heldensagen wie in den geschichtlichen Lebensbildern aller Zeiten immer für die liebste Lustbarkeit des Kriegers im Frieden gegolten. Auf der Wildbahn hat sich meist die kriegerische Jugend die ersten Sporen geholt, wie schon vom jungen Odysseus der Sänger meldet. Schon als Säugling vom Ahn Autolykos, dem berühmten Diebe, eingeladen, dereinst im Jünglingsalter die Heimath seiner Mutter zu besuchen und erlesene Gaben zu empfangen, kam er und wurde von ihren Eltern und Brüdern froh willkommen geheissen. Sie schmausten den völligen Tag, bis Helios untergegangen. Den andern zogen sie zur Jagd hinaus, Autolykos' wackere Söhne mit vielen Spürhunden, und ihr junger Gast, in der Hand den langhinschattenden Jagdspiess schwingend, aufwärts zum waldumrauschten Parnass. Dort im verwachsenen Gebüsch, wo weder Wind noch Sonne noch Regen eindrang, lag ein entsetzlicher Eber, und wie nun lauttönend der Hunde und Männer Getümmel erscholl, stürzte das Unthier aus dem Dickicht, hoch die Borsten aufsträubend und Gluth aus den Augen sprühend, gegen die Jäger hervor. Als Erster stürmte Odysseus hinan und schleuderte den Speer. Doch hatte ihn schon der Eber über dem Knie gehauen, viel Fleisch mit zerschlitzendem Zahn zerreissend. Aber auch ihm hatte der Speerwurf die rechte Schulter getroffen, dass die hellschimmernde Spitze jenseits herausfuhr; mit Gebrülle stürzte er in den Staub, und das Leben entflog ihm. Der Zeusgeschirmte Jüngling wurde von seinen Jagdgenossen verbunden und im Hause der Ahnen geheilt. Mit köstlichen Gaben beschenkt kehrte er ins geliebte Ithaka zurück, und den erfreuten Eltern, die ihn fragten, wie er zu der Narbe gekommen, sagte er Jegliches genau an, wie beim Jagen mit Autolykos' Söhnen auf den Höhen des Parnass ein Eber mit glänzendem Zahn ihn verwundet. An der Narbe erkannte ihn später die alte Euryklcia, da er als Bettler sein von den Freiern in Besitz genommenes Haus wieder betrat. Indessen sind die namhafteren Jagden der Heroenzeit, die sich ja genug im Kriege tummeln konnte, mehr den Drachenkämpfen der verwandten Sage zu vergleichen, und bei den Abenteuern mit dem erymanthischen, dem kalydonischen Eber, der krommyonischen Sau, handelt es sich nicht sowohl um Waidmannslust, als, einzeln oder in Gemeinschaft, die Lande von überthierischen, allverderblichen Ungeheuern zu reinigen.

Neben Eber- und Bärenjagden haben aber jene Göttersöhne, welchen nicht bloss die Kraft des Armes, sondern auch die Behendigkeit der Beine Kränze erwarb, den Fang des Hasen nicht verschmäht. So sehen wir Taf. XXIX, Fig. 1 vier mythische Jäger beisammen, durch die beigeschriebenen Namen als Tydeus, Aktäon, Theseus, Kastor bezeichnet, von denen der Erstere wenigstens einen erjagten Hasen am Krummstocke hängen hat. Ob übrigens die Fährte, die der Hund verfolgt, während die Helden einen Augenblick auszuruhen scheinen, just eine Hasenfährte ist, das Bild also den ausschliesslichen Namen einer Hasenjagd verdient, mögen die Kenner entscheiden.

Fig. 2. Diesem Bilde gibt die Zierlichkeit der dargestellten Gestalten, auch

die reizende Abwechslung in der Art die Chlamys zu tragen, während der Petasos
wie unser Strohhut am Bande nach hinten hängt, grössere Anziehungskraft, als
die Jagd selbst, bei der man besonders nicht einsieht, was der Jäger für einen
Grund hat, dem armen harmlosen Thiere das Kleid in Schildes Weise entgegen
zu halten, als ob er es mit einem Löwen zu thun hätte.

Fig. 3 stellt das vorhin angeführte Jagdabenteuer des Odysseus vor. Der
junge Held ist an dem Schifferhut kenntlich, mit welchem er gewöhnlich abgebildet wird. Von den Söhnen des Autolykos hat das Bild als genügenden Vertreter
Einen, der dem Eber einen Keulenschlag versetzt, während der Hund ihm auf
den borstigen Rücken gesprungen ist. Beide Jäger tragen die beim Waidwerk
übliche Fussbekleidung, die zum Theil auch auf dem vorhergehenden Bild erscheint.

Fig. 4. Heimtragen eines erjagten Ebers. Nach der Haltung des Kopfes zu
schliessen, sollte man beinahe glauben, dass das Thier lebe, und dass es sich also
um eine Nachahmung des erymanthischen Jagdstücks handle.

Fig. 5, 9, 10, gehören zu den im vorigen Abschnitt erwähnten Trajanischen
Medaillons am Konstantinsbogen. Das erste stellt den Auszug auf die Jagd, wobei
die Figuren rechts und links von Trajan, wie auf einem früheren Opferbilde, für
Hadrian und Antinous gehalten werden, das andere die Beschauung eines er-
legten Löwen, das dritte eine Bärenhetze dar.

Fig. 6. Die hier abgebildete Contorniatmünze stellt einen Kaiser (?) Nero (?)
dar, der auf galloppirendem Rosse dahinsprengend und vorwärts den Speer nach
einem Bären wirft, während ein Jäger zu seinen Füssen einen Eber abfängt.

Fig. 7. Länger als die Bildhauerei und Malerei der römischen Kaiserzeit
erhielt sich die bei Hof beliebte Steinschneidekunst, wovon der in Florenz aufbe-
wahrte Saphir ein Beispiel ist. Er stellt, wie die beigesezten Namen ausweisen,
den Kaiser Constantius (II.) dar, der auf einer Jagd bei Cäsarea in Kappadocien
einen von seinen Hauern Xiphias benannten Wildeber erlegt. Nach herkömm-
licher Symbolik, welche selbst Strassen und Plätze, wie z. B. das Marsfeld, zu
personificiren wusste, ist die Stadt durch eine liegende Figur mit Füllhorn bezeichnet.

Fig. 8. Gegenwärtiges Relief von vorzüglicher Schönheit in Composition und
Ausführung verdiente wohl mit Recht die Darstellung eines so berühmten Gegenstandes, wie die kalydonische Jagd, zu heissen, nur dass in diesem Fall der Künstler sich einige Freiheiten genommen haben würde, besonders indem er zwei Ata-
lanten in die Jagdgesellschaft bringt. »Dieses übrigens schöne Werk ist ohne
Zweifel nicht antik, sondern von der Hand eines vorzüglichen Meisters des sechs-
zehnten Jahrhunderts«, sagt Platner in der Beschreibung der capitolinischen Samm-
lungen.

Fig. 11. Das Bild gehört zu den spärlichen Ueberresten der Malereien,
von welchen die Thermen des Titus glänzten. Es wird auf Hippolyt gedeutet,
der in der Mitte seines Jagdzuges den Brief der Phädra erhält, die auf der rechten Seite liebekrank von ihren Dienerinnen umgeben sitzt. Diese Scene ist auf
einem Wandgemälde in Pompeji dargestellt, das dem unsern einigermassen ähnelt.
Wahrscheinlicher ist aber doch bei diesem wohl die Deutung auf einen Helden,
der sich von seiner Familie gegen ihren Willen losreisst, um mit Ross und Hun-
den auf die Jagd zu ziehen, und die Trauer der Gattin, der Jammer der Dienerinnen wird die Ahnung eines bevorstehenden Unglücks ausdrücken, sei es Tod
auf der Jagd, wie er mehreren der kalydonischen Jäger beschieden war, sei es ein

anderes Verhängniss, wie z. B. jenes, das in Folge dieser Jagd zwischen Meleager und Kleopatra trat.

Fig. 12, 13. Ueber die verschiedenen Arten, so wie über die Bereitung und Aufstellung der antiken Jagdnetze kann man sich aus Xenophon's Schriftchen von der Jagd, das kein Waidmann ohne das grösste Vergnügen lesen wird, eine ausreichende Belehrung verschaffen.

Fig. 14. Eine der Löwenjagden, die besonders beliebt waren und häufig dargestellt wurden. Der Mittelpunkt der Scene hat eine ziemlich auffallende Aehnlichkeit mit dem Mittelpunkte des grossen Trajansschlachtbildes. Auch ist, wie dort und auf andern Triumphalbildern, dem Kaiser eine Roma zur Seite. Sonderbar und kleinlich nimmt sich der Hasenfang zu seinen Füssen aus, der wohl irgend einen allegorischen Sinn ausdrücken soll.

Fig. 15. Heimkehr von der Schweinsjagd. Vortreffliches Relief von edler und zugleich energischer Composition.

Fig. 16. Hirschjagd, Gemälde in dem 1675 entdeckten, der Zeit der Antonine angehörigen Grabmal der Nasonen. Der Hirschpark sieht modern genug aus; er heisst Vivarium, was im Allgemeinen Aufbewahrungsort für lebende Thiere, Vögel, Wild, Fische bedeutet, auch Leporarium, zunächst Einzäunung für Hasen, aber auch für grösseres Wild. Solche Parke wurden in der Nähe der Landhäuser gehalten, zur Versorgung des Tisches, zur augenblicklichen Befriedigung der Jagdlust, auch als Vorrathskammern für den Verkauf.

Fig. 17, 18. Ebendaselbst. Von der Gewohnheit, den Tigermüttern ihre Jungen zu rauben, und den Tiger durch einen am Käfig angebrachten Spiegel jagdgerecht zu machen, erzählen alte Schriftsteller. Uebrigens erklären die beiden Bilder sich selbst.

Taf. XXX, Fig. 1. Statue eines Jägers in Rock und Ueberwurf von Fellen, mit Jagdbeute, in Geflügel und Hasen bestehend.

Fig. 3. Nach einem geschnittenen Steine.

Fig. 7. Unter den pompejanischen Wandgemälden gibt es ein hübsches, aber nicht besonders geistreiches Bildchen, Amor auf der Hasenjagd, zu welchem das hier abgebildete herculaneische, denselben kleinen Gott darstellend, wie er mit übermächtiger Gewalt einen Hirsch am Geweih niederbeugt, einen höchst glücklichen Gegensatz bietet.

Fig. 11. Zwei Bilder von hoher Schönheit und verdientem Ruhm, aus welchen die Herrlichkeit des menschlichen Körpers aufleuchtet, schliessen unsere Jagdscenen ab. Das eine ist das im Louvre befindliche berühmte griechische Marmorrelief, einen schlanken jugendlichen, durch das Ohr gekennzeichneten Satyr darstellend, der einen jungen Panther durch Vorhaltung eines Häschens neckt.

Das andere, Fig. 14, ein Relief des capitolinischen Museums, stellt jenen Jäger dar, der von den Kunstkennern gewöhnlich als Endymion angesprochen ist. Er ist, in kräftiger Jugend jagdmüde vom Schlummer überrascht, auf einen Felsen hingesunken, »der vermuthlich den Berg Latmos bedeutet«. Sein über ihm am Felsen emporgesprungener Hund, dessen Leine die Hand des schönen Jägers schlafberauscht durchgleitet, erhebt den Kopf in die Lüfte, und bellt, sagen die Erklärer, weil er das Herannahen der Artemis ahnt. So geistreich aber ein modernes Bild dieses Inhalts für einen geistreichen Interpreten wäre, so wenig braucht man bei dem vorliegenden antiken gerade zu diesem mythologischen Nothbehelfe zu greifen. Zahlreiche Bilder unserer Tafeln haben gezeigt, dass das Alterthum, bei aller Hin-

neigung zur Mythenwelt, doch auch rein menschliche und natürliche Gegenstände
zu behandeln liebte; die gegenwärtige namentlich liefert solcher Beispiele genug,
und andere werden folgen. Wo aber die antike Kunst Mythen oder mythische
Bezüge zur Anschauung bringen wollte, da pflegte sie dieselben entweder durch
die volle unzweifelhafte Handlung oder durch beigegebene Attribute und sinnbild-
liche Andeutungen als das zu bezeichnen, was sie sein sollten, aber nicht durch
Geisteswitterungen, menschliche oder thierische, die das Bild in die leere Luft
fortsetzen. Als Werk eines modernen Künstlers, wie gesagt, könnte das Bild für
einen recht sinnig gedachten Endymion mit einem psychologisch tiefbegabten
Hunde gelten, als Antike aber ist es nichts weiter als was es vorstellen will: ein
schlummernder Jäger, dessen Hund für ihn wacht; und hiedurch wird es nichts
von seiner Schönheit verloren haben. Je mehr man den Darstellungen ihr Eigen-
recht zugesteht und fremde Beziehungen in sie hinein zu legen unterlässt, desto
grösser wird die Anzahl jener natürlichen, der einfachen Wirklichkeit entnommenen Bilder werden, die man in der alten Kunst vermisst, obgleich sie in gar nicht
unbeträchtlicher Menge vorhanden sind.

Der Fischfang spielt bei Homer eine untergeordnete Rolle, und gar Fische
zu essen fällt seinen Helden nicht ein, bis sie etwa einmal auf der Heliosinsel
ihr Heil mit der krummhakigen Angel versuchen, »dieweil sehr drängte der Hunger«.
Aber sie halten es nicht aus bei der schmalen Kost, und vergreifen sich lieber an
der heiligen Heerde des Gottes. Jene aristokratische Welt hatte zu viele Rinder
und Schafe, und einen zu einfachen Gaumen, um die Speise der Armuth und des
Feinschmeckers geniessbar zu finden.

Im späteren Griechenleben dagegen sind Fische die beliebteste Zukost (Opson),
die auf keiner wohlbesetzten Tafel fehlen darf, und der Fischmarkt ist für das
tägliche Leben wie für die Literatur, besonders für die Komödie, ein fruchtbares
Feld. Er war so besucht, dass man den Andrang und Verkauf durch strenge
Marktgesetze regeln musste, wie z. B. der Verkehr nicht eher beginnen durfte,
als bis das Zeichen mit der Glocke gegeben war. Daher die Anekdote von dem
Kitharsänger, dessen Publicum ganz Ohr ist, als auf einmal die Marktglocke ertönt und Alles davonläuft, einen einzigen Zuhörer ausgenommen, auf welchen jetzt
der Kitharöde zutritt, um dem edlen Kunstfreund zu danken, dass er es nicht auch
gemacht wie Jene, da sie die Glocke vom Fischmarkte hörten. »Was!« rief
der Taube: »Die Glocke hat geläutet? Sehr verbunden!« und lief den Andern
nach. Aegina, als es sich von seinem Verfall etwas erholt, wär ein vorzüglicher
Vergnügungsort für athenische Lebemänner, die etwas auf feines Opson hielten,
und Aristipp hielt sich gerne mit seiner Freundin dort auf, um Sardellen oder
Anchovys zu essen. »Sie sollen noch auf Aegina sein«, wird im Phädon beissend
auf die Frage nach ihm und Kleombrotos geantwortet. Auch redend scheint er den
Lieblingsartikel gern im Munde geführt zu haben, falls die Aeusserung über
Lais authentisch ist: »Ob ich dem Fisch schmecke oder nicht, gleichviel, wenn
nur der Fisch mir schmecke.« — Die römischen Piscinen endlich, mit ihren grossartigen Anlagen, ihren Fischwärtern, ihrer facultätsmässig ausgebildeten Fischzucht
und ihren ungeheuren Kosten, sind hinlänglich bekannt.

Diese Leckerbissen durch den nach beiden Seiten wucherischen Fischhändler
auf die Tafeln der Reichen zu liefern, ist das Gewerbe der Armuth, die ja, wie

der Dichter sagt, die Betriebsamkeit weckt, Mühen und Fleiss uns lehret. Er verstand es meisterhaft, im Ueberfluss der Höfe von Syrakus und Alexandria das Leben der armen Leute zu schildern und den übersättigten Geschmack mit schwarzer Brodrinde zu reizen, die sich bei näherer Prüfung abermals als köstliches Schaumbackwerk erwies. Stets wird Theokrit unter den Idyllikern den ersten Rang behaupten. Man vergisst über diesen Gedichten den Hofmann, der sie schrieb, man glaubt an die Täuschung, als ob sie Wirklichkeit wäre, wie bei Hesiod, dem armen Bauer zu Askra, der im Winter weniger zu essen braucht, weil die langen Nächte eine Art Ersatz bringen, und dem ein Gemüse von Malven und Asphodelos köstliches Labsal dünkt. So scheint auch unser sicilischer Dichter ganz bei der Fischerei aufgewachsen zu sein, wenn er uns die beiden alten Fischer malt, die, ehe der Wagen des Mondes die Hälfte der Bahn durchzogen, sich den Schlaf aus den Wimpern reiben und an ihr Geschäft denken.

> „Unter der Hütte geflochtenem Dach, auf trockenem Moose,
> Lagen einmal zween Fischer, schon eisgrau beide beisammen,
> Angelehnt an die laubige Wand; und nahe bei ihnen
> Lag am Boden ihr Handwerkszeug, die Körbe, die Ruthen,
> Angelhaken sodann, und Köder, umwickelt mit Seegras,
> Haarseil, auch, und Bungen, und binsengeflochtene Reusen,
> Schnüre daneben, ein Feil, und ein alternder Nachen auf Stützen,
> Unter dem Kopf ein Mattenstück, und Kittel und Filze.
> Dies das ganze Geräth und alle die Habe der Fischer.
> Weder Topf noch Tiegel besassen sie, Alles in Allem
> War den Leuten der Fang, und ihre Genossin war Armuth;
> Auch kein Nachbar umher, denn ringsum drängte das Meer sich
> Spülend gegen die Hütte mit sanft anplätschernden Wellen".

Der Eine hat geträumt, er habe einen goldenen Fisch gefangen, und das Gelübde gethan, den Fuss nimmer wieder ins Wasser zu setzen, sondern am Lande zu bleiben und sein Gold zu verwalten. Nun erzählt er dem Andern den Traum, und ist besonders über das Gelübde bekümmert, durch welches er sich gebunden glaubt. Der Andere aber meint, dieses habe nicht mehr auf sich als das Traumgold, und räth ihm, wachend zur Erfüllung des Traumes nach fleischernen Fischen zu trachten, ›dass du nicht Hungers stirbst bei all den goldenen Träumen‹ (Uebers. von E. Mörike).

Wie die Poesie, so hat die bildende Kunst, obgleich eine so wenig wie die andere der Gott der armen Leute ist, die Verachteten emporgehoben und zum Gegenstand der Bewunderung für die Reichen gemacht. Auch Philostrat weiss was sich den Fischern abgewinnen lässt, wie angenehm ihre von der Hitze gebräunte Farbe ist, welche Bewegung es gibt, wenn der Eine das Ruder querüber legt, der Andere mit angeschwelltem Arme rudert, der Dritte dem Nachbar ermunternd zuruft, der Vierte nach einem lässigen schlägt, und über die ins Netz gegangenen Fische ein Freudengetümmel entsteht etc.

Aehnlicher Art sind die meisten Fischerbilder unserer Tafel. Fig. 4. Statue eines Fischers, der seine Waare zum Verkauf anbietet. Das pompejanische Wandgemälde Fig. 5 könnte fast für eine Verbildlichung unserer theokritischen Fischer gelten, wie sie, den Traum sich aus dem Sinne schlagend, eifrig ihrem Tagewerke nachgehen, nur dass es ein Alter und ein Junger ist, von denen der Eine das Netz auswirft, der Andere einen Fisch an der Angel hat. Die Wahrheit und Lebhaftigkeit, die verschiedene Richtung im Geschäfte, und die Anordnung, wie der Eine den Andern übergipfelt, gibt dem Bilde einen ungemeinen Reiz. Die Bronzestatuette Fig. 9 diente in Pompeji als eine der beliebten Brunnenfiguren, als welche sie auch durch die Maske am Baumstamm bezeichnet ist; man hat die Wahl, ob dieser sitzende Fischerknabe mit der gestrickten Mütze auf dem Kopfe die Fische im Körbchen ausbietend mit der Rechten gesticulirt oder ob er die Angel ins Wasser hält. Seitenstücke sind der Fischer Fig. 10, und der Fischerknabe Fig. 16, der in eben so energischer als behaglicher Haltung seinen Fisch zu betrachten oder dem Käufer anzupreisen scheint.

Hervorzuheben aus dieser Classe von Fischerbildern sind die beiden folgenden Figuren.

Fig. 8 ist lang unter dem Namen Seneca gelaufen, woher auch die sonderbare moderne Ergänzung des Bildes durch eine Badewanne rührt. Auch Rubens hat diese Figur im Gemälde ›Tod des Seneca‹ benützt. Schon Winckelmann hat jedoch die Benennung der in ziemlicher Anzahl vorhandenen Köpfe dieses Aussehens umgestossen, einmal weil eine angebliche Senecasmünze von gleichem Gepräge, auf die man sich früher berief, verschwunden ist, so dass an ihrer Existenz gezweifelt werden darf, und dann, weil er nicht einsehen konnte, warum dieser Philosoph so oft abgebildet worden sein sollte. Durch die Entdeckung einer Doppelherme mit den Namen Sokrates und Seneca ist die Frage noch verwickelter geworden, da der volle wohlgenährte Kopf des Letzteren der von ihm selbst gegebenen Beschreibung seines magern, kränklichen Aussehens widerspricht; daher Visconti die Echtheit der Inschrift in Zweifel zieht. Das Bild ist in Weisser's Bilderatlas, Taf. 25 (II. Aufl. Taf. 49) Fig. 9, mitgetheilt. Andererseits hat aber auch diejenige Büste des Seneca, die den genannten Köpfen gleicht und von Visconti als echt gegeben wird, sich neuerdings als Portrait eines unbekannten Mannes herausgestellt. Die Statue, um die es sich handelt, gilt jetzt ziemlich übereinstimmend für einen Fischer, und zwar soll es nach Visconti (wohl wegen des schwarzen Marmors?) ein afrikanischer Fischer sein. Vermuthlich war das Original beliebt, und hieraus werden sich die vielen Wiederholungen des trefflichen Bildes erklären. Man kann im Zweifel sein, ob man das so charakteristisch märtyrerhafte Aussehen des Alten für wirkliches echtes Leiden oder für durchtriebene Nichtsnutzigkeit halten soll, eine solche etwa, die, über faulen Fischen ertappt, einen drohenden Sturm mit kläglichen Geberden zu beschwören sucht. Im letzteren Falle mag der arme Sünder angefahren werden, wie es bei Plautus (Uebers. v. M. Rapp) heisst:

„Ihr Fischer, die ihr fürs Volk verstunkne Fische führt,
Wie sie ein mitleidswerther Karrengaul kaum Schritt
Vor Schritt vom Platze bringt, dass der Gestank davon
Die Pflastertreter hurtig auf das Forum treibt:
Gleich werf' ich die Fischreusen breit euch ins Gesicht,
Dass ihr auch wisst wie ihr der Leute Nasen quält."

Fig. 15. Schlafender Fischerknabe, mit dem wie bei Fig. 16 behuteten Kopf auf den Händen ruhend, deren eine das Knie des heraufgezogenen linken Beines umfasst. Statuette von grosser Schönheit. Auch dieses Bild kehrt häufig wieder, indem das Motiv bald bei einem Amor, bald bei einem Traumgott, Brunnengenius u. dgl. angewendet ist, scheint also ebenfalls, wie Fig. 8, auf ein berühmtes Original hinzudeuten.

Aus der eigentlichen Fischerwelt heraustretend sind Bilder wie Fig. 6 das Kind mit der Angel, und die mythologischen Genrebilder, die sich allen Berufsarten und Verrichtungen anbequemen, so die fischenden Eroten Fig. **9**. In grösserem Styl und von unbeschreiblicher Lieblichkeit ist das pompejanische Wandgemälde Fig. **1 9**, das Venus und Amor der Fischerei obliegend darstellt.

Fig. **1 8** endlich, ein Bild, das sich noch weiter von diesem Kreise ablöst, ist eines von den merkwürdigen Beispielen, welche die Formen der antiken Kunst vor dem gänzlichen Verfall, aus dessen Trümmern allmählig die neue Welt hervorging, dem Christenthum dienstbar zeigen. Die altchristliche Inschrift »Jesus« (IHCVC) lässt keinen Zweifel an der symbolischen Bedeutung des Schiffleins, aus welchem »Menschenfischer« des Evangeliums das Netz auswerfen.

Bilderquellen: Taf. XXIX. Fig. 1. Vasengem. v. Nola. Millingen, ancient unedited monuments. Ser. 1, pl. 18. Fig. 2. Vasengem. Millingen, unedited monum. I, 23. Fig. 3. Vasengem. bei Tischbein, Homer, Odyss. IV. Fig. 4. Vasengem. bei Millin, Peintures de vases ant. L 18. Fig. 5. Bartoli, Arcus triumphales. Fig. 6. Contorniat-Münze bei Morelli, Imperatorum romanorum numismata etc. II, pag. 91. Fig. 7. Nach Banduri, Numismata, Supplement-Band von Lanini, t. 12. Fig. 8. Relief im capitol. Mus. Mus-Capit. IV. 50. Fig. 9. Medaillon am Konstantinsbogen. Nach Bartoli. Fig. 10. Konstantinsbogen. Bartoli. Fig. 11. Gemälde in den Thermen des Titus. Ponce, Bains de Titus f. 42. Fig. 12, 13. Terracotten des brit. Museums. Fig. 14. Clarac Musée etc. II. pl. 151, 186, Fig. 15. b. Bartoli Admiranda Romanorum antiquitatis etc. Fig. 16. Bartoli Le pitture ant. delle grotte di Roma e del sepolcro dei Nasoni pl. 30. Fig. 17. Ebendaselbst. 16. Fig. 18. Eband. 28.

Taf. XXX. Fig. 1. Mus. Borb. VII, 10. Bei Clarac. Nro. 1788. Fig. 2. Geschnittener Stein bei Grivaud de la Vincelle Art et Metiers des Anciens. pl. 6. 10. Fig. 3. Montfaucon L'Antiquité expliquée III, 322. Fig. 4. Statue im brit. Mus. Clarac V. pl. 882, 2247 A. Fig. 5. Theil eines Gemäldes in den Pitture d'Ercolano etc. II, 273. Fig. 6. Statue in Dresden. Clarac V, pl. 881. 2243. Fig. 7. Pitture d'Ercolano II, 39. Fig. 8. Stat. aus schwarzem Marmor im Louvre. Clarac Pl. 825. Fig. 9. M. Borb. IV, 55. Fig. 10. Statue im brit. Mus. Clarac 882, 2247. B. Fig. |11. Reveil Musée etc. 426. Fig. 12. Pompej. Gemälde Mus. Borb. IV. 4. Fig. 13. Grivaud Art et Metiers des Anciens, pl. 16. 15. Fig. 14. Relief in dem Capit. Mus. M. Cap. IV, 53, Fig. 15. Clarac pl. 879, 2242. Fig. 16. Stat. im Mus. Borb. Clarac 879, 2241.

9. Landbau. Landleben.
(Tafel XXXI, XXXII.)

Vom hohen Alter einer schon ausgebildeten Landwirthschaft legen die altägyptischen Bildwerke mit ihren Illustrationen von Feldbau, Ernte, Weinlese etc. ein volles Zeugniss ab, und in der andern Wiege der Cultur, im alten Stromzwischenlande (Mesopotamien), sieht man heute noch thatsächliche Zeugen jenes Betriebes in den hohen Rändern alter Canäle, die da, wo Euphrat und Tigris sich nähern, als Bewässerungsnetz die ganze Ebene in Gartenland verwandelten, ein Paradies, das durch das Vertrocknen der Wasserleitungen zur Wüste und abwärts gegen die Strommündungen durch den Verfall der Dämme zum Sumpf geworden ist. Damals war die Cultur schon so weit vorgeschritten, dass die Vertheilung des Wassers gesetzlich geregelt war und von den Behörden verwaltet wurde. Auch sollen noch Ueberreste babylonischer Ackerbauliteratur in arabischer Uebersetzung vorhanden sein, die — während in Aegypten der Nilschlamm, wenigstens zur Zeit der noch vollständigen Ueberschwemmungen, hinlänglichen Ersatz gewährte — bereits der allbekannten „Seele der Landwirthschaft" die sorgfältigste Würdigung angedeihen lassen, zum Beweise, dass das von der heutigen Chemie erkannte Gebot, der Erde, wenn man zu neuen Erträgnissen von ihr berechtigt sein wolle, erst das Empfangene in verwandelter Gestalt zurückzugeben, schon von jenem fernen Alterthume zwar nicht wissenschaftlich, aber praktisch begriffen war. Selbst den dem Handel und der Industrie vorzugsweise zugewandten Phönikern werden Schriften über Agricultur zugeschrieben, und in der Folgezeit sind die karthagischen Ackerbauschriftsteller Mago und Hamilkar für die Römer, von denen sie studirt und übersetzt wurden, die Grundlagen des wissenschaftlichen Gebäudes geworden, das die römischen Scriptores Rei rusticæ aufgeführt haben.

Nach dem Obigen kann es uns nicht wundern, im alten Griechenland eine vielseitige Landwirthschaft, ja bei Homer schon als Zeichen weit zurückreichender Entwicklung einen ganz cultivirten Gartenbau zu finden. Denn wenn auch die Phäakeninsel Scheria einen Beigeschmack vom Schlaraffenlande hat und der das ganze Jahr hindurch nicht aufhörende Nachwuchs der Früchte eine Wundermär ist, so kann doch im Uebrigen das Gemälde vom Garten des Alkinoos mit den Birnen, Granaten, Aepfeln, Feigen und Oliven, mit dem Rebengelände und den Blumenbeeten nur der Wirklichkeit, nämlich den Anlagen der Adelsgeschlechter und Edelbürger jener Zeit, die dem Dichter noch Basileis heissen, entnommen sein. Und der Garten des Laertes, dessen sorgfältige Pflege vom heimkehrenden Sohne gerühmt wird — kein einzig Gewächs, nicht Oelbaum, nicht Rebengewind, nicht Feigen- und Birnbaum, auch kein Beet vernachlässigt — dieses Stückchen Culturland scheint jedenfalls auf festem Boden gelegen. Hieraus erhellt, dass der noch viel ältere Feldbau schon manches Jahrhundert im Betrieb gewesen sein mochte, als Hesiod ihn in seinem arbeitseligen Wirthschaftskalender »Werke und Tage« besang. Aus der ansehnlichen Zahl der späteren Prosaschriftsteller über Landwirthschaft (Geoponiker) sind vornehmlich Demokrit, Xenophon, Aristoteles, Theophrast, aus den andern Theilen der Literatur bekannt, zu nennen.

Das alte Rom suchte sich seinen Feldherrn, wie man weiss, beim Pfluge auf

Die Erde selbst, sagt Plinius, freut sich, von einer lorbeerbekränzten Pflugschaar
und einem der Ehre des Triumphes gewürdigten Manne bearbeitet zu werden.
Damals, bemerkt er noch, um die Hand in Hand gehende Kriegs- und Friedens-
tüchtigkeit der Vorvordern ins Gedächtniss zu rufen, damals pflügten die Bürger
ihre Felder mit dem gleichen strengen Fleisse, mit welchem sie ihr Lager aufzu-
schlagen gewohnt waren, und säeten ihr Getreide mit derselben Sorgfalt, womit sie
ihre Heere für den Kampf ausbildeten.   Zu seiner Zeit freilich hatte diese alt-
republicanische, persönlich betriebene Landwirthschaft, die im alten Cato, dem
perfecten Landwirth, Sklavenschinder und Sympathetiker (»huat hanat huat ista
pista sista, damiabon damnaustra« *), ihren letzten bedentenderen Vertreter fand,
ganz andern Zuständen Platz gemacht, und die elegante Arbeit Columella's über
den Gegenstand war weit mehr den Provinzen als dem altitalischen Ackerlande
zu Gute gekommen.   Es war nicht mehr wie in der alten Zeit, wo die rechten
Römer nur alle neun Tage von ihren Oekonomiegeschäften zu städtischen Verrichtungen in die Stadt kamen und die Stadtleute als Müssiggänger verachteten, sondern die Oekonomie auf den Latifundien der römischen Grossen wurde von
Sklaven besorgt, und obgleich die Herren die Vorliebe für das Landleben behalten hatten, so war doch ihre Hauptsorge der Anlegung prachtvoller Villen mit
dem kostbaren Zubehör jener Wildparks und Fischteiche gewidmet, neben welchen
sich eine steife Gartenkunst hervorthat, die, ein unerreichtes Vorbild des italienisch-
französichen Rococogeschmacks, mit der Scheere des Topiarius die Bäume und
Gesträuche, besonders den Bux, zu Heckenwänden, Thiergestalten, Pyramiden,
Schiffen, zu Anfangsbuchstaben, die den Namen des Besitzers, des Gärtners u.
dgl. bedeuteten, kurz zu tausenderlei Kunstformen beschnitt. Der jüngere Plinius
hat in dem Briefe, worin er seine tuscische Villa beschreibt, Beispiele von dieser
ihm äusserst schön dünkenden Kunst gegeben, die übrigens, wenn sie, wie dort,
mit freier Natur abwechselt, und wenn sie, anders als dort, unter Vermeidung der
kindischen Spielereien sich auf edle Bogenschwingungen der Taxuswände beschränkt,
auch den neueren Geschmack mit dem Eindrucke der Schönheit überraschen kann.
Die ehrwürdige Nährkunst aber verfiel im Mittelpunkte des Reiches immer mehr, während sie in den eroberten Ländern als der beste Segen der eingedrungenen römischen
Waffen emporblühte, bis auch hier die unaufhörlichen Völkerzüge mit ihren Ver-
wüstungen und Besitzesumwälzungen einen halben Urzustand zurückführten, aus
welchem sich langsam eine neue Cultur erhob. Ein unvergängliches Denkmal
vom innigen Verwachsensein des römischen Gemüths mit der Landwirthschaft,
noch auf dem Wendepunkt zwischen altrömischer und späterer Zeit, ist Virgil's
sonniges Nationalgedicht Georgica, das aber aus so specifisch nationeller Auffassung
hervorgeht, dass es schwerlich je in einer andern als in der Ursprache die
schwache Seite des Lehrgedichts verbergen und seinen wirklichen poetischen Werth
geltend machen wird.

Taf. XXXI, Fig. 13. „Ergo, age, terrae pingue solum primis extemplo a mensi-
bus anni fortes invortant tauri" etc. Der Pflug dieser etruskischen Bronze ist freilich
nicht der verbesserte mantuanische Pflug unseres Dichters, mit dem doppelrückigen
Schaarbaum und auf Rädern gehend, sondern es ist der uralte einfache Hakenpflug
aus einem einzigen gekrümmten Holz. · Doch gab es schon zu Hesiod's Zeit den

---

*) Altsabinischer Heilsegen gegen Verrenkung bei Cato de re rustica. Die sympathetische
Formel, die ganz in der Art unseres Romanusbüchleins gehalten ist, bietet noch manche Nüsse zum
Aufknacken dar, wie z. B. „motas vaeta daries dardaries astataries Dissunapiter etc.«

zusammengesetzteren mit Krümmel, Schaar und Sterze, wie er auf Fig. 6 zu sehen ist. Diese im Berliner Museum befindliche Volcenter Kylix, mit dem Namen Nikosthenes, stellt die das Pflügen begleitende Verrichtung des Säens deutlicher dar als das andere Bild, das hinwieder das Joch der Ochsen deutlicher zur Anschauung bringt. Das Säen geschieht nach alter Sitte so, dass mit jedem Auftreten des rechten Fusses ein Auswurf gethan wird. Die sich wärmende Eidexe deutet auf die Wiederkehr der Sommersonne hin, zu welcher auch die Naturtracht der beiden Feldarbeiter stimmt, denn nackt zu pflügen, nackt zu säen, gebieten Hesiod und nach ihm Virgil. Jenem war freilich der Sommer am Helikon glühend genug, dagegen der Winter von solcher Kälte, dass der Mensch zu einem Dreifuss wurde, dem sich der Rücken verbog. Dann war es Zeit, sich zu kleiden wie auf dem andern Bilde, und der Sänger nähte sich Felle von Böcklein mit Stierdraht, um sie über die Schultern zu werfen, und setzte einen Filz auf, um die Ohren nicht triefen zu lassen.

Fig. 7. Der Schnitter, der mit der Sichel hochaufgeschossenes ägyptisches Korn abschneidet, ist vom Revers einer Münze, die auf dem Avers den Kopf eines der Ptolemäer zeigt.

Fig. 5, 8, 9, 10. Herbstscenen, die das Einheimsen verschiedener Arten von Früchten vorstellen, wobei auch die in alle Sättel gerechten Eroten, die wir später noch in ganz andern Hanthierungen treffen werden, nicht fehlen dürfen. Durch grosse Anmuth zeichnet sich das aus den sogenannten Thermen des Titus stammende Gemälde (Fig. 10) aus.

Fig. 2, 3, 4, 17, Olivenerntebilder. Das Abschlagen mit Stecken, wie bei Fig. 2 zu ersehen, wurde aus Rücksicht auf die nächste Ernte gewöhnlich unterlassen, und auf das Abfallen der Oliven gewartet, obgleich die nicht völlig reifen Früchte ein besseres Oel geben. Die beiden folgenden Bilder zeigen die griechische Erwerbsucht in vollem Lichte. Unter einem Oelbaum sitzen zwei Männer mit Olivenkränzen. Der Eine schöpft aus der vor ihm stehenden Amphora mit einem Trichter Oel in ein Messkännchen, um es in das andere Gefäss zu giessen und so seinen Ertrag zu berechnen. Der Herzenswunsch, der ihn beseelt, ist in den beigeschriebenen Worten ausgedrückt: »O ΖΕΤ ΠΑΤΕΡ ΑΙΘΕ (αἴθε) ΠΛΟΤΣΙΟΣ ΓΕΝ (γενοιμην), o Vater Zeus, dass ich doch reich würde!« Auf der Rückseite der Vase ist er dargestellt, wie er das Ergebniss an den Fingern abzählt, während sein Genosse dasselbe mit den triumphirenden Worten ausspricht: »ΕΔΕ ΜΕΝ (ἤδη μην), ΕΔΕ ΠΛΕΟΝ ΠΑΡΑΒΕΒΑΚΕΝ, schon wahrhaftig, schon ist ein Mehr übergelaufen!« — Wie Alles in der Welt seine Genien hat, so auch die Olivenernte und Oelbereitung. Das letzte Bild zeigt eine ansehnliche Versammlung solcher Dämonen, diesmal ohne Flügel. Die Einen steigen auf artigen Leitern, die aus blossen Stangen mit Querhölzern bestehen, an den Bäumen empor, Andere sammeln die geschüttelten und gebrochenen Früchte in Körbe, und Zwei sind beschäftigt, die Presse in Bewegung zu setzen.

Fig. 11—12, 14—16 Weinlese. Fig. 11 stellt eine durch das umgeworfene Fell als zum dionysischen Kreise gehörig bezeichnete Gestalt, Fig. 12 zwei ergötzliche Silene im Geschäfte des Traubenlesens begriffen dar. Das schöne Basrelief Fig. 14 macht uns mit dem Verfahren bei der Weinbereitung, wovon sonst wenig überliefert ist, etwas näher bekannt. Die Trauben werden in die Kelter geschüttet und von den darin befindlichen Jünglingen in reigenartiger Verschlingung getreten, was oft unter Begleitung von Musik oder unter vergnüglicher Absingung eines jener melancholischen Volkslieder geschah, die sich trotz ihrer Trauerweise mit der Fröhlichkeit vertrugen. Aus der Kelter fliesst der Most in einen Trog, aus welchem er in weidengeflochtene verpichte Gefässe und in grosse bauchige irdene Krüge geschöpft wird. Diese sind die eigentlichen Fässer, die, »den göttlichen Trank lauter bewahrend«, im Keller reihenweise an der Mauer stehen, während man sich zum Handelstransport der bekannten bocksledernen Schläuche bedient. Die Presse im Hintergrunde wird zum Ausdrücken der Trester gebraucht. Eine noch primitivere Construction derselben, die zugleich das Geschäft des Keltertretens versieht, zeigt das nächste Bild Fig. 15. Es ist ein einfacher Steinblock, der mittelst eines Hebels aufgehoben wird, um die Trauben hinunterschieben und zerquetschen zu können, ein Verfahren, das weniger technisch als ästhetisch empfehlenswerth ist, sofern es dem Künstler Veranlassung gegeben hat, seine am Hebel hängenden Silene, unter welchen sich der alte Papposilen geschäftig erweist, in höchst humoristischen Stellungen anzubringen.

Das folgende Bild Fig. 16. ein heiteres Lebensbild an einem Sarkophage, führt Eroten, diese Nymphenkinder, wie sie bei Philostrat aus Anlass eines ähnlich gedachten Apfelherbstbildes heissen, als Winzer und Keltertreter auf, und fügt eine Procession nach Art der ländlichen Dionysien hinzu, wobei Früchte und Weinkrüge nebst dem Opferbocke zum Altar gebracht werden, in dessen Nähe eine bekleidete Dionysosherme mit turbanartig umwundenen Kopfe, einen Fruchtkorb in den Händen, steht.

Eingeleitet sind die ländlichen Bilder unserer Tafel durch die Wiederkehr der Schwalbe, Fig. 1, welche die Menschen aus dem Gefängniss des Winters ins Freie, an die Luft und Sonne und zur gesunden Feldarbeit ruft. Ein Jüngling, ein Mann mit Bart und Knotenstock, beide auf Klappstühlen sitzend, und ein hinter diesem stehender Knabe begrüssen die erste Schwalbe. Der Jüngling, der sie zuerst erblickt, ruft: *IΔO* (ἰδού) *XEΛIΔΟN*, sieh da, eine Schwalbe!« Der Mann wendet sich nach ihr um und sagt: »*NE* (ναί) *TON HEPAKΛEA*, ja, beim Herakles!« »*HATTEI* (αὑτηί), da ist sie!« stimmt der Knabe ein, worauf der Alte schliesst: »*EAP EΔE* (ἤδη), Frühling allbereits!« Man wird von dem Vasenbilde sagen können, es sei mit wenig Witz und viel Vergnügen ausgeführt.

Tafel XXXII.

Fig. 1. Zwei Kinder sind über einen Vogel, den sie vermuthlich in Gemeinschaft beschlichen haben und den das eine für sich allein in Beschlag genommen hat, in Streit gerathen. Das Andere macht von der Waffe, in deren Besitz es kaum erst mit Schmerzen gekommen ist, den beliebten Gebrauch.

Fig. 2. Alter Hirt, ein Zicklein tragend, eine Figur voll gemüthlichen Humors, der durch die offenbare Parodie auf den Hermes Widderträger (Kriophoros) noch gesteigert ist. Denn diese vom Cultus wie von der Kunst bedeutungsvoll aufgefasste Göttergestalt ist in der letztern (seit Kalamis) ganz in der gleichen Haltung, das Thier über den Schultern tragend und vorn auf der Brust an den Beinen fassend, dargestellt worden. Ja, dieser Typus hat noch auf die altchristliche Kunst, so lang sie mit der antiken zusammenhing, eingewirkt, so dass der »gute Hirte«, wie man ihn in den römischen Katakomben abgebildet findet, ein Nachbild des Hermes Kriophoros ist.

Fig. 3. Ein schöner junger Ziegenhirt auf felsigem Lager neben Syrinx und Hirtenstab schlafend hingebettet. Seine Ziegen ruhen theils zu seinen Füssen und hinter seinem Haupte, theils treiben sie sich munter umher. Die Eidexe deutet auch hier wieder darauf hin, dass Frühling, Sonne und warmes Leben überall ausgebreitet sind. In der Erscheinung des Jünglings liegt etwas, das fast den Gedanken an Endymion aufkommen lässt, aber dies ist nur ein unwillkürlicher Gedanke des Beschauers, und der Künstler selbst hat, wie man sieht, sich jeder Veranlassung dazu enthalten. Nur die vollendete Schönheit und Anmuth trägt die Schuld, dass man unwillkürlich an etwas Höheres denkt.

Fig. 4. Tüchtige ländliche Gestalt, Hirt oder dgl., anscheinend das Mundstück einer Flöte in Ordnung zu bringen beschäftigt.

Fig. 5. Faunischer Knabe, die Ziege mit vorgehaltenen Trauben neckend.

Fig. 6. Amor, oder was man sonst aus dem Pantherattribute zu folgern geneigt ist, in ländlicher Erscheinung, als Hirt oder dgl., schlafend dargestellt, und zwar in derselben Haltung wie der Fischerknabe Fig. 15 der vorhergehenden Tafel XXI.

Fig. 7. Liebliche sitzende Kindergestalt, mit einem Vogel spielend.

Fig. 8. Da es ein herculaneisches Wandgemälde ist, welches diese blumenpflückende Gestalt, mit dem Füllhorn darstellt, so wird die Deutung auf eine römische Flora kaum zu bezweifeln sein. Die liebliche Gestalt mit Blumenkranz und Fruchtkorb Fig. 22 kann als irdisches Gegenstück zu der Göttin gehalten werden.

Fig. 9. Das Ausweiden eines geschlachteten Thieres, in der Wirklichkeit nichts weniger als schön, ist hier wahrhaft anziehend dargestellt, indem in der Figur des Arbeiters — der, ohne um ein Haarbreit, auch nur etwa durch ein Attribut, der Wirklichkeit entrückt zu sein, ein völliger Silen ist — Kraft und Behagen einander die Palme streitig machen.

Fig. 10. Drei Bursche sind mit dem Brühen eines Schweins beschäftigt. Einer hält, der Andere giesst, während der dritte das Feuer unter dem Kessel schürt.

Fig. 11. Das Vasenbild ist hier nicht vollständig gegeben. Auf dem Original tanzt eine Figur zu der Musik, daher Panofka den die Doppelflöte blasenden jungen Hirten im ermellosen Gewande (Exomis) für den Olympos und den liebesbrünstig Tanzenden für den Marsyas erklärt, dem Charakter der Vasenmalerei gemäss, in welcher die mythologischen Beziehungen vorherrschen, obgleich sie nicht ausschliesslich die Stoffe dargeboten haben.

Fig. 12. Eroten mit Ziegen, der eine im Melken begriffen.

Fig. 13. Hirt, oder was man dergleichen will, tüchtige Gestalt, im Arme ein Lamm, im Gewande einen Vogel tragend.

Fig. 14. Eine der beliebten Brunnenfiguren, die, als Flussgötter mit der Urne, oder als Silene mit dem Schlauch, und in unzähligen ähnlichen Motiven — zum Ausgiessen des Wasserstrahles dienten. Hier ist ein Knabe, der in trefflicher Haltung mit seiner Amphora das Geschäft verrichtet.

Fig. 15. Knabe, anmuthig eifersüchtig seine Traube unter dem Arme haltend und mit der andern Hand verwahrend.

Fig. 16. Antike Bauern, die ihre Thiere auf den Schweinemarkt bringen. Was für ein weiterer Handelsartikel in den beiden geflochtenen Körben enthalten ist, lässt sich nicht errathen, und die griechische Inschrift gibt keinen Aufschluss darüber, da sie, wenigstens in den Abbildungen der Vasenbilder, unvollständig ist. Der Sack, den der vordere Bauer von der Schulter hängen hat, wird wohl Futter enthalten. Ein guter Einfall des Künstlers ist es, dass er das Schwein und Ferkel in ähnlicher Weise mit einander conversiren lässt, wie ihre Herren es thun.

Fig. **17**. Bild eines Amors, der mit der Rechten über Schulter und Rücken einen Pfau und unter dem linken Arme einen Hasen davonschleppt.

Die beiden Reliefbilder Fig. **19** und **20** vervollständigen den Kreis der landwirthschaftlichen Darstellungen durch Scenen aus dem Hauptzweige der Viehzucht. Das eine scheint auf den ersten Blick weiter nichts als das Tränken einer säugenden Kuh zu bedeuten. Visconti aber erklärt das Büschel in der Rechten des Landmanns für einen Weihezweig, und der Tempel im Hintergrunde scheint allerdings besser zu einer Lustration als zu einem Vorgang aus dem Alltagsleben zu passen. Desto weniger kann man ihm beistimmen, wenn er auch auf dem andern Bilde eine heilige Handlung erblicken will. Der oder — nach der Kopfbedeckung zu schliessen — die Alte ist gewiss kein Priester, und die Milch, die durch das Melken gewonnen werden soll, ist sicherlich nicht zum Opfer, sondern zu profanem Gebrauche bestimmt. Auch die Widerspenstigkeit des am Horne angeseilten Thieres hat etwas charakteristisch Gemeines, das sich mit einer ernsteren Bedeutung des Bildes nicht vertrüge. Die Kuh ist übrigens das ergötzlichste Hornvieh, das man sehen kann, sie würde bei Virgil, der für sein Ideal einer Kuh ein »turpe caput« verlangt, den Preis davon tragen; aber nicht bloss der Vieh- sondern auch der Kunstkenner wird ihr einen ertheilen, denn sie ist ein höchst schätzbarer Beitrag zu der Lösung des Räthsels, wie das Hässliche und Gemeine kunstschön wirken kann.

Mit Fig. **18** und **21** schliesst diejenige Classe von ländlichen Bildern ab, auf welche bei der Zusammenstellung unserer Tafel vorzüglich Bedacht genommen ist.

Fig. **18**. Der berühmte Knabe Dornauszieher, Bronzestatue im capitolinischen Museum. Alle die das Original gesehen haben, preisen übereinstimmend, und zum Theil in überschwenglichen Ausdrücken, die Naturwahrheit und Individualität, den Adel und die Zartheit des Bildes, das nicht bloss als eines der besten Erzwerke des Alterthums, sondern als ein Original aus der blühendsten griechischen Kunstzeit angesehen werden zu dürfen scheint.

Fig. **21**. Der eben so berühmte Knabe mit der Gans, nach einem verlorenen Original des Künstlers Boëthos in vielen Copieen vorhanden, so im capitolinischen, im vaticanischen Museum, in Florenz, im Louvre etc. Der tapfere Knabe hat eine Gans (nach andern Erklärungen einen Schwan) mit beiden Armen um den Hals gefasst und schleppt sie unter hartem Kampfe würgend mit sich; allein der schwere, seinem Bedränger in Stärke und fast in Grösse gewachsene Vogel leistet so kräftigen Widerstand, dass man nicht weiss, welcher der beiden Gegner auf die Länge Meister bleiben wird, und diese Ungewissheit über den Ausgang des im Gleichgewicht schwebenden Kampfes ist es, was dem Bilde die eigenthümliche Komik gibt. Indessen weichen die Copieen hierin von einander ab, auf der einen schwankt der Kampf unentschiedener, auf der andern scheint der Knabe mehr im Vortheil zu sein. Die lieblich drollige Erfindung macht die Vorliebe begreiflich, mit welcher das Alterthum an dem Bilde hing, und welche sich nicht bloss in Copieen, sondern auch in entfernteren Nachahmungen, wie Fig. **17**, ausspricht. Denn der Knabe, der den Hasen um den Hals gefasst hält und mit der andern Faust den Hals des Pfaus umklammert, ist offenbar eine im Allgemeinen wiederholte Anwendung des gleichen Motivs, nur dass die Nachahmung, wie es ihre Art ist, den glücklichen Einfall des Originals durch vermeinten Reichthum und durch

Neuheit zu überbieten oder doch zu ersetzen suchte. Ueber die Zeit des Boëthos findet sich eine Angabe im Prozesse des Verres, des Plünderers von Sicilien. Einer der Kläger nämlich gibt an, derselbe habe ihm eine Hydria genommen, eine Arbeit des Boëthos, von Vätern und Vorvätern ererbt. Dies gibt nun zwar ein etwas weitläufiges Datum, doch scheint die Bezeichnung eben hinreichend, den Meister in die noch classischen Tage der griechischen Kunst hinaufzurücken. Pausanias sah von ihm einen nackten Knaben, den er nicht näher beschreibt. Vom Knaben mit der Gans spricht Plinius. Ausserdem weiss man von einem Asklepios, den er gleichfalls als Kind darstellte. Dann ist noch ein Abguss eines geschnittenen Steines vorhanden, dessen Aufschrift den Boëthos als Verfertiger nennt, mit dem Bilde eines den Schmerz der Wunde mit einem Geierflügel fächelnden Philoktet. Da nun dieser Meister in Darstellungen von Knaben vornehmlich heimisch gewesen zu sein scheint, so liegt der Gedanke nahe, ihm auch den seiner so würdigen Dornauszieher, diesen Philoktet der Kinderwelt, zuzueignen. .

Wenn man nun schon von Myron liest, dass er — seiner viel besungenen und noch mehr besprochenen Kuh zu geschweigen — eine betrunkene alte Frau gebildet habe, und wenn ein jedenfalls noch der echt griechischen Zeit angehöriger Meister, wie Boëthos, Bilder wie das Gansmännchen hinterlassen hat, so sind dies Fingerzeige, dass schon in den besten Tagen der griechischen Kunst das Genre, im modernen Sinn des Worts verstanden, geblüht hat. Auch in manchen Bildern aus der Mythen- und Sagenwelt, in einem hinkenden Philoktet, in naiven oder komisch-tollen Darstellungen von Göttern und Helden, zeigt sich ein reichlicher Trieb zu dieser Kunstgattung. Die angeführten Beispiele jedoch beweisen, dass die Kunst auch damals schon unabhängig von mythologischen Pensen ihre Stoffe dem Leben, der unmittelbaren Wirklichkeit entnahm. Das Gleiche ist ferner durch die Vasen-gemälde jener Periode dargethan, in deren grosser Masse eine nicht unbeträchtliche Menge für sich bestehender, rein natürlicher Lebensbilder der genannten Art enthalten ist, so dass man sich darnach eine Vorstellung von den verloren gegangenen Originalen aus den Werkstätten der höheren Kunstarbeit machen kann. Es konnte nicht fehlen, dass dieser Kunstzweig unter den ins Modernere fortschreitenden Zuständen der späteren Jahrhunderte noch weiter ausgebreitet wurde, und so findet sich unter den Kunstalterthümern jener Zeit eine sehr zahlreiche Classe von Werken der bildenden Kunst wie des Pinsels, die neben den Götter- und Heroendar-stellungen eine eigene Welt bilden und den Namen des idyllischen Genre mit vollem Recht verdienen. Von diesen theils lieblich harmlosen, theils reizend naiven, theils humoristischen und komischen Darstellungen menschlicher, besonders ländlicher Scenen haben schon frühere Tafeln, wie namentlich Taf. XI, XII in manchen ihrer Opferbilder, Beispiele gegeben, welchen sich nun die beiden in Rede stehenden Tafeln mit einem grossen Reichthum von Seitenstücken anschliessen; und wenn dort wie hier neben den ganz menschlichen Figuren auch mythologische zum Vorschein kommen, so sind diese doch meist nichts anderes als durch Schwänzchen, grösseres Ohr, Flügel u. dgl. zu Satyrn, Nymphen, Eroten aufge-stutzte, im Uebrigen aber echte Landleute, Mädchen, Kinder, die nur durch die Zuthat ein wenig über die gemeine Wirklichkeit emporgehoben werden sollen, wie ja auch die poetische Idylle verfährt, indem sie ihre Schäfer und Fischer in Versen reden lässt. Die Tafel XXXII sodann, mit der wir hier zu Ende gehen, hat es sich ausdrücklich zur Aufgabe gemacht, die schon bisher zahlreich ange-deuteten Beispiele, welche die genannte Erweiterung der antiken Kunst belegen, in grösserer Fülle zur Anschauung zu bringen. Das Verdienst dieser Bilder erweist sich in manchem einzelnen Falle am einfachsten und schlagendsten dadurch, dass die Erklärung kaum einiger Worte bedarf, weil das Bild sich selbst erklärt, und dass auf die Schönheit nicht hingewiesen zu werden braucht, weil der Reiz beim Beschauen von selber wirkt. Man wird daher nicht anstehen, die getroffene Auswahl dieser Genrebilder, von welchen zwar einige, wie Dornzieher, Ganskämpfer etc. bekannt und berühmt sind, die aber nicht leicht anderswo in so reicher Zusammenstellung abgebildet zu sehen sein dürften, als preiswürdig anzuerkennen.

Bilderquellen: Taf. XXXI. Fig. 1. Gemälde einer Vase v. Volci (Amphora). Monumenti inediti dell' Instituto di corrisp. arch. II, pl. 24. Fig. 2. Vasengemälde bei Micali Storia degli antichi popoli italiani tav. 92, 2. Fig. 3. Amphora im Museo Gregoriano zu Rom, Monumenti inediti dell' Inst. I, tav. 44. Fig. 4. Rückseite derselben Vase. Fig. 5. Basrelief im Louvre, Clarac II, pl. 136. 122. Fig. 6. Vasengemälde in Berlin. Panofka Bilder antiken Lebens. Taf. XIV, b. Fig. 7. Pellerin med. de Rois. Fig. 8. Darstellung auf einer Lampe bei Bartoli Lucernae II, tav. 27. Fig. 9. Geschnittner Stein bei Montfaucon l'Antiquité expliquée, I, t. 117, 7. Fig. 10. Gemälde in den Thermen des Titus. Ponce Thermes de Titus, pl. 30. Fig. 11. Basrelief im Louvre. Clarac II, pl. 135, 119. Fig. 12. Relief im britischen Museum. Terracotten d. brit. Mus. Taf. 33, 67. Fig. 13. Micali Storia degli antichi popoli italiani tav. 114. Fig. 14. Basrelief in der Villa Albani. Zoëga Bassirilievi antichi pl. 26. Fig. 15. Relief im Museo Borbonico II, t. 11. Fig. 16. Sarkophagrelief. Montfaucon suppl. I, t. 62, 3. Fig. 17. Basrelief an einem Sarkophage zu Arles. Müllin Gall. mytholog. t. LXXXV, 141.

Taf. XXXII. Fig. 1. Clarac V, pl. 880, 2253. Fig. 2. Clarac IV, pl. 726 II, 1791, D. Fig. 3. Im Vatican. Clarac IV, pl. 741, 1784. Fig. 4. Samml. Giustiniani zu Rom. Clarac IV, 741, 1796. Fig. 5. Samml. Blundell. Clarac IV, pl. 709, 1670 A. Fig. 6. Samml. Pamphili in Rom. Clarac IV, pl. 644 A, 1459 E. Fig. 7. Im Vatican. Clarac V, pl. 875, 2234. Fig. 8. Herculanensches Wandgemälde. Roux Herculanum und Pompeji III, 170, 1. Fig. 9. Im Louvre. Clarac III, pl. 287, 1785. Fig. 10. Geschnittener Stein. Panofka, Bilder ant. Lebens. Taf. 12, 5. Fig. 11. Vasengemälde. Panofka pl. 14, 3. Fig. 12. Pompejan. Wandgemälde. Museo Borbonico V, 18. Fig. 13. Petersburg. Mus. Imp. Clarac IV, 742, 1793. Fig. 14. Bronze von Herculaneum in Neapel. Clarac V, 755, 1843. Fig. 15. Rom, Samml. Biglioschi. Clarac IV, pl. 677, 1577. Fig. 16. Dubois Maisonneuve Introduction à l'étude des vases antiques, pl. 54, 3. Fig. 17. Zahn, die schönsten Ornamente u. Gem. von Hercul. u. Pompeji. Fig. 18. Réveil Musée 756. Fig. 19. Mus. Pio-Clem. V. 33. Fig. 20. Clarac IV, pl. 770 D. 1908 A. Fig. 21. In Florenz. Réveil Musée 486. Fig. 22. Basrelief. Hope The costumes of the Ancients II, 204.

10. Schifffahrt. Handel.

(Tafel XXXIII, XXXIV.)

Die Ursprünge der Schifffahrt, und zwar schon in einem ausgedehnteren Sinn des Wortes, liegen weit hinter der geschriebenen Geschichte. Die altägyptischen Bilder machen uns nicht bloss mit den Nilbarken, die seit unvordenklicher Zeit den wimmelnden Verkehr auf dieser grossen Landesader förderten, sondern auch mit Seeschlachten bekannt, deren Schauplätze, der Lage des Reiches gemäss, im mittelländischen und noch mehr im rothen Meere gesucht werden müssen. Durch das letztere ergab sich der Weg in die arabischen und indischen Gewässer, wo auch babylonisch-assyrische Schiffe heimisch waren. Doch blieben die beiden grossen Reiche, die die älteste Geschichte kennt, zumal das holzarme Aegypten, vorherrschend Landmächte, und ihr Schiffswesen diente vorzugsweise dem Handelsverkehr. Babylon, der Centralstapelplatz des innerasiatischen Landhandels, dankte den in den persischen Golf mündenden und oben durch den Königskanal verbundenen beiden grossen Strömen die Bedeutung einer Seestadt, und diese Wasserstrassen wetteiferten mit der das Innere von Ost nach West durchschneidenden Karawanenstrasse. Bekannt ist die anziehende Beschreibung Herodot's, wie die Armenier auf ihren langen leichten Barken aus Weidenholz, die Gerippe mit Häuten bekleidet, ihren Palmwein den Euphrat herab in die Hauptstadt der Welt zu Markte führen, mit den Waaren auch das Schiffsholz verkaufen und die Häute auf den mitgebrachten Eseln zu Lande wieder mit heim nehmen. Aber die von der See kommenden Handelsartikel gingen zu Schiffe stromaufwärts in die obern Lande, während ein anderer Handelsweg aus Indien durch den Oxus ins kaspische Meer, durch den Kur nach Armenien hinauf, zu Lande nach dem Phasis und durch diesen und das schwarze Meer in den Westen lief.

In den babylonisch-ägyptischen Seeverkehr an der Südküste Asiens griffen sodann die Phöniker ein, die einst selbst hier, am persischen Meerbusen, sesshaft gewesen waren, in ihren neuen Sitzen aber am Mittelmeer durch die Verbindung mit Palästina hieher reichten und zugleich durch den Stapel des ganzen asiatischen Landhandels eine Lage gewonnen hatten, die ihre nautische Thätigkeit weit nach Westen wies. Während die Griechen noch ängstlich an der Küste hin und von Insel zu Insel sich tasteten, hatten die Phöniker längst eine Bahn eingeschlagen, in welcher so spät erst der nordische Wiking und noch später Columbus ihren Spuren folgen sollten, und von welcher vielleicht ohne allzugrosses Wagniss angenommen werden darf, dass sie die kühnen Segler an das gleiche Ziel getragen habe. Wenigstens drangen sie aus dem Mittelmeere tief in den westlichen Ocean und fanden da »eine Insel bedeutenden Umfangs«, »von schiffbaren Strömen durchschnitten,« angeblich zwar nur eine Fahrt »mehrerer Tage« von der Westküste Afrikas entfernt, aber »von der ganzen bewohnten Welt abgelegen und darum in früheren Zeiten unbekannt.« Da es zwischen Afrika und Amerika keine Insel von der angedeuteten Grösse gibt, so hat die Nachricht, unbestimmt und sagenhaft, wie sie klingt, immerhin etwas bedeutsames. Noch bedeutsamer ist die Sage von der angeblich unter-

12*

gegangenen Insel Atlantis, die man sich in der gleichen Gegend dachte, grösser als Asien und Libyen zusammen, und von einem Meer umgeben, gegen welches man das mittelländische einem blossen Hafen verglich, gerade wie unserer heutigen Anschauung des grossen Weltoceans der atlantische zu einer Art von Mittelmeer zusammengeschrumpft ist. Jedenfalls war durch die Fahrten der Phöniker dem Alterthum ein weiter, obwohl nur traumhafter Blick in diesen westlichen Ocean mit seinen »seligen Inseln« eröffnet. Kaum zweifelhaft jedoch scheint jene andere nautische Grossthat zu sein, deren Ueberlieferung den Bartholomäus Diaz und Vasco de Gama spornte, nämlich die vielbesprochene Fahrt phönikischer Männer, die im Dienste des Pharao Necho, gegen Ende des 7. Jahrhunderts, aus dem rothen Meere aussegelten und nach zweijähriger Abwesenheit im dritten Jahr am West-ende des Mittelmeers wieder hereinkamen. Die treuherzige Vorsicht, mit welcher Herodot sich gegen die Angabe verwahrt, dass sie bei der Umschiffung des Caps die Sonne zur Rechten gehabt, hat uns diesen Zug gerettet, der gerade für die Wahr-heit der Erzählung bürgt. Um diese Zeit war die Nord- und Nordwestküste Afrika's seit mehreren Jahrhunderten mit phönikischen Colonien besät. Die Niederlas-sungen in Südspanien (Gadir-Gades, Tarschisch-Tartessos) werden ins 11. Jahr-hundert gesetzt, und sind jedenfalls so alt, dass sie noch in die mythische Zeit hineinragen; aber die Schilderung, wie der phönikische Kaufmann, wenn die Schiffe über und über mit Silber vollgeladen sind, noch silberne Anker schmieden lässt, um ja nichts vom Gewinn dahinten zu lassen, diese ist gewiss nicht sagenhaft. Dass jene »Tarschischfahrer« sich auf den brittischen Zinninseln festsetzten, ja dass sie die norddeutsche Bernsteinküste besuchten, hat demnach nichts Befrem-dendes. Andererseits gingen sie, als die jüdische Macht auf ihrer Höhe stand, in Verbindung mit dieser durch das arabische Meer nach dem unbekannten Ost- oder Südlande Ophir, so ferne, dass die Fahrt, welche Gold, Silber, Elfenbein, Affen und Pfauen brachte, jedesmal drei Jahre dauerte. Unwillkürlich fragt man sich, wie solche weite Fahrten ohne Compass möglich waren; sorgfältige Beobachtung der Gestirne musste ihn ersetzen, und was halsbrechende Kühnheit mit duldender Ausdauer bei geringen Mitteln vermag, das haben ja auch die Entdecker der letzten Jahrhunderte bewiesen, die auf Seewegen, wo der Dampfer jetzt spielend die Woge pflügt, das Aeusserste wagten und litten. Nur hatten bei gleichem Heldenthum jene semitischen Vorgänger keineswegs die Absicht, der Welt ihre Errungen-schaften irgendwie zu Gute kommen zu lassen, vielmehr suchten sie durch Ver-breitung schauerlicher Schiffersagen die Ferne in Nebel zu hüllen, und wenn ein Wagehals ihren geheimnissvollen Pfaden zu folgen sich erdreistete, so wussten sie dafür zu sorgen, dass die Fabel von Meerungeheuern, die Keinen wiederkehren liessen, zur Wahrheit wurde, — ein Beweis, dass nicht alle Sagen und Mythen harmlos entstanden sind. Noch in römischer Zeit geschah es einmal, dass ein römisches Schiff hinter einem Punier herfuhr, um die Fahrt nach Britannien zu lernen; dieser, als er es merkte, liess sein Schiff auf einer Untiefe stranden und zog den Römer in das gleiche Schicksal nach, er selbst aber rettete sich aus dem Schiffbruch und erhielt zu Hause von Staatswegen seinen Verlust ersetzt. Auch waren jene Phöniker als gewaltige Seeräuber gefürchtet, wie es sich denn bei der ältesten Schifffahrt von selbst ergab, dass Seeräuberei, wo sie ausführbar war, zu-gleich mit dem Handel betrieben wurde.

Homer's See- und Inselkarte ist in die buntesten Farben des Märchens ge-taucht; doch scheint der Sänger verrathen zu wollen, er sei nur auf Einem Auge mit der Wunderblindheit geschlagen, denn das andere sieht zuweilen recht kundig in taghelle Wirklichkeit hinein. Die unbestimmten Fernen sind in realistische Nähe gerückt, wenn Odysseus dem Eumäos, den kretischen Abenteurer spielend, erzählen kann, wie er von Kreta mit gutem starkem Nordwind in fünf Tagen nach Aegypten gefahren sei, wie ihn von dort nach langer Gefangenschaft ein anfahrender Phöniker, alljegliches Truges erfahren, nach Phönikien mitgenommen, dann zu einer Handelsfahrt gen Libyen verlockt habe u. dgl. Der göttliche Sauhirt selbst, dem dies vorgelogen wird, weiss gleichfalls ein Lied von den Phönikern zu singen. Er ist von Haus aus hochgeboren; in seines Vaters Palast, auf einer der Kykladen, hatte er eine Wärterin aus Sidon, die von taphischen Seeräubern entführt und hieher verkauft worden war; diese, als einst Phöniker kamen, der Schifffahrt kundige Männer, trügliche, viel Putztand auf dem Schiffe führend, vergalt Gleiches mit Gleichem, und während die würdige Mutter nebst den Mägden um ein Halsband von Gold und Elektron feilschte, entfloh sie mit den Landsleuten und dem anvertrauten Knaben auf das beflügelte Schiff, das ihn als Sklaven nach Ithaka brachte. Lauter Züge, die, wenn auch märchenhaft oder innerhalb der Märe selbst zum Zweck der Täuschung verwendet, sichtbar der Wirklichkeit entnommen sind. Das Kostbarste, was der homerische Hausrath an Gewanden oder Gefässen enthält, ist immer von sidonischen Händen gefertigt, von phönikischen Schiffen über das Meer gebracht. Mit festem Steuer und nüchternem Blick fliegen diese Holländer oder Briten der antiken Welt durch den vermeintlichen Sagennebel hindurch, aber hinter dem Kiele schliesst sich die Furche wieder, und der Grieche in seinem schüchternen Fahrzeug schaut ihnen fast wie ein Binnenwohner staunend und wundergläubig nach. Aber auch von eigentlichen Landratten, »so nicht mehr kennen die Meerfluth,« war eine Kunde zu ihm gedrungen; dies beweist die wunderliche Prophezeiung des Tiresias, der den Odysseus am Ende seiner Fahrten mit dem wohlgeglätteten Ruder landeinwärts wandern heisst, bis ihm Einer begegne, der das Ruder für eine Schaufel halte, worauf er fern vom Meer unter glücklichen Völkern dereinst sanft entschlafen werde, — eine Prophezeiung, die durch die Sage von der Wanderung des Ulixes nach Deutschland, bei Tacitus, noch auffallender wird. Im Uebrigen — wenn auch Sicilien und Italien (wo zu seiner Zeit schon das griechische Cumä gegründet war) dem Märchenerzähler etwas bekannter gewesen sein mögen, als er seinen lauschenden Phäaken gesteht — ist Homer's Weltkunde auf das Mittelmeer beschränkt, und was darüber hinaus liegt, das ist der Strom Okeanos, der die Erde rings wie einen Teller umfliesst. Die gleiche Weltanschauung herrscht, um Weniges verändert, auch bei Hesiod.

Zum ersten Mal eröffnete sich den Griechen die verheimlichte Westwelt jenseits des Mittelmeers, als der Samier Koläos, der Oceanfahrer wider Willen, auf der Reise nach Aegypten von einem heftigen Ost ergriffen und »göttlicher Schickung gemäss« durch die Säulen des Herakles hinausgetrieben wurde. Das war um die Mitte des 7. Jahrhunderts, zu einer Zeit, wo Gadir-Cadix, die phönikische Niederlassung, schon seit Jahrhunderten bestand. Das Tartessos übrigens, wo die Samier landeten und sehr gute Geschäfte machten, kann (wenn es nicht überhaupt einen weitläufigeren geographischen Begriff bezeichnet) damals keine phönikische Herren gehabt haben, sonst würde die Fahrt wohl schwerlich so glücklich abgelaufen sein. Von der Ebbe und Fluth, die er im atlantischen Ocean kennen lernen musste, scheint Koläos ins Mittelmeer, wo sich diese Erscheinung wenig bemerklich macht, keine ausreichende Nachricht zurückgebracht zu haben, denn die seltsame Bewegung des Euripos blieb für die griechischen Naturforscher ein Kreuz, das jetzt ein Schulknabe dem Aristoteles abnehmen könnte, ohne jedoch darum ein Aristoteles zu sein. Gegen das Ende desselben Jahrhunderts etwa dehnten die Phokäer, die unternehmendsten Seeleute des kleinasischen Griechenlands, ihre Fahrten und Colonisationen in diese westlichen Gewässer aus, während die Milesier das gefürchtete schwarze Meer schiffbar zu machen wussten. Gewiss ist, dass, als in der Mitte des 6. Jahrhunderts die Perser diese griechischen Städte unterwarfen, die phokäische Niederlassung Massilia am westlichen Mittelmeere bereits gegründet und die Verbindung mit dem oceanischen Tartessos und seinem langlebenden König Arganthonios, dem Zeitgenossen des noch sagenhafteren Epimenides, angeknüpft war, so dass die vor Harpagos entweichende Abtheilung Phokäer, die sich zuletzt nach Massilia warf, dort schon eine heimische Pflanzung vorfand, aus welcher sich durch den Zuwachs jener antiken Pilgrim-Väter eine mächtige Seestadt, deren Freundschaft Rom suchte, und nachmals unter römischer Herrschaft ein gallisches Athen entwickeln sollte. Diese Schicksale und Thaten eines Culturvolkes, dessen Errungenschaften ein offener Schatz für die Welt geworden sind und noch mit der heutigen Bildung im engsten Zusammenhange stehen, erweiterten den Gesichtskreis einer durch Griechenlands Verdienst als Gemeingut aufdämmernden Wissenschaft, wie sie unter jenen westlichen Völkern durch Verbreitung der Schrift und der Künste des Lebens fruchtbare Culturkeime ausstreuten, und darum werden die noch jetzt in Frankreich und Spanien fortlebenden Namen jener Griechenstädte, Marseille, Antibes (Antipolis), Agde (Agathe), Ampurias (Emporiä) u. s. w., für alle Zeit einen ehrwürdigen Klang behalten.

Die Fortschritte, welche die Wissenschaft an dem aus Aegypten geholten Leitfaden machte, folgten sich rasch: dasselbe 6. Jahrhundert sah die Sonnenfinsterniss des Thales, die Erdkarte Anaximanders und das Lehrgebäude des Pythagoras, der die Kugelgestalt der Erde, ihre Bewegung um die Sonne, ja ihre tägliche Axendrehung überliefert haben soll. Gegen das Ende dieses Jahrhunderts unternahm der Karthager Hanno seine berühmte Fahrt, die durch eine griechische Uebersetzung der Wissenschaft angeeignet worden ist. Er segelte von den Heraklessäulen an der Westküste Afrika's hinab, sah unbekannte Länder und Naturmerkwürdigkeiten, wie den Orang-Utang, das Meeresleuchten, blieb aber weit hinter seinen phönikischen Vorgängern zurück, daher der Seeweg um Afrika wieder aus dem Reich des Wissens schwand und lange Jahrhunderte für ein Märchen gehalten wurde. Um die gleiche Zeit liess Darius durch Skylax von Karyanda die Mündung des Indus und jene indisch-arabischen Gewässer wieder erforschen, die den alten Ophirfahrern so bekannt gewesen waren. Der Denker von Stagira hat die kühne Behauptung aufgestellt, dass die Cultur schon mehrmals in der Welt dagewesen und wieder untergegangen sei. In gewissem Sinne ist es jedenfalls ein wahres Wort. Die Ophir-, Afrika- und vielleicht Amerika-Fahrten der Phöniker lassen uns im grauesten Alterthum die weite Welt offen und hell erscheinen, aber dann ist es wieder Nacht und Alles zugeschlossen. Auch nach der Fahrt des Skylax fällt das indische Meer, das unzweifelhaft in so viel älterer Zeit babylonischen, ägyptischen und phönikischen Schiffen erschlossen gewesen, wieder in unbekanntes Dunkel zurück, bis der Indiafahrer Admiral Nearch aufs neue von der Indus- bis zur Euphratmündung schifft; jedoch auch dieses Unternehmen strebt der Vorwelt nur unvollkommen nach, da die Wiedererforschung der Durchfahrt ins rothe Meer mit Alexanders Tod abgeschnitten ist. Grösseren Entdeckungs-

ruhm behauptet sein Zeitgenosse, der Polarfahrer Pytheas von Massilia, dessen
Angabe, dass auf Thule im Sommer die Sonne nicht untergehe, der Mitwelt eben so
unglaublich erschien, wie die astronomische Sage von der Südspitze Afrika's,
und ungefähr dem Arimaspenmärchen des Landfahrers Aristeas gleichgestellt werden mochte, der zwei Jahrhunderte vorher die Geographie in seiner Weise, und
in gutem Glauben vielleicht, durch Nacherzählung dessen bereichert hatte, was
ihm auf seinen Wanderungen durch einen Theil der nördlichen Länder aufgebun-
den worden war. Wie sehr aber auch ein Capitain eines heutigen Dampfers darüber lächeln mag, dass er weniger Tage braucht als Nearch's Flotte Monate
brauchte, für die Zeitgenossen und ihre Nachkommen war sein Unternehmen fast
eine Columbusthat, und die Kriegszüge seines Königs, der der Betrachtung un-
erschöpfliche Seiten bietet, brachten der antiken Welt einen neuen Tag. Denn
mit Alexander dem Grossen, der als Abenteurer den Mond vom Himmel zu reissen
anzog, als Protector der Griechen dem längst kochenden Drang des hellenischen
Abendlandes gegen den persischen Osten Luft machte, und als Diener des Welt-
culturgebotes die Welt in Eine Culturgemeinde vereinigen wollte, hat die durch
Hekatäos und Herodot zu grösserem Mass gediehene Weltkunde ihre eigentlich
wissenschaftliche Ausbildung begonnen, die sodann von seinen Nachfolgern auf den
Thronen Syriens und Aegyptens weiter gefördert und durch die alexandrinische
Gelehrsamkeit systematisch festgestellt wurde. Aber auch die Wissenschaft hat
ihre Vor- und Rückschritte, in welchen die Cultur tagt und nachtet. Hinter der
pythagoräischen Schule her konnte Herodot in aller Gemüthlichkeit die Erde wieder
als eine Scheibe hinstellen; und, wenn auch seit Aristoteles die richtige Ansicht
allmählich durchdrang, so hat doch der grosse Aristarch, der Astronom, für seine
Zeit vergebens gelebt, und seine Lehre von der Bewegung der Erde um die Sonne
ist fast ein Jahrtausend lang unfruchtbar, wie das Samenkorn der Mumie, liegen
geblieben.

Den Seekrieg haben wir bereits auf den ägyptischen Bildwerken kennen gelernt. Thukydides zwar nennt als «älteste bekannte Seeschlacht« ein Treffen, das
in den dreissiger Jahren des 7. Jahrhunderts zwischen den Korinthern und Kor-
kyräern geliefert wurde; aber die Flottenexpeditionen des freilich etwas mythischen Sesostris mögen gegen ein Jahrtausend älter sein. Ebenso, wenn er sagt,
zu Korinth seien die ersten Dreiruderer in Hellas gebaut worden, wird dies keineswegs so zu verstehen sein, als ob sie daselbst erfunden worden wären; denn es
liegt in der Natur der Sache, dass die Schiffsbaukunst von den Phönikern zunächst auf die kleinasischen und Inselgriechen und von diesen auf die diesseitigen
Stammgenossen überging, unter welchen Korinth wegen seiner herrschenden Han-
delslage den Vorrang in der Entwicklung hatte. Doch blieb es blosse Handels-
macht. Die erste kriegführende Seemacht im eigentlichen Griechenland war das
kleine Aegina, das auch allein von allen europäischen Griechen bei der Niederlassung der östlichen Stammgenossen in Aegypten betheiligt war. Athen strebte
ihm eifersüchtig nach, aber so unzulänglich, dass es in jener kaum durch den
ersten Perserkrieg unterbrochenen Fehde mit den Aegineten seine Macht mit zwanzig geborgten Schiffen verstärken musste, welche die Korinther um fünf Drachmen
das Schiff vermietheten, «weil ihr Gesetz sie nicht umsonst herzugeben gestattete,»
und obendrein zogen die Athener in jenem Seekampfe den Kürzern, was Herodot
trotz einiger athenischen Schönfärberei nicht verhehlen kann. Den Grund zu der
griechischen oder vielmehr vorzugsweise zu der athenischen Seemacht, da die

äginetische von dieser nachher vernichtet wurde, legte die Schlacht von Salamis, wo eigentlich die Phöniker es waren, die von den Griechen den vormaligen Unterricht bezahlt erhielten. Denn die Nachkommen der alten Seehelden von Sidon und Tyrus bildeten den Kern der persischen Flotte, und phönikische Dreiruderer waren es, die nach dem Siege den Gottheiten als Erstlinge dargebracht wurden. Dass aber Athen in jener Entscheidungsschlacht als der seetüchtigste griechische Staat neben Aegina auftreten und mit diesem vereint die Freiheit retten konnte, das war freilich zum Theil eben jener Fehde zu verdanken, wie Herodot pragmatisch bemerkt, noch mehr aber wohl der Perfidie des delphischen Orakels und der genialen Auslegungskunst des Themistokles, der das Orakel zu überlisten wusste. Die Perser selbst haben sich wenig mit Nautik befasst; sie sperrten sogar die Flussschifffahrt auf dem Tigris und Euphrat durch künstliche Wasserfälle, die Alexander nachher mit grosser Mühe wegräumen musste. Für den Krieg aber wurden die Flotten der unterworfenen Völker Kleinasiens aufgeboten, die von ihren einheimischen Befehlshabern unter persischen Grossadmiralen geführt wurden, und an deren Spitze, sowohl der Zahl als der Schiffskunst nach, die Phöniker standen. — Dass man sodann am persischen Hofe auch an Entdeckungsfahrten dachte, beweist das vorhin angeführte Beispiel des Darius, auf welches unter Xerxes ein zweiter Versuch von noch grösserem Absehen, aber schlechten Ausgangs, folgte. Das Gerücht von der auf Necho's Befehl unternommenen Entdeckungsreise war nicht eingeschlafen; daher, als ein Perser von Geblüt, Sataspes, sich ein Vergehen zu Schulden kommen liess, auf welchem Pfählung stand, erwirkte seine Mutter, angeblich zu noch grösserer Strafe, dass man ihn Libyen umschiffen lasse. Sataspes fuhr nun westlich durch das Mittelmeer hinaus, kam aber nicht, wie ihm aufgetragen war, durch den arabischen Meerbusen zurück, sondern kehrte nach monatelanger Fahrt aus Angst über die Länge des Weges und der Oede unverrichteter Dinge heim, und sagte, das Schiff sei nicht weiter zu bringen gewesen. Xerxes aber liess das nicht gelten, und das Urtheil wurde an ihm vollstreckt. Seine Schätze, mit welchen ein Verschnittener entlief, wurden die Beute eines Samiers, dessen Namen Herodot «wohl weiss, aber mit Fleiss nicht nennen will».

Natürlicher Erbe der phönikischen Seemacht war Karthago, dessen Schiffe einst mit den tyrischen in die Wette gingen und nach der Schwächung und dem Fall der Mutterstadt die See beherrschten. Der westliche Ocean wenigstens gehörte ihnen ungestört, so weit je ein phönikisches Segel gekommen. Sie holten jetzt das Zinn aus Britannien, und die Küsten von Irland, Schottland und Finnmarken zeigen heute noch Spuren karthagischer Niederlassungen. Südlich fuhren sie bis Guinea, mit dessen Bewohnern sie stummen Handel trieben. Herodot schildert den Verkehr mit dieser «libyschen Landschaft ausserhalb der Säulen». Die Karchedonier legen ihre Waaren an der Küste in einer Reihe aus, gehen wieder in die Schiffe und hinterlassen einen grossen!Rauch. Dann kommen die Eingebornen herbei, legen Gold zu den Waaren und ziehen sich wieder zurück. Die Seefahrer steigen nun wieder aus und sehen nach; finden sie das Gold dem Werth der Waaren entsprechend, so fahren sie damit ab und lassen die Waaren zurück, wo nicht, so gehen sie wieder zu Schiffe und warten, worauf Jene noch mehr Gold zulegen, bis der Handel richtig ist. Bevor nicht auf diese Weise abgeschlossen ist, rührt kein Theil das Eigenthum des Andern an — das haben beide Theile in der Schule des Handels gelernt. Von dem Seeweg um Afrika ging, wie Herodot weiss, die Rede auch in Karthago, und Hanno's Versuch beweist, dass man dort daran glaubte. Aber nicht bloss jenseits der Säulen, auch im westlichen Mittelmeer hatten die Karthager eine Zeitlang fast die Oberhand, als die seemächtigen Etrusker (Tyrrhener), mit welchen sie anfangs den Besitz theilen mussten, zu sinken begannen. Sie besassen Sardinien und hatten auf Sicilien in altphönikischen Niederlassungen festen Fuss gefasst. Hier eröffnet sich nun der Schauplatz des langen Kampfes um die Herrschaft im Mittelmeere, ja um die Weltherrschaft. Hätten die asiatischen Jonier den Rath befolgt, den ihnen Bias von Priene beim Anrücken der Perser gab, alle zusammen sich nach Sardinien zu werfen und dort einen gesammtjonischen Staat zu gründen, leicht dürfte die ganze alte Geschichte einen andern Verlauf genommen haben. Statt dessen kommen die Phokäer allein und lassen sich auf Corsica (Kyrnos) nieder, wo sie von den Etruskern und Karthagern mit vereinter Macht angegriffen werden; in dieser Seeschlacht, der zweiten geschichtlichen, die Thukydides kennt, erfechten die Griechen über die doppelte Zahl der feindlichen Schiffe den Sieg, aber freilich einen «kadmëischen», wie Herodot sich ausdrückt, und gehen daher weiter nach Massilia. Auf Sicilien aber sind die längst dort eingewanderten Griechen jetzt das herrschende Volk und haben die Phöniker auf einige Punkte der Westküste zurückgedrängt, von wo nun die Karthager, die phönikische Erbschaft antretend, wieder nach Osten vorzudringen suchen. Um die Zeit der Perserkriege steht der Grieche Gelon, Herr von Gela und Syrakus, so mächtig da, dass er dem mit dem Untergang bedrohten Stammlande als einziger Rettungsanker gegen die Uebermacht des Xerxes erscheint; da er aber die Hülfe nur um den Preis der Hegemonie bewilligen will, so zerschlägt sich die Unterhandlung, und die Hellenen befreien sich durch eigene Kraft. Diese Conjunctur benutzen die Karthager, um die Sikelioten anzugreifen, und es erfolgt, angeblich gleichzeitig mit Salamis oder Thermopylä-Artemision, die berühmte Himeraschlacht, worin Gelon von Syrakus und Theron von Agrigent die karthagische Land- und Seemacht unter Hamilkar vernichten. Siebenzig Jahre lang machte Karthago keinen weiteren Versuch. Mittlerweile wächst in einem jungen athenischen Strudelkopfe der Gedanke, mit Benützung eines der endlosen Zwiste jener sicilischen Griechenstädte erst Sicilien, dann Italien und Nordafrika, und sofort die Welt zu erobern, so ungefähr, wie man auch in Syrakus zu Zeiten träumte, aber Athen beraubt sich selbst seines Helden und das Unternehmen endigt mit der schmählichen Katastrophe vor Syrakus. Jetzt, in den letzten Jahren des peloponnesischen Krieges, greift Karthago wieder zu und kämpft an Athen's Stelle für Egesta wider Selinus. Das verrätherische Verdienst, das dieses sich im früheren Kriege erworben, war vergessen, und sechzehntausend Einwohner wurden nach der Erstürmung niedergemacht. Dann erging die Rache über Himera, die Stadt wurde dem Boden gleich gemacht, und auf dem Platze, wo Hamilkar gefallen war, liess Hannibal, sein Enkel, dreitausend gefangene Kämpfer unter Martern sterben. Nach achtmonatlichem Kampfe fiel auch Agrigent, wo der reiche Gellias sich mit Tempel und Weihgeschenken verbrannte. Bald aber tritt der ältere Dionys in die Lücke, und unter wechselnden Glücksfällen zieht sich der Kampf mit den Karthagern durch sein ganzes Leben hin. Timoleon bereitet ihnen einen schlimmern Tag, als der von Himera gewesen, und Agathokles griff sie gar im eigenen Lande an, lernte aber das Glück auf beiden Seiten kennen und zog am Ende flüchtig ab. Nach seinem Tode winkt ihnen das Glück von Neuem, da rufen die Syrakuser den Pyrrhus, vor dem die Karthager die Insel bis auf einen einzigen Punkt räumen müssen. Da er sich aber mit den Siciliern nicht vertragen kann, so geht er wieder nach Italien, verfolgt, von den Römern geschlagen, seine romantische Laufbahn nach Griechenland zurück, und verlässt den Schauplatz mit dem politischen Wahrspruche, dass, da nun die Römer Italien bis zum Südende inne haben, der Kampf zwischen Rom und Karthago unausbleiblich sei, und dass Sicilien der Zankapfel sein werde. Den Vorwand bietet ein Raubgesindel, dem der römische Senat erröthend die Hand reicht, hinterlassene Söldner des Agathokles, und die Geschichte hebt den Griffel zum Beginn der punischen Kriege. Zweihundert sechzehn Jahre sind es seit der Schlacht von Himera, ausgefüllt mit Drangsalen, die sich fast ununterbrochen über die auch uns wieder so denkwürdig gewordene Insel hin und her gewälzt haben.

Nun erscheint auf der See die neue Macht, welcher fortan Land und Meer sich beugen soll. Wenn man in der Geschichte des ersten punischen Krieges liest, wie die Römer an einer gestrandeten karthagischen Galeere den Schiffsbau lernen, so macht das im Zusammenhang mit der Behauptung des Polybius, dass sie vor diesem Kriege gar nicht an das Seewesen gedacht, den Eindruck, als ob ihnen damals das erste Schiff zu Gesicht gekommen wäre. Aber Rom hat schon zu Ende des 6. Jahrhunderts, gleich im Anfang der Republik, einen Seevertrag mit Karthago geschlossen, durch welchen man, charakteristisch genug, gegenseitig auf Seeräuberei verzichtete und die römische Flagge von den für Karthago wichtigen Märkten ausschloss. Dieser Löwenvertrag lässt freilich das römische Seewesen sehr untergeordnet erscheinen, doch beweist er, dass eines vorhanden war. Er wurde in den folgenden Jahrhunderten, jedesmal mit grosser Höflichkeit von Seiten Rom's, erneuert, und Livius, wo er seine Betrachtung anstellt, wie es gegangen wäre, wenn Alexander sich nach Westen gewendet hätte, sagt, Rom und Karthago würden sogleich gegen ihn zusammengestanden sein. Das war auch der Fall, als Pyrrhus nach Italien kam: der Schifffahrtsvertrag wurde in eine förmliche Allianz verwandelt, und die Römer, obgleich sie anfangs die Hülfe misstrauisch zurückgewiesen, nahmen dann doch ein karthagisches Geschwader von sechsundzwanzig Schiffen an. Ihre Seemacht mag sich also verhältnissmässig in einem ähnlichen Stande befunden haben, wie die athenische im Aeginetenkrieg. Dass es ihnen nicht ganz an einer solchen fehlte, geht weiter, wie aus andern Zeugnissen, so besonders daraus hervor, dass dreissig Jahre früher — eben in dem Jahr, in welchem der lustige Pfeiferauszug stattfand — Duumviri navales «für die Zurüstung und Ausbesserung der Flotte», wie Livius ausdrücklich sagt, ernannt wurden. Aber im Begriffe, mit einer Seemacht ersten Ranges auf Tod und Leben anzubinden, musste man freilich erst das eigene Seewesen auf eine andere Stufe zu bringen suchen, und da mag das erbeutete Schiff — es war ein Fünfruderer — als Modell der neusten und mustergültigsten Construction werthvoll genug gewesen sein. Es dauerte übrigens eine geraume Zeit, bis der römische Senat zu dieser Einsicht kam, denn erst im vierten Jahr des Krieges, als die Stimme der Erfahrung nicht mehr überhört werden konnte, wurden nach dem feindlichen Muster in sechzig Tagen hundertfünfundzwanzig Dreiruderer gebaut und die zur Bemannung bestimmten Leute inzwischen auf Gerüsten eingeübt.

Mit dem neuen Kämpfer tritt auch eine neue Taktik auf. In der bisherigen Seeschule hatte man hauptsächlich auf das Um- oder Durchschiffen, d. h. Ueberflügeln oder Durchbrechen der feindlichen Flotte, gehalten. Letzterem vorzubeugen, stellte man sich in zwei Linien auf, so dass die zweite durch Zwischenräume der ersten vordringen konnte. Im Einzelkampfe übte man sich auf das Manöuvre, durch plötzliches Wenden das feindliche Schiff mit dem Schnabel in die Seite zu treffen und zu zertrümmern, oder es durch schiefes Ansegeln zu streifen und ihm auf der getroffenen Seite die Ruder abzubrechen. Der Römer dagegen trug sein Element, den Landkrieg, auf das Wasser, — er griff zum Enterhaken (Manus ferrea), den übrigens schon Perikles erfunden haben soll, — und warf die Enterbrücke, die ihm den Vortheil gewährte, Mann gegen Mann zu kämpfen, worin er Allen überlegen war. Auf diese Weise errang Duilius erstmals den berühmten Seesieg, der durch die Columna rostrata verherrlicht wurde.

Nun sah die Welt ein Ringen, desgleichen bis jetzt auf der grossen Kampfbahn keines dagewesen war. Rom vermehrt seine Flotte auf dreihundert dreissig Schiffe, welchen Karthago dreihundert fünfzig entgegenstellt, und Attilius Regulus siegt in der grossen Seeschlacht von Eknomos, worauf er wie Agathokles nach Afrika geht, um dort die Karthager zu schlagen und dann einem Griechen zu unterliegen. Im folgenden Jahre geht die ganze römische Flotte durch einen furchtbaren Sturm zu Grunde; in drei Monaten sind zweihundert zwanzig neue Schiffe gebaut. Abermals sucht die römische Flotte die afrikanische Küste heim, aber bei der Rückkehr scheitern hundert fünfzig Schiffe. Durch einen Landsieg ermuthigt pressen die Römer noch einmal den Seestädten Italiens und Siciliens eine Flotte ab, die von den Karthagern bei Drepana und Lilybäum vernichtet wird. Ein anderes Geschwader geht abermals im Schiffbruch unter, so dass von hundert fünfzig Galeeren zwei Schiffe übrig bleiben und Rom aus der Reihe der Seestaaten gestrichen ist. Hamilkar Barkas verwüstet mit der Flotte das wehrlose Unteritalien, aber auch Karthago's Kräfte sind erschöpft, und während es auf Sicilien in langem Landkampfe sich abmüht, bringen die Römer aus Privatbeisteuern noch zweihundert Fünfruderer auf, mit welchen Lutatius Catulus den Entscheidungssieg bei den ägatischen Inseln gewinnt. Hamilkar muss Frieden schliessen und die Perle des Mittelmeeres ist römische Provinz. Mit siebenhundert Kriegsschiffen in diesen dreiundzwanzig Jahren hat Rom den Preis bezahlt und fünfhundert karthagische sind daran verschwendet. Nach weiteren dreiundzwanzig Jahren bringt der letzte Hannibal, einer halben Welt gebietend, den Landkrieg über die Alpen nach Italien, und auf dem Felde von Cannä scheint Rom aus der Zahl der Landmächte ausgetilgt, aber die Sterne wenden sich, und nach wenigen Jahren hat Karthago nicht mehr um die Weltherrschaft, sondern nur noch um das eigene Dasein zu kämpfen.

Wenn für Culturverband und völkerrechtliche Ordnung der antiken Welt die Form der Weltmonarchie als die entwicklungsgesetzliche zugegeben werden muss, so ist es gleichwohl schwer, mit unbewegtem Gemüthe das lange Prüfungszeit zu übersehen, durch welche die Völker harren sollten, ob Rom je lernen würde, dem Berufe, den es angetreten, auch nur einigermassen gerecht zu sein. Schon die erste Probe versprach wenig Gutes. Bekanntlich musste im Friedensschlusse nach der Schlacht von Zama Karthago seine Flotte ausliefern, und der Sieger war, wie die Thatsachen standen, zum Herrn der Meere bestimmt. Statt aber die Flotte selbst in Besitz zu nehmen und der Welt auch nur so viel Nutzen zu bringen, als sie selbst vom Egoismus der Handelspolitik erwarten kann, brennt man die Schiffe vor dem Hafen von Karthago ab. Dabei lässt man dem zu Boden geworfenen Gegner den Welthandel in den Händen, so dass er in den nächsten fünfzig Jahren sich durch Reichthum wieder zu der alten drohenden Grösse erheben kann und dadurch den Weltgebieter in die politische Nothwendigkeit versetzt, einen der schamlosesten Kriege zu beginnen, die je geführt worden sind. Auch jetzt wurde die punische Flotte wieder verbrannt, und gleichzeitig ging die korinthische See-

macht durch den Fall Korinths zu Grunde. Bald darauf nahm man auch den
Rhodiern, deren Seerecht selbst in Rom angenommen war, ihre Flotte weg, ohne
jedoch eine eigene Seemacht zu schaffen. Die Folge war, dass jetzt alles Seewesen verfiel und, während die Welt zu Lande von ihren Beherrschern aus-
geraubt wurde, die Meere in die Gewalt förmlicher Räuber, der Corsaren, kamen.
Da diese zugleich den Luxushandel, den einzigen, der in Rom Werth hatte, betrieben, so sah man ihnen dort durch die Finger, und römische Statthalter theilten
die Beute mit ihnen. Die bisher seefahrenden Völker schlossen sich verzweifelnd
der neuen Gestaltung der Dinge an, und die Corsaren erwuchsen zu einer politischen
Macht, die über 1200 grosse Schiffe und 400 feste Seeplätze gebot. Sie dehnten ihre
geordneten Unternehmungen von Kleinasien bis nach Italien aus, und erschienen
selbst in der römischen Hafenstadt Ostia, wo sie die römische Flotte wegnahmen.
Nachdem Pompejus diesen gefährlichen Feind vernichtet, schlief das Seewesen
wieder ein. Erst Cäsar trägt die römische Flagge aus dem mittelländischen in
das atlantische Meer, und August weiss die eroberten Schiffe besser zu benützen,
als zu mässigem Feuerwerk. Aber die Zeit, während welcher Rom sein Reich
fast nur durch Zerstörung ohne Aufbau befestigte, umfasst die beiden letzten Jahrhunderte der alten Zeitrechnung vom Ende des punischen Hauptkrieges an, so dass
nur am Schluss noch dreissig bessere Jahre übrig bleiben.

Seit August besteht die römische Herrschaft, wie zu Lande, so auch zur See.
Die unumgänglich gewordene Marine zerfällt in mehrere Flotten und Geschwader.
Eine Hauptflotte, in Misenum stationirt, beherrscht das Meer zwischen Italien
und Aegypten; Plinius commandirte sie bekanntlich zur Zeit von Pompeji's Untergang. Eine andere lag bei Ravenna, für das adriatische und die griechischen
Meere, eine dritte bei Byzanz, für den Pontus bestimmt, eine vierte kreuzte an
der Südküste Galliens. Drei andere fuhren auf Rhein, Donau und Euphrat, Germanien, Pannonien um die Parther zu beobachten. Dann lag noch in Alexandria
ein Geschwader, das den Handel mit Indien vermittelte und nebst der indischen
Ueberlandpost ägyptisches Getreide nach Rom beförderte, so regelmässig, dass der
Reisende, der aus Indien nach Aegypten kam, darauf rechnen konnte, neun Tage
nachher in Puteoli zu sein. Ein anderer Handelsweg ging von China über Byzanz,
andere von Britannien und Afrika nach Italien, wo sie alle in Rom sich concentrirten. Doch blieb die Welthauptstadt nur ein künstliches Centrum, sofern sie
über die grossen activen Mittelpunkte des Welthandels gebot, und der römische
Antheil an diesem bestand activ nur darin, dass man die unterworfenen Handels-
völker gewähren liess oder beschränkte. In Rom selbst war der Grosshandel trotz
seiner ungeheuren Ausdehnung rein passiv, blosser Import von Lebensmitteln und
Luxuswaaren, und bezahlt mit dem erpressten Gelde derselben Welt, welche die
Handelsartikel lieferte. Auch die römische Weltkunde, so sehr sie zu Lande
erweitert wurde, beschränkte sich zur See auf ein bescheidenes Mass. Die bedeutendste Entdeckungsreise zu Schiff wurde unter August vom ägyptischen Statthalter Aelius Gallus in den arabischen Meerbusen unternommen; Strabo hat die
Unfälle dieses Zuges beschrieben. Gegen Westen war Britannien fast der Welt
Ende, und der Römer sagte sich mit Stolz, dass die römische Flotte zuerst diese
Küste des äussersten Meeres umsegelt, ihre Inselgestalt entdeckt und die Orkaden
bezwungen habe. Es macht einen eigenen Eindruck, wenn Tacitus etwas geschraubt
hinzusetzt, auch Thule sei einigermassen in Sicht gekommen, aber das zähe Meer
leiste den Schiffenden Widerstand; es war ja eine alte Sage, dass im Nordmeere

Luft und Wasser zu einer Gallert — so wie man sich nachher im Mittelalter das Lebermeer dachte — zusammengeronnen seien. Der übrige atlantische Ocean war den Römern »das Meer ausserhalb der Säulen, das man nicht befährt.« So nennt es Pausanias, der sich von einem karischen Schiffer über dort gelegene wüste Satyrinseln und ihre feuerrothen, mit Pferdeschwänzen versehenen Bewohner ein wenig erbauliches Märchen erzählen liess.

Unter den Abbildungen von Schiffen, die auf unserer Tafel XXXIII zusammengestellt sind, ist Fig. 10 diejenige, die am wenigsten Kopfbrechen macht. Sie vergegenwärtigt einen Fünfzigruderer, d. h. im buchstäblichen Sinn des Worts ein Schiff mit 25 Rudern auf jeder Seite, wie man sie im älteren Griechenland, während die eigentlichen Seemächte längst weiter fortgeschritten waren, noch bis zu den Perserkriegen hatte. Denn die Athener und Aegineten, sagt Thukydides, besassen kleine Flotten, meist von Fünfzigruderern, und als die Athener auf den Rath des Themistokles gegen die Aegineten und wegen des bevorstehenden Angriffs der Perser die neue Construction annahmen, hatten die Schiffe, mit welchen sie ihre nachmaligen Seeschlachten schlugen, noch keine vollständigen Verdecke. Diese Schiffsart, die in den Befreiungskämpfen und dann im peloponnesischen Kriege glänzte, ist das Schiff mit drei Ruderbänken oder vielmehr Ruderreihen, das man Kürze halber Dreiruderer, griechisch Triere, römisch Triremis nennt. Im Laufe der Zeit steigt die Zahl der Bänke auf vier, fünf und noch weiter, daher die Namen Tetrere, Quadriremis, Pentere, Quinqueremis u. s. w. — (mit Penteren wurden die punischen Kriege ausgefochten) — bis zum Leviathan des Alterthums, dem berühmten Vierzigruderer (Tessarakontere) des Ptolemäos Philopator, einem Schiffe von 4000 Ruderern und 2850 Soldaten, das vielleicht, als Geschöpf einer Königslaune, zwar gebaut, aber kaum in Gang gebracht wurde. Bekanntlich herrscht schon über die Bauart und Bewegungsfähigkeit der kleineren Schiffe, der Trieren etc., bis auf diesen Tag ein nicht beigelegter Streit. Man sollte denken, die aus dem Alterthum auf uns gekommenen Bilder müssten diesen Streit längst entschieden haben, dieselben werden aber von sachverständigen Autoritäten, wie A. Jal (Archéologie navale), für rein unverständlich erklärt. Auch wird man diesem Kenner gewiss ohne Bedenken beistimmen, wenn er Fig. 17 unklar und ungetreu nennt, und in Fig. 18 eine bloss conventionelle Darstellung erblickt, die eben im Allgemeinen die Idee eines Fahrzeugs ausdrücken soll. Indessen müssen diese bildlichen Abbreviaturen denn doch wenigstens einigermassen ihrem Begriff entsprochen haben, wenn auch nur so, wie ungefähr eine heutige illustrirte Annonce der oberflächlichsten Art, ein Schiff mit Rädern, Schlot und Rauchsäule darstellend, bei aller Ungenauigkeit doch Jedem verständlich ist. So wird uns die Trireme Fig. 17 immerhin über die Hauptfrage aufklären, besonders wenn man sie mit der Bireme Fig. 11 vergleicht, die, von Winckelmann nach einem pränestinischen Relief mitgetheilt, mit ihrem römischen Realismus die griechischen Darstellungen an Genauigkeit übertrifft. Hier ersieht man, dass die Ruderer die Maschinen sind, die unsichtbar im untern Raume arbeiten, und zwar die Bewegungskräfte gleichmässig der Länge nach durch das ganze Schiff vertheilt, wie sie jetzt auf wenige Punkte concentrirt sind. Für eine fachmässige Reconstruction der antiken Trireme ist mit dieser Anschauung freilich nicht viel gewonnen, aber für unsern nichttechnischen Bedarf mag sie hinreichend sein. Dass der Schiffsraum für zwei und drei Reihen Ruderknechte Platz hatte, ist einleuchtend, besonders wenn man sie sich nicht vertical über, sondern in schiefer Abstufung hinter einander und die untersten auf die Ruder gebückt

denkt; denn nicht eben human darf man sich den Dienst dieser Menschen vorstellen, die, ein Mann auf ein Ruder, unter eintönigem Gesang zur Schiffsflöte im
Gleichtakt mit Pferdekräften arbeiteten. Bei dieser Anordnung geht auch die Länge
der obern Ruderreihe, so schwer auch die Handhabung gewesen sein mag, doch
nicht über das Menschenmögliche; der Unterschied des Dienstes erhellt indessen
daraus, dass die obersten Ruderer (Thraniten) am besten, die untersten am
schlechtesten bezahlt waren. Bei der steigenden Zahl der Ruderreihen aber lässt
es sich nicht wohl anders annehmen, als dass die immer länger und grösser wer-
denden Ruder von einer — concentrirten oder stockwerkartig vertheilten — Anzahl
Leute aufs Ruder bedient werden mussten, wodurch auch die Vorstellung von der
Ruderzahl und der Reihenanordnung vereinfacht wird; denn wie lässt es sich
denken, dass die wegen ihrer Grösse berühmte Oktere des Lysimachos, die
1600 Ruderknechte brauchte, auf jeder Seite 800 Ruder gehabt haben soll? Etwas
Unbegreifliches bleibt immerhin an den Acht-, Zehn-, Zwölf-, Fünfzehn-, ja Dreissig-
und Mehr-Ruderern haften. Eine Triere wird zu 170 Ruderern und eben so vielen
Rudern angegeben. Auf eine Pentere rechnet Polybius 300 Ruderer neben einer
Bemannung von 120 Seesoldaten (Epibaten). Später scheint die römische Quinqueremis 400 Ruderer gehabt zu haben, wobei bereits die Zahl der Hände die der
Ruder übersteigen mag. Indessen wie dem sein möge, man wird sich ein solches
Schiff, sofern gleichförmig arbeitende, tosende, ja dampfende Menschen in seinem
Raume die Maschinenkraft mit allen ihren Wirkungen ersetzen, ungezwungen als
antiken Dampfer denken können. Auch gaben jene Trieren, jene Penteren, wenn
sie mit vollen Rudern und Segeln vor einem steifen Winde liefen, unsern Dampfern
wenig nach. Diodor, um zu beweisen, dass die Extreme der Kälte und Hitze auf
Erden nicht so gar weit aus einander seien, rechnet die Entfernung zwischen dem
Gefrier- und Siedpunkte folgendermassen aus: vom Asow'schen Meere, sagt er, sei
man schon oft mit Lastschiffen bei günstigem Winde in zehn Tagen nach Rhodos
gefahren, von da komme man in vier Tagen nach Alexandrien, und wenn man von
dort den Nil hinauffahre, so könne man am zehnten Tage in Aethiopien sein.
Rechnet man hiezu die ungemeine Raschheit, mit welcher schon die persische und
nachmals die römische Reichslandpost ging, so ist zu ersehen, dass man im Alterthum — freilich nur der Staatsreisende — nicht viel langsamer gereist ist, als bei
uns. Eine Ueberlandpost, die — auf Hauptstrassen — dreihundert Stunden in
nicht ganz sechs Tagen zurücklegte, steht mindestens unsern Pferdebahnen gleich,
und lässt sie sich sonach, unter starken Beschränkungen allerdings, einigermassen
mit unserem Eisenbahnwesen zusammenstellen, so ist eine solche Vergleichung
noch weit statthafter zur See, denn hier sind wir ganz und gar, freilich ebenfalls
mit grossen Verbesserungen der unvollkommenen Segelschifffahrt des Mittelalters zu der gewaltigen Bewegungsform des Alterthums zurückgekehrt.

Die Trajansschiffe, Fig. 21, die hier als Nachtrag zu den früher gegebenen
dacischen Kriegsbildern folgen, fertigt der französische Archäolog abermals mit der
Bezeichnung »Unverständlich« ab, und sie erinnern uns auch sofort an jene im
Wasser endende Schiffbrücke und an andere Hieroglyphen einer abbrevirenden Symbolik, wie wir sie im römischen Kunstverfahren gefunden haben. So hat vollends
Fig. 10, ein auf eine Gemme hingeschnörkeltes Bildchen, ausser den Legionszei-
chen und dem Adler gar nichts Deutliches. An den Schiffen der Trajanssäule aber
sieht man wenigstens so viel, dass sie Transportschiffe vorstellen sollen, welche,
meist mit einer Art Pavillon für den Steuermann versehen, von zwei Reihen offen

dasitzender Ruderer fortgetrieben werden. Man sieht zwar nur die äussere Reihe in Handlung, es kann aber kein Zweifel sein, dass die unteren Ruder, die freilich zwecklos am Schiffe mitzuschleppen scheinen, der innern Reihe angehören, dass ihre Schäfte somit weiter in das Schiff hineinreichend gedacht werden müssen, wobei der Künstler sich's eben bequem gemacht hat. Die beiden Reihen sitzen je paarweise auf Querbänken, Transtra genannt. Eine derartige Anordnung ist auch auf mehrreihigen Schiffen denkbar, so dass die Ruder aussen ziemlich perpendiculär unter einander waren, die Ruderer aber innen, nach einwärts im Range steigend, quer neben einander sassen; denn über die innere Einrichtung ist nichts Klares überliefert; von der athenischen Marine indessen hat Böckh nachgewiesen, dass jeder Ruderer sein eigenes Bänkchen hatte. Die Donauschiffe, die wir an der Trajanssäule erblicken, sind ohne Zweifel aus den langen schlanken Liburnerschiffen entsprungen, die, nach diesem illyrischen Volke so genannt, unter Cäsar und August in Aufnahme gekommen waren. Anfangs mit Einer Ruderreihe versehen, wie der alte Fünfzigruderer oder das der mittelalterlichen Galeere gleichende Schiff Fig. 16, wurden sie um beliebige Reihen erweitert, behielten aber die leichtere Bauart bei und waren hiedurch den immer schwerfälliger gewordenen Schiffskolossen der älteren Zeit überlegen. So siegte August bei Actium mit seinen drei- bis sechsreihigen Liburnen über die Sechs- und Neunruderer des Antonius, die, durch Verdecke und Thürme erhöht, gleich Castellen und Städten umherschwankten, so dass, sagt Florus, das Meer unter ihnen seufzte. Zu allen Wendungen geschickt, griffen die leichten Fahrzeuge immer zu mehreren die unbehülflichen Schiffe der ägyptischen Armada an, die völlig vernichtet wurde. In ihrer vorliegenden Gestalt erscheinen sie als Biremen, aber offenbar nicht zum eigentlichen Seekrieg eingerichtet, denn bei diesem gehören die Ruderer in den Schiffsraum, und das Deck muss für die Soldaten geklärt sein, wie man sie auf dem schon erwähnten Schiffe Fig. 11 dasselbe ausschliesslich behaupten sieht. Dieses Bild vergegenwärtigt auch die römische Art, Thürme auf den Schiffen anzubringen, während ein anderes, Fig. 9, anzudeuten scheint, dass man, vielleicht um den Soldaten eine freiere Angriffsstellung zu geben, das Deck in der Mitte etwas erhöhte. Das letztere Bild und Fig. 14 veranschaulichen zugleich lebhaft das Einziehen der Segel.

Von technischen Einzelheiten sieht man Fig. 1 und 12 ein Schiffsvordertheil (Prora in beiden Sprachen) mit den berühmten erzbeschlagenen Schnäbeln und dem Eberskopfe darüber. Auch die Schiffsaugen, die man vorn zu beiden Seiten anzubringen liebte, sind angedeutet. Die geschnörkelte Verzierung heisst Akrostolion, die entsprechende des Hintertheils (Prymne, Puppis) Aphlaston, Aplustre. Letztere ist Fig. 9 und auf dem Revers der Münze von Phaselis, Fig. 6—7, abgebildet, die auf dem Avers eine Prora eines phaselischen Schnellseglers mit strahlendem Sonnenhaupte führt. Die Prora Fig. 1 hat ein Meerungeheuer zum Emblem (Parasemon). Da dasselbe bei alten Schriftstellern bald auf der Prora bald auf der Prymne erscheint, so ist es zum Gegenstand eines Streits geworden, den die Annahme erledigen mag, dass sich auf letzterer die Staatsflagge (wie z. B. Athen ein Bild der Pallas führte) und vorn das Namensbild des Schiffes selbst befand. Denn das Schiff wurde, ganz wie noch die moderne Weise dies beibehalten hat, nach einer Gottheit, einer Thierfigur oder mit einem sonstigen, zugleich durch das Emblem bezeichneten Namen benannt; so fuhr der Apostel Paulus bekanntlich unter dem Zeichen der Dioskuren von Alexandria nach Puteoli; aber selbst abstracte Benennungen, die dem modernen Endeavour u. dgl. entsprechen, kommen häufig vor. Eine weitere Verzierung ist der Schwanenhals (Cheniskos) Fig. 8, aber dessen Ort gleichfalls gestritten wird; Abbildungen bringen ihn vorn, so Fig. 20, andere hinten, andere gar auf beiden Seiten. Der Anker, Fig. 4, ist sich ziemlich gleich geblieben.

Eine Nachlese von Bildern nichttechnischer Art beginnen wir mit Fig. 5, einem Vasenbilde, das einen höchst wunderlichen Mythus darstellt. Unter den Sagen vom Tode des Odysseus ist eine, die ihn durch einen Stachel vom Meerrochen umkommen lässt, und zwar in doppelter Version. Nach der einen lässt ein Reiher denselben aus der Luft auf ihn fallen, so dass er auf ähnliche Weise um das Leben kommt, wie Tobias um das Gesicht. Nach der andern fällt er durch Telegonos, seinen Sohn von der Kirke, der bald nach seiner Heimkehr ebenfalls in Ithaka eintraf, um den Vater zu suchen, wegen Plünderns aber von diesem angegriffen wird und ihm unbekannter Weise durch einen Wurfspeer, den die Mutter mit einem Rochenstachel statt der Eisenspitze versehen, einen qualvollen Tod bereitet. Letztere Gestaltung der Sage haben Aeschylos und Sophokles bearbeitet; der biedere Vasenkünstler aber hat die erstere vorgezogen. Odysseus und ein Gefährte landen so eben, der eine noch rudernd, der andere den alterthümlichen Anker anzubinden beschäftigt. Penelope sitzt auf einem Fels am Ufer harrend, aber schon schwebt in den Lüften der Reiher, der gleich mit seinem Kothe die verhängnissvolle Beute fallen lassen wird.

Fig. 8 a, Sarkophagrelief, von Müller als »des Frachtschiffers Heimkehr« bezeichnet. Der Pilot in der Mitte des Schiffes scheint diesen Gedanken auszudrücken, aber die anderen Gestalten schmecken nach Symbolik, und bei der Neigung der Sarkophagbilder zum Bedeutungsvollen gewinnt Wieseler's Auffassung, die in der Scene einen Heimgang im höheren Sinn des Worts erblickt, den Vorzug. Er erklärt die Gestalt hinter dem Steuerruder, die verstümmelt ist und ein Füllhorn zu halten scheint, für die Glücksgöttin (Tyche), unter deren Obhut das Schiff landet, die am Lande ruhende Gestalt mit Füllhorn und Früchtekorb für die Erdgöttin, und den in der Biga nach einem Meilenzeiger fahrenden Mann wieder für denselben, der im Schiffe landet. Also in beiden Elementen ein Anlangen am Ruheziel.

Fig. 15 gibt uns eine im Bilde zwar etwas langweilige, bei Vergegenwärtigung der Wirklichkeit aber imposante Ansicht einer antiken Hafenstadt. Der Eingang in den Hafen ist links von einem Castell, rechts von einem Felsenthurm flankirt. Auf dem Felsen Fischer in der schon bekannten malerischen Haltung. Im äusseren Hafen befinden sich einige Barken, eine andere rudert eben auf den inneren zu. Dieser ist von zwei Dämmen geschützt, auf welchen Tritone dem Schiffer ihren Willkomm entgegen zu schmettern scheinen. Die hölzerne Brücke, die von dem einen ins Wasser ausläuft, dürfte belebter sein. Die runden Handelsschiffe, aus deren einem ein gebückter Alter an's Land schleicht, machen einen friedlichen Eindruck. Die Götterbilder auf hohen Pfeilern, obwohl nicht künstlerisch empfehlenswerth aufgestellt, geben dem Bilde etwas Feierliches. Dahinter die den Hafen umgebende Stadt mit Tempeln, Thürmen, Thoren, Portiken, die in ihren Tagen einen bescheidenen Rang eingenommen haben mag, gibt mit ihrem prächtigen Aussehen einen Massstab für den Anblick, den die grossen Weltstädte gewährt haben müssen. Herculaneum, wo das Gemälde gefunden wurde, mag ungefähr diesem Bilde geglichen haben, nur dass es kein Seehafen war.'

Hafenbildchen auf Münzen und Medaillons, wie Fig. 19, 22, 23, sind nicht bestimmt, eine Abbildung der Oertlichkeit zu geben, sie sollen bloss daran erinnern. Eine Hafeneinfassung mit Tempelchen oder Andeutungen von Säulengängen, Ehrenbogen, wie der Trajan's zu Ancona, und darin oder davor ein »bewimpeltes Schiffchen, o schwebe«, das war Alles, was der Künstler brauchte, um Demjenigen, der in Ostia, in Korinth u. dgl. bekannt war, mit ein paar Strichen eine unermessliche Wirklichkeit vor die Augen zurückzurufen. Das Bildchen Fig. 18 jedoch, nach einer zwar verdorbenen Münze von Apamea in Bithynien, gibt eine recht deutliche Anschauung eines antiken Leuchtthurmes, von der gleichen Gestalt, die sie auch im Mittelalter und noch später trugen.

Streng genommen sollten noch die paar vom Schiffsbau handelnden Bilder der nächsten Tafel hieher gezogen werden, aber da Gegenstände, wie die vorliegenden, nicht scharf gesondert werden können und auch im Folgenden die Darstellungen von Handel und Gewerbe sich unvermeidlich durchkreuzen, so bleiben wir bei der Anordnung der Tafeln stehen und gehen zu den Handelsbildern über. Kunstwerke sind in der Welt, in der wir uns hier bewegen, und die meist technische oder rein sächliche Darstellungen bedingt, wenig zu erwarten; doch ist die Kunst auch hier nicht ganz leer ausgegangen, und späterhin, in Bildern aus andern Lebenskreisen, wird sie uns ihre Gaben wieder mit volleren Händen spenden.

Taf. XXXIV, Fig. 1—3, Wandgemälde, führen Markt- und Hallenbilder vor. Man sieht Frauen mit dem Kaufmann um ein Tuch feilschen, das er vortheilhaft ausgespreitet hält. Ein Mann mit einem Knaben, der ein Körbchen am Arm trägt, scheint sich zum Kauf eines Metallgeschirrs zu entschliessen, an welches der Verkäufer höchst empfehlend mit dem Stäbchen klopft. Andere Geschirre und Gefässe stehen umher. Hinter dem Verkäufer prüft einer seiner Arbeiter oder etwa ein anderer Käufer ein mörserartiges Geschirr. Ein Junge daneben klopft ein Stück Metall. Der Bäcker am Tischchen bedient den Kunden mit Backwerk verschiedener Art, worunter das im Korbe auf dem Boden Brod, das auf dem Tischchen Luxusgebäck vorstellen mag. Der antike Kuchen hatte seine Liebhaber so gut wie der moderne, und zwei Exemplare davon, eines in Form einer Krone, hat die Lava von Pompeji treu, zwar ungeniessbar, der Nachwelt aufbewahrt.

Auf dem zweiten Bilde, das hinten durch eine Colonnade mit Kranzgewinden und Vorhängen, zwei Reiterstatuen vor einem Eingang mit metallenem Gitter, abgeschlossen ist, legt uns ein geheimnissvolles Verkaufstischchen, schwerverständlicher als alle Schiffsmodelle, seine Räthsel zur Lösung vor. Nicht ohne eine gewisse heilige Scheu wagen wir in dem ernsten Verkäufer mit der gefurchten Stirne einen jener unsterblichen Thonkünstler zu erkennen, deren theilweise auf uns gekommene Namen, obwohl nicht immer ganz orthographisch geschrieben, in nie vergehendem Ruhme glänzen; denn was zu seinen Füssen umher steht, das können doch wohl nur Andeutungen von Vasen sein. Sie stehen recht bescheiden da, als ob sie nicht ahnten, dass ihre Scherben nach Jahrtausenden Gegenstände andächtiger Hingebung und gewissenhaften Kopfzerbrechens sein würden. Ist dies recht gerathen, so liegen auf dem Tischchen kleinere Producte der Töpferei, dergleichen in gebrannter Erde, auch in Wachs, zahllose verfertigt wurden, als da sind Figürchen aller Art, besonders auch Votivglieder zum Aufhängen in Tempeln, Spielwaaren u. dgl. m. Weiterhin sehen wir einen Schuhverkäufer, der zwei sitzenden Damenpaaren seine Waare anpreist.

Im Vorgrund des dritten Bildes sehen wir antikes Chaudeau bereiten. Es ist dies die sogenannte Calda, eine Mischung von heissem Wasser und Wein, wobei

es nicht an Gewürz und Zucker, oder vielmehr Honig, gefehlt haben kann. Auch
die Griechen hatten dieses Getränke und nannten es, wie die Franzosen, heisses
Wasser. Die übrigen Getränke ausser dem Weine, das Bier, der Quittenmost, der
Meth, waren in den Provinzen landüblich, das erstere in Aegypten uralt. — Was
das Mädchen an dem Tischchen verkauft, ist nicht zu errathen.

Fig. 4. Die römische Plastik und Malerei ist im Genre an nichts so frucht-
bar als an essbaren Gegenständen aus dem Pflanzen- und Thierreiche. Unter diese
Bilder gehört auch das vorliegende, über welches nichts weiter zu bemerken ist,
als dass an der Wand ein schlechter Witz angeschrieben steht, nämlich die bekannte Stelle aus Virgil, deren Pathos gar übel zu der Umgebung stimmt: »Dum
montibus umbrae Lustrabunt, convexa polus dum sidera pascet, Semper honos nomenque tuum laudesque manebunt.« Man weiss nicht, ob damit eine Apotheose
der dort hängenden Gans ausgedrückt oder die Liebenswürdigkeit der Verkäuferin
gepriesen sein soll, oder ob diese gar nebenher ein Schöngeist ist und die Verse,
zum Ergötzen der Käuferin, in Bewunderung des Dichters ernsthaft an die Wand
geschrieben hat. Die Anwendung derselben wird noch komischer durch ein kleines
Unglück, das dem Dichter selbst schon mit den Versen begegnet ist. Sie sind
nämlich eine Wiederholung einer nur gar zu ähnlich lautenden Stelle in der fünften
Ekloge: »Dum juga montis aper, fluvios dum piscit amabit, Dumque thymo pas-
centur apes, dum rore cicadae, Semper honos nomenque tuum laudesque manebunt.« Hier stehen die Verse in dem Klagelied auf den Tod des Daphnis, unter
welchem der ermordete Cäsar gemeint sein soll. In der Aeneide bilden sie, mit »In
freta dum fluvii current« beginnend, einen Theil der schmeichelhaften Anrede des
Aeneas an Dido der ersten Begegnung, und wenn dem Dichter diese Reminiscenz,
die gewiss gar nicht wie absichtlich aussieht, nachher zum Bewusstsein gekommen
ist, so mag sie wohl eine der Sorgen gewesen sein, die ihm das unvollendete Epos
in seinen letzten Stunden machte. An der Wand hier kommt nun vollends noch
ein dritter Gegenstand hinzu, mit dem die beiden andern sich in die Verherrlichung
zu theilen haben.

Fig. 5. Wenn der Gewalthaber, dem auf diesem alterthümlichen Vasenbilde der Name Arkesilas beigeschrieben ist, einer jener Könige im griechisch-
afrikanischen Kyrene sein sollte, die den Namen Arkesilaos abwechselnd mit Battos
führten, so haben wir hier ein höchst ergötzliches Seitenbild zu dem mahnenden
Zurufe, mit welchem Pindar den letzten derselben, den er als pythischen Sieger
feiert, vor allzu grosser Bedrückung seiner Bürger warnt. Gegenwärtiger Arkesilas,
der mit einem Scepter, einem bis an den chinesischen Hut streifenden Petasos und
einem ungeheuren Zopfe thronend zusieht, wie sein Wollenreichthum gewogen wird,
ist ein offenbarer Leuteschinder. Die um die grosse Wage beschäftigte Mannschaft
befindet sich in einem zappelnden Zustande, der mit ihrer sonstigen fast ägyptischen Steifheit charakteristisch contrastirt, und die Aufschrift OXTPO, »fest!«
über dem Kopfe dessen, der die gewogene Wolle in den Sack zu stopfen hat, sowie die Aufschrift: MAEN, »rasch!« im Speicher unten, wo die Träger mit den
Säcken laufen, als ob ihnen die Köpfe brennten, beweist, dass hier ein scharfes
Commando herrscht. Die Tauben, der Affe und der Storch über der Wage, die
Eidexe hinter dem Sessel des Königs und der Tiger unter demselben sind lauter
Thiere, die auf die Landschaft von Kyrene hinweisen und zugleich den Schmuck
eines fürstlichen Hauses bilden. Hiedurch erhält die historische Beziehung ziem-
liche Wahrscheinlichkeit, und es scheint kaum zweifelhaft, dass wir hier einen in-

teressanten Einblick in einen alten Tyrannen-Haushalt, wo es eben so vornehm als ökonomisch hergeht, vor uns haben. Auf solche Weise also überzählte und verwaltete Polykrates, unser alter Bekannter, der sechzig Jahre früher und somit eher noch altmodischer lebte, in höchst eigener Person auf seines Daches Zinnen sein blühend Glück, aber Scepter und Herrscherhut durfte bei der häuslichen Beschäftigung nicht fehlen. Auch Pittakos, der weise und glückliche Regent von Mitylene, hatte sein Brod selbst gemahlen und gebacken. Dem Arkesilaos übrigens war das Glück am Ende so treulos wie dem Tyrannen von Samos: da er den Dichter seinen guten Rath in den Wind predigen liess, so schlugen ihn die Bürger von Kyrene todt, machten eine Republik und wogen künftig ihre eigene Wolle, oder, wenn man will, ihr eigenes Silphion. Denn diese Art Gummi, getrockneter Saft der genannten Pflanze, der griechischen Welt als Gewürz und Panacee unentbehrlich, wie es unseren Alten Safran und Theriak waren, bildete den Haupthandelsartikel und die Goldquelle von Kyrene, das die Pflanze deshalb auch auf seinen Münzen führte. Es steht nun dahin, ob die weisse ballige Masse, die man in der einen Wagschale und am Boden aufgehäuft sieht, den fraglichen Artikel vorstellen kann. Die Inschrift am Kopfe des Mannes, der nach dem innestehenden Wagbalken deutet, — ΣΛΙΟΟΜΑΧΟΣ etwa den Buchstaben nach — wird in diesem Falle für σλιφνμαψος, Silphionraffer, gelesen.

Fig. 6 belehrt uns unter Anderem, dass der antike Schinken ganz dem unseren glich. In der Firma »Marcio Semper« bedeutet vielleicht »semper« jenes »Nur« mit fetter Schrift und vielen Ausrufungszeichen, das sich in unsern Messanzeigen dem Auge aufzudringen liebt.

Auch Fig. 7, nach einem in Augsburg 1601 gefundenen Basrelief, zeigt uns eine gewohnte Erscheinung, einen Weinkeller und hölzerne Fässer mit Dauben und Reifen. Diese haben indessen erst zur Zeit des Plinius angefangen, sich von den Alpen her über Italien zu verbreiten, wo früher, nach griechischem Brauche, thönerne Fässer zu Hause waren. — Die Art, wie der Wein verführt wurde, zeigt das in einer Schenke zu Pompeji gefundene Wandgemälde Fig. 11. Auf einem musterhaft leicht gebauten Leiterwägelchen, von einem Gitter zu beiden Seiten und von Reifen umschlossen, die an einer Eisenstange oben befestigt sind, ruht der am Halse zugebundene Schlauch, der hinten ein kleineres und längeres Ende zum Herauslassen des Weines hat.

Fig. 8. Laden in Pompeji, von dem gelehrten französischen Architekten Mazois restaurirt und als antikes Lebensbild ausgeführt. Der Laden, Taberna im Allgemeinen, ist gegen die Strasse offen, um mit seiner Ausstellung, noch in ausgedehnterem Masse als unsere Schaufenster, die Käufer anzulocken. Der Ladentisch, der gewöhnlich, wie hier, ein Hufeisen bildet, ist vorn angebracht, so dass er gerade noch einen Eingang offen lässt. In den Läden, wo Speisen und warme Getränke zu haben sind, in den meist berüchtigten Popinen, Thermopolien, ist der Tisch aufgemauert und mit einer Stein- oder Marmorplatte bedeckt, worin Töpfe, Pfannen u. dgl. eingelassen sind; der eigentliche Herd, tragbar und von Bronze, befindet sich am Ende des Tisches. In vielen dieser pompejanischen Läden haben die Trinkgefässe auf der Tischplatte vertrocknete Ringe zurückgelassen. Das Büffet mit seiner ganzen Einrichtung macht einen höchst modernen Eindruck, und nur die Aushängeschilder und Ladenzeichen, die an den Pfeilern zu beiden Seiten des Ladens in Thonreliefs angebracht oder gemalt sind, zeigen antike Embleme, die zum Theil der Mythologie angehören. Andere aber beziehen sich auf das Ge-

13*

werbe des Ladenbesitzers und dienen heute noch dazu, dasselbe errathen zu lassen. So weist ein kleines Relief, eine von einem Maulthier getriebene Mühle darstellend, auf einen Bäckerladen, eine von zwei Männern an einem Stock auf den Schultern getragene Amphora auf eine Schenke oder den Laden eines Weinhändlers, eine Ziege vielleicht auf einen Milchladen, Schiff und Anker auf ein mit der Schifffahrt verwandtes Gewerbe hin etc.

Fig. 9. Eine alterthümliche, einem Klitarchos gewidmete und von einem Taleides gefertigte Vase, auf deren Rückseite sich der Kampf des Theseus mit dem Minotauros befindet, stellt auf der Vorderseite die vorliegende Scene des Abwägens dar, und da nach einer Version der Sage dem Minos für seinen getödteten Sohn Androgeos ein Tribut von Silberklumpen von Athen nach Kreta geschickt werden musste, so mögen die auf den Schalen der Wage liegenden Ballen, deren einer, als zu schwer, durch einen leichteren ersetzt wird, Erzeugnisse der laurioti-schen Bergwerke vorstellen, freilich aus einer Zeit fabelhafter Ergiebigkeit. Eine andere Ansicht erblickt in ihnen Getreidesäcke, und die Beziehung derselben auf Theseus ist nach Welcker diese, dass die Demokratie, deren Held der Minotauros-bezwinger war, die Völker auch davon befreit habe, dass sie den Königen den Ertrag der Felder abliefern mussten.

Fig. 10. Gemälde einer volcenter Kylix, stellt einen jungen Fischer dar, der in den beiden geflochtenen Körben an der Stange vermuthlich Krebse zu Kaufe trägt, zu deren Herausnahme der am Korbe hängende Haken bestimmt zu sein scheint. Stlengis und Salbfläschchen bezeichnen den Ephebenstand des Besitzers der Vase.

Fig. 12. Die Benennung des Bäckers mit Pistor, eigentlich Stampfer, hat nicht nur die Vereinigung des Mahlens und Backens zu Einem Gewerbe, sondern auch die ursprüngliche Verrichtungsweise des ersteren festgehalten. Doch kennt schon Homer an der Stelle des Mörsers die von Weibern bediente Handmühle (Myle), die allmählig der grösseren von Zugvieh oder starken Sclaven in Bewegung gesetzten Mühle wich; die Wassermühle kam erst etwa zu Cäsar's Zeiten auf, die Windmühle aber blieb der antiken Welt unbekannt, daher wasserlose Orte die Pferde-mühle beibehalten mussten. Wir erblicken sie hier in einer Abbildung, die durch die in Pompeji aufgefundenen Ueberreste in Mühlen vollkommen erklärt wird. Der steinerne, bewegliche Doppelkegel ist innen hohl, und in der unteren Hälfte be-findet sich ein gleichfalls steinerner massiver feststehender Kegel, um welchen der Doppeltrichter gedreht wird, so dass das in die obere Hälfte geschüttete Getreide in die untere hinabfallend zwischen dieser und dem Kegel zerrieben wird. Der letztere ruht auf einer Steinscheibe, die rings umher zu einer Rinne ausgearbeitet ist, um das herabfallende Mehl aufzunehmen. Um die Reibung der Steine nicht zu sehr zu erschweren, befindet sich auf der Spitze des innern Kegels ein eiserner Zapfen, auf welchem das drehbare Gehäuse läuft, dessen beide Hälften durch einen Boden mit Löchern, das mittelste für den Zapfen, die andern für das Ge-treide, von einander geschieden sind. Dennoch gingen diese Mühlen sehr schwer und wurden daher von Pferden oder gewöhnlicher von Eseln oder Maulthieren getrieben; zur Strafe schickte man auch Sklaven in die Mühle. Unsere Abbildung zeigt beides, Mensch und Thier an der Arbeit, so wie die Art, wie die äussere Steinglocke durch Balken in Bewegung gesetzt wird. Die Menschenquälerei wurde in der römischen Mühle durch das Christenthum aufgehoben, unser christliches Mittelalter führte sie aber wieder ein, woher der mittelalterliche Ausdruck »molendina sanguinis«. Die deutsche Erfindung der Windmühle kam erst ungefähr seit dem 10. Jahrhundert unserer Zeitrechnung in Gebrauch. In Pompeji bilden sämmtliche aufgefundene Mühlen einen Theil der zu ihnen gehörigen Bäckerei, und so war es auch an anderen Orten. Die vorliegende wird man wohl in Rom zu suchen haben, denn was im Hintergrunde des geöffneten Fensters erscheint, ist kaum etwas anderes als eine charakteristische Andeutung des obern Theils der Trajanssäule, wie sie sich zu ihrer Zeit mit dem Bilde des Kaisers ausgenommen haben muss.

Bilderquellen: Taf. XXXIII. Fig. 1, 2, 3, 4. Montfaucon IV, 133. Fig. 5. Panofka Bilder ant. Lebens, XV, 4. Fig. 6, 7. Mionnet Descr. de Medailles ant. Supplem. VII, pl. 3, 1. Fig. 8. a, b. Sarkophagrelief. E. Braun, antike Marmorwerke. Fig. 9. Mazois, Pompei I. pl 22, 2. Fig. 10. Panofka, Bilder ant. Leb. XV, 7. Fig. 11. Winckelmann, Mon. ined. 207. Fig. 12. Jal, Archéologie nav. I. pag. 24. Fig. 13. Montfaucon IV, Suppl., 50. Fig. 14. Bartoli Lucernae III, 12. Fig. 15. Pitture d'Ercolano II, 295. Fig. 16. Jal, Arch. nav. I, 25. Fig. 17. Mus. Borb. III, 44. Fig. 18. Jal, Arch. nav. I, 21. Fig. 19. Montfaucon IV, Suppl., 133. Fig. 20. Mus. Florent. II, 149. Fig. 21. Trajanssäule. Fig. 22. Montfaucon IV, Suppl., 143.

Taf XXXIV. Fig. 1, 2. Pitture d'Ercol. 221. Fig. 3. Ebds. 227. Fig. 4. Zoëga, Bassirilievi tav. 27. Fig. 5. Monum. de l'Inst. Arch. I, 47. Fig. 6. Zoëga, Bassir. tav. 28. Fig. 7. Magazin pittoresque. Fig. 8. Mazois, Pomp. Fig. 9. Mülln, Peint. de Vas. II, 61. Fig. 10. Panofka XV, 5. Fig. 11. Mus. Borb. V, 48. Fig. 12. Grivaud de la Vincelle, Arts et Métiers etc., pl. 27, 1.

---

11. Gewerbe, Kunst etc.
(Tafel XXXV, XXXVI.)

In unmittelbarer Fortsetzung schliesst sich Fig. 1 dieser Tafel an die vorhergehenden an. Der chrsame römische Bäckermeister und Brodlieferant (Redemptor) M. Vergilius Eurysaces baute sich vor der jetzigen Porta maggiore ein Grabmal, welches beweist, dass er auf seinem Gewerbe vorwärts gekommen und demzufolge auch demselben dankbar war. Die ausgehöhlten Säulentrommeln stellen Fruchtmasse vor, die sich an einem andern Theile des Gebäudes wiederholen, und eine erhaltene Inschrift besagt gar, dass er seine Frau Bäckermeisterin Atistia hier in einem Brodkorbe beigesetzt habe. Ein Fries, der das Ganze krönt, stellt die Einzelheiten des Gewerbes von Anfang bis zu Ende dar, und man sieht, dass der Meister ein ausgedehntes Geschäft betrieb. Die Brode werden in grossen Körben herbeigeschleppt, auf der grossen Wage unter obrigkeitlicher Aufsicht gewogen, geprüft, und eiligst wieder weggetragen. Weiterhin (Fig. 2) ist der Backofen abgebildet, alterthümlicher als ein zu Pompeji aufgefund, den man mit Recht einen Sparofen nennen könnte. Dann sieht man die Tische, auf denen das Brod geknetet oder geformt wird, und hierauf eine Mühle, wenn es nicht eine Knetmaschine ist. Der Rest, Fig. 5, scheint zu beiden Seiten der Mühlen links das Mehlfassen zum Behuf der Ablieferung in die Bäckerei, daneben aber auch den Mehlverkauf (falls Eurysaces nicht getrennte Cassenrechnung führte), und rechts eine Abrechnung, vermuthlich über den Fruchteinkauf, darzustellen. Die beiden Mühlen gleichen den pompejanischen, während übrigens das ganze Monument mit seiner einfachen Steinart und Schreibart, seinen Inschriften und seiner Naivetät auf eine ältere Zeit zurückzuweisen scheint. Eine andere Beschaffenheit zeigt die Maschine bei Fig. 9. Was hier aus dem hohlen Stein hervorragt, ist offenbar eine Kurbel, die, von dem Pferde nebenan gedreht, einen im Innern befindlichen runden Reiber oder Kneter in Bewegung setzen muss. Falls dies ein Mühlstein wäre, so müsste diese Art zu mahlen noch weit mühseliger, also jedenfalls älter gewesen sein, als die bereits beschriebene, und das Bild würde einen noch grässeren Begriff von dem geben, was den alten Lustspieldichtern vorgeschwebt, wenn sie Sklaven mit der Mühle bedrohen liessen. Indessen darf man doch sicherlich das Pferd zu einer leichtern Arbeit bestimmt erachten, als die beiden Mühlesel; auch ist von einer Form der Mühle, wie sie dem Bilde zufolge beschaffen gewesen wäre, nichts bekannt, daher, zumal im Zusammenhang mit den andern Verrichtungen, nur auf ein Triebwerk zum Behuf des Knetens gerathen werden kann. Die Stampfmühle, bei welcher Plautus eine Zeit lang als Müllerknecht sein Brod verdient haben soll, war jedenfalls eine ältere Einrichtung, nach Art des ursprünglichen Mörsers, und mag vielleicht für einen kleineren Gewerbsbetrieb länger beibehalten worden sein; die Maschine Fig. 5 zeigt übrigens keine Vorrichtung zum Stampfen. Müllerknecht war Plautus, wenn die Anekdote wahr ist, nicht Bäckerknecht; denn nach Plinius zu rechnen, war der Dichter schon elf Jahre todt, als zu Rom das Bäckergewerbe an die Stelle des altherkömmlichen Hausbackens trat. Müller hatte es natürlich schon vorher gegeben. Die Bäckerei mit der Müllerei vereinigt gesellte sich nun als Zunft den bestehenden Zünften bei, und die Collegia Pistorum bildeten in späterer Kaiserzeit, bei der Austheilung des in Brodspenden verwandelten Getreides, einen bedeutenden Theil der öffentlichen Verwaltung. Grössere Unternehmer jedoch, wie unsern Eurysaces, wird man nur unter den Zunftvorstehern suchen dürfen. Als Kaiser Claudius den grossen Doppelbogen für seine Wasserleitungen errichtete, der jetzt Porta maggiore ist, wich er diesem Grabmal, obwohl es sein Bauwesen beeinträchtigte, mit der grössten Schonung aus. Unter Arcadius und Honorius aber wurde es zu einer jenem Bogencastell vorgebauten Schanze verwendet und hiedurch der Nachwelt erhalten, die es bei Abtragung der Schanze im Jahre 1838 entdeckte.

Fig. 3, 7, 9 führen uns in eine pompejanische Tuchwalkerei (Fullonica) ein, die für die Handwerksanschauungen der Zeit, in der sie entdeckt wurde (1827), imponirend vornehm eingerichtet ist. Der Walker des Landstädtchens Pompeji besass in seinem Hause, worin wir jetzt ungestört umhergehen können, ausser andern mehr oder minder weitläufigen Einrichtungen zwölf massive Pfeiler, auf denen wahrscheinlich noch eine Säulenstellung für eine obere Galerie ruhte, dazu ein Marmorbassin und einen Springbrunnen. Auch hatte er nichts gespart, seine Kunst in Wandbildern verewigen zu lassen, die, wenn sie auch keinen Künstler oder Kenner begeistern können, doch ähnliche ehrbare Häuser der heutigen Gegenwart gar wohl zu einer so löblichen Darstellung ihrer Hanthierungsweise aufmuntern dürften. Viel zu erklären ist nicht dabei. Auf dem ersten Bilde sieht man die Arbeiter beschäftigt, das Zeug mit den Füssen im Kessel zu treten, wobei der Hauptarbeiter als Heros der Tuchwalke, ganz in der gleichen Art, wie auf feierlicheren Bildern die Götter oder Heroen grösser als gewöhnliche Sterbliche dargestellt worden, a noch um sehr viel mehr, weit über eines Kopfes Länge seine Mitarbeiter überragt. Auf dem andern Bilde wird das gewalkte und gewaschene Zeug an den Kunden ausgegeben. Das dritte zeigt uns eine weitere Abtheilung des Handwerksbetriebs: ein Arbeiter behandelt ein Stück Zeug mit der wohlbekannten Karde, und sein Genosse bringt das Drahtgestell, worüber die Stoffe zum Schwefeln gebreitet werden, zu welchem Zwecke er das Rauchgefäss in der Linken trägt. Die Eule auf dem Gestell gehört der Göttin an, die schon in Athen zeitig unter dem Namen Athene-Ergane als Vorsteherin der materiellen Arbeit verehrt wurde. Noch ist ein anderes Bild mit einer Zeugpresse vorhanden, die auf unserer Tafel nicht abgebildet wurde, da ähnliche Pressen noch heute zu sehen sind.

Fig. 4 und 8 geben nachträgliche Darstellungen vom Schiffsbau, eine gewerbliche und eine mythologische. In der letztern ist der Bau der Argo zu erblicken, des berühmten Schiffes, das die Argonauten auf jener sagenhaften Urfahrt trug. Argos, der Erbauer, und Tiphys, der Steuermann, sind bei dem Werke beschäftigt, welches Athene-Ergane lehrt. Sie unterrichtet den Erbauer eben in der Kunst, die Segel am Maste zu befestigen. Hinter ihr auf einer Säule sitzt ihr heiliger Vogel. Das Gebäude im Hintergrunde wird wohl den Tempel auf dem Vorgebirge Pagasä am Pelion bedeuten, wo die Argo gebaut wurde.

Fig. 6, 13, 15, 17, die sich alle selbst erklären, führen uns wieder einmal die oftgesehenen Genien vor, die wir in alle Sättel gerecht befunden haben, diesmal als Schreiner, Schuster, Müller, Blumenflechter. An den beiden bekränzten Eseln auf dem Mühlenbilde ist, wie man gestehen muss, alles gethan, um diese gering geachtete Thierart zu veredeln, und das Bild erhält dadurch eine Stimmung, die man mehr bei der modernen als bei der antiken Kunst zu finden gewohnt ist, und als Gemüthlichkeit zu bezeichnen pflegt.

Fig. 10, 14, 16 eröffnen uns die Schmiedewerkstatt des Hephästos. Das erste Bild allein zeigt den Gott am Ambos beschäftigt. Auf dem zweiten sieht man die gefeierte Rüstung des Achilleus fertig werden. Hephästos als Meister arbeitet am Schilde, den ihm ein Satyr als Schmiedegesell vorhalten muss. Hinter ihm steht der Haupttheil der Rüstung bereits auf einem Pfeiler aufgestellt. Neben dem flammenden Ofen ist ein zwergartiger Obergesell, vielleicht der alte Silen, oder der aus der Orionssage bekannte wunderbare Knecht Kedalion, Hephäst's Bursch Feuerbrand, eifrig in der Vollendung des Helmes begriffen. Er hat eine merkwürdige Aehnlichkeit mit den Schmiedezwergen unserer deutschen Sagen, bis auf die Mütze hinaus, die ihm ein neckischer Satyrisk hinter dem Ofen hervorlangend so eben vom Kopfe zu stehlen versucht. — Das dritte Bild gehört zu einem berühmten Sarkophagrelief, das den Mythus von Prometheus darstellt. Der hier abgebildete Theil desselben zeigt Hephäst mit zwei Kyklopen in einer zur Schmiedewerkstatt eingerichteten Felsenhöhle gewaltig an den Ketten für Prometheus arbeitend. Ein Dritter hinter dem Felsen handhabt die Bälge.

Fig. 11, ein Vasenbild, stellt eine Erzgiesserei mit verschiedenen Arbeitern und Gebilden dar. Auf der obern Seite des Bildes sieht man einen sitzenden Arbeiter mit langem Feuerhaken den hohen Ofen schüren, auf welchem ein Schmelztiegel steht. Ein anderer sieht ihm stehend auf den Hammer gestützt zu, ein dritter hinter dem Ofen treibt den Blasebalg. Rechts von oben herab giebt ein Arbeiter einer auf einer Unterlage ruhenden Statue die letzte Vollendung; der Kopf liegt daneben am Boden und wartet auf das Aufsetzen. Die Statue gleicht einigermassen der Gestalt, die wir bei den gymnastischen Bildern unter dem Namen Adorante kennen gelernt haben. Auf dem untern Theil des Bildes geben zwei Arbeiter einer in einem Brettergerüste stehenden Heroenstatue die letzte Hand. Zwei bemantelte bekränzte Gestalten in vornehmer Haltung, auf den Stab gestützt, sehen der Arbeit zu; sie sind durch Stlengis und Lekythos als Besucher der Palästra, d. h. nach unserer Redeweise als Gentlemen bezeichnet, und stellen ohne Zweifel den Besteller und Empfänger der Kylix vor, eine bildliche Widmung: »der Freund dem Freunde«.

Fig. 12, eine der Miniaturen der bekannten vaticanischen Handschrift des Virgil, stellt eine Weberin am aufrecht stehenden Webstuhl dar. Diese Form des frühesten Alterthums, die schon in alter Zeit mit der liegenden abwechselte, hat sich in Island bis auf unsere Tage erhalten, wenigstens bis in die achtziger Jahre des vorigen Jahrhunderts, um welche Zeit der aufrechte isländische Webstuhl in einem Reisewerke abgebildet erschien.

Taf. XXXVI, Fig. 1—5 sind eine Reihe geschnittener Steine abgebildet, kunstgewerbliche und künstlerische Darstellungen enthaltend. Ein Töpfer arbeitet an einem Trinkgefässe mit vom oberen Rande weit herabgehenden Henkeln, Karchesion genannt; eine Schöpfkanne und eine Trinkschale (Kylix) stehen auf dem Ofen. Auf dem nächsten Bilde nimmt ein Töpfer ein Gefäss mit Hülfe zweier Stäbchen vom Ofen herab. Ein höherer Künstler arbeitet mit Ciselirwerkzeugen an einer Vase von Stein oder Metall, und man sieht, wie die Verzierungen sich bilden. Weiterhin sieht man einen Modelleur, dann einen Bildhauer an der Arbeit.

Fig. 6, von einem Grabe, stellt, den Instrumenten nach zu urtheilen, irgend eine Art von Messkünstler dar, daher man, wenn man will, auf einen Fachgenossen Vitruv's rathen mag.

Fig. 7, geschnittener Stein, zeigt offenbar einen der Philosophie Beflissenen, der mit der Gebärde des angestrengten Nachsinnens in einer Bücherrolle liest.

Fig. 8. In ähnlicher Weise, wie der Architekt von seiner Nachbarschaft absticht, giebt sich gegenwärtiges Bild durch den Habitus der Figuren als ein römisches zu erkennen. Entweder ist es ein Familienstück, das einen Gelehrten im häuslichen Kreise darstellt, oder wir haben einen Lehrer von besonderem Rufe vor uns, dessen Vorträge die Jugend beiderlei Geschlechts anziehen, wobei immerhin der weiblichen Gestalt ein ungewöhnlicher Wissenstrieb wird zugeschrieben werden müssen. Denn dass es hier um höheren Unterricht handelt, zeigt die kleine, aber doch ziemlich ansehnliche, wohl ein Dutzend Bände oder vielmehr Schriftrollen umfassende Bibliothek, die in der runden hölzernen Kapsel oder Schachtel versammelt ist. Ein kleinerer Behälter dieser Art, für eine Rolle etwa, heisst Capsa, ein grösserer Scrinium. Unser Gelehrter nun sitzt mit einer Rolle in der Linken docirend und mit dem Stab am Boden demonstrirend auf einem Sessel, der ihm ein seiner persönlichen Haltung entsprechendes vornehmes Ansehen giebt, und seine Zuhörer beweisen ihm gespannte Aufmerksamkeit. Der trockene Ernst sämmtlicher Figuren lässt errathen, dass das Scrinium nur Schriften aus dem Gebiete des abstracten Wissens enthält. Die schöne Literatur zu berühren nehmen wir Anlass vom nächsten Bilde Fig. 26.

Fig. 9 folgt am Schlusse.

Fig. 10 ist aufgenommen worden, weil das Bild eine Vorlesung darstellt. Streng genommen gehört es nicht hierher. Es ist ein mehr oder weniger mythologisches Bild, das bis jetzt aller Erklärungsversuche gespottet hat. Der Jüngling mit dem Blatte und die beiden ihm gegenüber sitzenden Gestalten laden zur Deutung auf die Scene des Euripides ein, worin Orest und Iphigenia in Taurien an

dem Inhalt des von letzterer geschriebenen Briefes, welchen nach durchgekämpf-
tem Wettstreit der Freundschaft Pylades nach Argos bringen soll, einander als
Geschwister erkennen. Desto unverständlicher sind die übrigen Figuren. Sonder-
barerweise giebt es zu gegenwärtigem pompejanischen Wandgemälde ein herculaneisches Seitenstück, das sich leichter erklären lässt. Hier sind die drei Hauptpersonen im Vordergrunde von drei andern umgeben, in denen man, theilnehmend
und verwundert, wie sie sich gebärden, den König Thoas und etwa zwei Dienerinnen der Priesterin erkennen mag; im nächsten Hintergrunde sodann erscheint
Artemis mit dem Köcher, welche die Beziehung des Bildes auf jene taurische
Scene vollends ausser Zweifel setzt. Auf unserem pompejanischen Gemälde aber
vertritt Apollon, wie es scheint, die Stelle seiner Schwester Artemis, wodurch
die Handlung von dem taurischen Schauplatze abgelöst erscheint, und die Neben-
personen sind, als ob sie gar nicht zur Handlung gehörten, nebst der Gottheit in
einen durch Schranken abgeschlossenen Hintergrund verwiesen. Auch die Tracht
und Haltung des angeblichen Geschwisterpaares weicht ab, wobei es besonders
auffällt, dass Iphigenia eine Krone trägt. Und doch sind auf diesen beiden Bildern,
von welchen eines fast unverkennbar auf das taurische Drama geht, die drei
Hauptfiguren in ihren Beziehungen einander so ähnlich, ja Pylades mit dem Briefe
ist auf beiden auch äusserlich so ganz der gleiche, dass man die Verwandtschaft
der beiden Gemälde kaum bezweifeln kann. Die seltsamen Abweichungen des
unsrigen könnten etwa die Meinung erzeugen, dass hier eine Beziehung zur Gegenwart auf das mythologische Bild gepfropft worden sei, und man hat in der That
das Gefühl, als ob eine römische Hofscene hereinspielte. Vergegenwärtigt man
sich nun, dass die Herstellung und Ausmalung Pompeji's nach dem Erdbeben vom
Jahr 63 noch mit den letzten fünf Jahren Nero's zusammentrifft, und hält man
hiemit die weibliche Erscheinung (im Kopfputz und Anderem) des pompejanischen
Orestes zusammen, die gar sehr charakteristisch von der entsprechenden Figur
des herculaneischen Bildes abweicht, so mag man sich leicht an jenen Wahnsinnigen erinnern lassen, der ja so viel Mythologisches tragirte und den Orest,
wie er sich persönlich mit ihm vergleichen durfte und wie er ihn wirklich auch
zum Gegenstand einer Tragödie machte, ebenso gut in einer seiner tolleren Stunden als Mittelpunkt einer mythologisch-historischen Maskerade spielen konnte.
Welche Bezüge in einer solchen Scene, als deren Nachbildung man sich das Gemälde zu denken hätte, durch einander gebraut gewesen sein mögen, das zu errathen müsste einer Neronischen Phantasie überlassen bleiben. Hier galt es
überhaupt nur, ein Bild, das sich einmal auf der Tafel befindet und ohnehin
schon vieles Kopfbrechen verursacht hat, nicht ganz unbesprochen zu übergehen.

Fig 11. Man wird wohl ohne Widerspruch behaupten können, dass der
alte Denker Fig. 7 im Aristoteles liest und der selbstbewusste Gelehrte Fig.
8 aus dem Quintilian docirt. Schwieriger wird der Inhalt der Rolle, die der
gegenwärtige Leser in Händen hält, zu bestimmen sein. Das Gesicht des Lesen-
den scheint behagliche Aufmerksamkeit, vielleicht mit etwas Ironie, zu verrathen.
Haben Lucian's wahre Geschichten eine gleichgestimmte Seele gefunden, oder
lächelt ein Rationalist über die Schwärmereien eines Neupythagoräers? Indessen
hüten wir uns selbst vor Phantasterei, der man leicht verfällt, wenn man in den
Ausdruck eines Gesichtes gar zu viel hineinlegen will. Ist uns doch ohnehin die
Macht und Gewalt gegeben, diesem Leser sein Fach anzuweisen: beschliessen wir

daher einfach, dass er in der Zeitung liest. Dies sind nämlich die Acta diurna,
die seit Cäsar täglich offiziell ausgegeben und auf dem öffentlichen Platze, wo sie
ausgestellt sind, von Schreibern für ihre Abonnenten in der Stadt und den Provinzen abgeschrieben oder ausgezogen werden. Sie enthalten was von einer
Zeitung zu erwarten ist: allerhöchste und höchste Vorkommnisse in der Domus
divina, Staats- und Verwaltungsangelegenheiten, deren Veröffentlichung sich für
das Publicum eignet, kaiserliche Verordnungen, Senatsreden und Beschlüsse
des Senats, Gerichtsverhandlungen, Geburts-, Heiraths-, Ehescheidungs- und
Todesanzeigen u. dgl. m. Der parlamentarische Theil des Inhalts rechtfertigt
sowohl die Aufbewahrung in der Bibliothek, worauf das Volumen der gegenwärtigen Rolle deutet, als die Aufmerksamkeit und auch die Ironie des Lesen-
den. Denn die Beschlüsse und Reden des Senats kennzeichnen am grellsten den
verzweifelt heuchlerischen Zwitterzustand eines in der Doppelform von Republik
und Absolutismus dahin taumelnden Reiches, in welchem die öffentliche Bered-
samkeit, je nach der Persönlichkeit und dem Willen des jeweiligen Kaisers, mit
Kriecherei, Freimuth und Hofdemagogie abwechseln muss.

Fig. 12. Die vollwangige Halbjungfrau des pompejanischen Wandgemäldes,
die das zweiflüglige elfenbeinerne, innen mit Wachs für den Griffel überzogene
Schreibtäfelchen (Diptychon) sinnend hält, ist in der Unterschrift als Dichterin
bezeichnet, scheint aber wohl eher über einem persönlichen Roman als über einer
Poesie zum allgemeinen Besten zu brüten. Die gleichaltrige Sklavin wartet auf
das Fertigwerden des Briefchens, über dessen Fassung sie vielleicht mitberäth, um
es warm an die Adresse zu besorgen. Ein Schreibereigeschäft ist allerdings hier
dargestellt, aber dass es unter die Gewerbe aufgenommen worden ist, möchten wir
nicht zu verantworten.

Fig. 13. Desto weniger wird gegen die Aufnahme des Poeten unter die
Gewerbtreibenden einzuwenden sein. Beide Classen fallen unter dem Begriff der
Arbeit zusammen, die Alles adelt, nur nicht jene Heuchelei des blos mechanischen
Geldverdienens durch Sklavenhände und Ausbeutung fremder Erfindungen, die
dem kaiserlichen Rom vorzugsweise eigen ist und neben der materiellen Arbeit
die geistige verachtet. Die Art übrigens, den Tragiker in Gesellschaft tragischer
Masken darzustellen, haben wir auf den Theaterbildern sattsam kennen gelernt;
sie ist von der römischen Kunst, die wie die römische Industrie bei fremden Vor-
bildern zu Tische geht, von den Griechen geborgt. Der Poet, der die Maske
studirt, mag etwa jener Seneca sein, den auch die Nichtlateiner aus unserem
Lessing kennen.

Fig. 14. Malerin, den Pinsel eintauchend und sich zum Malen der vor ihr
stehenden bärtigen Bacchusherme anschickend. Gestalt und Umgebung deuten eher
auf eine Dilettantin hin, und dies mögen wohl auch die beiden Freundinnen bestätigen, die im Hintergrunde die sich ungestört dünkende Schöne belauschen.
Durch die Oeffnung zwischen den Pfeilern sieht man in wunderlicher Perspective
zwei Postamente, worauf ein Terminus und ein Gefäss.

Fig. 15. Ohne Zweifel ein Seitenstück zu Fig. 12, denn das Brustbild
am Fussgestell der Säule, vor welcher der Schreibende sitzt, stellt doch wohl die
Geliebte dar, an welche seine Zeilen oder vielmehr wahrscheinlicher seine Verse
in Folio gerichtet sind.

Fig. 16. Auch diese Abzeichnung einer Reiterstatue dürfte wohl eher den
Liebhaber als den Künstler verrathen.

Fig. **17**. Antikes Carricaturbild, als solches von unschätzbarem Werth, da es uns beweist, dass auch dieser Theil des Genre in der alten Kunst vertreten war. Auch für die Geschichte der Kunstausübung ist es werthvoll, sofern es den Maler nach heutiger Art vor der Staffelei sitzend zeigt. Was den Werth der Darstellung selbst betrifft, so giebt sich in den Nebenfiguren wenig Witz mit viel Vergnügen kund, aber die beiden Hauptpersonen sind mit sehr guter Laune aufgefasst, die sich dem Beschauer unwillkürlich mittheilt, falls er sich nämlich von einem gewissen Erstaunen erholen kann. Denn — brauchen wir es zu sagen? — — der Kunde, der dem Maler sitzt, ist das überraschende, leibhaftige Ebenbild unseres allgeschätzten Zeitgenossen Mr. Punch in London, der seinerseits im Stillen wohl auch nicht wenig verwundert gewesen sein wird, sich im Zustande der Präexistenz auf einem pompejanischen Wandgemälde zu erblicken.

Fig. **18**. Ein Grabstein wird hier, statt mit Sculpturornamenten, mit entsprechenden Verzierungen vom Pinsel des Malers ausgefüllt.

Fig. **19** gilt für eine Schule mathematischer Philosophie, und der Globus im Vordergrunde so wie die Sonnenuhr auf der Säule im Hintergrunde scheinen für diese Auffassung zu sprechen. Winckelmann jedoch, bei welchem die Mosaik sich findet, erklärt sie für eine Versammlung von Aerzten. Als Arzt ist jedenfalls die Figur links durch die Schlange bezeichnet, und auch die Gefässe über dem Portal scheinen eine ärztliche Bedeutung zu haben. Der Globus ist nach Winckelmann eine astrologische Himmelskugel, ein allerdings für die alte Medicin unentbehrliches Requisit. Man könnte nun freilich auch den Arzt in seinen Würden lassen, den Demonstranten aber für einen Astronomen, den mit der Rolle neben ihm für einen Philosophen erklären und so weitergehend eine Vertretung der sieben freien Künste herausbringen, aber dann gehen die Attribute aus, und so wird denn doch das Wahrscheinlichste eine ärztliche Berathung sein, die über den Angelpunkt der Cur, über Tag und Stunde, in schweren Meditationen schwebt.

Da eine ausführlichere Besprechung nicht bei allen Bildern geboten ist und auch in manchen Fällen, wo sie veranlasst wäre, des Raumes wegen unterlassen werden muss, andrerseits aber doch von Zeit zu Zeit ein etwas grösseres Lebensbild, besonders von culturgeschichtlicher Bedeutung, zur Rechtfertigung des Titels unserer Abtheilung dienen dürfte, so haben wir ein solches hier an den Schluss gestellt, um in der Mitte des Textes unverhältnissmässige Verschiedenheiten des Umfangs zu vermeiden.

Fig. **20**. (Ein römisches Dichterleben.) Denkt man sich eine unserer heutigen Zeitungen, wie es häufig in Leseanstalten, Kaffeehäusern u. dgl. mit ihnen gehalten wird, an einem Cylinderstabe befestigt und von einem müssigen Leser spielend um den Stab gerollt, so hat man, nur in etwas kleinerem Volumen, das Ebenbild der antiken Schriftrolle, wie sie aus Capsa oder Scrinium zum Aufrollen in die Hände des Lesers kommt. Abgesehen von der Rollenform des Buches und der Hutschachtelform des Bibliothekfaches hat das antike Bücherwesen mit dem unsern viele Aehnlichkeit. Buchhändler, Schriftsteller und Publicum stehen in beiden durch zwei Jahrtausende getrennten Welten ziemlich in den gleichen Verhältnissen zu einander, doch nicht ohne einen merklichen Unterschied. Wenn man nämlich Deutschland vorerst noch ein wenig aus dem Spiele lässt, das seinen Platz in der Reihe der Culturvölker

(Masse gegen Masse gerechnet) erst einzunehmen ringt und sein Lesebedürfniss noch zum Theil durch allerlei mehr oder weniger armselige, ja selbst unehrenhafte Behelfsmittel befriedigt, so kann man im Allgemeinen sagen, dass die neue Welt gegen die alte — neben dem geistigen Fortschritt, an dem wir, auf den Schultern der Alten stehend, und zwar Deutschland durch Verdienst und Opfer einzelner Geister voraus, Alle unsern Antheil haben — auch einen bedeutenden materiellen Fortschritt »in literis« gemacht hat. Die Bücher sind wieder wohlfeil, ja noch viel wohlfeiler geworden, aber nicht in Folge der Sklavenarbeit, sondern in Folge des durch Kunst und freie Arbeit noch geringeren Herstellungspreises bei unendlicher Ausdehnung des Absatzes, und die Honorare, bei welchen der römische Schriftsteller verhungern konnte, gewähren, an den heutigen Hauptpunkten der europäischen Civilisation wenigstens, ein mehr als menschenwürdiges Dasein; die Verleger endlich, wenn sie auch grossentheils, wie nicht eben unbillig, auf ihren Vortheil bedacht sind, werden doch durch den merkwürdigen, in jedem Lande zugleich nationalen und kosmopolitischen Aufschwung zu idealeren Zielen hingetrieben, als der römische Buchhändler, der ein reiches, aber bei aller Verschwendung meist schmutziges Publicum, er selbst nur schmutziger Gewinnsucht folgend, auf Kosten todtgehetzter Schriftsteller und Abschreiber mit wohlfeilem Lesestoffe versah. Zwar mag es auch hier ehrenwerthe Ausnahmen gegeben haben, wie z. B. den Buchhändler Tryphon, welchen Quintilian mit einer Dedication beehrt hat; aber wenn man nur den Dedicationen Alles glauben dürfte!

Verfügen wir uns, ein Buch zu kaufen, in den Vicus Sandalarius, die Buchhändlerstrasse von Rom, oder vielmehr zum Argiletum gegenüber vom Juliusmarkte, denn dort sind die Gedichte eines der charakterlosesten und theilnahmewürdigsten Talente feil, auf das wir's abgesehen haben. Die vormalige Lehmgrube, wo sein Verleger den Laden hat, ist durch Cäsar ein bedeutender Stadttheil geworden, und so hat auch der Buchhandel seit Cicero's Tagen, der über dessen Beschränktheit noch genug zu klagen hatte, mächtig zugenommen. Rom hat eine schöne Zeit gebraucht, um es dem alten Athen, das schon unter Pisistratos seine Bibliothek und unter Perikles seinen Büchermarkt hatte, auch nur ein wenig nachzuthun. Wie blühend der griechische Buchhandel gewesen, zeigt eine Stelle Xenophon's, der in der Anabasis bei Besprechung einer gefährlichen thrakischen Küste am schwarzen Meere unter den Strandgütern auch Büchermassen nennt. Sie wurden also damals schon zu Schiffe in die griechischen Colonieen am Pontos und wohl theilweise auch zu den »Barbaren« verführt, bei deren Töchtern ja, ähnlich unsern französischen Modenamen, griechische Namen, wie Hegesipyle u. dgl., vorkommen. Mit der Verpflanzung der griechischen Literatur nach Rom kommt dort allmählich der Buchhandel auf: zum grösseren Gewerbe aber kann er nicht eher werden, als bis die römische Literatur selbst in Saat und Frucht geschossen ist. Dies ist das Verdienst August's, der, wie man auch über seine Thronerlangung urtheilen möge, jedenfalls seine Zeit und seine Regentenpflicht, freilich eigensüchtig genug, verstanden hat.

Wie der Mensch nicht ohne Herz leben kann, so muss ein Volk seine poetische Nationalliteratur haben und ohne Stillstand fortlebend zu erhalten suchen. Das beste oder vielmehr einzig gute Verhältniss, in welchem dies geschehen kann, ist das streng republicanische, worin die Person des Schriftstellers hinter seinen Werken ganz verschwindet, das Volk aber den Werken so gerecht wird, dass der Urheber in steter Thätigkeit ungehetzt und ungehemmt für neue Geistesnahrung

sorgen kann. Wo ein Volk leiblich oder geistig zu arm ist, diese Gerechtigkeit
zu üben, d. h. die Werke zu kaufen, da tritt das Gebot ein: »Videant consules
ne quid detrimenti respublica capiat«, und eine Regierung mag, wie Vespasian, für
Strassen und Brücken, für Tempel und Städte, ja selbst für Künste und Wissenschaften in »praktischer« Richtung, noch so viel gethan haben — wenn sie die
höheren künstlerischen Kräfte verwaist der Rohheit des Lebens überliess, so hat
sie eine der ersten und gewissensschwersten Regentenpflichten versäumt, und je
mehr die Geschichte dem allein unvergänglichen Endzweck der Culturbemühungen
sein Herrscherrecht ertheilen wird, desto mehr wird neben einem hohlen Kunst-
götzendienst auch ein gekröntes Banausenthum in seiner Blösse erscheinen. Ein Domitian zwar kann sich über jedes Urtheil hinwegsetzen: er mag sich sagen, es mache
seine Sündenwage nicht viel schwerer, dass er einen Martial verkümmern liess.

Dieser Dichter ist es, nach welchem wir auf dem Argiletum fragen. An den
Säulen vor der Thüre des Buchhändlers, dessen Laden wir in dem Bazar hier aufsuchen, sind die Titel der Bücher zu lesen, mit denen er handelt. Ein Buch
Epigramme, 119 Stück, zum Theil von beträchtlichem Umfang, auf feinem ägyp-
tischem Papier mit bimssteingeglätteten Rändern und in purpurnem Futteral, kostet
bloss 5 Denare (nicht ganz so viele Francs). Bei diesem Preise muss der Absatz
sehr gross sein, wenn der Verfasser soll bestehen können; denn der Verleger mag,
wie man zu sagen pflegt, eins ins andere rechnen. Schlagen wir auf und hören
den Poeten selbst. Ja, sagt er, in der Augustischen Zeit wäre etwas ganz Anderes
aus ihm geworden, aber ihm fehle die Musse des sorgenfreien Schaffens, um es
einem Marsus und Turnus (untergegangenen Dichtern) gleich zu thun; doch hofft
er wieder, diesen nicht nachzustehen, und selbst mit Catull wagt er sich zu
messen, wiewohl er sich an einem andern Orte unter ihn stellt. Und was
ist aus dem Talent geworden, das mit Recht sich selbst etwas Grosses zutrauen
durfte? Leider ein verächtlicher Wicht, durch die Noth des Lebens zu jeder
Entwürdigung getrieben. Die Schmeicheleien, womit er sich Domitian's Gnade
zu erkaufen sucht, möchte man ihm fast noch verzeihen, denn sie sind so hohn-
lachend plump, dass der Dominus et Deus dadurch nur fratzenhaft lächerlich
gemacht wird, und fast möchte man es dem armen Schlucker gönnen, dass er
nicht bloss, wie in der modernen Welt zu geschehen pflegt, mit einem Orden ab-
gespeist, sondern mit einem reellen, obwohl magern Privilegium (»jus trium
liberorum«) abgefunden wurde. Aber dass er es vom oberen Stockwerk in einer
jener Wohnkasernen, die man Inseln heisst, neben einem schlechten Landgütchen
zu einem eigenen kleinen Hause ohne Einkommen brachte, das scheint auch Alles
zu sein. Die Morgenaufwartungen bei den Grossen und Gönnern, die Betteleien
bei den Freunden reichen gleichfalls nicht hin, das Dasein zu fristen, und der
Poet, zur Emporhebung der Nation berufen, muss sein Talent dem niedrigsten
Herrn, dem herrschenden Geschmack des Publicums, verschreiben.

Dieser Geschmack, dem unser Dichter huldigen muss, ist vornehmlich auf die
von Menipp und Horaz bis zur Färbung des sogenannten Petronius hinunter »fort-
geschrittene« Satyre gerichtet, deren Geist kurz und treffend zu zeichnen nicht
bloss lateinische, sondern auch deutsche Citate sich bieten, wie z. B. das Heine'-
sche: »Doch wenn wir im Koth uns fanden, da verstanden wir uns gleich.« In
diesem Kothe, in welchen Juvenal nicht ohne ein gewisses grimmiges Behagen mit
dem Prügel schlägt, tanzt unser Epigrammatist mit bewundernswerther Kunst und
Grazie umher, und er hat auch das verdorbene Herz seines Publicums so ganz

und gar erobert, dass er von einem Ruhme reden darf, der sich von der Hauptstadt des Weltreichs bis in die gebildeteren Provinzen erstreckt. Nicht bloss Rom, Gallien und Britannien lesen ihn — aber seine Börse weiss nichts davon (»nescit sacculus ista meus«.)

Er wird nämlich, so klagt der schutzlose Schriftsteller, fortwährend bestohlen, mittelbar und unmittelbar. Plagiarier suchen seinen Namen, der doch so wenig Baares einträgt, auszumünzen, aber noch schlimmer spielt ihm das Publicum mit, das seine Gedichte liest, ohne sie zu kaufen. Bis an ihn selbst wagt sich die unverschämte Bettelei, die seine Bücher geschenkt haben will, weil es ja eine Narrheit wäre, für solche Possen, so beliebt sie sind, Geld auszugeben (»aes dabo pro nugis et emam tua carmina sanus«? lässt er einen solchen Steifbettler sagen). Und zu dem elenden Honorar hin hat er mit seinen Werken auch sonst noch seine liebe Noth. Dieser Tryphon, der seine Xenien um zwei Sesterze (etwas weniges über zwölf Kreuzer) verkauft, ohne Zweifel kein anderer als der gelehrte Freund Quintilian's, dieser Secundus und Pollius, und wie seine Verleger heissen, sind mehr für den Einband als für den Inhalt besorgt. Hudeln und Schleudern ist ein Hauptvortheil bei der Kunst, durch Sklavenarbeit schnell reich zu werden, daher die aussen so eleganten Modebüchlein innen von sinnentstellenden Fehlern wimmeln. Besorgt der Autor Schaden für seinen Ruhm, so darf er bei seinen Freunden herumgehen, um an jedem einzelnen Exemplar den Corrector zu machen; gegen den fremden Leser entschuldigt er sich: »Non meus est error, nocuit librarius illis, dum properat versus annumerare tibi.« So lebt er auch im eigenen Häuschen kümmerlich und oft um das Nöthigste verlegen, während seine lustigen Verse das Mahl des Reichen würzen. Er ist ein Anderer als seine Muse; nur sie thut üppig, bei ihm selbst sieht es ganz klein aus (»lasciva est nobis pagina, vita proba est«). Und was von wahrhaft hündischer Gesinnung zeugt, diese wohlhabenden Diebe und Diebinnen sehen noch dazu auf den armen Teufel herunter, der doch nur in Folge ihres schamlosen Stehlens ein solcher ist.

Nun fährt der Tyrann in seinen Sünden hin und mit Nerva und Trajan versprechen auch für das Talent bessere Zeiten zu kommen. Für einen Martial zu spät! Wer sich in den niederträchtigsten Schweifwedeleien am Throne Domitian's überboten hat, der ist unter einer ehrenhaften Regierung unmöglich geworden, und der zum Herrn der Welt erhobene Spanier ist eine viel zu männliche Natur, um in solchem Falle menschlich weich zu fühlen. Sein armer Landsmann, der hungrigen Morgenvisiten überdrüssig, weiss nun keinen Rath mehr, als die grosse Stadt, die er als Zweiundzwanziger reich gelockt mit jugendlichen Glücksträumen betreten, im grauen Haare zu verlassen und die spanische Heimath wieder aufzusuchen. Wer aber aus der Residenz berühmt und arm in die Provinz zurückkehrt, der wird zugleich beneidet und verachtet. Die Geringschätzung von Seiten der Provinzialen, die so unerschwingliche Abgaben aller Art an Rom zahlen müssen, mag ihren eigenen Beigeschmack haben: denn der Dichter, den sein »Herrgott« zum Tribun und Ritter gemacht, scheint in diesen »Aemtchen«, die doch ihr »Schlämpchen« hatten, bei aller Gesunkenheit ein »dummer ehrlicher Kerl« geblieben zu sein. Kein Wunder also, dass er trotz seiner unverzeihlichen Schwächen viele Freunde zählte, darunter auch den strengen Juvenal.

Was mag er nun für ein Ende nehmen? »Er hat gehabt kein Glück, kein' Stern, er ist gestorben, verdorben«, heisst es im Volksliede. Nicht doch, was Staat und Publicum verbrechen, wird manchmal von Privaten gut gemacht, und bei diesen ist auch die Reinheit der Beweggründe meist zweifelloser als bei den Grossen. War doch selbst August nicht so ganz in der hohen Eigenschaft des Staatsoberhauptes Literaturfreund, und Niemand fühlte dies besser als der spröde Horaz, den er nur durch unauflösliche Bande der Dankbarkeit endlich zur Verherrlichung des klugen Gönners bei der Nachwelt zu zwingen wusste. Eine reine Sonne ist solche Cäsarengönnerschaft nicht für eine nationale Kunst, und dieser Stempel scheidet die römische Literatur scharf von der griechischen, die in vollerer, zum Theil in voller Freiheit blühte. Ein minder mächtiger Gönner, ein einfacher Privatmann hat der Sache des Geistes und ihren hülfsberaubten Kämpfern schon weit reinere, weit folgenreichere Dienste geleistet, als diese Staatsweisheit mit dem eigensüchtigen Ehrgeiz in kalt rechnender Brust. Glücklich immerhin, wer auch das nicht nöthig hat, denn der wahre Ruhm, der alle Wunden heilt, beginnt doch erst nach dem Tode, und bei Lebzeiten fühlt der Dichter oft sehr empfindlich, dass er auch ein Bürger ist. Darum wäre es für unsern Martial besser gewesen, seinen vielversprechenden Lebenslauf nach Art der persischen Prinzen, mit einem ehrlichen Handwerk nämlich, zu beginnen. Versucht hat er's freilich, aber im römischen Advocatenstande, und was dies besagen will, das wissen die Cherusker. Lieber ein Lump («casu vivere»), heisst sein Wahlspruch. Armer Abenteurer von Bilbilis, es gäbe doch noch ehrbarere Hanthierungen, selbst literarische, die obendrein (vgl. Fig. 8) reichlich mit Ehrensold und Ehrensessel lohnen, ohne doch vielleicht die poetische Ader unwiederbringlich zu verstopfen. Aber man kommt nicht als Gelehrter auf die Welt, und während eines gehetzten Literatenthums, ja gar im Alter noch, zur literarischen Kunst ein literarisches Handwerk zu lernen, das ist nicht Jedermanns Sache. Auch hat das Talent ein Recht zum Trotz, es darf sich als nationales Eigenthum betrachten, und solches zu schützen ist allgemeine Bürgerpflicht. Selbst Lump, wer am unverschuldeten Verkümmern eines hoffnungsvollen oder verdienten Schriftstellers mitschuldig ist! Ein Admiral Plinius freilich, dem von einem Privatmann für ein Werk 400,000 Sesterze (gegen 40,000 fl.) geboten wurden, konnte lächelnd an seinen Sacculus klopfen, aber was wäre eine solche Summe für einen Martial gewesen! Das echte Talent strebt von Natur zur Charakterreinheit, und in frischer unverdorbener Erstlingszeit gerettet, was hätte diese junge Kraft aus der Provinz dem sinkenden Geiste der Hauptstadt und der vom römischen Geiste lebenden Welt nicht werden können!

Jetzt ist das vorüber, und genug, wenn das aus dem Meer gerettete Boot nicht im Hafen noch untergeht. Da findet sich nun in der spanischen Vaterstadt eine günstig gesinnte Landsmännin, Marcella, die dem armen alten Poeten ein Landgut schenkt. Mit grauen Haaren also kann er noch ein Weiberherz gewinnen, in Ehren, versteht sich, denn er hat ja im ausschweifenden Rom, wie er versichert, stets moralisch gelebt. Aber «das alte Glückskind!» mag bei der Nachricht so mancher noch ärmere Bruder in Apoll gerufen haben, denn es giebt ja kaum eine Lebenslage, die nicht noch eine Schichte unter sich und einen Neider hat. Doch ass er wenig mehr von den Früchten der neuen Villa; das Ziel, das er mit 75 Jährchen zu erreichen hoffte, übereilte ihn noch vor dem sechzigsten, und der Musterbriefsteller Plinius, der Neffe, eilt eine nekrologische Epistel in Umlauf zu bringen, aus der man erfährt, dass der gute Valerius Martialis gestorben ist. Dem hochgebildeten, aber impotenten und eiteln Herrchen, das freilich für Trajan gewisse politische Vorzüge hat, ist es «recht leid» um den Mann, der «ein Talent war, pointirt und pikant, und so salzig und gallig als gemüthlich zu schreiben verstand.« Dabei kann er nicht verhalten, dass er den armen Poeten bei seiner Heimkehr nach Spanien mit Reisegeld unterstützt hat — er ist nämlich von ihm in einem Gedicht besungen worden, das man bei der Gelegenheit literaturverdienstlich mit in den Kauf bekommt.

So sehen wir einen Dichter, der zu Besserem bestimmt war, an Leib und Seele beschädigt enden, und er ist noch weit nicht der Unglücklichste. Seine Werke haben gefallen — Dank der Herabwürdigung und übrigens auch der reichen Sittenschilderei —, sie haben geglänzt und sind nicht als Maculatur in die Krämerskneipe gewandert, um zum Einwickeln der Salzfische zu dienen. Wer aber mag sie zählen, die vielleicht noch grössern Talente und stärkeren Charaktere, bekannt und unbekannt, die in den Poetenstübchen der Weltstadt verkommen sind? Versunken und vergessen — der Sumpf schliesst sich gleichgültig über dem Opfer und die Mücken geigen nach wie vor. Was verdient aber eine Cultur, die, für Geist und Kunstschönheit empfänglich und doch zugleich so hart und gemein, ihre Geister verwahrlost, ausbettelt und bestiehlt? Vom Fusstritt des schon mit zorniger Verachtung über die Grenzen blickenden Barbaren in ihrem Kothe zusammengeknetet zu werden.

Fassen wir nun aber schliesslich die Schöne mit der Schriftrolle, die unser Gemälde so artig aus dem Rahmen des Architekturstücks hervortreten lässt, näher ins Auge, so fragt es sich, ob wir uns nicht an ihr vergreifen, wenn wir in der Rolle den Epigrammatisten suchen, der allen reinen Knaben und keuschen Mädchen selbst zuruft, sie sollen ihm ferne bleiben, denn nicht eine Seite können sie ungefährdet lesen. Ein Ausleger erklärt sie für die »Küsterin des Tempels, welche im Ritualbuche liest.« Da hätten wir nun einen wackern Bock geschossen. Der würdige Interpret gibt jedoch zu, dass das Gebäude eben so gut ein Palast sein könne, und in Palästen liest man schon ganz andere Bücher als in Tempeln. Wir Aelteren erinnern uns gar wohl noch der holden zwanziger Jahre des laufenden Jahrhunderts, wo in Palästen und auch in tugendsamen Bürgershäusern manch sittig Kind verstohlen oder offen und vielerröthend seinen theuren Clauren las. Doch möchten wir der schönen Leserin nicht Unrecht thun. Zwar sind bei ihr weder Miene und Kopfputz, noch Stola und Palla so trocken, so abstract zusammengenommen, wie bei der matronenhaften Jungfrau des Gelehrtenbildes Fig. 8, die offenbar die verkörperte Grammatik oder Logik ist, aber der Gesammteindruck der Person wie der Gewandung und Umgebung hält sich fern von der Subura, wo unser moralischer Martial gleichwohl nicht bloss wohlfeile, sondern auch kostspielige Freundinnen kennt. Indessen ist er nicht nur dort, er ist in den vornehmsten Stadtvierteln gelesen worden. Wer mag nun entscheiden, welchen Poeten die Rolle enthält? »Der Nachtigallen sind viel«, Virgil, den die Herausgeber mit Vorliebe durch ein Titelbild feiern, Horaz, als dessen Verleger die Gebrüder Sosier bekannt sind, dann der liebeathmende Properz und der noch viel schöner und leidenschaftlicher flötende Tibull. Etwas Schmachtendes in der feinen vornehmen Miene der Dame dürfte für einen der letzteren sprechen. Wem sie jedoch so heilig erscheint, dass er sie lieber zur Küsterin machte, für den haben wir eine Auskunft. Einem Tempel gehört sie nicht an, dafür sieht sie zu weltlich aus, aber eine künftige Matrone, ja vielleicht schon eine Braut mag man immerhin ohne Zwang in ihr erblicken. In diesem Falle wissen wir sicher was sie liest. Die Rolle, die wenig Umfang hat, ist eine jener Separatausgaben, dergleichen besonders von einzelnen Abtheilungen eines Dichters viele veranstaltet wurden, und in den Händen einer sittsamen Braut können wir nur auf Tibull rathen, aber nicht auf seine glühenden Lieder, sondern auf sein Werkchen »Cerinthus und Sulpicia«, das ein eben so ehrbarer als anmuthig zarter Brautschaftsroman in Briefen für höhere Töchter ist.

Bilderquellen: Tafel XXXV. Figur 1. 2. 5. Monum. ined. dell' Inst., 1838. Figur 3. 4. Smith, Dictionary. Figur 6. Pitture d'Ercol. I, pag. 181. Fig. 7. Mus. Borb. IV. Fig. 8. O. Müller, Denkmäler, mythol. Abth. nr. 238. Fig. 9. Mus. Borb. IV, 49. Fig. 10. Smith, pag. 572. Fig. 11. Gerhard, Trinkschalen, Taf. 12. u. 13. Fig. 12. Smith, pag. 941. Fig. 13. Pitture d'Ercol. I, pag. 187. Fig. 14. Clarac, Mus. de Sculp. pl. 181, nr. 84. Fig. 15. Mus. Borb. IV. 51. Fig. 16. P. S. Bartoli, Admiranda etc. Fig. 17. Mus. Borb. IV, 47.

Tafel XXXVI. Fig. 1. Geschnittener Stein. Vignette bei Millin Peint. I. Fig. 2. Deagl. II. Fig. 3. Mus. Borb. I, 53. Fig. 4. 5. 6. 7. Grivand de la Vincalle, Arts et Métiers des Anciens, pl. XXI. u. XXII. Fig. 8. Pitture d'Ercol. V, 237. Fig. 9. Ebendas. pag. 305. Fig. 10. Mus. Borb. XI, 47. Fig. 11. Pitture d'Ercol. V, pag. 245. Fig. 12. Pitt. d'Erc. III, pag. 245. Fig. 13. Pitt. d'Erc. IV, pag. 189. Fig. 14. Pitt. d'Erc. V, pag. 5. Fig. 15. Grivand de la Vincalle pl. VIII, 9. Fig. 16. Pitt. d'Erc. III, pag. 213. Fig. 17. Mazois II, 68. Fig. 18. Gerhard, Festgedanken an Winckelmann Taf. II. Fig. 19. Winckelmann, Mon. ined. 185.

---

12. Geburt, Erziehung, Spiel etc.
(Taf. XXXVII, XXXVIII.)

Uralt und bedenkenswerth ist der Glaube, dass Geburt und Leben des Menschen eine Busse vorzeitlicher Verschuldung, dass diese Erde ein Strafplatz für abgefallene Geister sei. Die orientalischen Religionslehren nehmen einen Sündenfall der ersten Menschen an, dessen Folgen auf das ganze Geschlecht einwirken. Die ägyptische Theologie betrachtet sämmtliche lebende Menschen als Wiedergeburten oder Abkömmlinge der empörerischen, in die Unterwelt gestürzten Titanen, und das menschliche Leben mit allen seinen Einrichtungen als eine Verbannung, eine Bussanstalt, worin wir als Feinde der Götter für den vormenschlichen Frevel gestraft werden. Ja diese Strafe erstreckt sich noch weiter als auf das einmalige Leben im Kerker dieses Leibes, der, wenn die Seele die Gefangenschaft nicht zu ihrer Besserung und Rettung benützt hat, mit einem noch schlimmeren vertauscht werden muss. »Die Aegypter,« sagt Herodot, »haben zuerst gelehrt, dass die Seele des Menschen unsterblich sei und, während der Leib verwese, in ein anderes, gerade zur Welt kommendes Wesen eingehe, bis sie alle Land- und Seethiere und Vögel durchwandert habe und wieder in einen menschlichen Leib zurückkehre; welche Wanderung sie in dreitausend Jahren vollende. Diese Lehre haben auch einige der Hellenen angenommen, die einen früher, die andern später, deren Namen ich weiss, aber nicht schreiben will.«

Er spielt damit zurückhaltend auf Pythagoras nebst seinen Vorgängern und Nachfolgern an. Aber auch in der griechischen Religion selbst ist der Glaube an Schuld und Erlösung wesentlich heimisch, freilich nicht sowohl in den Mythen, die, bildsame und wandelbare Stoffe für das Schaffen einer nach Freiheit ringenden Weltanschauung, die begonnene Zersetzung und Auflösung der alten Religion bekunden, sondern im Volksgottesdienste, in den sogenannten Mysterien, worin die Irrgänge dieses Daseins, die Schrecknisse des Todes und die den Geweihten, den Erlösten bevorstehenden Wonnen eines ewigen Lebens gefeiert wurden. Was von unserer eigenen altheidnischen Religion Mythisches übrig ist, lässt gleichfalls nur den völligen Glaubenszerfall erkennen, wie er in der Zeit vor Einführung des Christenthums geherrscht haben muss, aber die letzten Trümmer des alten Glaubens, unsere Märchen, geben in ihren wundersamen Bildern von Verzauberung und Erlösung noch deutlich die unter der bunten Hülle unverständlich gewordene Gedankenrichtung zu erkennen, die man die Grundstimmung des menschlichen Sinnens durch eine Reihe von Jahrtausenden hindurch zu nennen genöthigt ist.

Bei solcher religiösen Anschauung, die selbst in ihren theilweise orgiastischen Festen etwas Düsteres behielt, wird man sich die Jugenderziehung alter Völker und Zeiten ernst und trüb genug denken dürfen. Freilich hat die Menschheit neben dem finstersten Lebensernst allezeit viel bunte Lebenslust gehabt, das zeigen die ägyptischen Bilder mit ihren Belustigungen für alte und junge Kinder. Die praktischen Forderungen des Lebens sodann, die das Gesetz predigen, dass der Mensch mit wenigen Ausnahmen im Schweisse seines Angesichts sein Brod essen solle, gesellten zur Erziehung die Arbeit, mit welcher sich kopfhängerisches Brüten schlecht verträgt. In den begünstigteren Gesellschaftsclassen, in denen sich eine heitere Adelsreligion zeitig von der strengen Volksreligion absonderte, trat ohnehin auch eine entsprechende Erziehung ein, welche die Jugend für die Welt und ihre Ehren und Freuden weltlich ausbildete.

In dieser Hinsicht gleicht die griechische Heroenzeit ganz unserem Mittelalter, wie es dem jungen Adel seine ritterliche Erziehung gab. Mythischer Typus des altgriechischen Pädagogen ist Chiron, der weise Kentaur, aus dessen Höhle am Pelion die Sagen eine zahlreiche Heldenschule hervorgehen lassen. Sein Unterricht, den die ausgreifende Dichtung allmählich fast akademisch reichhaltig ausgestattet hat, umfasst Jagd- und Waffenübungen, Kräuter- und Heilkunde, Gesang und Saitenspiel, Seherkunst, Rechtslehre, leichte Religionsvorschriften und kurze Lebensregeln, dergleichen in der Zeit der gnomischen Poesie beliebt waren. Die Chironischen wurden dem Hesiod zugeschrieben, der allerdings an der Spitze der Lehrdichtung steht. Aber auch Homer ist nicht arm an Sittensprüchen, die ja dem das gesammte Leben in seinen Kreis ziehenden Epos nicht fremd sein dürfen und aus dem Epos nachher, wie die Geschichte der griechischen sowohl als der deutschen Literatur bezeugt, in die abgelöste, einem nüchterneren Geschmacke dienende Spruchdichtung überzugehen pflegen. Dass zu den ritterlichen Künsten der Heroenzeit oder wenigstens der Zeit Homer's eine schon altherkömmliche und ausgebildete Gymnastik gehört, haben wir bei den Leichenspielen am Grabe des Patroklos gesehen, und auch der Tanz wird von Jünglingen und Jungfrauen fleissig geübt. Freilich bewegen sich diese Gemälde in dem Rahmen der glänzenden, durch die dorische Wanderung untergegangenen achäischen Zeit, in welcher die griechische Sage so gerne weilt, wie die abendländische aus den armen, rohen Jahrhunderten nach dem Sturze der Karolinger sich in die glänzenden Tage

Karls des Grossen zurückversetzt; doch spricht der frische Gegenwartsduft der homerischen Gedichte dafür, dass ihr Sänger seine Anschauungen aus dem Leben seiner aristokratischen Zeitgenossen schöpfte. Das Volksleben dieser Zeit dagegen ist uns durch Hesiod dargestellt, der, unter dem Drucke der Mächtigen schmachtend, in der Kälte an der Esse des Schmiedes und am warmen Wirthshause vorübergeht, um noch etwas zu erarbeiten, damit er nicht hülflos im Winter ist und mit magern Händen die geschwollenen Füsse drücken muss. Hienach mag man sich die Erziehungsregeln vorstellen, welche dieser Dichter, der Helotenpoet, wie ihn König Kleomenes von Sparta nannte, seinem Hauskalender («Werke und Tage») einverleibt hat. Seinen Hauptspruch aber, worin die Summe seiner Lebensweisheit gipfelt, dürfen sich Reiche wie Arme, Alte wie Junge, Alle unerbittlich gleich gesagt sein lassen: »Vor die Tüchtigkeit haben die Götter den Schweiss gesetzt.«

Die älteste Erziehungsweise, die wir aus geschichtlicher Zeit kennen, ist die kretisch-spartanische. In Kreta bekanntlich hat Lykurg seine Verfassung geholt, die mit ihren beiden Königen und ihren drei Stämmen von je zehn Geschlechtern aus dem phönikischen Reiche des sagenhaften Minos stammte. In Tyrus ein König und ein Priester (denn dies ist die Urform des Zwei-Königthums), in Karthago zwei Suffeten, in Sparta zwei Könige, in Rom zwei Consuln, und auch hier drei Tribus mit dreissig Curien — man muss sich fragen ob hier nach der Tyrannis der Könige eine ältere Verfassung wieder durchgebrochen oder ob jetzt erst das weitverbreitete semitische Vorbild nachgeahmt worden ist. Die mit dieser Verfassung verbundene militärische Bürgerdisciplin, die sich besonders streng im «männerbändigenden» Sparta erhielt, begann mit dem ersten Hauch des Lebens über dem jungen Bürger zu walten; während jedoch in Rom die selbständige Familie das Kind für das Gemeinwesen erzog, nahm es der spartanische Staat gleich nach der Geburt in seine eisernen Arme. Es wurde vor ein aus den Aeltesten seines Stammes bestehendes Prüfungsgericht gebracht, das die schauderhafte Entscheidung über Leben und Tod, die im übrigen Griechenland (mit Ausnahme Thebens) und in Rom dem Vater zustand, von Staatswegen ausübte. Wurde es untauglich befunden, so setzte man es am Taygetos aus, in dessen Schluchten der grimme Bär hauste, andernfalls wurde er für die ersten sieben Jahre der Mutter zurückgegeben. Mit dem siebenten Jahre fiel der vollbürtige Bürgersohn der Staatserziehung anheim und wurde in eine Rotte (Ile) eingereiht, deren mehrere eine Schaar (die kretische Agele oder spartanische Bua) bildeten und unter ihren selbstgewählten, etwas älteren Ilarchen und Buagoren, alle zusammen aber unter dem Pädonomen standen. Die hervorstechenden Einzelheiten dieser Erziehung, das Turnen, kein athletisches, sondern ein militärisches, die Geisselung, die schmale Diät, die Anleitung zum Stehlen etc., sind allgemein bekannt. Indessen hat es in Sparta an geistiger Bildung nicht so ganz und gar gefehlt, wie man in Athen meinen wollte. Seit im übrigen Griechenland das Abc gelernt wurde, war auch dort die Grammatik nichts Fremdes, und die von den Spartanern in ihrer guten alten Zeit sehr eifrig betriebene Musik führte Texte mit sich, in welchen die Geistesquellen eines Homer, Terpander, Thaletas, Tyrtäos, Alkman strömten. Die Theilnahme an den gemeinschaftlichen Männermahlen sodann gab der Jugend, die hier oft aus ihrem bescheidenen stummen Zuhören aufgeschreckt und ins Gespräch gezogen wurde, jene Bildung für das Leben, die den künftigen Staatsmann und Krieger schafft. Höhere wissenschaftliche Bildung konnte freilich der Athener mit Recht vermissen, dafür aber auch jene schartige Schärfe und Rabulisterei, die

in der Stadt der eulenäugigen Göttin selbst der feinsten Geistesblüthe bedrohlich
wurde. Die Musen besassen in Sparta ein Heiligthum; auch hat die Stadt nicht
bloss fremde Lyriker geehrt, sondern auch einheimische hervorgebracht. Wozu
sie aber ein Theater hatte, das von weissem Marmor gebaut war und dem
Pausanias sehenswerth erschien, bleibt nach unsern wie theilweise nach attischen
Begriffen unerklärlich; und auch die bildende Kunst fand keine Heimath in ihr.

Athen, wo ursprünglich dem Areopag eine strenge Aufsicht über die Erziehung wie über die gesammte öffentliche Zucht zugestanden zu haben scheint,
tritt in die historische Zeit mit jener individuellen Selbständigkeit der Einzelnen
ein, die so viel Grosses erzeugt und für die künftige Entwickelung der Menschheit
so vorbedeutend gewirkt hat. So war auch die Erziehung der Kinder ganz den
Eltern überlassen; doch hatte Solon dafür gesorgt, dass der Vater dieselben weder
verpfänden noch verkaufen, noch von dem gymnastischen und dem früher schon
bezeichneten musischen Unterricht fern halten durfte. Auch mussten Vermögens-
lose ihre Kinder ein Brodgewerbe lernen lassen, falls sie nicht des Rechts auf Unterstützung von ihnen im Alter verlustig gehen wollten. Die Schulen waren übrigens
Privatanstalten, und die Elementarschulen müssen zum Theil so schlecht beschaffen
wie schlecht bezahlt gewesen sein. Die Grammata, der Anfang der musischen
Bildung, bestanden im Lesen, Schreiben und Rechnen. Ersteres wurde nach der
Buchstabirmethode betrieben, also unter grossem Lärm der oft vollen Schule,
Letzteres an den Fingern oder mit Rechensteinen geübt, wofür Plato Aepfel als
erspriesslicher vorschlägt. Zum Schulbesuch begleitete die Jungen der Pädagog,
ein Sklave, der ihnen die Bücher trug und nicht immer die passendste Aufsichts-
behörde gewesen sein mag, da man zu diesem Berufe nur in den bessern Häusern
einen gebildeten Sklaven, in andern aber einen zu sonstigen Geschäften unbrauch-
baren erkor. Im höheren Unterrichte wurden Dichter gelesen und auswendig gelernt; doch hievon und von der musikalischen und gymnastischen Bildung haben
wir schon früher gehandelt. Dass es über die passende Auswahl der Schullese-
bücher, wie bei uns, verschiedene Ansichten gab, versteht sich von selbst. Im
noch höheren, universitätsmässig betriebenen Unterrichte wurde bei den Philosophen und Sophisten Wissenschaft und Parlamentsberedsamkeit erlernt. Hier
waren die Honorare sehr hoch. Aristipp liess sich 1000 Drachmen bezahlen,
und meinte gegen Demosthenes, der ihm 200 bringen wollte, er gebe seine Lehre
nicht schnitzelweise, auch die guten Fische kommen nur ganz in den Kauf. Aermere
strebsame Jünglinge, die entweder zum Höchsten durchdringen oder ihren Weg
in der Welt machen wollten, arbeiteten deshalb die Nächte durch als Taglöhner in
Gärten, in Mühlen u. dgl., um bei Tage in die Philosophenschulen (wohl nicht in
die theuersten) gehen zu können. Aus diesen Schulen ist später das eigentliche
Universitätsleben von Alexandria, Athen, Rom etc. hervorgegangen.

Von den übrigen griechischen Staaten wird man im Allgemeinen annehmen
dürfen, dass in den gebildeteren das Schulwesen gleichen Schritt mit dem athenischen hielt. Schulen werden gelegentlich erwähnt, wie z. B. in Mykalessos, das
die Thrakier mit Tagesanbruch überfielen, wobei die bereits in der Schule versammelten Knaben sämmtlich niedergemetzelt wurden. Auch in Athen begann die
Schule früh Morgens und wurde Nachmittags fortgesetzt. Nach Theophrast wäre
die Erziehung (mit Ausnahme Sparta's) bei allen Hellenen die gleiche gewesen.
Von Theben jedoch wird erzählt, Herodot habe dort eine Schule errichten wollen,
sei aber von den Archonten aus Bildungshass abgewiesen worden, und Diogenes

soll gesagt haben, die böotische Sphinx sei nichts anderes als die Unwissenschaft-
lichkeit. So rühmt auch Aeschines, dass die Böotier, die Aetolier ihre Kinder, um
sie etwas lernen zu lassen, nach Athen in die Schule schicken. Indessen muss
man solche Anekdoten und Aeusserungen, auch wenn sie richtig sind, nicht für
ausschliesslich nehmen.

Darf man die Erzählung glauben, wie Appius Claudius Virginien sah, dann
sind in Rom schon um die Mitte des 5. Jahrhunderts v. Chr. die Mädchen auf
dem Forum zur Schule gegangen, wonach es an den Knaben um so weniger
gefehlt haben kann. Noch bekannter ist die Geschichte von Camillus, wie ihm
der Schulmeister von Falerii die Knaben unter dem Vorwande des Spazieren-
gehens als Geisel ins Lager führt. Als Camill in Tusculum einzog, hörte man die
Schulen von den Stimmen der lernenden Knaben ertönen. Seit der Gesetzgebung
der Decemvirn waren die zwölf Tafeln einer der vornehmsten Lesestoffe für die
römische Jugend. Noch Cicero musste dieses für einen Knaben zum Theil sehr
wunderliche Spruchbuch auswendig lernen; die höhere Bildung aber erhielt er
ganz auf griechischem Fuss. Nach der Besitzergreifung Unteritaliens nämlich,
begann die geistige Eroberung Rom's durch Griechenland, und die Erziehung »im
Schosse der Mutter« machte jetzt nach und nach dem Walten des griechischen
Pädagogen Platz. Der alte Cato behauptet auch in diesem Punkte seine eigenthümliche Stellung zwischen alter und neuer Zeit: er unterrichtete seine Söhne
im Lesen, Schreiben und Turnen selbst, während sein Grammatist Chilon fremde
Kinder schulen und Geld damit für ihn verdienen musste. Die Abhängigkeit der
römischen Bildung von der griechischen zeigt sich darin, dass die lateinische
Odyssee des Livius Andronicus, eingeführt in der Schule des Spurius Carvilius,
das herrschende Schulbuch wurde. Noch Horaz bekam diesen Telemach von
seinem Lehrer Orbil mit Schlägen eingetrichtert. Diese Lehrer hatten bei ärm-
lichem Auskommen ein saures Leben und wenig Lust, den Kindern das ihrige zu
versüssen. Martial, der so unglücklich war, neben einer Schule zu wohnen, die
ihn schon am frühesten Morgen störte, ruft dem Schulmeister zu: »Vermaledeiter
Ludimagister, den Knaben und Mädchen verhasstes Wesen, noch eh die Hähne
kräh'n, fängst du schon mit Schelten und Schlagen dein Donnerwetter an!« Um so
besser standen sich die höheren Lehrer, welche Grammatik als Sprachwissenschaft,
Rhetorik, Philosophie u. dgl. vortrugen. Doch begaben sich noch lange Zeit die
vornehmen jungen Römer, nachdem sie die Toga virilis genommen, zur Vollendung
ihrer Studien nach Athen, und so erzählt auch Horaz, wie er, nachdem er zu
Rom gelernt, was der Zorn Achill's den Achivern geschadet, im Hain des Akademos erst habe ergründen wollen, was das Wahre sei, — ein Streben, das bekanntlich unterbrochen wurde, als Brutus nach Griechenland kam und den Stu-
denten zum Freischaarenobersten machte, der aber bei Philippi das Patent sammt
dem Schilde wegwarf. Durch August und später noch mehr durch Hadrian
wurde das Unterrichtswesen in Rom und den Provinzen immer mehr erweitert,
und die Hochschulen mit den Professorennamen der Lehrer, bestanden bis zum
Fall des Reiches, in Konstantinopel unter anderer Form auch noch nachher fort.

Fig. 1 und 6 unserer Tafel, beide römisch, beginnen recht mit dem Anfang des Kreises, den sie zum Gegenstande hat. Fig. 1 zerfällt in zwei Bilder,
deren erstes Bräutigam und Braut darstellt, wie sie von Juno Pronuba zusammen-
gegeben werden; weiterhin sieht man die Niederkunft und die Waschung des
Kindes, wobei die Figur im Hintergrunde, die auf die Kugel deutet, wohl die

astrologische Absicht hat, die Geburtsstunde zum Behuf der Nativitätstellung zu bezeichnen. Fig. 6 stellt gleichfalls die Hergänge des Wochenzimmers dar; doch ist das Neugeborne hier naturgemässer aufgefasst als auf Fig. 1, wo der Künstler sich erlaubt hat, demselben eine Haltung und Bewegung zu geben, die mehr symbolisch als natürlich ist.

Fig. 2 schildert den Leseunterricht; die drei zusammengebundenen Rollen bilden den nöthigen Vorrath an Büchern, den der Knabe mit in die Schule bringen muss.

Fig. 3. Knabe, der reiten lernt.

Fig. 4, 6. Statuetten von Kindern.

Fig. 5. Mutter mit dem Kinde auf dem Arme; die Wärterin oder etwa ältere Tochter, die ein zweites trägt, blickt zu ihr auf.

Fig. 7. Darstellungen des Spiels mit Würfeln oder Knöcheln (Astragalen) muss es seit Polyklet, der zwei Knaben in diesem dem unsern ziemlich ähnlichen Spiele begriffen dargestellt, zahlreiche gegeben haben. Eine derselben ist das halb erwachsene Mädchen im leichten Hemde, eine Gestalt von ungemeiner Natürlichkeit, in mehreren Exemplaren vorhanden, so in der bekannten und berühmten Statue zu Berlin, von welcher gegenwärtige Figur eine Abbildung ist. Die Darstellung reiht sich den zierlichen Genrebildern an, die früher schon mitgetheilt wurden und ferner noch begegnen werden.

Fig. 9. Knabe, der einen Affen tanzen lehrt und die Peitsche dazu schwingt.

Fig. 10. Mädchen mit einem Vogel auf der Hand.

Fig. 11 ist durch die Unterschrift als »Mutter mit Kind« bezeichnet. Das Kind scheint indessen etwas gross und etwas jünglingshaft zärtlich zu sein. Bei Millin, nach dessen Peintures de Vases das Bild gegeben ist, trägt der Jüngling die Aufschrift »Dionysos« und ist ausser der Nymphe, der er im Schosse liegt, noch von andern umgeben, die ihm Epheu bieten, mit seinem Panther spielen u. dgl. Das Bild gehört also den mythologischen Darstellungen an, die von der Erziehung des Dionysos handeln.

Fig. 12. Ballspielerin, die so eben den Ball in die Höhe geworfen hat, zu ihren Füssen ein Perlhuhn, hinter ihr ein Salbfläschchen.

Fig. 13. Knabe, der mit Hülfe des Schreibgriffels Geschriebenes zu buchstabiren scheint.

Fig. 14. Knabe mit Wägelchen, der einem Hündchen Brod oder Kuchen reicht.

Fig. 15, Fragment eines grösseren zu Portici gefundenen Wandgemäldes, gehört, wie Fig. 11, dem bacchischen Erziehungskreise an. Silen, in einer seiner edleren Bildungen, hält sein göttliches Pflegekind mit beiden Armen empor, während eine an Kopf und Nacken bekränzte Nymphe demselben spielend eine Traube vorhält.

Fig. 16. Als strenger Pädagog erweist sich Silen auf dem gegenwärtigen Bilde, indem er einem Satyrkinde, das den Korb mit Früchten entweder ungeschickt oder unartig umgeworfen oder gar bestohlen hat, die Ruthe ertheilt.

Fig. 17. Eine der so häufigen Darstellungen wohlgeborner Jünglinge. Einer sitzt, zwei andere stehen auf ihre Knotenstäbe gelehnt vor und hinter ihm. An der Rückwand die Geräthschaften der Palästra.

Fig. 18 gehört zu dem gleichen Cyklus, welchem auf der vorhergehenden Tafel die unter und vor den Hallen eines Forums sattfindenden Scenen des Verkaufs u. dgl. entnommen wurden. Es ist ein schmerzliches Lebensbild aus der antiken Schule, das vor einem modernen an Effect das voraus hat, dass das bekannte Kleidungsstück, das hier »gespannt« zu werden pflegt, nicht vorhanden ist und die Schläge daher um so empfindlicher ausfallen. Der Delinquent hat übrigens das schulpflichtige und ruthengerechte Alter fast überschritten, daher das Bild lebhaft an Horazens venusinische Schule erinnert, in welche grosse Söhne grosser Capitäne mit Tasche und Tafel über der linken Schulter wanderten.

Fig. 19. Mehrfach wiederholte Gruppe: ein schöner Knabe der einen Schwan um den Hals gefasst hält und mit der andern Hand an der Leine führt.

Fig. 20. Jüngling und Mädchen. Letztere spielt mit einem kindlichen Eros, der ihr auf dem Fusse tanzt und wohl die erwachende Neigung symbolisch auszudrücken bestimmt sein mag. Auch die ausserhalb zwischen beiden schwebende Tänie scheint auf ein künftig sich knüpfendes Band hinzudeuten.

Fig. 21. Zwei Knaben in der durch die Herme angedeuteten Palästra ringend, der Vorsteher mit dem Oelzweige über dem Kampfe wachend.

Fig. 22. Reifspiel, ganz wie bei uns. In mythologischen Darstellungen ist es gewöhnlich Ganymed, der mit dem Reife dargestellt wird, und das vorliegende Bild meint wirklich den Liebling des Zeus, denn auf dem vollständigen Original ist dieser gleichfalls zugegen, und der Hahn, dessen Kopf aus dem über den linken Arm geworfenen Gewande schaut, ist ein Geschenk von ihm.

Taf. XXXVIII, Fig. 1. Knaben mit Astragalen, Seitenstück zu Fig. 7 auf Taf. XXXVII.

Fig. 2. Schlafende Kinder, über einander hingelagert.

Fig. 3. Zwei Eroten, wohl Eros und Anteros, sitzen einander auf Felsenstücken gegenüber, und während sie gemeinschaftlich eine Stange festhalten, drücken sie, wie die künstlerischen Darstellungen dieser Gegengewalten auch sonst es lieben, den zwischen ihnen waltenden Kampf in einem Spiele aus. Es ist das bekannte, heute noch in Italien beliebte Morraspiel, jenes blitzschnelle gegenseitige Errathen der Anzahl der ausgestreckten Finger, das schon auf uralt ägyptischen Bildern ganz in der gleichen Weise dargestellt zu sehen ist.

Fig. 4. Ein Jüngling lernt auf dem ausgewachsenen Rosse (Keles) reiten. Die Wettreiter (Keletizontes) haben wir bei den Kampfspielen kennen gelernt.

Fig. 5. Eine Art von gymnastischem Strafspiel, wobei der Besiegte, die hohlen Hände auf den Rücken gelegt, dem Sieger, der dieselben mit den Knieen bestieg, als Pferd dienen musste. Das Spiel hat den Namen von der hohlen Hand (Kotyle).

Fig. 6. Beginn eines Hahnenkampfes.[1] Der eine Spieler sieht begierig dem Kampfe entgegen und scheint seinen Hahn, der sehr streitbar aussieht, in gebückter Stellung durch Zureden aufzumuntern. Beide sind mit offenbarem Humor dargestellt. Der andere Spieler hält seinen Hahn noch auf dem Arme. Hinter ihm steht der Preisrichter. Alle Drei sind bekränzt und scheinen die Angelegenheit mit feierlichem Ernste zu betreiben. Hahnenkämpfe waren in Griechenland und Rom sehr beliebt, und ihr Ausgang wurde häufig als Vorbedeutung angesehen, bis man in der Kaiserzeit auf die eigentliche Alektryomantie gerieth, die darin bestand, dass man prophetischen (d. h. vom Zauberer abgerichteten) Hähnen auf die Buchstaben des Alphabets Körner streute, durch deren Wegfressen sie Wörter und Namen bildeten, z. B. den Namen des künftigen Kaisers, welche Neugier übrigens den Kopf kosten konnte. In Athen war das Theater nicht zu gut, um nicht jährlich einmal zum Schauplatz von Hahnenkämpfen zu dienen, und die

Einführung der Sitte wurde, wie Aelian erbaulich berichtet, dem Themistokles zugeschrieben. Als dieser gegen die Perser zog, traf er auf ein paar kämpfende Hähne und
benützte — sagt Aelian — diese Erscheinung zu einer höchst wirksamen Rede an
das Heer, worin er auseinandersetzte, dass diese nur um den Sieg kämpfen und
dass es noch etwas ganz anderes sei, für das Vaterland, für die Götter etc. zu
streiten. Da das Beispiel und die Rede bei den entmuthigten Athenern Wunder
thaten, so brachte er nachher ein Gesetz ein, wonach die Hahnenkämpfe zum
ewigen Andenken jedes Jahr stattfinden sollten. »Wegen ihrer Grösse und Stärke
waren die Hähne von Tanagra, Rhodos, Chalkis und Medien berühmt. Die Delier
zeichneten sich vor allen Griechen in der Erziehung dieser Streithähne aus. Die
Wetten bei diesen Kämpfen waren oft so bedeutend, dass sie das ganze Erbtheil
aufs Spiel setzten.« Panofka nach Pausanias, Varro und Columella. — Fig. 8
stellt zwei Hähne dar, wie sie eben über der zwischen ihnen liegenden Siegea-
palme einander angreifen. Plinius schildert das Schauspiel, wie nach vollbrachtem Kampfe der Sieger sein Triumphlied singt und der Besiegte, über die
Niederlage traurig, sich still bei Seite bringen lässt. Eine der beiden tanagräischen
Arten beschreibt Pausanias in seiner eigenthümlichen Weise so: »Sie gleichen an
Grösse den lydischen Vögeln, an Farbe den Raben, haben Bart und Kuppe gleich
einer Windrose, desgleichen vorn auf dem Schnabel und hinten am Schwanz kleine
weisse Flecke. So sehen diese aus.«

Fig. 7. Zwei Eroten, die den auf dem Kriegswägelchen stehenden Dritten,
der den Heros spielt, als Pferde ziehen. — Fig. 10. Knabe mit Gans (oder
Schwan?), Statuette im Museum zu Neapel, ein Lieblingsgegenstand der spätern
griechischen Kunst und zu derselben Classe von Denkmälern gehörig, wie Fig. 19 auf
Taf. XXXVII. — Fig. 9. Ein Eros weint oder stellt sich weinend, damit die andern
herzugelaufen kommen, nach ihm zu sehen. — Fig. 16. Ein Eros hält einem andern oder einem Kinde eine ungeheure Maske vor, dass der Arme vor Schrecken
rücklings fällt. Ein Dritter nimmt gemässigteren Antheil an der Ueberraschung. —
Zu diesen Erotenscherzen mögen auch die einem Sarkophage entnommenen spielenden Kinder Fig. 18 gezogen werden.

(Fig. 11—18 folgt am Schluss.)

Fig. 14. Knaben, die sich zum Ringen anschicken, desgleichen wir auf
den gymnastischen Bildern gesehen haben.

Fig. 15. Jünglinge (Epheben), der eine mit dem Krückstock in der Hand
sitzend, der andere mit der Schriftrolle zu ihm tretend, in literarischer Unterhaltung begriffen. Was der Dritte trägt, scheint eine andere Art von Bücherhülle
als die Kapsel zu sein, nämlich die sogenannte Diphthera oder Membrana, ein
pergamentenes Futteral.

Fig. 17. Der Ball (Sphära), den wir schon bei Fig. 12 der vorhergehenden
Tafel kennen gelernt, dient hier einigen erwachsenen Jünglingen und einem Manne
zum künstlich verwickelten Spiel.

Fig. 18 führt uns abermals zu dem beliebten Knöchelspiel zurück, diesmal
jedoch in mythologischem Zusammenhange. Niobe war mit der Mutter des Apoll
und der Artemis sehr befreundet, ehe sie die Göttin durch ihren Uebermuth zur
Rache reizte. Das Bild nun, ein herculaneisches Gemälde, stellt eine Scene aus
dieser Zeit der Freundschaft dar. Niobe befindet sich mit Aglaia, einer der
Chariten, und mit Phöbe und Hilaira, den Töchtern des messenischen Fürsten
Leukippos, bei Leto, die ihre dargebotene Rechte mit einer gewissen Herablassung

empfängt. Aus dieser wie aus dem Eifer, mit welcher Phöbe ihre Freundin vorwärts schiebt, könnte man auch auf eine Störung des Einvernehmens schliessen,
welche jetzt wieder gut gemacht werden soll. Im Vordergrund der Gruppe spielen
_____ und Hilaira mit Astragalen. Die Namen Leto, Niobe, Phöbe, Aglaia und
Hilaira sind im Original übergeschrieben. Auch der Maler hat seinen Namen
beigesetzt: »Alexandros Athenaios egraphen.«

Fig. 19 enthält das gleiche Spiel und gleichfalls den Bestandtheil einer
mythischen Handlung bildend. Die Gestalt mit dem Schwerte ist Medea, die sich
zum Morde ihrer Kinder anschickt. Man erkennt in dem Bilde eine Nachahmung
der berühmten Medea des Timomachos von Byzanz, eines der letzten grossen
Maler, dessen beide grosse Bilder Medea und Aias Cäsar um 80 Talente kaufte
und im Tempel der Venus Genitrix aufstellen liess. Streitig ist es jedoch, ob
Medea, wie hier, von den Kindern umgeben, oder, wie auf einem herculanischen
Bilde, als Einzelbild dargestellt war, in welchem Falle die Wirkung viel geistiger
und tiefer gewesen wäre. Das pompejanische Wandgemälde, von welchem wir
hier eine Abbildung haben, stellt die Kinder Jason's knöchelspielend dar und
hinter ihnen den Pädogogen, der theilnehmend auf sie niederblickt.

Fig. 20. Zwei Mädchen oder Frauen, Archedia und Napaline, belustigen
sich mit Schaukeln, indem sie auf den beiden Enden eines Brettes stehend wechselseitig auf und nieder schweben, wie es bei unserer Jugend noch der Brauch ist.
Ob der kleine Flügelgott, der die Stelle des Züngleins im Wagbalken zu vertreten scheint, wirklich der Aufschrift gemäss Eos oder ein verschriebener Eros
sein soll, wird unentschieden bleiben müssen.

Fig. 21. Seitenstück zum vorigen Bilde, eine Strickschaukel darstellend,
in welcher eine junge Schöne von einer alten geschwungen wird. Athen hatte
sein besonderes Schaukelfest, Aiōra oder Aletides genannt, zu Ehren der Erigone,
die als Jungfrau im Thierkreise glänzt. Sie war die Tochter des Ikarios im
attischen Demos Ikaria, wo Thespis nachmals die Dionysosmaskeraden zur dramatischen Form ausbildete. Ikarios, der den Dionysos gastlich aufgenommen,
wurde von ihm mit Weinschläuchen und der Weinbaukunde beschenkt. In der
Freude seines Herzens fuhr er mit den Schläuchen im Lande umher und theilte
die Gottesgabe an Hirten und Bauern aus, die aber betrunken wurden und, sich
für vergiftet haltend, ihren Wohlthäter mordeten, den sie sodann in einen Brunnen
ohne Wasser stürzten oder unter einem Baum begruben. Erigone, die Schwankende
(Aletis), irrte lang umher, bis sie sein Grab fand, worauf sie sich an dem Un-
glücksbaum erhenkte. Dionysos aber verhängte über die Ikarier eine Pest oder
nach andern eine Raserei der Jungfrauen, dass sie sich wie Erigone erhenkten.
Das Orakel, das die Leichname aufsuchen hiess, gab sich, als diese nicht gefunden wurden, mit dem Schaukelfeste zufrieden, das nunmehr gestiftet wurde. Man
hing zur Erinnerung an die Schwankende Stricke an Bäume und schaukelte darin
sich selbst oder allerlei Puppen und Figuren unter ländlichen Liedern. Dies der
Ursprung des attischen Schaukelfestes, und aus diesem Grunde hält Panofka die
Geschaukelte auf unserm Bilde — es ist einer etrurischen Vase entnommen —
für eine junge Athenerin.

Zu den Bildern, welche die Jugend in ihren verschiedenen Zuständen vorführen, gehören auch noch die folgenden, die auf dieser Tafel keinen Raum mehr
gefunden haben und deshalb auf der nächsten untergebracht worden sind.

Tafel XXXIX, Fig. 9 und 3 sind Gruppen aus den grossen Panathenäen am

Festzuge vom Cellafries des Parthenon, hier zu fragmentarisch ausgehoben, um Gegenstand einer ausführlicheren Erläuterung sein zu können. Die älteren Männer, die, während der Zug still hält, bei jüngeren in, wie es scheint, belehrendem Gespräche stehen, mögen wohl Priester und sonstige höhere Beamte, die jüngeren edle Festdiener, Staatsherolde u. dgl. sein. Die mit Frauen untermischten Mädchen tragen (nur zum Theil hier sichtbar) Gegenstände, über welche mehrfach gestritten wird, einen Candelaber oder vielleicht ein Rauchgefäss, weiterhin Kannen und Becken, endlich ein paar trompetenförmige Gegenstände, die für Sonnenschirme, für Candelaber oder auch für Ueberzugshüllen heiliger Geräthe gehalten werden. Auch diese wenigen Figuren, besonders die reizenden weiblichen Gestalten in den faltigen Festgewanden, geben von dem athenischen Hauptfeste und von der Kunst, womit Phidias diese Glanztage der Stadt und besonders der attischen Jugend aufgefasst hat, einen hohen Begriff. Eine Erscheinung, die hier nur an der Figur rechts vom Candalaber sichtbar ist, auf andern umfassenderen Nachbildungen aber sehr zahlreich zum Vorschein kommt, möchte beiläufig geeignet sein, über eine bei Tafel XV, Fig. 9 und 13 unentschieden gebliebene Frage einiges Licht zu verbreiten. Es handelte sich dort um drei Figuren, die auf Postamenten zu stehen scheinen, so dass es fraglich blieb, ob die Figuren Statuen vorstellen oder ob die Postamente den Sohlenunterbau des Kothurns ersetzen sollen. Eine ziemlich ähnliche Art von Postamenten nun findet man bei vielen dieser weiblichen Gestalten vom panathenäischen Festzuge, bei welchen über deren Bedeutung kein Zweifel sein kann, so dass auch Wieseler hier keinen Anstand nimmt, die auffallenden Fussuntersätze für gewöhnliche Sandalen zu erklären.

Taf. XXXIX, Fig. 4. Seitenstück zu den vielen Ephebenbildern und zu den gleichfalls sehr zahlreichen Mantelfiguren, die sich auf griechischen Vasenbildern finden.

Tafel XXXIX, Fig. 12. In diesem Wandgemälde aus den Thermen Konstantin's glaubt Müller einen siegreichen Athleten zu erkennen, dem die Göttin der Stadt, welche die Kampfspiele gefeiert, einen Kranz überreiche. Der Schild aber scheint eher auf einen jungen Krieger hinzuweisen, und die Figur mit dem Kinde möchte etwa die Freuden der Häuslichkeit bedeuten, die nach vollendetem Kampfe winken.

Tafel XXXVIII, Fig. 11 und 12. Die Colosse vom Monte Cavallo. Streng genommen gehören sie nicht hierher; da sie aber wegen ihres Kunstwerths doch auf irgend einer unserer Tafeln nicht fehlen dürften, so besprechen wir sie an dem Orte, den sie nun einmal gefunden haben, zumal die ihnen angewiesene Umgebung, sofern sie die Jugend in Ausübung einer der obersten Rossekünste darstellen, doch gewissermassen gerechtfertigt ist.

Es sind zwei heroenartige Jünglinge, die ihre wildbäumenden Pferde mit gewaltiger Gebärde bändigen. Da die alte Kunst die Dioskuren gerne mit ihren Rossen, entweder reitend oder neben ihnen stehend, abgebildet hat, und da dieselben, wenn sie ohne ihre charakteristischen Hüte dargestellt sind, vorzugsweise die an den gegenwärtigen Gestalten sichtbare Haarbildung haben, so kann über die Bedeutung der Bilder nicht wohl ein Zweifel sein.

Um so grösseren Streit hat ihre Herkunft erregt. Sie standen das Mittelalter hindurch, von den damaligen Beschreibern als Cavalli marmorei aufgeführt, bei den konstantinischen Thermen, und trugen an ihren Fussgestellen Unterschriften, welche den einen Koloss als Werk des Phidias, den anderen als Werk des Praxiteles bezeichneten. Sixtus V. liess sie auf dem Platze des Quirinal aufstellen, wo sie jetzt noch dem päpstlichen Palaste gegenüberstehen, dem sie nebst der betreffenden Höhe des Berges den Namen gegeben haben. Bei dieser Verbringung erhielten sie neue Postamente mit Inschriften, die sie für Alexander als Bändiger seines sagenberühmten Rossos und zugleich für Werke der genannten beiden Künstler erklärten. Dieser lächerliche Zeitfehler wurde später wieder ausgetilgt und an jeder der beiden Statuen die alte Inschrift: Opus Phidiæ, Opus Praxitelis, wie sie jetzt noch heissen, hergestellt.

Seit jedoch die Werke vom Parthenon bekannt geworden sind, kann an eine Arbeit des Phidias nicht mehr gedacht werden, und unglaublich von jeher schien die Einmischung des zartbildenden Praxiteles. Zudem dient jeder der beiden Figuren zur Stütze des Standfusses ein römischer Panzer, der allein schon hinreichen würde, sie als Werke römischer Kunst zu kennzeichnen, deren Eigenthümlichkeiten sie ohnehin verrathen. Die gewichtigsten Stimmen haben sich daher vereinigt, sie für Werke der Kaiserzeit zu erkennen, für Nachbildungen jedoch, aus welchen vortreffliche griechische Originale durchschimmern. Da nun Plinius unter den Arbeiten des Phidias »den einen der beiden nackten Kolosse« nennt und die eine der aus unbestimmt alter Zeit stammenden Inschriften überraschend mit dieser Angabe zusammentrifft, so lässt sich immerhin mit einiger Wahrscheinlichkeit vermuthen, dass die eine der beiden Figuren zwar nicht von Phidias, aber von einem bedeutenden römischen Künstler nach jenem Phidias'schen Original gearbeitet sei, die andere aber durch die Sage den Namen des andern grossen Künstlers erhalten habe.

Die Originale selbst glaubt man in einer Angabe des Pausanias gefunden zu haben. Pausanias sah beim Aufsteigen auf die Akropolis zu Athen »Bilder von Reitern«, von welchen er sagt, er wisse nicht, ob sie die Söhne Xenophon's vorstellen oder ob sie eben sonst zur Verzierung hier aufgestellt seien. Sofern nun unsere beiden Colosse der Bestimmung, einen Eingang zu schmücken, vollkommen entsprechen und die »Reiter« des Pausanias nicht nothwendig auf den Pferden zu sitzen brauchen, so lag es nahe, bei diesen Statuen an die Originale der beiden Colosse zu denken. »Waren die Originale in Athen an einem so hervorragenden Orte aufgestellt« — sagt Bursian, der diese Ansicht ausgesprochen hat — «so erklärt sich leicht, wie spätere römische Kunstfreunde sie für Werke der bedeutendsten attischen Künstler halten und daher den Copieen die bekannten Inschriften beifügen konnten.« Allein angenommen, wie es auch wahrscheinlich ist, dass die Statuen, deren Zahl Pausanias nicht angibt, ihrer Bestimmung gemäss auf die Zweizahl beschränkt waren, so ist es nicht wohl denkbar, dass die Bilder, in denen man (vermuthlich nach einer athenischen Sage) Söhne Xenophons, also berühmte Namen zwar, aber weder vergöttlichte Helden noch durch Schmeichelei erhöhte Fürsten sehen konnte, Kolossalgrösse gehabt haben sollten, und Kolosse müssen schon die Originale gewesen sein, denn es wäre wunderlich anzunehmen, dass gepriesene Bilder erst in der Nachahmung zu Kolossen emporgetrieben worden seien. Es bleibt somit nur die obige Annahme, wobei jedoch nicht verschwiegen werden darf, dass Pausanias (I, 2) zu Athen auf einem Grabmal «einen Stratioten neben seinem Pferde stehend» von der Hand des Praxiteles sah.

Aber auch in der Nachbildung haben diese kolossalsten aller noch ganz erhaltenen Denkmäler der alten Sculptur wegen ihrer geistvollen und meisterhaften

Behandlung, wegen der Schönheit und Grossartigkeit des Gliederbaues und wegen des gewaltigen Ausdrucks von Heroenkraft die Bewunderung der Kenner, nach einer Periode unbegreiflicher Vernachlässigung, sich neu und wieder neu erworben. Wie viel davon auf Rechnung des letzten Künstlers kommen mag, ist nicht zu entscheiden. »Dass solche ideale Götterhäupter«, sagt Bunsen, »nicht von einem römischen Meister erfunden sind, sondern dem schaffenden Genius hellenischer Kunst in seiner erhabensten Zeit angehören, erscheint mir, je länger ich mich ihres herrlichen Anblicks erfreue, eben so klar als unbeweisbar.« Der Umstand, dass die Pferde im Verhältniss zu den Heroen kleiner gebildet sind, deutet mehr auf griechisches als römisches Kunstverfahren und spricht somit dafür, dass die Nachbildung in der Hauptsache, das Beiwerk abgerechnet, sich treu an die Urbilder gehalten hat. Das einzige Störende an den Gruppen ist die völlig gleichförmige Richtung jedes der beiden Heroen mit seinem Pferde. Diese Unschönheit ist offenbar ein Fehler der Aufstellung (die aber schon vor Sixtus die gleiche war), und hebt sich durch die unzweifelhaft richtige Ansicht Wagner's, dass die ursprünglich ihren Führern zugewandten Pferde schon bei der Aufstellung vor den Thermen Konstantin's verwechselt worden seien.

Bilderquellen: Tafel XXXVII. Fig. 1. Bartoli: Admiranda Romanorum etc. pl. 66. Fig. 2. Montfaucon, L'Antiquité expl. III, 149. Fig. 3. Panofka: Bilder d. griech. Leb. I, Taf. 5. Fig. 4. Clarac: Mus. de Sculp. Nr. 2235 B. Statuette im Mus. zu Neapel. Fig. 5. Ebds. pl. 203 nr. 279. Basrelief im Louvre. Fig. 6. Ponce: Bains de Titus, 16. Wandgemälde. Fig. 7. Réveil, Mus. de Peint. et de Sulpt. pl. 552. Fig. 8. Clarac: Mus. de Sculpt. Statuette im Mus. zu Neapel. nr. 2235 C. Fig. 9. Mus. Borb. I, 21. Fig. 10. Clarac: Mus. de Sculpt. Statuette in der Coll. Westmacotte in London. Fig. 11. Millin: Peintures de Vases, II, 49. Fig. 12. Panofka 19, 8. Fig. 13. Montfaucon: L'Ant. expl. III, 149. Fig. 14. Vasengem. bei Stackelberg: Gräber der Hellenen t. XVII, 3. Fig. 15. Réveil: Mus. de Peint. et de Sculpture etc. pl. 534. Fig. 16. Mus. Borb. IX, 56. Fig. 17. Vasengem. bei Micali: Stor. degli antichi popoli ital. 103, 1. Fig. 18. Pitture d'Ercolano, III. 41. Fig. 19. Clarac: Mus. de Sculpt. pl. 875. nr. 2232 A. Statue in der Coll. Blundell. Fig. 20. Tischbein: Vases etc. III, 27. Fig. 21. Panofka. Taf. 1, 4. Geschn. Stein. Fig. 22. Vasengem. bei Passeri: Pict. vasc. 156.

Taf. XXXVIII. Fig. 1. Clarac: Taf. 875. nr. 2249 A. Statuette im Museum zu Stockholm. Fig. 2. Ebds. nr. 2236. C. London, Coll. Westmacotte. Fig. 3. Vasengem. bei Panofka X, 9. Fig. 4. Tischbein: Vases. etc. I, 10. Fig. 5. Mon. ined. dell' Inst. etc. I, 47 B. Fig. 6. Vasengemälde bei Dubois Maisonneuve: Introduction pl. 77, 8. (Panofka X, 6). Fig. 7. Pitture d'Ercol. I, 33. Fig. 8. Panofka X, 5. (Geschnittener Stein.) Fig. 9. Pitt. d'Ercol. I, 33. Fig. 10. Clarac, Mus. de Sculpt. Statuette in Neapel. Fig. 11. 12. Clarac, pl. 812 A, nr. 2043. Fig. 13. Gerhard: Antike Bildwerke t. 65. Fig. 14. Panofka I, 7. Fig. 15. Tischbein, Vases etc. IV, 58. Pitt. d'Ercol. I, 84. Fig. 17. Ponce Bains. de Titus, pl. 17. Fig. 18. Pitt. d'Ercol. I, 1. Fig. 19. Mus. Borb. V, t. 33. Fig. 20. Gerhard: Ant. Bildw. III, 63. Vasengemälde. Fig. 21. Ebds. III, 55.

13. Brautwerbung, Hochzeit, Ehe etc.
(Taf. XXXIX, XL.)

Die Keiferin Hera, die ihren Gemahl, den Götterkönig, mit ihrer zänkischen Laune sich entfremdet hat und, wenn sie ihm einmal ein freundlich Gesicht abgewinnen will, Aphrodite's Gürtel dazu borgen muss, erweckt kein günstiges Vorurtheil für die griechische Hausfrau, deren Vorbild sie ist. Die Frauen selbst erscheinen bei den nachhomerischen Dichtern und Philosophen grossentheils in höchst ungünstigem Lichte. Bei Hesiod ist es Pandora, die griechische Eva, durch welche alles Unheil in die Welt kommt. Simonides von Amorgos findet die Frauen von verschiedenen Thierseelen besessen, die eine vom Schwein, die andere vom Fuchs, vom Wiesel, vom Ross u. dgl., und nur Eine lässt er gelten, die von der Biene stammt. Eine weibliche Gestalt, wie die Antigone des Sophokles, ist eine Ausnahmserscheinung, die auch als solche zu Grunde geht, und Euripides, der bekannte Weiberfeind, wünscht das ganze Geschlecht von der Erde hinweg. Auch der gemässigtere Menander betrachtet sie als ein nothwendiges Uebel. Noch schlimmer kommen sie aber bei den Philosophen weg, sofern diese leidenschaftslos reden. Plato findet es wahrscheinlich, dass Männerseelen, die sich in ihrem Leben verfehlt, in ihrem zweiten Leben zur Strafe Thier- oder Weiberseelen werden müssen, und Aristoteles setzt den Unterschied zwischen Mann und Weib gleich dem zwischen Seele und Leib. Den allertraurigsten Eindruck macht das Ideal der Hausfrau, das Xenophon aufstellt, ein Wesen, das zu nichts da ist, als zur Führung des Haushaltes und zum Kindergebären, und neben welchem der Mann für seine geistigen Bedürfnisse freilich in dem Umgang mit gebildeten und geistreichen Hetären besser seine Rechnung fand.

Dass dies nicht vereinzelte Meinungen, sondern Ausflüsse der herrschenden Sitte sind, erhellt am deutlichsten aus dem solonischen, auch durch die spätern Zeiten fortgeltenden Gesetze, wonach die Frauen kein Geschäft, ja keinen Kauf von Bedeutung abschliessen konnten, wonach selbst das, was ein Mann auf den Rath oder die Bitte seiner Frau gethan, keine Geltung hatte. Diese niedrige Stellung der Frauen stammt nicht aus der heroischen Achäerzeit, sondern muss in den zwischen dieser und der historischen eingetretenen Wanderungen und Umwälzungen begründet sein. Bei Homer wenigstens waltet die Frau noch frei und dem Manne ebenbürtig im Hause, und aus noch entfernteren Zeiten ist in dämmernden Umrissen die Ueberlieferung von einem Gesellschaftszustande erhalten, der den Weibern Vorrang vor den Männern gab. Ein historisches Ueberbleibsel desselben fand Herodot bei den Lykiern, bei welchen Stammbaum und Erbrecht von der Mutter, nicht vom Vater hergeleitet wurde. Dass dieser Zustand früher allgemeiner verbreitet gewesen, lehren manche Sagen, unter denen der Amazonenmythus den grellsten Ausdruck trägt. Auch in Athen selbst zeugen alte Sagen von jenem Urzustande, und noch in Aeschylos' Eumeniden (wie Dr. Bachofen in der Philologenversammlung von 1856 lehrreich vortrug) finden sich deutliche Spuren davon, indem dort ein förmlicher Kampf zwischen Vater- und Mutterrecht und zugleich zwischen den alten und neuen Gottheiten, den Vertretern älterer und jüngerer Sitte, zur Entscheidung kommt. Die völlige Unterdrückung der Frauen wird von

Herodot den nach Kleinasien ausgewanderten Joniern zugeschrieben, die die Weiber und Töchter der erschlagenen Karier mehr als Gefangene, denn als Frauen sich aneigneten, so dass dieselben nicht mit ihren Männern speisen durften und »Herr« zu ihnen sagen mussten. Mit andern jonischen Sitten soll auch diese, obwohl nicht in ihrer ganzen Schroffheit, aus Asien nach Athen gekommen sein. Gewiss ist, dass die athenische Hausfrau ihr Leben meist auf den Umgang mit den Sklavinnen beschränkt im Frauengemache zubrachte, dass ihr die Ausgänge spärlich zugemessen waren und dass ein misstrauischer Mann sie seinem Belieben nach hinter Schloss und Riegel eingesperrt halten konnte. Doch lassen uns die Literaturzeugnisse nur spärlich in das Innere des Hauses blicken.

Eine eigenthümlich abweichende Erscheinung bildet Sparta. Von der Freiheit der lakonischen Jungfrauen, im Gegensatz zu der Strenge, womit die andern griechischen Mädchen erzogen wurden, haben wir schon aus Anlass der Gymnastik eine Probe gesehen. Nach der Verheirathung lebten auch hier die Frauen eingezogener, doch fuhren sie, sehr im Gegensatze zu den Sitten der andern Griechen, am öffentlichen Leben theilzunehmen fort, standen in höherer Achtung als ihr Geschlecht im übrigen Griechenland, und übten durch Lob und Tadel, durch Rath und That solchen Einfluss aus, dass die andern Griechen über das »Weiberregiment« zu Sparta spotteten. Indessen machte sich hier das Motiv der Fortpflanzung, das überhaupt bei der griechischen Ehe die Hauptsache war, in so ausschliesslicher Weise geltend, dass es die Ehe, nach griechischen wie modernen, freilich nicht nach spartanischen Begriffen, sprengte. In diesem Staate, der unter unbarmherziger Verfolgung des Hagestolzenthums den Ehezwang handhabte und andererseits unfruchtbare Ehen wieder schied, auch Missheirathen, nämlich besonders sofern sie Unfruchtbarkeit voraussehen liessen, bestrafte — so wurde König Archidamos von den Ephoren gestraft, weil er eine zu kleine Frau genommen — in diesem Staate hatten jüngere Brüder, die mit dem älteren in Einem Hause zusammenlebten, auch seine Frau mit ihm gemein, der ältere Ehemann liess einen Jüngeren seine Stelle vertreten, der Unverheirathete, der sich Kinder wünschte, liess sich in gütlicher Uebereinkunft eine verheirathete Frau von ihrem Manne auf bestimmte Zeit abtreten, selbst Nichtbürgern sollen auf diese Weise Frauen überlassen, ja Knechte zum Ersatze der männlichen Bevölkerung herbeigezogen worden sein. Gleichwie nun ein heirathsfähiges Mädchen den Freier an ihre Eltern verweisen mag, so konnte zu Sparta die verheirathete Frau auf den Liebesantrag eines Freundes in aller Ehrbarkeit erwidern, er solle nur mit ihrem Manne sprechen. Kein Wunder, dass Plutarch versichern kann, der Ehebruch sei dort selten und unerhört gewesen. Und doch ist eine Ausnahme bekannt, das Verhältniss zwischen Alkibiades und Timäa. — Uebrigens kennt auch das altdeutsche Recht die Stellvertretung in der Ehe.

Auf dem Achilleusschilde, den Hephästos bei Homer fertigt, ist von den beiden Städten, die im Gegensatze des Friedens und des Krieges dargestellt werden, die eine voll hochzeitlicher Feste und Gelage, junge Bräute werden bei Fackelschein aus den Kammern und durch die Stadt geführt, des Chors Hymenäos erschallt, Jünglinge, zum Klange der Flöten und Harfen tanzend, begleiten den Hochzeitszug, und die Weiber sehen bewundernd zu. Das gleiche Bild kehrt nachgeahmt und erweitert auf dem angeblich hesiodischen Heraklesschilde wieder: auf schönrädrigem Wagen wird dem Manne sein Weib zugeführt, vielstimmig ertönt das Brautlied, die Diener tragen Fackeln, die Jungfrauen eröffnen, frohe Chöre schliessen den Zug, Jünglinge zu Syringen singend, Jungfrauen, im Chortanze den Harfen folgend, dann wieder Jünglinge, nach der Flöte schwärmend, und so löst das Bild sich in einzelne lustige von Flötenspielern begleitete Nachzügler auf.

Die Hochzeitgebräuche der historischen Zeit nach den einzelnen Angaben der Alten gesammelt und am ausführlichsten in Beckers «Charikles» zusammengestellt, sind im Wesentlichen folgende.

Als die geeignete Zeit für das Heirathen wurde der Winter angesehen, und daher stammt der dem Januar beigelegte Name Gamelion. Die Wahl des Tages hing vom günstigen Stande des Mondes ab. Nach vorausgegangener Verlobung und einem den Ehegöttern, vornehmlich Zeus, Hera, Artemis, dargebrachten Opfer, sowie nachdem Braut und Bräutigam aus einem örtlich vielbedeutenden Wasser (in Athen Kalirrhoe = Enneakrunos) das Brautbad genommen, wurde die Braut gegen Abend vom Bräutigam abgeholt und zwar meist auf einem mit Ochsen oder Maulthieren bespannten Wagen, auf welchem sie tief verschleiert und salbenduftend zwischen dem Bräutigam und dem Brautführer (Paranymphos oder Parochos) sass. Dem Zuge wurden Fackeln vorgetragen. Alles war festlich gekleidet und bekränzt, auch die beiden Hochzeithäuser waren mit Laubgewinden geschmückt. Die Begegnenden in den Strassen, und wer durch das Festgeräusch des Zuges vor die Thüre gelockt wurde, riefen Glückwünsche, und Quitten, Myrthenblätter und Blumenkränze wurden in den Wagen geworfen. Der Zug ging unter den Gesängen des Hymenäos mit Flötenbegleitung nach dem Hause des Bräutigams, wo bei der Ankunft allerlei Naschwerk ausgestreut wurde. In Boötien herrschte der symbolische Brauch, nach der Ankunft die Achse des Hochzeitwagens zu verbrennen. Nun folgt das Hochzeitmahl, gewöhnlich im Hause des Bräutigams, und die Hochzeitgäste hatten zugleich die Bedeutung von Trauungszeugen. Hier waren ausnahmsweise auch Frauen zugegen, ob in bunter Reihe oder an besonderer Tafel, bleibt unbestimmt, doch ist letzteres wahrscheinlicher. Kuchen (Pemmata), besonders die symbolischen Sesamkuchen, scheinen bei dem Mahle eine bedeutende Rolle gespielt zu haben. Nach dem Mahle wurde die Braut verschleiert, wie sie unter den Frauen gesessen, in das Brautgemach geführt, das der Bräutigam verschloss. In Athen musste sie vorher eine Quitte essen. Jetzt erst entschleierte sie sich auf Zureden der Brautführerin (Nympheutria), der Brautführer oder ein anderer Freund des Bräutigams hielt aussen die Thüre besetzt, damit die Frauen der Braut nicht zu Hülfe kommen sollten. Während dieser Zeit wurde vor dem Brautgemache (Thalamos) von einem Mädchenchore das Epithalamion gesungen, das bis Mitternacht dauerte. Auch am Morgen nach der «mystischen Nacht» wurden die Neuvermählten durch Gesang erweckt. Auch wurden vom Brautvater und von den Verwandten und Freunden Geschenke — processionsweise bei Reichen — dargetragen. Der Gatte beschenkte seine Neuvermählte ebenfalls mit einer Art Morgengabe, die sie in einem der nächsten Tage, wo er getrennt von ihr im Hause seines Schwiegervaters schlief, durch Zusendung eines Gewandes erwiderte. Zum erstenmal liess sich nunmehr die junge Frau unverschleiert sehen, woher denn auch die Hochzeitgeschenke ihren Namen (Anakalypteria) hatten. — Bei Hochzeiten zweiter Ehe wurden weniger Umstände gemacht, und ein Wittwer durfte die Braut nicht selbst abholen, sondern sie wurde ihm durch einen Brautführer im eigentlichen Sinn des Wortes (Nymphagogos) ins Haus zugeführt.

In Sparta war bekanntlich die Sitte anders. Zu Zeiten scheint es sogar gebräuchlich gewesen zu sein, die Jünglinge mit den Mädchen in ein dunkles Gemach zusammen einzuschliessen, so dass jeder auf gut Glück seine Künftige

sich herausgreifen konnte. Gewöhnlich aber wurden die Bräute entführt. Wer
im Besitz eines Landlooses war und demgemäss heirathen musste, verständigte
sich mit dem Vater oder Gewalthaber der Erwählten, trug sie gewaltsam aus dem
Kreise ihrer Gefährtinnen hinweg und brachte sie in das Haus einer Verwandten,
die das Amt der Nympheutria an ihr versah, sie ins Brautgemach führte, ihr das
Haar kurz abschor, ein Männerkleid und Männerschuhe anzog, sie auf ein Binsen-
lager legte und das Licht wegnahm, worauf die Gefangene warten musste, bis der
Bräutigam aus seinem Club kam und ihr den Gürtel löste. Auch fernerhin fanden diese Zusammenkünfte nur verstohlen statt, und oft hatten schon mehrere
Pfänder das Licht erblickt, ehe die jungen Gatten einander bei Tage zu sehen
bekamen. Später wurde eine öffentliche Feier gehalten, wobei man der Hera
opferte, Kuchen buck, tanzte und das Lob der jungen Frau sang.

Bei den Römern gab es verschiedene Formen der Ehe. Die älteste und
heiligste war die Confarreatio, vom gemeinschaftlichen Essen der Opferkuchens
durch die Brautleute so genannt. Sie begründete die strenge Ehe (Matrimonium
justum), die aber auch durch die alte Sitte des Kaufes (Coemptio) oder durch
Verjährung (Usus) zu Stande kommen konnte. Bei dieser Art von Ehe kam die
Frau in die Gewalt des Mannes. Gegen Ende der Republik aber nahm die freie
Ehe überhand, wobei die Frau in der Gewalt ihres Vaters oder Vormunds oder
selbständig blieb, und in der Kaiserzeit gab es nur noch freie Ehen. Bei dieser
Form genügte die beiderseitige Einwilligung ohne solenne Hochzeit. Die andere
dagegen war, gemäss dem römischen Religionswesen, vom peinlichsten Ritual erfüllt.
Zuvörderst nahm man sich vor Unglückstagen in Acht, die das ganze Jahr hindurch so dicht gesät sind, dass man ihnen kaum ausweichen konnte. Dergleichen
waren die Kalenden, Nonen und Idus, der Mai, die Hälfte des Juni etc. Am Abend
des zur Hochzeit günstig befundenen Tages wurde die Braut häufig in Form einer
Entführung aus den Armen der Mutter genommen und in das Haus des sie er-
wartenden Bräutigams geführt, wobei sie unter der Obhut der (Juno) Iterduca
oder Domiduca wandelte. Sie trug dabei das Flammeum, ein grosses Schleier-
tuch von dunkelgelber oder feuerrother Farbe, das die Gemahlin des Flamen
Dialis als Priesterin der Juno zu tragen pflegte. Ihr Haar war mit der Jungfern-
lanze (Hasta celibaris, häufig von einem dadurch getödteten Gladiator genommen,)
gescheitelt und in sechs Zöpfe geflochten, wie die Vestalinnen es trugen. Ueber
dem Schleier sass ein thurmartiger Aufsatz. Ein Hauptstück der Kleidung war
der Gürtel aus Schafwolle mit dem Herculesknoten, welchen der Mann im Brautgemache zu lösen hatte. Fackeln eröffneten den Zug, der unter Musik, Gesang
und Scherz, nach Art der Spottlieder des Triumphzuges, von Verwandten, Freunden und sonstigem Gefolge begleitet wurde. Dabei wurden Nüsse, besonders
Haselnüsse ausgestreut, die bekanntlich auch bei anderen Völkern als Symbol der
Befruchtung vorkommen. Die Braut führte drei Asse mit sich, den einen in der
Hand, den andern am Fuss, den dritten in der Tasche; der erste war dem Bräutigam, der zweite den Hauslaren, der dritte den Laren des betreffenden Quartiers
bestimmt. Am festlich geschmückten Hause des Gatten angelangt, musste sie die
Thürpfosten mit Oel oder Fett bestreichen, wobei abermals eine der vielen ver-
selbständigten Seiten der Juno, die Unxia, gegenwärtig war; ja das Wort Uxor
selbst (statt Unxor) wird von dieser Sitte abgeleitet. Noch einige der tausenderlei
römischen Gelegenheitsgötter wurden hiebei angerufen, die der Schwelle und des
Aus- und Eingangs, Forculus, Limentinus, Cardea. Hierauf wurde die Braut über

die Schwelle gehoben, sei es, um den Schein der Freiwilligkeit, sei es, um ein böses Omen, das in dem geringsten Misstritt sich verkündigt hatte, zu vermeiden. Hier trat ihr der Gatte mit Feuer und Wasser vom Herde des Hauses entgegen und wurde von ihr mit der bekannten altherkömmlichen Erklärung »Ubi tu Gaius, ego Gaia« empfangen, Ausdrücke, welche (unserem Frei und Freia ähnlich) als frei, froh oder auch als Herr und Herrin gedeutet werden. Als Zeichen der Herrschaft über das Hauswesen wurden ihr die Schlüssel übergeben, und sie nahm Platz auf einem Schafpelz, unter Obhut der Göttin des Verbleibens, der Manturna. Dann folgte der Hochzeitschmaus, für welchen die Luxusgesetze einen ziemlichen Aufwand gestatteten. Nach dem Mahle führte die Pronuba, als Stellvertreterin der Göttin dieses Namens, die Braut ins Brautgemach, wo das Brautbett (Lectus genialis) mit der Toga bedeckt stand. Hier musste sie sich auf ein nach unsern Begriffen höchst anstössiges Symbol setzen, das dem Mutunus Tutunus, dem römischen Priap, angehörte. Nun erschien der Bräutigam und mit ihm eine ganze Reihe Gottheiten, deren Aemter und Verrichtungen sich aus ihren Namen ergeben: die (Juno) Cinxia und Virginensis, der Gott Subigus und die Göttinnen Prema, Pertunda, Perfica. Aussen wurden inzwischen Hymenäen, Epithalamien und theilweise sehr obscöne Lieder unter Flötenbegleitung gesungen. Die ganze Hochzeit aber stand unter den Auspicien der Dea Juga, die wiederum die Juno als Ehegöttin ist.

Unsere Tafel stellt nun eine Anzahl theils griechischer theils römischer Bilder zusammen, die sich auf die so eben geschilderten Gebräuche beziehen.

Fig. 1 ist einer Vase aus Athen entnommen. Die verschleierte Braut wird vom Nymphagogos und der Nympheutria unter dem Vortritt des Apollon und der Artemis als »Hochzeitgötter« (so Panofka) oder als der »Gottheiten, welche die Jugend bis zur Ehe aufziehen» (O. Müller), dem Bräutigam zugeführt. Die beiden Gottheiten sind durch Lorbeer und Bogen bezeichnet. Der Bräutigam scheint nach seinem bejahrten Aussehen zu schliessen ein Wittwer zu sein, und so tritt denn hier der für diesen Fall oben erwähnte Brauch in seine Rechte. Ob die weibliche Gestalt vor ihm die Hände glückwünschend erhebt oder um Nachsicht für die junge Neuvermählte bittet, bleibt unermittelt.

(Fig. 2, 3, 4, 12 sind im vorhergehenden Abschnitt abgehandelt.)

(Fig. 5, 5a und 9 gehören zur Tafel XLI.)

Fig. 6. Die Sage von Theseus und der Amazone Antiope wird in verschiedenen Abweichungen erzählt. Die am meisten dramatische Form derselben ist folgende. Antiope verliebt sich in Theseus, der den Herakles bei dem Amazonenzuge begleitet, und überliefert ihm Themiskyra, die uneinnehmbare jungfräuliche Feste. Freiwillig oder als Geschenk des Herakles folgt sie ihm dann nach Hause, wo er Hochzeit mit ihr hält. Aus Rache kommen die Amazonen nach Europa herüber, verschanzen sich auf dem Areopag und belagern Athen. Antiope zieht mit ihrem Helden gegen die Schwestern zu Felde, wird aber von einer derselben mit einem Pfeile erschossen und von Theseus durch Erlegung ihrer Mörderin gerächt. Hippolytos, der Held einer weiteren Tragödie, gilt für ihren Sohn. Ihr angebliches Grabmal sah noch Pausanias am phalerischen Wege. Es ist kaum zu zweifeln, dass zwei Gemälde einer Amphora, deren eines wir hier vor uns haben, dem erwähnten Mythus angehören. Nur sind sie für den Zweck unserer Tafel durch einen Zufall verwechselt worden. Das gegenwärtige stellt Antiope als Amazonenkönigin mit dem Scepter auf dem Throne sitzend dar, umgeben von zwei sitzenden Amazonen und einem der dienstbaren thrakischen Fürsten, vor ihr

eine Dienerin mit dem Fächer, zu ihren Füssen Musik und Tanz. Aber in einiger
Entfernung ist ein Eros geschäftig, seinen geheimen Zauber walten zu lassen, der
dieser Hoheit und Freiheit ein Ende machen wird, und hiedurch ist die Aufnahme
des Bildes in den vorliegenden Kreis ganz gerechtfertigt. Auf dem andern Bilde
sodann findet die Verlobung oder Vermählung in Gegenwart des alten Aegeus statt.

Fig. 7. Das Bild, ein Gemälde aus den Bädern des Titus, scheint eine
Morgenbegrüssung nach der Hochzeit darzustellen, wobei die Neuvermählte sich dem
Gatten und den Verwandten unverschleiert zeigte. Es erschien im vorigen Jahrhundert unter dem wunderlichen Titel: ›Nozze, ovvero Penelope ed i Proci
sorpresi da Ulisse‹, wovon natürlich weder Penelope noch ihr Gemahl, noch die
Freierschaar, noch die Ueberraschung stichhaltig ist, als einzelner Kupferstich,
und scheint wenig bekannt geworden zu sein. Das Gemälde selbst ist wahrscheinlich verschwunden, da die antike Malerei die Luft nicht verträgt.

Fig. 9—11 und Fig. 14. Von diesen Bildern kann höchstens das letzte eine
jener Liebeswerbungen im ehrbaren Sinn des Wortes, auf welche Verlobung und
Hochzeit folgt, vorstellen, und auch dieses kaum. Wurde ja doch der junge
Mann in der Regel von seinem Vater, oft ohne die Erwählte je gesehen zu
haben, ja häufig, wie es die Komödie darstellt, zur Strafe für sein ungebundenes
Junggesellenleben, mit einer Frau bedacht. Scenen aus eben diesem ledigen Leben
sind offenbar die drei ersten Bilder: sie stellen Jünglinge dar, die von zweideuti-
gen Personen, der erste mit zweifelhaftem, der zweite mit wahrscheinlichem und
der dritte mit entschiedenem Erfolg, angesprochen werden.

Fig. 13. Dieses berühmte und vielbestrittene Gemälde wurde unter Cle-
mens VIII. nicht weit vom Bogen des Gallienus in den Ruinen eines antiken
Zimmers an einer noch stehenden Wand entdeckt, von der Mauer abgesägt und
durch den Cardinal Cintio Aldobrandini erworben, woher es seinen Namen ›Aldo-
brandinische Hochzeit‹ hat. Im 17. Jahrhundert war es die Bewunderung der
Künstler, Nicolas Poussin hat es copirt. Pius VII. kaufte es 1818 für das vaticanische Museum und liess die erloschenen Farben von einem römischen Maler
auffrischen. Die Bedeutung des Bildes ist in der Hauptsache klar. Die Mittel-
scene des durch die gebrochene Wand in drei Abtheilungen geschiedenen Ganzen
stellt eine auf dem Brautbette sitzende Braut dar, wie die bei ihr sitzende Pronuba oder Nympheutria sie entschleiert und ihr zuspricht, während der Bräutigam
auf der Schwelle in schöner Haltung der sich selbst bezwingenden Sehnsucht harrt.
Eine andere weibliche Figur scheint ein Fläschchen zum Salben der Braut aus-
zugiessen. Im Nebengemache links wird von drei weiblichen Figuren das Fussbad für sie zugerichtet und in dem andern rechts von eben so vielen ein Opfer
mit Epithalamium dargebracht. Die grossartige Erfindung und handwerksmässige
Ausführung sprechen dafür, dass das Bild eine Copie eines griechischen Werkes
ist, und die Grösse der Haltung in den Hauptfiguren, besonders das Gewaltige
des Bräutigams, macht es wahrscheinlich, dass das Original eine ideale Darstellung,
eine mythologische Hochzeit enthielt. Der Epheukranz, den der Bräutigam trägt,
legt es nahe, an Dionysos zu denken, aber das Sitzen auf der Schwelle scheint
für einen Gott doch etwas zu demüthig zu sein. Man hat daher auf Peleus oder
Paris gerathen, sofern Thetis der Vermählung widerstrebte und auch Helena von
Aphrodite beredet werden musste. Diese Göttin mag denn hier bei einer oder
der andern Heroine die Rolle der Nympheutria spielen, und in der Gestalt mit
dem Salbfläschchen mag man etwa die Peitho erkennen. Die drei Figuren rechts

sodann sind ungezwungen als drei Musen zu deuten. Schwieriger ist die Deutung der Figuren zur Linken als Chariten; denn eine derselben, die den Schleier gleich den beiden weiblichen Hauptgestalten trägt und in der Hand ein Strigil oder etwa einen Fächer hält, zeichnet sich so vor den beiden andern aus, dass man sie gleichfalls für eine Göttin halten müsste. Nimmt man an, dass das griechische Original durch römisches Beiwerk erweitert worden sei, so mag man diese Figur für die oben genannte Flaminica erklären, die bei römischen Hochzeiten der stricten Observanz zugegen war. Veranlassung des Bildes wird wohl jedenfalls eine römische Hochzeit gewesen sein, zu deren Verherrlichung das vermuthlich berühmte Original copirt wurde. Aber auch dieses kann schon mythologische Figuren als Repräsentanten einer wirklichen historischen Hochzeit dargestellt haben (Müller Handb. d. Arch. 429, 3). Von diesem Original findet sich in der Kunstgeschichte eine leise Spur. Plinius führt von Echion, der unter den alten griechischen Malern als berühmter Meister genannt wird, eine schamhafte Neuvermählte (»nova nupta verecundia notabilis«) auf; da dieser Zug den Hauptinhalt unseres Gemäldes bildet, so lässt sich vermuthen, dass es eine Nachbildung des Echion'schen ist, doch geht dann zugleich aus den Worten des Plinius hervor, dass auch schon auf dem Original die mythologische Bedeutung wenigstens nicht die hervorstechende war.

Taf. XL, Fig. 1. Die Hochzeit des Peleus und die Geschenke, welche sämmtliche Götter dem hochgeehrten Paare darbrachten, sind Gegenstände vieler Darstellungen geworden. Von andern Bildern abweichend sind hier die Horen (bald in der Drei- bald in der Vierzahl erscheinend) abgebildet, wie sie in Gesellschaft des an der Löwenhaut kenntlichen schwer tragenden Herakles die Erzeugnisse des Jahres und verschiedene Thiere bringen.

Fig. 1 a, Zuführung der Braut, Fig. 7, Fussbad der Braut, Fig. 6, »Ubi tu Gaius, ego Gaia«, und 7, Zusammengebung eines Paares durch Juno Pronuba, sind einzelne Gruppen aus dem Gebiete des hochzeitlichen Lebens. Fig. 2 ist von Zoëga in Zweifel gezogen worden, der wegen des »schroffen Felsen«, auf welchem die weinende Gestalt zu sitzen scheint, die Beziehung auf ein häusliches Bad verwirft und in der Meinung, die Reliefplatte sei zu einer Brunnenverzierung bestimmt gewesen, die übrigens nach eigenem Dafürhalten »leichte und schwache Conjectur« aufstellt, Aphrodite sei hier dargestellt, wie sie sich in der Quelle von Byblos den Fuss heilen lasse, der bei Gelegenheit von Adonis' Tod verwundet worden. Allein was sollte da der Vorhang, der doch nur in das Innere eines Hauses gehören kann? Ein anderer Beschauer des Marmors sagt, der Sitz sei nicht ein rauher Fels, sondern von Stein, durch die Zeit zernagt, und so wird die schon von Winckelmann angenommene Deutung des Bildes auf eine Braut, die, während sie sich die Füsse waschen lässt, die Veränderung ihres Standes beweint, die richtige bleiben.

Fig. 3 und 4. Grosse römische Opferscenen, dergleichen wir früher schon wiederholt gesehen, diesmal mit Vermählungen zusammenhängend. Merkwürdig ist die Haltung des Schlachtthieres bei Fig. 17, worin man das Vorbild zu der allerdings etwas ähnlichen Gruppe auf Rafael's bekanntem Bilde der Aufnahme des Paulus und Barnabas in Lystra hat finden wollen.

Fig. 5. Auch dieses schöne Bild lässt unverkennbar ein griechisches Kunstwerk durch die römische Nachbildung durchblicken, und enthält dabei eine Verschmelzung der beiderseitigen Sitten, sofern die Römer im Brautzuge den gemischten Chor des Hymenäus kannten, vor dem Brautgemache aber keine Jungfrauenchöre das Epithalaminm singen und tanzen liessen, wie Theokrit im Epithalamios der Helena es schildert. Vergegenwärtigen wir uns diese Blüthe der griechischen Poesie und stellen ihr dann eine Probe der römischen gegenüber, indem wir so von jeder der beiden Nationen einen Dichter die Worte zu dem Bilde sprechen lassen, das den Geist der beiden athmet. Zwölf Jungfrauen sind es bei Theokrit (Mörike), die ersten der Stadt, der Stolz der lakonischen Jugend, die im Königspalast des blonden Menelaos, mit Hyakinthosblüthen umkränzt die lockigen Haare, im Tanz vor der frischgeschmückten Kammer sich schwingend, wo der Atreussohn mit Helena ruht, das Brautlied singen:

Trauteater Bräutigam, wie, so früh schon bist du entschlummert?
Ist der Schlaf dir so lieb, und sind dir die Knie so müde?
Oder auch trankst du zu viel, dass du nun aufs Lager dich hinwarfst?
Aber um zeitig zu ruhen, da konntest du wahrlich allein gehn
Und bei der zärtlichen Mutter das Kind noch wohl mit den Kindern
Spielen lassen, bis dämmert der Tag, denn morgen und über-
Morgen und Jahr für Jahr ist dein, Menelaos, die Braut nun.
Glücklicher Mann, je gewiss dir nieste zu gutem Vollbringen,
Als du gen Sparta kamst, dem Lande der Helden, ein Edler.
Du von allen Heroen allein wirst Eidam Kronions,
Dir nur gesellt Zeus' Tochter sich unter dem selbigen Teppich.
Schön wie diese betritt kein Weib den achäischen Boden.
Herrliches wahrlich gebiert sie dir einst, wenn der Mutter es gleichet.
Viermal sechzig Mädchen sind unser, die weibliche Jugend,
All' an Jahren uns gleich, und geübt auf einerlei Rennbahn,
Alle, nach Jünglingsweise gesalbt am kühlen Eurotas:
Aber untadelig wäre, verglichen mit Helena, keine.
Wie der göttlichen Nacht die strahlende Eos ihr schönes
Antlitz enthüllt, der lachende Lenz dem scheidenden Winter,
So erglänzen vor uns der goldenen Helene Reize.
Wie die schlanke Cypresse dem üppigen Felde zur Zierde
Oder dem Garten prangt und ein Thessaler Ross an dem Wagen,
So prangt Helene euch, die rosige Zier Lakedämons.
Keine verwahrt so fein gesponnene Knäuel im Korbe,
Keine euch wob am künstlichen Stuhl mit dem Schifflein ein dichter
Zeug und schnitt das Gewebe vom langen Baume herunter,
Keine versteht so lieblich die klingende Cither zu rühren,
Singend der Artemis Lob und der männlich gerüsteten Pallas,
Als, o Helena, du, die nur Anmuth blicket und Liebreiz.
O holdseliges Kind, du wärest zur Frau nun geworden!
Aber wir, wir werden nach Blumen der Wiesen im Frühthau
Traurig schleichen, uns dort süss duftende Kränze zu winden.
Deiner gedenken wir dann, o Helena, wie nach den Brüsten
Ihrer Mutter mit Schmerzen die saugenden Lämmer verlangen.
Draussen flechten wir dir aus niederem Lotos den ersten
Kranz, und hängen ihn auf an der schattenreichen Platane,
Nehmen aus silberner Flasche für dich der lieblichen Narde
Erstlingstropfen und träufeln sie aus am Fuss der Platane,
Und in die Rinde geschnitten zur Inschrift, möge der Wandrer
Lesen das dorische Wort: „Gib Ehre mir, Helena's Baume!"
     Heil dir, o Braut! Heil dir, Eidam des erhabenen Vaters!
Leto, sie geb' euch, Leto, die Pflegerin, Segen der Kinder,
Kypris, die göttliche Kypris, euch gleich zu lieben einander,
Zeus dann, Zeus der Kronide, verleih' unvergänglichen Reichthum,
Den ein edel Geschlecht auf edle Geschlechter vererbe!
Schlaft, euch Lieb' einathmend ins Herz und süsses Verlangen!
Schlaft! doch auch zu erwachen am Morgenschimmer vergesst nicht!

Wir auch kommen zurück, wann der tagankündende Sänger,
Wach aus der Ruh, aufkräht, schönsiederig wölbend den Nacken.
Hymen, o Hymenäos, du freue dich dieser Vermählung!«

Wählen wir als Gegenstück eines der Brautlieder Catull's. Es ist ein Wettgesang von Jünglingen und Jungfrauen. Jene verlassen das lockere Mahl, da Hesperus die längst erwartete Leuchte hebt, denn die Zeit ist angebrochen, wo der Hochzeitszug beginnt, und nächstens wird die Braut erscheinen. Die Jungfrauen sehen, wie die Jünglinge sich aufstellen, und rufen einander zu, ihnen entgegen zu ziehen, denn, was sie nun singen, verlohnt sich zu hören. Hiemit beginnt der Wettgesang, zwischen welchem nach jeder Strophe der Chor anstimmt: »Komm, Gott Hymen, o Bringer des Heils, komm, mächtiger Hymen!«

Ein Jüngling.

Brüder, wir werden, ich fürchte, den Sieg so leicht nicht erhalten.
Schaut, wie die Jungfraun flüstern! Sie haben sich etwas ersonnen,
Nicht vergebens ersonnen, es kommen besondere Dinge.
Doch kein Wunder: sie denken und thun auch Alles mit ganzer
Seele — wir haben das Ohr stets auswärts und die Gedanken,
Und so siegt man dem Küssern, ein Sieg ja gewinnt sich im Schlaf nicht.
Nun, so nehmet zum wenigsten jetzt die Sinne zusammen,
Denn sie singen sogleich, und gleich auch muss man's erwidern.

Die Jungfrauen.

Hesperus! ist wohl einer der himmlischen Lichter so grausam?
Ihr lieb Kind aus der Mutter Umarmung zu reissen, vermagst du's?
Ja aus den Armen der Mutter das fest sich klammernde Mädchen!
In des verlangenden Mannes Gewalt die Keusche verräthst du?
Geht doch der Feind so grausam mit keiner eroberten Stadt um!

Die Jünglinge.

Hesperus! ist wohl einer der himmlischen Lichter so freundlich?
Siehe, dein Blinken bekräftiget uns die holden Verträge.
Was die Freier zuerst, was Väter und Mütter gelobten,
Dies vollzieht man nicht eher, als bis dein Stern sich erhoben.
Selige Stunde! Was können die Götter uns Lieberes geben?

Die Jungfrauen.

Hesper! du hast uns eine von unsern Gespielen genommen.
Böser, sobald du erscheinest, bezieht auch der Wächter die Wache.
Nachts da schleichen die Diebe herum, du grüssest sie scheidend,
Kehrst mit verändertem Namen auch oft, sie am Morgen zu treffen.

Die Jünglinge.

Göttlicher, hörst du? dich schmähn mit erdichteten Klagen die Jungfraun.
Ei nun, schmähn sie doch nur, wonach sie im Stillen sich sehnen.

Die Jungfrauen.

Wie die Blume, die still im verzäunten Garten emporblüht,
Vor der weidenden Heerde geschützt und dem Stosse des Pfluges,
Wo die Lüfte sie fächeln, die Sonne sie stärkt und der Regen,
Manchen der Jünglinge reizt und alle die Mädchen heranlockt,
Aber wenn sie mit leichtem Finger gebrochen dahinwelkt,
Keines der Mädchen hinfort und keinen der Jünglinge reizet:
Also, die rein sich bewahrte, die Jungfrau blüht zu der Freunde
Lust, doch nachdem sie, befleckt, der Keuschheit Blume verloren,
Bleibet sie weder die Wonne der Knaben, noch theuer den Mädchen.

Die Jünglinge.

Wie die Rebe, gewachsen auf nacktem Gebreite des Feldes,
Einsam nie sich erhebt, nie lieblicher Trauben sich freuet,
Sondern, erliegend der Last, den zarten Körper herabsenkt,
Traurig die Gipfelranken zur eigenen Wurzel gebogen;
Was fragt so der Pflüger nach ihr mit seinem Gespanne?
Hat man dagegen sie erst mit der kräftigen Ulme verbunden,
Gern dann beget und scheut sie mit seinem Gespanne der Landmann:
So auch altert verlassen die nie berührte, die Jungfrau,
Aber vermählt, wenn zur Zeit sich ein Freund, ein würdiger, findet,
Hält er sie lieb und werth, und der Mutter auch fällt sie nicht lästig.

Ein Jüngling.

Doch, du Liebchen, du musst mit solchem Gemahle nicht rechten.
Denk' nur, rechten mit ihm, dem selbst dein Vater dich schenkte,
Er und nicht minder die Mutter: ein Kind muss den Eltern gehorchen.
Wisse, dein Mädchenthum, nicht so ganz alleine gehört's dir,
Nur ein Drittel ist dein, dem Vater gehöret ein Drittel
Und ein Drittel der Mutter. Du wirst mit zweien nicht streiten,
Welche dem Eidam schenkten ihr Anrecht neben der Mitgift.

Chor.

Komm, Gott Hymen, o Bringer des Heils, komm, mächtiger Hymen.

Bilderquellen: Taf. XXXIX. Fig. 1. Stackelberg, Gräber der Hellenen. T. 32. Fig. 2. 3. Stuart, Antiquities of Athens. Fig. 4. Tischbein, Vases. Fig. 5. Gerhard, Archäolog. Zeitung. 1850, t. 21. Fig. 5 a. Caylus, Recueil d'Antiquités Egypt. Grecques et Romaines. Fig. 6. Vasengem. Mon. ined. dell' Inst. IV, tav. 43. Fig. 7. Vermählungsscene. Gem. aus den Thermen des Titus. Nach einem Stich von Ang. Testa. Fig. 8. Tischbein, Vases I, 60. Fig. 9. 10. 11. Gerhard, Griech. Trinkschalen. Fig. 12. Seroux d'Agincourt. Hist. de l'Art V, pl. 4, 15. Fig. 13. P. S. Bartoli, Admiranda etc. t. 60. 61. Fig. 14. Tischbein, Vases etc. III, 57.

Taf. XL. Fig. 1. Gerhard. Archäol. Ztg. 1851. Taf. 26. Fig. 1 a. Basrelief bei P. S. Bartoli, Admir. Fig. 2. Zoëga, Bassir. pl. 12. Fig. 3. Révell, Mus. de Peint. etc. pl. 570. Fig. 4. Mon. inediti IV, tav. 9. Fig. 5. P. S. Bartoli, Admiranda etc. t. 62. Fig. 6. Clarac, Mus. de Sculpt. pl. 894 nr. 2287. Fig. 7. P. S. Bartoli, Admiranda etc. t. 56.

14. Gelage. Häusliches Leben. Frauenleben.

(Taf. XLI, XLII.)

Wir haben im vorigen Abschnitt schon gesehen, wie beschränkt der Frauen-
beruf und das Frauenleben war, und es lässt sich daraus entnehmen, dass auch
das häusliche Zusammenleben des Mannes und der Frau, so weit die Theilnahme
an der Oeffentlichkeit es jenem gestattete, im Ganzen sehr einförmig gewesen sein
muss. Selbst im eigenen Hause durfte die Frau, wenn sie nicht ihren ganzen Ruf
aufs Spiel setzen wollte, an keinem Gelage der Männer theilnehmen oder auch
nur, wenn der Mann zufällig einen Freund mit zum Mahle brachte, gegenwärtig
sein. Wenn man daher auf künstlerischen Darstellungen von Symposien weibliche Gestalten in männlicher Gesellschaft erblickt, so sind es Hetären, wie gleich
auf dem ersten der folgenden Bilder.

Fig. 1, eines der schönsten und berühmtesten Symposienbilder, Vasengemälde im Neapler Museum, zeigt uns auf einer langen mit Polstern und Decken
reich versehenen Kline, vor welcher drei Tische mit Erfrischungen und das Mischgefäss stehen, fünf Jünglinge mit drei Mädchen, darunter eine Psaltria, bedeutungsvoll gruppirt. An beiden Enden sitzt oder liegt je ein Jüngling durch das
Polster abgeschieden und, wie es scheint, vorerst aufs Trinken als Ersatz anderer
Freuden angewiesen; in den beiden andern Abtheilungen befinden sich zwei Jünglinge und ein Mädchen und dann wieder zwei Mädchen und ein Jüngling, die sich
sehr verschieden unter einander verhalten. Ein unzweideutiges Einverständniss
ist nur bei dem einem Paare rechts eingetreten; die Andern, die als Paare auf
einander angewiesen scheinen, sind noch weit davon entfernt. Ueber der Gesellschaft schweben drei Eroten in verschiedenartiger Richtung, «alle das Neigen von
Herzen zu Herzen» ausdrückend. Welche Absichten sie haben? ob sie die Gruppirung bestätigen oder verändern wollen? wer leer ausgehen soll? das wird wohl
ein Räthsel bleiben müssen und der geistreiche Künstler selbst scheint es darauf
abgesehen zu haben, dass über die Lösung gestritten werden kann. Ein vierter
Eros am Boden hascht einen Vogel, der sich nicht mit Sicherheit benennen lässt.
Eben so ist es zweifelhaft, ob der Gegenstand auf dem Dreifusstischchen neben
ihm ein ausgelöschter Leuchter ist. Am Krater beschäftigt sich ein Diener, die
Mischung des Weines und Wassers vorzunehmen oder das Gemischte in die Trinkgefässe zu schöpfen. Die Fussschemel, auf welche zwei der Schönen sich stützen,
scheinen Thiergestalt zu haben und mit entsprechenden Thierfellen bekleidet
zu sein.

Ein Gegenstück zu dieser Darstellung bildet Fig. 5. Auf einer Kline, mit
zwei Tischen davor, ruhen drei Jünglinge mit zwei älteren Männern, jeder auf ein besonderes Polster mit Streifen gestützt, alle fleissig dem Trinken obliegend, in der
Mitte Komos, der das Tympanon schlägt. Gegenwärtiges Bild dient die hauptsäch-
lichsten Trinkgeschirre zu unterscheiden. Was die beiden ersten Trinker links
und der letzte rechts mit durch den einen Henkel gestrecktem Zeigefinger in die
Höhe halten, ist die Kylix, die im römischen Worte Calix und unserem Kelch
fortlebt. Der zweite rechts hält in der rechten das Trinkhorn (Rhyton oder

Keras, das bei ihm einfach geformt ist, sonst aber auch, wie bei dem Trinker
links auf dem vorigen Bilde, eine beliebige Thierform hat und nach dieser benannt
ist. In der Linken hält er die flache Schale (Phiale), die auch bei seinem Neben-
mann zu sehen ist. Der Krater fehlt zwar auf diesem Bilde, doch darf man darum
nicht glauben, dass die Gesellschaft Ungemischten trinke, was mit Recht für barbarisch und abscheulich galt. Die griechischen Weine waren so stark, dass es
nichts weniger als unwahrscheinlich klingt, wenn man dem wahnsinnigen Kleomenes
nachsagt, er habe dem bei den Skythen gelernten Brauche, ungemischt zu trinken,
seinen Zustand verdankt, und wenn Brennus, der Führer der bei Delphi vernichteten Gallier, aus Verzweiflung im ungemischten Weine den Tod gesucht und
gefunden haben soll. Wir dürfen uns den gemischten Wein, den der gebildete
Grieche trank, der Wirkung nach immerhin als eine Art Grog vorstellen, und es
ging bei jenen Symposien nicht allzu nüchtern her, zumal die anfangs noch etwas
«froschmässige» Mischung im Lauf des Abends «steifer» beliebt wurde und, zum
Behufe des gewaltig geübten Zutrinkens, an die Stelle der kleinen Becher grosse
Humpen kamen. Sokrates, der nicht bloss wegen seiner Mässigkeit, sondern noch
mehr weil er den Wein unvergleichlich «führen» konnte, berühmt war, trank dem Alkibiades dritthalb Mass ex pleno nach, und Alexander der Grosse explenirte deren sieben,
was Proteas, dem er sie vorgetrunken, zum zweitenmale wiederholte. Das reicht freilich noch nicht ganz an unsern Ritter Hans von Schweinichen, der einen mit Wein
gefüllten Schwenkkessel an der Tafel austrank, nachdem er das Kunststück, um
seiner Sache sicher zu sein, vorher in der Küche probirt hatte. Dagegen wären
unsere Weine dem Griechen das gewesen, was er Autokras nannte; hiemit bezeichnete man einen geringen Wein, den man nicht zu mischen brauchte, weil er
schon von sich selbst den gehörigen Zusatz Wasser hatte. Ausser dem, was die
Einzelnen einander zutranken, konnte das von der Gesellschaft gewählte Präsidium
(der Symposiarch) Jedem einen beliebigen Satz, auch pro poena, dictiren. Unter
den in solcher Gesellschaft gebräuchlichen Spielen wird als das beliebteste der
«Kottabos» genannt, von dem man sich aber keine recht deutliche Vorstellung
machen, sondern nur so viel sagen kann, dass mit einem Bogenguss aus dem
Becher oder gar aus dem Munde eine aufgehängte Wage so getroffen werden
musste, dass die Wagschale ein darunter befindliches Figürchen, Manes genannt, im Heruntersinken an den Kopf traf. Aber auch das Würfelspiel um Geld
wurde getrieben, was bei den Römern, welche die griechische Sitte der Symposien
annahmen, zum Uebermass ausartete.

Dass Musik bei dem Gelage beliebt war, hat uns schon Fig. 2 gezeigt. Die
Flötenspielerin Fig. 12 war bei dem Beginn desselben nöthig, um die dem guten
Dämon in ungemischtem Weine dargebrachte Spende mit ihren Tönen zu begleiten. Die Musik wurde aber gerne auch nachher beibehalten, um die Pausen
der Unterhaltung auszufüllen. Natürlich unterhielt man sich mit jenen Auletriden,
Psaltrien, Kitharistrien, Sambukistrien, und wie die musikalischen Schönen alle
hiessen, auch noch auf andere Art, und es wird als Gebrauch angeführt, dass das
Glück, eine Flötenspielerin über das Symposion neben sich sitzen zu haben, förm-
lich versteigert wurde.

Eine weitere Unterhaltung beim Gelage war der Tanz, die Pantomime, bei
den Römern nach ihrer handgreiflichen Weise selbst Seiltänzerei und Gladiatoren-
gefecht. Hierher gehören die Bilder der vorhergehenden Tafel XXXIX, Fig. 5,
6, deren letzteres von der schon früher gerühmten Kunstfertigkeit griechisch-

römischer Gaukler eine starke Probe gibt. Zwei Tänzer spielen die Pyrrhyche, ein dritter steht mit erhobenem Schwert dahinter, und über dem Kopfe des einen Kämpfers schwebt, auf eine Hand sich stützend, eine Tänzerin, die noch das weitere Kunststück macht, mit den emporgeschwungenen Füssen einen Ball oder dgl. in die Urne zu legen, und nun im Purzelbaum zwischen Lanzen und Schwertern wieder zu Boden kommen wird. (Nach der Säule und der sitzenden Figur könnte man übrigens auch annehmen, dass dies eine gesonderte Abtheilung des Bildes und die Berührung zwischen Hand und Haar eine zufällige, von der Enge des Raumes hervorgebrachte sei. Oder schwebt auch die Sitzende in der Luft und streckt die Hände aus, um die Gegenstände aus den Füssen der andern in Empfang zu nehmen?) Künstlerischer ist der Waffentanz auf dem ersten der genannten Bilder, das übrigens Manches zu rathen gibt. Die in der Mitte über dem Piedestal schwebende Figur ist offenbar eine Amazone, die sonach mit dem hinter ihr stehenden Helden das Kunstpersonal bildet, von welchem unter Lyra- und Flötenbegleitung vor einer ansehnlichen Gesellschaft die Pyrrhiche aufgeführt wird. Die Deutung der beiden Tänzerfiguren wird dadurch unterstützt, dass, wie Panofka beibringt, auch sonst Amazonen auf volcenter Vasen im kurzen Chiton ohne Gürtel erscheinen und dass Theseus auf Bildwerken meist nur mit Helm, Schild und Lanze, ohne Panzer und Beinschienen, den Amazonen gegenüber kämpft. Das Paar mag also einen Achilleus mit Penthesilea oder einen Theseus mit Antiope oder Hippolyte vorstellen, und der Tanz gehört somit ganz in die Classe jener Pantomimen, dergleichen wir aus Lucian und auch aus Xenophon's Symposion kennen. Die Namen der beiden Tänzer können unter diesen Umständen nicht den dargestellten Figuren angehören, sondern müssen, wie die der beiden Musikerinnen und die der Zuhörerschaft, persönlich sein. Die Darstellerin der Amazone trägt den bedenklichen Namen Porna, der übrigens freilich auch ein Beiname der Aphrodite ist (wenn nicht vielmehr Forna gelesen werden muss). Die sitzende vornehme, Nikopolis überschriebene, weibliche Gestalt, über welcher der Kranz schwebt, mag die erkorne Preisrichterin, vielleicht aber auch eine Braut sein, wozu sich der schwebende Genius als Hymenäos schicken würde. Der hinter Nikopolis stehende, sich auf ihren Sitz lehnende Kallias wäre alsdann der Bräutigam, vielleicht einer jener reichen Kallias, deren Familie sich auf zweideutige Weise an der Perserbeute bereichert haben soll? Die unbenannten Frauen rechts und links kehren, wie Panofka bemerkt, auf vielen andern Vasen bei ähnlichem Mobiliar des Hauses wieder und sind als Brautmütter und Brautjungfern zu deuten. Hienach wäre die Aufnahme des Bildes unter die Vermählungsbilder gerechtfertigt.

Fig. 2 gehört zu den in der Nekropolis des alten Tarquinii gefundenen Wandgemälden. Das Gemälde, wovon hier ein Theil gegeben ist, stellt ein Festmahl dar, zu welchem der hier abgebildete bacchantische Tanz von Jünglingen und Mädchen, deren Kleidung an lydische Tracht und Pracht erinnert, in einem von Thieren und Vögeln erfüllten Haine aufgeführt wird. In den Händen der Tänzerinnen sieht man zum Theil die uralten Castagnetten (Krotalen).

Fig. 3 und 4 lassen in ihrer Zusammenstellung die Fortschritte der Wagnerarbeit erkennen. Das letztere Bild zeigt einen mit Maulthieren bespannten altgriechischen Korbwagen, worauf die Insassen schlecht und recht zusammengepfropft sitzen. Der Dritte der Fahrenden, der die Füsse hinten hinabhängt und den Leib gefährlich verdreht, um mit dem Kopf nach vorn gewandt zu sitzen, ist vermuthlich der Parochos einer Braut, die auf diese Weise nach dem Hause ihres Gatten gebracht wird, und das Bild dürfte somit noch zu den Hochzeitbildern zu rechnen sein.

Fig. **6.** Der Thyrsos und das Traubengehänge kennzeichnen den fröhlichen Gott, der auf diesem schönen Wandgemälde abgebildet ist. Statt des Becherchens ist ihm sonst gewöhnlich zum Trinken der weite Kantharos oder das Karchesion mit den grossen übergreifenden Henkeln beigegeben.

Fig. **7.** Familienmahl, an einem römischen Sarkophag in Relief dargestellt, dem vorerwähnten etruskischen in der Bedeutung gleich. «Diese Festgelage», sagt Müller, «sollen wohl zum grossen Theil das selige Loos der Gestorbenen ausdrücken, welches griechische Hymnendichter durch ein unausgesetztes Schmausen an vollbesetzten Tafeln und eine ewige Trunkenheit bezeichneten.»

Fig. **8.** Eine Frau lässt sich von der Dienerin Wein aus einer Gusskanne (Oinochoe) in die Schale schenken.

Fig. **9.** Weibliche Gestalt mit Schale und Fruchtkorb.

Fig. **10.** Das auf früheren Bildern ersichtliche Trinkhorn ist hier zum eigentlichen Rhyton geworden, welches durchbohrt ist, so dass der Weinstrahl mit dem Munde aufgefangen werden muss.

Fig. **11** stellt die schon berührte Einkehr des Dionysos bei Ikarios dar. Der bekränzte bärtige Gott, eine eben so würdige als heitere, eben so sanfte als mächtige Gestalt, tritt, von einem Satyrisken gestützt und von seinem Thiasos gefolgt, unter welchem sich besonders Silen tanzend und auf der Doppelflöte spielend auszeichnet, in den durch zwei Pfeiler und einen Vorhang von dem eigentlichen Gebäude geschiedenen Vorderraum, wo Ikarios und «sein Weib Phanothea» oder seine Tochter Erigone ihn auf der Kline liegend empfangen. Die Haltung der letztern wird von den Erklärern nicht mit Unrecht bacchantinnen- oder hetärenartig gefunden. Ein anderer Satyrisk zieht dem Gebieter die Sandalen ab, worauf er den leeren Platz auf dem Lager einnehmen und der Ernst aus seinen Zügen schwinden wird. Die Masken auf dem Schemel deuten offenbar auf die Kunst, die in Ikaria ihren Ursprung hatte.

Fig. **13.** Wieder ein pompejanisches Bild, das uns das modernste Leben entrollt. Die Kaputzen, die wir hier sehen, werden noch heute von Fischern und Matrosen in Italien getragen. Nichts von Lager, nichts von Triclinium — die ehrenwerthe Gesellschaft sitzt recht kneipenmässig um den dreifüssigen Tisch, und die Schinken, die oben hängen, scheinen so eben frisch abgesotten zu sein. Es ist eines der Gemälde, wie sie auf Ort und Stelle bezüglich gefunden werden, und gehörte einer Weinschenke an.

Fig. **14,** aus einer Reliefgruppe herausgeschnittene Nike (denn sie ist auf dem Original beflügelt), die dem Apollon Kitharödos Wein einschenkt.

Fig. **14**a. Galt früher für einen Mundschenken, wird jetzt für einen Laren erklärt.

Taf. XLII, Fig. **1.** Frau, die einem Manne eine Schale reicht; Spinnerin, zu der eine Dienerin mit Korb und Lade tritt; Eros mit einem unkenntlichen Gegenstande. Wieder eine Frau in anscheinend ziemlich freier Unterhaltung mit einem Manne; weiterhin zwei weibliche Gestalten, mit einem Kästchen.

Fig. **2.** Eine Frau ist mit Weben beschäftigt, hinter ihr steht eine Dienerin mit Arbeitskorb, vor ihr eine Verhüllte, die man für eine Braut halten möchte. Was die weiterhin sitzende Frau in der Hand hat, ist nach Panofka eine Spatel zum Probiren des Oels, aber auch statt des Pinsels zum Salben bestimmt, was bestätigt wird durch das Salbfläschchen (Lekythos), das ihr die Dienerin entgegenhält.

Fig. **3**. Spinnerin mit Rocken und Spindel.

Fig. **4**. Ankleidescene mit Spiegel, Schmuck und Kranz.

Fig. **5** scheint nach dem Fusswaschen und den beiden Gestalten zu urtheilen, die sich zu Brautführer und Brautführerin eignen, eine Vermählungsscene zu sein. Warum der bekränzte Bräutigam, der der Braut ein Salbfläschchen zum Riechen vorhält, gerade Bellerophon mit Kassandra sein soll, wie Tischbein will, ist nicht abzusehen.

Fig. **6**. Eine Schöne begiebt sich nach beendigter Toilette an ihre weibliche Arbeit.

Fig. **7**. Musäos lauscht dem Spiele der Terpsichore, hinter welcher eine Flötenspielerin mit dem Namen «Meletosa» steht. Da der Vasenkünstler auch den «Mosaios» ein wenig verketzert hat, so dürfte der andere Name gleichfalls verschrieben sein und etwa «Meletosa» gelesen werden, was wenigstens dem Musennamen Melete näher kömmt. — Dass Schildkröten auch in späterer Zeit noch zum Bau der Lyra verwendet wurden, beweist nicht sowohl das Instrument in der Hand des Musäos, desto mehr aber das Zeugniss des Pausanias, welcher von dem Partheniongebirge bei Argos sagt, es liefere die zum Fertigen von Lyren brauchbarsten Schildkröten, aber die Gebirgsbewohner fangen sie nicht und lassen sie nicht fangen, weil sie sie als dem Pan geheiligt ansehen.

Fig. **8**. Da gegenwärtiges Bild zwei Frauenzimmer ohne männliche Gesellschaft aufweist, so glaubte Tischbein sie für die beiden Strohwittwen des Plautus, die durch die dreijährige Abwesenheit ihrer Männer in Verlegenheit gesetzt sind, erkennen zu dürfen. Er wendet sich zwar ein, die Vase könnte verfertigt worden sein, ehe Plautus geboren wurde, tröstet sich aber mit dem Gedanken, dass ja dieser Komiker aus älteren griechischen Quellen geschöpft habe.

Fig. **9**. Hierodulen oder vielleicht opfernde Frauen, die im Tanze die brennenden Candelaber vor dem Tempel schmücken.

Fig. **10**. Schöne mit Spiegel, welcher die Dienerin eine Binde bringt.

Fig. **11**. Wieder die Schaukel, diesmal von einem Eros in Bewegung gesetzt.

Fig. **12** u. **13**. Weibliche Verrichtungen, wie Spinnerei u. dgl., nicht vollständig erklärbar.

Fig. **14**. Zwei weibliche Gestalten, die sich um das Saiteninstrument zu streiten scheinen, während sie sehnsüchtig in eine Ferne blicken, die sich nicht errathen lässt, da der Rest des Basreliefs abgebrochen ist.

Bilderquellen: Tafel XLI. Fig. 1. Mus. Borb. V, 51. Fig. 2. Monum. ined. dell' Inst. I, 32. Fig. 3. Clarac, Mus. de Sculpt. pl. 151 bis nr. 316 bis. Fig. 4. Panofka, Cab. Pourtalès pl. VIII, 3. Fig. 5. Millin, Peintures de Vases ant. II, 58. Fig. 6. Hope, Costume of the ancients II, 90. Fig. 7. Boissard, Topographia urbis Romae pl. 146, 145. Fig. 8. Hope, Costume etc. I, 129. Fig. 9. Hope, Costume etc. I, 106. Fig. 10. Pitture d'Ercol. I, pag. 79. Fig. 11. Hope, Costume etc. II, 224. Fig. 12. Tischbein, Vases etc. IV, 40. Fig. 13. Smith, 209. Fig. 14. Hope, Costume etc. I, 49. Fig. 14 a. Clarac, Mus. de Sculp. pl. 770 nr. 1916. (Stat. zu Florenz.)

---

15. Bad. Arzneikunde. Tod.
(Tafel XLIII, XLIV.)

Diese Tafeln schliessen sich mit den ersten Bildern an die vorhergehende, und
auch die Badscenen sind zum Theil Fortsetzungen des Frauenlebens, zum Theil
reihen sie sich an die schon früher gegebenen gymnastischen Bilder an.

Fig. 1. Gastfreundliche Aufnahme eines Helden, der für sich, seinen Begleiter und seine Rosse um Aufnahme bittet. Die Fürstin, oder wer die Frau
sein mag, an deren Haus er sich wendet, thront unter dem Sonnenschirme (Skia-
deion), den die Dienerin über ihr hält, und blickt dem Ankömmling in edler
Haltung entgegen. Eine weibliche Gestalt von gleichfalls adeligem Aussehen reicht
ihm die Willkommsschale dar.

Fig. 2. Ein junger Heros wird von einem älteren Fürsten mit Händedruck
gastlich aufgenommen, wie Telemachos von Nestor, Odysseus von Alkinoos, Bellerophon von Jobates, nur dass für die beiden Ersteren die Personen und
für den Letztern der Brief — «viel Mordwinke geritzt auf gefaltetem Täflein»
— fehlt. Die weibliche Gestalt hinter dem Sessel des Königs, die den Gast mit
einer recht von Herzen kommenden Theilnahme ansieht, erinnert an Nausikaa,
die freilich nicht zu der Umgebung stimmt, oder an Stheneböa, falls die Ankunft
Bellerophon's bei Prötos gemeint sein sollte, wozu aber der zweite Greis nicht
passt, denn dieser, der gleichfalls Freude über den Besuch ausdrückt, scheint
der Mitherrscher des Sitzenden zu sein. Die in Fig. 1 und 2 enthaltenen Scenen
der Gastfreundschaft, die der antiken Welt so eigen war, ergänzen die auf der
Tafel XLI begonnenen Bilder aus dem häuslichen Leben.

Fig. 3. Frauen mit Schmuckkästchen, Spiegel und Salbfläschchen um das
Lutron kauernd, über welchem ein Eros, die eine liebkosend, schwebt.

Fig. 4. Der Vasenmaler hat die Namen der Figuren beigeschrieben, die halb
Göttinnen, halb Allegorieen sind. Aphrodite liebkost den Eros, der ihr auf den
Schultern sitzt. Peitho (die Ueberredung) macht sich mit Zweigen an einem Drei-
fusse zu schaffen. Eunomia (die regelrechte Sitte, übrigens Name eine der Cha-
ritinnen) hat sich zur Paidia (Scherz und Spiel) gesellt. Kleopatra (Ahnenruhm) und
Eudämonia (Glückseligkeit) bringen zu beiden Seiten Früchte auf Schüsseln herbei.

Fig. 5. Eine nackte Schöne lässt sich von einer andern aus dem Wasserkruge (Hydria) den Rücken begiessen. Der Gegenstand, auf dem sie kniet, scheint
eine natürliche Höhlung zu sein, durch welche das Wasser abfliessen kann.

Fig. 6. Eine Frau lässt sich von der Dienerin das Schmuckkästchen über-
reichen.

Fig. 7. Eine nackte Schöne, vor dem Badebecken (Luter) sitzend, beschaut sich im Spiegel, von welchem ein Eros wegfliegt. Eine andere, das schon abgestreifte Obergewand mit den Zähnen festhaltend, giesst Wasser in das Becken.

Fig. 8. Zwei Badende in Halbgewändern, die offenbar Badehemden sind. Die eine hält einen Spiegel, die andere balancirt, im müssigen Spiele scheint es, einen Stab auf dem Finger. Ein auf dem Bassin stehender gekrönter Eros hält das Tuch zum Abtrocknen. Zu bemerken ist, dass er im Original nicht so alt aussieht, wie auf der Abbildung.

Fig. 9. Jünglinge, die, offenbar von der Palästra kommend, sich am Badebecken Oel und Staub abwaschen. Die Inschrift Demosia bedeutet eine öffentliche Badanstalt.

Fig. 10. Wasserholen. Der Wasserträger sucht die zunächst am Brunnen befindliche Wasserträgerin wegzudrücken oder sich sonst zudringlich gegen sie zu erweisen, und wird von der ihm folgenden zurückgehalten, die ihn durch eine Blume zu beschwichtigen oder zu gewinnen sucht.

Fig. 11. Wasserholen, wobei es merkwürdig ist, dass der Brunnen wie ein Marmortisch gebildet ist, aus welchem an beiden Seiten und in der Mitte Wasser strömt.

Fig. 12 wird von Winckelmann als Toilette der Venus nach dem Bade bezeichnet; doch kann man in der Hauptfigur und in den diese bedienenden Grazien eben so gut auch sterbliche Schönen erblicken.

Fig. 15. Während die andern Badebilder ein Waschen im Becken, kein eigentliches Baden darstellen, lässt das gegenwärtige die ganz moderne Erscheinung eines Sturzbades sehen, worin Rücken, Arme, Kniee dem Strahl dargeboten werden. Die Einrichtung ist schöner als gewöhnlich in unsern Douchen: die Wasserröhren sind durch die Säulen maskirt und Löwen-, Panther-, Eberköpfe bilden die Mündungen.

Fig. 16. Hier dient eine Pansmaske als Brunnenmündung, aus welcher die am Bassin stehende Schöne das Wasser auffängt. Am Boden liegen Schwamm und Salbfläschchen.

Reicher ausgebreitet als das griechische ist das römische Badeleben, von welchem Fig. 13, 14, 17, 18, 19 einige Anschauungen geben. Der Luxus der warmen Bäder (Thermen) kam erst gegen das Ende der Republik auf, und Agrippa war der Erste, der eine jener grossen Badeanstalten errichtete und dem römischen Volke vermachte. Sie wurde weit überboten von den Thermen des Titus, Caracalla, Diocletian, deren Ueberbleibsel noch jetzt das Staunen der Nachwelt erregen. Die Anzahl von Bädern grösserer und kleinerer Art stieg zu Rom in den Jahrhunderten der Kaiserzeit nach und nach beinahe bis auf tausend. Die grösseren waren, wie zwei unserer Bilder zeigen, von einer Porticus umgeben, wo die Wartenden lustwandeln konnten. Die erste Räumlichkeit, die man betrat, war das Apodyterion, wo man die Kleider, die von Knaben in Verwahrung genommen wurden, auf steinernen Bänken längs der Wand ablegte. Dann kam das Frigidarium mit dem Bassin (Baptisterium, Natatorium, Piscina) zum Kaltbaden und Schwimmen. Ein anderes Gemach war das Tepidarium, ein erwärmtes Zimmer, das als Vorbereitung zum Schwitzbade diente. Dieses, Caldarium, auch concamerata Sudatio genannt, war ähnlich wie die russischen Dampfbäder eingerichtet. Fussboden und Wände waren hohl, so dass Dampf und Hitze aus der Unterfeuerung (Hypokaustum) sich durch das ganze Zimmer verbreiten konnte. Doch gab es noch eine Art Hölle im Fegefeuer, nämlich das kuppelförmige Laconicum, wo man mittelst einer Klappe (Clipens) die Hitze noch steigern konnte. Ein Wasserbehälter (Labrum) führte dem bis zum Braten erhitzten Körper kaltes Wasser zu. Das Gemälde aus den Bädern des Titus, Fig. **17**, das die angeführten Abtheilungen mit Namen nennt, hat ausser ihnen noch ein Balneum, das nichts anderes als das warme Bad sein kann. In den zu Pompeji entdeckten Bädern ist die ganze Einrichtung erhalten, die, wenn auch kleiner und einfacher als in den römischen Riesenbauten, eine deutliche Anschauung gewährt, welche auf Tafel III in den nachgenannten Abbildungen zu ersehen ist. Fig. **47** stellt das Apodyterium vor, Fig. **17** das Frigidarium, Fig. **41** das Tepidarium, Fig. **18** das Caldarium mit dem Labrum; Fig. **19** ist eine Abtheilung des ähnlich eingerichteten Frauenbades. Das römische Bad ist in gewisser Weise an die Stelle des griechischen Gymnasion getreten. Oel und Strigel spielen keine geringe Rolle darin; Leibesübungen, besonders das Ballspiel, wurden als Vorbereitung getrieben. Freilich waren auch Schwelgerei und Unfug jeder Art dort zu Hause. Indessen konnte man in den, wie am Gymnasion angebrachten Säulengängen, Exedren, Xysten, Stadien etc., die Zeit nicht blos müssiggängerisch verbringen, sondern auch zu geistigem Gewinne anwenden. Schon zur Zeit des Horaz wurden Gedichte in den Bädern vorgelesen. Wissenschaftliche Vorlesungen und Unterredungen jeder Art konnten dort aufgesucht werden, wie im griechischen Gymnasion, und in den Thermen Diocletian's war endlich gar die ulpische Bibliothek aufgestellt, denn dort studirte Vopiscus, wie er erzählt, seine meisten Geschichtsquellen.

Die Medicin war ursprünglich ein priesterliches Geschäft und bestand in Anrufungen und Beschwörungen der Gottheiten, die man als die Urheber der Krankheiten betrachtete. Nach und nach gesellte sich an der Hand der Erfahrung das eigentliche Heilverfahren hinzu, und es wird von den Babyloniern berichtet, dass sie die Kranken vor das Thor gebracht haben, um etwa von Vorübergehenden, die den betreffenden Fall selbst erlebt, das Heilmittel erfragen zu können. In Aegypten kam im Laufe der Zeit eine Sammlung ärztlicher Vorschriften zu Stande, die, einen Theil der gesammten auf Thot zurückgeführten Priesterliteratur bildend, dem Arzte bei jedem einzelnen Falle die Hände band, so dass er nur mit Gefahr seines eigenen Lebens von der Regel abweichen konnte; denn durch den unglücklichen Ausgang der Krankheit war dasselbe alsdann verwirkt. Auch in Griechenland war die Ausübung der Medicin das Eigenthum einer Priesterkaste, der Asklepiaden, die ihren Ursprung von Asklepios ableiteten. In den berühmten Heiltempeln dieses Gottes, zu Epidauros, auf Kos, Knidos u. s. f., wurden die Curen priesterlich und ärztlich zugleich betrieben und neben den Abbildungen der kranken Glieder, welche die Genesenen nach ägyptischer und philistäischer Sitte als Weihegeschenke aufhingen, wurden die Heilungen selbst auf Tafeln oder Säulen beigeschrieben, so dass sich jener Schatz von Erfahrungen bildete, an welchem Hippokrates von Kos, selbst Asklepiade, der Begründer der wissenschaftlichen Medicin, seine Studien machte. Neben dieser als freier Wissenschaft und Kunst blieb die Tempelmedicin beständig in Geltung, und das Wunder wurde in den spätern gläubigen Zeiten fast wieder so herrschend, wie es im grauen Alterthum gewesen war. Die Incubation, d. h. der Tempelschlaf, verbreitete sich von den Heiligthümern des Amphiaraos, wo diese Curart zuerst heimisch war, über sämmtliche Tempel des

Asklepios. Man liess nämlich die Kranken nach den gehörigen Vorbereitungen
im Tempel schlafen — oder die Priester schliefen für sie — und da gab ihnen
die Gottheit im Traume das rechte Recept. Eine Menge Wundergeschichten werden hievon erzählt. In anderen Heiligthümern erfuhr man bloss den Ausgang der
Krankheit; so gab es eines, wo man einen Spiegel in's Wasser liess, der dann den
Kranken im Zustande der Genesung oder des Todes zeigte. Eine der artigsten
Geschichten von wunderbaren Heilungen ist die womit Pausanias seine Beschreibung von Griechenland beschliesst. In Naupaktos lebt ein halberblindeter Mann,
welchem der Gott von Epidauros eines Tages ein Schreiben durch eine Frau über-
sendet. Sie hat ihren Auftrag durch ein Traumgesicht erhalten und beim Erwachen das versiegelte Schreiben in ihren Händen gefunden, worauf sie eiligst nach
Naupaktos schifft und das Schreiben überreicht. Der Kranke zweifelt, dass er
es werde lesen können, doch im Vertrauen auf Asklepios erbricht er das Schreiben,
und siehe da, er liest ohne Mühe, dass er der Ueberbringerin tausend Goldstater
geben solle, worauf er mit Freuden die Anweisung zahlt und obendrein dem
Wiederhersteller seiner Augen ein Heiligthum errichtet. Hier mag es auch
am Orte sein, einen andern wunderbaren Nebenzweig der Medicin, der unser ganzes
Mittelalter bis in den Anfang des gegenwärtigen Jahrhunderts herein in Athem
gehalten hat, flüchtig zu berühren. Der Name der Alchymie kommt zwar erst im
4. Jahrhundert unserer Zeitrechnung vor, aber der Schriftsteller (Julius Maternus
Firmicus), der zuerst die Benennung hat, braucht sie ohne erläuternden Beisatz, so
dass man sieht, dass er von etwas Bekanntem spricht. Die Sache selbst ist jedenfalls weit älter und scheint zur Zeit Alexanders d. Gr. aus Indien in die Westwelt
gedrungen zu sein. Gewiss ist, dass Ptolemäos Philadelphos an der Bereitung
des Lebenselixiers arbeitete.

Taf. XLIV, Fig. 1. Asklepios mit der schlangenumwundenen Keule am Lager
eines Kranken, zu dessen Füssen die Pantoffeln nebst den sonst zum fröhlichen
Trinken, hier aber zu bitterer Arznei dienenden Gefässen stehn. Der Kranke lauscht
demüthig dem Zuspruch des im Weggehen begriffenen Gottes, und dieser selbst
scheint ganz zu beherzigen, was Hippokrates und Galen vom Arzte fordern, nämlich dass er auf Sauberkeit und Reinlichkeit in Haar und Barttracht, auf schmucke
Kleidung und Anstand bedacht, dass er gleich weit von Herabwürdigung und gross-
sprecherischer Wichtigthuerei entfernt, voll Ruhe und Behutsamkeit in seinen Aeusserungen über den Zustand des Kranken sein solle. Dass nicht alle dieses Mass
einhielten, erhellt aus den Bemerkungen der römischen Schriftsteller über die
griechischen Charlatane zu Rom, und ein classisches Beispiel von ärztlicher Grob-
heit ist jenes Kraftwort, das nach Galen ein Arzt einem Kranken auf dessen Be-
fürchtung, dass es mit ihm zu Ende gehen werde, erwiderte: «Auch Patroklos
musste sterben, und war mehr als du.»

Fig. 2 gilt gewöhnlich für eine Darstellung, wie Nestor dem verwundeten
Asklepiossohne Machaon, dem hülflos gewordenen Helfer, einen stärkenden Trank
reicht. Eine andere Auslegung schliesst aus der Grösse des Gefässes und aus der
Haltung des Kranken, dass es sich nicht um das Trinken, sondern um das Gegentheil, nämlich um die Wirkung eines eingenommenen Brechmittels handle. Betrachtet man jedoch das Bild genauer, so kann man kaum zweifeln, dass der
Aeltere den Sitzenden am Arme ergreift, um ihn vom Trinken abzuhalten, und
dass er somit zugleich mit der andern Hand die Schale von dessen Munde zurückzuziehen strebt. Es lag desshalb nahe, an Alexander zu denken, den seine Ge-

treuen vergebens zurückzuhalten suchten, den Trank seines ungerecht verdächtigten Arztes Philipp einzunehmen; nur fehlt hier der Arzt, der doch als eine Hauptperson dabei stehen sollte. Daher wird Müller's Deutung Recht behalten: es ist Theseus, der, unbekannt in Athen angekommen, von Medea einen Gifttrank erhält, welchen ihm sein Vater Aegeus, ihn in diesem Augenblicke am Schwert erkennend, entreisst.

———

So verschieden die Ansichten des Alterthums über den Zustand des Menschen nach dem Tode in den verschiedenen Zeiten waren, so hat doch der Todtencultus selbst stets sein gleiches Recht auf hohe Heiligkeit behauptet. Wir haben bei der Bestattung des Patroklos die Leichengebräuche der homerischen Welt zum Theil kennen gelernt. Ein wesentlicher Theil derselben ist aber noch die Todtenklage, welche die Griechen mit allen alten Völkern gemein haben, und zwar ist es merkwürdig, dass bei ihnen gleichfalls das wilde Schreien, Haarausraufen, Brustzerschlagen, Wangenzerfleischen, Bodenwälzen u. dgl. zu Hause ist, während bei Hektors Leiche Sänger den Threnos anstimmen und Andromache, Hekabe, Helena einzeln, vom Jammer der Frauen gewissermassen antiphonisch begleitet, sich in Klagen folgen, so dass die Feier den veredelnden Character der Schönheit erhält.

Hierauf wird der Leichnam, der während der Klage auf einem Ruhebette aufgestellt gewesen, köstlich gekleidet und gesalbt auf einer Bahre von Freunden zum Holzstoss getragen und mit seinen Waffen und Lieblingsthieren etc. verbrannt. Unter Anrufen des Todten sprengt der nächste Freund beständig Wein in die Gluthen, und wenn der Scheiterhaufen zusammensinkt, löschen Alle mit Wein den glostenden Schutt. Die Gebeine werden aus der Asche gesammelt, mit Wein und Balsam besprengt und in der Urne geborgen, über welcher sodann der Hügel errichtet wird, worauf der Leichenschmaus und sodann bei Helden, wie Patroklos und Achilleus, die Leichenspiele folgen.

So finden wir in der griechischen Heroenwelt, wenigstens bei den Vornehmen, die Verbrennung üblich. Sie ist es auch in der älteren jüdischen Zeit. Saul und seine Söhne werden, nachdem die Leichname den Feinden abgenommen sind, verbrannt. König Assa, der rechtgläubige, der gleichwohl in seiner Krankheit nicht den Herrn, sondern die Aerzte gesucht, musste ungeachtet dieses Beistandes sterben, «und sie legten ihn auf sein Lager, welches man gefüllet hatte mit gutem Räucherwerk und allerlei Specerei nach Apothekerkunst gemacht, und machten ein sehr grosses Brennen.» Jeremia prophezeit dem Könige Zedekia: «Du sollst im Frieden sterben, und wie man über deine Väter, die vorigen Könige, so vor dir gewesen sind, gebrannt hat, so wird man auch über dich brennen und dich klagen.» Auch von den Deutschen meldet Tacitus die Verbrennung, die auch nachher noch fortbestand, bis Karl der Grosse sie bei Todesstrafe verbot. Sie war gleichfalls üblich bei den Skandinaviern, die jedoch ein Brennalter und eine Hügelzeit unterscheiden. Bei den Griechen und Römern aber waren durch die ganze historisch bekannte Zeit hindurch Verbrennen und Begraben neben einander im Brauch, und wenn man, wie die Spartaner unter dem Vater des Leonidas in der Schmiede zu Tegea, oder wie Kimon auf Skyros, Gebeine von hünenhafter Grösse, also unverbrannte, vollständige Knochen ausgrub, die als Gebeine des Orestes, des Theseus ihrer Heimath glückbringend wurden, so muss man damals unbefangen angenommen haben, dass auch im Heroenalter die Sitte des Begrabens nicht ganz ausgeschlossen gewesen sei. Die Spartaner haben diese Sitte beibehalten; sie begruben ihre Todten innerhalb der Stadt, um die Jugend an den Anblick des Todes zu gewöhnen, und duldeten keine laute Wehklage. Auch die Sikyonier bargen den Leib in der Erde wie Pausanias sagt. Bei dem Besitzesstreit zwischen Athen und Megara um Salamis kommt zur Sprache, dass die Megarer die Leichen gegen Morgen, die Athener sie gegen Abend gelegt; so Plutarch, und wenn andere Schriftsteller die Sitte gleich oder umgekehrt angeben, so laufen doch alle diese Angaben auf das Beerdigen des vollständigen Körpers hinaus. Für das Nebeneinander der beiden Bestattungsarten spricht am deutlichsten die Aeusserung des Sokrates, der sich bei Plato (Phädon) gleichgültig dagegen erzeigt, ob er verbrannt oder begraben werde, und hiefür haben auch die Ausgrabungen in Griechenland die Bestätigung geliefert, denn man hat in den dortigen Gräbern (s. Stackelberg's «Gräber der Hellenen») eben sowohl unverbrannte Gerippe als verbrannte Knochen gefunden. Und in den Todtenkammern von Nola und Capua waren die ersteren so vorherrschend, dass man zweifeln wollte, ob diese Todten dem alten Grossgriechenland angehört haben könnten. In Rom war das Begraben die ältere Sitte. Das Verbrennen, sagt Plinius, sei erst durch die Kriege aufgekommen, in welchen man (wie in unserm Mittelalter) oft die Todten aus der Erde gerissen habe. Familien jedoch, die am Altbestehenden festhielten, wie die Cornelier, behielten das Begraben bei, bis auf Sulla, der nach seiner Verordnung auf dem Marsfelde verbrannt wurde, und zwar aus Furcht vor Wiedervergeltung, weil er den Leichnam des Marius hatte ausgraben und in den Anio werfen lassen. Man sollte annehmen, die Aermeren haben das wohlfeilere Begraben dem theuren Verbrennen vorgezogen, und das wird wohl auch in Rom und Griechenland grossentheils der Fall gewesen sein. Zur Kaiserzeit jedoch herrschte das Verbrennen vor und die nöthige Ersparniss wurde durch gemeinschaftliche Scheiterhaufen für Viele bewerkstelligt, bis das Christenthum dem orientalischen Begraben den Sieg verschaffte.

Die griechischen Leichenbegängnisse beschreibt Lucian in seiner Abhandlung über die Trauer. Das Erste ist, dem Todten einen Obolos als Fahrgeld für Charon in den Mund zu stecken; bei Oeffnung eines Grabes hat man die Münze noch zwischen den Zähnen des Gerippes gefunden. Dann wird die Leiche gewaschen, mit duftigen Oelen zur Abhaltung des Verwesungsgeruches gesalbt, mit Blumen bekränzt, mit weissen Gewändern angethan und so, mit den Füssen gegen die Thüre gekehrt, wie schon beim homerischen Leichencultus, auf einem Lager ausgestellt. Diese Verrichtungen wurden von den nächsten Anverwandten, später und bei den Römern von bezahlten Personen besorgt; auch gab es eigene Trauerhandlungen, in welchen die nöthigen Erfordernisse zu haben waren. Das Leichenbette war mit Salbfläschchen (Lekythen) umstellt, und vor der Hausthüre stand ein thönernes Gefäss mit Wasser zum Besprengen für die Herausgehenden, weil das Trauerhaus für verunreinigt galt. Bei dieser Ausstellung, die am zweiten Tage stattfand, versammelten sich die Verwandten und Freunde, und obgleich Solon die alten wilden Ausbrüche der Todtenklage verboten hatte, so scheint doch nach Lucian das Heulen und Schreien der Frauen, das Brustzerschlagen, Wangenzerkratzen, Haarraufen, Kleiderzerreissen und Zerschlagen des Kopfes am Boden mehr oder weniger bräuchlich geblieben zu sein. Am dritten Tage wurde das Ausstellungsbette mit der Leiche hinausgetragen. Der Leichenzug wurde von gedungenen Klagesängern (Threnöden), auch Flötenbläserinnen eröffnet und von dem Trauergefolge beschlossen, wobei die Männer voraus, die Weiber hintendrein gingen. Die letzteren waren auch hier, wie überall im Leben, beschränkt, denn ausser den nächsten Verwandtinnen war durch Solon nur Weibern über sechzig Jahren das Mitgehen gestattet.

Die Asche der verbrannten Leiche wurde in einer Urne, der unverbrannte Leichnam in einem Sarge von Holz, gewöhnlicher von Thon — später bediente man sich hiezu des fleischverzehrenden Steines von Assos (Sarkophag) — im Grabmal beigesetzt. Die Grabmäler befanden sich meist an den Landstrassen, bei den Vornehmen auf ihren Grundstücken, auch gab es wohl gemeinschaftliche Begräbnissplätze. Als Formen der Grabmäler werden aufgeführt Hügel, Pfeiler (wie der des Marathonkämpfers Aristion in den griechischen Kriegsbildern), Säulen, tempelartige Gebäude, Heroa genannt, und liegende Grabsteine (Tische). Sie wurden von den Nachkommen aufs sorgfältigste gepflegt und immer wieder neu mit Kränzen, Bändern und Blumenpflanzungen geschmückt. Die grösseren wurden als Familiengräber benützt und eifersüchtig gegen das Einbringen fremder Leichen verwahrt. Die Gegenstände, die den Todten mitgegeben wurden, waren Lampe, Thongeschirre, Salbfläschchen u. s. w., wie denn aus den Gräbern jene Unzahl von Vasen stammt, die den verschiedensten Zeiten angehören. Nach der Bestattung wurde das Leichenmahl gehalten, und dann folgten die Todtenopfer. Mahlzeiten nämlich, die dem Todten dargebracht wurden, am dritten Tage ein Frühstück, am neunten die Hauptmahlzeit u. s. f. Am dreissigsten wurde, scheint es, die Trauer abgelegt, die gewöhnlich in einem schwarzen Obergewande (zu Argos in einem weissen) bestand. Doch wurden dem Verstorbenen fortan an wiederkehrenden Tagen Grabesspenden von Milch, Honig, Wein, Oel, Kränzen u. s. w. dargebracht, und diese Verehrung der Familienahnen wurde zu einer Art Heroencultus, der einigermassen unserer Bezeichnung unserer Verstorbenen als «Selige» entsprach, aber den antiken Vergöttlichungsbegriffen gemäss viel weiter ging und der eigentlichen Apotheose grosser Gewalthaber begreiflichen Vorschub leistete.

Eine besondere Art von Leichenfeier, die in Athen den vor dem Feinde Gefallenen gehalten wurde, ist vornehmlich durch Thukydides näher bekannt. Es war strenges Gebot, diese Leichname (wenn sie nicht im Meere untergegangen waren) aus dem Kriege mit heim zu bringen, und die kriegführenden Parteien pflegten einander nach der Schlacht gegenseitig ihre Todten auszuliefern. Drei Tage nun vor der Bestattung werden die Gebeine ausgestellt, und die Angehörigen bringen die Gaben, womit Jeder seinen Todten ehren will. Jede Stammgemeinde legt dann die Gebeine der Ihrigen in einen gemeinschaftlichen Sarg von Cypressenholz, und bei dem Begängniss werden diese Särge nebst einem leeren für die Vermissten, die nicht aufgefunden wurden, unter Begleitung von Bürgern und wehklagenden Frauen und wer von Fremden sich dem Zuge anschliessen will, nach der gemeinsamen Begräbnissstätte gefahren, wo im öffentlichen Auftrage ein auserkorner Redner zu Ehren der Gefallenen, der Vorfahren und des Staates die Leichenrede hält. Zwei dieser grossen Leichenreden sind auf uns gekommen, die des Perikles, die Thukydides bei jenem Anlasse mittheilt, und die des Demosthenes die man nicht für hundert Jahre jünger halten sollte und deren Echtheit daher schon das Alterthum bezweifelt hat. Sicher ist indessen, dass Demosthenes nach der Schlacht von Chäronea, obgleich er seine Mitbürger zum Kriege gegen Philipp angefeuert hatte, von ihrem ungebrochenen Vertrauen als Leichenredner gewählt wurde, wie er sich denn auch rühmt, dass ihm die Theilnehmer zum Leichenmahle in sein Haus gefolgt seien. Der öffentliche Begräbnissplatz, wo diese Feier stattfand, war im äussern Keramikos, an der Strasse nach der Akademie. Hier, wo auch ausgezeichnete Männer, wie Perikles, Thrasybul, Konon, Chabrias, begraben lagen, sah Pausanias die Gräber und Denksäulen der Gefallenen aus allen athenischen Land- und Seekriegen, welche die Geschichte kennt und nicht kennt, denn unter diesen Schlachten ist auch ein Seetreffen im punischen Kriege, wozu die Athener den Römern fünf Galeeren geschickt haben wollten. Nur die Marathoner Helden lagen nicht dort, sie waren wegen ihrer Tapferkeit auf dem Kampfplatze selbst bestattet, und dort, in der Ebene von Marathon, sah der Beschreiber Griechenlands ihre Gräber und die Stellen mit den Namen der Gefallenen und ihrer Stämme, ein Grab für die Athener, eines für die Platäer und Böotier, und eines für die Sklaven, die man damals bewaffnet hatte. Dort besass auch Miltiades sein eigenes Grabmal, worin er nachher seinen Kampfgenossen beigesellt wurde. «Hier,» sagt der alte Perieget, «kann man jede Nacht wiehernde Pferde und kämpfende Männer vernehmen; wer sich absichtlich hinstellte, dor ist nicht ungestraft davongekommen, wem es aber zufällig und unwissentlich begegnet, dem zürnen die Dämonen nicht.» Aber auch die Spartaner waren nicht undankbar gegen ihre grossen Todten. Leonidas, dessen Gebeine von Termopylä geholt wurden, und Pausanias, der Feldherr in der Platäer Schlacht, obgleich er nachmals als Verräther starb, hatten ihre Grabmäler gegenüber vom Theater zu Sparta, und eine Denksäule stand dort mit den Namen aller Thermopylen-Kämpfer und den Namen ihrer Väter. Bei diesen Gräbern hielten sie jährlich Gedächtnissreden und einen Wettkampf, in welchem ausser Spartanern keinem Andern mitzukämpfen verstattet war.

Die römischen Leichengebräuche, in Becker's Gallus zusammengestellt, im Allgemeinen den griechischen ähnlich, aber nach römischer Art und Weise officieller und ceremoniöser, begannen mit der Conclamatio, wobei der Todte mit Namen gerufen wurde, und mit der Wehklage, die auf sein Nichtwiedererwachen folgte. Dann wurde der Leichnam der Fürsorge des Tempels der Todesgöttin Venus Libitina übergeben, an welchen, wie an den Tempel der Juno Lucina für die Geburten, so für die Sterbefälle eine Abgabe bezahlt werden musste, womit zugleich die Führung der regelmässigen Geburts- und Todtenlisten zusammenhing. Der Libitinarius, der Beamte des Tempels, der den ganzen Trauerapparat nebst dem nöthigen Personal unter sich hatte, schickte den Pollinctor, um die Leiche zu waschen und zu salben. Das Todtengewand war bei jedem Freien die Toga, auch in der Provinz, wo man sie im Leben nicht trug, daher Juvenal: es gebe einen guten Theil Italiens, wo nur der Todte die Toga trage. Einer Magistratsperson wurde die Taga prätexta angelegt. Dann brachte man den Leichnam auf den Lectus funebris, das Paradebette, neben welchem eine Rauchpfanne dampfte. Vor der Hausthüre wurde eine Kiefer oder bei Vornehmen eine Cypresse aufgepflanzt zum Zeichen, dass ein Todter im Hause liege, und auf dem Herde blieb das Feuer ausgelöscht. Die Ausstellung dauerte sieben Tage, wobei es sich von selbst versteht, dass dieses und das folgende nicht von der stillen Leiche des gemeinen Mannes, vom Funus tacitum, sondern vom solennen Leichenbegängniss angesehener Personen, vom Funus indictivum oder publicum gilt, zu welchem das Volk durch den Herold eingeladen wurde.

Der von Designatoren und schwarz gekleideten Lictoren geordnete Zug wurde durch zehn Tibicines eröffnet, deren durch die zwölf Tafeln beschränkte Anzahl nichtsdestoweniger von Tuba- und Hornbläsern unterstützt werden konnte.

16*

Ihnen folgten die gedungenen oder vielmehr vom Libitinarius gestellten Klage-
weiber, Præficæ, die das Klagelied, Naenia, sangen. Dann kam eine Schaar von
Mimen, deren einer, der Archimimus, den Verstorbenen selbst nach Gestalt, Tracht,
Haltung, kurz nach seinem ganzen Wesen spielte, wobei es mitunter sehr scurril
herging, wie denn bei Vespasian's Leiche der Darsteller der Hauptperson, »ganz
Vespasian», nach den Kosten des Spectakels fragte und entsetzt über die hohe
Summe ausrief, sie sollten ihm hundert Sestertien geben und ihn in die Tiber
werfen. Ohnehin war diese Maske nicht bloss von tragischen Schauspielern, die
ernste Dichterstellen recitirten, sondern auch von Tänzern und Histrionen umgeben, die das Volk mit Possenreisserei belustigten. Aehnlich wie der Todte
wurden auch seine verstorbenen Vorfahren (Imagines Majorum) durch Masken
dargestellt und machten so den Zug zu Wagen oder zu Fusse mit. Unter Umständen wurde diese Pompa zur förmlichen Pompa triumphalis mit Abbildungen
eroberter Städte, Spolien u. s. f., die von Lictoren mit gesenkten Fascen begleitet
waren. Nun erschien das Funus im engeren Sinn des Worts, die Leiche selbst,
etwas aufgerichtet auf dem Paradebette liegend, das auf dem Traggestelle (Fere-
trum) ruhte und in ausgezeichneten Fällen von Senatoren, Rittern, angesehenen
Bürgern, in der Regel wahrscheinlich meist von Freunden, auch von Freigelassenen des Verstorbenen, getragen wurde. Hinter der Leiche gingen Verwandte, Erben, Freunde, Freigelassene und zuletzt das ganze freiwillige Geleite, das einem
solchen Zuge zu folgen pflegt, in schwarzen oder aschgrauen Kleidern.

Auf dem Forum, wohin der Zug ging, wurde die Leiche vor den Rostren
niedergesetzt, und die Ahnen nahmen auf curulischen Sesseln Platz. Ein Ver-
wandter oder Freund, nach Umständen auch ein Staatsredner, bestieg die Rednerbühne und hielt die Leichenrede, Laudatio funebris, in welcher nicht bloss der
Verstorbene, sondern auch alle seine anwesenden Vorfahren ihre Verdienste zu
hören bekamen. Cicero und Livius erklärten diese Leichenreden für Quellen
der der römischen Geschichte anhaftenden Verfälschungen. Auch den Frauen war
nach dem gallischen Kriege, worin sie ihren Schmuck hergegeben, die Ehre der
Leichenrede zuerkannt worden. Zu Cicero's Zeiten wusste man nichts mehr
davon, aber seit Cäsar kam die Sitte wieder auf.

Nun ging es zur Bestattung. Der Holzstoss, falls nämlich verbrannt wurde,
wird wohl in den meisten Fällen bei dem Grabmal errichtet worden sein, das
sich entweder auf einem Landgute des Verstorbenen, oder an einer der grossen
Landstrassen auf eigenem Grundstücke befand. Die Leiche wurde sammt dem
Bette auf den oft ungeheuren, von Cypressen umgebenen Scheiterhaufen gehoben,
und zwar mit wieder geöffneten Augen, die man nach dem Tode zugedrückt hatte.
Von allen Seiten warf man Munera, nämlich Kränze, abgeschnittene Haarlocken,
Schmuck zu der Leiche hinauf, Odores und Liquores wurden über dem aus brenn-
barem rohem Holze gezimmerten Scheiterhaufen ausgeschüttet. Abermals erhob
sich die Todtenklage, während welcher der nächste Verwandte mit Fackeln, das
Gesicht abwendend, das Gerüste in Flammen setzten. Wenn es niedergebrannt
war, wurde die glühende Asche mit Wein gelöscht. Dann sammelten die Nächsten
die übriggebliebenen Gebeine in ihre Gewänder, besprengten sie mit Milch und
Wein, trockneten sie wieder und legten sie in die Urne, die hierauf mit Salbfläschchen u. s. f. in der Grabkammer beigesetzt wurde. Nachdem der Todte den
letzten Abschiedsgruss empfangen («Have anima candida, æternum vale, terra tibi

levis sit, molliter cubent ossa» etc.) wurde die Versammlung durch Besprengen mit
Weihwasser gereinigt, und mit der Formel «Ilicet» entlassen.

Taf. XLIV, Fig. **3**. Archemoros, dessen früher Tod den Sieben gegen Theben
ihr eigenes Schicksal weissagte, liegt in ein langes Gewand eingehüllt auf dem geschmückten Todtenlager, unter welchem der Krug zur Reinigung des Leichnams
steht. Eine verschleierte Frau, vermutlich seine Wärterin Hypsipyle, setzt ihm
einen Kranz auf. Eine Andere hält einen Sonnenschirm über sein Haupt, was so
gedeutet wird, dass die Bestattung im Sonnenlichte stattfinden müsse, sofern nächt-
liches Begräbniss, wie aus einer Stelle des Euripides geschlossen wird, für schimpf-
lich gegolten habe. Indessen wurden die Leichen in Athen früh vor Sonnenauf-
gang ausgeführt. Der Erzieher des verstorbenen Knaben, als Paidagogos bezeichnet,
bringt eine Leier, die dem Zögling gehört haben mag, herbei, um sie ihm ins
Grab mitzugeben. Weiterhin werden Opfergaben auf Opfertischen herbeigetragen.

Fig. **4**, von einer athenischen Vase, gibt uns ein echtes Bild der oben beschriebenen griechischen Todtenausstellung (Prothesis), wobei die Weiber wehklagend das Leichenbette umstehen. Der Todte ist mit Eppich bekränzt, übrigens
nicht, wie man gewöhnlich liest, in ein weisses, sondern in ein buntes Gewand
gehüllt.

Fig. **5**. Relief von einem Grabmal in Pompeji, zeigt eine Frau, die das
Gerippe eines auf einer Steinmasse liegenden Kindergerippes mit einer Binde
schmückt. Kinder waren diejenigen Todten, die man vorzugsweise begrub, und
die noch keine Zähne hatten, wurden überhaupt nie verbrannt. Aus den Stein-
trümmern hat man übrigens geschlossen, dass das Bild auf das Erdbeben vom
Jahr 63 zu beziehen sei. Die Tracht der Frau hat sich, wie Mazois bemerkt, bis
heute in der Gegend erhalten.

Fig. **6**. Etruskisch. Der Todte liegt auf dem Leichen- und Leiterwagen,
wo ein männliches und ein weibliches Wesen, vermuthlich Sohn und Tochter,
klagend bei ihm sitzen. Vor dem Wagen bewegen sich Klageweiber bei den Maulthieren, die auf eine mit Grün geschmückte Grabthüre zuschreiten. Dem Wagen
folgen ein klagender Greis und ein Musikant mit der Doppelflöte.

Fig. **7**. Die Aufschrift «Antinoi Adr. Cæs. consecratio», die sich über
gegenwärtigem Marmorfragmente befindet, würde die Beziehung des Bildes auf
Kaiser Hadrian und seinen vergöttlichten Liebling Antinous ausser Zweifel setzen,
wenn man sie für echt halten könnte. Sie scheint aber ein Werk späterer Erklärung zu sein, und die bekannten Züge jener beiden historischen Personen sind
weder an dem Todten noch an der leidtragenden Hauptfigur zu erblicken. Man
wird daher an eine mythologische Handlung denken müssen, bei welcher der römische Harnisch eine ähnliche Rolle spielt, wie bei den Dioskuren von Monte
Cavallo, und am nächsten bietet sich zur Erklärung die Leichenfeier des Meleager.
Der Wehklagende im Harnisch wäre sonach als sein Vater Oeneus und die ver-
zweifelnde Frau, deren Ausbrüche eine andere zurückzuhalten sucht, als seine Gemahlin Kleopatra zu betrachten.

Fig. **8**. Auf dem vollständigen Vasenbilde sieht man Herakles, von Nike
geführt und von Zeus erwartet, dem Olymp zufahren. Was auf dem untern Theile
des Bildes hier zu sehen, ist sein Rumpf in Mitte des brennenden Scheiterhaufens,
in welchen eine Nymphe ihr Gefäss ausgiesst.

Fig. **9**. Zoëga fasst diese Darstellung als «Ehegatten zu Tisch», obgleich
er die sepulcrale Bedeutung des Basreliefs nicht verkennt. Der auf dem Canapee

liegende Mann sei der Ehemann, das sitzende Weib dagegen seine Gemahlin. Die vier stehenden Figürchen erklärt er für Sklavinnen (vielleicht eher die Töchter des Verstorbenen?); mit dem Pferde und dem Eichenzweig weiss er wenig anzufangen. «Man möchte sagen, der Verstorbene sei Soldat gewesen und habe vielleicht mit Beistand desselben Pferdes, das man beiseit sieht, das Leben eines Bürgers gerettet, weswegen er, statt der verdienten und vielleicht nicht erhaltenen Krone, sein Vergnügen darein gesetzt, einen Eichenzweig bei seinem Bett aufzustecken.» Das so häufig vorkommende Pferd ist einfaches Bild eines Abschieds, einer Reise ohne weitere Bezeichnung des unbekannten Ortes, wohin sie gerichtet ist. (O. Müller's Handb. §. 431.) Der Hund hat wohl dieselbe Bedeutung wie bei den mittelalterlichen Grabsteinen, d. h der Treue, auch knüpfen sich wohl noch unterweltliche Beziehungen an das Symbol.

Fig. **10**. Der noch träumende Verstorbene, dessen Seelenzustand der neben ihm sitzende Genius repräsentirt, wird durch andere Genien mit Fackeln und Musik vollends erweckt, um die elysischen Früchte, die sie in Körbe sammeln, zu geniessen. Unverständlich ist der Flügelknabe, der unter dem Baume vor einem brennenden Altare sitzt und eine Spindel darüber zu halten scheint. Gerhard erkennt hierin das Verbrennen des Lebensgespinnstes, welchem das völlige Erwachen und die Aufnahme unter die Seligen folgen soll.

Fig. **11**. Eine Verstorbene auf dem Todtenlager. Zu beiden Seiten sitzen die vornehmsten Verwandten (Vater und Mutter?) in ihrem Leide, die andern stehen in den verschiedenen Acten der Todtenklage umher. Unter dem Lager ein Hund, der eine Schlange zwischen den Füssen hält.

Fig. **12**. Neben einem mit einem Aufsatz von Akanthblättern geschmückten Grabpfeiler sitzt eine Trauernde, welcher auf beiden Seiten von Freundinnen auf grossen Körben Binden und Salbfläschchen gebracht werden.

Fig. **13**. Zwei Frauen an einem in Form eines Altars errichteten Grabmal.

Fig. **14**. Auch auf diesem grossen Bilde, das einen von Kriegs- und Jagdgenossen zum Scheiterhaufen begleiteten, von Weibern und Männern leidenschaftlich beklagten Helden darstellt, scheint die Bestattung Meleagers wiederzukehren. In der wehklagenden männlichen Gestalt in der Mitte des Bildes hätte man abermals Oeneus zu erkennen, und die Frau rechts, die sich das Schwert in die Brust stösst, wäre als Althäa zu erklären, die unnatürliche Mutter, die den Tod des Helden verschuldete und nach der einen Sage von Oeneus ermordet wurde, nach andern sich erhenkte oder erstach.

Fig. **15**. Weibliche Gestalt mit Graburne.

Fig. **16**. Aehnliche Ausstellung, wie Fig. 11.

Fig. **17**. Relief von der Antoninssäule, stellt eine jener abgeschmackten Apotheosen oder Consecrationen dar, die Herodian beim Tode des Septimius Severus beschreibt. Nach der prachtvollen Bestattung des Kaisers beginnt eine neue Ceremonie. Man verfertigt ein möglichst ähnliches Wachsbild von ihm und legt es in Goldgewanden auf ein elfenbeinernes Lager, als ob es krank wäre, und demgemäss ist auch sein Aussehen bleich gebildet. Zur Linken sitzt der Senat in schwarzen Kleidern, zur Rechten trauern Matronen weiss gekleidet ohne Gold und Schmuck. So geht es sieben Tage lang, und täglich treten die Aerzte an das Lager, beschauen den Patienten und verkündigen, es werde schlimmer mit ihm. Endlich gilt er für gestorben und wird von den erlesensten Jünglingen senatorischen und ritterlichen Geschlechts durch die Via sacra aufs alte Forum getragen, wo auf einem Stufen-

grüste edelgeborne Knaben und patricische Frauen Trauerhymnen auf den Verstorbenen singen. Dann trägt man das Lager auf das Marsfeld, wo ein ungeheures
leuchtthurmartiges Gebäude von vielen Stockwerken sich erhebt, innen mit brenn-
baren Stoffen gefüllt, aussen von Gold, Elfenbein und kostbaren Malereien strotzend.
Das Bette wird in das zweite Geschoss gebracht, wo Provinzen, Städte, Würdenträger etc. wetteifern, kostbares Räucherwerk, Salben, Oele und alle möglichen
Arten von Liebesgaben darzubringen. Dann Reitertanz und Wagenlauf umher,
worauf der Reichsnachfolger die Fackel ergreift und Alles ihm nach Feuer in das
Gebäude wirft, von dessen oberster Spitze in diesem Augenblick ein Adler aufsteigt,
die Seele des verstorbenen Fürsten gen Himmel zu führen. Dieser ist somit ein Gott
geworden und erhält seine Tempel und Priester, wie die andern Götter. Die letzte
Ausartung des alten Heroencultus, die Vespasian so beissend persiflirte, als er im
Gefühl des nahenden Todes sagte: «Ich glaube, das Gottwerden fängt an.» — Das
gegenwärtige Bild stellt Antonin und seine Gemahlin Faustina dar, wie sie durch
einen Genius mit Himmelskugel und Schlange in der Hand vom Marsfelde, das
häufig in der Figur mit dem Obelisken personificirt ist, und über der gegenüber
sitzenden Roma empor getragen werden.

Fig. 18. Die jüngere Faustina wird von einer Lichtgottheit aus den Flammen des Scheiterhaufens emporgetragen. Marc Aurel assistirt dieser von ihm an-
geordneten Apotheose. Die am Boden sitzende Figur ist vermuthlich eine Personification, wie die des vorhergehenden Bildes.

Fig. 19 ist eines jener athenischen Grabbilder, die wir früher schon berührt haben. Der trauernde Gatte nimmt Abschied von der Gattin, die sitzend im
Grabe zurückbleibt.

Fig. 20. Im Tempelchen mit jonischen Säulen sitzt ein Jüngling, ein Gefäss
mit Früchten oder Samen haltend, die er auszustreuen scheint. Um den Tempel
her zwei männliche und zwei weibliche Gestalten, die dem Todten den Zoll ihrer
Verehrung darbringen. Die Gegenstände, die sie in Händen halten, scheinen Fruchtkorb, Kästchen, Spiegel, Kranz und Fächer zu sein. Dem Brauche des Todtencultus gemäss sind die männlichen Gestalten nackt, wie auch Alexander dem
Hügel des Achilleus nahte. Aus dem Testament Epikur's kennt man die Sitte, die
Opferspenden für den Verstorbenen und seine Vorfahren an seinem Geburtstage
darzubringen und so diesen fortzufeiern, wie die Freunde ihn bei Lebzeiten des
Abgeschiedenen begangen hatten.

Bilderquellen : Tafel XLIII. Fig. 1. Panofka Mus. Blacas pl. 21. Fig. 2. Panofka,
Bilder etc. 17. 3. Tischbein, Vases etc. III, 35. Fig. 4.
Stackelberg. Gräber etc. 29. Fig. 5. Tischbein, Vases etc.
III, 50. Fig. 6. 7. Ebendas. II, 36. Fig. 8. Ebda. I, 59.
Fig. 9. Ebds. I, 58. Fig. 10. Mus. Gregor. II, 11. 2a. Fig.
11. Panofka , Bilder etc. t. 18 , 8. Fig. 12. Winckelmann,
Monum. ined. 31. Fig. 13. Montfaucon, l'Antiquité expl.
Fig. 14. Ebends. Fig. 15. Gerhard. Etrus. u. Camp. Vasen etc.
T. 30. Fig. 16. Dubois Maisonneuve, Introduction etc. pl. 54, 1.
Fig. 17. Montfaucon, l'Ant. expl. Fig. 18. Ebds. Fig. 19. Ebds.
Tafel XLIV. Fig. 1. Millin , Gal. Myth. 32. nr. 105. Fig. 2. Combe, Ter-
racott. in the brit. Mus. pl. 17. 20. Fig. 3. Gerhard, Archemorus
u. die Hesperiden. Fig. 4. Monum. ined. dell' Inst. III, 60.
Fig. 5. Smith 442. Fig. 6. Micali, Atlas t. 96, I. Fig.
7. Gerhard, Archäolog. Zeitung 1850, Taf. 20. Fig. 8.
Gerhard, Antike Bildwerke, Taf. 80. Fig. 9. Zoëga, Bassiril.

Fig. 10. Gerhard, Arch. Ztg. 1850, 20. Fig. 11. Bartoli, Admiranda Roman. etc. 72. Fig. 12. Raoul Rochette, Peint. ant. ined. Fig. 13. Hope, Costume etc. II, 206. Fig. 14. Bartoli, Admiranda Roman. etc. t. 70, 71. Fig. 15. Hope, Costume etc. I, 119. Fig. 16. Clarac, Mus. de Sculpt. etc. pl. 154. n. 332. Fig. 17. Mus. Pio-Clement V, 29. Fig. 18. Bartoli, Admiranda Roman. etc. t. 36. Fig. 19. Clarac, Mus. de Sculpt. etc. pl. 154 nr. 275. Fig. 20. Millin, Peint. de Vases etc. II, 32.

---

16.   Schlussbemerkungen.   Nachtrag zu Taf. I—X.

Auf dem Gebiete, von welchem wir vorläufig hier scheiden, ist die Masse des Wissenswerthen so gross, dass der Versuch, auch nur über den sichern Besitz in seiner Gesammtheit Buch führen zu wollen, den uns gesteckten Raum weit überschreiten würde, und jenseits der Grenzen des Gewussten liegt überdies der noch nicht abgeschlossenen Wissenschaft ein unübersehbares Feld zum Erforschen vor, so dass auch die grösste Ausführlichkeit auf den Anspruch verzichten müsste, das ganze Gebiet vollständig zu beherrschen. Wir haben uns daher die anspruchslose Aufgabe gestellt, durch Vorüberführen einzelner Lebensbilder, durch Auffrischen von Begebenheiten, Verhältnissen und Bezügen aus den verschiedenen Jahrhunderten der alten Geschichte, je nachdem eben unsere Bildertafeln Veranlassung dazu boten, sowie durch Hinweisung auf die Kunstdenkmäler, womit sie so reichlich ausgestattet sind, den Leser anzuregen, und wo möglich zu selbstständiger Beschäftigung mit diesen geistbelebenden Gegenständen des Wissenstriebes zu reizen.

Gerade zu diesem Zwecke ist vielleicht der «Laie» geeigneter, dem Laien, dessen Bedürfnisse er kennt, eine Anleitung zu geben, die ihn in den Stand setzt, im raschen, lebhaften Ueberblicke die Punkte sich auszuwählen, an welchen er sich zum eigenen Eindringen in ein volleres Wissen eingeladen fühlen mag. Gelehrsamkeit ist es nicht, worauf diese Erläuterungen Anspruch machen, aber einige Belesenheit in alten und neuen Schriften wird man ihnen zugestehen und die Ergebnisse derselben zu einer in so weit umrissenen Andeutung eines geistigen Ganzen zusammengestellt finden, dass die Arbeit nicht als blosse Compilation erscheinen wird.

Im ersten Abschnitt, wo die Entwicklung der Tempelbauformen im Anschluss an die hergebrachte Lehre dargestellt ist, hätte S. 6 der Streit über den Hypäthros nicht unerwähnt bleiben sollen. Die Lehre vom Hypäthraltempel ist in die Wissenschaft durch Vitruv gekommen, der von dergleichen Tempeln in Griechenland spricht, mit dem Beisatze, in Rom gebe es keine. Hiegegen hat der gelehrte Archäolog Ross mit grossem Nachdruck und mit beträchtlichem Erfolge ausgeführt, dass Vitruv, obendrein in sehr unklarer Weise, bloss von unvollendeten Tempeln spreche, und dass keine der vielen Abbildungen antiker Tempel auf Münzen oder in Marmor einen Dachausschnitt zeige, so wie auch die ganze alte Literatur nirgends einen Halt für diese den Tempelbildern so verderbliche Oeffnung ergebe. Hienach würde die innere obere Säulenstellung bloss zum Tragen des Daches gedient und das Götterbild in der Cella sein Licht einzig von der Tempelthüre, die nach Osten gerichtet war, empfangen haben. Bei Pausanias kommen freilich Hypäthraltempel in Menge vor, aber nur solche, denen das Dach vor Alter eingefallen ist. Dagegen hat er eine Stelle, wo sich eine Wundersage zur Vertheidigung des Hypäthros dienlich erweist. Es ist die schöne Erzählung vom Urtheil des Zeus über die Olympische Statue von Phidias. Der Künstler bittet nach Vollendung des Bildes den Gott, ihm anzuzeigen, ob das Werk nach seinem Sinne sei, worauf alsbald zum Zeichen der Bejahung ein Blitz vor ihm in den Boden schlägt. Die Stelle wurde noch zur Zeit des Periegeten gezeigt, und aus seinem Wortlaut ergibt sich deutlich, dass er sie innerhalb des Tempels im Fussboden sah. Nun muss zwar die Kunstlegende auf sich beruhen bleiben, aber der Gläubigkeit des Pausanias und der Fremdenführer, denen er nacherzählt, ist viel aufgebürdet, wenn das Wunder bei völlig geschlossenem Dache stattgefunden haben soll, in welchem Falle es nicht wohl ohne erhebliche Beschädigung des Tempels abgelaufen wäre.

Ebendaselbst hätte auch noch angeführt werden sollen, dass der Theseustempel, gleichfalls nach dem Vorgang von Ross, in einen Tempel des Ares umgewandelt worden ist. Auch hier genügt es, die Streitfrage als eine der Bewegungen innerhalb der noch immer im Fluss befindlichen Wissenschaft zu verzeichnen. Bei Pausanias übrigens ist der zu Kimon's Zeit erbaute Theseustempel offenbar einem älteren Heiligthume des Heros zugesellt, und dieses liegt neben dem ptolemäischen Gymnasion, dessen Lage ja als gesichert angesehen wird.

Hinsichtlich der für die Erläuterungen zum Bilderatlas der Weltgeschichte gewählten, an sich gar nicht unwillkommenen lateinischen Schrift bedauert der Verfasser, nicht gleich auf dem ersten Bogen der von ihm übernommenen zweiten Abtheilung einige Vorkehrungen getroffen zu haben, die ihm später anzuwenden die Consequenz verbot. Hätte er von Anfang an das Lateinische mit liegender Schrift gegeben und im Deutschen die Buchstaben ſs (ß) und ss (ſſ) unterschieden, so wäre fühlbaren Uebelständen vorgebeugt gewesen.

Endlich ist noch eines Theils der Baurisse, so wie der Trachten, Geräthschaften etc. zu gedenken, die sich auf den vordern Tafeln dieser Abtheilung zusammengestellt finden. Diese Gegenstände, die eine Besprechung nach Art der von uns gegebenen Abschnitte nicht zugelassen haben würden, sind in andern Werken, welche mehr die einzelnen technischen Formen des antiken Lebens zum Vorwurf haben, ausführlich besprochen, und da die verschiedenen Unternehmungen, die sich der Darstellung des classischen Alterthums gewidmet haben, einander nicht ausschliessen, sondern ergänzen sollen, so haben wir es für angemessen erachtet, uns zu diesen Tafeln mit dem hier nachfolgenden Verzeichnisse des Herausgebers zu begnügen, das dem Leser jede einfache Frage ausreichend beantwortet und ihm hiedurch zugleich die Mittel bietet, sich des Näheren in den betreffenden Fachwerken zu unterrichten.

Nachtrag.

(Taf. I—X.)

Taf. I. Cultus, Theater, Musik.
Taf. II. Gymnastik, Circus, Amphitheater etc.

Der Inhalt dieser Tafel ist in den Abschnitten über Cultus, Theater, Musik Gymnastik, Circus und Amphitheater, auf welche hiemit verwiesen wird, beinahe vollständig abgehandelt, so dass nur noch Fig. 40 auf Taf. II. übrig bleibt. Es ist der Versuch eines Grundrisses, der das Hauptforum von Pompeji darstellt, länglich viereckig, umgeben zunächst von einer Colonnade, dann von Tempeln und öffentlichen Gebäuden, wie auch die grossen Foren Roms, nur in unendlich grösserem Masse, eingerichtet waren.

Taf. III. Oeffentliche Bauten etc.

Fig. 1. Aufriss und Durchschnitt der Basilika von Verona. Hauptumgebung der Foren waren jene Gerichts- und Geschäftshallen, die, nach der königlichen Stoa von Athen, wo der Archon Basileus Gericht hielt, benannt, nachher zur Zeit Konstantin's den christlichen Kirchen Form und Namen gaben.

Fig. 2 und 3. Strigeln. S. Gymnastik.

Fig. 4. Marke für die Getreidespenden. Vgl. Fig. 8.

Fig. 5. Grundriss der Basilika von Pompeji.

Fig. 6. Der curulische Ehrensessel der höheren Magistratspersonen, früher von Elfenbein, später von Metall oder Marmor, mit beibehaltener alteinfacher sägebockartiger Form.

7. Ovile, Einrichtung zum Abstimmen, vom Humor des öffentlichen Lebens nach der Einzäunung der Schafe so genannt. Es war ursprünglich ein mit einem Geländer umgebener Platz auf dem Marsfelde, später ein grosses steinernes Gebäude, welches das ganze Volk fasste, mit Abtheilungen für die Tribus, Centurien und Classen. Aus den Abtheilungen führten Brücken, über welche, wie man es hier auf einer Münze von Nerva sieht, die Votanten herausgingen, um ihr Stimmtäfelchen in die Cista zu legen.

8. Largitio, Austheilung der Marken, durch welche die ärmeren Bürger auf ein bestimmtes Quantum Getreide (später Brod), auch Wein, Geld u. dgl. angewiesen werden. Relief vom Konstantinsbogen.

9. Urne, als Wassergefäss, aber auch als Stimmurne gebraucht.

10. Die Rednerbühne auf dem römischen Forum, mit den berühmten Schiffsschnäbeln geschmückt, nach einer Münze der Gens Lollia, die ein Mitglied mit dem Beinamen Palicanus zählte.

Fig. 11. Wieder Darstellung einer Largition auf einer Münze des Nerva, der auf der Tribüne thront, während die Empfänger Mann für Mann, zu Vermeidung von Unordnungen, die Stufen hinaufsteigen und ihre Marken vorzeigen, um das Angewiesene in Empfang zu nehmen. Stiegenbrod wurde solches Brod genannt.

Fig. 12. Stadtthor von Verona.

Fig. **13.** Cista, Korb, worein bei den Comitien die Stimmtäfelchen geworfen werden.

Fig. **14.** Ampulla zur Aufbewahrung von Oel, Salbe, Schminke u. dgl.

Fig. **15.** Cancelli, Schranken, bei den verschiedensten öffentlichen Handlungen nothwendig, woher auch unser Ausdruck «Kanzlei» stammt. Im engeren Sinne hiessen die einzelnen Stimmabtheilungen der Comitien so.

Fig. **16.** Grundriss des Herculaner Thors von Pompeji.

Fig. **17—19.** Pompejanische Bäder. S. den vorletzten Abschnitt.

Fig. **20.** Versuch eines Grundrisses der Thermen Caracalla's.

Fig. **21.** Die Fasces des Lictors nebst dem Beile.

Fig. **22.** Grundriss der Thermen von Pompeji.

Fig. **23.** Abschnitt eines über den Bogen wegstreichenden Canals einer Wasserleitung.

Fig. **24.** Badesitz, wie sie in den kaiserlichen Thermen, und von Marmor, zu Tausenden angebracht waren.

Fig. **25.** Bisellium, d. i. doppelter Ehrensessel für Eine Person. Vergl. S. 30.

Fig. **26.** Castellum, castellartiges Gebäude von grösserem oder kleinerem Massstab, das an der Wasserleitung als Reservoir dient, von wo aus das Wasser nach den verschiedenen Seiten in der Stadt weiter geleitet wird. Agrippa baute bei einer Wiederherstellung der römischen Wasserleitungen 130 solcher Behälter, mit Säulen und marmornen und broncenen Statuen geschmückt.

Fig. **27.** Herold, der die Trompete bläst.

Fig. **28.** Hahn einer Wasserleitung, zu Capri im Palaste des Tiberius gefunden.

Fig. **29.** Schöpfbrunnen, desgleichen es noch heute gibt, nach einem pompejanischen Gemälde, das eine ägyptische Landschaft darstellt.

Fig. **30, 31.** Metallene Instrumente, die in den Bädern statt der Glocken gebraucht wurden.

Fig. **32, 33.** Peitschen, die erstere wahrscheinlich Sklavenzüchtigungsinstrument, nach einem in Herculanum gefundenen Exemplar abgebildet, die zweite nach einem Relief, das die Göttin Kybele nebst mehreren zu ihrem Cult gehörigen Gegenständen darstellt, worunter die Geissel, mit welcher ihre Priester dem Mittelalter ein heftig nachgeahmtes Vorbild gaben.

Fig. **34.** Bronzener Hahn einer Wasserleitung von Pompeji, dessen elegantes Aussehen die Angabe des Seneca, dass selbst in geringeren Bädern zu Rom die Hähne von Silber seien, desto glaublicher macht.

Fig. **35.** Theil einer Wasserleitung, deren unbedeckten Canal man oben sieht.

Fig. **36.** Ziehbrunnen mit Schöpfrad, von einem Sarkophag.

Fig. **37.** Piscina, Theil einer Wasserleitung, worin das Wasser ausruht, um sich zu reinigen.

Fig. **38.** Strasse von Pompeji mit Trottoir.

Fig. **39.** Römisches Gefängniss. Vergl. Fig. **45.**

Fig. **40.** Abzugscanäle (Emissarien), die das Gossenwasser unterirdisch aus der Stadt entfernten. Von Pompeji.

Fig. **41, 42.** Pompejanische Bäder. S. den vorletzten Abschnitt.

Fig. **43.** Brücke bei Rimini (Ariminum), die durch ihre Inschrift jetzt noch erzählt, dass sie von August begonnen und von Tiberius vollendet wurde.

Fig. **44**. Stadtmauer von Rom, mit Gang, Bogen und Thürmen.

Fig. **45**. Tullianum, das dem König Servius Tullius zugeschriebene unter-
irdische Verliess im mamertinischen Gefängniss, worin u. A. die Genossen Cati-
lina's hingerichtet wurden.

Fig. **46**. Brunnen in Pompeji. Der gewölbte Bau dahinter ist das Brun-
nenhaus (Castellum).

Fig. **47**. Mündung der Cloaca maxima in den Tiber.

Taf. IV. Künste und Gewerbe.

Fig. **1**. Restaurirter Aufriss pompejanischer Läden (Tabernen), wie sie auf
die Strasse gingen.

Fig. **2**. Brode von runder Form, wie sie in Pompeji gefunden worden.

Fig. **3**. Hängerahmen für Gemüse, Würste u. dergl., nach einem pompejanischen Kneipenbilde.

Fig. **4**. Kuchen, desgleichen verhärtet in einer Bäckerei zu Pompeji gefunden worden.

Fig. **5**. Grund- und Aufriss einer Olivenmühle, aus welcher die Oliven in
die Presse kommen.

Fig. **6**. Peitsche, einem pompejanischen Gemälde entnommen.

Fig. **7**. Gebäckmodel, in Pompeji gefunden.

Fig. **8**. Zweirädriger Wagen mit gewölbtem Dach, nach einem etruskischen
Wandgemälde.

Fig. **9**. Leichenwagen in Form eines Grabmals, nach einer Münze.

Fig. **10**. Joch für Zugvieh, von einem alten Relief.

Fig. **11, 12**. Streitwagen, in welchen der Kämpfer und sein Wagenlenker
von hinten traten, nach einem im Vatican aufbewahrten Exemplar von beiden
Seiten abgebildet — Fig. **12**. Tragbalken, einer Vasendarstellung entnommen.

Fig. **13**. Marcellum (angeblich nach einem Räuber Marcellus, dessen Haus
niedergerissen und zu einem Markt gemacht worden sei), eine Art Victualienmarkt,
mit der Zeit zu einer Halle verschönert, die vermuthlich auf der hier abgebildeten
Münze von Nero dargestellt sein soll.

Fig. **14**. Zeugpresse aus der Tuchwalke von Pompeji.

Fig. **15**. Schlägel, beim Weben gebraucht.

Fig. **16**. Griechischer Rennwagen.

Fig. **17**. Wagen nach einem Relief im Museum von Verona. Ueber seine
Benennung «Epirhedium» wird gestritten.

Fig. **18**. S. Fig. **11**. — Fig. **19**. Ein Sieb.

Fig. **20**. Prachtwagen, nach einer Münze der Kaiserin Faustina.

Fig. **21**. Ein Reitsattel.

Fig. **22**. Leichtes Fuhrwerk, Cisium genannt, unsrem Cabriolet ähulich,
nach einem Relief auf dem Monument von Igel.

Fig. **23**. Mühle und Backofen von Pompeji.

Fig. **24**. Leiterwagen nach einem Gemälde von Pompeji.

Fig. **25**. Ohrlöffel, ebendaselbst gefunden.

Fig. **26**, Sonde, Fig. **27**, Zange, Fig. **28**, Pincette, Fig. **29**, Katheder,
Fig. **30**, Kauter, im Hause eines pompejanischen Chirurgen gefunden.

Fig. **31**. Weberschiffchen.

Fig. **32**. Plan eines römischen Weinkellers, der nebst seinen Fässern 1789 entdeckt wurde

Fig. **33**. Abbildung eines Stalls, der sich auf Sicilien befindet und in welchem man das einzige noch vorhandene Exemplar eines antiken Stalls erkennen will.

Fig. **34**. Prachtwagen, wahrscheinlich von der Art, welche Carruca hiess und mit Erz, Elfenbein, Silber und Gold ausgelegt war. Der Name lebt in unserer Carosse fort.

Fig. **35**. Eine Reihe Zellen in den Ruinen eines römischen Hauses, wie sie in Privathäusern als Schlafkammern für die Sklaven, in Wirthshäusern für Schlafgänger, in Bordellen für die Bewohnerinnen (Name und Preis über jeder Thüre) dienten.

Fig. **36**. Isländischer Webstuhl von 1780, zur Vergegenwärtigung des antiken dienend, dessen Form er beibehalten hat.

Fig. **37**. Bienenkorb, nach einem alten Relief bei Montfaucon.

Fig. **38**. Mühle. Vgl. die früher besprochenen Mühlenbilder.

Fig. **39**. Bidens, zweizahnige Hacke. Auf dem geschnittenen Steine, dem sie entnommen ist, befindet sie sich in den Händen Saturns, der als Bauer mit ihr arbeitet.

Fig. **40**. Eine Axt.

Fig. **41**. Hacke zum Aufhacken des Bodens, Capreolus genannt, auf dem Original in den Händen einer Person, die im Weinberg arbeitet.

Fig. **42**. Ascia, für Zimmerleute.

Fig. **43**. Gezahnte Sichel, in Aegypten herkömmlich, wurde beim Gebrauche aufwärts gehalten.

Fig. **44**. Axt.

Fig. **45**. Dolabra, im Garten- und Ackerbau, aber auch von Soldaten zum Palissadenbau und zum Angriff auf Mauern gleicherweise gebraucht.

Fig. **46**. Plaustrum, zweirädriger Ochsenwagen.

Fig. **47**. Falx, gewöhnliche Sense.

Fig. **48**. Raster, Harke, als Haue, Rechen und Gabel dienend.

Fig. **49, 50**. Scalprum, Meisel.

Fig. **51**. Ascia, als Kelle verwendet.

Fig. **52**. Scalprum als Instrument zum Lederschneiden.

Fig. **53**. Scalprum als chirurgisches Instrument.

Fig. **54**. Marra, gezahnte Haue zum Jäten.

Fig. **55**. Traha, eine Art Schlitten zum Dreschen.

Fig. **56, 57**. Zwei verschiedene Exemplare des Pfluges.

Fig. **58**. Stimulus, Ochsenstachel.

Fig. **59**. Malleus, Schmiedehammer.

Fig. **60**. Forceps, Schmiedezange.

Fig. **61**. Falx vinitoria, das Werkzeug des Winzers.

Fig. **62**. Falx arboraria, Hape.

Fig. **63**. Machaera, die kurze einschneidige Hiebwaffe, ohne Zweifel orientalischen Ursprungs.

Fig. **64**. Sichelförmiges Schwert, wie Perseus auf Bildwerken eines führt.

Fig. **65**. Erntesichel, zu Pompeji gefunden.

Fig. **66**. Opfermesser, nach einem Relief am Grabmal eines Cultrarius.

Fig. **67**. Schusterahle, dem Grabstein eines Schusters entnommen.

Fig. 68, 69. Zwei Sägen.

Fig. 70. Hemicyclium, halbkreisförmige Sonnenuhr, in deren sphärischer Aushöhlung die Stundenlinien eingegraben sind, wurde in einer tusculanischen Ruine, die man für Cicero's Tusculanum hält, entdeckt.

Fig. 71. Ambos, nach einem geschnittenen Stein.

Fig. 72. Marcus, schwerer Schmiedehammer.

Fig. 73. Flaschenzug.

Fig. 74. Weinschlauch, nach einem pompejanischen Gemälde.

Fig. 75. Fusus, Spindel.

Fig. 76. Cavea, Drahtgestell, worüber der Tuchwalker die Stoffe zum Schwefeln hängt.

Fig. 77. Colus, Rocken.

Fig. 78, 79. Aexte.

Fig. 80. Ascia zum Gebrauch des Maurers.

Fig. 81. Feldhacke.

Fig. 82. Eine Form der Securis, Spitzhaue.

Fig. 83. Forma, Münzstempel mit der Münze daneben.

Fig. 84. Spindel nach einem pompejanischen Gemälde.

Fig. 85. Perpendiculum, Loth, in vielen Exemplaren zu Pompeji gefunden, aber von Bronze und geschmackvoller als die heutigen gearbeitet.

Fig. 86. Runcina, Tischlerhobel, einem Grabsteine zu Rastatt entnommen.

Fig. 87. Bipalium, Schaufel mit Kreuz zum Drauftreten.

Fig. 88. Amphora von einem Relief, das einem pompejanischen Weinhändler zum Schilde diente.

Fig. 89. Amphora, wie man sie zum Aufbewahren des Weins aufrecht in die Erde einzugraben pflegte.

Fig. 90. Sarculum, Hacke, in Feld und Garten, auch zum Ebnen des Sandes im Circus gebraucht.

Fig. 91. Terebra, Bohrer.

Fig. 92. Malleus, malleolus, hölzerner Hammer.

Fig. 93. Pecten, der griechische Kteis, Webekamm, aus einem Grabe vom ägyptischen Theben.

Fig. 94, 95. S. 139.

Fig. 96. Forma, Schusterleisten.

Fig. 97. Lapidarii, Steinhauer, ein Marmorstück und eine Säule bearbeitend, nach der vaticanischen Virgilshandschrift.

Fig. 98. Calendarium, Kalender, nach einem zu Pompeji gefundenen Marmor, die Thierkreiszeichen, Monate und Tage nebst Angabe der Opferpflichten und Feldarbeiten enthaltend.

Fig. 99. Trulla, Kelle, nebst andern Maurerwerkzeugen zu Pompeji gefunden.

Fig. 100. Acisculus, Spitzhammer.

Fig. 101. Martiolus, kleiner Hammer.

Fig. 102. Mühle, von einem Pferd getrieben, das Scheuleder trägt.

Fig. 103. Schleifmühle nach einem geschnittenen Stein.

Fig. 104. Pedum, Hirtenstab.

Fig. 105. Rallum, Werkzeug, die Erde vom Pfluge abzustossen.

Fig. 106. Libella, Richtwage. Fig. 107. Massstab von einem römischen Fuss, in Uncien und Digiti abgetheilt. Fig. 108, 109. Norma, Winkelmass.

Fig. **110—113**. Zirkel. Theils nach Grabmonumenten, theils in Natur zu Pompeji gefunden.

Fig. **113**. Scalprum, Federmesser. Fig. **114**. Tabella, Schreibtafel. Fig. **115**. Stilus, Schreibgriffel. Fig. **116**. Capsa, Schachtel zur Aufbewahrung der Bücherrollen. Fig. **117**. Graphium, angebliches Schreibinstrument. Fig. **118**. Dintenfass. Fig. **119**. Schriftrolle mit angehängtem Titel. Fig. **120**. Stilus, Griffel von Bronze. Fig. **121**. Feder, an der Trajans- und Antoninssäule vorkommend.

Fig. **122**. Arcula, hier Farbenschachtel eines Malers.

Fig. **123**. Aufgeschlagene Schriftrolle. Fig. **124**. Zusammengebundene Rollen, wie man sie in Herculanum gefunden hat. Fig. **125**. Schreibtäfelchen mit dem Oehr (Capitulum) durch welches Schleife und Tragschnur gezogen wurde.

Fig. **126**. Gemälde auf der Staffelei (griechisch Okribas).

Fig. **127, 129**. Kleine Schreibtäfelchen, Pugillares, weil man sie in die geballte Hand fassen konnte, oder von der Zahl der Blätter Diptycha und Triptycha genannt. Fig. **128**. Forulus, Bücherschrank.

Fig. **130**. Pictura in tabula, Gemälde auf Holz, durch Flügelthüren verschliessbar.

Fig. **131**. Schreibtafel. Fig. **132**. Doppeltes Dintenfass, vermuthlich für schwarze und rothe Dinte. Fig. **133**. Rollen im Scrinium, der grösseren Bücherkapsel. Fig. **134**. Rohrfeder. Fig. **135**. Gefalteter und gesiegelter Brief mit der Adresse: M. Lucretio Flam(ini) Martis Decurioni Pompei(ano), nach einem Gemälde im Hause des genannten Rathsherrn. Fig. **136**. Papiermesser. Fig. **137**. Schreibtafel. Fig. **138**. Capsa oder Scrinium. Fig. **139**. Fünfblättrige Schreibtafel (cerae quintuplices).

Taf. V. Militärwesen.

Helm, Kynea, Galea, Kranos, Cassis. Fig. **1** etc. Der Helm war ursprünglich eine Lederhaube, wie diejenige, mit welcher Diomedes Fig. **3** abgebildet ist. Die historische Zeit der Griechen kennt vornehmlich zwei Arten des ausgebildeten Helmes, den attischen mit kurzem Stirnschild und Seitenklappen, ungefähr wie Fig. **1** und **2**, und den peloponnesischen mit einem mit Augenlöchern versehenen Visier, das über das Gesicht herab oder zurückgeschoben werden konnte, wie Fig. **10, 11, 12** etc. Ziemlich dem attischen ähnlich ist der Helm des gemeinen römischen Soldaten, Fig. **16**, während ihn die höheren Offiziere mit Helmbüschen und anderen Verzierungen trugen, Fig. **16, 20** etc. Die Gladiatorenhelme, wie man sie in Pompeji gefunden hat, Fig. **17**, sind schon früher zur Sprache gekommen.

Der Panzer, Thorax, Lorica, vgl. Fig. **35** und den Fig. **51** und **64** von vorn und hinten dargestellten griechischen Krieger, im Gegensatz zu dem Römer Fig. **44**, bestand aus zwei Metallplatten, wovon die vordere oft mit getriebener Arbeit sehr schön geschmückt war, nach unten meist bei den Griechen gerade, bei den Römern rund zugeschnitten, oben durch Schulterblätter gehalten, unten durch den Schurz (Zoma) mit metallbesetzten Lederstreifen verlängert und häufig durch einen Gürtel, Cingulum, Fig. **62**, den man um die Lenden trug, verstärkt. Eine besondere Art ist die dem Körper angepasste aus Brust- und Rückenstück bestehende, Fig. **39**, die man in einem Grab zu Pästum gefunden hat. Eine andere Abart ist der Schuppenpanzer, von Orientalen, Sarmaten etc. getragen, mit Schuppen von Horn, die später in Metall und in Gestalt von Fisch- oder Schlangenschuppen nachgeahmt wurden, vgl. Fig. 41, dann der linnene der Vorzeit, der auch in den griechischen und römischen Heeren dann und wann wieder aufkam.

Beinschienen, Knemides, Ocreæ, sind in verschiedenen Formen Fig. 18, 29, 32, 64 dargestellt. Armschienen, Fig. 33, wurden von den Gladiatoren getragen.

Der grosse griechische Schild, Aspis, Clipeus, ist der runde argolische Fig. 35, 61 etc., oder der eingeschnittene böotische. Wie er auf der Innenseite gehalten wurde, zeigt Fig. 54. Auch im römischen Bürgerheere trug die erste Censusclasse anfangs den Clipeus, nachher aber kam bei dem Fussvolk allgemein das viereckige Scutum auf, während die Reiterei und die leichtbewaffneten Velites die kleine runde Parma, Parmula, trugen. Gladiatorenschilde, wie Fig. 67, gibt es in verschiedenen mehr oder weniger prächtigen Formen.

Das griechische zweischneidige Schwert (Xiphos) zu Hieb und Stoss in seiner ältern Form gibt Fig. 35 zu erkennen. Es wurde zur Zeit der militärischen Reformen bedeutend verlängert. Auch das ältere römische Schwert war verhältnissmässig kurz, bis im zweiten punischen Kriege das ziemlich lange und wuchtige celtiberische, Fig. 29, das die Griechen Spatha nannten, eingeführt wurde. Fig. 36 ist ein Dolch, Pugio.

Speer und Lanze in verschiedenen Formen s. Fig. 6, 14, 46, 47, 49, 52, 53, 55.

Bogen und Köcher, zu allen Zeiten mehr orientalisch als griechisch-römisch, s. Fig. 24, 40, 43, 45.

Streitäxte, eine vorherrschend barbarische Waffe, hier abgebildet Fig. 65.

Die eiserne Keule Fig. 27, die in einem Grabe zu Pästum gefunden wurde, mag wohl einem Barbaren der umwohnenden italienischen Völkerschaften abgenommen worden sein, da sie auf dem dabei befindlichen Grabgemälde von einem griechischen Krieger tropäenartig an der Lanze getragen wird.

Signa militaria, Feldzeichen, Fig. 30, 31, 34, 58, 59, 60, sind aus den älteren Römerzeiten nur von den Manipeln bekannt und bestanden aus Thierbildern, wobei der Adler vorherrschte. Durch Marius wurde dieser zum ausschliesslichen Feldzeichen der Legion erhoben; er sass auf einem höheren Spiess mit ausgebreiteten Flügeln, silbern, später golden, lorbeergeschmückt, auch Blitze in den Klauen haltend. Die Manipelfeldzeichen verblieben auch nach Aufhebung der Manipel bei den Cohorten, aber statt der Thiere kam eine Hand auf den Spiess, oder auch ein Kranz, oder eine Spitze mit runden Metallschilden darunter, worauf die Bilder des Mars, der Minerva, Bellona, des Kaisers etc. Auch kamen besondere Signa mit dem Bilde des Kaisers auf, wie eine unserer Abbildungen zeigt. Seit Hadrian wurden noch besondere Cohorten- und Centurienzeichen eingeführt, und zwar Drachen, Fig. 63. Die Reiterei trug das Vexillum, auch Flammula genannt, s. das Reiterfähnchen Fig. 66. Die Hauptfahne der christlichen Zeit war das Labarum, Fig. 19, dessen Name, unbekannten Ursprungs, schon zur Zeit der Republik für Feldzeichen vorkommt, aber erst durch Konstantin zu der spätern grossen Bedeutung erhoben wurde. Es war ein auf langer Lanze befestigtes, allen andern Feldzeichen vorangehendes viereckiges Stück Seide, und darauf das bekannte Monogramm, das zugleich ein Kreuz und die Anfangsbuchstaben vom Namen Christus bildet, entweder dieses allein oder vom Bilde Christi oder auch von den Bildern des Kaisers und seines Hauses begleitet.

Fig. 15. Elephant mit Thurm.

Fig. 21. Agger, römische Verschanzung.

Fig. **28**. Katapulte.

Fig. **37**. Aries. Sturmbock.

Fig. **48**. Tropæon, Siegesdenkmal, nach alter griechischer Sitte, die dann auch von den Römern angenommen wurde, auf dem Schlachtfelde errichtet, indem man die erbeuteten Waffen etc. an einem Baume aufhing, so dass das Ganze eine Art von menschlicher Gestalt erhielt. Die römischen Tropäen wurden übrigens in Rom selbst errichtet und sind an den Triumphbogen, auf Münzen etc. zahllos abgebildet zu sehen.

Fig. **57**. Castra, römisches Lager für zwei Legionen Römer und Bundesgenossen berechnet und der Zeit des Polybius angehörig, nach dessen Angaben der Plan gezeichnet ist. 1 ist das Feldherrnzelt, umgeben zu beiden Seiten vom (2) Quästorium (Zelte und Magazine für den Quästor und sein Gefolge) und (3) dem Markte (Forum), von den Zelten der Elitecorps von (4) Reiterei und (5) Fussvolk, dann von ausserordentlicher (6) Cavallerie und (7) Infanterie nebst zwei Flügeln Auxiliarvölker, welche zusammen die hintere, und endlich (9) von den Tribunen, welche mit den auf beiden Flügeln befindlichen Präfecten der Bundesgenossen die vordere Reihe bilden. So bildet das Prätorium mit seinen Umgebungen die abgesonderte kleinere Hälfte des Lagers. Die grössere, ein gleichseitiges Viereck, durch die 100 Fuss breite Hauptstrasse, Via Principalis, von der kleineren geschieden, zerfällt in zwei Hälften, die die 50 Fuss breite Via Quintana quer durchschneidet. Ein anderer, der Länge nach sie durchschneidender Weg führt zur Porta decumana (A), die der Porta prætoria (B) gegenüber liegt. Entsprechend mündet die Principalstrasse in die beiden Principalthore (C, D), die dextra und sinistra heissen. Zu beiden Seiten des nach der Porta decumana führenden Weges campirt die römische Reiterei, auf diese folgen rechts und links die Triarier, dann die Principes, die Hastati, und auf beiden Flügeln, also ihren Präfecten gegenüber, Reiterei und Fussvolk der Bundesgenossen, gerade wie die Römer ihren Tribunen gegenüber lagern.

Tafel VI. Wohnhaus. Grab.

Fig. **1**. Griechische Särge von alter Form, aus Thon oder Ziegeln, Fig. **1 a**. Eine griechische Grabsäule.

Fig. **2**. Steinsarg mit Skelett, in den Katakomben zu Rom gefunden.

Fig. **3**. Ossarium, zur Aufnahme der eigentlichen Graburne bestimmt und mit dieser in die Grabkammer (Ossuarium) gestellt. Der gegenwärtige Behälter, auf dem Capitol aufbewahrt, ist von besonderem historischem Interesse, da er laut seiner Aufschrift einst die Asche der Agrippina barg.

Fig. **5**. Griechisch Trapeza, römisch Mensa, viereckiger liegender Grabstein.

Fig. **7**. Einem Grabrelief entnommen, das eine weinende Frau darstellt, ist gegenwärtige Figur wahrscheinlich das Bild des Gegenstandes ihrer Trauer.

Fig. **11**. Triclinium funebre, an der Gräberstrasse von Pompeji gelegen, ummauerter, oben offener Raum für die Todtenmahle. Die Wände sind mit Blumen und Thieren bemalt, die Bänke und der Tisch in der Mitte gemauert und mit Stucco überkleidet. Eine halbzerstörte runde Basis trug vermuthlich einen Opferaltar.

Fig. **14**. Das früher beschriebene Consecrationsgerüste, nach einer Münze des Caracalla.

Fig. 17. Sarg des Lucius Cornelius Scipio Barbatus, in dem 1780 entdeckten Familienbegräbniss der Scipionen gefunden. Ein merkwürdiges Denkmal auch der Kunst, die zu Rom im Anfang des 3. Jahrhunderts v. Chr. blühte, der Fries mit Triglyphen und in den Metopen mit Rosetten geschmückt, darüber ein jonisches Gesims mit Zahnschnitten und am Deckel ein Rundstab mit Voluten zu beiden Seiten. Das Ganze ist aus Peperinstein. Ein Epitaph an der Seite hat alte Sprachformen vom höchsten Werth.

Fig. 19. Cinerarium oder Ossuarium mit Nischen für die Urnen und einer grösseren in der Mitte für einen Sarkophag.

Fig. 21. Graburne mit Asche, wie sie zu Pompeji gefunden worden.

Fig. 22. Arca, Sarg, worin geringe Personen bestattet oder angesehene bis zur Bestattung aufbewahrt wurden.

Fig. 23. Gräberstrasse von Pompeji, vor dem herculanischen Thore.

Fig. 24. Grabmal Hadrian's, jetzt Engelsburg. Die Restauration ist zweifelhaft, worüber man das Nähere bei Bunsen in der Beschreibung Roms nachlesen mag.

Fig. 25. Ustrinum, Verbrennungsstätte, auf einem Vorplatz vor den Gräbern gelegen.

Fig. 26, 26a. Cippus, kleine runde oder eckige Säule, häufig an Gräbern angebracht.

Fig. 36. Eines der Gräber an dieser Strasse, ein Familiengrab mit Nischen und Urnen darin. Die freistehenden Urnen auf den Steinbänken, die einen geringeren Rang anzusprechen scheinen, mögen wohl Freigelassenen angehören, welche gleichfalls bei der Familie ihre letzte Ruhestätte fanden.

Fig. 37. Grössere Grabkammer mit einer grossen Anzahl von kleinen Nischen, wegen der Aehnlichkeit mit einem Taubenschlage Columbarium genannt. Diese dienten als gemeinsame Begräbnissstätten der Armen, ähnlich den grossen Scheiterhaufen, worauf dieselben gemeinschaftlich verbrannt wurden, und man kaufte sich daselbst ein oder machte sich gegenseitig die Nische nebst der bescheidenen Urne, Olla, Fig. 38, zum Geschenk.

Fig. 9. Grundriss des wohlhabenderen griechischen Hauses der späteren Zeit, durchschnittlich genommen, und nach ziemlich allgemein vereinbarter Berichtigung der durch Vitruv angerichteten Verwirrung. Durch die von der Strasse hereinführende (1) Hausthüre tritt man in den (2) Thürenflur, Thyroreion, an welchem rechts die (3) Stallung und das (4) Pförtnerszimmer, links (5, 6) Gelasse zu beliebigen Zwecken stossen. Er öffnet sich nach einem (7) säulenumgebenen Hofe, Peristyl, Aule, in dessen Mitte 8 der Altar des hausväterlichen Zeus (Herkeios) steht und welcher zu beiden Seiten von der (9) Männerwohnung, Andronitis, bestehend in Empfangzimmer, Speisesaal, Bibliothekzimmer, Gastzimmer u. s. w., umgeben ist. Ein zweiter (11) Flur, Mesaulos genannt, weil zwischen zwei Höfen gelegen, führt (12) in den zweiten hinteren Peristyl, der den Mittelpunkt der Frauenwohnung, Gynäkonitis, bildet. Hier setzt man zunächst zu beiden Seiten (17) Küche, (18) Speisekammer und andere wirthschaftliche Räumlichkeiten, und auf der Rückseite, wo Pfeiler statt der Säulen zu einem weiteren (13) Vorplatze führen, drei diesen umgebende grosse Gemächer an, nämlich (15) das eheliche Schlafgemach, Thalamos, (16) einen Amphithalamos von unbekannter Bestimmung, und, ganz nach hinten abschliessend, (14) die weiblichen Arbeitssäle, worin die Hausfrau mit den Sklavinnen waltet. Wenn nun auf dieser Seite nicht etwa eine Thüre in den Garten führt

oder ein solcher gar nicht vorhanden ist, so liegt die Andronitis wie ein Wach-
posten vor der Gynäkonitis, die hienach gleich einem Harem abgeschlossen ist.
Die in jedem der beiden Höfe angebrachte Treppe, 10 und 18, wird als nach dem
Obergeschosse (Hyperoon) führend gedacht, wofern nämlich eines vorhanden ist.

Fig. 1**0**. Grundriss des römischen Hauses. Durch die (1) Hausthüre, die
an der Strasse oder bei Vornehmen hinter einem Vorplatz mit Porticus liegt, tritt
man in den (2) Flur, Vestibulum. Auf dem Plane ist sodann 3 eine zweite innere
Thüre, (4) eine innere Flur, Ostium, mit (5) der Wohnung des Pförtners, Ostiarius,
angenommen, von wo man in das dem griechischen Peristyl entsprechende (6) Atrium
gelange. Allein in dem langen und verwickelten Streite über das Atrium haben
die überwiegenden Stimmen, wie es scheint, dargethan, dass dasselbe ein hinter
dem Vestibulum gelegenes bedecktes Gemach, in grossen Häusern ein grosser Saal
oft mit Seitenhallen (Alae), war, und demgemäss hätte man die Stelle 4 mit Atrium
zu bezeichnen. Dem Peristyl 6 dagegen würde der Name Cavum Aedium gebüren.
Es ist ein von allen vier Seiten mit bedeckten Gängen eingeschlossener, in der
Mitte offener Hof mit dem Impluvium. Um ihn herum hat man sich die Fami-
lienzimmer, Wirthschaftsgelasse etc. zu denken, die von Alters her das eigentliche
Wohnhaus bilden und auf dem Plane mit 7, 9, 10 bezeichnet sind. Mit dem
(11) Tablinum, ursprünglich ohne Zweifel Archiv, dann überhaupt Geschäftszimmer
des Hausherrn, schliesst dieser Theil des Hauses ab. Nun folgt, in der Luxus-
zeit beim griechischen Geschmack geborgt, (13) ein zweites eigentliches Peristyl,
von Speisesälen (Triclinien), Conversationssälen (Oeci, korinthisch, ägyptisch, kyzi-
kenisch etc. von der Mode benannt) und ähnlichen Zwecken dienenden Exedren
umgeben, denen man je nach dem Stande des Besitzers, Bibliothek- und Gemälde-
säle, Badezimmer etc. beifügen mag. Dass es mehrstockige Häuser gab, ja dass
sie in Rom bis zu 60 und 70 Fuss Höhe stiegen, ist bekannt. In Pompeji hat
man bei der Ausgrabung nur in wenigen Zimmern des Obergeschosses den Fussboden noch nicht eingestürzt gefunden; da hier viele Gegenstände der Toilette
und des weiblichen Putzes auf dem Boden lagen, so werden wahrscheinlich Schlafzimmer, besonders für den weiblichen Theil der Familie, da gewesen sein. Das
einzige bis unter das Dach vollständige Haus, das aus dem Alterthum auf unsere
Zeiten gekommen ist, wurde zu Herculanum ausgegraben; das Obergeschoss war
aber so verkohlt und vom Erdbeben beschädigt, dass man es abtragen musste,
jedoch nicht ohne vorher einen Grundriss und einen Aufriss im Durchschnitt genommen zu haben, der Fig. **20** wiedergegeben ist. Man unterscheidet hier das
Cavädium (sonst Atrium genannt) mit vier und das Peristyl mit acht Säulen. Ersteres gehört zu der Ordnung, die man testudinatum nannte, weil es wie das Dach
der Schildkröte geschlossen und vielleicht gewölbt war; bei dieser Ordnung senkte
sich das Dach nach aussen und hatte keine Oeffnung für den Regen. Eine verwandte Ordnung war das Cavädium displuviatum, das den Regen gleichfalls nach
aussen abführte, jedoch in der Mitte unbedeckt war. Die andern Arten sind das
Cavädium tuscanicum, das älteste und einfachste, das tetrastylum und das corinthium.
Alle drei haben das Dach nach innen geneigt, so dass der Regen durch die in
der Mitte gelassene Oeffnung, Compluvium, in das entsprechende Bassin am Boden,
Impluvium, fliesst. Das tuscische Cavädium nun hat ein bloss von Balken ge-
tragenes Dach, Fig. **27**; das viersäulige unterstützt die vier Punkte, auf welchem
über den vier Ecken des Impluviums die beiden Nebenbalken auf den beiden
Hauptbalken aufliegen, durch eben so viele Säulen, Fig. 1**8**; und wenn schon

17*

diese Art eine grössere Räumlichkeit zulässt, so wird bei der verwandten korinthischen, Fig. **30**, durch die erweiterte und vermehrte Säulenstellung die beliebig grösste Ausdehnung und Pracht erreicht. Sie nähert sich, wie schon der Name andeutet, dem griechischen Peristylion. Doch ist das römische Peristyl in der Regel grösser und schöner als das vordere Cavaedium; sein Impluvium ist zu einem Bassin mit Springbrunnen, Piscina, erweitert und mit einer Anlage, Viridarium, geschmückt. Auch befindet sich die Hauskapelle daselbst. Vom Tablinum gibt Fig. **32** eine Anschauung; es ist das hintere Gemach, das man hinter dem Cavaedium mit seinem Impluvium erblickt und dessen Säulen im Hintergrunde eine Aussicht ins Peristyl eröffnen, wohin ein Durchgang an der Seite des Tablinum oder auch Durchgänge an beiden Seiten desselben, Fauces, führen. Einen Theil eines pompejanischen Peristyls stellt Fig. **31** dar.

Ein pompejanischer Hausschlüssel gibt sich in Fig. **12** zu erkennen, eine andere Form in Fig. **35**. Fig. **13** trägt den Namen Clavis ebenfalls, aber uneigentlich, denn das Instrument dient den Kindern, um den Reif zu treiben. Fig. **16** ist ein Handgriff zum Oeffnen der Thüre, von Pompeji stammend, wo er in Bronze an einer Hausthüre gefunden wurde, Fig. **34** ein Nagelkopf, in Bronze oder Gold an der Füllung eines Portals verwendet. Fig. **8** endlich ist die an Ecken und Mauern häufig wiederkehrende Figur des Genius loci, welche, aus zwei an einem Altar sich emporringelnden Schlangen bestehend, mit oder ohne Beischrift — «Pueri, sacer est locus, extra meite!» «Duodecim etc. deos habeat iratos quisquis hic minxerit aut cacaverit!» — die Aufforderung ausspricht, den Ort nicht zu verunreinigen.

Fig. **4**. Jugum compluviatum, nach einem Gemälde aus dem Grabe der Nasonen. Man verband beim Weinbau zwei Pfähle durch ein Querholz zu einem Joch und dann wieder vier solcher Joche mit einem offenen Platze in der Mitte zu einer Art Peristyl.

Fig. **6**. Eremitage von Holz oder Steinen erbaut, mit Reben oder andern Schlingpflanzen bewachsen, ein kühler, schattiger Ort in der Umgebung einer Villa, zugleich zum Speisen oder Trinken eingerichtet.

Fig. **15**. Laube, nach einer Mosaik von Präneste.

Fig. **28**. Bescheidenes Landhaus, Casa, im Gegensatze zu der prunkenden Villa des Vornehmen, von Formen, wie sie noch im heutigen Italien gefunden werden. Menschen und Vieh sind auf diesem pompejanischen Landschaftsgemälde in bestem Behagen, obwohl nicht sehr künstlerisch gruppirt dargestellt.

Fig. **29**. Villa rustica, im Gegensatze zur Luxusvilla (urbana), einem heutigen Pächterhofe zu vergleichen. Hier hat der Villicus, der Verwalter des Gutsherrn, seine Wohnung, hier sind die Vorrathshäuser, die Ställe für das vierfüssige und das Federvieh. Der Hof hat auch den Namen Cohors, chors oder cors, woher das nachmalige romanische Corte kommen mag. Die gegenwärtige Abbildung ist der vaticanischen Miniaturenhandschrift des Virgil entnommen, welche humoristisch genug die Oekonomiegebäude des Palastes der Kirke, d. h. die Schweineställe, worin die verzauberten Gefährten des Odysseus eingesperrt sind, in Gestalt eines solchen römischen Villenhofes abgebildet hat.

Tafel VII. Trachten.

Erste Hälfte.

Hauptbestandtheile der griechischen Männertracht sind das hemdartige Untergewand, Chiton, Fig. 15, 19, 22, und der mantelartige Ueberwurf, Himation,
Fig. 26, 28 etc., dann die von Reitern und Jünglingen getragene, mit einer
Spange über der rechten Schulter befestigte, mantelkragenartige Chlamys, Fig.
7, 16, 18 etc.

Kopfbedeckungen sind der aus der Darstellung des Hermes bekannte Petasos, Fig. 17, die Kausia mit breiter Krämpe und niedrigem Kopf, Fig. 18, die
halbeiförmige, von Odysseus und den Dioskuren getragene Schiffermütze, Pilos,
Fig. 10, auch die phrygische Mütze, Fig. 8.

Zweite Hälfte.

Hauptbestandtheile der römischen Männertracht sind, dem Chiton und Himation entsprechend, die Tunica, Fig. 1, 2, 6, 11, 16, 18, 26, 27, 29
u. s. f., und die Toga, Fig. 13, 14, 15, 24, 29, 37. Die letztere ist nur
durch Grossartigkeit und mächtigen Faltenwurf, aber auch Schwerfälligkeit von
dem anliegenderen Himation unterschieden, das die Römer, zum Unterschied von
der Toga, mit Pallium übersetzen, daher für die dem griechischen Theater entlehnten, auf griechischem Boden und in griechischem Costüm spielenden Stücke
die Bezeichnung Comoedia oder Fabula palliata im Gegensatz zur togata, welche
römische Stoffe behandelte. Im Kriege und bei priesterlichen Handlungen wurde
die Toga von der älteren Zeit nach gabinischer Weise gegürtet (Cinctus gabinus),
Fig. 13; die spätere Zeit hatte dafür als Kriegstracht das leichtere, mehr der
Chlamys ähnliche Sagum und Paludamentum, das wir auf den Kriegsbildern gesehen haben. Eine besondere Art der Toga ist die mit dem Purpurstreifen ver-
brämte Toga praetexta freigeborner Kinder und höherer Magistrate. Die mit Gold
und Purpur gestickte Toga picta trug der Triumphator; in der Kaiserzeit wurde
sie verbreiteter, wie denn Fig. 37 einem späten Consularbilde entnommen ist.
Die Bezeichnung Amiculum gilt eben so wohl der Toga als einem leichteren Um-
wurfe, da der Römer mit «amicire» für männliche wie weibliche Tracht ungefähr
dasselbe sagte, was wir unter «Toilette machen» verstehen. Den Gegensatz dazu
bildet Indusium, Gewand, das man anzieht, Fig. 17.

Eine bequemere Tracht ist die Paenula, Fig. 7, 26, 28, 31, 36, mit
einer Kapuze, die auch, unter dem Namen Cucullus, besonders getragen wurde,
Fig. 35, und die von den Galliern geborgte Lacerna, die aber unter den Kaisern sich
zu einem Luxuskleide erhob. Der gleichen Spätzeit gehört die von den Dalma-
tiern entlehnte Dalmatica Fig. 19 an, die ganz so, wie sie hier nach den virgi-
lischen Miniaturen gegeben ist, auf die christliche Kirche überging. Die Dalmatica
Fig. 20 ist späten Ursprungs und gehört einer christlichen Märtyrerin an. Beide
haben noch die Streifen, die schon bei der älteren Tracht durch Breite (laticlavia)
oder Schmalheit (angusticlavia) den höheren Rang vom geringeren unterschieden.

Hirten-, Bauern- und Sklavenbekleidungen, Fig. 1, 22, 18, 27 etc., Stroh-
kappen, Filz- und Ledermützen, Fig. 22, 3, 5. Die Handwerkertracht Exomis,
Fig. 23, werden wir im mythologischen Theile am Gotte Hephästos wieder
finden.

Tafel VIII. Trachten.

Untergewand und Ueberwurf, ursprünglich Hemd und Mantel, sind auch die Grundbestandtheile der weiblichen Tracht, nur dass sie sich hier weiter ausgebildet haben. Das Untergewand der griechischen Frauen ist entweder der lange jonische, mit Ermeln versehene (Fig. 16) oder der kurze dorische ermellose Chiton, Fig. 9, 17, 30 etc. Beide sind in der Regel gegürtet und zwar so, dass der heraufgenommene und über den Gürtel (Zone) fallende Chiton um die Hüfte einen Bausch (Kolpos) bildet, Fig. 9, 17, 30 etc. Ueber dem Chiton wird zuweilen das Diploïdion getragen, das bald wie ein Ueberschlag des Gewandes, Fig. 11, bald ungegürtet mantillenartig, Fig. 23, bald gegürtet wie eine kürzere oder längere Jacke, Fig. 4, erscheint. Meist aber wird das Obergewand durch das Himation oder Epiblema gebildet, das gleich dem Himation der Männer umgeworfen wird, Fig. 23, 30, und hiebei verschiedene Formen, Fig. 6, 7, 22, 27 etc., annehmen kann. In seiner grössten Ausdehnung, Fig. 19, dient es auch, den Kopf und die ganze Gestalt wie eine Nonne einzuhüllen. Doch werden daneben besondere Schleiertücher getragen, wie Fig. 18 des folgenden Viertels zeigt. Ebenfalls Schleierhüllen, aber in der Wirkung das Gegentheil von diesen, sind die berüchtigten gazeartigen koischen Gewänder, Fig. 29, von der Insel Kos so genannt, wo sie verfertigt wurden.

Die Kopftracht, Fig. 1, 2, 3, 10, 12, 13, 14, 15, 24, 28, erklärt sich grossentheils von selbst; freiwallend oder geflochten, gescheitelt oder zurückgestrichen, im Netz, im Haarsack, mit Bändern (Tänien) durchflochten, mit Tüchern (Mitren) umwunden oder bedeckt, sind die antiken Haartrachten an abwechselnder Manigfaltigkeit noch reicher als die modernen. Eine der häufigsten und schönsten Arten des Kopfschmuckes ist die in der Mitte sich erhebende Metallplatte über der Stirne, Fig. 3 etc., Stephane genannt, und unterschieden vom Stephanos, der als Krone rings breit umherläuft.

Das der römischen Frauentracht gewidmete Viertel enthält, z. B. in Fig. 1 bis 6, 7 etc., noch Fortsetzungen der griechischen, mit welcher auch jene in mancher Entlehnung und Nachahmung zusammenfällt. In ältester Zeit sollen die römischen Frauen einerlei Tracht mit den Männern gehabt haben, nämlich die kurze, dem dorischen Chiton ähnliche Tunica und darüber eine eben so einfache mässige Toga; denn erst in den späteren Prunkzeiten schwoll diese zu dem bekannten Faltenungeheuer an. Mit dem Veralten dieser Tracht, die sich nur in den untern Classen erhielt, kam bei den Vornehmeren eine längere und reichere auf, die unter dem Namen Stola und Palla dem jonischen Chiton und Himation nachgebildet war. Jene ist eine lange Tunica mit Besatz, die, wenn sie, wie bei Fig. 1, ungegürtet gerade niederfällt, recta heisst, mit dem griechischen Chiton orthostadios gleichbedeutend. Unter ihr wird eine Untertunica, ein eigentliches Hemde, Fig. 22, über ihr oder auch nur über dem Hemde von jungen Mädchen ein leichtes Uebergewand nach Art einer Jacke oder Mantille, Fig. 19, von Frauen aber die Palla getragen, Fig. 29, 31 etc., die auf manchen Bildern sich sehr der Prachttoga der Männer nähert, auf andern den leichteren griechischen Ueberwürfen gleicht, und wahrscheinlich (wiewohl hierüber gestritten wird) nebst den kleineren Mäntelchen, wie Ricinium u. dgl., unter der allgemeinen Bezeichnung

Amiculum verstanden wird. Zur vollständigen Tracht gehört noch der Schleier, Rica, Fig. 16, 36. Von den unzähligen Wechseln und Wandlungen der Mode können die wenigen auf beschränktem Raum zusammengestellten Bilder begreiflicher Weise keine Vorstellung geben.

Noch reicher an Manigfaltigkeit sind die Formen des Kopfputzes, von welchen hier eine ziemliche Anzahl gegeben ist, die sich bei der Anschauung selbst erklären. Trotz ihrer Menge verschwinden sie vor dem bekannten Worte Ovid's, dass man eben so gut die Eicheln einer grossen Eiche, die Bienen des Hybla oder das Wild in den Alpen, als die römischen Frisuren zählen könnte. Von historischem Interesse ist das Lockengebäude Fig. 10, der Tutulus, der einst Amtstracht der Gemahlin des Flamen Dialis, der Flaminica, war, nachher aber allgemeiner in die Mode kam. Manche dieser Frisuren wird man, wie Fig. 98, zu jenen Perrücken zu rechnen haben, die in der Kaiserzeit aus deutschen Haaren verfertigt wurden.

Am Schlusse der römischen Damengarderobe sind die Fussbekleidungen für alle vier Viertel untergebracht, die auch der griechischen und römischen und in beiden der männlichen und weiblichen Welt grossentheils gemeinsam waren. Auch hier herrscht die Mode in so buntem Wechsel, dass keine vollständige Verzeichnung möglich wäre; denn es werden gegen sechzig verschiedene Arten angegeben. Die Sandale, Fig. 17, 35, 39, 40, 41, 46, 48, 50, schreitet von dem einfachen Sohlenriemen durch allerlei mehr oder minder reich bebänderte Formen bis zu einer den Fuss umschliessenden schuhartigen Bekleidung fort, an welche sich sodann der wirkliche Schuh anreiht. Diese stattlichere Formen gesellen sich in Griechenland, im Gegensatz zu der häuslichen Sohlentracht, als unerlässliche Ergänzung eines schmucken Anzuges zur Ausgehtracht, und eben so verlangt in Rom die Schicklichkeit zur Toga den Calceus, Fig. 37, 38, 34, 43, 45, der nach verschiedenen Moden und auch nach verschiedenen Rangstufen ausgeprägt vom einfachen Bundschuh zu eleganten und modernen Formen steigt. Den Schnabelschuh Fig. 51 werden wir unter den Götterbildern an der Juno Sospita wiederfinden. Hieran schliessen sich die Halb- und Schnürstiefel, Fig. 42, 44, 47, zu welchen schon die Calceusformen Fig. 32 und 33 den Uebergang bilden. Innerhalb dieser Formen spielt der Soldatenstiefel Caliga, der einem der ersten römischen Kaiser den Namen gab.

Tafel IX. Schmuck und Geräthe.

Fig. 1 und 2. Monile, Halsband, nach pompejanischen Gemälden.

Fig. 3. Halskette mit Schmuckgehänge.

Fig. 4. Schmuckkästchen.   Fig. 5. Schnalle.

Fig. 6. Armspange.

Fig. 7. Stephane, Kopfschmuck, s. oben.

Fig. 8. Phalerae, Hals- oder Brustschmuck, hauptsächlich Militärdecoration

Fig. 9. Eisen zum Lockenkräuseln.

Fig. 10. Goldener Gürtel, gefunden in einem Grabe auf Ithaka (Stackelberg Gräber der Hellenen)

Fig. 11. Elastischer goldener Fingerring in Gestalt einer gewundenen Schlange, gleichfalls von Ithaka. (Ebd.)

Fig. 12. Ohrgehänge.

Fig. **13**. Dergleichen in Form eines Tropfens, woher die Benennung Stalagmium.

Fig. **14**. Fächer.

Fig. **15**. Haarnadel, crinalis, einfacher Art.

Fig. **16**. Elfenbeinerne Haarnadeln mit geschmackvollen Knöpfen, in Pompeji gefunden.

Fig. **17**. Aufsteckkamm.

Fig. **18, 20**. Fingerringe.

Fig. **19**. Goldnes Ohrgehänge mit Haken, in Gestalt einer schwebenden, Doppelflöten haltenden Sirene. Ithaka.

Fig. **21**. Büchschen mit Stöpsel, bei andern Toilettegegenständen in Pompeji gefunden.

Fig. **22**. Ungewisser Schmuck, in einem Grabe gefunden.

Fig. **23**. Armschmuck, in einem Grab am Arm eines Skelets gefunden.

Fig. **24**. Perle in Birnform, von einem Ohrgehänge.

Fig. **25**. Spiegel, von einer nackten auf einer Schildkröte stehenden Figur getragen.

Fig. **26, 27**. Abermals Haarnadeln.

Fig. **28**. Restaurirte Ansicht eines antiken Zimmers mit Tisch, Sitzen, Candelaber, Bücherkapsel, Bibliothek etc. (Hope, Costum of the Ancients.)

Fig. **29**. Aurea Bulla, Goldkapsel, dergleichen von edelgebornen römischen Kindern um den Hals hängend auf der Brust getragen wurde, wahrscheinlich ein Amulet enthaltend, da auch der triumphirende Imperator sie in ähnlichem Sinne trug. Sie wurde zugleich mit der Toga praetexta abgelegt und den Laren geweiht.

Fig. **30**. Armschmuck aus Goldfäden, ähnlich dem unter Fig. **23** abgebildeten.

Fig. **31**. Goldener Armring von elastischer Construction.

Fig. **32**. Silberne Schnalle von schmuckreicher Arbeit, in Herculaneum gefunden.

Fig. **33**. Elfenbeinernes Schminknäpfchen von Pompeji.

Fig. **34**. Handspiegel, dergleichen früher irrig für Pateren gehalten worden.

Fig. **35**. Sessel mit Rück- und Armlehnen.

Fig. **36, 37**. Kämme aus Bronze, von Pompeji. Ein nicht abgebildeter heinerner Kamm von dort gleicht völlig unsern engen Staubkämmen.

Fig. **38**. Zwei in Pompeji gefundene silberne Spiegel, der eine von der gewöhnlichen Form der alten Handspiegel, der andere durchaus der neueren Form gleichend.

Fig. **39**. Gläsernes Schminktöpfchen von Pompeji, worin noch Reste der Schminke zu erkennen.

Fig. **40**. Büchschen von Pompeji mit Stecknadeln, die übrigens erst neuerdings zur Bezeichnung des Gebrauchs eingelegt worden.

Fig. **41**. Abbildung eines Thrones, einem mythologischen Vasenbilde entnommen. Fig. **42**. Klappschemel.

Fig. **43**. Sella curulis im zusammengeklappten Zustande.

Fig. **44**. Marmorthron.

Fig. **45**. Einfussiger Marmortisch von Pompeji, von einer uns Neueren sehr vertrauten Form.

Fig. **47**. Koffer, dergleichen bei den Griechen statt der Schränke gebräuchlich.

Fig. **47**. Frauensessel, nach einem mythologischen Gemälde von Pompeji.

Fig. **48**. Sägbockartiger Klappstuhl, in Griechenland seit der frühesten Zeit üblich, auch die Form der römischen Sella curulis.

Fig. **49**. Bronzene Bank aus den Bädern von Pompeji.

Fig. **50**. Bronzener Dreifuss von Pompeji.

Fig. **51**. Bisellium, Ehrensitz, dessen Inhaber sich's für Zwei bequem machen kann.

Fig. **52.**. Altar in Gestalt eines Dreifusses.

Fig. **53**: Schenktischchen mit Trinkgefässen.

Fig. **54**. Klappstuhl wie Fig. **48**, nur ohne die Thierhaut, die jenen als Polster deckt.

Fig. **55**. Delphica, nach dem delphischen Dreifusse benannter römischer Prunktisch, zum Aufstellen von Trinkgefässen u. dgl. gebraucht.

Fig. **56**. Sella curulis.

Fig. **57**. Lectus, Bett oder vielmehr Schlafsopha mit einer offenen Seite, Sponda, wo man der Höhe wegen mittelst eines Tabourets, Scamnum, einsteigt, und einer Rücklehne, Plutens.

Fig. **58**. Dasselbe, mit Bettwerk ausgestattet.

Fig. **59**. Arca, Kasten, Koffer, Casse, gegenwärtiges Exemplar in Pompeji gefunden und für die Casse des Quästors erklärt.

Fig. **60**. Dreifuss mit Scharnieren zur Bewerkstelligung einer beliebigen Höhe.

Fig. **61**. Armstuhl, nach einem römischen Relief.

Fig. **62, 66, 67**. Candelaber mit Armstuhl und Dreifuss.

Fig. **63**. Lehnstuhl, seit den ältesten Zeiten gebräuchlich.

Fig. **64**. Thron aus Bronze.

Fig. **65**. Prachtvoller Marmortisch aus Pompeji.

Fig. **68**. Fragment eines eben daselbst gefundenen Tischfusses, in Gestalt einer kunstvoll gearbeiteten Sphinx.

Tafel X. Schmuck und Geräthe.

Fig. **69**. Skyphos, Trinkgefäss der heroischen und aller späteren Zeiten, in Händen von Zechern, wie Nestor und Herakles, gedacht.

Fig. **70**. Karchesion, Trinkgefäss ältesten Ursprungs, wie der Kantharos, beide mit hoch aufsteigenden und tief herabgehenden Henkeln, aber jenes mehr gebaucht, dieser mehr pokalartig. Vgl. Fig. **90**.

Fig. **71**. Kylix, zweihenklige mit einem Fuss versehene Schale, das gewöhnliche Trinkgefäss der Symposien.

Fig. **72**. Oxybaphon, in gegenwärtiger Gestalt als Salatière zu bezeichnen und der Tryblion genannten Schüssel sich nähernd, gewöhnlicher aber kleineres Schüsselchen für Eingemachtes, daher auch als Trinkgefäss gebraucht.

Fig. **73**. Mehr dem Oxybaphon entsprechend.

Fig. **74**. Glasflasche.

Fig. **75**. Rhyton, Trinkhorn mit Oeffnung an dem gewöhnlich durch einen Thierkopf gebildeten unteren Ende.

Fig. **76**. Phiale (röm. Patera), flache Schale, unter anderem auch zum Auffangen des Weines gebraucht, den man aus dem Rhyton springen liess.

Fig. **77**. Aryballos, oben eng, nach unten sich erweiternd, nach der Beschreibung des Athenäos einem zusammengezogenen ledernen Beutel gleichend.

Fig. **78**. Eines der Giessgefässe verschiedenster Form und Grösse, die unter dem Namen Oinochoë bekannt sind.

Fig. **79**. Kotyle, grösseres Gefäss zum Schöpfen, aber auch zum Trinken. Eine kleinere Form, Kotyliskos, war bei den Mysterien gebräuchlich.

Fig. **80**. Der Form des Kantharos wohl am nächsten kommend.

Fig. **81**. Krater, worin der Wein gemischt wird, um, gewöhnlich mit dem Kyathos, für die Trinkgesellschaft ausgeschöpft zu werden. Die gegenwärtige Abbildung stellt ein Prachtexemplar aus Marmor vor.

Fig. **82**. Kyathos, auch Kyathis, Schöpfgefäss, von den Symposien hinlänglich bekannt.

Fig. **83**. Tryblion, Schüssel.

Fig. **84**. Oinochoë, vgl. Fig. **78**.

Fig. **85**. Kymbion, einfacher Trinkbecher ohne Henkel und Fuss.

Fig. **86**. Poculum, römisch.

Fig. **87**. Polike, ein Giessgefäss, das als veraltet nur noch im Tempeldienst verwendet wurde.

Fig. **88**. Prochus, Giessgefäss, das nur desshalb nicht zu den Formen der Oinochoë gehört, weil es ausser zum Wein auch zu Wasser und Oel verwendet wurde.

Fig. **89**. Gefäss aus Terracotta, das der Lekythos, dem Salbfläschchen, am nächsten zu kommen scheint, obwohl dieses gewöhnlich einen Henkel hatte.

Fig. **90**. Kantharos. Vgl. das bei Fig. **70** Gesagte.

Fig. **91**. Aufbewahrungsgefäss, das im Allgemeinen zu den thönernen Fässern, Pithoi, gerechnet werden mag, die von verschiedener Form und Grösse waren. Gegenwärtige Art ist unten spitzig, zum Eingraben in den Boden.

Fig. **92**. Oinochoë. Vgl. Fig. 78.

Fig. **93**. Pyxis, Arzneibüchse.

Fig. **94**. Prochus. Vgl. Fig. 88.

Fig. **95**. Kotyle. Vgl. Fig. 79.

Fig. **96**. Prachteimer von Pompeji, mit dem auf dem Henkel angebrachten Namen der Eigenthümerin: Corneliaes Chelidonis.

Fig. **97**. Lekythos, das in der Palästra besonders heimische Salbgefäss.

Fig. **98**. Hohes schmales Glasfläschchen.

Fig. **99**. Amphora, bedeutendste Form der Aufbewahrungsgefässe.

Fig. **100**. Alabastron, Salbgefäss, ursprünglich aus Alabaster, dessen Name dann auch auf ähnliche Fläschchen von anderem Stoffe übertragen wurde.

Fig. **101**. Olpe, in Form und Gebrauch der Lekythos ähnlich, von der dorischen Palästra in die Mode gekommen.

Fig. **102**. Krater mit bronzenem Henkel und Fussgestell.

Fig. **103**. Lekane, Schwenkkessel, Kühlfass, Waschfass u. dgl. m.

Fig. **104**. Lepaste wird von den Alten als eine grössere Art von Kylix (Fig. **71**) bezeichnet; daher gegenwärtige in Vasensammlungen vorräthige Form von Krause für das Gefäss dieses Namens erklärt wird.

Fig. **105**. Nicht sicher zu bezeichnendes Gefäss.

Fig. 106. Diskos, der scheibenförmigen Gestalt des allbeliebten Turngeräths entnommener Name für Schüssel oder Teller.

Fig. 107. Gefäss von Terracotta, kraterartig.

Fig. 108. Bronzene Kanne aus Pompeji, mit Thierverzierungen.

Fig. 109. Geripptes Trinkglas aus Pompeji, mit höchst zierlich aufgeschmolzenen Tropfen.

Fig. 110. Krater.

Fig. 111. Ampulla, römisches Salbgefäss, in verschiedenen Exemplaren hier dargestellt.

Fig. 112. Bronzekanne von Pompeji.

Fig. 113. Konis, Gefäss, wohl von der kegelförmigen Bildung so benannt.

Fig. 114. Eine der vielen Lampenformen, diese mit zwei Flammen, Bilychnis.

Fig. 115. Candelaber von Pompej, als Baum gestaltet, an dessen Zweigen die Lampen hängen.

Fig. 116. Trinkglas von Pompeji.

Fig. 117. Stamnos, zu den Aufbewahrungsgefässen gehörig.

Fig. 118. Amphora.

Fig. 119. Kernos, eine Vereinigung von mehreren Gefässen, Kotylisken genannt, Honig, Oel, Gewürze u. dergl. enthaltend, wie bei uns Salz, Pfeffer, Senf, Essig etc.

Fig. 120. Amphora mit dem Bilde der Athene Promachos, den Siegern in den Panathenäen mit Oel gefüllt überreicht, bekannt unter dem Namen der panathenäischen Preisvasen.

Fig. 121. Bronzekanne von Pompeji.

Fig. 122. Hydria, Gefäss zum Wasserholen, auch Aschenurne.

Fig. 123. Hoher Candelaber von Pompeji.

Fig. 124. Solium, Badgefäss. •

Fig. 125. Rhyton, Trinkhorn mit Hundskopf, also «Hund» benannt, wie andere «Pferd», «Hirsch», «Widder» u. dgl.

Fig. 126. Labrum, Badgefäss.

Fig. 127. Esslöffel.

Fig. 128. Eierpfanne.

Fig. 129. Kochtöpfe.

Fig. 130. Esslöffel.

Fig. 131. Kleinerer Candelaber von Pompeji.

Fig. 132. Von einer Terracottalampe, aus zweifelhaften Gründen für das Fruchtmass Modius gehalten.

Fig. 133. Geräthe zum Seihen des Weines.

Fig. 134. Küchengeräth zum Abschäumen des Fleisches.

Fig. 135. Simpulum, zu ähnlichem Gebrauche wie der griechische Kyathos (Fig. 92) bestimmt, aber auch sonst als Schöpfkelle, z. B. bei Opfern, auch in der Küche gebraucht.

Fig. 136. Trichter.

Fig. 137. Sartago, Pfanne.

Fig. 138. Congius, römisches Flüssigkeitsmass, etwa zehn Pfund an Gewicht. Die Abbildung ist einem erhaltenen, unter dem Namen Congius Farnesianus viel besprochenen Exemplar entnommen.

Fig. **139**. Casserole.

Fig. **140**. Kessel.

Fig. **141**. Tragbarer Herd.

Fig. **142**. Triclinium, die bekannte Anordnung bei Gastungen, wonach drei Sopha's in Hufeisenform zusammengestellt einen Tisch umgaben, so dass die vierte Seite zum Auftragen der Speisen frei blieb.

Fig. **143**. Badegefäss, das griechisch als Lutron zu bezeichnen ist, von geringem Umfang, wogegen die römischen Labra und Solia ungeheure Ausdehnung erreichten.

Fig. **144**. Tragbarer Herd von Pompeji.

Fig. **145**. Verzierung an einer Lampe.

Fig. **146**. Tasse aus Pompeji, ganz wie bei uns, nur hat sie statt der Untertasse einen offenen Untersatz.

Fig. **147**. Schöpfkelle.

Fig. **148**. Tragbarer Herd.

Fig. **149**. Fläschchen.

Fig. **150**. Blasebalg, nach einem Lampenbilde.

Fig. **151**. Bilychnis, zum Aufhängen bestimmt, um nach beiden Seiten Licht zu verbreiten. Der Docht, den man in der einen Schnauze sieht, ist echt antik; er ist, wie leinene Geldbeutel, Helmfutter u. dgl., durch die Berührung mit dem Metall erhalten worden. Pompeji.

Fig. **152, 153**. Schnellwage von eben daselbst, das Gewicht ein wohlgeformter Kopf (ein anderes Beispiel von Götter- oder Menschenköpfen, die als Gewichte dienen, ist Fig. **152**), auf der Schale ist ein mit einem Bocke ringender Satyr dargestellt.

Fig. **154—156**. Weitere Küchengeräthe von Pompeji. Die beiden ersteren sind Eimer mit sehr sorgfältig gearbeiteten Henkeln, Fig. **156** ein grosser Kessel, der entweder an seinen Ringen über das Feuer gehängt oder wie Fig. **140** auf einen Dreifuss gestellt werden kann. Sein griechischer Name ist Lebes, der römische Pelvis, Ahenum. Der Topf, grösser oder kleiner, heisst griechisch Chytra, römisch Olla.

Fig. **157**. Laterne mit Lämpchen, aus Herculaneum.

Fig. **158**. Zweiflammige Lampe.

Fig. **159**. Candelaber.

Fig. **160**. Pompejanischer Sieder von der Construction der unsrigen, die in der Mitte eine Röhre für die Spiritusflamme haben, nur dass dort die Röhre mit brennenden Kohlen gefüllt wurde, die unten auf einem Rost auflagen. Auf einer Seite befindet sich ein Hahn zum Abzapfen, auf der andern eine Art Trichter zum Nachgiessen. Das Gefäss diente zur Bereitung des früher erwähnten antiken Punsches, Calda genannt.

Fig. **161**. Knauf und Platte eines Candelabers.

Fig. **162**. Schaft und Fuss eines Candelabers.

Fig **163**. Einfache Lampe von gebranntem Thon mit einem Loch im Bauche zum Eingiessen des Oels und einem andern in der Schnauze zum Einstecken des Dochtes.

Fig. **164**. Marmorner Prachtcandelaber, dergleichen in Tempeln etc. gebraucht wurden.

Fig. **165**. Glasflaschen in thönernem Kübel. Pompeji.

Fig. **166**. Thönerne Schüssel mit Arabeskenverzierung.

Fig. **167**. Berühmter, im vorigen Jahrhundert aufgefundener Krystallbecher von der Art, die man durchbrochene (diatreta) nannte. Das Glas wurde in verschiedenfarbigen Lagen geblasen oder gegossen und die obere Lage so geschnitten und geschliffen, dass — bei gegenwärtigem Exemplar — den schillernden Körper des Trinkgefässes ein himmelblaues Netz umgibt, das nur noch durch stehen gebliebene Stiftchen mit ihm zusammenhängt. In gleicher Weise ist die Aufschrift aus grünem Glase gearbeitet, sie heisst: BIBE, VIVAS MULTOS ANNOS.

Fig. **168**. Vierflammige Lampe.

Fig. **169**. Torten- oder Pastetenform aus einer pompejanischen Küche.

Fig. **170—172**. Noch einige Lampen von Pompeji, die eine vielflammig (polymyxos nach den Schnauzen benannt), die andere einfach, wie Fig. **163**, nur mit einer Palmette geziert, die dritte auf dem Deckel des Oelbehälters höchst anmuthig mit einem Wettläufer geschmückt, der zugleich als Halter des zum Ausziehen des Dochtes bestimmten Häkchens dient.

Zum Schluss verzeichnen wir, was — neben den alten Schriftstellern — von neueren Schriften mehr oder weniger benützt worden ist:

Becker, Charikles.

— Gallus.

Becker-Marquardt, Handbuch der römischen Alterthümer.

E. Braun, Ruinen und Museen Rom's.

J. Braun, Geschichte der Kunst in ihrem Entwicklungsgang etc.

Forkel, Allg. Geschichte der Musik.

Gerhard, archäologische Zeitung.

Historia belli dacici ex simulachris quae in Columna Trajani visuntur collecta aut. Alf. Ciacono.

Jal, Archéologie navale.

Jäger, Gymnastik der Hellenen.

Krause, Gymnastik und Agonistik der Hellenen.

Kugler, Geschichte der Kunst.

Montfaucon, l'Antiquité expliquée.

Ottfr. Müller, Handbuch der Archäologie der Kunst.

—. — Denkmäler der alten Kunst. Zweite Bearbeitung durch Wieseler.

Museum of classical antiquities.

Overbeck, Pompeji.

Panofka, Bilder antiken Lebens.

Pauly, Realencyklopädie der classischen Alterthumswissenschaft. (Konnte nicht von Anfang an benützt werden.)

Platner und Bunsen, Beschreibung Rom's.

Preller, Griechische Mythologie.

— Römische Mythologie.

Röth, Geschichte unserer abendländischen Philosophie.

Wieseler, Theatergebäude und Denkmäler des Bühnenwesens bei den Griechen und Römern.

Druckfehler, Berichtigungen etc.

S. 1, Z. 15 l. Hyperboreern statt Hyperboräern.

S. 2, Z. 3 liess ihm statt ihn.

S. 4, Z. 4 ist die auf unerklärliche Weise in den Text gekommene Verweisung auf S. 10 zu streichen.

S. 20, Z. 7 v. u. l. Fig. 31 statt Fig. 3.

S. 41, Z. 6 v. u. l. Taf. VI, Fig. 23 st. Taf. V, Fig. 23.

S. 58, Z. 20 v. u. l. 113, 114, 119 st. 114, 117, 119.

S. 61, Z. 6 v. u. l. Taf. VIIa st. VIb.

S. 64 im Quellenverzeichniss l. Taf. VIb st. VIa.

„   „   „   „   „   VIIa st. VIb.

S. 73, Z. 14 lies Phigalia statt Olympia.

S. 90, Z. 15 lies Reliefbild statt Mosaikbild.

REGISTER.

Durch ein Versehen in der Correctur wurde nachstehendes Register falsch paginirt. Es sollte die Pagina von 271 bis 282 haben, ist im Uebrigen aber in voller Ordnung.

Register

zu den

„Lebensbildern aus dem klassischen Alterthum."

NB. Die **römische** Ziffer bedeutet die **Tafel**; die **arabische** Ziffer die **Figur**; p. die
Seite des Textes.